Alan Millard

Die Zeit der ersten Christen

Ausgrabungen – Funde – Entdeckungen

BRUNNEN

VERLAG GIESSEN

Nicht gesondert kenntlich gemachte Bibelzitate
stammen aus der revidierten Lutherübersetzung
(Deutsche Bibelgesellschaft) oder aus
Hoffnung für alle (Brunnen Verlag Basel/Gießen).

© des englischen Textes:
1990 Alan Millard

© der englischen Originalausgabe:
1990 Lion Publishing
Sandy Lane West, Littlemore,
Oxford, England

Aus dem Englischen von
Klaus Knoppe

Lektorat: Ralf Tibusek

Die Deutsche Bibliothek – CIP-Einheitsaufnahme

Die **Zeit der ersten Christen** :
Ausgrabungen – Funde – Entdeckungen /
Alan Millard. [Aus dem Engl. von Klaus Knoppe]. –
2. Aufl. – Giessen ; Basel : Brunnen-Verl., 1994
Einheitssacht.: Discoveries from the time of Jesus <dt.>
ISBN 3-7655-5761-7
NE: Millard, Alan R.; Knoppe, Klaus [Übers.]; EST

2. Auflage 1994

© der deutschen Ausgabe
1990 Brunnen Verlag Gießen
Satz: Typostudio Rücker & Schmidt, Langgöns

*Vorderes Umschlagbild: In Stein gehauene Inschrift,
die Nichtjuden den Zutritt zum inneren Tempelbezirk
verbot (vgl. Seite 83)
Seite 1: Grabeskirche, das „Grab des Josef von
Arimathia" (vgl. Seite 122)*

Inhalt

I. DAS TÄGLICHE LEBEN 11
Das ausgebrannte Haus 12
Die Häuser der reichen Leute 14
Ein Parfümgefäß aus Alabaster 19
Gebrauchsgegenstände 20
Wenn Reinlichkeit dem Glauben hilft 22
Die großen Wasserkrüge 24
Die Schwiegermutter aus Kapernaum 25
Das „Jesus-Boot" 26
Die Römer erobern eine Stadt 27
Eine Synagoge aus den Tagen Jesu 30
Die Bibel, wie sie Jesus kannte 33
Die Sprachen der Juden 34
Klein ist fein 36
Gehenna – das Höllenfeuer 38

II. DIE HERRSCHER DES LANDES 39
Endlich Frieden! 40
Herodes – der König der Juden 44
Kein Gott zu finden 49
Cäsar Augustus 50
Herodes – der große Mörder 52
Herodes – der große Burgenbauer 55
Herodes – der große Städtebauer 58
Die Söhne des Königs 61
Die Statthalter Roms 64
Die Inschrift des Pilatus 66
Gewiß kein Heiliger 68
Keine Rücksicht auf die Juden: Pilatus 71
Geld- und Wechselkurse 72
Das Bildnis des Kaisers 74
Die Besatzungstruppen 76

III. DIE RELIGION 77
Tempeltouristen 78
Der große Tempel des Herodes 82
Ganz schön große Steine 88
An den Tischen der Geldwechsler 91
Auf den Spuren der Jünger 92
Ein Geheimtunnel 95
*Zacharias – Priester aus der
   Dienstabteilung Abijas* 96
Das Scherflein einer Witwe 98
Gut versteckte Bücher 99

Eine Gemeinschaft in der Wüste 102
Die Gemeinschaft gibt sich Regeln 108
Der Rufer in der Wüste 110
Die Schriftrollen und die Lehren Jesu 112
Ein Evangelium in Qumran? 115

IV. DER TOD UND DIE
    BESTATTUNGSFORMEN 117
Gräber im alten Palästina 118
Und ihre Namen leben weiter 124
Wo ist das Grab Jesu? 126
Wie wurde Jesus gekreuzigt? 132
Sein Vater trug das Kreuz 133
Verhörte er Jesus? 133
Störe nicht die Totenruhe 134
Ein Pilger berichtet 135
Das Geheimnis des Turiner Grabtuchs 136

V. BEKANNTE AUTOREN 141
Philo – ein Philosoph aus Alexandria 142
Josephus – Verräter oder Patriot? 146
Von Tacitus bis Sueton 149
Jüdische Schriften 151

VI. NEUTESTAMENTLICHE
    HANDSCHRIFTEN 153
Die ältesten Bibeln 154
Eine Entdeckung am Berg Sinai 156
Bücher aus neutestamentlicher Zeit 159
Die ältesten christlichen Bücher 162
Der Rylands-Papyrus 165
Die Zeit vor den Evangelienbüchern 167
Auf der Suche nach dem echten Text 170
Ein theologischer Unterschied 174
Ganz einfache Fehler 175
Absichtliche Veränderungen 176
Was sangen bloß die Engel? 177
Weder Tisch noch Bett? 178
Original oder originell? 179
Neues Wissen – neue Übersetzungen 182

Epilog 186

Stichwortverzeichnis 187
Quellennachweis 189

Vorwort

Jedes Jahr strömen Tausende von Menschen in das Gelobte Land, um die Heiligen Stätten zu besuchen und den Spuren Jesu zu folgen. Am See Genezareth und auf den Hügeln Galiläas fällt es uns recht leicht, die in den Evangelien festgehaltenen Geschichten und ihren Hintergrund zu verstehen. Doch wie sah im ersten Jahrhundert der Alltag in Palästina aus?

Die Entdeckungen der letzten dreißig Jahre waren so ergiebig und aufschlußreich, wie man es sich wohl nie hätte träumen lassen. Ob es die Schriftrollen vom Toten Meer, frühe Fragmente der Evangelien oder die wunderbaren Paläste des Herodes und die Häuser aus herodianischer Zeit in Jerusalem sind – tatsächlich gibt es so viele Entdeckungen der Archäologie und Geschichtsforschung, daß ich mich in diesem Buch auf einen Zeitraum von vierzig Jahren beschränken möchte: auf die Zeit der Evangelien.

Die von mir dargestellten Entdeckungen vermitteln zum größten Teil Hintergrundinformationen. Sie lassen den Schauplatz, das Umfeld der vier Evangelien sichtbar werden. Andere Funde erklären hingegen auch die Bedeutung von Aussprüchen und Ereignissen, so daß wir einige Aussagen der Bibel besser verstehen lernen. Das vorliegende Buch folgt zwar der Idee seines Vorgängers „Schätze aus biblischer Zeit", geht aber wesentlich detaillierter auf den kurzen Zeitabschnitt der Evangelien ein.

Hätten nicht Generationen von Schreibern ihre Aufgabe im Abschreiben des Evangeliums gesehen, es hätte nicht die Jahrhunderte überdauern können. Die Zeugnisse ihrer Arbeit, die in jüngster Zeit neu ausgewertet und beurteilt wurden, und die immer neuen Funde früher Manuskripte verdienen eine größere Beachtung als ihnen bisher zuteil wurde.

Meine Erfahrungen aus meinem Forschungsaufenthalt an der Hebräischen Universität von Jerusalem im Jahr 1984 und das Entgegenkommen meiner dortigen Freunde, besonders von Professor Nahman Avigad, haben mich dazu angeregt, dieses Buch in Angriff zu nehmen. Ihnen allen möchte ich an dieser Stelle danken, auch den vielen anderen, die mir mit ihrem Rat zur Seite standen oder mir Fotografien überließen. Besonders möchte ich Dr. Walter Cockle vom University College in London und Dr. John Kane von der Manchester University erwähnen, die freundlicherweise einige der Kapitel gelesen und kommentiert haben. Dieses Buch konnte ich nur fertigstellen durch die Unterstützung und Geduld meiner Frau, der ich am meisten Dank schulde.

Alan Millard

Palästina zur Zeit Jesu

Mittelmeer

Cäsarea Philippi

Chorazin
Betsaida
Kapernaum
Genezareth
Gamala
Ptolemais
See Genezareth
Gaba
Kana
Tiberias
Sephoris
Nazareth
Gadara
Abila
Nain
Tabor
Skythopolis

Cäsarea

Pella

Samaria/Sebaste
Gerasa
Sychar
Berg Garizim
Jordan
Antipatris
Arimathäa
Joppe
Lydda

Jericho
Emmaus
Betanien
Azotos
Qumran
Jerusalem
Aschkelon
Bethlehem
Agrippias/Anthedon
Herodeion
Machärus
Hebron
Gaza
En-Gedi
Totes Meer
Masada
Beerscheba

0   25 miles
0   40 km

Erstes Kapitel

Das tägliche Leben

Jesus Christus begegnete den Menschen in ihrem Alltag. Er erzählte ihnen Geschichten: über die tägliche Arbeit zu Hause und auf dem Acker, über Männer und Frauen, Familie und Geschäft. All jenes wird wieder lebendig und anschaulich, wenn man in den ausgegrabenen Ruinen Töpfe und Pfannen, Krüge und Becher von Menschen findet, die vielleicht selbst die Predigten Jesu gehört haben. Auf jeden Fall helfen uns die Entdeckungen in Jerusalem und anderen Städten, einen Einblick in die damalige Zeit zu bekommen. Oft können wir sagen: So muß es gewesen sein.

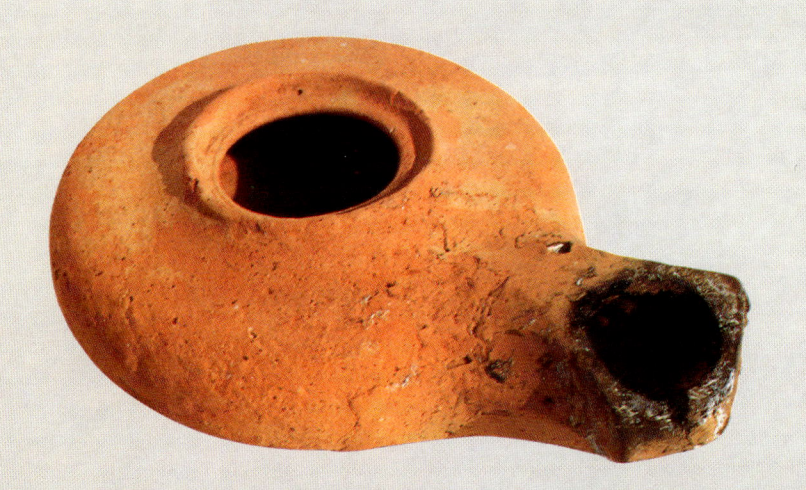

„Gebt mir Licht!" Selbst das kleinste Licht hilft an einem dunklen Ort. Die üblichen Lampen, die man zur Zeit Jesu benutzte, konnte man in der Hand halten. Mit Öl gefüllt und einem Docht versehen, erhellten sie den ganzen Raum. Sehr oft ließ man eine brennende Lampe in einem Grab zurück. Unsere abgebildete Lampe zeigt noch die Spuren der Flamme an der Tülle. Licht galt seit jeher als Symbol für das Leben.

12 / DAS TÄGLICHE LEBEN

Das ausgebrannte Haus

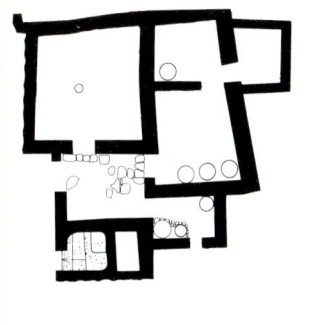

Der hier abgebildete Grundriß des „ausgebrannten Hauses" basiert auf den Zeichnungen des Ausgrabungsleiters Nahman Avigad, die in seinem Buch Discovering Jerusalem *veröffentlicht wurden.*

Unter den Fundstücken im „ausgebrannten Haus" fand man mehrere Gewichtssteine. Den Namen des mutmaßlichen Eigentümers – Bar Kathros – konnte man auf diesem Gewicht entziffern.

Waffengeklirr überall, die Schreie der Sterbenden schallen durch die Stadt, kaum übertönt vom Prasseln der Flammen. Fremde Truppen kämpfen in Jerusalem, morden und plündern.

Was hier so neuzeitlich klingt, geschah vor langer Zeit. Anfang 1970 gruben israelische Archäologen in Jerusalem unter einem jahrhundertelang angewachsenen Schuttberg die stattlichen Ruinen eines ehemals wohlhabenden Hauses aus. Römische Soldaten hatten es im Jahr 70 nach Christus niedergebrannt, ergaben die intensiven Untersuchungen. Auf einer Fläche von mehr als hundert Quadratmetern fand man Mauerreste: das Erdgeschoß des Wohnhauses. Große Mengen Asche und verkohltes Holz, dick bedeckt mit Ruß, geben ein klassisches Zeugnis für die Arbeitsweise des römischen Heeres …

Die ausgegrabenen Münzen, Prägungen der römischen Statthalter von Judäa, aber auch Goldstücke aus der Münze der jüdischen Rebellen, stammen alle aus den Jahren 67 bis 69 nach Christus. Die Tongefäße und weitere Haushaltsgegenstände sind im Stil des ersten nachchristlichen Jahrhunderts.

All das sind handfeste Beweise für die Zerstörung im Jahr 70.

In der Ecke eines Zimmers fand man einen kurzen Eisenspeer. Vielleicht wurde er hier von einem Verteidiger auf der Flucht zurückgelassen. Ein anderer Hausbewohner konnte jedoch nicht so glücklich entkommen: An der Türöffnung eines weiteren Raumes fand man die Knochen eines menschlichen Armes, die Hand nach der Treppe hin ausgestreckt. Sonst war nichts mehr von dem Skelett übriggeblieben; die allgemeine Zerstörung hatte alles außer dem Zimmereingang vernichtet.

Die gefundenen Knochenreste stammen von einer jungen Frau, kaum zwanzig Jahre alt, vielleicht eine Dienerin des Hauses. Wie mag sie gelebt haben, und was taten die anderen Hausbewohner wohl in diesen Räumen? Der israelische Ausgrabungsleiter N. Avigad hat folgende Vorstellung:

Ein Teil ihrer Arbeit mag darin bestanden haben, Weihrauch für den Dienst im Tempel vorzubereiten. Verschiedene Funde lassen darauf schließen: viele Parfümfläschchen aus Ton oder Glas (siehe: *Ein Parfümgefäß aus Alabaster*), einige wuchtige Mörser und Stößel, Gewichte, Meßbecher und Öfen. Die dicke Rußschicht, mit der alles überzogen war, könnte von verbrannten, öligen Substanzen stammen. Außerdem fand man in der Ruine zwei Tintengefäße. Schreiben war also in diesem Hause eine durchaus zum alltäglichen Leben gehörende Tätigkeit.

Auf einem der entdeckten Steingewichte fand man den Namen Bar Kathros eingekratzt – vermutlich der Eigentümer. Ihn findet man auch in den Listen des Talmuds verzeichnet, aller-

dings unter jenen Familien der Hohenpriester, die ihre Machtposition dazu
mißbrauchten, sich selbst die Taschen
zu füllen. Die Familie des Bar Kathros
wurde wegen fortgesetzten „Miß-
brauchs ihrer Schreibgeräte" angegriffen. Sie sollen falsche Nachrichten
und Gerüchte in Umlauf gebracht
haben. Obwohl es nun durchaus möglich wäre, daß jemand dieses Gewicht
in das Haus brachte (es hat nur eine
Größe von etwa 8 cm im Durchmesser),
in dem man es nach 1900 Jahren gefunden hat, weiß man, daß die Familie Bar
Kathros ein Haus in Jerusalem besaß.
Und unser „ausgebranntes Haus"
könnte sehr gut jene Liegenschaft
sein.

Vier Arbeitsräume, eine Küche und
auch ein kleiner Backraum wurden im
Erdgeschoß gefunden (siehe: *Wenn
Reinlichkeit dem Glauben hilft*). Abgesehen von Öfen, großen Krügen und
Steintischen war die Ausstattung spärlich. Doch bis zu dieser Entdeckung
wußte man überhaupt noch nicht, daß
die Jerusalemer Häuser im ersten
Jahrhundert mit Möbeln eingerichtet
waren. Denn Holzmöbel vermodern
schnell, wenn sie erst einmal verschüttet
werden. Nun belegen mehrere Steintische die Möblierung. Man fand Tische
mit rechteckigen Tischplatten, die
ungefähr die Größe eines Servier-
tabletts hatten (50 x 75 cm), glatt ge-
schnittene und an den Rändern verzierte Steinplatten, die in der Mitte von
einem etwa 75 cm hohen, säulenartig
behauenen Steinfuß getragen wurden.
Andere hatten runde Oberflächen,
etwa 50 cm im Durchmesser, mit drei
hölzernen, in die Tischplatte eingepaßten Beinen. Römische Skulpturen und
Zeichnungen weisen solche Beine auf.
Sie zeigen zudem, daß die Menschen
zum Essen auf Liegestätten an den
runden Tischen ruhten, während die
Speisen und Getränke von anderen
Tischen serviert wurden.

Man nahm an, daß Steingefäße recht
kostspielig und deshalb auch sehr
selten waren. Doch die Ausgrabungen
förderten so viele Steingefäße zutage, daß eine besondere Erklärung
gesucht werden mußte, die man aller-

dings auch bald fand. Während einige
Funde fein bearbeitete Oberflächen
hatten und andere nur roh behauen
schienen, waren alle Innenwände glatt
poliert. In jüdischen Handschriften und
auch im Neuen Testament fand man den
Grund: Durch die Steingefäße vermieden die Juden Probleme mit den rituellen Reinigungsvorschriften (siehe:
Wenn Reinlichkeit dem Glauben hilft).

Das „ausgebrannte Haus" erhellt die
Lebensumstände im ersten Jahrhundert
nach Christus und malt ein erschrecken-
des Bild vom Untergang Jerusalems.
Der Blick auf die zerstörten Mauern,
die Öfen, Kochtöpfe und das Tafelgeschirr vermitteln dem Betrachter einen
realistischeren Eindruck, als Worte es
jemals könnten. Läßt man seiner Phantasie freien Lauf, fällt die Vorstellung
nicht schwer, daß die in diesen Räumen
lebenden Menschen auf die Straße
liefen und Jesus mit Palmzweigen
zuwinkten, als er in Jerusalem einzog,
oder jene, die aus diesen Bechern
tranken, ihr „Kreuziget ihn!" hinaus-
schrien.

*Bis zum Jahr 1970 war das
Geheimnis dieses Jerusalemer Hauses aus dem ersten
Jahrhundert unter Schutt
verborgen. Als man vor
allem die Überreste eines
verheerenden Brandes
beiseiteräumte, fand man
zwischen den zerstörten
Grundmauern Haushaltsge-
genstände, Münzen und
auch noch die Gebeine
erschlagener Hausbewohner.
Diese Funde geben uns
Aufschluß über das Geschehen im Jahr 70.*

Die Häuser der reichen Leute

Mosaike gab es in Jerusalem im ersten Jahrhundert nur in ganz wenigen Häusern. Hier abgebildet ist der schönste geometrische Wohnzimmerboden, den man entdeckt hat. Auf dem Fußboden fand man eine Münze aus dem Jahr 67.

„Verkaufe alles, was du hast, und gib es den Armen." Diesen Rat gab Jesus einem jungen Mann aus der oberen Gesellschaftsschicht als Antwort auf dessen Frage nach dem ewigen Leben (Lk. 18,18-23). Traurig ging der Mann fort, denn er war sehr reich, heißt es anschließend in der Bibel.

Kürzlich durchgeführte Ausgrabungen in Jerusalem deckten auf, wie die Reichen jener Zeit lebten. Ein Besucher aus einem anderen Teil des römischen Weltreiches hätte Häuser betreten, die genauso ausgestattet waren wie entsprechende Villen in anderen Großstädten des römischen Kulturkreises. Ein besonders beeindruckendes Beispiel ist das „prächtige Palais", wie Professor Avigad die Ruinen eines Jerusalemer Hauses bezeichnete. Es bedeckt eine Grundfläche von fast 900 Quadratmetern. Bei dem Bau späterer Gebäude wurden einige Wände beschädigt, so daß wir nicht mehr feststellen können, wo genau sich das Eingangstor befand. Ein Innenhof in der Mitte des Hauses öffnete sich zu einer Seite hin in einen Durchgang, der zu mehreren Räumen führte. Dieser Durchgang war mit einem Mosaikboden belegt, vielleicht weil er häufig begangen wurde.

Durch zwei Türöffnungen an der Nordseite betrat man eine Empfangshalle, einen mehr als elf Meter langen Saal, dessen Wände mit weißen Gipsplatten verkleidet waren. Die Gipsplatten waren so geschickt mit Stuckornamenten versehen, daß sie feinste Steinmetzarbeit vortäuschten. Auf den Boden herabgefallene, mit geometrischen Reliefmustern versehene Gipsteile stammen offensichtlich von der Deckenverkleidung. Unser Besucher hätte solche Muster natürlich gekannt, denn sie stimmen mit den Arbeiten von Innenarchitekten überein, die in manchen Häusern Pompejis im ersten Jahrhundert vor Christus zu finden waren.

Andere Räume erstrahlten in hellen Farben. Verschiedenfarbige Wandtäfelungen sollten Marmorfliesen vortäuschen, die sich nur Fürsten leisten

DIE HÄUSER REICHER LEUTE / 15

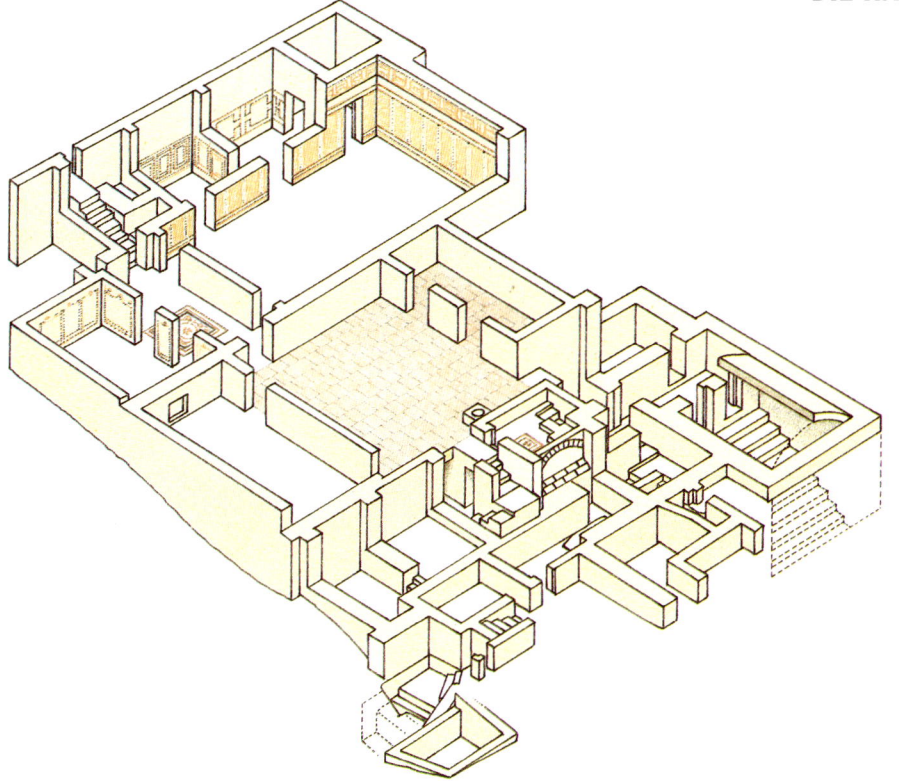

*Der hier abgebildete Grund-
riß des Herrenhauses basiert
auf den Zeichnungen des
Ausgrabungsleiters N. Avigad, die in seinem Buch Discovering Jerusalem veröf-
fentlicht wurden.*

konnten. Imaginäre Fenster und Säulen ließen den Raum größer erscheinen. Begabte Künstler hatten einige
Wände mit erstaunlich echt aussehen-
den Früchten und Blättern bemalt. Ein
Großteil dieser Malereien wurde
bereits ausgeführt, während der Gips
noch feucht war. So konnte der Untergrund die Farben besser aufsaugen
(diese sogenannte Fresko-Malerei hat
Michelangelo noch im 16. Jahrhundert
in der Sixtinischen Kapelle in Rom
angewandt). Begann einen Hauseigen-
tümer der Anblick der Malereien zu
langweilen, konnte er nicht einfach
den Tapezierer rufen, um sie wie Tape-
ten von den Wänden zu kratzen oder
sie mit einer neuen Farbschicht zu
übermalen. Es mußte vielmehr eine
ganz neue Gipsschicht aufgetragen
werden, die dann wiederum in feuch-
tem Zustand bemalt wurde. Verschiedene Male ist es Archäologen gelungen, beschädigte Schichten von einer
Wand abzulösen und darunter die
ursprüngliche Bemalung freizulegen.
In Jerusalem hat man an so vielen

verschiedenen Stellen bemalte Gips-
fragmente gefunden, daß die Aussage
naheliegt, die meisten Herrenhäuser
seien auf diese Weise gestaltet gewesen.
   Wie in vielen römischen Häusern
arbeiteten die Maler und Gipser in
Jerusalem noch mit einer dritten
Gruppe von Handwerkern zusammen:
den Mosaikboden-Verlegern. Auf
einer Mörtelschicht wurden winzige

*Fast noch im alten Glanz
erstrahlen die Wände in einem von den Flammen ziem-
lich verschont gebliebenen
Herrenhaus, das im Jahr 70
n. Chr. von den Römern in
Jerusalem zerstört wurde.*

16 / DAS TÄGLICHE LEBEN

Wer etwas auf sich hielt (und es sich leisten konnte), hatte in Jerusalem feinstes Glasgeschirr auf dem Tisch. Manches stammte aus der Werkstatt des Künstlers Ennion, wie Ausgrabungen gezeigt haben. Die hier abgebildete Tasse war eine Grabbeigabe, die man in der Nähe von Jericho bei der Festung Cypros gefunden hat. Der Name Ennion steht noch recht gut sichtbar auf der Seite der Tasse.

schwarze, rote und weiße Steinwürfelchen zu Mustern und Bildern arrangiert. Im „prächtigen Palais" bedecken Mosaike die Fußböden im Durchgang und in einem der Empfangsräume. Vielleicht hatten auch noch andere Räume entsprechende Ausgestaltungen – aber davon sind keine Spuren mehr zu finden. Dort, wo man kleinere Möbelstücke regelmäßig hin- und herschieben mußte, waren die Böden mit geglättetem Gips versehen, auf dem vermutlich Teppiche oder Matten lagen. Gefunden hat man solche Bodenbeläge nicht, sie sind durch Feuer und Feuchtigkeit zerstört worden – wenn sie nicht vorher gestohlen wurden.

So elegant die Jerusalemer Wandmalereien und Mosaikböden auch gewesen sein mögen, ein nicht-jüdischer Besucher aus Rom hätte sie wohl als sehr langweilig empfunden. Hier fanden sich keine Darstellungen von Menschen oder Tieren, Göttern oder Göttinnen, wie sie in römischen Häusern üblicherweise über Wände und Böden jagten. Im jüdischen Kulturverständnis war dafür kein Platz. Die alten Erzählungen von berühmten Helden wie David und Goliath hätten vielleicht ein gutes Motiv abgegeben. Und doch erkennen wir auf den Mosaiken ausschließlich geometrische Muster, Rosetten und Wellenformen mit ein oder zwei Blumen und Blättern.

Der Grund hierfür liegt eindeutig in der Religion. Im ersten Jahrhundert nach Christus befolgten die Juden strikt das Gebot Gottes: „Du sollst dir kein Bildnis machen." Bildnisse von Tieren oder Menschen könnten zum Götzendienst führen. Die meisten Menschen hielten sich an diese Vorschrift, doch keine Autorität hatte die Macht, sie jedem gegenüber durchzusetzen. So hat es zumindest ein Hausbesitzer gewagt, sie zu brechen: In einem Gebäude in der Nähe des Tempels fand man Gipsteile mit Bildern von über das Land jagenden Tieren.

Der Besucher des „prächtigen Palais" hätte in den Baderäumen weitere Mosaikböden gefunden. Die auf einer

DIE HÄUSER REICHER LEUTE / 17

Mörtelschicht eingepaßten Mosaikbeläge waren wasserdicht, die Badenden konnten einfach ins Wasser hineinsteigen und tropfnaß wieder heraussteigen. In einem wahrhaft kunstvoll gestalteten Badezimmer eines anderen Hauses war selbst die Wanne mit Mosaiken ausgelegt. In anderen Häusern waren Fußbodenheizungen installiert, die wohl die beliebten römischen Dampfbäder nachahmen sollten.

In den bisher beschriebenen Bädern wusch man sich normalerweise; was jedoch den Besucher verwundert hätte, waren die vielen anderen Bäder. Man hat Wasserbecken in den verschiedensten Größen gefunden, meistens in den Felsen gehauen und mit wasserdichtem Gips ausgekleidet. Wer baden wollte, stieg einige Steinstufen hinab, die oftmals die gesamte Länge des Beckens einnahmen – und stand vor einer nackten Wand. Man stieg schließlich nicht in einen Swimming-Pool! War das Becken gut gefüllt, brauchte man bloß bis zur untersten Stufe hinunterzugehen, um ganz ins Wasser eintauchen zu können. Lag der Wasser-

Die Archäologen waren sehr erstaunt über den guten Zustand der vor über 1850 Jahren hergestellten Gegenstände. Jüdische Rebellen hatten Bronzekrüge, eiserne Messer und Schlüssel in dem Korb versteckt, als sie vor den Römern aus ihren Häusern flüchteten.

18 / DAS TÄGLICHE LEBEN

spiegel niedriger oder war das Bad kleiner, mußte man sich entsprechend tiefer zusammenkauern. Diese rituellen Bäder ermöglichten es den Juden, die Reinheitsgebote zu erfüllen (siehe: *Wenn Reinlichkeit dem Glauben hilft*).

In das größte Bad in unserer Villa führten acht Stufen über die gesamte Breite von vier Metern und die gesamte Länge von fünf Metern hinein. Mit der Einrichtung getrennter Zu- und Ausgänge hatte man vermieden, daß die kultisch Gereinigten beim Verlassen des Bades mit den noch Unreinen zusammentrafen. Das Wasser für diese Bäder mußte Quell- oder Regenwasser sein, Zisternen zum Auffangen und Speichern waren notwendig. Es kam vor, daß eine Zisterne ein benachbartes Bad durch ein durch die Wand geführtes, dünnes Rohr mit Wasser versorgte. Das fließende Wasser reinigte so das bereits im Bad stehende Wasser. Bäder in ganz unterschiedlichen Größen hat man vor allem in Gebäuden am südlichen Ende des Tempelbezirks nahe am Haupteingang gefunden (siehe: *Tempeltouristen*). Die Häuser in diesem Bereich der Stadt haben vielleicht Pilgern, die sich vor dem Betreten des Tempels reinigen wollten, als Herberge gedient. Die Sorgfalt und die Kosten, die für die Fertigstellung derartiger Bäder in Jerusalem aufgewandt wurden, unterstreichen recht eindrücklich die zentrale Rolle der zeremoniellen Waschungen im täglichen Leben religiöser Juden im ersten Jahrhundert nach Christus.

Das präzise Befolgen der religiösen Vorschriften hinderte die besitzende jüdische Oberschicht jedoch nicht daran, in einem gewissen Luxus zu leben. Bruchstücke und Fragmente aus Stein, Metall, Keramik und Glas geben anschauliche Hinweise auf die gesamte restliche Ausstattung eines Hauses, wenn auch Holz, Leder und Stoffgewebe im Laufe der Zeit zerfallen sind. Wie beste Schreinerkunst ausgesehen haben mag, zeigt ein aus Bronze gegossenes Fußstück eines Tischbeins: Es ist wie die Pranke eines Tieres geformt.

Reichtum zeigt sich auch an den bereits beschriebenen Tischen (siehe: *Das ausgebrannte Haus*). Die in die Ränder der Tischplatten eingemeißelten Blätter, Blumen und geometrischen Ornamente (in einem Fall war es ein Fisch) müssen sehr aufwendig gewesen sein. Manche Tischplatten weisen sogar mosaikartige Einlegearbeiten auf – ein Luxus, den man sonst nur von römischen Häusern in Italien kennt.

Krüge, Becher, Schalen und Vorlegeplatten, wie sie auf den Tischen in Jerusalem gestanden haben, waren im gesamten Mittelmeerraum verbreitet. Die Bronzekrüge hatten zierlich geschwungene Henkel, die dazugehörigen Schüsseln, Saucieren und Schöpflöffel fand man in ähnlicher Form sogar bei Ausgrabungen am anderen Ende des Römischen Reiches, in London. Die Einwohner Jerusalems benutzten aber auch wertvolle Glasgefäße. Im „prächtigen Palais" fand man signierte Stücke des Glasbläsermeisters Ennion. Andere Produkte aus seiner Werkstatt fand man in Zypern und Italien. Ortsansässige Handwerker arbeiteten mit den weniger anspruchsvollen Methoden des Glasziehens und -blasens (Glasbruch, der Ausschuß ihrer Arbeit, wurde zur Zeit von Herodes als Unterlage für den Straßenbau benutzt). Feine rote Keramik mit einer glänzenden Oberfläche schmückte so manchen Tisch. Importiert wurden die Keramiken aus Werkstätten an der Mittelmeerküste, vielleicht aus Griechenland.

Die aus dem ersten Jahrhundert stammenden Jerusalemer Ausgrabungsfunde vermitteln uns einen Eindruck von dem Reichtum, den Jesus dem „reichen Jüngling" vorhielt. Einen solch bequemen, um nicht zu sagen luxuriösen Lebensstil aufzugeben, war natürlich schwer. Möglicherweise lebten Nikodemus, Josef von Arimathia und einige Angehörige der Priesterfamilien ebenfalls als stilvolle Weltbürger, ohne jedoch ihre eigenständige jüdische Lebensart aufzugeben.

Ein Parfümgefäß aus Alabaster

Wertvolle Goldschätze dürfen Archäologen bei der Aushebung jüdischer Grabstätten aus der Zeit der Evangelien nicht erwarten, nicht einmal eine größere Zahl Töpfe und Pfannen, wie es bei Grabungsfunden aus früheren Jahrhunderten üblich war. Häufig liegen in dem Sarg oder der Gebeintruhe nichts weiter als die Überreste der verstorbenen Person und ein kleines Fläschchen. Diese kleinen Fläschchen sind normalerweise aus Ton gefertigt, zuweilen aus Glas. Gern werden sie als „Tränenfläschchen" bezeichnet, wenn uns auch die Vorstellung von tränensammelnden Trauernden, die solche

Behältnisse ihren Toten mitgeben, doch etwas kurios erscheint. (Die Übersetzung von Psalm 56,9: „Sammle meine Tränen in deinen Krug" scheint dies zu unterstützen, ohne dabei jedoch Bezug auf Begräbnisgepflogenheiten zu nehmen.) Die einfach gehaltenen Flakons waren für die nicht ganz so teuren Duftöle des täglichen Gebrauchs bestimmt. Kostbare Parfüme dagegen verlangen nach entsprechend edleren Gefäßen.

Nach dem Bericht im Markusevangelium (Kap. 14,3-5) war der Flakon, den die Frau in Betanien über den Füßen Jesu zerbrach, wahrscheinlich aus

Alabaster geschnitten, denn er enthielt rund 340 Gramm Parfüm im Wert von über 300 Denar (mehr als ein Jahreseinkommen). Plinius der Ältere wies ebenfalls darauf hin, daß wertvolle Salböle am besten in Alabastergefäßen aufbewahrt werden. Hatte das Gefäß aus dem Markusevangelium einen ähnlich langen Hals wie die Bildbeispiele es zeigen, kann man sich leicht vorstellen, wie die Frau den Hals des Flakons zerbrach. Ohne sich damit aufzuhalten, den versiegelten Verschluß zu öffnen, goß sie das Parfüm aus, und „das Haus ... wurde erfüllt vom Duft des Öls" (Jh. 12,3).

Wertvolle Parfüme und Öle bewahrte man in kleinen Tonflakons auf.

Vierzehn Parfümflakons aus Glas fand man als Grabbeigabe, als man Gräber aus dem 1. Jahrhundert im Hinnomtal untersuchte.

Gebrauchsgegenstände

Im Jahr 132 rebellierten die Juden ein zweites Mal gegen die Römer. Als sie nach drei Jahren vernichtend besiegt worden waren, baute der römische Kaiser Hadrian Jerusalem unter dem Namen Aelia Capitolina wieder auf. Juden durften die Stadt nicht mehr betreten. Für die Rebellen waren die Höhlen in den einsamen Tälern am Toten Meer oftmals der letzte Zufluchtsort. Israelische Archäologen fanden nicht nur ihre Gebeine, sondern auch viele persönliche Gegenstände, die wegen der trockenen Luft noch in einem hervorragenden Zustand waren. Ausgrabungen in Masada belegen, daß schon hundert Jahre vorher ähnliche Gegenstände in Gebrauch waren.

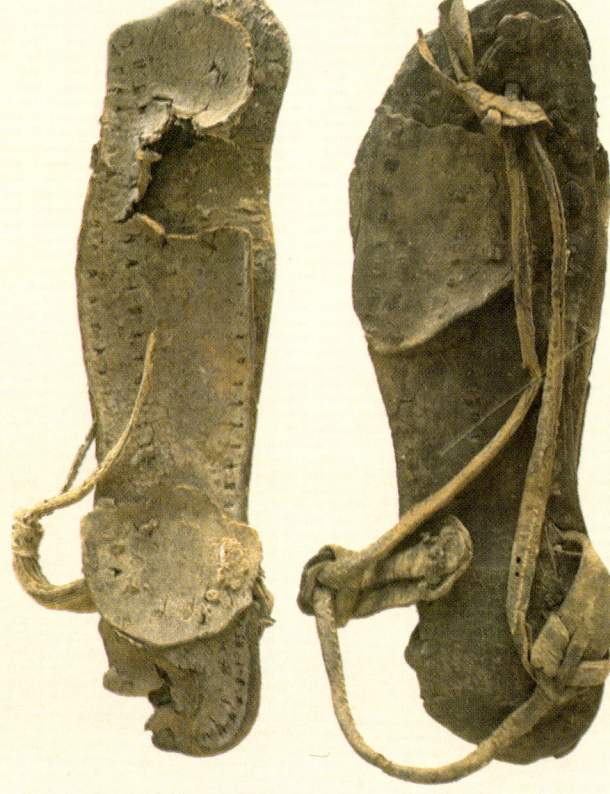

„Es kommt nach mir einer", wird Johannes der Täufer im Markusevangelium zitiert (Kap. 1,7), *„da bin ich nicht wert, daß ich ihm die Riemen seiner Schuhe löse."* Als Jesus seine Jünger losschickte, gab er ihnen die Anweisung, *„wohl Schuhe",* aber nicht *„zwei Hemden"* mitzunehmen (Mk. 6,9). Es gab offene Sandalen, die abgebildeten wurden am Fuß festgeknotet.

In der trockenen Hitze von Masada sind die zurückgelassenen Stoffreste nicht verrottet. Der blaue Streifen in diesem Stück zeigt, daß man einen Gebetsschal (tallith) *gefunden hat, den einer der jüdischen Rebellen bei der Verteidigung der Festung gegen die Römer im Jahre 73 trug.*

„Niemand füllt jungen Wein in alte Schläuche", heißt es im Markusevangelium. Bei alten Fellflaschen wurde das Leder hart und brüchig und damit ungeeignet für den noch gärenden jungen Wein. Dieser Wasserschlauch aus einem Schaffell war äußerst sorgfältig vernäht. Die Vorderläufe band man geschickt zusammen und nutzte sie als Tragegriff.

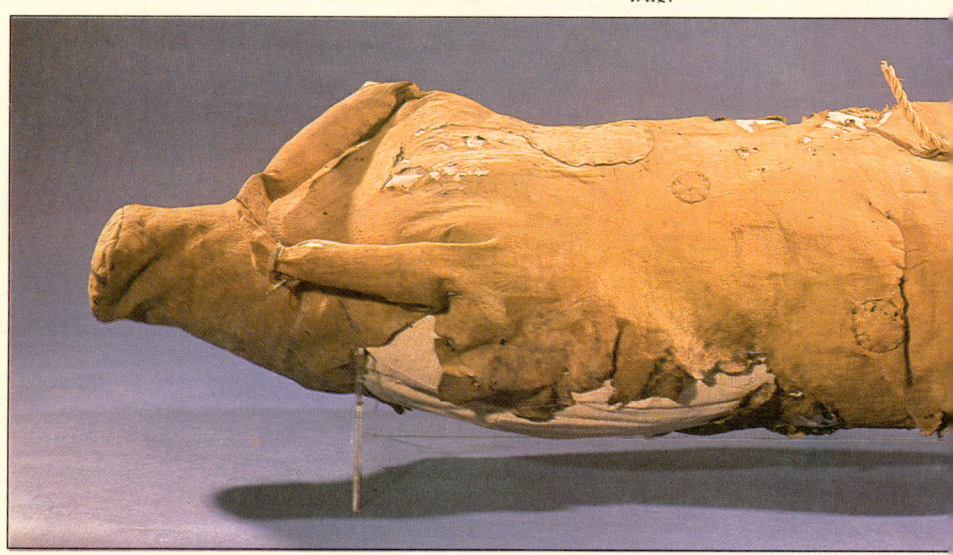

DIE HÄUSER REICHER LEUTE / 21

Steingut, Bronzekrüge und Holzgeschirr, einen Holzlöffel und ein Eisenmesser mit Holzgriff ließen die Rebellen in den Höhlen von Qumran zurück. Sie sind ein Beispiel für die üblichen Haushaltsgegenstände in einer jüdischen Küche.

Die jüdischen Flüchtlinge nahmen diese Schlüssel mit in die Höhlen. So waren ihre Häuser zwar vor Gelegenheitsdieben geschützt, aber nicht vor der Wut der Römer.

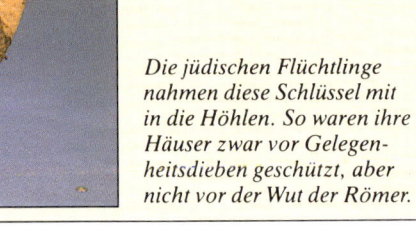

22 / DAS TÄGLICHE LEBEN

Wenn Reinlichkeit dem Glauben hilft

„Sie waschen sich nicht die Hände vor dem Essen."

Heute erzählen das manche Eltern über ihre Kinder – doch dasselbe haben die damaligen religiösen Führer auch von den Jüngern Jesu gesagt. In den Zeiten des Neuen Testaments war Reinlichkeit für den religiösen Juden sehr wichtig. Dahinter standen nicht nur gesundheitliche Gründe: Niemand durfte sich Gott nahen, der rituell unrein war.

Aus dem Bedürfnis, Unreinheit zu vermeiden, waren eine Fülle von Vorschriften entstanden. Sie zielten alle darauf ab, eine Übertretung von Gottes Geboten zu verhindern. Die Folgen waren vielgestaltig und machten das Leben schwierig für den Menschen, der Gott gefallen wollte. Aß man mit ungewaschenen Händen, verunreinigte man das Essen rituell, wodurch auch der Essende unrein wurde. Er mußte sich anschließend in einem Bad reinigen. Dasselbe galt auch für den, der auf den Markt ging und mit einem Nichtjuden in Kontakt kam. Nach Hause zurückgekehrt, mußte er sich ebenfalls rituell reinigen.

Erst in den letzten Jahren fanden die Archäologen Indizien dafür, wie genau diese Vorschriften im ersten Jahrhundert beachtet wurden. In den Häusern der reichen jüdischen Bürger Jerusalems gab es Bäder für rituelle Waschungen, auch in den Ruinen der klösterlichen Gemeinschaft in Qumran, ja sogar in den Häusern der religiösen

Nationalisten, der Zeloten, als sie die Festung Herodes des Großen auf dem Felsplateau von Masada in der judäischen Wüste besetzt hielten.

Oftmals waren die Bäder recht klein gehalten und so ausgelegt, daß gerade eine Person die Stufen hinabsteigen und ins Wasser tauchen konnte. Einige Bäder waren jedoch erheblich größer und spiegeln den Reichtum ihrer Besitzer wider; andere wurden von der Öffentlichkeit genutzt. Zuweilen hatten sie separate Ein- und Ausgänge und wiesen auf den Stufen eine Abtrennung auf, so daß die Unreinen auf der einen Seite in das Wasser stiegen und es auf der anderen Seite rituell gereinigt wieder verließen. In jedem Fall wurden Vorkehrungen getroffen, damit Regen oder ein Fluß das Bad mit Wasser versorgten; Wasser ausschließlich mit Eimern und Krügen zuzuführen, genügte nicht den Erfordernissen.

Reinlichkeit war auch im Hinblick auf Möbel und Haushaltsgeschirr von Bedeutung. Auch sie konnten auf die verschiedensten Arten unrein werden, ein Umstand, den man den Gesetzen des dritten Buches Mose entnommen hatte. Wusch man das Verunreinigte in reinem Wasser, so wurde es wieder rein; die Ausnahme bildeten Keramikgefäße. In alter Zeit waren Töpferwaren zum überwiegenden Teil unglasierte Tonwaren, die von der eingefüllten Flüssigkeit etwas aufsaugten. Aus diesem Grund war es nicht möglich,

DIE HÄUSER REICHER LEUTE / 23

sie vollständig zu reinigen. War also der Inhalt eines solchen Gefäßes unrein gewesen, mußte es zerbrochen werden. Als Töpfe und Pfannen schließlich aus (allerdings sehr teurem) Metall gefertigt werden konnten, war diese Schwierigkeit überwunden.

Die Ausgrabungen in Jerusalem haben noch eine weitere Möglichkeit aufgedeckt, mit der man vermied, Geschirr allzuoft wegwerfen zu müssen: die Produktion von Bechern, Schalen, Krügen und Platten aus Kalkstein, der in den Hügeln um Jerusalem gefunden wurde. Steinerne Behältnisse mußten nur noch rituell gereinigt werden, wenn sie unrein geworden waren. Man hat in Jerusalem derart viele Beispiele gefunden, daß man von einem ganzen Industriezweig ausgehen muß, der sich mit der Herstellung solcher Gefäße beschäftigte. Die qualitativ hochwertigsten Stücke wurden auf einer Art Drehbank innen wunderbar glatt geschliffen, außen mit einfachen Verzierungen versehen und schließlich poliert. Weniger fein behauene Krüge und Meßbecher wurden nur in der Küche verwendet.

Die Entdeckungen geben Hilfestellungen, einige Textabschnitte aus dem Neuen Testament besser zu verstehen. Die sechs großen Steinkrüge, erwähnt bei der Wundergeschichte „Die Hochzeit zu Kana", dienten zur „Reinigung nach jüdischer Sitte" (Jh. 2,6). Bei einem solchen Fest wurden große Mengen Wasser benötigt, um den Vorschriften nachzukommen (siehe: *Die großen Wasserkrüge*). Der Evangelist Markus, der darüber berichtet, wie sich die Pharisäer über die Jünger Jesu empörten, erklärte seinen nicht-jüdischen Lesern: „Denn die Pharisäer und alle Juden essen nicht, wenn sie nicht die Hände mit einer Handvoll Wasser gewaschen haben, und halten so die Satzungen der Ältesten; und wenn sie vom Markt kommen, essen sie nicht, wenn sie sich nicht gewaschen haben. Und es sind viele andere Dinge, die sie zu halten angenommen haben, wie: Trinkgefäße und Krüge und Kessel und Bänke zu waschen" (Mk. 7,3.4).

Jesus reagierte barsch auf die Beschwerde. Die religiösen Führer seien so versessen darauf, daß das Volk all die vielen Vorschriften einhielte, daß sie darüber deren eigentlichen Zweck vergessen hätten. Was wirklich zähle, erklärte Jesus, sei die Haltung des Menschen: „Was ein Mensch ißt, kann ihn nicht verunreinigen." Und Jesus fügte noch hinzu: „Was aus dem Inneren des Menschen kommt, seine Gedanken, Worte, Taten, die lassen ihn unrein werden" (Mk. 7,18.20).

Steingeschirr war in Jerusalem sehr verbreitet, weil man es im Gegensatz zu Tongeschirr reinigen und wiederverwenden durfte, wenn es rituell unrein geworden war. Tongeschirr wurde zerschlagen.

Überall, wo religiöse Juden lebten, bauten sie rituelle Bäder. Viele fand man in Jerusalem. Gut verputzt war dieses Exemplar in Qumran am Toten Meer.

24 / DAS TÄGLICHE LEBEN

Die großen Wasserkrüge

Auf der Hochzeit in Kana standen „sechs steinerne Wasserkrüge für die Reinigung nach jüdischer Sitte, und in jeden gingen zwei oder drei Maße" (Jh. 2,6). Die Diener füllten sie auf Anweisung Jesu mit Wasser, und als man davon probierte, war es Wein.

In Jerusalem haben Archäologen in den Ruinen aus dem ersten Jahrhundert nach Christus einige solcher Steinkrüge gefunden, allein sechs davon in der im Erdgeschoß befindlichen Küche des „ausgebrannten Hauses" von Bar Kathros. Sie sind jeweils 65-80 cm hoch und aus einem Steinblock geschlagen, der wohl eine halbe Tonne gewogen haben mag. Auf einer Art riesigen Drehbank wurden sie geglättet, schließlich mit einem Sockel untersetzt und mit einfachen Ornamenten verziert. Die abgebildeten Steinkrüge konnten bis zu 80 Liter Wasser aufnehmen, das zum Waschen und in der Küche benötigt wurde. Flache Steinscheiben dienten dabei als Deckel. Die in Kana verwendeten Krüge könnten diesen Krügen durchaus ähnlich gewesen sein.

In riesigen Krügen lagerte man jedwede Flüssigkeit. In mühsamer Fleißarbeit setzen Restauratoren die in Jerusalem ausgegrabenen Scherben wieder zu anschaulichen Exemplaren zusammen.

Die Schwiegermutter aus Kapernaum

Ausgrabungen in Kapernaum brachten eine Reihe kleiner Steinhäuser ans Tageslicht. Sie waren Teil einer Fischerstadt, die vom ersten vorchristlichen bis ins sechste nachchristliche Jahrhundert ihre Blütezeit erlebte. Obwohl die Häuser im Laufe der Zeit einige Male umgebaut wurden, blieb ihre Grundstruktur erhalten. Eine Tür führte von der Straße in einen gepflasterten Innenhof. Dort öffneten sich Türen in verschiedene, teilweise hintereinander gestaffelte Räume. Steinsäulen stützten die flachen Dächer, auf die man über Steintreppen gelangte.

Arkadenartige, niedrige Bögen ersetzten bei einigen Häusern durchgehende Außenwände. Sie dienten als Licht- und Lufteinlaß oder als Eingang zu Kuhstall oder Speicher.

Zwischen Seeufer und Synagoge fand man die Überreste einer achteckigen Kirche aus dem 4. Jahrhundert. Die Kirche wurde an einer für die damaligen Christen bedeutenden Stelle errichtet. Ausgrabungen ergaben, daß in einem Teil der Kirche ein wesentlich älteres Haus integriert worden war. Dessen Wände waren mit Gips verputzt, in den Menschen vor dem Bau der Kirche Gebete eingeritzt hatten, in denen Jesus Christus angerufen wurde. Die Christen glaubten damals, es handele sich um das Haus des Jüngers Petrus, in dem Jesus gelebt und vielleicht sogar dessen Schwiegermutter geheilt hatte (Mt. 4,13 und 8,14.15).

1905 fand man in Kapernaum die Ruine einer Synagoge. Im späten 4. Jahrhundert aus feinem weißen Stein erbaut und mit dekorativen Steinmetzarbeiten versehen, ist sie mittlerweile von Franziskanermönchen teilweise wiederaufgebaut worden. Gut erkennen kann man die stufenartig angeordneten Wandbänke, die jetzt Touristen für ein Ruhepäuschen dienen.

Unterhalb der Synagogenmauern fanden Archäologen Gebäudereste aus dem ersten Jahrhundert n.Chr. Der Bau aus schwarzem Basalt war vielleicht die von Lukas (7,4.5) erwähnte Synagoge, die ein „Hauptmann" der Gemeinde in Kapernaum stiftete.

Das „Jesus-Boot"

1985 litt Israel unter einer schweren Dürreperiode. Es regnete nur spärlich, und die Bauern waren gezwungen, ihre Felder zusätzlich zu bewässern. Wie immer stützte sich die Wasserversorgung in Israel auf das Wasserreservoir des Sees Genezareth, aus dem diesmal mehr als sonst abgepumpt wurde. Gleichzeitig floß jedoch auch weniger Wasser als in vorangegangenen Jahren in den See hinein. Als Folge sank der Wasserpegel des Sees. Dies bedeutete nicht nur eine Schädigung des ökologischen Systems, die Wiederholung einer solchen Situation in naher Zukunft würde das gesamte Bewässerungssystem des Landes gefährden. Doch auch eine gute Seite hatte die Wasserknappheit: Im See Genezareth entdeckte man die Reste eines uralten Bootes.

Seit Jahrhunderten im Schlammboden unter dem Wasser fast luftdicht eingeschlossen, waren die Balken erhalten geblieben. Schwarz gefärbt und mit Wasser vollgesogen, war ihre Form unverändert. Allerdings hatten wohl die Wasserbewegung und vielleicht die Anker anderer Boote die Aufbauten des gesunkenen Schiffes zerstört. Nur der Rumpf des 8,20 m langen und 2,35 m breiten Bootes blieb unversehrt.

Die Planken überlappen sich nicht wie bei vielen klinkergebauten Fischer- und kleinen Segelbooten aus Europa, sondern sie sind stumpf aneinandergefügt (Karweelstil). Andere Boote, die man an ganz verschiedenen Stellen des Römischen Reiches fand, belegen, daß es sich wohl um die damals übliche Weise des Schiffbaus handelt. Die Zedern- und Eichenplanken wurden durch in die Schmalseite eingearbeitete Zapfenverbindungen zusammengehalten. Um dem Bootskörper Stabilität zu verleihen, legte man im Innenraum quer über die Planken eine Reihe von Spanten, die sich von der oberen Kante bis zum Kiel bogen. Anders als in modernen Booten führten sie so nicht im Bogen durch den ganzen Bootsrumpf. Die Untersuchung des Bootes und die jetzt notwendige Konservierung des Holzes wird noch mehrere Jahre dauern. Bis zur ersten öffentlichen Präsentation werden sicher noch manche interessante Einzelheiten entdeckt. Zur Zeit befindet sich das Boot am Ufer des Sees in Ginosar, nördlich von Tiberias.

Zu welchem Zweck diente nun dieses Boot?

Bauart und Gegenstände, die man in der Nähe fand – ein Kochtopf und eine Lampe –, lassen auf ein Alter von ungefähr 2000 Jahren schließen. Bei der Untersuchung des Holzes mittels der C14-Methode[1] kam man zu demselben Ergebnis. Einige Journalisten waren schnell bei der Hand, den Fund als „Boot Jesu" oder „Boot des Petrus" auszuweisen. Und höchstwahrscheinlich stammt das Boot tatsächlich aus der Zeit Jesu. Eine Hypothese datiert das Boot in die Zeit des Kriegs gegen Rom, in dem 67 n.Chr. römische Soldaten die Stadt Magdala überrannten und die Boote der Einwohner versenkten.

Eine direkte Verbindung zu den Personen der Bibel läßt sich aber so lange nicht ziehen, bis vielleicht doch noch jemand auf einer der Planken „Zebedäus und Söhne" eingeritzt entdeckt ... Aber wie so viele andere Entdeckungen macht uns das Boot aus dem See Genezareth die Evangelien verständlicher und lebendiger.

Mosaikbild eines kleinen Segelbootes aus der frühen römischen Periode, gefunden in Magdala am See Genezareth.

Diese Zeichnung, nach einem Foto angefertigt, zeigt sehr anschaulich die Bauweise des „Jesus-Bootes". Die gefundenen Einzelteile wurden sehr sorgfältig aus dem See Genezareth geborgen und dann Stück für Stück identifiziert und an die richtige Stelle gesetzt.

Die Römer erobern eine Stadt

Am Nordostufer des Sees Genezareth ragen die Golanhöhen steil empor. Sommer wie Winter rauschen Regen- und Schmelzwasser in den See herab. In Tausenden von Jahren hat das Wasser sich seinen Lauf gebahnt – steilwandige Täler sind entstanden. Ungefähr elf Kilometer nordöstlich des Seeufers treffen fünf solcher Täler in spitzem Winkel zusammen. An dieser Stelle erhebt sich ein Vorgebirge, dessen einer Hang sehr regenreich ist und das auf der anderen Seite steil abfällt. Der Bergrücken, durch einen langen schmalen Grat mit dem Golanhochplateau verbunden, hat, betrachtet man ihn von der Seite, ein buckeliges Aussehen. Diese Erhebung – man hat von hier aus einen direkten Blick in das Tal hinab bis nach Betsaida und Kapernaum – ist ein strategisch günstiger Punkt.

Nachdem 1967 die von den Syrern gehaltenen Golanhöhen im Sechs-Tage-Krieg von Israel erobert worden waren, begann dort ein israelischer Wissenschaftler mit Untersuchungen. Auf der steil abfallenden Seite des Vorgebirges fand er die Ruinen von Steinhäusern. Anhand zerbrochener Tongefäße konnte er beweisen, daß bereits im ersten Jahrhundert hier Menschen gelebt hatten. Weiterhin entdeckte er runde Steine in der Größe eines Schlagballs, die den Wurfgeschossen römischer Belagerungsmaschinen glichen.

Was hatte es mit diesem Ort auf sich?

Oftmals stehen Archäologen vor dem Problem, die Stätten, die sie entdeckt haben, nicht identifizieren zu können. In alter Zeit standen gewöhnlich keine Schilder am Ortseingang, die über den Namen Auskunft gegeben hätten. Erst die Römer stellten Meilensteine entlang der Straßen auf, um den Reisenden (und den Soldaten) zu helfen. Jeder, der in einer fremden Stadt ankam, mußte zunächst fragen, wo er sich befand. Der Archäologe kann niemanden fragen und muß die verbliebenen Überreste nach etwas durchsuchen, das ihm behilflich sein könnte.

In diesem Fall halfen dem Archäologen jedoch schriftliche Quellen. Abgesehen vom Neuen Testament liegt uns als einzige jüdische Geschichtsquelle aus dem ersten Jahrhundert ein Werk des Josephus vor (siehe: *Josephus – Verräter oder Patriot*).

In seiner Beschreibung des jüdisch-römischen Krieges 67 bis 70 n.Chr. berichtet Josephus von der Stadt Gamala, deren Einwohner sich der römischen Armee widersetzen. Er selbst kannte diesen Ort, weil er zu Beginn der Auseinandersetzungen einige der Verteidigungsanlagen selbst konstruiert hatte. Die Geschichte der Einnahme dieser Stadt liest sich am besten in seinen Worten:

„Die Häuser waren an den Steilhang des Berges gebaut, in befremdlicher Weise zusammengedrängt, eines auf dem anderen, wobei die Stadt regelrecht in der Luft zu hängen schien."

Als der römische Feldherr Vespasian eintraf, erkannte er sofort, daß die Stadt nicht zu umzingeln war. Er wies seine Legionen an, die Belagerung an dem Engpaß im Osten zu beginnen. Schon bald war die Ausrüstung der Armee in Position gebracht und die Vertcidiger sahen sich in großen Schwierigkeiten.

„Ihre Führer ermutigten sie und führten sie an die Mauern. Eine Weile lang konnten sie diejenigen in Schach halten, welche die Belagerungsmaschinen aufrichteten, doch schon das erste Katapult und die Steinschleudern trieben sie zurück. Schließlich brachten die Römer an diesen verschiedenen Punkten Sturmböcke zum Einsatz und durchbrachen die Stadtmauer. Unter dem Klang von Trompeten, Waffengeklirre und Kriegsgeschrei sickerten sie durch die Öffnungen und nahmen den Kampf mit den Verteidigern auf. Zunächst hielten die in der Stadt Eingeschlossenen noch die Stellung und boten dem Vordringen des Feindes Einhalt. Doch die Römer waren zu zahlreich, so daß die Männer Gamalas in die höher gelegenen Teile der Stadt flohen, wo sie die Römer dann doch die Abhänge hinabzutreiben vermochten."

Aufgerieben von den Einwohnern, zogen sich die Römer zurück. Ein solches Desaster war der Kampfmoral der Römer abträglich. Vespasian mußte seinen Truppen neuen Mut zusprechen. Ein Teil von ihnen untergrub schließlich einen der Verteidigungstürme und nutzte die dadurch entstandene Verwirrung der Juden. Die Römer durchbrachen die Abwehrlinie und drängten die Verteidiger erneut in den höher gelegenen Teil der Stadt, wo diese alle nur erreichbaren Gegenstände auf die Römer herabwarfen. Der Wind stand ihnen jedoch entgegen, so daß die Geschosse nicht ihr Ziel trafen.

Von Vespasian selbst geführt, „erklommen die Römer den Gipfel, umzingelten und töteten sie. Von allen Seiten bedrängt und am Leben verzweifelnd, warfen sich einige zusammen mit ihren Frauen und Kindern

DIE RÖMER EROBERN EINE STADT/ 29

kopfüber in die Schlucht, die unter der Zitadelle lag." Insgesamt starben tatsächlich mehr Menschen auf diese Weise als durch die Hand der Römer. Gamala wurde aufgegeben; niemals sollte jemand wieder zurückkehren, um hier zu leben.

Der Steilhang des Berges, seine buckelige Form und seine Lage nordöstlich von Galiläa sind starke Hinweise darauf, daß die gefundenen Ruinen tatsächlich Reste des antiken Gamala sind. Der Name Gamala jedoch bedeutet „Kamel(-stadt)", und unser Berg sieht tatsächlich wie der Buckel eines Kamels aus.

Die Ausgrabungen an der Hangseite begannen 1976. Den Hang hinauf zieht sich die Andeutung eines Rathauses, durch das an einer Stelle ein Torweg führt. In der Stadt selbst sieht man die Reste von Straßen und Häusern, alle aus dem dunkelgrauen Basalt der

Umgebung. Und auch die Häuser stehen tatsächlich so ineinandergeschachtelt, wie es Josephus beschrieben hat.

Die zum Hang hin gelegenen Mauern sind heute noch etwa einen Meter hoch, andere sind abgebröckelt und den Hang hinuntergerutscht. In den Ruinen aufgefundene kleinere Kupfermünzen zeigen, daß die Stadt zweimal eingenommen wurde: zum ersten Mal im ersten vorchristlichen und zum zweiten Mal im ersten nachchristlichen Jahrhundert. Die Töpferwaren stammen aus demselben Zeitraum. Alles deutet darauf hin, daß dem Ort ein plötzliches Ende bereitet wurde. In dem Torweg und auch in anderen Gebäuden fand man eiserne Pfeilspitzen, teilweise stark deformiert. Sie trafen vermutlich auf die harten Steinwände auf, als sie über die Mauern hinweg in die Stadt geschossen wurden.

Pfeile waren jedoch nicht die einzigen Geschosse, die durch die Luft schwirrten. Überall in den Trümmern findet man die Einschläge von runden, mit Hammer und Meißel behauenen Steingeschossen aus Basalt. Die Geschosse mit einem Durchmesser zwischen 10 cm und einem halben Meter haben die Römer zweifelsohne mit Katapulten in die Stadt geschleudert. Jedes gefundene Detail stimmt mit Josephus' Beschreibung der Stadt Gamala und ihrem Schicksal überein. Daß diese Stadt an dieser Stelle gestanden und hier ihr gewaltsames Ende gefunden hat, kann nicht mehr angezweifelt werden.

Natürlich ist dieser Ort für jeden jüdischen Besucher von besonderer Bedeutung. Doch auch für historische Untersuchungen der Zeit des Neuen Testaments ist es ein interessanter Platz. Hier haben wir also eine Stadt, in der einst Menschen lebten, die Jesus sahen und ihm zuhörten, als er durch die Hügel Galiläas wanderte und predigte.

Die Stadt Gamala, von den Römern im 1. Jahrhundert zerstört, ist in Vergessenheit geraten. Dieser Hügel im Nordwesten des Sees Genezareth könnte der von Josephus beschriebene Platz sein. Erste Ausgrabungen führte man hier 1976 durch.

Eine Synagoge aus den Tagen Jesu

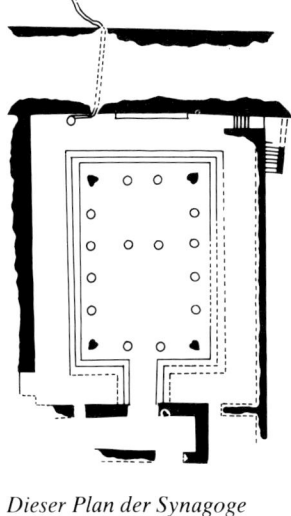

Dieser Plan der Synagoge von Gamala basiert auf dem Plan von S. Guttmann in L.I. Levines Buch Ancient Synagogues Revealed, *Jerusalem 1981.*

Ein sehr ungewöhnliches Gebäude wurde gleich zu Anfang der Arbeiten in Gamala ausgegraben. An eine Art Veranda schloß sich eine 20 m lange Säulenhalle an. Vom Eingang ausgehend war das Gebäude an jeder Seite von vier Reihen 50 cm hoher Steinstufen umgeben. Ein 2,4 m breiter Zwischenraum trennte die Mauern von der Kante der obersten Stufe. Das Dach wurde von Steinsäulen getragen, die in gleichmäßigen Abständen um das Zentrum herum errichtet worden waren. Geometrische Ornamente verzierten die Kapitelle dieser Säulen; die Ecksäulen waren nicht rund, sondern von herzförmigem Querschnitt. Am Fuß der Stufen war der Boden gepflastert, im völlig unbebauten Raum im Zentrum des Gebäudes fand sich jedoch nur nackter Erdboden. Das Haus hatte man parallel zum Hang errichtet, so daß eine Seite hoch über der Straße auf einer Terrasse stand. An dieser Stelle führte eine Treppe in den rückwärtigen Teil des Gebäudes hinauf. Ganz offensichtlich handelte es sich nicht um ein Wohnhaus.

Welchen Zweck könnte unser Gebäude gehabt haben? Es gibt eine plausible Erklärung: Die Archäologen haben die örtliche Synagoge ausgegraben. Trifft diese Vermutung zu, dann hat man in den Ruinen von Gamala die bis heute älteste archäologisch belegte Synagoge Palästinas entdeckt.

Aus dem Neuen Testament und den Aufzeichnungen des Josephus weiß man von Synagogen oder Bethäusern aus der Zeit Jesu. Man konnte also erwarten, eines Tages auf entsprechende Überreste zu stoßen. Doch wie kann man sicher sein, daß man hier tatsächlich eine Synagoge vor sich hat?

Ohne Inschriften ist eine solche Sicherheit nie gegeben, und es ist unwahrscheinlich, daß es in einer jüdischen Stadt konkrete Vermerke über die Existenz einer Synagoge gegeben hat. (Im griechischen Korinth jedoch fand man einen Stein, auf dem in der Landessprache Fragmente der eingemeißelten Worte „Synagoge der Juden" zu finden waren.)

Zwei gute Gründe gibt es, warum man die Ruine in Gamala getrost als Synagoge einstufen kann: Zunächst einmal entspricht der Grundriß des Gebäudes fast genau den Plänen anderer in Galiläa entdeckter Gebäude, die allerdings aus dem dritten Jahrhundert nach Christus und später stammen. In einigen von ihnen zeugen hebräische und aramäische Inschriften von Schenkungen, die von vermögenden Juden in Form von Gebäudeteilen oder Verzierungen gemacht wurden. Worte wie „dieser heilige Ort" und die damit verbundenen Gebete belegen zweifelsohne, daß es sich in jenen Fällen um Synagogen handelte. Tatsächlich ist auch nur schwer vorstellbar, welchen anderen Zweck entsprechende Hallen in jüdischen Ansiedlungen hätten haben sollen. In einigen von ihnen finden sich im Querschnitt herzförmige Ecksäulen wie in Gamala. Beispiele hierfür lassen sich ohne weiteres auch in den berühmten Ruinen Kapernaums finden.

Wir können aber noch aus einem weiteren Grund annehmen, daß es sich in Gamala wirklich um eine Synagoge handelt: Zwei weitere Synagogen aus dem ersten Jahrhundert wurden ent-

EINE SYNAGOGE AUS DEN TAGEN JESU / 31

Diese Ruine nahe der Stadtmauer von Gamala ist die einzige bisher identifizierte Synagoge in Galiläa aus der Zeit Jesu.

deckt. Beide liegen südlich von Jerusalem, weit entfernt von Galiläa. Ursprünglich waren sie nicht als Synagoge errichtet worden, aber während der Revolte gegen die Römer bauten Zeloten und andere jüdische Rebellen die Gebäude zu ihrem neuen Zweck um.

Sechs Kilometer südöstlich von Bethlehem liegt Herodeion, eine von Herodes dem Großen (40-4 v.Chr.) erbaute Festung, in der er auch begraben liegt. Hier hatten Zeloten den Speisesaal, eine 15 m lange Halle, umgestaltet. Sie brachen Steine aus der Festung, um an drei Seiten des Saals eine Plattform aufzuschichten, die an der Innenkante zwei Stufen als Sitzbänke erkennen läßt. An jeder Ecke war eine die Decke tragende Säule eingepaßt. Gleich vor dem Eingang fand man in einem kleinen Raum ein rituelles Bad. Auch hier sind die einzelnen Hinweise zusammen genommen schlüssig, wieder fehlt uns aber der absolute Beweis.

Ein nächstes Beweisstück finden wir in der überwältigenden Festung des König Herodes auf dem Gipfel des freistehenden Felsens von Masada, nicht weit vom Südende des Toten Meeres.[1] Entlang der Kanten des Berggipfels hatten die Baumeister des Herodes eine Doppelmauer mit Quartieren für die Wache und Lagerräumen zwischen den Mauern entworfen. Eines dieser Gebäude im Nordwest-Sektor ragt von der Innenseite der Mauer nach innen. Als die Mitarbeiter des Archäologen Professor Yigael Yadin Sand und Geröll beiseite geräumt hatten, legten sie einen Raum frei, der rundum mit vier Stufen Sitzreihen versehen war. In der Mitte zeigte er Aussparungen für Säulen und besaß fast dieselben Abmessungen wie der Saal in Herodeion. Stand man hier etwa ebenfalls vor einer Synagoge? Die israelischen Archäologen wagten kaum auszusprechen, was sie hofften: Hatten sie den Raum entdeckt, in dem die letzten Zeloten gelebt und die Heilige Schrift gelesen hatten?

In einer Ecke war ein kleiner Raum ausgebaut worden. Bei vorsichtigen Grabungen stieß man auf eine im Boden eingelassene Grube, auf deren Grund man ein Stück trockenes, aufgerolltes Leder fand. In mühevoller Geduldsarbeit legte man nicht weit von dieser Stelle eine weitere Grube

---

[1] siehe: Alan Millard, *Schätze aus biblischer Zeit*, Gießen ²1987

32 / DAS TÄGLICHE LEBEN

frei, in der die Teile einer anderen Schriftrolle lagen. Kaum war der Staub von ihr heruntergepustet, lasen auch schon glänzende Augen die vertrauten Worte aus dem 37. Kapitel des Buches Hesekiel: Die Vision von dem Tal voller Totengebeine! Das zuerst entdeckte Fragment mußte im Labor entrollt werden. Nach seiner Öffnung war klar, daß man hier das Ende des 5. Buches Mose in Händen hielt.

Die Entdeckung der zwei Schriftrollen könnte zwar durchaus ein aussagekräftiger Anhaltspunkt dafür sein, daß es sich bei der Fundstelle um einen heiligen Ort handelte, doch auch an anderen Stellen der Festung wurden Fragmente entdeckt. Allein auf Grund der Schriftfunde konnte man den Raum also nicht als Synagoge ansehen.

Alle Indizien zusammen führen jedoch zu der Vermutung, daß es sich bei den mit Sitzreihen umfaßten Räumen in Masada und Herodeion um Synagogen handelt. In beiden Fällen waren sie offenbar von einer solchen Bedeutung, daß die gegen die Römer kämpfenden Rebellen diese eindeutig nicht-militärischen Einrichtungen innerhalb ihrer Festungen errichtet hatten. Das Wissen um die strenge Religiosität der Zeloten läßt die Einordnung der Fundstellen als Synagogen um so plausibler erscheinen.

Da die Ähnlichkeit des in Gamala freigelegten Gebäudes mit den bereits bekannten groß ist, darf man wohl auch in Gamala von einer Synagoge sprechen. Damit ergeben auch einige andere dort zum Vorschein gekommene Besonderheiten einen Sinn. Vor der Veranda befand sich eine in den Fels gehauene, sorgsam verputzte Zisterne. Über ein paar Stufen bequem zu erreichen, war es für den zum Gebet eilenden Gläubigen einfach, die Reinigungsrituale durchzuführen. Im Gebäude selbst, nahe der Nordwestecke, bewahrte man in einer Wandnische möglicherweise die alttestamentlichen Schriftrollen in einem kleinen Schränkchen auf. Das Lesepult, so vermuten die Wissenschaftler, stand auf einer Reihe von Pflastersteinen, die zwei Säulen quer durch den Raum miteinander verbinden.

Die Gläubigen, die diese Synagoge benutzten, haben sicherlich auch Jesus am Seeufer zugehört. Die Synagoge in Gamala ist das einzige aus dem ersten Jahrhundert stammende Bethaus, das nicht weit von der Wirkungsstätte Jesu entfernt liegt. Gab es noch andere in dieser Gegend? Das kann niemand mit Bestimmtheit sagen. Jüngere Synagogen, die in vielfältiger Weise unseren drei gleichen, lassen es vermuten. Unter Vorbehalt betrachtet, könnten wir uns also durch die Ruinen Gamalas ein ungefähres Bild von den Gotteshäusern machen, die auch Jesus kannte.

Im Lukasevangelium wird beschrieben, wie er „am Sabbat, wie es seine Gewohnheit war", in die Synagoge von Nazareth ging. Auf den Straßen waren die Bürger der Stadt unterwegs, einige von ihnen hielten an, um sich am Eingang zu ihrem Bethaus zu reinigen. Nachdem sie eingetreten waren, stiegen sie die Stufen empor, um sich oben einen Sitzplatz zu suchen. Männer und Frauen mögen getrennt gesessen haben, eindeutig belegt ist dies jedoch nicht. Auf den als Sitzgelegenheiten dienenden Stufen saß man nebeneinander, wobei der mit bunten Matten bedeckte Platz in der Mitte des Raumes ausgespart wurde. Die Männer trugen weiße Gebetsschals, manchmal mit langen Quasten versehen (vgl. Mt. 23,5).

Hatte jedermann seinen Platz eingenommen, konnte der Vorsteher mit dem Gottesdienst beginnen. Kernpunkt war die Lesung bestimmter Bibelabschnitte. Die Schriftrollen des Gesetzes und der Propheten wurden ehrfürchtig aus dem Schränkchen in der Nische herausgenommen, durch die Versammlung getragen und auf dem Lesepult in der Mitte abgelegt. Bei einer solchen Gelegenheit hat wohl Jesus aus dem Propheten Jesaja gelesen. Die Schriftrollen vom Toten Meer lassen erkennen, welcher Art von Buch er die Worte entnahm (siehe: *Die Bibel, wie sie Jesus kannte*).

Die Entdeckung in Gamala hilft, sich das Umfeld, in dem Jesus lehrte, besser vorstellen zu können, und zeigt, wie wohl die Synagoge ausgesehen haben mag, aus der man ihn ausschließen wollte.

Die Bibel, wie sie Jesus kannte

Und Jesus „kam nach Nazareth ... und ging nach seiner Gewohnheit am Sabbat in die Synagoge und stand auf und wollte lesen. Da wurde ihm das Buch des Propheten Jesaja gereicht. Und als er es auftat, fand er die Stelle ..." (Lk. 4,16.17).

Wie sah nun eine solche Schriftrolle aus, aus der Jesus las? Wenn man heutzutage die in Synagogen gelesenen Schriftrollen mit denen vergleicht, die am Toten Meer gefunden wurden, erscheinen sie doch recht unhandlich. Im ersten Jahrhundert waren die Rollen erheblich kleiner. Eine der ersten Schriftrollen, die nach Jahrhunderten wiederentdeckt wurden, war eine Abschrift des Jesajatextes. Sie ist auch die einzige biblische Schriftrolle, die man komplett auffand (siehe: *Gut versteckte Bücher*).

Falls die Synagoge in Nazareth ein vergleichbares Exemplar ihr eigen nannte, so war es in etwa 7,5 m lang und 26 cm hoch. Siebzehn Lederteile mußten für eine solche Rolle aneinandergenäht werden. Darauf wurden schließlich 54 Spalten mit jeweils 29 bis 32 Zeilen geschrieben, insgesamt rund 1630 Zeilen.

Der Leser hielt die Rolle fest in seiner linken Hand. Mit der rechten Hand wurde Spalte um Spalte – je nach Bedarf – abgerollt und so eine zweite Rolle gebildet (die Juden lesen von rechts nach links). Um zu Jesaja 61 zu gelangen, muß Jesus den größten Teil der Schriftrolle auf- und entsprechend auch wieder zusammengerollt haben.

Man fand Dutzende von Abschriften alttestamentlicher Bücher zwischen den Schriftrollen vom Toten Meer, und so können wir vermuten, daß es im ersten Jahrhundert in Palästina nicht sonderlich schwer war, ein Exemplar zu erwerben. Zweifellos gehörten die Schriftrollen vom Toten Meer einer sehr frommen, die Bibel lesenden Gemeinschaft. In einer ländlichen Gemeinde wie in Nazareth hatten wohl nur wenige die Muße zu lesen, wenn sie überhaupt Textabschriften von Bibelteilen besaßen.

„Bücher" waren nicht allzu kostspielig. Für die Abschrift des Jesajatextes waren wohl etwa drei Tage nötig. Der Preis errechnete sich aus dem Tageslohn des Schreibers und den Materialkosten.

Der latein. Dichter Martial (40-103 n.Chr.) gab den Preis für eine billige und weniger umfangreiche Abschrift auf Papyrus mit eineinhalb bis zweieinhalb Denaren an. Die Kosten einer Abschrift von 1000 Zeilen Griechisch beliefen sich im zweiten Jahrhundert in Ägypten auf zwei Denare. Für eine Abschrift der Jesajarolle hätte ein Käufer also rund drei bis vier Tageslöhne investieren müssen. Eine vollständige Ausgabe des Alten Testamentes – wir sprechen hier nicht von einem einzigen Buch, sondern einem ganzen Berg von Schriftrollen – wäre um ein Vielfaches teurer geworden.

Als Jesus in der Synagoge von Nazareth aus dem Propheten Jesaja vorlas, war die hier abgebildete Schriftrolle bereits über 100 Jahre alt. Unzählige Male ist sie gelesen und auch geflickt worden. An den Stellen, wo der Abschreiber aus Unachtsamkeit ein Wort ausgelassen hatte, wurde das fehlende nachträglich eingefügt oder auf den Rand geschrieben. Ganz links erkennt man die Nahtstelle zwischen zwei Lederstücken. Die hier gezeigte Jesajarolle wurde am Toten Meer gefunden und liegt zur Zeit im „Schrein der Schrift" in Jerusalem.

34 / DAS TÄGLICHE LEBEN

Die Sprachen der Juden

Talitha kumi („Mägdlein steh auf" – Mk. 5,41); *Hephata* („öffne dich" – Mk. 7,24) und *Abba* („o Vater" – Mk. 14,36) – alles Originalworte aus der Sprache, in der Jesus sich verständigte: Aramäisch. Zur Zeit der alttestamentlichen Propheten sprach man in Israel noch Hebräisch. Als das gesamte Volk 586 v.Chr. ins Exil nach Babylon gebracht wurde, eignete man sich das dort gebräuchliche Aramäisch an, eine verwandte Sprache. Durch die syrischen Eroberungen und Handelsbeziehungen erlangte Aramäisch im Nahen Osten eine weite Verbreitung und große Bedeutung als Amtssprache des gesamten Persischen Reiches. Obgleich später auch Griechisch an Einfluß gewann (Alexander der Große), blieb Aramäisch die Sprache des Volkes.

Die wenigen original überlieferten aramäischen Worte Jesu waren lange Zeit das bedeutendste Zeugnis des im ersten Jahrhundert in Palästina gesprochenen Aramäisch. Sprachwissenschaftler, die Aussprüche Jesu rekonstruieren wollten, besaßen für ihre Arbeit kaum weitere Quellen. Sie mußten anhand der Ausdrucksweise jüdischer und christlicher Bücher aus der Zeit zwischen dem dritten und siebten Jahrhundert mühsam zurückschließen auf die älteren Texte. Das

Auf einem Ossuarium (Steinsarg) entzifferte man den nebenstehenden aramäischen Text. Hier ruhen die Gebeine von „Simon, dem Tempelbauer".

Resultat war äußerst unbefriedigend.

Mit der Entdeckung der Schriftrollen vom Toten Meer ergab sich eine völlig neue Situation, da sich unter den Funden auch aramäische Bücher, beziehungsweise Buchfragmente aus dem ersten Jahrhundert bis zum Jahr 67 n.Chr. befanden. Es waren Auslegungen zu alttestamentlichen Büchern (darunter auch einige Übertragungen hebräischer alttestamentlicher Texte, sogenannte „Targumim") und mehrere apokryphe Werke und Visionsberichte. Alle sind in einem anspruchsvollen, literarischen Stil gehalten. Kritzeleien und Notizen auf Tonscherben („Ostraka"), und hier besonders die Anmerkungen, die auf Gebeinurnen, den Ossuarien, eingekratzt worden waren, zeigen etwas von der Alltagssprache.

Aramäisch war die Sprache des Volkes, doch auch Griechisch spielte eine Rolle. Als Alexander der Große auf seinen Feldzügen griechische Generäle als Statthalter in den eroberten

Der jüdische König Alexander Jannäus (103-76 v. Chr.) ließ Münzen mit seinem Namen prägen, die auf der einen Seite griechischen und auf der anderen hebräischen Text trugen.

Ländern einsetzte und sich deren Soldaten überall in den Gebieten niederließen, löste Griechisch schnell Aramäisch als Amtssprache ab. In Syrien, Babylonien, Persien und in den weiter östlich gelegenen Gebieten trugen die neuen Münzen die Namen der jeweiligen Herrscher in Griechisch. Dasselbe galt auch für Judäa. Als die hasmonäischen Priesterkönige (166-37 v.Chr.) begannen, ihre kleinen Kupfermünzen auszugeben, waren ihre Namen und Titel auf einer Seite in Griechisch geprägt.

In Jerusalem zeugen griechische Inschriften am Tempel von großzügigen Spenden. Weiterhin gab es griechische Hinweise für ausländische Besucher (solche wie die Inschrift des Theodotus und der „Verbotsstein"; siehe: *Tempeltouristen* und *Der große Tempel des Herodes*).

Aber nicht nur die herrschende Klasse sprach Griechisch, wie eingeritzte oder aufgemalte Namen auf Töpfen und Pfannen und Texte auf Ossuarien beweisen. Unter den Schriftrollen

vom Toten Meer sind griechische Buchfragmente, biblische und andere Übersetzungen, die belegen, daß religiöse Juden im ersten Jahrhundert ihre heiligen Bücher auf Griechisch lasen. Sicherlich benutzten die römischen Statthalter bei ihren täglichen Pflichten ebenfalls diese Sprache, so daß Jesus in seinem Prozeß dem Pilatus vielleicht auf Griechisch antwortete.

Der jüdische Historiker Josephus vermerkte in seinen Aufzeichnungen neben den griechischen auch die auf Latein abgefaßten Verbotstafeln im Tempel (Latein war die offizielle Amts- und Militärsprache. In Masada fand man von Soldaten auf Papyrus geschriebene Nachrichten, die in Latein abgefaßt worden waren.). Die Priesterschaft wollte so vielsprachig sicherstellen, daß die Angehörigen der Besatzungsmacht über das Zutrittsverbot für Nichtjuden im Tempelbezirk informiert waren. Auch Pilatus hatte sich auf diese Vielsprachigkeit eingestellt. Auf die Tafel über dem Kreuz Jesu – „Jesus von Nazareth, König der Juden" – ließ er den Text in drei Sprachen schreiben: in Aramäisch, also der Landessprache, in der Amtssprache Latein und in der zweiten Umgangssprache, Griechisch.

EINE SYNAGOGE AUS DEN TAGEN JESU/ 35

Die griechischen Inschriften auf diesem Ossuarium nennen die Namen „Josef" und „Maria".

Aramäisch, Latein, Griechisch ... Sprach man denn auch noch Hebräisch? Jahrelang waren die Wissenschaftler der Ansicht, daß Hebräisch nur noch zu liturgischen Zwecken benutzt wurde. Auch die hebräischen Inschriften auf den hasmonäischen Münzen wurden eher als Rückgriff auf schon fast verschollenes Kulturgut gedeutet.

Jüngste Entdeckungen eröffneten jedoch ganz neue Perspektiven zu dieser Frage. Ein großer Teil der Schriftrollen vom Toten Meer ist nämlich in einem Hebräisch gehalten, das den Stil des Alten Testaments imitiert, sich von diesem jedoch klar unterscheidet. Andere Schriften sind in einem Hebräisch verfaßt, das dem der Mischna, der Gesetzessammlung aus dem 2. Jahrhundert nahekommt (siehe: *Jüdische Schriften*). Man hätte die

Schriftrollen als Werke einer religiösen Sekte für weniger wichtig abtun können, würden nicht weitere Dokumente existieren, die eindeutig allgemeinen Inhalt haben.

Gefunden wurden Briefe und juristische Urkunden, die im Zusammenhang mit dem Bar-Kochba-Aufstand (132-135 n.Chr.) stehen. Dieser falsche Messias[1] ließ Briefe in Hebräisch, Aramäisch und Griechisch schreiben. Aus Häusern Jerusalems, aus den Festungen Herodes' (Herodeion und Masada) und von anderen Orten stammen Töpfe, auf die im ersten Jahrhundert hebräische Worte oder Namen gemalt

---

[1] Simeon, der Sohn des Kosiba, wurde unter Berufung auf die Heilige Schrift von Rabbi Akiba zum Messias ausgerufen: „Es wird ein Stern aus Jakob aufgehen ..." (4. Mo. 24,17). Unter dem Namen „Kochba" (aramäisch für Stern) wird Simeon Anführer eines Aufstandes gegen die Römer.

wurden. Auch auf Ossuarien fand man hebräische Texte.

In jeder dieser Sprachen gab es Dialekte, die heute natürlich nur noch schwer nachzuweisen sind. In Matthäus 26 heißt es, daß die Mägde Petrus im Haus des Hohenpriesters an seinem galiläischen Akzent erkannten. Aramäisch wurde von den Bauern und ungebildeten Arbeitern gesprochen. Hebräisch lernte man wahrscheinlich im ganzen Land in den Synagogen angegliederten Schulen. Religiöse Zeloten und Nationalisten sprachen es wohl auch in einigen Orten in der Nähe Jerusalems. Abgesehen von den Juden, die in sehr abgelegenen Gegenden lebten, beherrschten Handwerker, Geschäftsleute und Händler genug Griechisch, um zumindest ihren Geschäften nachgehen zu können. Wir können also durchaus an-

nehmen, daß der Sohn eines Handwerkers, der in einer Hauptstraße Nazareths aufgewachsen war, Aramäisch sprach, Griechisch – wo nötig – zu benutzen wußte und Hebräischkenntnisse besaß, die sich nicht nur auf das Lesen beschränkten.

36 / DAS TÄGLICHE LEBEN

Klein ist fein

Ein aufmerksamer Beduine entdeckte dieses kleine Lederpäckchen, ein „Phylacterion" (Gebetsriemen) in Qumran. Als man es öffnete, fand man vier mit feinem Haar zugebundene Pergamente (beide Abbildungen zeigen die Originalgröße!).

Auf den Pergamenten stehen Texte aus Exodus und Deuteronomium (2. und 5. Buch Mose).

Die meisten Menschen hätten den kleinen, geschwärzten Gegenstand wohl kaum bemerkt. Dem scharfäugigen Beduinen, der in den Höhlen am Toten Meer auf Schatzsuche war, entging er jedoch nicht. Wieder etwas, das man vielleicht verkaufen konnte! Beduinen hatten bereits Teile alter Pergament-Schriftrollen aufgespürt (siehe: *Gut versteckte Bücher*). Hier nun förderten sie ein kleines, unscheinbares Lederpäckchen zutage. Über einen Mittelsmann in den Laden eines Antiquitätenhändlers in Jerusalem gelangt, verkaufte der es im Januar 1968 an Yigael Yadin, der damals noch Professor für Archäologie an der Hebrew University in Jerusalem war. Yadin wußte, was er käuflich erstanden hatte: Eine faszinierende Antiquität, die er sogleich einer peinlich genauen Untersuchung unterzog. Die Ergebnisse seiner Untersuchungen veröffentlichte er im darauffolgenden Jahr:

Das Päckchen besteht aus einem in der Hälfte gefalteten Lederstück, das an drei Seiten zusammengenäht ist. Es ist überaus klein: 20 mm lang und 13 mm breit. Als man die Nähte aufschnitt, kamen vier winzige, mit Haaren zusammengebundene noch kleinere Päckchen zum Vorschein, die in vier in das Leder eingelassene Mulden lagen. Sie zu öffnen, verlangte größtes Fingerspitzengefühl. Sie erwiesen sich als überaus dünne, gefaltete Fragmente, auf beiden Seiten mit winziger Schrift bedeckt. Das größte von ihnen mißt 27 x 44 mm und trägt 26 Zeilen Text, dessen Buchstaben etwa 0,5 mm hoch sind.

Obgleich wohl nicht zum Lesen bestimmt, hatte ein Schreiber Passagen aus dem 2. und 5. Buch Mose niedergeschrieben.

Unter den Schriftrollen vom Toten Meer fand man noch mehrere solcher Zettelchen, unter anderem auch rund ein Dutzend der entsprechenden Lederpäckchen, von denen jedoch keines in einem solch guten Zustand war, wie das von Yadin erworbene. Alle haben in etwa die gleiche Größe.

In den „Gesetzen des Moses" erhält das Volk Israel viermal Anweisungen Gottes: „So nehmt nun diese Worte zu Herzen und in eure Seele und bindet sie zum Zeichen auf eure Hand und macht sie zum Merkzeichen zwischen euren Augen" (2. Mose 13,9.16; 5. Mose 6,8; 11,18). Wie sollten Juden, die dem Gesetz Folge leisten wollten, diese Anweisung nun umsetzen? Vielleicht war sie nicht wörtlich zu nehmen, obwohl viele Juden jedoch diese Ansicht vertraten.

Zumindest seit Anfang des zweiten Jahrhunderts v.Chr. trugen einige gottesfürchtige Männer diese Anweisung auf Pergamentstreifen niedergeschrieben als Erinnerung an das Gesetz Gottes auf ihren Leib geschnürt. Im ersten Jahrhundert n.Chr. war es für religiöse Menschen zur Sitte geworden; die entsprechenden rabbinischen Vorschriften besitzen heute noch ihre Gültigkeit. Auf der Innenseite des linken Arms oberhalb des Ellenbogens, dort wo es dem Herzen am nächsten ist, bindet man ein mit Riemen befestigtes Kästchen fest, in dem sich die auf einem einzelnen Pergamentblättchen niedergeschriebenen Textpassagen 2. Mose 13,1-16 und 5. Mose 6,4-9; 11,13-21 befinden. Auf der Stirn trägt man ein weiteres Kästchen, das vier solcher Pergamente mit den selben Textstellen enthält.

Mit Ausnahme des Sabbats und anderer heiliger Tage wird das Gebetskästchen bei den Morgengebeten getragen. Es ist durchaus denkbar, daß sie im ersten Jahrhundert vielleicht sogar den ganzen Tag über getragen wurden. Augenscheinlich beinhalteten die Texte einige Variationen, wenn auch nicht erkennbar ist, ob diese festgesetzten Mustern folgen. Die Besitzer waren wohl kaum darüber informiert, welche Texte sich in den Kästchen befanden, es sei denn, sie waren selbst die Schreiber. Bei den Qumranfunden stellte man in einem Fall fest, daß ein Schreiber zwischen 5. Mose 5,1-21 und 5. Mose 5,22-33 die Zehn Gebote und andere Textpassagen eingefügt hatte.

Die hebräische Bezeichnung der Päckchen lautet *tefillim,* was soviel wie „Gebete" bedeutet. Im Neuen Testament findet man das griechische Wort „Phylakterion" für sie, das im Deutschen sinngemäß mit „Gebetsriemen" wiedergegeben wird. Das griechische Wort bedeutete eigentlich „Schutz" oder „Amulett", und es ist leicht vorstellbar, daß andere Menschen durchaus denken mochten, daß die Juden in gleicher Weise Amulette trugen wie sie selbst. Einen Talisman oder ein Amulett zu tragen, das vor Unglück und Krankheit, vor Bösem und Unheil schützte, war damals wie heute eine weitverbreitete Sitte. Auf Metall eingeritzten oder auf Pergament geschriebenen heiligen Worten sagte man eine besondere Wirkung nach. Wenig verwunderlich also, daß man anhand von Schriften der Rabbiner nachweisen kann, daß einige Juden ihre Gebetsriemen in gleicher Weise gebrauchten. Ihr eigentlicher Sinn und Zweck war jedoch zweifellos, den Träger an das Gesetz Gottes zu erinnern.

Auch zur Zeit Jesu trugen Schriftgelehrte und Pharisäer Gebetsriemen. Jesus kritisierte die Praxis nicht grundsätzlich, sondern weil mit möglichst breitem Riemen Frömmigkeit zur Schau gestellt wurde (Mt. 23,5). Erst der exemplarische Fund von Qumran erhellte den Hintergrund jener Kritik. Manche Gebetsriemen waren so schmal, daß man sie auf einige Entfernung kaum erkennen konnte. Im Gegensatz dazu sind andere Gebetsriemen dreimal so breit. Die Lehre Jesu ist eindeutig: Religiösen Pflichten soll man ohne viel Aufhebens nachgehen. Es ist nicht die offen sichtbare Religiosität, die Gott gefällt, sondern der treue und bescheidene Glaube.

Während die am Toten Meer gefundenen Gebetsriemen wohl recht unauffällig am Kopf der religiösen Juden befestigt waren, sind die heutigen schon etwas auffälliger gestaltet.

Gehenna – das Höllenfeuer

Wo auch immer Menschen leben, hinterlassen sie Abfall. Meist müssen sie irgendwie und irgendwo eine Müllhalde anlegen. Heutzutage findet man vor einigen Städten regelrechte Müllberge, während an anderen Orten der Abfall in der Erde vergraben wird. Auch in früherer Zeit standen die Menschen vor dem Problem der Müllbeseitigung. Lag die Stadt an einem Fluß oder See, war die Sache schnell gelöst. War kein Wasser in der Nähe, warf man alles vor die Mauern der Stadt oder in bequem zu erreichende Gruben. Geruchsempfindliche Bürger achteten umweltbewußt darauf, daß der Müll dorthin gekippt wurde, von wo ihnen der Wind den Gestank nicht wieder um die Nase wehte.

Archäologen sind jedoch ganz froh, wenn sie auf die Müllhalde einer antiken Stadt stoßen. Hausruinen sind oft unergiebig, wenn die Bewohner ohne Eile das Haus verließen. Sehr viel mehr läßt sich jedoch über ihren Lebensstil herausfinden, untersucht man die Dinge, die sie wegwarfen: zerbrochene Töpfe, abgenutzte Metallwaren, Glasstücke, Münzen (natürlich versehentlich), altes Papier. All das liegt in dem Humus, der beim Vermodern von Kleidern, altem Holz und Straßen- und Hausmüll entsteht. Vielleicht hat man auch tote Tiere auf solche Halden geworfen, zuweilen auch unerwünschte Neugeborene. (Die Sitte, Babys auf diese Weise dem Tod zu überlassen, war sowohl in Babylon als auch in Griechenland und Rom an der Tagesordnung. Erst das Christentum und seine Wertschätzung des einzelnen Lebens machte dem ein Ende. Häufig kam es jedoch vor, daß mitleidige oder kinderlose Ehepaare ausgesetzte Babys retteten und adoptierten.)

Auf Grund der Lage und des Klimas einiger Städte wäre es dort ganz und gar unhygienisch gewesen, den Müll auf Halden verrotten zu lassen – man verbrannte ihn lieber. Die Hitze vernichtete sogar einige der gefährlichen Nebenprodukte des Zerfallsprozesses (wenngleich die Menschen des Altertums sich dessen nicht bewußt waren) und ließ den Müllberg etwas schrumpfen.

Die Menschen, die auf den felsigen Hügeln Jerusalems lebten, hatten keinen Fluß, der ihr Müllproblem weggespült hätte. Im Süden der Stadt liegt ein Nebental, das ihnen vermutlich als Müllkippe diente. Dort konnten sie Dinge abladen, derer sie überdrüssig geworden waren. Wahrscheinlich warf man alles einfach die Felsen hinab und setzte es in Brand. Auch wenn nicht immer Flammen aus den Müllbergen aufloderten, so rauchten und schwelten sie unaufhörlich. Viel von dem, was nicht verbrannte oder nicht brennbar war, zersetzte sich nach und nach, wenn sich Würmer und Insekten oder Rost durch die Reste fraßen.

In der Zeit des Alten Testaments trug das Tal den Namen „Tal der Söhne

Das Hinnomtal war die Müllkippe des alten Jerusalems.

Hinnoms" oder abgekürzt nur Hinnom-Tal. An diesem Ort verrichteten Juden, die sich fremden Kulten zugekehrt hatten, grauenvolle Zeremonien. Sie verbrannten ihre eigenen Kinder, wie wir aus Jeremia 7,30f wissen. Im ersten Jahrhundert war es nur noch der brennende Müll, der das Tal erhellte. Zu dieser Zeit wurde sein Name ins Aramäische übertragen, und „Gehenna" wurde bald zu einem geläufigen Wort für „Hölle".

Wer dieses Hintergrundwissen hat, den erschrekken die Worte Jesu heute noch mehr als damals seine Jünger: „.... wer aber sagt: Du Narr!, der ist des höllischen Feuers [der Gehenna] schuldig" (Mt. 5,22). Anschließend warnte er drastisch: „Wenn dich dein Auge zum Abfall verführt, so wirf's von dir. Es ist besser für dich, daß du einäugig in das Reich Gottes gehst, als daß du zwei Augen hast und wirst in die Gehenna geworfen, wo ihr Wurm nicht stirbt und ihr Feuer nicht verlöscht" (Mk. 9,47f, als Zitat von Jes. 66,24). Achtet darauf, warnte er seine Jünger, daß ihr nicht auf der Müllhalde Gottes landet!

Zweites Kapitel

Die Herrscher des Landes

Das Land Palästina bot zur Zeit Jesu in politischer Hinsicht mehr als ein verwirrendes Bild: Da gab es zunächst einmal mindestens einen jüdischen König, aber auch einen römischen Statthalter in Jerusalem. Der Kaiser in Rom forderte Steuern von den Juden, und römische Soldaten setzten Verordnungen durch. Nur wenn man näher über den politischen Hintergrund in Judäa, Samaria und dem Römischen Reich Bescheid weiß, lassen sich einige Abschnitte aus den Evangelien richtig verstehen. Und archäologische Entdeckungen machen die politischen Berichte damaliger Geschichtsschreiber anschaulich.

Augustuskopf aus Glas. Dieses idealisierte Porträt, 4,9 cm hoch, zeigt den Kaiser zu Beginn seiner Herrschaft, obwohl es wahrscheinlich erst kurz nach seinem Tod im Jahre 14 n. Chr. angefertigt wurde.

Endlich Frieden!

Frieden, endlich Frieden! Seit 30 Jahren hatte das Volk Palästinas keine kriegerischen Invasionen, keinen mörderischen Bürgerkrieg mehr erleben müssen. Eine ganze Generation war ohne die schleichende Angst aufgewachsen, daß urplötzlich Hunderte von Soldaten einem alle Habseligkeiten entrissen, brandschatzten und mordeten. Auch wußten sie nicht, wie es ist, wenn man in den Bergen Zuflucht nehmen muß, weil gerade Haus und Hof in Schutt und Asche gelegt werden. Frieden bedeutete für jedermann eine sichergestellte Versorgung mit Grundnahrungsmitteln, mehr Zeit für das Familienleben, verhältnismäßig ungefährliches Reisen, freie Ausübung des Glaubens, Wohlstand und Zufriedenheit.

In dieser vordergründig sicheren Zeit wurde Jesus, übrigens schon etwa im Jahr 6 vor unserer Zeitrechnung, geboren. Sein Großvater oder Großonkel, der Priester Zacharias (bekannt als Vater von Johannes dem Täufer), könnte ihm noch von schlechteren Zeiten erzählt haben, die er hatte durchmachen müssen: wie Brüder die Waffen gegeneinander erhoben und um die Krone des Hohenpriesters kämpften; wie Pompejus mit dem römischen Heer in das Land einfiel; Jerusalem wieder und wieder belagert wurde und Soldaten die Zahlung der Steuern erzwangen (siehe: *Das Bildnis des Kaisers*).

Im Jahr 40 v. Chr. waren aus dem Gebiet des heutigen Iran/Irak die Parther gekommen. Bestochen von einem Möchtegern-Priesterkönig, marschierten sie auf Jerusalem, eroberten und plünderten die Stadt. Die Römer vertrieben die Parther schließlich, so daß es Herodes, allerdings mit der Unterstützung Roms, gelang, ganz Palästina zu erobern. Auch er mußte Jerusalem lange belagern, bis es endlich – 37 v. Chr. – in seine Hand fiel.

Seit dieser Zeit hatte Friede geherrscht, doch der hatte seinen Preis, denn Frieden bekommt man nicht geschenkt. In diesem Fall war der Preis die langjährige, brutale Herrschaft des Herodes, die allerdings beinahe schon vorüber war, als Jesus geboren wurde.

Was war in Palästina geschehen? Wie war es den Römern gelungen, das ganze Land zu kontrollieren? Wer war Herodes? Und wie wurde er König der Juden?

Der Kampf um die Krone

„Sie gehört mir!" „Nein, dir bestimmt nicht! Sie gehört mir!" Die beiden Brüder stritten und zankten sich. Als sie Kinder waren, hatte ihre Mutter noch ein Machtwort sprechen können, doch nun, da sie nicht mehr lebte, lagen sie im Kampf um ihr Erbe. Jene Mutter war Salome Alexandra. Als ihr Gatte, der jüdische König Alexander Jannäus, 76 v. Chr. starb, übernahm sie die Herrschaft über Judäa. Als Königin konnte sie ihrem Gatten nachfolgen, als Hohepriesterin selbstverständlich nicht. So verhalf sie ihrem ältesten Sohn, Hyrkanus, zu dieser Position. Er hätte eigentlich auch König werden sollen, doch sein ehrgeiziger Bruder Aristobul machte ihm dieses Recht nach dem Tod der Mutter im Jahr 67 v. Chr. streitig. Der Bruderzwist war nicht mehr friedlich beizulegen.

Aristobul hob eine Armee aus und besiegte Hyrkanus, der daraufhin auf Krone und Hohepriesteramt im Tausch gegen ein zurückgezogenes Leben verzichten durfte – das jedoch nicht lange dauern sollte. Sein Vater hatte in der südlichen Provinz Idumäa (siehe auch Seite 44) einen Mann namens Antipater als Statthalter eingesetzt, der nun die Gelegenheit gekommen sah, seinen Machtbereich auszudehnen. Er schlug sich auf die Seite des Hyrkanus. Gemeinsam zogen sie über den Jordan und verbündeten sich mit Aretas, dem König der Nabatäer.

Im Verbund mit dem nabatäischen Heer zogen Antipater und Hyrkanus zurück nach Jerusalem und umzingelten Aristobul im Tempelbezirk. Doch noch bevor sie ihn überwältigen konnten, kam eine Order, die Belagerung aufzuheben. Der Befehl kam von einer Seite, die weder Antipater noch die Nabatäer ignorieren konnten: aus Rom.

Seit Rom im Jahr 161 v.Chr. einen Beistandspakt mit Judäa geschlossen hatte, ihnen in ihrem Kampf gegen Syrien zu helfen, hatte es kaum Kontakt untereinander gegeben. Jetzt aber, da Syrien sicher unter römischer Herrschaft war, wurde der Aufruhr im Nachbarland gar nicht gerne gesehen. Die Eingrenzung der Unruhen würde die Macht Roms stärken. So schickte der Feldherr Pompeijus, der bereits in Kleinasien und im Norden Syriens für Ruhe gesorgt hatte, seine rechte Hand, Scaurus, nach Jerusalem. Als Ergebnis der Verhandlungen zogen sich die Nabatäer in ihr Heimatland zurück. Antipater und Hyrkanus mußten Aristobul die Stadt überlassen.

In den Jahren 64/63 v.Chr. ordnete Pompeijus von Damaskus aus den ganzen Osten neu. Aristobul versuchte erfolglos, den Römer durch Bestechung für sich einzunehmen. Pompeijus ließ seine Truppen in Jerusalem einmarschieren, wo Aristobul sich ihm freiwillig stellte, während seine Anhänger den Tempel noch drei Monate verteidigten.

Im Oktober 63 v.Chr. ließ Rom den Tempel stürmen. Damit war auch Judäa endgültig unter die Herrschaft Roms gefallen. Hyrkanus wurde wieder als Hoherpriester eingesetzt, den Königstitel verweigerte man ihm jedoch. Aristobul wurde als Gefangener im Triumphzug nach Rom geführt. Seine Anhänger ließ man hinrichten. Alle an der Mittelmeerküste gelegenen Städte und auch jene jenseits des Jordans und die Samariens wurden der Provinz Syrien einverleibt und mußten wie Judäa hohe Abgaben zahlen. Sein Ehrgeiz hatte Aristobul in den Kerker gebracht, sein Land in Armut und unter die Herrschaft Roms getrieben.

Julius Cäsar – Freund der Juden

Nachdem Pompeijus abgerückt war, blieb es noch eine Zeitlang ruhig. Dann hob Alexander, ein Sohn Aristobuls, ein Heer aus und besetzte drei Festungen im Jordantal. Im Jahr 57 v.Chr. vertrieben ihn die Römer wieder von dort, kurz bevor es Aristobul und einem anderen seiner Söhne gelang, aus Rom zu entfliehen. Ihr Versuch, Palästina zurückzuerobern, schlug jedoch fehl. Ein weiteres Mal wurde Aristobul in Ketten nach Rom geführt. Die Soldaten Alexanders, der sich noch auf freiem Fuße befand, ermordeten nun jeden Römer, der ihnen vor die Schwerter kam. Grund genug für Gabinius, den römischen Statthalter in Syrien, Alexanders Truppen vehement anzugreifen, die er schließlich am Berg Tabor vernichtend schlug.

Gabinius hatte sich als Statthalter seine eigenen Taschen zu sehr gefüllt. Im Jahr 54 v.Chr. wurde er nach Rom zitiert und abgelöst. Crassus, sein Nachfolger, tat sich mit Pompeijus und Julius Cäsar zusammen, um die neuen römischen Provinzen zu regieren. Sein militärisches Ziel, die von Osten nach Syrien hineindrängenden Parther zurückzuwerfen, konnte er nur mit viel Geduld verwirklichen. So tat er, was vor ihm Pompeijus nicht getan hatte: Er nahm sich 2000 Talente in Gold und andere Schätze aus dem Tempel in Jerusalem. Es war verschwendetes Geld. Crassus wurde 53 v.Chr. von

den Parthern erschlagen. Seine Armee löste sich auf.

In den folgenden Jahren tobte in Rom der Bürgerkrieg. Verschiedene Feldherren versuchten, unter Nutzung der finanziellen und militärischen Möglichkeiten der Provinzen, die Macht an sich zu reißen. In diesem politisch-militärischen Durcheinander wurden Aristobul und sein Sohn Alexander getötet. Nach der Ermordung des Pompeius versorgten Antipater und Hyrkanus Julius Cäsar mit Nachschub und Truppen, um ihn aus einer Zwangslage herauszuhelfen, als ihn aufständische Ägypter in seinem Palast in Alexandria eingeschlossen hatten.

Der Dank Cäsars ließ nicht lange auf sich warten. Er stärkte die Machtposition von Hyrkanus und Antipater, allerdings ohne sie zu unabhängigen Herrschern zu erklären. Antipater verlieh er zudem das römische Bürgerrecht und befreite ihn von der Tributpflicht. Die Mauern Jerusalems wurden wieder instand gesetzt und den Juden Rechtshoheit in jüdischen Angelegenheiten zugebilligt. Außerdem erhielten sie Joppe und andere an der Küste gelegene Städte zurück – dem Land stand wieder ein Seehafen zur Verfügung, mit dem hohe Erträge aus Handel und Steuereinkünften gezogen werden konnten. Ein weiteres Privileg bestand in der Zusicherung, römische Legionen nicht mehr im Land überwintern zu lassen und Soldaten zu rekrutieren. Das war eine ungeheure Erleichterung für die Bevölkerung, da die Soldaten normalerweise in Privathäusern einquartiert wurden, ohne für Kost und Logis bezahlen zu müssen.

Mit seinen Eroberungen in Gallien und Germanien hatte Cäsar bereits enorme Reichtümer angehäuft. Er konnte es sich leisten, so großzügig zu sein. Zudem wußte er die Erträge aus einer friedlichen und zufriedenen Provinz zu schätzen. Für die an Judäa grenzenden Landstriche verfügte er die Respektierung des jüdischen Glaubens und die freie Selbstverwaltung jüdischer Gemeinden. Dies bedeutete unter anderem, daß die Steuer eines jährlichen Halbschekels nun an den Tempel in Jerusalem gehen konnte (siehe: *An den Tischen der Geldwechsler*). Cäsars Verfügungen würden den Juden noch lange im Gedächtnis sein.

Nach der Ermordung Cäsars 44 v.Chr. übernahm einer der Meuchelmörder – Cassius – das Regiment in Syrien. Da er in Geldnot war und zudem einige Städte in Judäa sich weigerten, die Abgaben zu zahlen, verkaufte Cassius deren Einwohner kurzerhand als Sklaven. Antipater versicherte sich der Protektion des Römers, indem er ihm hohe Summen zukommen ließ. Doch die Unruhen in Judäa nahmen ständig zu. Antipater wurde vergiftet. Sein Feind Malichus übernahm die Herrschaft in Jerusalem und verdrängte Antipaters ältesten Sohn Phasael. In Galiläa war Phasaels dynamischer Bruder Herodes an die Hebel der Macht gekommen. Er überredete Cassius 43 v.Chr., Malichus hinrichten zu lassen. Im Jahr darauf verbündete sich Cassius mit Brutus, um gemeinsam gegen Antonius und Octavian, die Erben Cäsars, ins Feld zu ziehen. Bei Philippi in Griechenland trafen sich die Heere. In einer Doppelschlacht unterlagen Brutus und Cassius, der Selbstmord beging.

Nach jahrhundertelangen kriegerischen Auseinandersetzungen in Palästina kehrte eine Art Frieden erst zur Zeit Jesu Geburt ein. Dieses friedliche Bild von Bethlehem hätte wohl schon zur damaligen Zeit aufgenommen werden können.

Herodes – der König der Juden

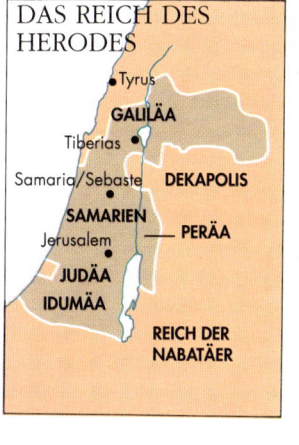

DAS REICH DES HERODES

Tyrus

GALILÄA

Tiberias

Samaria/Sebaste — DEKAPOLIS

SAMARIEN

Jerusalem — PERÄA

JUDÄA

IDUMÄA

REICH DER NABATÄER

Herodes wurde etwa im Jahr 73 v.Chr. geboren. Er war der Sohn Antipaters, dem Herrscher der im Süden Palästinas lebenden Idumäer. Als der jüdische König Hyrkanus I. (134-104 v.Chr.) regierte, hatte er das Land erobert und das Volk gezwungen, Juden zu werden. Später dann bestellte König Alexander Jannäus (103-76 v.Chr.) Antipaters Vater, einen idumäischen Adligen, zum dortigen Statthalter. Antipater scheint sein Nachfolger geworden zu sein. Seine Familie war durch Schafzucht und der Beteiligung an Handelsunternehmen reich geworden. Sie transportierten für Rom Parfüm und Weihrauch von Arabien und Petra über die Karawanenstraße bis zu den Mittelmeerhäfen Gaza und Aschkelon.

Antipater war scharfsinnig und immer gut informiert. Er bediente sich kurzerhand der Person des ganz und gar nicht machthungrigen Hyrkanus, dem legitimen jüdischen Priester-König, um seine Macht zu vergrößern. Weiterhin ahnte er, welche Rolle Rom in diesem Teil der Welt spielen würde. Da ihm verständlicherweise seine eigene Sicherheit mehr am Herzen lag, wurde er schließlich zu einem treuen Verbündeten Roms. In Rom wechselten die einflußreichen Machthaber schnell. Antipater lernte rasch, sein Mäntelchen nach dem Wind zu hängen und die Gunst des jeweiligen Mannes der Stunde zu gewinnen – obgleich ihm das nicht immer gelang.

Im Alter von 25 Jahren (47 v.Chr.) wurde Herodes von seinem Vater zum Militärpräfekt von Galiläa berufen. Phasael dagegen regierte die Region um Jerusalem. Voller Energie ging Herodes seine neue Aufgabe an.

Banditen, die das Umland unsicher machten, spürte Herodes auf und ließ sie samt ihrem Anführer Hiskia hinrichten. Verständlicherweise waren ihm die Bewohner des Landes überaus dankbar, auch der römische Statthalter von Syrien rechnete es ihm als Verdienst an. In Jerusalem dachte man jedoch anders darüber. Als eigenmächtig wurde sein Handeln bezeichnet, da ausschließlich der Sanhedrin, der Gerichtshof in Jerusalem, die Todesstrafe verhängen durfte.

Unter dem Schutz einer starken Garde kam Herodes nach Jerusalem, wo der Sanhedrin beantragte, ihn zu bestrafen. Noch vor der Urteilsverkündigung floh Herodes. Ihm war von Hyrkanus, der dem Gericht als Hohepriester vorstand, dazu geraten worden. Hyrkanus entging so der Zwangslage, auf eine scharfe Note des römischen Statthalters von Syrien reagieren zu müssen, der einen Freispruch erwartete.

Das darauf folgende Nachspiel enthüllt etwas über den Charakter des Herodes. Angesichts einer solchen Behandlung war er selbstverständlich außer sich vor Wut. Er ließ sich vom römischen Statthalter das Oberkommando über den Libanon und Samarien übertragen, hob eine Armee aus und schickte sich an, Jerusalem anzugreifen, um Hyrkanus zu entthronen. Als dies bekannt wurde, eilten Antipater und Phasael zu ihm und konnten ihn schließlich davon überzeugen, daß eine derartige Unternehmung taktisch unklug wäre – Rom würde sich erneut gezwungen sehen einzugreifen.

Aber Herodes hatte sich damit einen Namen gemacht. Für den Augenblick kehrte er zwar nach Galiläa zurück, doch er sollte innerhalb der nächsten zehn Jahre in Jerusalem als König ausgerufen werden.

Nach der Schlacht von Philippi fiel ganz Kleinasien an Antonius. Herodes machte sich unverzüglich auf den Weg, um dem Sieger seine Loyalität zu versichern und ihm ein kostbares Geschenk zukommen zu lassen. Zur selben Zeit beschwerten sich eine Reihe jüdischer Adliger über Phasael und Herodes und die Art und Weise, wie ihr Vater sie schalten und walten ließ. Doch Antonius ignorierte die Klagen. Er verlieh den zwei Brüdern den Titel „Tetrarch" (Vierfürst) und bestätigte damit die Anordnung ihres Vaters.

Die für Herodes günstige Lage änderte sich jedoch schnell wieder. Wie ein Sturm hatten die Parther Syrien überrollt. Darin sah Antigonus seine Chance: Er bestach die Parther und konnte mit deren Schutz den Thron in Jerusalem besteigen. Während Herodes die Flucht gelang, geriet Phasael in Gefangenschaft und starb in einem Verließ der Parther. Auch Hyrkanus wurde gefangengenommen, und Antigonus ließ ihm seine Ohren abschneiden. Mit dieser Verstümmelung . konnte Hyrkanus das Amt des Hohenpriesters nicht mehr versehen, das ja körperliche Unversehrtheit vorschreibt. Obgleich die Parther von den Römern schon bald wieder aus Syrien vertrieben wurden, blieb Antigonus noch bis 37 v.Chr. Herrscher in Jerusalem.

Herodes, ein Römerfreund

Vor den Parthern war Herodes in die Sicherheit Idumäas geflüchtet, doch als er vom Tod Phasaels hörte, machte er sich auf den Weg nach Rom, um persönlich um die Hilfe von Antonius zu bitten. Seine Reise führte über Alexandria, wo ihn Cleopatra vergeblich mit einem militärischen Kommando für sich zu gewinnen suchte. Um Haaresbreite entging er einem Schiffbruch auf dem Mittelmeer und mußte einige Monate auf Rhodos

Zwischenstation machen. Endlich in Rom angekommen, wurde Herodes von Antonius seinem Mitherrscher Octavian (dem späteren Kaiser Augustus) vorgestellt.

Octavian bewunderte Herodes' Unternehmungsgeist und Fähigkeiten. Und Herodes erinnerte den mit 23 Jahren nur zehn Jahre jüngeren Großneffen und Erben Cäsars an die guten Beziehungen, die vormals zwischen

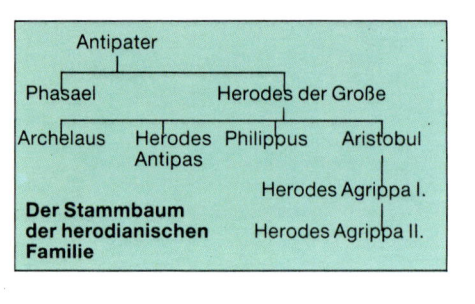

Der Stammbaum der herodianischen Familie

Herodes, Antipater und Julius Cäsar bestanden hatten.

Antonius und Octavian taten mehr für Herodes, als der sich je erhofft hatte. Antonius sah in ihm ein Werkzeug, mit dessen Hilfe er die Parther in Syrien und Palästina würde in die Knie zwingen können. Deshalb schlug er dem römischen Senat vor, Herodes zum König in Judäa zu machen. Was auch immer dessen zukünftige Untertanen dachten, von diesem Zeitpunkt an würde ein Angriff auf Herodes einem Angriff auf die Macht Roms gleichzusetzen sein.

Schon bald (39 v.Chr.) ging Herodes wieder in Palästina an Land. Sein erster Weg führte ihn in die Festung Masada, wo er Frau, Mutter und Schwiegermutter unter dem Schutz seines Bruders Joseph gelassen hatte. Antigonus, der von den Parthern ernannte König, hatte inzwischen versucht, die Festung zu nehmen, war aber gescheitert. Herodes wollte sofort nach Jerusalem aufbrechen, doch der Eingriff eines römischen Beamten verhinderte dies.

Erst nachdem weitere Banditenhorden aus Galiläa vertrieben waren und Antonius in Kleinasien geholfen war, konnte Herodes im Frühling des Jah-

46 / DIE HERRSCHER DES LANDES

res 37 schließlich doch nach Jerusalem zurückkehren. Mit der Unterstützung von elf römischen Legionen belagerte er die Stadt, durchbrach die Mauer und gewann Haus um Haus, Hof um Hof, bis alles unter seiner Kontrolle stand.

König Antigonus wurde gefangengenommen und zu Antonius gesandt, der ihn in Antiochia hinrichten ließ. Es sei das erste Mal gewesen, so sagte man, daß die Römer einen König hingerichtet hätten. Nun saß der von den Römern bestellte König auf dem Thron in Jerusalem.

Obgleich Herodes nie völlig die Gunst des Antonius verlor, begann sich das Blatt zu wenden, als Antonius dem Zauber Cleopatras erlag. Die Königin

von Ägypten wollte wie ihre Vorfahren die Herrschaft Ägyptens über Palästina hinaus bis zum Libanon erlangen. Herodes war da nur im Weg und sollte beseitigt werden. Doch wie hätte Antonius den erst kurz zuvor vom römischen Senat eingesetzten König entthronen können, zumal er sich stets loyal verhalten hatte?

Um die Königin zu besänftigen, bot ihr Antonius eine Perle im Reich des Herodes an: die Dattelpalmen-Haine und Balsamgärten um Jericho. Herodes blieb nichts anderes übrig, als zuzustimmen, auch wenn die Erträge aus dem Gebiet eine wichtige Einnahmequelle für ihn bildeten. Mit einer raffinierten Übereinkunft, die jedoch

HERODES – DER KÖNIG DER JUDEN / 47

ebenfalls horrende Abgaben an Cleopatra beinhaltete, erreichte er, daß ihm auch weiterhin die Pflege dieses Gebietes unterstand. Von nun an hatten die Beamten der Königin eigentlich nichts mehr in seinem Königreich verloren. Als Cleopatra jedoch immer noch Front gegen Herodes machte, seine Schwiegermutter gegen ihn aufbrachte und auch Antonius gegen ihn einzunehmen versuchte (siehe: *Herodes – der große Mörder*), weigerte sich dieser dennoch strikt, einen treuen Helfer ans Messer zu liefern.

Cleopatras Haß bewahrte Herodes davor, sich auf Seiten Antonius' an dem innerrömischen Zwist zu beteiligen. Als Octavian 31 v.Chr. die Schlacht bei Actium gewann, wußte Herodes, daß es wieder einmal an der Zeit war, die Fronten zu wechseln. Er suchte Octavian auf und versicherte ihm seine Loyalität. Octavian, der die Angelegenheit ebenfalls schnell vom Tisch haben wollte, ließ ihn wissen, daß sich nichts an seiner Position ändern würde. Schon bald darauf, im Jahre 30 v.Chr., nach dem Selbstmord von Antonius und Cleopatra, machte Octavian die Übereignung der umstrittenen Landstriche bei Jericho rückgängig und erweiterte das Reich des Herodes zudem um einige andere Städte, darunter auch Gaza und Samaria.

Herodes war nun schnell bei der Hand, seinen Dank gegenüber Octa-

Die Jerusalemer Zitadelle steht neben einer von Herodes gebauten Festung an der Nordmauer seines Palastes. Der Turm stammt wahrscheinlich noch aus der Zeit des Herodes, da er mit den damals typischen großen Steinblöcken mit glatt behauenem Rand erbaut wurde.

48 / DIE HERRSCHER DES LANDES

Das Herodeion. Die Burg des König Herodes' beherrschte den gesamten Landstrich. Ausgrabungen zeigten die durchdachte Konstruktion der Burg: Bäder, ein Speisesaal, ein geschützter Garten und der große Turm.

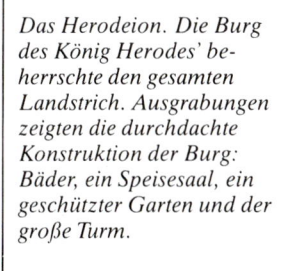

vian öffentlich deutlich werden zu lassen. Nachdem sich der Kaiser in Rom 27 v.Chr. den Titel Augustus zugelegt hatte, ließ Herodes schon zwei Jahre später das alte Samaria zu einer der prachtvollsten Städte des Reiches ausbauen und gab ihr einen neuen Namen: Sebaste (griech. „Stadt des Augustus"). 6000 Männern seiner Armee hatte er dort Landparzellen geschenkt. Hoch über den Dächern der Stadt erhob sich ein Tempel, der Rom und Augustus geweiht war. 21 v.Chr. begann er mit dem Bau einer großen Hafenstadt, deren Fertigstellung ganze zwölf Jahre dauern sollte. Diese Stadt nannte er Cäsarea.

Als sich Augustus und Herodes in den Jahren 23 v.Chr. und dann 20 v.Chr. wiedersahen, bekam der Jude noch weitere Gebiete übereignet. Einige Jahre später sollten sie sich in Italien nochmals begegnen, als Herodes seine beiden Söhne nach Rom brachte, um den römischen Kaiser in einer Hochverratsklage entscheiden zu lassen. Auch über einen dritten Besuch in Rom gibt es keine Zweifel.

In den verschiedensten Angelegenheiten schickte Herodes dem römischen Herrscher Briefe. Unaufhörlich schien Herodes Probleme mit seinen Söhnen zu haben, und Augustus wurden die Berichte darüber immer lästiger. „Lieber wäre ich Herodes' Schwein als sein Sohn", bemerkte er einmal, und spielte dabei mit der Ähnlichkeit der griechischen Worte für Schwein und Sohn (hys und hyios), wobei natürlich auch die jüdische Abneigung gegen Schweine anklang.

Augustus wollte in einem friedlichen Reich herrschen. Indem Herodes Straßenräuber und Tagediebe ausmerzte, stützte er diesen Frieden. Augustus überschrieb ihm Land im Süden Syriens, das unter der Kontrolle von Räuberbanden und Räuberfürsten stand. Herodes gelang es, sie zur Strecke zu bringen, doch dabei kam er weiter voran, als er durfte: Seine Armee drang bei der Verfolgung von Räubern in das Gebiet der Nabatäer ein, die sich heftig in Rom beschwerten.

Augustus war erbost und sandte ihm einen Brief mit der Drohung, Herodes die kaiserliche Protektion zu entziehen. Herodes schienen die Felle wegzuschwimmen, und deshalb machte sich etwa ein Jahr später ein bevorzugter Höfling auf den Weg nach Rom, um die verfahrene Angelegenheit zu bereinigen. Die Rede des Gesandten und die politische Großwetterlage bewogen Augustus, einen herzlicheren Brief an Herodes zu schreiben. Für den Rest seiner Herrschaftszeit stand Herodes ganz in der Gunst des römischen Kaisers.

Kein Gott zu finden!

Energisch schob sich der römische General durch die Menge der lautstark protestierenden Priester und schritt durch den schweren Vorhang in das Allerheiligste. Verwundert hielt er inne, dann machte er auf dem Absatz kehrt und marschierte hinaus. Seinen Offizieren stand vor Erstaunen der Mund offen: „Da ist ja gar nichts!"

In Athen stand die Statue der Göttin Athene in ihrem Tempel, dem Parthenon. In Ephesus bewahrte der berühmte Tempel der Diana ihren alten Stein, der vom Himmel gefallen war. Auch in ägyptischen Tempeln fand man heilige Statuen in besonderen Schreinen, zu denen nur Priester Zugang hatten. So war auch niemandem bekannt, was sich im Herzen des Tempels in Jerusalem verbarg. Dort gab es große Schätze, also mußte es auch ein eindrucksvolles heiliges Objekt geben. Pompeijus wollte es mit eigenen Augen sehen – und fand nur einen leeren Raum vor!

In Rom wurde dem General von Cicero und später von Josephus hoch angerechnet, daß er es unterlassen hatte, den Tempel zu plündern. Den Tisch und den Leuchter, die Teller und Schüsseln aus Gold, die in der Haupthalle standen – all das rührte er nicht an und ebensowenig das Geld in den Kammern (2000 Goldtalente, umgerechnet also 52.000 kg im heutigen Wert von über 1,2 Milliarden DM).

Und doch: Die Tatsache, daß er seinen Fuß in das Allerheiligste gesetzt hatte, war ein Sakrileg. Nicht einmal der frommste Jude durfte dort hineingehen! Kein religiöser Jude konnte über dieses Verhalten hinwegsehen. Als die Ägypter, bei denen Pompeijus schließlich Zuflucht suchte, ihn 48 v.Chr. töteten, sahen viele Juden darin eine göttliche Bestrafung.

Leerer Schrein eines Tempels in Palmyra, der 32 n.Chr. der Gottheit Bel geweiht wurde.

Kaiser und Könige

Römische Kaiser (Regierungszeit)		Jüdische Könige und Herrscher (Regierungszeit)	
Augustus (Octavian)	31 v.Chr. – 14 n.Chr.	Herodes der Große	37 – 4 v.Chr.
Tiberius	14 – 37 n.Chr.	Archelaus	4 v.Chr. – 6 n.Chr. (Judäa)
Caligula	37 – 41 n.Chr.	Antipas	4 v.Chr. – 39 n.Chr. (Galiläa, Peräa)
Claudius	41 – 54 n.Chr.	Philippus	4 v.Chr. – 34 n.Chr. (Gaulanitis, Batanäa)
Nero	54 – 68 n.Chr.	Agrippa I.	37 – 41 n.Chr. (Gaulanitis, Batanäa, Abilene; ab 39 Galiläa und Peräa)
Galba	68 – 69 n.Chr.		41 – 44 n.Chr. (Gaulanitis, Batanäa, Abilene, sowie Judäa und Samaria)
Otho	69 n.Chr.		
Vitellius	69 n.Chr.	Herodes von Chalkis	41 – 48 n.Chr. (Chalkis im Libanon)
Vespasian	69 – 79 n.Chr.	Agrippa II.	50 – 53 n.Chr. (Chalkis)
Titus	79 – 81 n.Chr.		53 n.Chr. (Gaulanitis, Batanäa etc.)
Domitian	81 – 96 n.Chr.		54 – 93? n.Chr. (Gaulanitis und Städte in Galiläa)

Cäsar Augustus

Porträt des Augustus auf einer Silbermünze (Tetradrachme) aus der römischen Provinz Asia, 19 v. Chr.

Der Eingang des Tempels der Roma und des Augustus in Ankara. In die Wände eingelassen war das Testament des Kaisers – eine Art Rechenschaftsbericht über seine Herrschaftszeit – in Latein und Griechisch. Das Gebäude blieb erhalten, weil es zuerst in eine Kirche umgewandelt und später auch als Moschee genutzt wurde.

Mit Münzen konnte man im Altertum gut Informationen unter die Leute bringen. Es war leicht, Geld in großen Mengen herzustellen und in der gesamten Bevölkerung zu verbreiten. Wie jeder andere Staat benutzte auch Rom Münzen als eine Art Propagandamittel: Die Macht lag in den Händen Roms – jeder sollte das wissen. Schon bald war der Kopf des Kaisers überall bekannt (wie auch die Frage Jesu nach der Steuermünze beweist – siehe: *Das Bildnis des Kaisers*).

In Tempeln und auf öffentlichen Plätzen standen Statuen des Kaisers und riefen den Menschen ins Gedächtnis, wer das Sagen hatte. In Schreinen oder Privathäusern fanden sich kleinere Figuren, die ihn darstellten. In Rom erlaubte es Augustus zu seinen Lebzeiten nicht, daß man ihn als Gott

verehrte. Er verstand sich eher als Schöpfer und Erhalter des Staates, doch bereits in den weiter östlich gelegenen Provinzen sah man einen Gott in ihm, wodurch sein Bildnis den Juden um so mehr ein Ärgernis war.

Mehr als 230 Statuen oder Büsten des Kaisers sind erhalten geblieben – in den unterschiedlichsten Größen, von der Miniatur bis zur überlebensgroßen Skulptur. Sicher hat es ursprünglich wesentlich mehr davon gegeben; einige standen wohl in den Tempeln, die Herodes in Cäsarea, Samaria und anderen Städten Palästinas errichtet hatte, die keine Zentren des jüdischen Glaubens waren.

Zu Lebzeiten konnte Augustus seine Taten durch Beauftragte überall verkünden lassen. Darüber hinaus traf er Vorkehrungen, daß man sich ihrer auch noch nach seinem Tod erinnern würde. An seinem Grab in Rom gab ein auf Bronzetafeln eingravierter Bericht *(Res gestae)* die Selbsteinschätzung des Kaisers wieder. Kopien dieses Testamentes wurden für Tempel in vielen Städten angefertigt. Die Bronzeplatten sind, ebenso wie die meisten der Kopien, verlorengegangen. Ein fast vollständig erhaltenes Exemplar kann man noch heute an den Wänden des Roma-Tempels im türkischen Ankara finden. Die stolze Proklamation verdeutlicht die Stellung des Kaisers: Rom beherrschte die Welt.

In Italien verbesserte Augustus die Lebensbedingungen der Bevölkerung. Außerhalb der Landesgrenzen versuchten seine Armeen in vielen Schlachten, den Frieden zu sichern. Die Könige vieler Grenzvölker schlossen Bündnisse mit ihm, und von weit her kamen

KAISER UND KÖNIGE / 51

Nichts veranschaulicht das Ansehen des Kaisers und dessen Selbstverständnis deutlicher als diese herrliche Kamee, die sich heute in Wien befindet.

In ihrem oberen Teil sieht man Augustus neben der Göttin Roma sitzen, während Tiberius – links außen – einen Streitwagen verläßt. Zwischen ihnen steht ein weiterer (noch nicht identifizierter) Prinz. Hinter Augustus sind mythische Figuren und Symbole angeordnet: Die Erde krönt ihn gerade, während sein Sternzeichen (Steinbock) über ihm schwebt. Im unteren Teil richten Soldaten gerade einen Holzpfahl mit Trophäen auf, während andere die Kriegsgefangenen mißhandeln.

Die Darstellungen feiern vermutlich die Rückkehr des Tiberius nach seinen Siegen in Germanien im Jahr 12 n. Chr. Der Stein war möglicherweise in einer Brosche oder einem Gürtel befestigt oder in eine Fassung eingepaßt, so daß jedermann sie bewundern konnte. Vorsichtig hatte der Künstler die obere, weiße Steinschicht herausgeschnitten, um seine Figuren gegen den blauen Untergrund abzusetzen. Derartige Kameen waren sehr gefragt, und die Technik wurde später von Glasherstellern kopiert.

Im Mittelalter war diese „Augustus-Gemme" der wertvolle Schatz einer Abtei im französischen Toulouse. 1553 eignete sich König Franz I. das Prunkstück an, später kaufte sie ein österreichischer Herrscher für eine horrende Summe. Seit 1619 befindet sie sich in Wien.

Botschafter und Prinzen mit wertvollen Geschenken: aus Persien und Indien, aus Britannien und Rumänien. Der Senat und das Volk von Rom ehrten ihn für „seinen Mut, seine Gnade, Gerechtigkeit und Frömmigkeit". In Rom lebte allerdings niemand mehr, der eine andere Geschichte erzählen konnte.

Augustus war überaus reich. Neben den Besitzungen seiner Familie übernahm er von denjenigen Feinden, die er vor seinem Amtsantritt aus dem Weg geräumt hatte, sämtliche Güter, darunter auch den Schatz aus Ägypten, der eigentlich Cleopatra gehörte. Einflußreiche römische Bürger vermachten ihm Geld und Güter in ihren Testamenten. Bei mehr als einer Gelegenheit speiste er aus diesem Vermögen die Hungernden in Rom. Er verbesserte die Getreideversorgung und ließ neue Aquädukte bauen, um die Wasserversorgung in Rom zu sichern.

Augustus nutzte seinen Reichtum, um populär zu bleiben. Mit neuen Tempeln, Theatern, Brücken und Staatsbauten gab er seiner Hauptstadt ein neues Gesicht. „In Ziegeln habe ich es vorgefunden, in Marmor hinterlasse ich es", brüstete er sich. Aber das bedeutete auch eine gute Auftragslage für Handwerker und Arbeiter. Zur Unterhaltung der Leute veranstaltete er Gladiatorenspiele, an denen bis zu 10.000 Kämpfer teilnahmen, oder eindrucksvolle Seeschlachten. Etwa 3500 wilde Tiere mußten für die Jagden herhalten, zu denen er einlud; 260 Löwen und 36 Krokodile wurden allein bei einer Veranstaltung getötet.

Herodes – der große Mörder

Die Neugeborenen Bethlehems waren beileibe nicht die einzigen Opfer des Königs. Jeder, der ihm seiner Ansicht nach möglicherweise an den Thron wollte, war ihm äußerst suspekt. Ehemalige Freunde, Sklaven, unzählige Feinde, Priester, Adlige und alle, die ihm in irgendeiner Weise auffielen, ließ er hinrichten. Bei derartig vielen Opfern wären jene neugeborenen Knaben in Bethlehem wohl kaum besonders erwähnenswert gewesen, wenn das Baby, das Herodes eigentlich töten wollte, nicht entkommen wäre (Mt. 2,13-18).

Die lange Liste der Opfer des Königs ist gräßlich und wirft einen grausigen Schatten auf seinen Namen. Eine seiner zehn Frauen (seine Lieblingsfrau) ließ er hinrichten und ordnete die Ermordung von dreien seiner Söhne an. Auch ein Hoherpriester und zwei Ehemänner seiner Schwester teilten das gleiche Schicksal. Welche Gefahr stellten sie für ihn dar?

Der erste, der zum Opfer der Eifersucht des Herodes werden sollte, war ein unschuldiger Teenager namens Aristobul, ein Sohn des Alexander und Enkel jenes Aristobul, der Anspruch auf die Krone des Hyrkanus geltend gemacht hatte (siehe: *Endlich Frieden*). Seine Mutter war Alexandra, die Tochter des Hyrkanus; seine Schwester Mariamne war die zweite Gattin des Herodes. Aristobul kam als letzter männlicher Nachkomme der hasmonäischen Familie für eine anstehende Wahl in Frage, zudem war er der rechtmäßige Erbe der Hohepriesterschaft. Um die Hasmonäer in ihrer Macht einzuschränken, hatte Herodes jedoch schon jemand anderen berufen. Die Mutter des Aristobul brachte Cleopatra dazu, auf Herodes Druck auszuüben, so daß er den Betreffenden fallen ließ und statt dessen seinen jungen Schwager zum Hohenpriester ernannte. Die ganze Zeit über hatte Herodes ein wachsames Auge auf Alexandra und hielt sie auf, als sie und ihr Sohn, in Särgen versteckt, versuchten, Judäa zu verlassen. Als Aristobul, gerade sechzehn Jahre jung, die Aufmerksamkeit der Menschen im Tempel auf sich zog, handelte Herodes. Im Winterpalast von Jericho gab er ein Fest, auf dem sich die Gäste in den Schwimmbecken im Garten amüsierten – Aristobul ertrank (36 v.Chr.). Herodes gab Anweisung, Vorbereitungen für ein pompöses Begräbnis zu treffen; Alexandra sann auf Rache.

Das nächste Opfer war der Onkel des Königs, Joseph, verheiratet mit der Königsschwester Salome. Salome und Königin Mariamne waren einander spinnefeind. Während Herodes zu Antonius unterwegs war, um sich vom Mordverdacht an Aristobul reinzuwaschen, war Mariamne der Obhut Josephs unterstellt. Nach seiner Rückkehr trug Salome dem König zu, daß ihr Gatte Joseph von Mariamne zum Geliebten genommen worden sei. Die Königin verwahrte sich gegen die Unterstellung, verriet aber gleichzeitig ihr Wissen um eine Geheimanordnung des Königs. Joseph hätte Mariamne töten sollen, wenn Herodes von seinem Treffen mit Antonius nicht zurückgekehrt wäre. Herodes forschte lieber nicht nach, wann und wie Mariamne das Geheimnis von Joseph erfahren hatte, er ließ seinen Onkel 34 v.Chr. kurzerhand töten.

HERODES – DER GROSSE MÖRDER / 53

Die grausamste Tat des Herodes war jedoch die Ermordung von Hyrkanus, dem ehemaligen König und Hohenpriester. Hyrkanus war mittlerweile über 80 Jahre alt und glücklich, in Frieden in seinem Haus zu leben. Für niemanden stellte er eine Gefahr dar. Dennoch befürchtete Herodes, daß Hyrkanus eine Rebellion anzetteln könnte, wenn er selbst außer Landes ging, um sich bei Octavian (dem späteren Kaiser Augustus) einzuschmeicheln. Hyrkanus und der König der Nabatäer waren sich immer wohlgesonnen gewesen und hatten Briefe miteinander ausgetauscht. Das war in den Augen des Herodes Verrat, womit der alte Mann dem Tod geweiht war.

Doch vor seiner Abreise ließ er nicht nur den Großvater seiner Ehefrau ermorden, seine nahe Verwandtschaft brachte er in verschiedenen Festungen – auch in Masada – in Sicherheit oder in Verwahrung, je nachdem, wie man es sehen will.

Aber die Intrigenspiele nahmen auch weiterhin ihren Lauf. Bei seiner Rückkehr begrüßte Mariamne ihren Gatten verständlicherweise nicht, und Salome versorgte ihn mit weiteren Gerüchten. Schließlich gelangte Herodes zu der Überzeugung, daß seine Gattin ihm untreu geworden war. Trotz seiner Liebe zu ihr strengte er ein Verfahren an, ließ sie verurteilen und im Jahr 29 v.Chr. hinrichten. Seine Empfindungen für sie waren so tief, daß ihn nun Gewissensbisse ganz krank machten. Erst mit der nächsten Intrige sollte sich das ändern.

Als Herodes krank wurde, war der Augenblick für Alexandra, die Mutter Mariamnes, gekommen. Sie glaubte, das Königreich nun in ihre Hand bekommen zu können, doch dem König treu ergebene Offiziere berichteten ihm von ihren geheimen Ränken. Auf sein Geheiß hin wurde auch dem Leben seiner Schwiegermutter ein Ende bereitet.

Erst eine weitere Hinrichtung brachte für rund zehn Jahre Ruhe in die Familie. Nach dem Tode Josephs wurde Salome mit Costobar verheiratet, dem Statthalter von Idumäa.

Diesen beschuldigte sie nun, ein Komplott gegen ihren Bruder Herodes zu schmieden. Da Costobar erst kurz zuvor für seine Kooperation mit Cleopatra Pardon erteilt werden mußte, nutzte Herodes diese Gelegenheit zum Todesurteil gerne (etwa 27 v.Chr.).

Alexander und Aristobul, Söhne aus der Ehe mit Mariamne, schickte Herodes zur Ausbildung in das Gefolge des Kaisers nach Rom. Antipater, ältester Sohn aus seiner Ehe mit Doris, wurde aus Jerusalem verbannt und durfte nur zu besonderen Anlässen die Stadt betreten. 17 v.Chr. holte Herodes Alexander und Aristobul zurück, um sie zu verheiraten. Ihre Beliebtheit im Lande, verbunden mit ihrer königlichen Abstammung, verführte sie zu unbesonnenem Verhalten und unverblümten Äußerungen: Sie allein hätten Anspruch auf den Thron, die Ermordung ihrer Mutter müsse gerächt werden.

Salome, die Schwester des Königs, haßte die beiden genauso wie sie deren Mutter Mariamne gehaßt hatte. Erneut begann sie, diesmal unterstützt von ihrem Bruder Pheroras, Gerüchte auszustreuen: Alexander und Aristobul seien die Rädelsführer einer Verschwörung, die auf den Sturz des Königs abziele. Herodes ließ sich hiervon nur schwer überzeugen, rief aber sicherheitshalber Antipater an den Hof zurück, der nun seine eigenen Interessen lancieren konnte. Selbst aus Rom, wohin ihn sein Vater geschickt hatte, um Augustus seine Aufwartung zu machen, äußerte er sich in Briefen besorgt über die Sicherheit seines Vaters und das Verhalten seiner Halb-

Ausgrabungen auf dem Gelände des Herodes-Palastes in Jericho brachten zwei Bäder zutage. Die Archäologen vermuten, daß Herodes in einem von ihnen den jungen Hohenpriester Aristobul ertränken ließ.

54 / DIE HERRSCHER DES LANDES

brüder. Mit Alexander und Aristobul im Gefolge erschien Herodes 12 v.Chr. vor dem Kaiser und beschuldigte die beiden, seine Ermordung geplant zu haben. Augustus durchschaute die Situation jedoch und wies die Klage ab, er versöhnte sogar Vater und Söhne wieder miteinander. Indes hatte Herodes seine Meinung geändert: Antipater sollte nun König werden, Alexander und Aristobul nur Teilgebiete verwalten.

Außer Herodes war niemand sonst mit dieser Regelung zufrieden, im Gegenteil, die Rivalitäten und Intrigen verstärkten sich noch. Salome, Pheroras, Antipater, Alexander und Aristobul, Alexanders einflußreicher Schwiegervater (König von Kappadozien in Kleinasien) und andere heckten nun Pläne aus, um Herodes glauben zu machen, daß dieser oder jener Sohn ihm ans Leben wolle – oder auch nicht. Alexander und Aristobul waren das Hauptziel der Beschuldigungen, die sich jedoch alle als unzutreffend erwiesen. Im Jahr 7 v.Chr. erhob Herodes, mit einer Art Freibrief von Augustus ausgestattet, doch noch Anklage und übergab die eigenen Söhne dem Henker. Endlich hatte Salome ihre Genugtuung.

Mit dem tatkräftigen Beistand seines Onkels schmiedete nun Antipater erneut Pläne, seinen Vater um Thron und Leben zu bringen. Den gut informierten Herodes beunruhigte das so sehr, daß Antipater sich nach Rom absetzte, um dem gesteigerten Interesse des Königs zu entgehen. Wenig später starb sein Onkel Pheroras, und nicht wenige seiner Bediensteten mutmaßten, daß er vergiftet worden war. In einer Untersuchung stellte sich tatsächlich heraus, daß Gift im Spiel gewesen war – es stammte von Antipater, der es Pheroras zugespielt hatte, um ihre Mordpläne auszuführen. Herodes zitierte den ahnungslosen Antipater aus Rom herbei und enthüllte ihm die Untersuchungsergebnisse erst im Palast. Er wurde verhaftet, vor Gericht gestellt und für schuldig befunden. Herodes erstattete Augustus Bericht – und erhielt die Erlaubnis, Antipater hinzurichten. Bereits todkrank, verfaßte Herodes ein neues Testament. Noch waren drei seiner Söhne am Leben: Archelaus, den er zum König bestimmte, Antipas, den er als Tetrarch von Galiläa und einem Teil von Transjordanien einsetzte, und schließlich Philippus, der nun Tetrarch der ehemals räuberischen Gaulanitis und der östlich davon gelegenen Regionen werden sollte. Auch seiner Schwester Salome hinterließ der König drei Städte.

Herodes starb im März des Jahres 4 v.Chr. im Alter von etwa 70 Jahren. Der Historiker Josephus, der unzählige Details über Herodes sammelte, schrieb: „Das Schicksal ließ Herodes für seine politischen Erfolge einen fürchterlichen Preis im eigenen Haus bezahlen."

Herodes – der große Burgenbauer

Sicherheit und Machterhalt waren die großen Ziele des Königs. Die exzessiv betriebenen Hinrichtungen möglicher Verschwörer schienen nur eine Möglichkeit zu sein, die Krone zu sichern. Gegen Krieg und Aufstände baute oder verstärkte Herodes an allen strategisch wichtigen Punkten im Lande Festungen, in die er sich jederzeit zurückziehen konnte. In jeder dieser Festungen gab es Waffenlager und eine starke Garnison. Seine Baumeister hatten die Fluchtburgen zusätzlich mit vorzüglichen Wasserversorgungssystemen ausgestattet.

Schon vor langer Zeit hat man einige der Ruinen ausmachen können, aber die Archäologen entdecken noch immer Reste von Verteidigungsanlagen und befestigten Herrschaftshäusern, die sich Herodes errichten ließ.

Jerusalems alte Festung lag am Nordende des Tempelbezirks. Zu Beginn seiner Amtszeit ließ Herodes sie ausbauen und taufte die Burg auf den Namen des römischen Imperators Antonius. Sie wurde im Laufe verschiedener Eroberungen fast vollständig zerstört. Im Westen schuf Herodes seinen neuen Palast, den er mit einer hohen Schutzmauer versehen ließ, die im Norden mit drei besonders hohen Türmen ausgerüstet war. Mitten in der Stadt wollte der König nicht schutzlos sein.

Der Zeithistoriker Josephus berichtet: „Der König drückte mit der Pracht dieser Werke seine Gefühle aus und benannte die Türme nach den drei Menschen, die ihm am wichtigsten waren: nach seinem Bruder (Phasael), seinem Freund (Hippicus) und seiner Gattin (Mariamne)."

Der untere Teil eines dieser Türme steht noch heute als beeindruckender Überrest königlicher Macht in der sogenannten „Zitadelle". Der Palast selbst ist vollständig verschwunden. Man findet nur noch einige Einkerbungen im Felsuntergrund, auf dem er errichtet wurde. Josephus notierte, daß er unbeschreiblich prächtig und luxuriös mit Gold und Silber eingerichtet war. Seine Kolonaden führten an grünen Rasenflächen und zwei großen Pavillons vorbei. Unter Herodes Sohn Archelaus wurde der Palast zur Residenz des römischen Statthalters, zum Praetorium, in dem sich, wie uns die Evangelien berichten, Pilatus während des Prozesses gegen Jesus die Hände wusch.

Der Glanz der Paläste des Herodes zeigt sich noch am besten in der Felsenfestung Masada[1]. Gleichermaßen reich und gut geschützt war Herodeion, die Festung, die Herodes nach sich selbst benannte. Auf einem Hügel östlich von Bethlehem errichteten seine Baumeister eine außergewöhnliche, runde Burg. Zwei konzentrisch verlaufende Mauern krönen den Hügel, halbrunde Türme ragen im nördlichen, südlichen und westlichen Teil hervor, ein runder im Osten. Die Türme und Mauern ragen noch heute 10-15 m von der inneren Grundfläche empor. Ihre Fundamente liegen noch 5 m tiefer. Nach Berechnungen von Architekten sind mittlerweile zwei Stockwerke eingestürzt, so daß die Gesamthöhe rund 25 m betragen haben muß, die

---

[1] siehe: *Masada – die letzte Festung*, in Alan Millard, *Schätze aus biblischer Zeit*, Gießen ²1987.

56 / DIE HERRSCHER DES LANDES

Herodes Blick für militärische Dinge kann man an der auf einem steilen Hügel gelegenen Festung Machärus erkennen. Laut Josephus wurde übrigens Johannes der Täufer in dieser Burg von Herodes Antipas gefangengehalten und schließlich hingerichtet.

Die Festung von Cypros sicherte nicht nur den (im Vordergrund gelegenen) Winterpalast des Herodes in Jericho, sondern auch den wichtigen Handelsweg nach Jerusalem. Ihre Ruine liegt auf der Bergspitze im Hintergrund.

des östlichen Turmes sicherlich noch mehr.

Gäste, die Herodes hier besuchen wollten, mußten 200 Stufen bis zum Eingang erklimmen. Jetzt sah die Burg nicht mehr wie eine ungeschlachte Felserhebung aus, sondern erschien als erhabener, von Mauern und Türmen gekrönter Hügel. Von der obersten Stufe der Freitreppe ging der Besucher durch einen doppelwandigen Raum und kam in einen von Arkaden umgebenen Hof. Der Säulengang umschloß einen 33 m langen, vermutlich als Garten angelegten Innenbezirk. Seitlich lagen die Empfangsräume des Palastes.

Den großen Speisesaal haben die Zeloten während des Aufstandes in den Jahren 67-70 n.Chr. anscheinend zu einer Synagoge umfunktioniert. Das Badehaus war nach bester römischer Sitte angelegt. Warmluft zirkulierte unter dem Boden und hinter den Wänden des Baderaums. Mosaike bedeckten den Fußboden, die Wände waren mit Malereien versehen. Die Kuppeldecke ist unversehrt erhalten geblieben. Sehr wahrscheinlich befanden sich in dem darüber gelegenen Geschoß die Schlafräume.

Wer eine Festung auf einer Bergkuppe errichtete, mußte sich besonders um die Wasserversorgung kümmern. In Herodeion hatte man das Problem durch enorme Zisternen gelöst, die man unterhalb des Palastes nahe der Freitreppe in den Felsen schlug. In ihnen sammelte man Regenwasser oder Quellwasser aus dem bei Bethlehem gelegenen Artas, das über einen 6 km langen Aquädukt die Burg versorgte. Aus einer vom Palast über einen Schacht zugänglichen Zisterne konnte man Wasser mit Hilfe von Eimern schöpfen. Sie scheint von Hand aus den unter ihr gelegenen Zisternen gefüllt worden zu sein.

Am Fuß des Hügels fand man noch weitere pompöse Gebäude, die zum Palastkomplex zählten. In der Mitte eines riesigen Schwimmbeckens (70 m lang, 46 m breit, 3 m tief) stand ein von Säulen gestützter Pavillon. Umgeben war das Schwimmbecken von Gärten und Wandelgängen, die dieses Fleck-

chen Erde zu einer wahren Oase inmitten der ausgedörrten Sommerlandschaften machten. Direkt nebenan fand man Reste von großen überdachten Hallen, ein weiteres Badehaus und Vorrats- und Diensträume. Die Funktion einer von hier aus in westlicher Richtung verlaufenden 350 m langen Geländeterrasse ist ebensowenig geklärt wie die eines weiteren palastartigen Gebäudes, dessen Mauern man entdeckte.

Herodeion war nicht nur Festung und Palast. Es ist auch das Grabmal des Herodes. Wo genau jedoch sein Leichnam begraben liegt, ist ein Geheimnis, das die Forscher noch zu ergründen hoffen.

Zwischen Herodeion und dem Toten Meer lag noch eine kleine Festung, Hyrkanion, die Herodes als Gefängnis diente. Nur noch Zisternen und einige Mauerreste sind erhalten, frühzeitig übernommen von Mönchen, die an dieser Stelle ihr Kloster gründeten.

Auf der anderen Seite des Toten Meeres, von Herodeion aus zu sehen (siehe Karte S. 55), lag Machärus. Hoch auf einem zerklüfteten Bergrücken ließ Herodes einen weiteren Festungspalast errichten. Auch hier sicherten eine ganze Reihe von Zisternen die Wasserversorgung im Belagerungsfall, wie die in begrenztem Umfang durchgeführten Ausgrabungen zeigen.

Das untere Jordantal wurde von zwei Festungen aus kontrolliert. Cypros, benannt nach der Mutter des Herodes, lag in der Nähe von Jericho. Überreste von Zisternen, Badeeinrichtungen und andere Gebäude auf dem Hügel über der Straße von Jericho nach Jerusalem zeugen davon, daß diese kleine Burg ähnlich gut ausgestattet war wie Herodeion.

Etwa 30 km flußaufwärts liegt auf einem strategisch wichtigen Hügel die Burg Alexandrion, von Herodes wiederaufgebaut, als er seine Herrschaft antrat.

Mittels kleinerer Verteidigungsanlagen, Wachttürmen und den in den Städten stationierten Garnisonen übte Herodes seine Macht aus. Nur so war er in der Lage, sein Königreich an straffen Zügeln zu führen.

Herodes – der große Städtebauer

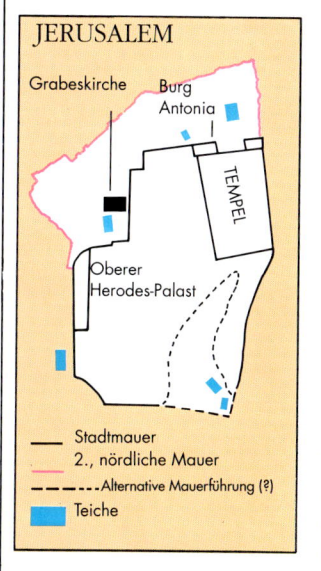

JERUSALEM

Grabeskirche
Burg Antonia
TEMPEL
Oberer Heredes-Palast

— Stadtmauer
— 2., nördliche Mauer
--- Alternative Mauerführung (?)
■ Teiche

Festungen beeindrucken und kontrollieren das Volk; in den Städten sollen neue Straßen und Gebäude um Sympathie werben und gute Lebens- und Arbeitsmöglichkeiten für die Menschen bieten. Wie viele andere Könige gründete auch Herodes eine ganze Reihe von Städten. Seinen Ruf als großzügiger Wohltäter wollte er sich über den Tod hinaus in allen großen Städten des Landes und auch über die Grenzen hinaus sichern.

Auf dem Weg zu Antonius, Ziel seiner Romreise, mußte Herodes auf Rhodos Zwischenstation machen, um sich ein neues Schiff zu suchen. Er überließ der Insel Gelder für Instandsetzungen und veranlaßte den Wiederaufbau des abgebrannten Apollon-Tempels. Als Augustus zu Ehren seines Sieges über Antonius bei Actium eine neue Stadt, Nikopolis, erbauen ließ, beteiligte sich Herodes nicht nur freigebig, sondern zum Teil sogar freiwillig an den Arbeiten. Auch andere griechische Städte profitierten von seiner Großzügigkeit. Und auch das hatte man von Herodes nicht erwartet: Er erweckte die Olympischen Spiele zu neuem Leben. Während der Olympiade im Jahr 12 v.Chr. amtierte er nicht nur als Schirmherr, sondern sicherte die Zukunft der Spiele zusätzlich durch eine große Finanzspritze.

Auch in Syrien erwies sich Herodes als spendabler Herrscher. Damit die Bürger der ehemaligen Hauptstadt, Antiochia am Orontes, nicht weiter mit einer schlammüberfluteten Hauptstraße leben mußten, ließ Herodes eine 4 km lange gepflasterte Prunkstraße mit Säulengängen bauen. Byblos, Beirut, Tyrus, Sidon, Tripolis, Damaskus und viele andere Städte erhielten Mauern, Hallen, Theater und Sportanlagen geschenkt.

Doch in Palästina tat Herodes noch wesentlich mehr. Mit den von ihm wieder aufgebauten Städten ehrte er Familie, Freunde und Förderer: mit Antipatris seinen Vater, mit Fasaëlis seinen Bruder, mit Agrippias seinen Freund, den Vertrauten des Kaisers, und mit Sebaste den Herrscher selbst. Cäsarea, auch zu Ehren des Kaisers erbaut, stellte jedoch alles in den Schatten.

Die Arbeiten an der Stadt begannen im Jahr 22 v.Chr. Cäsarea lief als ehrgeizigstes Projekt des Königs Jerusalem schnell den Rang ab. Obgleich er die Vollendung des Tempels nicht mehr selbst erleben sollte, stand wenigstens der monumentale Hafen Cäsareas kurz vor seiner Eröffnung. Der Zeithistoriker Josephus nannte ihn die größte Hafenanlage des gesamten Mittelmeerraumes. Baute man normalerweise Häfen an eine Flußmündung oder in eine Bucht, ließ Herodes hier riesige künstliche Wellenbrecher bauen, hinter denen selbst die größten römischen Schiffe Schutz finden konnten.

Die neue Stadt wurde zum Hauptumschlagplatz für den Handel zwischen Asien und Europa. Nach dem Tod des Herodes war Cäsarea trotz einer Erdbebenkatastrophe im Jahr 130 das Verwaltungszentrum Roms in Palästina und noch lange Zeit der wichtigste Mittelmeerhafen. Als das Handelsaufkommen jedoch nachließ und sogar schrumpfte, verwahrlosten die Hafenanlagen allmählich. Spuren waren nicht mehr aufzufinden, und die Beschreibung des Josephus wurde hier und da sogar angezweifelt.

HERODES – DER GROSSE STÄDTEBAUER / 59

Beweise für den Wahrheitsgehalt seiner Aussagen brachten dann aber Unterwasserforschungen. Archäologen tauchten in der Nähe der Stadtruinen, um Strukturen zu untersuchen und zu vermessen, die man aus der Luft entdeckt hatte. Unter Wasser, weit ins Meer hinausreichend, fand man zwei enorme Steinwälle, die in ihrer halbrunden Form ein Hafenbecken andeuten. Der südliche Wall mit etwa 480 m und der nördliche mit etwa 240 m Länge und jeweils einer Breite von rund 60 m stimmen genau mit den von Josephus notierten Maßen überein. Nach seinen Angaben versenkte man 15 m lange Steinquader ins Wasser, um den südlichen Wellenbrecher zu errichten. Blöcke dieser Abmessung hat man am Meeresgrund gefunden.

Neben den kostbaren Steinen preßten die Baumeister billige Tuffsteine aus dem Vesuv und andere Materialien in große Holzrahmen (13,5 x 3,3 x 1,8 m), um „Zementplatten" herzustellen, die der stampfenden See Widerstand leisten konnten. Um dem Problem der Versandung zu entgehen, hatte man in Cäsarea eine spezielle Schleuse eingebaut, mit deren Hilfe man den Sand aus dem Hafenbecken herausspülen konnte. Die auf dem Meeresgrund verstreut herumliegenden behauenen Steine sind Reste von Türmen und anderen Gebäuden, die auf den Wellenbrechern standen.

Der Augustus-Tempel, das Theater, ein Amphitheater und riesige Lagerhallen machten die Stadt genauso sehenswert wie den Hafen. Der Tempel

Aus der Luft lassen sich die Reste der alten Hafenanlage in Cäsarea noch erkennen. Die dunklen Linien am Meeresgrund zeigen deutlich, daß Herodes den Hafen wesentlich größer geplant hat, als er heute noch vorhanden ist.

60 / DIE HERRSCHER DES LANDES

Cäsarea mußte mit Wasser aus dem Hinterland versorgt werden. Die Architekten des Königs bauten einen 10 Kilometer langen Aquädukt. Das hier noch sichtbare Teilstück wurde in den Jahren 132-135 n.Chr. von römischen Soldaten nach einem schweren Erdbeben wieder aufgebaut.

Mit Steinen aus den Ruinen von Cäsarea konstruierte man in späteren Jahrhunderten Wasserbrecher an der Küste.

existiert nicht mehr, doch das Theater, mehrfach renoviert und umgestaltet (siehe: *Die Inschrift des Pilatus*), wird noch heute genutzt. Das Amphitheater wartet hingegen noch darauf, ausgegraben zu werden.

In der Nähe des Hafens befinden sich in Blocks angeordnete Hallengewölbe, die einen Teil des Speicher- und Lagerhauskomplexes ausmachten. Ganz oben stand vielleicht der Augustus-Tempel. Ein mächtiger Abwasserkanal unter der späteren Hauptstraße zeugt von der sorgfältigen Stadtplanung. Erwähnenswert ist auch der Aquädukt. Um die Stadt mit frischem Wasser zu versorgen, bohrte man von den Quellen an den Hängen des Berges Karmel einen 10 km langen Tunnel und baute im Anschluß einen ebenso langen Aquädukt bis hin zur Stadt.

Die Gründung neuer und der Umbau alter Städte war ein gutes beschäftigungspolitisches Instrument. Tausende von Arbeitern und Handwerkern konnten eingesetzt werden, wenn genügend Geld vorhanden war, um sie zu entlohnen. So setzte König Agrippa II. nach Fertigstellung des Tempels die freigewordenen Arbeitskräfte dazu ein, die Straßen Jerusalems mit feinen weißen Steinen neu zu pflastern. Herodes (siehe: *Geld- und Wechselkurse*) deckte die Kosten aus den Einnahmen, die er aus seinen Besitzungen und Geschäften zog, aber auch aus den Steuern, die er von seinen Untertanen eintrieb. Obgleich er im Jahr 20 v.Chr. die Steuern um ein Drittel, 7 Jahre später dann noch einmal um ein Viertel senkte und während einer großen Hungersnot (25-24 v.Chr.) aus seinen Goldvorräten ägyptisches Getreide für sein hungerndes Volk einkaufte, spürte der gewöhnliche Bürger die Steuerlast drückend schwer auf seinen Schultern. Kein Wunder, daß sie nach dem Tod des Königs sämtliche Registerkontore niederbrannten. Es waren nämlich die Untertanen, die den Preis für die vielfältige Eigenwerbung ihres Herrschers zu zahlen hatten.

Die Söhne des Königs

Testamentsvollstrecker nach dem Tod Herodes' im Jahr 4 v.Chr. war Kaiser Augustus. Grund genug für die Königssöhne, sich schnell auf den Weg nach Rom zu machen. Auf Reisen gingen auch eine Abordnung jüdischer Nationalisten und Gesandte der griechischen Städte im Reich des Herodes. Die Nationalisten, noch geschockt vom autoritären und blutrünstigen Herrschaftsstil Herodes', forderten die volle Eingliederung Palästinas als Provinz in das Römische Reich. Auch die griechischen Städte verlangten die Abschaffung des Königtums und liebäugelten mit einer freien Selbstverwaltung in der Provinz.

Augustus hörte sich alle Argumente an und teilte danach das Reich des Herodes auf. Jedoch nicht in der Weise, wie es das Testament vorgesehen hatte: Archelaus wurde probeweise als Ethnarch der Provinzen Judäa, Samarien und Idumäa eingesetzt. Bei Bewährung sollte er zum König gekrönt werden.

Antipas wurde Tetrarch von Galiläa und Peräa (jenseits des Jordans), Philippus erhielt denselben Titel für die im Nordosten gelegenen Provinzen.

Nach Syrien wurden drei griechische Städte eingegliedert, auch die Stadt Gadara, die Augustus dem Herodes 30 v.Chr. geschenkt hatte. Gadaras Bevölkerung hatte sich schon lange der jüdischen Herrschaft widersetzt; sie hatte genug unter der jüdischen Besatzung zu leiden gehabt. Mit dem Verlust des Handelsortes Gaza verlor Archelaus gleichzeitig eine wichtige Einnahmequelle.

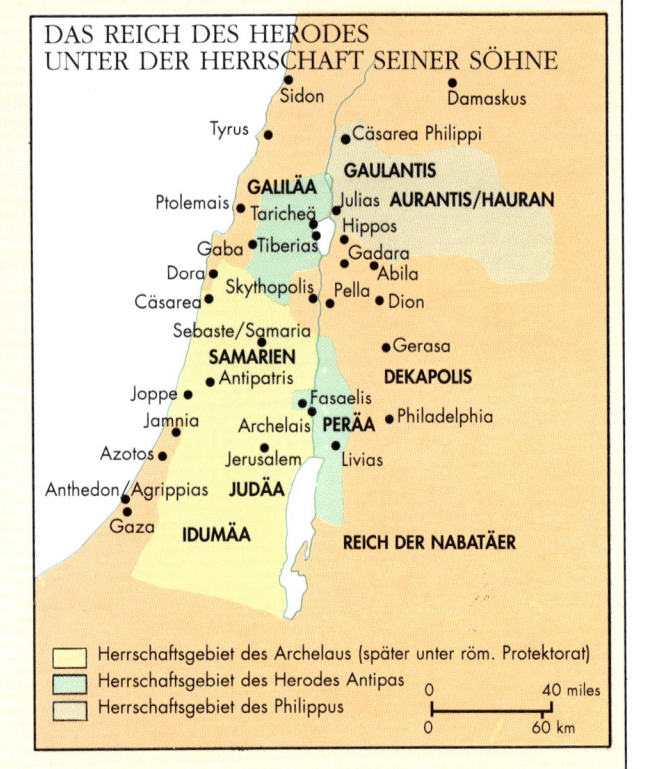

DAS REICH DES HERODES UNTER DER HERRSCHAFT SEINER SÖHNE

Herrschaftsgebiet des Archelaus (später unter röm. Protektorat)
Herrschaftsgebiet des Herodes Antipas
Herrschaftsgebiet des Philippus

Herodes Archelaus
(4 v.Chr. – 6 n.Chr.)

Archelaus bestand seine Probezeit nicht. Schon vor seiner Romreise hatte er einen Aufstand im Tempel blutig beendet, anschließend mußte der Statthalter von Syrien weitere Revolten niederwerfen. Als Archelaus zurückkehrte, fand er das Land in Angst und Schrekken versetzt. Als Maria und Josef auf ihrer Rückreise von Ägypten Gerüchte darüber zu Ohren kamen, zogen sie – so berichtet uns das Matthäusevangelium (2,22) – mit Jesus nach Galiläa, um den Jungen nicht in den Einflußbereich des Archelaus zu bringen.

Archelaus ersetzte die Hohenpriester nach Belieben. Auch die Eheschließung mit der Witwe seines ermordeten Halbbruders Alexander kostete ihn Ansehen. Da sie bereits mit ihrem Mann einen Sohn gezeugt hatte, gab es für Archelaus keine Berechtigung, eine Leviratsehe mit ihr zu vollziehen, um seinem verstorbenen Bruder einen Erben zu schenken. In jüdischen Augen bedeutete diese Heirat Ehebruch.

Die Herrschaftsausübung des neuen Königs wurde dermaßen unerträglich, daß eine gemeinsame Delegation von Juden und Samaritanern sich beim Kaiser beschwerte. Augustus schickte Archelaus ins Exil nach Gallien. Sein Herrschaftsgebiet wurde im Jahr 6 v.Chr. zur römischen Provinz erklärt.

Archelaus ließ kleine Kupfermünzen prägen. Anstelle der griechischen Worte „von König Herodes" gab er den Herausgebernamen mit „von Ethnarch Herodes" an. Die Weintraube und der Helm setzen die wertfreie Prägepolitik früherer Herrscher fort.

Herodes Antipas
(4 v.Chr. – 39 n.Chr.)

Alte Gräber, die das Gelände „verunreinigen", können unter Umständen gewisse Bauvorhaben verzögern, aber um Herodes Antipas zu stoppen, brauchte es schon mehr. Er baute seine neue Stadt genau an die Stelle, an der er sie haben wollte. So wuchs Tiberias mit seinem Hafen am Westufer des Sees Genezareth. Heute noch trägt die Stadt den Namen, den ihr der Tetrarch zu Ehren des Kaisers Tiberius gegeben hatte. Wenn religiöse Juden wegen der Gräber dort nicht wohnen wollten, brachte Antipas eben andere mit Zwang oder Landversprechungen dazu, sich hier niederzulassen. Mit dem Bau seines Palastes zog er ohnehin schon viele an, die Arbeit brauchten, aber auch Höflinge und Männer, die seine Gunst suchten oder nötig hatten. „Dieser Fuchs" nannte ihn Jesus (Lk. 13,32) nicht zu unrecht.

Das galiläische Herrschaftsgebiet des Herodes Antipas war fruchtbar und dicht besiedelt, der richtige Platz also, um Kapital zu investieren. Antipas baute zum Schutz die Stadt Sephoris wieder auf und machte sie zu seiner Hauptstadt. Peräa, sein zweites Teilreich, war unwirtlich und nur spärlich bevölkert. Dort versah er eine Stadt mit Befestigungsanlagen und nannte sie – zu Ehren der Gattin des Augustus – Livias.

Die Festung seines Vaters, Machärus, war von großer Bedeutung. Sie schützte die Grenze zu den Nabatäern und war, wie Masada, prunkvoll eingerichtet.

In beiden Teilen war die Bevölkerung erst vor 100 Jahren zwangsweise zum Judentum bekehrt worden. Antipas folgte auch hier bereitwillig seinem Vater, übernahm den jüdischen Kalender und beteiligte sich an den Kultfeiern in Jerusalem (in Lk. 23,7 wird berichtet, daß er zur Zeit des Passafestes in der Stadt war). Als Pontius Pilatus in Jerusalem goldene Weihetafeln zu Ehren des Tiberius aufrichtete und damit die religiösen Gefühle der Juden verletzte, hielt Antipas zu seinen Brüdern und unterschrieb eine Protestnote an Tiberius (siehe: *Gewiß kein*

Philippus
(4 v.Chr. – 34 n.Chr.)

Philippus hatte den nordöstlichen Teil des Reiches, ein ehemaliges Räuber- und Banditenland, erhalten. Nur wenige jüdische Siedler waren hier Zuhause. So konnte Philippus den Kopf des Kaisers, ohne einen Aufschrei der Entrüstung zu provozieren, auf seine Münzen prägen. Seine 35jährige Herrschaft war durch und durch friedvoll, und seine Art zu herrschen brachte ihm den Ruf des gerechtesten Herodessohnes ein.

Auch Philippus setzte sich ein Baudenkmal. In Paneas, an den Quellen des Jordans gelegen, hatte schon Herodes einen Tempel zu Ehren des Augustus errichten lassen. Nun baute Philippus die Stadt weiter aus und nannte sie zu Ehren des Augustus Cäsarea (der Zusatz „von Philippus" [Philippi] unterscheidet sie von der Stadt, die Herodes an der Küste gegründet hatte). Auch das an der Einmündung in den See Genezareth gelegene Betsaida ließ er umbauen und nannte die Grenzstadt nach der Tochter des Augustus: Julias. Erst kürzlich durchgeführte Ausgrabungen lassen ernsthaft darauf schließen, daß es sich bei dem allgemein schlicht als „der Tell" bezeichneten Ruinenhügel an der Ostseite des Flusses um das neue Betsaida des Philippus handelt. Eine Siedlung am anderen Ufer war das im Johannesevangelium (Jh. 12,21) erwähnte alte Betsaida in Galiläa.

HERODES – DER GROSSE STÄDTEBAUER / 63

Bei Ausgrabungen im Süden des heutigen Tiberias fand man diesen im römischen Stil gepflasterten Torweg.

Antipas prägte ab den Jahren 19-20 n. Chr. eine Reihe größerer Bronzemünzen. Auf der einen Seite trugen sie die griechischen Worte „von Tetrarch Herodes" und das Prägejahr. Die Rückseite nennt den Namen „Tiberias". Obwohl Antipas Statuen in seinem Palast errichten ließ, waren auf seinen Münzen weder Mensch noch Tier abgebildet.

Heiliger!). Die Partei der Herodianer unterstützte ihn. Sie agitierten für eine Königsherrschaft des Antipas auch in der neuen römischen Provinz, von der sie sich größere Vorteile versprachen als von der mittlerweile direkt ausgeübten römischen Herrschaft (vgl.: Mk. 3,6; 12,13 und Mt. 22,16).

Wie das Beispiel Tiberias gezeigt hatte, war Antipas nicht der Mann, dem die Juden mit ihren Gefühlen und Wünschen auf der Nase herumtanzen konnten. Wie Josephus berichtet, verliebte sich Antipas, als er seinen Halbbruder Herodes Philippus besuchte (der das Leben eines Privatmannes führte), in seine Schwägerin Herodias. Seinetwegen verließ sie dann auch ihren Gatten. Die einzigen anderen Informationsquellen, die Evangelien, berichten, daß Herodias mit Philippus verheiratet war (Mk. 6,17; Mt. 14,3).

Waren Herodes Philippus und Philippus ein und dieselbe Person?

Mit Sicherheit kann man sagen, daß Herodes der Große zwei Söhne hatte, die ebenfalls Herodes

hießen, und einen (weiteren?), der den Namen Philippus trug. Nannte man den einen Herodes zusätzlich Philippus, um ihn von dem anderen Herodes unterscheiden zu können? Belegt ist jedenfalls, daß (ein) Philippus nicht den Beinamen Herodes trug. Archelaus und Antipas fügten ihrem Namen ebenfalls „Herodes" hinzu, als sie den Thron bestiegen. Viele Wissenschaftler meinen, daß die Evangelien sich in diesem Punkt irren und Josephus recht hat. Ein Argument gegen Josephus ist die These, daß Herodias zunächst die Frau des Herodes war, dann die des Tetrarchen Philippus und schließlich Antipas ehelichte.

Wenn antike Quellen derart voneinander abweichen, ist es ohne triftige Belege kaum zu entscheiden, wo der Fehler liegt. Wen auch immer Herodias zum Ehemann nahm, es war ein Halbbruder des Antipas, dem sie ein Kind gebar. Nach jüdischer Auffassung war die Eheschließung zwischen Antipas und Herodias gesetzwidrig. Johannes der Täufer kritisierte deshalb den Tetrarchen und wurde

für seine Unverfrorenheit auf der Festung Machärus eingekerkert. Antipas hatte Angst vor der Popularität des Propheten, ihn zu töten hätte vielleicht einen Aufstand zur Folge gehabt. Schließlich ordnete er jedoch – auf Drängen Herodias' – die Hinrichtung an (Mk. 6,14-29; Mt. 14,1-12).

Herodias war eine ständige Quelle der Unruhe. Zum Zeichen seiner Liebe hatte sich Antipas von seiner ersten Frau, der Tochter des Nabatäerkönigs Aretas, scheiden lassen. Schwer beleidigt ließ der zornige Vater seine Truppen marschieren, die Antipas 36 v.Chr. in Peräa empfindlich schlugen. Kaiser Tiberius, gar nicht erfreut über den kleinen Krieg an seiner Grenze, befahl seinem Statthalter in Syrien, Aretas in seine Schranken zu weisen. Doch bevor Erwähnenswertes geschah, starb Tiberius 37 n.Chr. in Misenum. Neuer Kaiser wurde Caligula. Als guter Freund von Agrippa, dem Bruder Herodias, setzte ihn der Kaiser als König über die ehemaligen Länder des Tetrarchen Philippus ein (37 v.Chr.).

Diese Münze zeigt den Kopf des römischen Kaisers Tiberius und seinen Ehrennamen auf der Vorderseite. Auf der Rückseite erkennt man eine Tempelansicht und die griechischen Worte „von Tetrarch Philip" sowie die Jahresangabe „Jahr 19" (15-16 n.Chr.) zwischen den Tempelsäulen.

Herodes Philippus erbaute Cäsarea Philippi an einer der Jordanquellen. Sie entsprang in einer Höhle, und Philippus nutzte die Felsen, um in besonders angelegten Nischen Statuen von griechischen Göttern aufzustellen. Nach dem Gott Pan wurde der Ort auch Paneas oder Banyas genannt.

Die Statthalter Roms

Die römischen Statthalter ließen kleine Bronzemünzen für ihren Herrschaftsbereich in Judäa prägen. Die hier abgebildete wurde unter Ambibulus entworfen und zeigt auf der Vorderseite eine Ähre und das Wort „Cäsars's" und auf der Rückseite eine Palme mit den Zeichen für „Jahr 40" (10 n.Chr.).

Archelaus war kaum in der Lage, das Königsamt auszufüllen. Das Land unter direkte römische Verwaltung zu stellen, war die tragische Konsequenz, die Kaiser Augustus zog. Schon Herodes hatte eine effektive Verwaltung aufgebaut, Augustus brauchte nur noch einen kompetenten Verwalter. Im römischen Geldadel fand der Kaiser schließlich einen Geschäftsmann namens Coponius; er folgte dem Ruf des Kaisers bereitwillig. Allerdings übernahm der Statthalter der Gesamtprovinz Syrien, ein im Rang wesentlich höher stehender Senator, häufig die Amtsgeschäfte in Judäa. Auch in anderen Provinzen mit besonderen örtlichen Umständen regierten Statthalter – allerdings meist adelige Ägypter – einzelne Landstriche.

Bis zur Herrschaft des Claudius (41-54 n.Chr.) war der offizielle Titel eines Statthalters „Präfekt", später wurden sie „Prokurator" genannt. Als Präfekt wurde auch Pilatus auf einem Widmungsstein in Cäsarea bezeichnet (siehe: *Die Inschrift des Pilatus*), was mit der griechischen Ausdrucksweise der Evangelien eng korrespondiert.

Ein Statthalter war mit Unterstützung der römischen Truppen für die Aufrechterhaltung der Ordnung und die Durchsetzung der kaiserlichen Politik zuständig (siehe: *Die Besatzungstruppen*). In seinen Amtssitzen, den Palästen des Herodes in Jerusalem oder in Cäsarea, ging er seiner Aufgabe als Gerichtsherr nach. Das Recht, einen Verbrecher zum Tod zu verurteilen, lag ausschließlich in seiner Hand. Fraglos mußte der Statthalter von Judäa mit dem Hohenpriester zusammenarbeiten, wenn er Ruhe im Land

haben wollte; und für alle religiösen Angelegenheiten war zuerst einmal der Priesterrat, der Sanhedrin, verantwortlich. Wenn dieser jemanden zum Tod verurteilte, kam der Fall anschließend vor den Statthalter, der die Strafe bestätigen mußte. Aus diesem Grund trafen auch Jesus und Pilatus aufeinander.

Pflicht des Statthalters war es ebenfalls, die Provinzsteuer an das kaiserliche Schatzamt zu schicken. Der Einzug der Grund- und Kopfsteuer hatte er meist den Zöllnern übertragen (siehe: *Das Bildnis des Kaisers*). Oft nutzten Statthalter ihre Position aus, um sich selbst zu bereichern; manche von ihnen saugten das Land regelrecht aus. 17 n.Chr. legten sowohl Syrien als auch Judäa Beschwerde bei Tiberius ein, daß sie zu hoch besteuert wären, und baten um Erleichterung der Steuerlast.

Beide Steuerabgaben gründeten sich auf Schätzungen, die eine auf die des Bodens, die andere auf die der Bevölkerung. Kaum war Judäa römische Provinz geworden, wurde auch schon eine Zählung durchgeführt (6 n.Chr.). Das Lukasevangelium legt die Geburt Jesu in die Zeit einer Zählung: „Es begab sich aber zu der Zeit, daß ein Gebot von dem Kaiser Augustus ausging, daß alle Welt geschätzt würde. Und diese Schätzung war die allererste und geschah zu der Zeit, da Quirinius Statthalter in Syrien war" (Lk. 2,1.2). Zur Zeit ist es unmöglich, diese Aussage mit anderen Aufzeichnungen in Einklang zu bringen. So regierte zum Beispiel Saturninus Syrien von 10 bis 7 oder 6 v.Chr., ihm folgte Varus. Quirinius hatte das Amt von 6 n.Chr. an inne. Da Herodes – nach Matthäus 2,1.22 – herrschte, als Jesus geboren wurde, muß er vor 4 v.Chr. geboren sein, dem Todesjahr des Herodes. Der römische Kaiser wird schwerlich eine Zählung noch zu Lebzeiten des Herodes angeordnet haben, da Herodes für die Eintreibung der Steuern in seinem Land selbst verantwortlich war. Zudem liegen kaum Indizien vor, daß Qurinius vor 6 n.Chr. Syrien regiert haben könnte. Wissenschaftler kamen zu dem Schluß, daß Lukas hier ein Fehler unterlaufen ist. Doch viele Details sind noch unbekannt. Eine letztgültige Antwort kann nur durch neue Entdeckungen kommen.

Die Statthalter von Judäa erhielten vermutlich auch Schmiergeldzahlungen von den Hohenpriestern als Gegenleistung für die Ernennung in das Amt. Der Statthalter Gratus setzte in den Jahren 15-18 n.Chr. vier verschiedene Hohepriester ein, schließlich Joseph Kaiphas, der das Amt bis zum Jahr 36 innehatte. Auch die Kontrolle des Tempeldienstes war letztlich dem Statthalter übergeben, da er die verschiedenen Teile des hohepriesterlichen Ornats in der Burg Antonia unter Verschluß hielt und sie nur für die großen Festtage herausgab. Im Jahr

36 n.Chr. gab der Statthalter von Syrien sie als Versöhnungsangebot wieder in die Hände der Priester, nachdem er Pontius Pilatus wegen seiner Mißwirtschaft abgelöst hatte.

Außer ihren Namen ist nur wenig über die Statthalter vor Pilatus bekannt. Coponius, der erste Statthalter, ließ den durch Unruhen beim Amtsantritt des Archelaus beschädigten

Tempel renovieren. Die dankbaren Juden tauften daraufhin das Tor vom Tempelgebiet in das Käsemachertal auf seinen Namen. Die Statthalter Pontius Pilatus (26-36 n.Chr., siehe: *Gewiß kein Heiliger*) und Felix (52-59 n.Chr.) hatten da schon einen wesentlich schlechteren Ruf.

Alle römischen Heerlager waren um einen Schrein angeordnet. An diesem Lagermittelpunkt bewahrte man auch die Standarten der Legion und den römischen Adler auf. In Schlachten wurden sie mitgeführt und dienten als Sammel- und Orientierungspunkt. Keinesfalls durften sie in die Hände des Feindes fallen. Auf dem hier abgebildeten römischen Silberdenar (ungefähr 31 v.Chr.) sieht man den römischen Adler zwischen zwei Standarten. Zur Kaiserzeit waren die Standarten mit Porträts des Herrschers bestückt. Als Pontius Pilatus seine Soldaten die römischen Standarten in Jerusalem aufrichten ließ, kam es zu tumultartigen Auseinandersetzungen mit religiösen Juden.

Römische Statthalter in Judäa

Coponius	6- 9 n.Chr.
Ambibulus	9-12 n.Chr.
Rufus	12-15 n.Chr.
Gratus	15-26 n.Chr.
Pilatus	26-36 n.Chr.
Marcellus	36 n.Chr.
Marullus	37-41 n.Chr.
(vielleicht = Marcellus)	
(König Agrippa I.	
regiert Judäa von	41-44 n.Chr.)
Fadus	44-46 n.Chr.
Alexander	46-48 n.Chr.
(Neffe des Philo)	
Cumanus	48-52 n.Chr.
Felix	52-59 n.Chr.
Festus	59-62 n.Chr.
Albinus	62-65 n.Chr.
Florus	65-66 n.Chr.

Die Inschrift des Pilatus

Das Theater der Stadt war schon alt; Herodes der Große hatte es vor 300 Jahren erbauen lassen. Man hatte es schon öfter ausgebessert, doch jetzt war ein größerer Umbau nötig. Die Architekten gestalteten die Orchestra so um, daß dieser Bereich auch für die Aufführung von Wasserspielen genutzt werden konnte. Man zog zusätzliche Wände ein und verlegte die Eingänge.

Um sich das Geld für neue Steinblöcke zu sparen, suchten die Bauherren in alten Häusern und Ruinen, um sich ihr Baumaterial zu beschaffen. Sie fanden einen schönen Steinblock, der haargenau an einen Treppenabsatz paßte, den sie gerade in Arbeit hatten. Der Block war zwar etwas zu dick, so daß Stolpergefahr bestand. Doch dieses Problem war mit Hammer und Meißel aus der Welt zu schaffen. Die Arbeiter schrägten einfach die eine Seite des Blocks etwas ab. Daß sie dabei einige der in den Stein eingemeißelten Buchstaben zerstörten, bereitete ihnen wohl kein Kopfzerbrechen. Für sie war nur wichtig, daß niemand stolpern konnte.

1961 führten Mailänder Archäologen Ausgrabungen in Cäsarea, nördlich des heutigen Tel Aviv und seiner Vorstadt Herzlia durch. Seit drei Jahren konzentrierte man sich auf das Theater, das man vollständig freilegen wollte. Auf die Treppe und den Stein stieß man, als Sand und Geröll beiseite geräumt waren.

Der Steinblock hatte eine Größe von 82 x 68 x 20 cm. Auf der einen Seite war die rechte Hälfte von vier Buchstabenzeilen noch zu erkennen, die unzählige Besucherfüße halbwegs unbeschadet überstanden hatten. Für die Archäologen war es schon etwas ganz Besonderes, hier eine Inschrift zu finden, da in Cäsarea nicht viele ans Tageslicht gekommen waren. Und sie machte schnell Schlagzeilen. Auf ihr stand nämlich:

STIBERIEVM
TIVSPILATVS
ECTVSIVD . . . E

Es war nicht schwierig, die zweite und dritte Zeile zu ergänzen:

PONTIVSPILATVS
PRAEFECTVSIVD . . . E

Man hatte einen Widmungsstein von Pontius Pilatus gefunden, dem römischen Statthalter, der dem Todesurteil über Jesus zugestimmt hatte.

König Herodes baute das Theater in Cäsarea im römischen Stil. In den folgenden Jahrhunderten wurde es mehrfach umgebaut, bis es schließlich in byzantinischer Zeit als Verteidigungsanlage genutzt wurde.

DIE INSCHRIFT DES PILATUS / 67

Dieser Stein war der bemerkenswerte Fund der italienischen Archäologen bei ihren Ausgrabungen im Theater von Cäsarea. Es ist die einzige bisher bekannte Inschrift, die zu Lebzeiten des römischen Gouverneurs Pontius Pilatus angefertigt wurde und seinen Namen nennt. In der zweiten Zeile ist das „tius Pilatus" deutlich zu erkennen.

Offensichtlich hatte Pilatus zu Ehren des Kaisers Tiberius eine Gedenkstätte („Tiberieum") bauen lassen und auf sich selbst als Stifter deutlich hingewiesen. Umstritten ist noch, wie genau die fehlenden Buchstaben lauteten. Vom Standpunkt neutestamentlicher Forschung aus betrachtet, kommt den erhaltenen Wortfragmenten die größere Bedeutung zu. Wären sie weggemeißelt worden, würden die anderen Buchstaben weniger Informationen geliefert haben. Das PON von PONTIVS und das PRAEF von PRAEFECTVS hätten vielleicht den Sinn erahnen lassen, allerdings nur sehr unbestimmt, da sich die Worte auch mit anderen Silben hätten ergänzen lassen.

Nun mag ein abgenutzter Stein, auf dem Pontius Pilatus erwähnt ist, auf den ersten Blick vielleicht nicht sehr wichtig erscheinen, doch dieser Stein ist es tatsächlich: Keine andere Inschrift, kein anderes Dokument des ersten nachchristlichen Jahrhunderts erwähnt diesen Mann. Für die Existenz von Pontius Pilatus ist der Stein der einzige zeitgenössische Beleg.

Gewiß kein Heiliger

Die Samaritaner feierten ihre religiösen Feste schon jahrhundertelang auf dem Berg Garizim, als Pontius Pilatus ihre Pilgerstätte abbrechen ließ. Von einem auf dem Bergrücken durch Kaiser Hadrian erbauten Zeustempel hat man ebenso das Fundament gefunden wie von einem weiteren Gebäude, das sehr gut der von König Alexander Jannäus im Jahr 128 v. Chr. zerstörte samaritanische Tempel sein könnte.

Besonders fromme Menschen werden manchmal gerne als „Heilige" bezeichnet. Zu ihnen zählt man so berühmte Männer und Frauen wie Augustinus und Theresa von Avila. Andere „Heilige" wie Georg den Drachentöter, kennt man nur aus Legenden, die wenig Anspruch auf Wahrheit erheben. Dann gibt es auch solche, die von einigen Christen als „Heilige" bezeichnet, jedoch von der Mehrheit nicht so gesehen werden. Ein Beispiel ist der englische König Charles I., der im Jahr 1649 hingerichtet wurde. Überraschend wird es deshalb auch für manchen sein, daß in der äthiopischen Kirche Pontius Pilatus als Heiliger verehrt wird.

Im vierten und fünften Jahrhundert kursierten Geschichten über den Prozeß Jesu, in denen Pilatus weit besser wegkam als in den Evangelien. Nach

diesen Berichten hatte er Jesus nur äußerst widerwillig verurteilt. In einigen Quellen ist zu lesen, daß Pilatus Selbstmord beging, als ihm die Tragweite seiner Tat bewußt wurde. Geschichten wie diese entstanden vermutlich angesichts heidnischer Einwirkung und Kritik und führten dazu, daß Pilatus von den Äthiopiern auf die gleiche Stufe mit anderen Heiligen gestellt wurde.

Für den Rest der Welt war Pilatus jedoch ein schwacher Charakter, vielleicht sogar ein Schuft, aber gewiß kein Heiliger. Wie war er wirklich?

Der Stein in Cäsarea stellt die eigene Loyalitätsbezeugung zu seinem Kaiser Tiberius dar. Das war jedoch das mindeste, was man von einem römischen Statthalter erwarten konnte. Der Stein ist die einzige Primärquelle, die uns über Pilatus Auskunft gibt; alles andere wissen wir von römischen, jüdischen und christlichen Geschichtsschreibern des ersten Jahrhunderts.

Der einzige römische Autor, in dessen Werken Pilatus erwähnt wird, ist Tacitus. Von ihm erfahren wir lediglich das Datum der Kreuzigung Jesu. Jüdische Schreiber bieten da schon weitergehende Informationen.

Philo, der Philosoph aus Alexandria, berichtet von dem Versuch des Statthalters, den wahnsinnigen Kaiser Caligula davon abzuhalten, seine Statue im Tempel von Jerusalem aufzurichten. Er erwähnt auch goldene Schildtafeln, die Pilatus zu Ehren von Tiberius im Palast des Herodes aufstellen ließ.

Etwas an ihnen beleidigte jedoch die religiösen Gefühle der Juden, und sie forderten die Entfernung der Tafeln. Kein anderer römischer Statthalter hatte sie bisher so respektlos behandelt wie Pilatus. Und schon immer war den Juden ungehinderte Religionsausübung garantiert worden. Schließlich machte Pilatus einen Rückzieher, als die Juden damit drohten, den Fall vor den Kaiser zu bringen. Pilatus hatte Angst davor, Tiberius könnte von dem Mißbrauch seiner Amtsgewalt erfahren.

Gleich zu Beginn seiner Amtszeit zeigte Pilatus deutlich, daß mit ihm nicht zu spaßen war. In einer Nacht- und Nebelaktion ließ er eine neue Truppe mit verhängten Militär-Standarten in die Jerusalemer Garnison verlegen. Am nächsten Morgen sah die Bevölkerung dann das Portrait des Kaisers. Die Soldaten erwiesen den Bildnissen religiöse Ehrenbezeugungen, was sie zu Götzen erhob. Solch eine Gotteslästerung in Jerusalem, dazu noch in der Nähe des Tempels zu erleben, war zuviel für die frommen Juden. Sie folgten Pilatus auf seinem Rückweg nach Cäsarea und demonstrierten vor seiner Residenz. Daraufhin wurden sie ins Stadion gebracht und von Soldaten umstellt. Pilatus drohte, sie allesamt töten zu lassen. Ihre Antwort brachte Pilatus völlig aus dem Konzept: Sie würden eher sterben als zusehen, wie ihr Gesetz in Jerusalem verhöhnt wurde. Pilatus verlegte daraufhin die Soldaten wieder zurück nach Cäsarea.

Diese Episode ist in den Büchern des jüdischen Geschichtsschreibers Josephus festgehalten. Sie berichten auch von zwei weiteren Aktionen des Pilatus, die vielen Menschen das Leben kosteten. Die erste fing noch gut an: Dank des erfolgreichen Führungsstils des Herodes und durch den Schutz Roms war Jerusalem enorm gewachsen. Da die Marienquelle die einzige sichere Wasserquelle war, hatten fast alle Häuser ihre eigenen Regenwasserzisternen, die jedoch oft nicht ausreichten. Einen Aquädukt gab es bereits, der Wasser von den Teichen Salomos (südlich von Bethlehem) bis zum Tempel in Jerusalem führte.

Pilatus entschloß sich nun, eine neue Wasserleitung zu bauen. Sicher würde die Bevölkerung ihm das hoch anrechnen. Das nötige Kapital war vorhanden: Im Tempelschatz lagen ja riesige Geldmengen, Spenden aus der ganzen Welt, an denen sich Pilatus nun vergriff, um sein Projekt zu finanzieren. Obgleich es nach jüdischem Recht durchaus erlaubt war, Geldreserven aus dem Tempel zum Wohle der Stadt zu verwenden, war es doch ganz und gar unvorstellbar, daß ein Römer darüber verfügte. Schon Kaiser Augustus hatte

70 / DIE HERRSCHER DES LANDES

angeordnet, daß niemand die Gelder aus der Tempelsteuer anrühren dürfe.

Als Pilatus von seinem Regierungssitz Cäsarea nach Jerusalem kam, waren gerade Massendemonstrationen im Gange. Der Statthalter gab Zivilkleidung an seine Soldaten aus. Sie sollten Keulen unter ihren Gewändern verstecken und sich unter die Menge mischen. Auf einen Befehl hin wurde die Menge auseinandergetrieben. Einige Menschen starben durch Keulenschläge, andere wurden in der allgemeinen Panik einfach niedergetrampelt.

Auf dieses Ereignis könnte sich das Lukasevangelium beziehen: „Es kamen aber zu der Zeit einige, die berichteten ihm von den Galiläern, deren Blut Pilatus mit ihren Opfern vermischt hatte" (Lk. 13,1). Die Galiläer galten bei den Einwohnern Jerusalems als engstirnige Provinzler (vgl. Jh. 7,52), waren jedoch sehr patriotisch eingestellt. Daß Pilger aus Galiläa an dem Protest gegen Pilatus beteiligt waren, ist durchaus vorstellbar. Ihr Enthusiasmus könnte dazu geführt haben, daß sie von den Soldaten in der Menge leicht auszumachen waren. Lukas kann aber auch von einer anderen Begebenheit berichtet haben, die kein anderer Schreiber aufgezeichnet hat.

Das Amt des Pilatus endete durch ein anderes Ereignis: Er war Statthalter sowohl in Judäa als auch in Samarien. Hier betete die Bevölkerung Gott auf dem Berg Garizim an, da Jerusalem der falsche Ort dafür sei(vgl. Jh. 4,20). 36 n.Chr. führte ein Samaritaner eine größere Menschenmenge auf einen Hügel, um ihnen Gegenstände aus der Stiftshütte zu zeigen, die Moses dort angeblich begraben hatte.

Als Pilatus erfuhr, daß die Männer bewaffnet waren, schickte er Truppen, um sie aufzuhalten. Viele Samaritaner wurden in der Schlacht getötet, die Führer verhaftet und hingerichtet.

Pilatus hielt die Aktion für richtig, mußte jedoch bald feststellen, daß man auch anderer Meinung sein konnte. Die Samaritaner beschwerten sich nämlich vehement bei seinem Vorgesetzten Vitellius, der Legat in Syrien war. Ihre Leute seien keine Aufrührer, behaupteten sie, im Gegenteil: Sie würden so sehr unter der Herrschaft des Pilatus leiden, daß viele eine Auswanderung planten. Der Fall schien Vitellius so gewichtig, daß er Pilatus nach Rom vor Gericht beorderte. Pilatus schiffte sich ein, doch es war bereits Winter. Als er drei Monate später in Rom eintraf, war Tiberius schon gestorben (im März 37 n.Chr.). Mehr berichtet Josephus nicht.

Im vierten Jahrhundert zitiert der Kirchenhistoriker Eusebius einen früheren Schreiber, der festgehalten hatte, Pilatus habe zwei Jahre später Selbstmord begangen.

Philo, Josephus und die Schreiber der Evangelien standen Pilatus selbstverständlich ablehnend gegenüber. Die Juden wollten keine römische Herrschaft über sich; die Christen dachten daran, welche Rolle er bei der Kreuzigung Jesu gespielt hatte. So erschien er in ihren Geschichten natürlich in einem sehr düsteren Licht. Wie würde Pilatus' eigene Darstellung der Dinge wohl aussehen?

Der Stein in Cäsarea bezeugt seine Loyalität zu Kaiser Tiberius. Eine andere Informationsquelle sind die Münzen, die in den von ihm regierten Gebieten geprägt wurden.

Keine Rücksicht auf die Juden: Pilatus

Glänzende neue Kupfermünzen, das Kleingeld in Palästina, gingen auf dem Marktplatz von Hand zu Hand. Die Menschen waren an solche Münzen gewöhnt. Schon im ersten Jahrhundert v.Chr. hatten die jüdischen Priesterkönige sie zum Zeichen ihrer Unabhängigkeit prägen lassen, ebenso Herodes und seine Söhne. Auch die römischen Statthalter hatten Geld in Umlauf gebracht und Münzen geprägt, die den Namen des Kaisers, das Bild eines Baumes, einer Weintraube oder einer anderen Pflanze sowie das Prägedatum trugen. Mit ihnen wurde die Herrschaft Roms proklamiert. Die Juden mußten sie, wenn auch ungern, dulden.

Die neuen Münzen des Jahres 29 n.Chr. sahen aus wie immer – bis man sie umdrehte: Auf der Rückseite war statt einer Pflanze eine Art Pfanne oder Gießlöffel abgebildet. Dies war kein gewöhnliches Küchengerät, sondern die Schale, mit der die römischen Priester Wein zu Ehren der heidnischen Götter als Trankopfer vergossen.

Es waren die ersten Münzen, die Pontius Pilatus in Palästina herausbrachte. Die Juden konnten nicht viel dagegen tun, sie waren gezwungen, die Münzen mit ihren heidnischen Darstellungen zu benutzen. Möglicherweise haben sie sich bei Pilatus darüber beschwert. In diesem Fall mußten sie gespannt auf die neuen Münzen der Jahre

Die von Pilatus geprägten Münzen unterschieden sich in einem wesentlichen Punkt von den Münzen der anderen Statthalter in Judäa: Er ließ die Münzen mit heidnischen Symbolen versehen. Kein Wunder, daß die Juden sehr barsch auf Pontius Pilatus reagierten.

30 und 31 n.Chr. gewartet haben – und noch enttäuschter gewesen sein. Auf der Rückseite war ein harmloser Kranz, in dem das Datum stand. Auf der Vorderseite jedoch befand sich ein gewundener Stab, einem Schäferstab ähnlich. Ein anstößiges Motiv war einem anderen gewichen: Jener Stab ist das Zeichen des römischen Auguren, dem Experten in Sachen Wahrsagen. Der Augur inspizierte die Innereien eines Opfertieres und las daraus dem Opfernden die Zukunft. Mit einer solchen Münze mußte Pilatus die Juden auf das schwerste beleidigen.

Von den fünf Statthaltern, die in Judäa Münzen prägten, brachte nur noch Felix

(52-59 n.Chr.) für Juden anstößige Darstellungen. Ihm verdankte Paulus zwei Jahre Gefängnis (Apg. 24,22-27). Felix war der Bruder des von Kaiser Claudius freigelassenen und überaus einflußreichen Sklaven Pallas. Tacitus berichtet, Felix „glaubte, dreist jegliches Verbrechen begehen zu dürfen", während er in Judäa weilte. Wie dem auch sei, die Münzen, die in seiner Amtszeit hergestellt wurden, trugen den Namen des Kaisers Nero in einem Kranz. Eine Ausgabe, die 54 n.Chr. herauskam, sollte zweifellos die Macht Roms hervorheben. Denn sie zeigte auf einer Seite militärische Ausrüstungsgegenstände wie gekreuzte Schilde und Speere.

Während die Menschen das Geld ausgaben, wurden sie also immer wieder daran erinnert, wie sehr die Macht Roms ihr Leben beeinflußte. Und doch genossen die Juden viel Freiheit, was ihre religiösen Vorschriften und Feierlichkeiten betraf. Im Gegensatz zu all seinen Vorgängern jedoch konnten die Münzen des Pilatus als bedrohliche Einmischung in die Glaubensausübung angesehen werden. Philo, Josephus und die Evangelien sind sich in dieser Sache einig: Pontius Pilatus waren die Gefühle der Juden einerlei. Dafür sind die Münzen, die er prägen ließ, ein untrüglicher Beweis.

Geld- und Wechselkurse

Noch heute gibt es enorme Mengen von Münzen, die bereits vor 2 000 Jahren geprägt wurden. 1960 fand man auf dem Berg Karmel einen Schatz von 4 500 Silbermünzen. Es waren meist Schekel und Halbschekel aus Tyrus, der Rest Denare mit Porträts der Kaiser Augustus oder Tiberius. Niemand weiß, wer sie dort versteckte und warum. Vielleicht waren sie Teil des jährlichen Steueraufkommens auf dem Weg zum Tempel in Jerusalem, als eine Katastrophe über die Karawane hereinbrach. Doch selbst dieser ungeheure Schatz ist nur ein geringer Teil der Münzen, die sich damals in Umlauf befanden. Vorsichtigen Schätzungen zufolge sollen jedes Jahr etwa eine halbe Million Schekel in den Tempel gebracht worden sein.

Seit Herodes wurde in Palästina offiziell mit römischer Währung gerechnet, allerdings waren griechische und semitische Recheneinheiten immer noch in Gebrauch. Die Geldwechsler jedenfalls verdienten sich an der großen Vielfalt der akzeptierten Münzen eine goldene Nase. Die Grundeinheit war der Denar und entsprach wie die griechische Drachme einem guten Tageslohn. Der barmherzige Samariter, von dem Jesus erzählt, ließ zwei Tageslöhne bei dem Wirt für Kost und Logis des Ausgeraubten (Lk. 10,35).

Für sehr große Transaktionen oder Spareinlagen der Reichen gab es eine Goldmünze, den sogenannten Aureus, der dem Wert von 25 Denaren entsprach. Die Menschen, mit denen Jesus zu tun hatte, bekamen nur selten eine Goldmünze zu sehen. Wer viel einzukaufen oder zu verkaufen hatte, benutzte den Denar oder die größeren Silbermünzen aus den griechischen Städten, die 2- und 4-Drachmen-Stücke. Die Tetradrachme wurde auch Stater genannt, der dem semitischen Schekel entsprach.

Für den alltäglichen Geldverkehr wurden Kupfermünzen benutzt. Dafür wurde von den Römern der Sesterz herausgegeben, der einem Viertel des Denars entsprach. Im Lateinischen wurde alles in Sesterzen berechnet, auch wenn es um große Geldsummen ging. Augustus brüstete sich beispielsweise damit, in Italien Land für seine Soldaten zum Preis von 600 000 000 Sesterzen erworben zu haben.

Der Dupond entsprach einem halben Sesterz, doch das am häufigsten verwendete Kupferstück war das As. Vier Asse ergaben einen Sesterz, sechzehn Asse einen Denar. Soldaten erhielten ihren Sold in Assen, der Durchschnittspreis für einen Laib Brot war genau ein As. Zwei Spatzen wurden für ein As verkauft, fünf Spatzen für zwei (Mt. 10,29; Lk. 12,6).

Die kleinste der römischen Münzen war der Quadrans, der einem Viertel As entsprach.

Die größten Kupfermünzen in Judäa wurden von Herodes Antipas herausgegeben (siehe: *Die Söhne des Königs*). Herodes und seine Söhne sowie die römischen Statthalter prägten Münzen, die meist den Wert eines Quadrans hatten, also ein 64stel eines Denars. Dies war auch der „letzte Pfennig", der in Matthäus 5,26 zurückzuzahlen war.

Im Markusevangelium (Mk. 12,41-44) wird die kleinste Münze erwähnt, das „Scherflein der Witwe". Die jüdischen Priesterkönige und auch Herodes und Herodes Archelaus prägten den Lepton, eine kleine Kupfermünze, die gerade ein Gramm Eigengewicht auf die Waage brachte. Solch eine Münze war der „letzte Pfennig", der in Lukas 12,59 erwähnt ist.

Zwischen der armen Witwe und dem reichen König Herodes lagen Welten. Das Einkommen des Herodes wurde in Talenten angegeben. Ein Talent entsprach 10 000 Drachmen oder 40 000 Sesterzen. Kurz vor seinem Tod lag das Jahreseinkommen des Herodes bei 1 050 Talenten, also umgerechnet 42 000 000 Sesterzen.

Von Cicero erfahren wir, daß man 50 n.Chr. mit einem Jahreseinkommen von 600 000 Sesterzen in Rom ein fürstliches Leben führen konnte. Diese Summe ist das Tausendfache des Jahresverdienstes eines Bauern in Palästina! In dem Gleichnis in Matthäus 18,23.24 ging es um eine Schuld von 10 000 Talenten, die der König dem Knecht erlassen hatte – eine unvorstellbar große Summe: Sie hätte dem zehnfachen Jahresverdienst von Herodes entsprochen.

PILATUS / 73

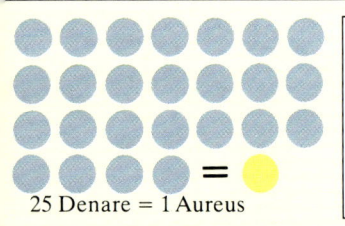

25 Denare = 1 Aureus

Durchmesser 19,05 mm

Diesen Aureus prägte man um das Jahr 20 n. Chr. in Ephesus. Anlaß war der Anschluß Armeniens an das Römische Reich. Auf der Rückseite sieht man die Siegesgöttin einem Stier die Kehle durchschneiden.

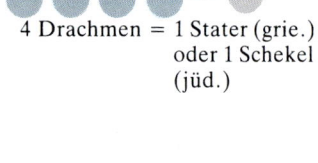

4 Drachmen = 1 Stater (grie.) oder 1 Schekel (jüd.)

Durchmesser 26,67 mm

Eine silberne Tetradrachme (Schekel), um das Jahr 30 v. Chr. in Sidon geprägt. Die Vorderseite zeigt die Göttin Fortuna, die Rückseite einen Adler.

Durchmesser 20,3 mm

4 Sesterzen = 1 Denar (röm.) oder 1 Drachme (grie.)

Die verlorene Münze, wie sie in Lukas 15,8.9 erwähnt wird, war eine Drachme oder ein Denar. Die abgebildete Münze erinnert an die Eroberung Ägyptens durch Augustus im Jahr 28 v. Chr.

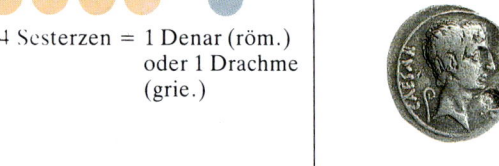

4 As = 1 Sesterz

Durchmesser 35,56 mm

Dieser Sesterz (ca. 22-23 n. Chr.) trägt die Buchstaben SC für „senatus consultum" (mit Senatsbeschluß) und die Ehrentitel des Kaisers Tiberius sowie Danksagungen für empfangene Hilfe nach einem Erdbeben im Jahre 17 n. Chr.

4 Quadrans = 1 As

Durchmesser 30,48 mm

Mit diesem As ehrte Tiberius seinen Stiefvater Augustus als Gott. Die Inschrift lautet: „Göttlicher Augustus, Vater." Auf der Rückseite ist ein Altar zu erkennen.

2 Lepta = 1 Quadrans

Durchmesser 16,5 mm

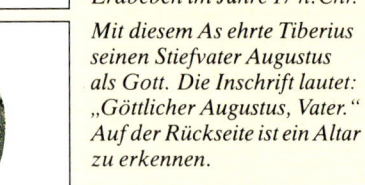

Dieser 9 v. Chr. geprägte Quadrans zeigt die priesterlichen Kaisersymbole – Gießlöffel und Stab –, die auch Pontius Pilatus zum Ärger der Juden auf seine Münzen prägen ließ.

1 Lepton (grie.) oder 1 Prutah (jüd.)

Durchmesser 12 mm

Auf kleinen Bronzemünzen, die gegen Ende der Regierungszeit von Herodes geprägt wurden, erkennt man einen Adler – vielleicht ein Hinweis auf den Tempelbau (siehe: Der große Tempel des Herodes).

74 / DIE HERRSCHER DES LANDES

Das Bildnis des Kaisers

Jeder Staat besteuert seine Bürger, auch Rom bildete da keine Ausnahme. Wo auch immer Rom herrschte, wurden Steuern erhoben. Es gab eine Steuer auf die Erträge des Bodens, eine andere auf Importe und Exporte, und wieder eine andere wurde pro Einwohner erhoben.

Schon König Herodes hatte für sein Reich Abgaben als Gegenleistung für den Schutz Roms und als Zeichen seiner Abhängigkeit zu zahlen. Diese Abgaben wurden Bodensteuer *(tributum soli)* genannt und entsprachen etwa einem Achtel des jährlichen Ernteertrages. Die Grund-

besitzer zahlten diese Steuer an den König oder, nachdem Judäa 6 n.Chr. römische Provinz geworden war, an den Statthalter.

Im ganzen Reich waren Steuereintreiber in den Häfen und Grenzstädten an der Arbeit. Sie erhoben Steuern auf alle Waren, die von einem Ort zum anderen geschafft wurden. Wie hoch diese Steuer war, ist ungewiß. Möglicherweise lag sie bei etwa 2,5 Prozent des Warenwertes.

Diese Steuer einzuziehen, konnte durchaus lohnend sein. Denn der Steuereintreiber legte den Warenwert fest und hatte einen großen Spielraum nach

oben. Die Steuereintreiber waren keine Staatsbeamten, sondern Geschäftsleute (in der Bibel „Zöllner" genannt). Sie hatten das Recht erkauft, Steuern für ein bestimmtes Gebiet einzuziehen. Die Summen, die vom Staat für das Gebiet festgelegt worden waren, führten sie ab. Der restliche Betrag war ihr Gewinn. (Als die Zöllner in Lk. 3,12.13 Johannes den Täufer fragten, was sie tun sollten, sagte er ihnen unverblümt: „Fordert nicht mehr, als euch vorgeschrieben ist.")

Die eigentliche Arbeit wurde von Angestellten der Steuereintreiber durchgeführt. Levi (oder Matthäus,

wie man den Jünger Jesu später nannte), einer der zwölf Apostel, war einer von ihnen. Seine Zollstation am See Genezareth taxierte vermutlich Waren, die über den See oder aus anderen Regionen hierher gebracht wurden (Mt. 9,9-13 berichtet, wie Jesus Matthäus in die Nachfolge rief).

Es ist verständlich, daß die Zöllner in der Bevölkerung alles andere als beliebt waren. Sie arbeiteten für die Besatzungsmacht und füllten sich dabei noch ihre eigenen Taschen. Kein Wunder, daß das Verhalten Jesu, sich mit den Zöllnern an einen Tisch zu setzen, feindselige Reaktionen auslöste.

Steuern zu kassieren ist ein beliebtes Vergnügen jeder Regierung. Auf diesem in Deutschland gefundenen Bildwerk aus dem 3. Jahrhundert sieht man den Steuereintreiber mit seinen Steuerlisten und einem Haufen Geld.

Ein ähnlicher Silberdenar wie die hier abgebildete (von Kaiser Tiberius herausgegebene) Münze wurde Jesus bei der Steuerfrage vorgelegt. Auf der einen Seite sieht man die Büste des Kaisers mit all seinen Ehrentiteln, auf der anderen die Kaisermutter Livia und die Inschrift „Pontifex Maximus" (Oberster Priester), die sich auf den Kaiser bezieht.

PILATUS / 75

Denn für religiöse Menschen galten diese Männer als unrein, weil sie mit Nicht-Juden (Heiden) zu tun hatten.

Eine der Zollstationen lag an der Hauptjordanfurt in der Nähe von Jericho. Der Fluß markierte die Grenze zwischen der Provinz Judäa und Peräa. Um das Jahr 30 n.Chr. war Zachäus der Zollpächter in Jericho. Wieviel Gewinn Männer wie er aus ihrer Tätigkeit zogen, kann man aus seinem Versprechen entnehmen, nachdem er Jesus kennengelernt hatte: „... wenn ich jemanden betrogen habe, so gebe ich es vierfach zurück" (Lk. 19,8).

Die Steuer, über die sich die Bevölkerung am meisten ärgerte, war die Einzel- oder Pro-Kopf-Steuer *(tributum capitis)*. Um festzustellen, welcher Betrag fäl-

lig war, mußten die Behörden wissen, wieviele Menschen in jedem Teil des Reiches lebten. Dies war auch der Grund für Kaiser Augustus, die in Lukas 2,1 erwähnte Zählung anzuordnen, die zur Zeit der Geburt Jesu im ganzen Römischen Reich durchgeführt werden sollte. Um den Vorgang zu vereinfachen, mußte sich jeder in seinem Geburtsort eintragen lassen. Diese Steuer einzutreiben, war Aufgabe des Statthalters und seiner Mitarbeiter. Die jährlich zu entrichtende Summe entsprach zur Zeit Jesu etwa dem Tageslohn eines Arbeiters: ein römischer Denar pro Kopf.

Über diese Steuer befragten die Schriftgelehrten Jesus in Jerusalem, um ihn zu veranlassen, etwas gegen das römische Gesetz zu sagen. Damit hätten sie

etwas in der Hand gehabt, um Jesus beim Statthalter anzuzeigen. Sie fragten ihn: „Ist es recht, daß wir dem Kaiser Steuern zahlen?" Er durchschaute ihren Plan und antwortete: „Zeigt mir einen Silbergroschen (Denar)! Wessen Bild und Aufschrift hat er?" „Des Kaisers", erwiderten sie. Daraufhin sagte er: „So gebt dem Kaiser, was des Kaisers ist, und Gott, was Gottes ist" (Lk. 20,22ff). Erstaunt über seine Antwort, waren die Schriftgelehrten nicht in der Lage, Jesus daraus einen Fallstrick zu legen.

Die Verfasser der Evangelien beschreiben die Münze nicht im Detail, doch man weiß, daß viele von Augustus und Tiberius herausgegebene Silberdenare das kaiserliche Portrait trugen. Besonders weit verbreitet

war eine von Tiberius geprägte, als „Steuerpfennig" bekannte Münze, die vermutlich auch Jesus gezeigt wurde.

Der Aufseher am heiligen Tor im ägyptischen Assuan hat diese Notiz am 12. Juli 144 auf einer Tonscherbe notiert. „Pekysis hat seine Kopfsteuer in Höhe von 16 Drachmen bezahlt."

Die Besatzungstruppen

Ganz Judäa war von den Römern besetzt. In Friedenszeiten sah man sie überall, und Offiziere wohnten selbst in so kleinen Städten wie Kapernaum (Lk. 7,1ff).

Herodes war es nicht erlaubt, römische Truppen zu befehligen. Seine eigenen Einheiten waren jedoch nach dem Vorbild der römischen Armee organisiert. Augustus gewährte ihm eine Leibwache von 400 Mann, die aus Galatien in Zentral-Kleinasien kamen und zuvor unter Cleopatra gedient hatten. Um seine Burgen mit Garnisonen belegen zu können, warb Herodes zusätzlich Söldner aus ganz Europa und Asien an. Er befehligte auch ein Kommando Bogenschützen aus der Trachonitis und machte sich so die Fertigkeiten der früheren Banditen zunutze.

Eine große Abteilung Reservisten siedelte er in der Nähe von Sebaste (dem alten Samaria) an, eine andere in Heschbon an der Grenze zum Reich der Nabatäer. Eine Idumäereinheit verlegte er von ihrer Heimat in den Nordwesten des Landes, eine Kompanie Kavalleriereservisten lebte in Gaba an den Nordhängen des Karmelgebirges, jederzeit abrufbar, wenn es in Galiläa zu Unruhen kommen sollte. Die Einheit der Idumäer konnte aufgeboten werden, um gegen Unruhestifter in der Trachonitis und den umliegenden Gebieten vorzugehen. Die in Sebaste lebenden Reservisten kamen dementsprechend für Judäa und Jerusalem in Frage.

Die Soldaten dienten später auch den Söhnen des Herodes. Nach der Entthronung Archelaus' wurden sie dem Befehl des römischen Statthalters unterstellt.

Pontius Pilatus und die anderen Statthalter befehligten fünf Kohorten Infanterie und eine Kohorte Kavallerie mit insgesamt 3 000 Mann. Ihr Hauptstützpunkt war die griechisch geprägte Stadt Cäsarea, der Regierungssitz des Statthalters von Judäa. Keiner dieser Männer war Jude, da Julius Cäsar die Juden vom Militärdienst befreit hatte und Augustus diese Regelung beibehielt. (Die militärische Disziplin hätte es ihnen unmöglich gemacht, den Sabbat und die Speisevorschriften einzuhalten.) So kam es schnell zu ethnischen Problemen zwischen den Soldaten und den Menschen, die sie zu überwachen hatten. Waren die Truppen bei religiösen Festlichkeiten in Jerusalem im Dienst, konnte es leicht zu gewalttätigen Ausschreitungen kommen.

Die Hilfstruppen wurden sehr schlecht bezahlt: Ihr Jahressold betrug vielleicht 100 Denare, während ein Legionär 225 Denare verdiente. Nach 25 Dienstjahren konnten sich die Hilfssoldaten mit einer Gratifikation zur Ruhe setzen und erhielten das römische Bürgerrecht. Dieser Status stand dann auch ihren Kindern zu.

Autorität und Disziplin waren auch damals schon Voraussetzungen für eine gut organisierte Armee. Der Zenturio, der Jesus erzählte, wie seine Männer seinen Befehlen gehorchten, veranschaulicht dies sehr gut (Mt. 8,8.9). Ein weiteres Beispiel hierfür sind die von den Truppen angelegten Feldlager. Von dem Plateau Masadas aus erkennt man noch heute Konturen der damaligen Lageraufteilung. Kaum war die Belagerung vorüber, wurden die Lager einfach verlassen.

Ein römischer Soldat mußte durchtrainiert sein und eine eiserne Disziplin besitzen. Für den Zustand seiner Ausrüstung war er selbst verantwortlich. An dieser Bronzefigur aus dem 2. Jahrhundert sieht man den Eisenhelm und die mit Eisen belegte Lederkleidung.

Römische Truppen sicherten ihre Nachtlager durch Steinwälle. Bei der Belagerung von Masada (70-73 n.Chr.) arbeiteten sie noch wesentlich sorgfältiger. Außerhalb der Schußweite der Festung legten sie quadratische Lager am Fuß des Felsens an, deren Grundrisse man heute noch von den Mauern der Festung aus erkennen kann.

Drittes Kapitel

Die Religion

Zwei Entdeckungen haben viel zu unserem Wissen über die jüdische
Religion des ersten Jahrhunderts beigetragen:
Funde von Tempelresten aus der Herodeszeit und die Schriftrollen vom
Toten Meer. Diese Bücher waren Eigentum einer Gruppe religiöser
Juden, die auf das Kommen des Messias hofften.
Es sind die einzigen jüdischen Bücher, die wir aus der Zeit der
Evangelien kennen.

*Der siebenarmige Leuchter, die Menora, ist zu einem Symbol für den jüdischen
Glauben geworden. Auf Münzen erschien er zum ersten Mal unter Antigonus, der um
40 v. Chr. von den Parthern zum Priesterkönig eingesetzt wurde
(siehe: Herodes – der König der Juden).*

Tempeltouristen

Die Pilger hielten fasziniert inne und brachen dann in Jubel aus: Vor ihnen, jenseits des Tales, lag der Tempel mit seinen leuchtend weißen Mauern und den goldenen Verzierungen, die in der Sonne funkelten. Für diesen Anblick hatten sich die Strapazen gelohnt! Die Straße von Jericho nach Jerusalem war steil und steinig, die meiste Zeit des Jahres staubig und heiß. Nur während der letzten Meilen versprach die Silhouette eines langen, baumbedeckten Hügels nach den nackten Ebenen der Wüste etwas Schatten. Die Pilger, die den Ölberg erklommen hatten oder ihn umgingen, sahen nun die Heilige Stadt.

Den Blick auf Jerusalem krönte der Tempel von allen Seiten. Doch am eindrucksvollsten sah man die Stadt vom Ölberg aus. Die Ostmauer verlief 460 m entlang des gegenüberliegenden Berghanges, das Heiligtum selbst lag in der Mitte. Dort, wo Süd- und Ostmauer aufeinandertrafen, stand ein Turm, von dem aus man rund 137 m senkrecht ins Kidrontal hinab-

blicken konnte. „Tempelzinne" wäre ein passender Name für solch eine schwindelerregende Stelle. Diese Bezeichnung taucht im Zusammenhang mit den Versuchungen Jesu auf und könnte sich auf diesen Turm oder auch eine andere hochaufragende Ecke des Haupttempels beziehen (Lk.4,9).

Der Tempel! Er war das Ziel der Pilger. Ihn sehen zu dürfen, durch seine Höfe zu gehen, zu opfern und zu beten: Dieser Wunsch hatte sie aus der ganzen Welt hierhergebracht. Der weite Hof des Herodes bot Platz für Tausende, doch niederlassen durfte sich dort niemand.

Auch der frommste Pilger mußte schlafen und essen und sich vor der Anbetung rituell reinigen. Jerusalem war schon immer voller Touristen und Händler gewesen. In der ganzen Stadt gab es zahlreiche Wirtshäuser und Herbergen, aber diese reichten längst nicht aus. Im Frühling, während des Passafestes, wurde ganz Jerusalem zu einem riesigen Zeltlager. Die Pilger strömten massenhaft in die Stadt, um hier das Fest zu feiern. Die Armen stellten außerhalb der Stadtmauer Zelte und Hütten auf, andere konnten sich ein Zimmer oder eine Schlafstelle leisten. Josephus berichtet von drei Millionen Menschen, die sich während des Festes in Jerusalem aufgehalten hätten. Dies hält man allgemein doch für zu hoch gegriffen, aber es waren sicher mehrere Hunderttausend.

In der Nähe des Tempels hat man in Hausruinen aus dem ersten Jahrhundert bemerkenswert viele rituelle Badeeinrichtungen gefunden. Archäologen führen ihre hohe Zahl als Beweis

In dieser Inschrift wird die Großzügigkeit des Priesters Theodotus gelobt, der in Jerusalem im 1. Jahrhundert n.Chr. eine Synagoge und eine Herberge stiftete.

für die Nutzung der Häuser als Pilger-
herbergen an.

Pilgern zu helfen gehörte damals
zum guten Ton. Reiche einheimische
und auch ausländische Juden finanzier-
ten bereitwillig den Bau von Herbergen und Synagogen. Insgesamt soll es
im ersten Jahrhundert 480 Synagogen
in Jerusalem gegeben haben. Zu jeder
Synagoge gehörte eine Schule, in der
das Alte Testament gelehrt wurde. Die
Schüler lernten auch, wie es gemäß der
„Tradition der Väter" zu interpretieren
und auf das Alltagsleben anzuwenden
sei. Eines dieser Zentren ist uns aus
erster Hand bekannt:

Französische Archäologen fanden
1914 bei Ausgrabungen in der südlichen
Altstadt (Davidstadt) eine verputzte
Zisterne, teilweise gefüllt mit dem
Mauerwerk eines Herrenhauses. Ein
verputztes Stück Mauerwerk weist
zehn Zeilen griechischer Buchstaben

auf, die vom Bau einer Synagoge durch
den Priester und Synagogenvorsteher
Theodotus berichten, ein Amt, das
schon dessen Vater und Großvater
innehatten. Theodotus war für sämtliche Belange der Synagoge verantwortlich. Er entschied auch, wer aus den
Schriften vorlesen durfte. In den Evangelien wird uns berichtet, daß in Kapernaum ein Mann namens Jairus dieses
Amt bekleidete (Mk. 5,22).

Die Inschrift belegt, daß Theodotus
die Synagoge errichten ließ, damit dort
„das Gesetz gelesen und die Gebote
gelehrt werden". Die Synagoge enthielt zusätzlich eine Herberge mit
Ritualbad besonders für ausländische
Pilger. Der Schrifttyp und der Ort, an
dem das Mauerwerk gefunden wurde,
weisen darauf hin, daß die Synagoge
im Jahr 70 n.Chr. mit zerstört wurde.
Wer Theodotus war, ist nicht bekannt.
Sein Vater Vettenus trug den Namen

*Das einzige noch in gutem
Zustand erhaltene Bauwerk,
das auf Befehl Königs Herodes' errichtet wurde, ist diese
die Patriarchengrabstätten in
Hebron umschließende
Mauer. Ähnlich könnte die
Tempelmauer in Jerusalem
ausgesehen haben.*

80 / DIE RELIGION

einer großen römischen Familie. Er war vermutlich als jüdischer Sklave in deren Haus gekommen und hatte – wie damals üblich – den Familiennamen bei der Freilassung angenommen. Falls Theodotus und sein Vater wirklich aus Italien stammten, ist ihr Bemühen um Pilger aus Italien durchaus zu verstehen.

In Synagogenruinen aus dem frühen Mittelalter finden sich oft die Namen von Stiftern auf Widmungssteinen oder in Mosaiken eingelegt. Fragmente von anderen griechischen Inschriften, die

man in der Nähe des Tempels fand, lassen vermuten, daß diese Sitte schon im ersten Jahrhundert weitverbreitet war. Die Namen der Spender lebten weiter, und die Pilger waren ihnen dankbar.

Selbst ohne den sicherlich prachtvoll anzusehenden Tempel des Herodes hinterläßt der Blick vom Ölberg auf die Altstadt von Jerusalem einen tiefen Eindruck auf jeden Betrachter.

Der große Tempel des Herodes

„Siehst du diese großen Bauten? Nicht ein Stein wird hier auf dem anderen bleiben, der nicht zerbrochen werde."

Die harte Antwort Jesu auf die bewundernden Äußerungen seiner Jünger zum herodianischen Tempel (Mk. 13,2) sollte sich bald bewahrheiten. Lediglich ein Teil des Tempelplatzes und seiner Umfassungsmauern ist noch von den „großen Bauten" übrig geblieben.

Glücklicherweise hat Josephus die Tempelanlage ausführlich beschrieben. Auch die Rabbiner erinnerten sich noch an viele Einzelheiten, die gegen Ende des zweiten Jahrhunderts in der Mischna niedergeschrieben wurden. Mit diesen alten Berichten decken sich die neueren Ausgrabungsfunde.

Das Beiseiteräumen von Schutt und Ruinen neuerer Häuser außerhalb der südlichen Einfriedung und an der Ecke zur Westseite hatte Erfolg: Archäologen stießen auf eine gepflasterte, am Fuß der Mauer verlaufende Straße, nachdem sie sich durch eine etwa 8 m dicke Schicht aus Schotter und Gestein, durchsetzt mit riesigen Blöcken, gegraben hatten. Die gleichmäßig quaderförmigen Blöcke wiesen große Ähnlichkeit mit den Quadern auf den unteren Teilen der Tempelterrasse auf. Andere Steine stammten von dem Gebäude, das am südlichen Ende auf der Terrasse gestanden hatte.

Den Aufzeichnungen nach hat dort eine große, mit einem Portikus versehene Säulenhalle gestanden. Wegen ihrer Größe wurde sie „Königliche Halle" genannt. Vier Säulenreihen unterteilten die Halle in drei lange Säle. Josephus berichtet, daß jede Säule 8,2 m hoch und so dick gewesen sei, daß drei Männer sie mit ausgestreckten Armen kaum umfassen konnten. Abgeschlossen wurde jede Säule mit einem korinthischen Kapitell aus gemeißelten Blätterfriesen, die Decke wies ebenfalls Blätter- und Blumenornamente auf. Auch von diesen Säulen und Ornamenten fand man Bruchstücke in dem Schutt am Fuße des früheren Tempelbergs.

In jenen prächtigen Sälen standen die Tische der Geldwechsler; die Händler hatten dort Verschläge aufgestellt, aus denen sie ihre Opfertiere verkauften. Manchen religiösen Juden mochte das geschäftige Treiben innerhalb des Tempelbezirks anstößig, wenn nicht gar ehrfurchtslos erscheinen. Für Jesus war es ein gewaltiges Ärgernis: „Und Jesus ging in den Tempel und fing an, auszutreiben die Verkäufer und Käufer im Tempel; und die Tische der Geldwechsler und die Stände der Taubenhändler stieß er um... Und er sprach zu ihnen: Steht nicht geschrieben: ‚Mein Haus soll ein Bethaus heißen für alle Völker'? Ihr aber habt eine Räuberhöhle daraus gemacht" (Mk. 11,15.17).

Die Königliche Halle als Marktplatz zu mißbrauchen, war schon schlimm genug. Aber viele Händler verlangten überhöhte Preise und übervorteilten die Pilger erbarmungslos. Die Händler mußten für die Genehmigung, hier ihre Stände aufzubauen, bestimmte Gebühren entrichten – vermutlich ging dieses Geld an die führenden Priester.

Die jüdische Tradition bezeichnet einen der Plätze als „die Basare der Söhne des Hannas". Hannas war von 6 n.Chr. bis zu seiner Absetzung im Jahr 15 n.Chr. Hoherpriester. Nach

DER GROSSE TEMPEL DES HERODES / 83

ihm erhielten auch seine fünf Söhne,
von denen einer ebenfalls Hannas
hieß, und ein Schwiegersohn, Kaiphas,
das Amt des Hohenpriesters (vgl.: Lk.
3,2; Jh. 18,13-24; Apg. 4,6). Der Basar
war nach ihnen benannt worden, nicht
zuletzt, weil sie zweifellos eine fette
Provision von den Verkäufern einstri-
chen. Sowohl Josephus als auch die
rabbinischen Schriften bezeichnen die
Familie des Hannas und andere Priesterfamilien als äußerst geldgierig. Sie
erpreßten Geld von anderen Priestern
und ließen gewöhnliche Bürger verprü-
geln. Jesus hatte allen Grund, über die
Vorgänge in der Königlichen Halle in
Wut zu geraten! Auch die Bevölkerung
war darüber verärgert. Ein paar Jahre
bevor die römische Armee 70 n.Chr.
die Stadt einnahm, riß der Mob den
Basar nieder.

Die anderen Seiten des Tempelbezirks wurden ebenfalls von Säulengängen eingefaßt und auf der Ostseite
„Halle Salomos" genannt. Als Herodes
damit begann, die Innenhöfe des
Tempels zu vergrößern, stellten seine
Arbeiter fest, daß die alte Terrassen-
mauer zum Kidrontal hin noch unversehrt war und nicht ersetzt werden
mußte. Auch die „Halle Salomos"
darüber blieb erhalten. Das genaue
Alter von Mauer und Halle ist nicht
sicher. Trotz der Namensgebung muß
man beide wohl in die Zeit des Tempel-
wiederaufbaus unter den persischen
Königen Kyrus und Darius datieren.

Die jüdischen Priesterkönige des
ersten und zweiten Jahrhunderts v.Chr.
mögen sie anschließend verändert und
ausgebessert haben. 1965 wurden
riesige Erdhaufen von der Mauer
entfernt. Dabei entdeckte man eine
Schnittstelle zwischen den unter Herodes ausgeführten Steinarbeiten und
einem anderen Typ, offensichtlich der
älteren Mauer.

Überdachte Wandelgänge boten
Schutz gegen die heiße Sonne und die
eisigen Winde. Man konnte sich dort
treffen und miteinander sprechen, so
wie es die ersten Christen getan hatten
(Apg. 3,11; 5,12). Auch gelehrte Dis-
pute fanden hier statt. Jesus debat-
tierte hier als Jugendlicher mit den

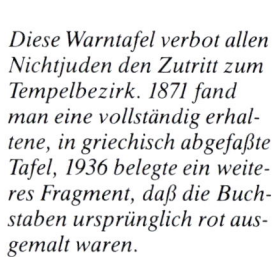

*Diese Warntafel verbot allen
Nichtjuden den Zutritt zum
Tempelbezirk. 1871 fand
man eine vollständig erhaltene, in griechisch abgefaßte
Tafel, 1936 belegte ein weiteres Fragment, daß die Buchstaben ursprünglich rot aus-
gemalt waren.*

84 / DIE RELIGION

Der herodianische Tempel

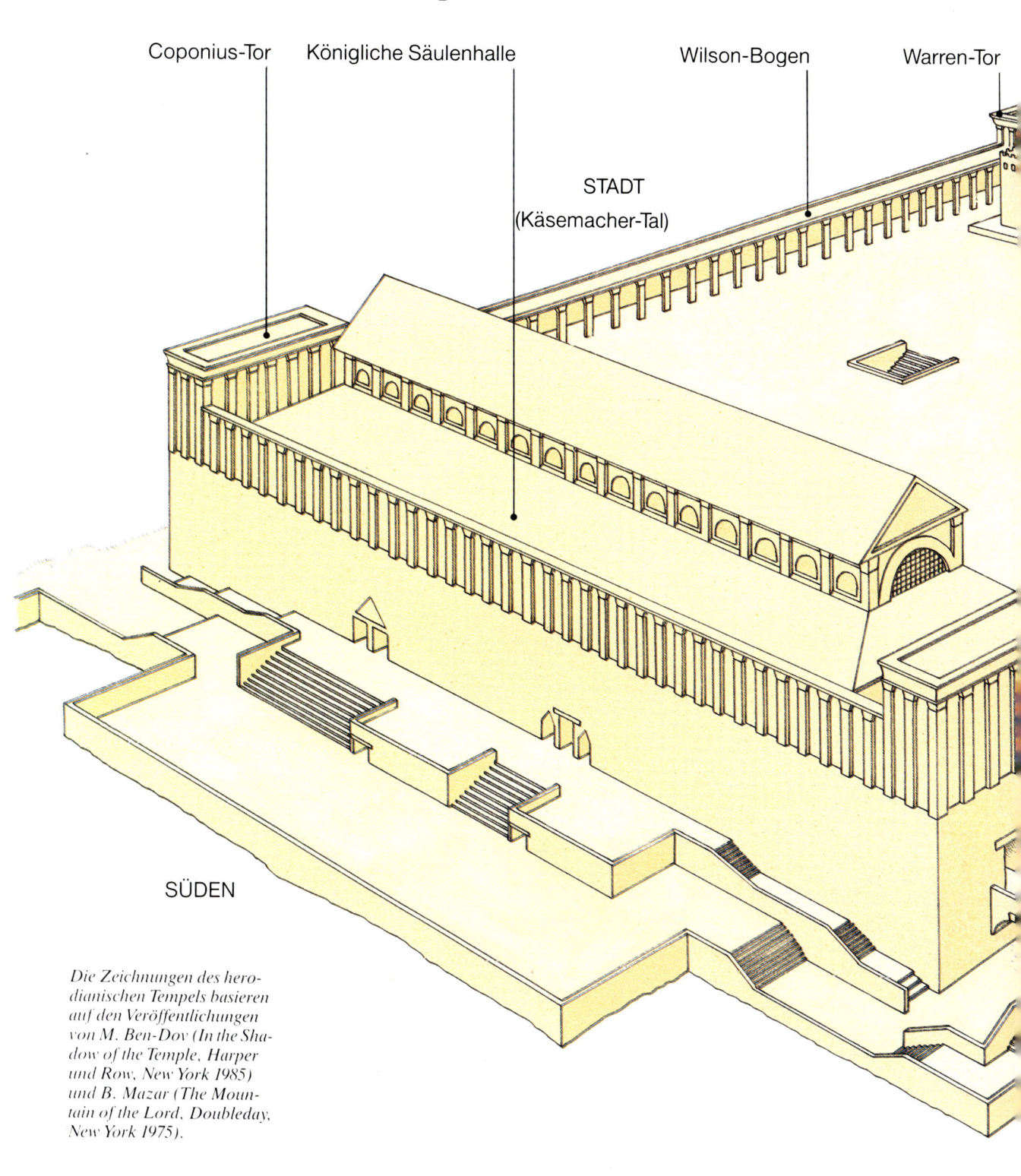

Coponius-Tor Königliche Säulenhalle Wilson-Bogen Warren-Tor

STADT
(Käsemacher-Tal)

SÜDEN

*Die Zeichnungen des hero-
dianischen Tempels basieren
auf den Veröffentlichungen
von M. Ben-Dov (In the Shadow of the Temple, Harper
und Row, New York 1985)
und B. Mazar (The Moun-
tain of the Lord, Doubleday,
New York 1975).*

DER GROSSE TEMPEL DES HERODES 85

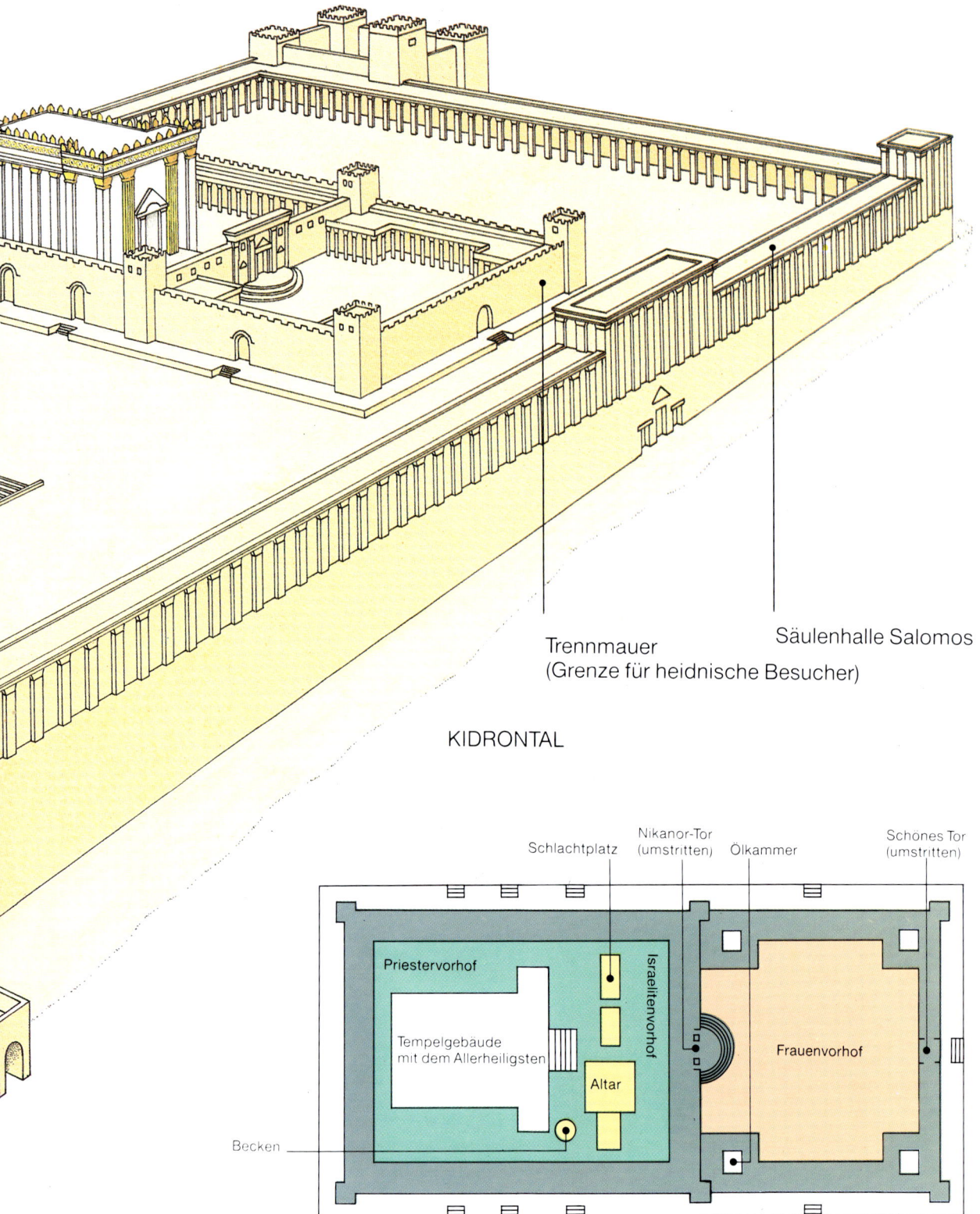

Trennmauer
(Grenze für heidnische Besucher)

Säulenhalle Salomos

KIDRONTAL

Schlachtplatz

Nikanor-Tor
(umstritten)

Ölkammer

Schönes Tor
(umstritten)

Priestervorhof

Israelitenvorhof

Tempelgebäude
mit dem Allerheiligsten

Altar

Frauenvorhof

Becken

86 / DIE RELIGION

OCTATWNTOVNEIKA
NOPOCΛΛEZΛNΔ̣PEWC
ΠOIHCΛNTICTΛCΘYPΛ

Diese Urne fand man 1902 in einem großen Grab im Norden des Ölbergs. Die griechische Inschrift lautet: „Die Gebeine der Söhne Nicanors, des Alexandriners, der die Tore erbaute." In hebräischen Buchstaben waren die Namen der Söhne, ebenfalls Nicanor und Alexas, hinzugefügt.

Rabbiner und später mit seinen Jüngern (Lk. 2,46-50, Jh. 10,23ff).

In der Mitte des Platzes glänzte der vergoldete Tempel. Eine mächtige Mauer umgab ihn, hinter der sich die jüdischen Rebellen im Jahr 70 n.Chr. gegen die römischen Truppen verschanzten. Wie die Säulenhallen ist auch die Mauer verschwunden. Aber einige Einzelheiten aus den Berichten des Josephus können helfen, uns die Pracht und Schönheit all dessen vorzustellen.

Den inneren Tempelbezirk durften nur Juden betreten. Eine 1,30 m hohe Steinmauer trennte diesen Bereich vom Vorhof, und in Latein und Griechisch verfaßte Warntafeln sollten jeden Nichtjuden fernhalten. Wer als Fremder diese Grenze überschritten hätte, wäre mit Sicherheit getötet worden. Einen Steinblock, der die griechische Version der Warnung trug, fand man 1871. Er befindet sich heute in Istanbul. Das Bruchstück eines anderen entdeckte man 1936. Dessen Buchstaben waren zur besseren Lesbarkeit eingefärbt worden.

Einige Stufen führten zu einem Absatz vor der hohen Mauer, der Abgrenzung zu den inneren Höfen. Sie konnte man durch die 13,50 m hohen, mit Gold und Silber verzierten acht Tore in der Nord- und Südmauer betreten, die Alexander, der Bruder des Philo (siehe: *Philo – ein Philosoph aus Alexandria*) gestiftet hatte. Oder man ging durch das von Nicanor, einem ebenfalls aus Alexandria stammenden Juden finanzierte Hauptportal an der Ostseite. Obgleich das Doppeltor nur

mit Bronze verziert war, galt es dennoch als großartiges Beispiel korinthischer Handwerkskunst. Josephus versichert, es sei sogar kostbarer als alle anderen Tore gewesen. Um es zu schließen, wurden 20 Leviten benötigt. Dieses „Korinthische (Doppel)Tor" war vielleicht sogar die „Schöne Pforte", vor der jener Bettler aus Apostelgeschichte 3 saß.

Durch dieses Tor gelangte man in den 67 m breiten quadratischen Frauenhof, in dessen Ecken je ein Vorratsgebäude stand. Hier waren auch 13 Opferkästen aufgestellt, geformt wie auf dem Kopf stehende Trompeten. Hier sah Jesus auch jene Witwe, die ihre bescheidene Gabe einlegte (siehe: *Das Scherflein einer Witwe*).

Nur Männer durften die Treppe vom Frauenhof hinaufsteigen und durch ein weiteres goldverziertes Tor den Innenhof betreten. Dort war der Brandopferaltar und der Zugang zum eigentlichen Tempel. Allein die große Front maß jeweils 50 m in der Höhe und in der Breite. Ganz oben hatte König Herodes einen goldenen Adler anbringen lassen.

„Du sollst dir keinen Götzen machen", stand in den Zehn Geboten, und nach Ansicht von zwei Rabbiner wurde mit der Anbringung des Adlers das Gesetz gebrochen. Als sie hörten, daß Herodes im Sterben lag, drängten sie ihre Anhänger, den Adler herunterzureißen. Vor den Augen der Menschen im Tempel hieben sie ihn dann in Stücke. Doch sie hatten vorschnell gehandelt: noch war Herodes am Leben. Seine Soldaten nahmen die

DER GROSSE TEMPEL DES HERODES / 87

Männer gefangen und brachten sie vor den König. Trotz seiner Krankheit stauchte er die Menge – rasend vor Wut – zusammen und ließ die Täter bei lebendigem Leibe verbrennen.

Der goldene Adler war gefallen, doch ein anderes goldenes Zierstück wurde freudig begrüßt: eine goldene Weinrebe, die sich oberhalb des Eingangs entlangrankte. Weintrauben – mannshoch, wie Josephus versichert – hingen von oben herab, und die Pilger konnten als Gabe an Gott ein weiteres Blatt oder eine Traube hinzufügen.

Herodes hatte den Tempel umgestaltet, damit so viele Menschen wie möglich darin Platz finden konnten. Die Form des Heiligtums zu verändern, wagte er allerdings nicht. Er ließ es nach denselben Plänen, mit denselben Maßen und genauso prächtig wieder errichten, wie Salomo den ersten Tempel hatte bauen lassen. Die Innenwände waren aus glänzendem Gold, außen hielten goldene Stifte die Vögel davon ab, sich auf dem Dach niederzulassen. Im Heiligtum selbst standen der goldene Tisch für die Schaubrote,

der siebenarmige Leuchter aus Gold (hebr.: *Menora*) und der Weihrauchaltar.

Der innerste Raum, das Allerheiligste, war leer. Die Bundeslade, die dort in den Tagen Salomos gestanden hatte, war verschwunden, als die babylonische Armee Nebukadnezars den ersten Tempel in Flammen aufgehen ließ. Als Pompeijus, der römische General, sich seinen Weg in das Heiligtum bahnte, wunderte er sich sehr über das leere Heiligtum (siehe: *Kein Gott zu finden!*).

70 n.Chr. lag die ganze Pracht in Schutt und Asche. Josephus zufolge wollte Titus, der Sohn des Kaisers Vespasian, den Tempel unberührt lassen, doch der jüdische Widerstand vereitelte alle Rettungsversuche. Im gesamten Tempelbezirk wurde gekämpft, einzelne Feuer brachen aus, und schließlich warf ein Soldat eine brennende Fackel durch die innere Pforte und setzte das Heiligtum in Brand.

Der Tempel war zerstört. Die prächtigen Gebäude wurden niedergerissen – nicht ein Stein blieb auf dem anderen.

Ganz schön große Steine

An der Ostseite des Tempels treffen zwei verschiedene Arten von Mauerwerk aufeinander. Haben die Bauleute des Herodes größere und besser behauene Steine (links) an ein älteres Gebäude angefügt?

„Meister, siehe, was für Steine und was für Bauten!" Das Erstaunen des Jüngers Jesu beim Anblick des Tempels war verständlich (Mk. 13,1). Natürlich war wohl auch das Haus seiner Familie aus Stein gebaut, doch die hatte man einfach vom Feld aufgelesen. Es waren Steine, die ein Mann auf der Schulter nach Hause tragen konnte. Um eine Mauer zu bauen, schichtete man die Steine so aufeinander, wie sie am besten paßten und füllte die Zwischenräume mit kleineren Steinen und Lehm aus. Die Mauer konnte dann mit Lehm verputzt und anschließend weiß getüncht werden. Um eine Türschwelle oder einen Fenstersturz zu legen, mußten zwei bis drei Männer entsprechend große flache Steine herantragen. Wer ein gutes Augenmaß hatte, konnte auch Steine spalten, um flache Platten oder Quader herzustellen.

Die Häuser reicher Jerusalemer Bürger waren aus sorgfältig behauenen Steinen gebaut, die jedoch gewöhnlich nicht sehr groß waren. Die Wände waren ebenfalls verputzt, zumindest die Innenwände.

Mauern aus behauenen und gemauerten Blöcken sind stabiler als Mauern aus einfach aufeinandergeschichteten Steinen. Man konnte sie nicht nur höher ziehen, sie hielten auch größeren Belastungen stand. Diese Art der Bauweise kam zum ersten Mal zur Zeit Davids und Salomos auf. Reste von Palästen und anderen Bauwerken aus dem zehnten Jahrhundert v.Chr. in Megiddo zeugen von dieser Form der Steinmetzarbeit. Die Steine waren so gut, daß spätere Generationen aus ihnen neue Mauern errichteten. In Samaria kann man Reste eines solchen Mauerwerks noch in den Ruinen des Palastes König Ahabs und seiner Nachfolger sehen. Offensichtlich konnten es sich die Könige erlauben, auf die beste Art und Weise zu bauen.

Das wollte auch König Herodes. Er ließ den Tempel so prächtig gestalten wie den Tempel Salomos – möglichst noch schöner. Nach ihrem Exil in Babylon hatten die Juden den von den Truppen Nebukadnezars zerstörten Tempel wieder aufgebaut (vgl. 2. Kön. 25,9ff; Esr. 1,3). Die Pracht dieses Tempels reichte aber bei weitem nicht an die des salomonischen Tempels heran. Herodes beschloß, ihn auf seine Kosten völlig umbauen zu lassen.

Die Arbeiten begannen etwa im Jahr 19 v.Chr., vielleicht auch zwei oder drei Jahre früher. Es war eine schwierige Angelegenheit, weil der Tempeldienst und die Opferhandlungen nicht gestört werden durften. Außerdem durften nur Priester den Innenhof und das Heiligtum betreten. Da Herodes die Einwohner Jerusalems nicht vor den Kopf stoßen wollte, warb er 10 000 fähige Arbeiter an und ließ 1 000 Leviten, die den Priesterdienst versahen, zu Steinmetzen ausbilden, um den heiligen Bereich auszubauen. Die Hügel um Jerusalem bestehen aus verschiedenen Kalksteinarten, Baumaterial gab es also genug. Trotzdem waren 1 000 Wagen nötig, um die Steine aus den Steinbrüchen heranzuschaffen. Nachdem alles vorbereitet war, brauchten die levitischen Steinmetze für den eigentlichen Tempelausbau nur 18 Monate. Zum Jahrestag seiner Thronbesteigung ließ Herodes die Einwei-

DER TEMPEL / 89

hung feiern, er selbst steuerte 300 Ochsen zum Fest bei.

Nachdem dieser wichtigste Teil fertiggestellt war, gingen die Bauarbeiten noch lange Zeit weiter. In einer Diskussion mit Jesus bemerkten einige Juden: „Dieser Tempel ist in 46 Jahren erbaut worden …" (Jh. 2,20). Das war etwa 28-30 n.Chr. Josephus berichtet, daß der Tempel mit allen Vorhöfen schließlich in den Jahren 62-64 n.Chr. vollendet wurde. Die Absicht des Königs, mit dem Tempelbezirk die alten Anlagen Salomos zu übertreffen, schien gelungen.

Salomo baute seinen Tempel auf die Hügelspitze. Um rund um den Tempel eine ebene Fläche anzulegen, mußten Salomos Steinmetze wahrscheinlich am Ost- und Westhang des Hügels eine riesige Mauer hochziehen. Angefüllt mit Erde und Steinen ergab das ummauerte Gebiet eine große Steinterrasse. Ob sie zur Zeit des Herodes noch existierte, ist umstritten. An der Ostseite der Umfassungsmauer des Tempelplatzes kann man jedenfalls heute noch Mauerwerk sehen, dessen Steine eine andere Form aufweisen als die unter Herodes eingefügten. Nach Meinung der meisten Experten sieht man hier einen Abschnitt, der nach der Rückkehr aus dem Exil wiederaufge-

baut wurde, vielleicht erst in der Zeit der hasmonäischen Könige des zweiten Jahrhunderts v.Chr. Nur wenige Archäologen vertreten die Ansicht, es handele sich um die Überreste der ursprünglichen Mauer des salomonischen Tempels.

Die aus diesen Terrassen entstandene Ebene schien Herodes wohl zu klein geraten zu sein. Seine Architekten planten weitaus großzügiger. Am Nordende entfernte man einen Teil des Felsens, um mehr Platz zu erhalten. Am Südende gestaltete sich die Arbeit wesentlich schwieriger. Um die Ebene über die Hänge des Hügels anzuheben, mußten riesige Aufschüttungen mit Halt gebenden Unterbauten vorgenommen werden. Auf Grund der Unebenheit des Felsens baute man die Mauer an einigen Stellen bis zu 50 m hoch. Das Gewicht dieser Steinkonstruktion war dermaßen groß, daß die Fundamente bis auf den gewachsenen Fels gelegt werden mußten.

Auf diese Weise verlängerte man das Tempelplateau im Süden um 32 m. Um wieviel Meter es verbreitert wurde, läßt sich nicht mehr klären. Die Gesamtmaße der Anlage betrugen: Ostmauer 470 m, Westmauer 485 m, Nordmauer 315 m, Südmauer 280 m – Platz genug für 13 Fußballfelder. Die Anlage

Die riesigen Steinblöcke, mit denen Herodes den Tempel bauen ließ, kann man heute noch an der Westmauer, der sogenannten „Klagemauer", sehen. Die Juden verrichten heutzutage hier ihre Gebete.

90 / DIE RELIGION

ist 2 1/2mal so lang wie der Petersdom, 9 1/2mal so groß wie dessen Grundfläche und 5 1/2mal so groß wie die Akropolis.

Nur noch Teile dieser großen Mauern stehen heute. Bekannt ist vor allem die Klagemauer. Oberhalb des heutigen Pflasters erheben sich noch mehrere Lagen von in typisch herodianischer Bauweise behauenen Steinen. Die seit 1967 entlang der West- und Südseite durchgeführten Ausgrabungen haben eine ganze Reihe weiterer Mauerreste und Gebäude zum Vorschein gebracht, die außerhalb des Tempelbezirkes standen.

Schon immer konnte man feststellen, wie sorgfältig behauen die Steinblöcke der Klagemauer waren. Jetzt, da wesentlich mehr Mauerabschnitte freigelegt sind, ist der Anblick der mächtigen Blöcke noch um ein Vielfaches beeindruckender. Im Durchschnitt sind die Blöcke etwa einen Meter hoch, 1,25 - 3 m lang und wiegen zwei Tonnen und mehr. Einige sind geradezu gewaltig. An der Südwestecke reichen die Fundamente besonders tief, hier finden sich Steine von fast 12 m Länge und einem Gewicht von 50,8 Tonnen und mehr. Den allergrößten Stein entdeckte man in einem verbotenerweise gegrabenen Tunnel unter den Gebäuden am nördlichen Teil der Westmauer. Er besitzt Ausmaße von 12 m x 3 m x 4 m, sein Gewicht schätzt man auf 400 Tonnen.

Alle Steine waren in Steinbrüchen in der Nähe von Jerusalem gehauen worden. (Ein Teil mag aus dem „Steinbruch Salomos" unterhalb der Nordmauer der Altstadt, der Touristen gern gezeigt wird, stammen). Anschließend wurden sie auf Ochsenkarren – oder auch von Männern – zur Baustelle

Quaderförmige, an den Rändern glatt behauene Steinblöcke, die man bei Megiddo fand, zeigen deutlich, daß diese Bautechnik bereits zur Zeit der israelitischen Könige üblich war.

transportiert. Einige der größeren Steine könnten über Holzrollen oder mit Hilfe eines Rädergestells fortbewegt worden sein. Eine sorgfältige Organisation und die Kenntnis der Prinzipien von Gleichgewicht und Hebelwirkung, kombiniert mit Muskelkraft, ermöglichten es, die Steine an die Mauern zu bringen und sie an dem gewünschten Platz einzusetzen. Römische Techniker hatten bereits einfache Übersetzungsmechaniken und Flaschenzüge konstruiert, die das Hochhieven von Steinen zu höhergelegenen Mauerstellen erleichterten. Erst auf der Baustelle wurden die Blöcke zu Quadern zurechtgemeißelt, damit sie ohne Mörtel genau eingepaßt werden konnten. An der Kante jedes Steins wurde ein schmaler Rand abgetragen, so daß die innere Fläche etwas erhöht blieb. Die Mauer zeigte sich also dem Betrachter nicht als glatte Fläche, sondern strukturiert. Noch interessanter erschienen die Mauern durch zusätzliche, auf der Oberfläche der Mauer angebrachte flache Säulen, die ihnen relieffartige Muster und Schatten verliehen. Auf Grund der späteren Beschädigungen ist davon heute nichts mehr zu sehen, man findet die Struktur jedoch noch an der Mauer der Patriarchengräber in Hebron.

Die Zeit hat der Sorgfalt der Baumeister Recht gegeben. Erdbeben und feindliche Truppen haben alle Gebäude des Tempelbergs zerstört, auch die obere Lage des Plateaus wurde beschädigt. Dies wurde erst ausgebessert, als die Kalifen der Omaijaden aus Damaskus den Platz im siebten Jahrhundert in ein moslemisches Heiligtum umwandelten. Alles andere aber steht noch fest, und Besucher können immer noch ausrufen: „Siehe, was für Steine!"

DER TEMPEL / 91

An den Tischen der Geldwechsler

Im Hof des Tempels war eine Menge los. Aus der ganzen Welt kamen Pilger, um Gott in diesem heiligen Tempel in Jerusalem ihre Opfer zu bringen und anzubeten. Wie jeder Reisende, der heutzutage unterwegs ist, mußte man auch damals Geld wechseln. Obgleich Rom den größten Teil der Welt beherrschte und der Kopf des Kaisers Garantie für den Geldwert war (siehe: *Das Bildnis des Kaisers*), gab es natürlich auch Staaten, die ihre eigenen Münzen prägten: König Herodes genoß unter der Kontrolle Roms gewisse Sonderrechte. Andere, wie die Nabatäer jenseits des Jordans oder die Parther in Persien, lagen außerhalb des römischen Einflußbereichs.

In jeder Stadt mußte es also Geldwechsler geben, die verschiedene Währungen gegeneinander aufrechnen konnten. In den Tagen vor unserem rasanten Kommunikationswesen war der Wechselkurs von der Willkür des einzelnen Geldwechslers abhängig. Im Prinzip wurde die Berechnung anhand des Gewichts durchgeführt. Doch nicht immer waren die Münzen aus reinem Silber oder Gold geprägt. Oft mußten die Geldwechsler sie anschneiden oder anfeilen, um die Echtheit zu bestimmen.

Natürlich versuchten die Geldwechsler, Profit zu machen, wenn sie zum Beispiel parthische Münzen mit römischem Geld ankauften. Da es hierbei leicht war, jemanden zu betrügen, ist verständlich, warum die

Geldwechsler nicht gerade beliebte Geschäftsleute waren. Und so ist es auch kein Wunder, daß Jesus sie aus dem Tempel trieb und ihnen nachrief, sie würden „eine Räuberhöhle" aus dem Hause Gottes machen (Mt. 21,13).

Von jedem Juden wurde erwartet, daß er seine jährliche Tempelsteuer entrichtete. Die Summe belief sich auf einen halben Silberschekel, also den Betrag, der im Gesetz Moses als Sühneopfer für jeden Juden festgesetzt war (2. Mo. 30, 11-16). Im ersten Jahrhundert entsprach ein halber Schekel zwei griechischen Drachmen oder zwei römischen Denaren (siehe: *Geld- und Wechselkurse*), ein doppelter Tageslohn, wie wir aus dem Gleichnis Jesu in Matthäus 20,1-16 wissen.

Die Priester hatten entschieden, daß diese Zahlung in Münzen aus reinstem Silber zu erfolgen hatte, und nur die Silbermünzen aus Tyrus wurden akzeptiert. Obgleich auch die jüdische Verwaltung gelegentlich Silbermünzen geprägt hatte, als sie unter persischer Herrschaft stand, taten dies die unabhängigen jüdischen Könige im zweiten und ersten Jahrhundert v.Chr. nicht. Die Makkabäer – oder besser Hasmonäer genannt – prägten lediglich kleine Bronzemünzen für den täglichen Gebrauch.

In großer Zahl wurden Silbermünzen von den griechischen Königen in Damaskus, den Seleukiden, in Umlauf gebracht. Sie für die

Tempelsteuer zu benutzen, wäre geschmacklos gewesen. Einer dieser Könige, Antiochus IV., hatte 167 v.Chr. den Tempel geschändet und damit einen Aufstand heraufbeschworen, der von den Makkabäern angeführt wurde. Nach 126 v.Chr. wurde Tyrus von den Seleukiden unabhängig und begann, seine eigenen Schekel und Halbschekel ohne eine Namensprägung des herrschenden Königs zu münzen. Daß die Geldstücke auf einer Seite den Kopf von Melkart, dem Gott von Tyrus, zeigten, störte anscheinend niemand. Diese Münzen waren tatsächlich so geeignet für den jüdischen Markt, daß die jüdische Verwaltung sie offensichtlich in Jerusalem herausbrachte, nachdem die Römer Tyrus das Münzprägerecht entzogen hatten. Dieser Vorgang wurde erst abgebrochen, als 66 n.Chr. der erste jüdische Aufstand ausbrach und nationalistische Rebellen ihre eigenen Silberschekel und Halbschekel mit hebräischen Aufschriften prägten.

Die am weitesten verbreitete Münze aus Tyrus war der Schekel (Stater oder Tetradrachme - vier Denare); Halbschekel findet man dagegen nicht so häufig. Wahrscheinlich haben die Juden die Tempelsteuer immer zu zweit bezahlt. Das geschah auch bei einer sehr bekannten Gelegenheit: Die Steuereintreiber waren gerade in Kapernaum, als Jesus dort mit seinen Freunden ankam. Auf die Frage, ob Jesus zahlen wolle, antwortete Petrus unüberlegt

mit ja. Jesus erklärte ihm daraufhin, daß keine Notwendigkeit dafür bestünde, sie aber dennoch der Aufforderung nachkommen sollten, um keinen Anstoß zu erregen. Er schickte Petrus los, einen Fisch zu fangen. In seinem Maul würde er einen Schekel finden, mit dem er für sie beide bezahlen könnte (Mt. 17, 24-27).

Jeder, der die Steuer zahlen wollte, mußte sich den Silberschekel besorgen. Tauschen konnte man überall, doch im Tempel war es natürlich am bequemsten. Darum gab es im Tempel nicht nur Opfertierverkäufer, sondern auch viele Geldwechsler (Mt. 21,12).

Ein Silberschekel aus Tyrus. Die dreißig „Silberlinge", die Judas Ischarioth für seinen Verrat von den Priestern bekam (Mt. 26,15), können ähnlich ausgesehen haben.

Während des Aufstandes gegen Rom im Jahr 66 n.Chr. prägten die Juden diese Münzen. In alten hebräischen Buchstaben steht auf der Vorderseite „Halbschekel (Jahr) 2" und auf der Rückseite „Heilig ist Jerusalem".

Auf den Spuren der Jünger

„An dieser Stelle wurde Jesus gefangen gehalten... hier zogen ihm die Soldaten den Mantel an... genau hier wurde er gekreuzigt." Von den Fremdenführern werden die Touristenschwärme an alle möglichen, mehr oder weniger glaubwürdigen Orte geführt. Doch wer kann für die Richtigkeit bürgen? Nirgendwo steht ein Schild aus dem ersten Jahrhundert mit der Aufschrift „Jesus war hier!"

Einen Schauplatz zu identifizieren, an dem Jesus oder eine andere berühmte Persönlichkeit im ersten Jahrhundert auftrat, ist ziemlich schwierig. Die Römer hatten die ganze Stadt zerstört, und seit Jahrhunderten wurden immer wieder Häuser gebaut und niedergerissen. Die Suche nach dem Grab Jesu wurde von einer alten Tradition getragen (siehe: *Wo ist das Grab Jesu?*). Andere „heilige Stätten" können weit weniger Beweise für ihre Echtheit anführen. Dank der vielen archäologischen Ausgrabungen können Touristen jedoch eine Stelle besichtigen, von der sie sicher sein können, daß Petrus, Johannes, Paulus und selbst Jesus, aber auch die berühmten Rabbiner Hillel und Gamaliel dort entlanggegangen sind.

Jedes Jahr kamen Tausende von Pilgern nach Jerusalem, um im Tempel Gott anzubeten. Die meisten von ihnen betraten das Heiligtum durch den Haupteingang an der Südseite, wo Herodes sein großes Plateau auf dem Hang hatte errichten lassen. Die dortige Mauer erhob sich an der südwestlichen Ecke mehr als 19 m über die am Fuße entlanglaufende Straße; zusammen mit dem königlichen Säulengang ergab das eine Höhe von mehr als 30 m.

In den Tempelhof gelangte man durch zwei Tore in der 280 m langen Mauer. Zu jedem Tor führten Freitreppen, die kürzlich zum Teil freigelegt wurden. Die drei (in ihrer Form allerdings späteren) Bögen des einen Tores waren schon seit langem sichtbar gewesen. Ein später an die Mauer gebautes Haus verdeckte einen Großteil des anderen Tores. Der Bereich vor den Toren befindet sich größtenteils außerhalb der Stadtmauer. Seit über 100 Jahren haben hier keine Gebäude mehr gestanden, Ausgrabungen gestalten sich an dieser Stelle also recht einfach.

Als Benjamin Mazar und seine Mitarbeiter einen Geröllberg abtrugen, trafen sie bald auf das obere Ende der Treppe. Sie gruben weiter hangabwärts und legten die Treppe in ihrer ganzen Länge frei – 30 flache Stufen. Auf die quasi als Fundament aus dem Felsen gehauenen Stufen waren dünne Steinplatten gelegt worden. Einige dieser Platten liegen noch heute an Ort und Stelle, andere wurden von aus der Mauer herabfallenden Steinen zerschmettert, wieder andere verwendeten zwischenzeitlich Baumeister für ihre eigenen Vorhaben. Mittlerweile wurden weitere, neue Steinplatten eingefügt; der Besucher kann nun wieder die Stufen ersteigen, wie es die Menschen im ersten Jahrhundert taten. Abgebröckelte Kanten und Kratzer unterscheiden die alten von den neuen Stufen – und man steht wirklich auf den Steinen, auf denen auch Jesus und seine Jünger gegangen sind.

Die Stufen führen empor zu den ehemaligen Hulda-Toren. Heute ist

AUF DEN SPUREN DER JÜNGER / 93

Dreißig flache Stufen führten zu den Toren in der südlichen Mauer des Tempelplatzes. Die Treppe wurde restauriert und kann heute wieder von Besuchern benutzt werden.

lediglich eine Ecke des Westtores zu sehen, da man einen Turm an die Mauer gesetzt hat, als die Stadtmauer vor 900 Jahren erneuert wurde. Das einzige originale Teil des dreifachen Osttores ist die unterste Steinreihe über dem Straßenniveau. Moslemische Steinmetze hatten beide Tore umgebaut, als sie den Tempelbezirk übernahmen, um im siebten und achten Jahrhundert den Felsendom und die Al-Aqsa-Moschee zu erbauen. Die Tore dienten als Zugänge zu der heiligen Einfriedung, bis sie bei der Errichtung neuer Verteidigungsanlagen gegen die Kreuzfahrer zugemauert wurden. (Diese neuen Mauern erwiesen sich später als nicht sehr stark – die Kreuzfahrer eroberten die Stadt im Jahre 1099.)

Trotz Zerstörung und Wiederaufbau kann man noch eine Menge über die Tore erfahren. Das Westtor, ein Doppeltor, war 12,8 m breit, das Tor im Osten etwa 15 m. Im Inneren wiesen die Tore und Gänge gewölbte Decken auf. Die Steinkuppeln waren mit kunstvoll gestalteten flachen Blumenreliefs, Weintrauben und geometrischen Motiven geschmückt. Hinter dem restaurierten Doppeltor sind diese Kuppeln noch vorhanden. Von dem dreibogigen Tor ist bis auf einen einzigen Stein des westlichen Torbogens nichts mehr zu sehen.

Außen vor dem Tor entdeckten Archäologen Bruchstücke behauener Steine, die aus der Decke stammten. Diese Fragmente bezeugen die üppige Dekoration der Tore und lassen Rückschlüsse auf die Pracht des gesamten Tempels zu. Heute sind die Steine cremefarben oder grau, doch damals waren sie vermutlich bemalt. Sie bildeten einen farbigen Baldachin über den Köpfen der Pilger.

Besucher konnten jedoch auch durch andere Eingänge in den Tempel gelangen. Josephus nennt vier Zugänge auf der Westseite. In alter Zeit trennte das Tal der Käsemacher den Tempelhügel von dem im Westen gelegenen Hügel Jerusalems. An dieser Stelle mußten die Baumeister des Herodes mit dem gleichen Problem fertigwerden wie am Südende der Stadt, doch hier unter noch größeren Platzbeschränkungen. Statt großer Treppenkonstruktionen fanden sie eine andere Lösung.

Seit 1968 haben Ausgrabungen zutage gefördert, was sie an der Stelle ausführten, wo sich das Plateau hoch über das Tal erhob. Schon 1838 entdeckte der Amerikaner Edward Robinson einen Bogenstumpf, der in einiger Höhe aus der Plateaumauer ragte. Er vermutete, daß es sich hierbei um das

Ende einer Brücke handelte, die etwa zum Ende der Königlichen Halle geführt haben mußte. Daß auch Josephus von einer Brücke gesprochen hatte, bestätigte die Vermutung der Wissenschaftler.

Als Archäologen 1968 auf der gegenüberliegenden Talseite mit Ausgrabungen begannen, hofften sie, die Brückenrampe zu finden. Doch sie suchten vergeblich. Die Steinblöcke eines Pfeilerfundaments gab es zwar noch, doch keine weiteren, aus denen man auf ein Viadukt hätte schließen können. Stattdessen stieß man auf eine Treppe, die sich von der Straße in die Talsohle in rechten Winkeln über Bögen mit jeweils zunehmender Höhe bis auf die Höhe des Tores zum Tempelhof hinaufgewunden hatte. Der „Robinsonbogen" ist somit Teil des letzten und größten Bogens, der diese Straße getragen hatte. Als Bruchstücke der niedrigeren Bögen gefunden wurden, war die Brückentheorie hinfällig.

Josephus war mißverstanden worden. Denn er sprach wortwörtlich von dem Tor, das von dem gegenüberliegenden Teil der Stadt „durch viele Treppen, die ins Tal hinabführten und von dort aus wieder bergauf" getrennt war. In der Talsohle verlief an der Tempelmauer eine gepflasterte Straße. In die Stützpfeiler der Treppen waren Läden eingebaut. Ein weiterer Weg zweigte an der Ecke des Plateaus ab und führte über eine Anzahl von Stufen zu den Hulda-Toren in der Südmauer.

Nicht weit entfernt von dieser Treppe gab es in der Westmauer noch ein weiteres Tor. Ein Architekt namens Barclay untersuchte es zwischen 1855 und 1857. Durch diesen Zugang gelangte man von der Straße auf das Plateau, wobei eine Rampe wie die an den Hulda-Toren bis an den Hof heranreichte.

Noch ein Stück weiter findet sich ein weiterer Bogen, der 1865 von Charles Wilson entdeckt wurde. Der „Wilsonbogen" scheint ein Viadukt anzudeuten, das Stadt und Tempel verband, wenngleich der existierende Bogen von moslemischen Steinmetzen auf den Überresten des herodianischen Werkes wiederaufgebaut wurde. Von dem Tor selbst ist nichts übriggeblieben.

Doch man kennt einen weiteren, auf Straßenhöhe begehbaren Zugang. Wilson entdeckte 1866 seinen oberen Teil und benannte ihn nach seinem Freund Charles Warren. Vor kurzem hat man dieses Tor renoviert, doch weitere Grabungen sind unmöglich.

In den letzten 100 Jahren hat man insgesamt vier Tore in der Westmauer gefunden. Zwei von ihnen führten in großer Höhe auf das Plateau und waren vermutlich die Eingänge für Besucher und Pilger. Die zwei Tore auf Straßenniveau dienten wohl eher als Lieferanteneingänge, durch die Tiere, Holz, Öl und andere Güter in den Tempel gebracht wurden. Ob es in der Westmauer noch weitere Zugänge gab, ist ungeklärt. Das „Goldene Tor" ist ein frühes Bauwerk der Moslems. Das Alter des Bogenganges, der einst darunter auszumachen war, läßt sich nicht mehr bestimmen. In der Nähe der südöstlichen Ecke finden sich Bogenreste, die denen des Robinsonbogens vergleichbar sind und anscheinend einen ebensolchen Treppenaufgang gebildet hatten. Für Besucher gab es anscheinend viele Möglichkeiten, in den Tempelhof zu gelangen.

Zwischen den Trümmern der Tempelgebäude fanden die Archäologen auch dieses kunstvoll verzierte Bruchstück. Es stammt vermutlich aus der Deckenkonstruktion eines der Tore am oberen Ende der breiten Treppe.

Ein Geheimtunnel

Matthias von Jerusalem war als Hoherpriester von König Herodes eingesetzt worden. Jahr für Jahr kam er seinen Pflichten als Repräsentant seines Volkes nach. Der Höhepunkt eines jeden Jahres war der Große Versöhnungstag, der Jom Kippur (3.Mo. 23,27). Bekleidet mit einem Leinengewand ging er dann hinter den schweren Vorhang und betrat das Allerheiligste. Hier besprengte er nun den Altar mit dem Blut eines Jungstieres und eines Ziegenbocks. Trat er wieder aus dem Heiligtum heraus, wußten die Menschen, daß ihnen die Sünden des vergangenen Jahres vergeben worden waren.

Im Jahr 5 v.Chr. ging dann alles schief. Der Hohepriester Matthias war unrein geworden. Er hatte von seiner Frau geträumt, was ihm vor dem Fest verboten war. So konnte er seinen Pflichten dieses Mal nicht nachkommen. Jemand anders mußte einspringen; ein enger Verwandter, ebenfalls ein Priester, wurde in diese Aufgabe berufen.

Jeder, der im Tempel anbeten wollte, hatte sich den religiösen Gesetzen zu unterwerfen (siehe: *Wenn Reinlichkeit dem Glauben hilft*). Für Priester galt das noch viel mehr als für den normalen Gläubigen. Jede Einzelheit ihres Lebens unterlag besonderen Vorschriften, angefangen bei der Heirat, über das Trauern bis hin zum Haarschnitt. Berührte er eine Frau, die ihre Menstruation hatte, einen Menschen mit einer eitrigen Entzündung oder einer Wunde, eine Leiche oder bestimmte Insekten, dann mußte der Priester sich reinigen und durfte bis Sonnenuntergang seinen Pflichten nicht nachgehen. Im Gleichnis Jesu über den guten Samariter näherten sich deshalb der Priester und der Levit dem Verletzten nicht. Sie waren eher darum besorgt, sich rituell rein zu halten, als einem Menschen zu helfen, wie Jesus kritisierte (Lk. 10,30ff).

Priester, die in Städten und Dörfern zu Hause waren, konnten sich wie jedermann in rituellen Bädern reinigen. Dienten sie jedoch im Tempel, war es schwieriger, da der Tempel an sich schon rein war. In der jüdischen Tradition gibt es Berichte über Tunnel, die unter dem Tempel hindurch zu einem rituellen Bad außerhalb der Tempelmauern führten. Ein Priester konnte darin untertauchen, sich anschließend an einem Feuer trocknen und danach wieder hineingehen, ohne andere Priester oder den heiligen Ort und seine Kultgegenstände zu verunreinigen.

Am Südende des Tempels fielen die Archäologen bei ihren Ausgrabungen vor der Mauer beinahe in einen Tunnel. Er war tief in den Felsen gehauen und gerade so breit und hoch, daß ein Mann aufrecht darin gehen konnte. Entlang der Wände fand man kleine Aushöhlungen, deren Sinn sofort ersichtlich wurde, als die Archäologen Kerzen hineinstellten. Unterhalb der Tempelmauer ist der Tunnel von Steinen blockiert. Sein Verlauf innerhalb des Tempelbezirks ist unbekannt. Unser Tunnel trifft vor der Tempelmauer mit einem zweiten unterirdischen Gang zusammen, der ebenfalls aus dem Tempelbezirk zu kommen scheint. Sie führten offenbar beide zu einem rituellen Bad. Doch nur noch weitere Einzelheiten oder ein zeithistorisches Dokument könnten die Vermutung beweisen. Durch die Übereinstimmung von schriftlichen Quellen und Ausgrabungen erscheint es zumindest wahrscheinlich, daß durch diese beiden Tunnel die Priester zum reinigenden Bad gelangten.

96 / DIE RELIGION

Zacharias –
Priester aus der Dienstabteilung Abijas

Zacharias' Herz schlug schneller. Der große Augenblick war gekommen: Als auserwählter Priester sollte er in das Heiligtum gehen, um dort den Weihrauch zu entzünden. Jeden Tag wurde im Tempel ein Priester für diese Aufgabe ausgelost. Nur ein einziges Mal im Leben konnte man gelost werden, und so mancher Priester hatte nie das Losglück. Der so gewählte Priester stand nach dem Morgen- oder Abendopfer stellvertretend für sein Volk im Tempel. Der vom Altar aufsteigende Weihrauch war das Symbol für die Gebete des Volkes zu Gott.

Wo immer es in ihrer Macht lag, befolgte die priesterliche Führerschaft die im Alten Testament niedergelegten Regeln. Gemäß dem 1. Buch Chronik bestimmte David die Zusammensetzung des Tempelpersonals. Er teilte die Priester in 24 Dienstabteilungen ein, die jeweils nach ihren Führern benannt waren (1. Chr. 24,1-19). Jede Gruppe diente eine Woche lang im Tempel. Bei diesem Rotationsprinzip übernahm jede Abteilung zweimal im Jahr die anfallenden priesterlichen Pflichten. An den drei großen Festen, dem Passafest, dem Erntefest (Pfingsten) und dem Laubhüttenfest, waren alle Gruppen an den Feierlichkeiten beteiligt. Im herodianischen Tempel wurde dieses Rotationsprinzip streng befolgt.

Viele Priester waren in Jerusalem zu Hause, andere lebten in Jericho. Doch die meisten lebten über die Dörfer und Städte Judäas verstreut. So auch Zacharias und Elisabeth. Zacharias war schon oft nach Jerusalem gereist, immer in der Hoffnung auf sein Losglück. Er gehörte zur 8. Abteilung, der Gruppe Abijas, als er ausgelost wurde. In Lukas 1 wird von der Vision berichtet, die Zacharias im Tempel hatte, und von den nachfolgenden, außergewöhnlichen Ereignissen.

Selbst als der Tempel schon nicht mehr existierte, blieben die Priester in ihrer Dienstabteilung. Bei Ausgrabungen in Aschkelon und Cäsarea fand man in zwei Synagogen aus dem dritten und vierten Jahrhundert die Dienstfolge auf ehemals an den Wänden befestigten Steinplatten eingraviert. Neben dem Namen jeder Priesterabteilung ist der Ort vermerkt, an dem sich die Gruppe nach der Zerstörung Jerusalems niederließ. Als Zuhause der achtzehnten Abteilung wird Nazareth genannt, die früheste Erwähnung dieses unbedeutenden Ortes außerhalb der Evangelien.

In der Nähe der Stützmauer entdeckte man diesen fast 2,5 m langen Steinblock. Er ist wahrscheinlich von der südwestlichen Ecke der Mauer herabgestürzt. Die Inschrift lautet: „vom" oder „zum Trompetenplatz". Beginn und Ende des Sabbats wurden von den Priestern durch Hornsignale angekündigt.

Der Tempelbezirk, links vorne die Westmauer (Klagemauer).

Das Scherflein einer Witwe

Die gebräuchlichsten Münzen aus der Prägeanstalt des Herodes. Auf der einen Seite erkennt man einen Anker und die Inschrift „von König Herodes", auf der anderen Seite einen Heroldstab, umrahmt von zwei Füllhörnern.

Der übliche Tageslohn für einen Arbeiter war in Palästina ein Denar, eine römische Silbermünze, die im Wert einer griechischen Drachme entsprach. Ein Denar war schon der halbe Steuerbetrag, den jeder Jude pro Jahr an den Tempel abzuführen hatte (siehe: *An den Tischen der Geldwechsler*). Auch wenn ein Denar der Lohn für einen Tag Arbeit war, so verdiente ein Tagelöhner nicht 365 Denare im Jahr. Denn am Sabbat und an anderen Festtagen gab es keinen Lohn. Das Gleichnis Jesu von den Arbeitern im Weinberg, die trotz unterschiedlicher Arbeitszeit am Ende des Tages alle den gleichen Lohn erhielten, nämlich einen Denar, läßt darauf schließen, daß es Arbeiter gab, die nicht jeden Tag Arbeit hatten (Mt. 20,1-16). Behinderte und weniger leistungsfähige Arbeiter, die nur wenige Tage im Jahr ein Arbeitsangebot bekamen, mußten sich oft mit Betteln durchschlagen.

Starb ein Arbeiter, so konnte seine Frau in äußerste Not geraten. Sie hatte keinerlei Aussicht auf irgendein Einkommen; bezahlte Arbeit für Frauen war völlig unüblich. Da die Tagelöhner auch kaum etwas zurücklegen konnten (es gab natürlich auch noch keine Renten- oder Sozialversicherungen), war eine Witwe völlig auf ihre Angehörigen angewiesen – wenn sie welche hatte. Immer wieder weist die Bibel auf diesen Sachverhalt hin. Auch die Geschichte, wie Jesus den Sohn der Witwe aus Nain wieder zum Leben erweckte, zeigt die verzweifelte Lage, in der sich diese Witwe nach dem Tod ihres Sohnes befand (Lk. 7,11-15).

Den täglich nach Arbeitsende ausgezahlten Lohn tauschten die Tagelöhner schnell in kleinere Gebrauchsmünzen um. Das waren meist Bronzemünzen, die von den jüdischen Priesterkönigen im ersten Jahrhundert v.Chr., dann von Herodes, dessen Söhnen und den römischen Statthaltern geprägt wurden (siehe: *Geld- und Wechselkurse* und *Keine Rücksicht auf die Juden: Pilatus*). 64 Bronzemünzen ergaben einen Denar. Ihr lateinischer Name, Quadrans, wurde auch im Griechischen und Hebräischen gebraucht. Doch selbst der Quadrans war noch nicht die kleinste Münze in den Taschen der Leute. Der Lepton, eine dünne kleine Münze, die von den jüdischen Königen herausgegeben wurde, hatte den Wert eines halben Quadrans. 128 Stücke ergaben erst einen Denar.

Neben der Tempelsteuer brachten die Menschen auch noch weitere Gaben in den Tempel. Im Hof standen Sammelkästen für diese Opfer. Einmal hat Jesus die Spendenfreudigen bei ihren Geldopfern beobachtet, wie uns die Evangelien berichten. Er bemerkte auch eine Witwe und machte auf die Höhe ihrer Gabe aufmerksam (Mk. 12,41-44; Lk. 21,2-4). Sie habe im Verhältnis weit mehr gegeben als andere, sagte er, nämlich alles, was sie noch besaß: zwei Lepta, also das Vierundsechzigstel eines Tageslohnes!

Gut versteckte Bücher

„Sie kommen! Lauft um euer Leben! Die Römer kommen!"

Wie ein Lauffeuer verbreitete sich die Schreckensnachricht und gelangte schließlich auch bis ans Tote Meer. Hier, isoliert von allen Menschen, lebte eine Gemeinschaft streng religiöser Juden. Ihr Gemeindezentrum war zwar durchdacht angelegt worden, doch es war keine Festung, die einem starken Feind hätte widerstehen können. Kurzentschlossen packten sie das Nötigste zusammen und flüchteten.

Die Juden vom Toten Meer waren leidenschaftliche Bibelleser und nannten Hunderte von Büchern ihr eigen. Eins oder zwei hätte jeder ja noch mitnehmen können, aber schon ein vollständiges Altes Testament bestand aus mindestens zwei Dutzend Lederrollen. Ihre heiligen Bücher der Wut römischer Soldaten auszusetzen, war undenkbar, und so versteckten sie ihre Schätze.

In der Nähe des Hauptgebäudes brachte man in einer Höhle mehr als 400 Schriftrollen unter. In weiter entfernten Höhlen, die zwischenzeitlich als Unterkunft dienten, wurden ebenfalls Teile der Bibliothek versteckt. Zeit, die Schriftrollen in Leinen zu wickeln und zum dauerhaften Schutz in Krügen zu verschließen, hatte man anscheinend nur in einer Höhle. Die Juden hofften auf eine Rückkehr nach der Beendigung des Krieges.

Sollte wirklich jemand zurückgekommen sein, um einige der Schriftrollen zu retten, so ließ er doch noch unzählige zurück. Manche scheinen den Römern in die Hände gefallen zu sein: Schriftrollen aus der Haupthöhle zeigen Zeichen mutwilliger Zerstörung, alle weisen Beschädigungen auf. Hinzu kam, daß der Wind Sand und Staub in die Höhle blies und sogar an diesen trockenen Ort die Feuchtigkeit gelangen konnte. Würmer krochen in das Leder und bohrten sich ihren Weg hindurch. Nach und nach verschwanden die immer mehr zerfallenden Rollen unter dem Schmutz.

Und doch waren sie nicht völlig verloren. Origenes berichtet, daß etwa im Jahr 200 einige Bücher der Bibel in einem Krug in Jericho gefunden wur-

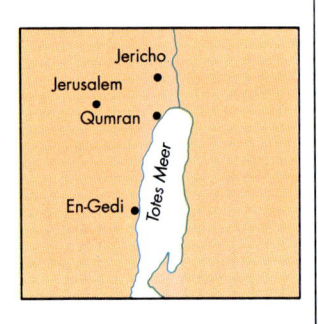

1967 konfiszierte die israelische Regierung die größte Schriftrolle vom Toten Meer von ihrem Besitzer in Bethlehem. Die „Tempelrolle" (sie enthält die Gesetze über den Tempelbau, die Gottesdienstordnung und das Verhalten des Königs) war mehr als acht Meter lang. Vielleicht hofften die ursprünglichen Besitzer, sie könnten die biblischen Vorschriften wieder wirksam werden lassen, wenn ihre Feinde besiegt wären.

100 / DIE RELIGION

In den Felsen am Ufer des Toten Meeres befinden sich zahlreiche Höhlen. Im Vordergrund sieht man den Eingang zur sogenannten Höhle vier in der Nähe von Qumran. Hier wurden rund 40 000 Fragmente von etwa 400 Schriftrollen gefunden. Seit 1952 sind Wissenschaftler damit beschäftigt, die Fragmente zu entziffern und zusammenzufügen.

Nachdem sich die Katalogisierung und Veröffentlichung der gefundenen Fragmente über Jahre hinauszögerte, kam es 1991 zum Eklat, als in populärwissenschaftlichen Büchern die These aufgestellt wurde, jemand würde Informationen unterdrücken, die eine völlig neue Interpretation über die Anfänge der Christenheit notwendig machen würden. Seit 1993 sind nun die letzten Fragmente als Fotografie der Öffentlichkeit zugänglich. Wenn auch die wissenschaftlichen Untersuchungen noch nicht abgeschlossen sind, hat die Behauptung, die Geschichte des Christentums müsse auf Grund der Qumran-Dokumente umgeschrieben werden, keine seriös zu belegende Basis.

den. Ein 600 Jahre später verfaßter Bericht beschreibt die Entdeckung von Schriftrollen in einer Höhle bei Jericho, die eine wichtige Rolle bei der Entstehung einer mittelalterlichen Sekte jüdischer Reformer spielten.

Danach blieben die Schriftrollen über tausend Jahre lang unbeachtet. Trotz ihrer eifrigen Suche nach alten Manuskripten kamen weder Tischendorf (siehe: *Die ältesten Bibeln*) noch all die anderen Schatzsucher auf die Idee, daß diese Geschichten sie auf die Spur verlorengegangener Schriftrollen

führen könnten. Niemand rechnete damit, daß Manuskripte in Palästina unterirdisch eingelagert längere Zeit überdauern könnten. Die Bedeutung dieser frühen Berichte wurde erst nach der Entdeckung der Schriftrollen vom Toten Meer deutlich.

Am Nordufer des Toten Meeres hüteten drei Hirten ihre Ziegen. Hinter ihnen erhob sich das Wüstengebirge. Als einer der Araber beim Steinewerfen genau in eine Höhle traf, hörte er den Stein auf einen Gegenstand auftreffen. An diesem Tag schien es ihm

GUT VERSTECKTE BÜCHER / 101

schon zu spät für eine Untersuchung, doch er erzählte den anderen Hirten davon. Nach einer Weile machte sich der jüngste von ihnen allein auf den Weg und zwängte sich durch ein Loch in der Nähe des Höhleneingangs. Er purzelte in eine kleine Höhle und sah, was der Stein getroffen hatte: Auf dem Boden der Höhle lag ein zertrümmertes altes Gefäß. Es war nicht das einzige. Als er eines öffnete, fand er es voll roter Erde. In einem anderen lagen drei kleine Bündel, zwei davon in Tücher eingewickelt – lange Lederrollen, die auf der Innenseite mit kleinen schwarzen Buchstaben beschrieben waren. Das Leder war dünn und spröde, nicht mehr zu gebrauchen.

Das war im Winter 1946/47. Im März 1947 probierten die Hirten, die Schriftrollen zu Geld zu machen. Sie brachten sie nach Bethlehem zu einem Zimmermann, der auch mit Antiquitäten handelte. Der prüfte sie, bis die Hirten wieder einmal bei ihm vorbeischauten.

„Wieviel zahlen Sie uns dafür?"

„Nichts, sie sind nicht alt!"

Sie nahmen die Schriftrollen wieder mit und versuchten ihr Glück bei einem anderen Händler. Ihm gestanden sie ein Drittel des Verkaufspreises als Provision zu. Einige Wochen später konnte er ihnen ihr Geld geben: Der Verkauf der drei Schriftrollen hatte ihnen umgerechnet etwa DM 220 eingebracht.

Einer der Hirten hatte inzwischen in der Höhle weitere Rollen gefunden, für rund DM 100 konnte er sie bei einem dritten Händler verkaufen. Es war ein wahrhaft „goldener" Steinwurf gewesen, der den Hirten mittlerweile mehr Bargeld eingebracht hatte, als sie mit ihrer Arbeit ein Leben lang verdienen konnten. Doch die Geschichte ist noch nicht zu Ende.

Die ersten Schriftrollen waren schließlich von dem Erzbischof der Syrisch-Jakobitischen Kirche in Jerusalem gekauft worden. Als in Jerusalem die Kämpfe begannen, wanderte er in die USA aus. Erfolglos stellte er sie in amerikanischen Museen und Universitäten aus, er fand keinen Käufer. Sieben Jahre, nachdem er diese Manu-skripte erworben hatte, bot er sie nun per Annonce im Wall Street Journal an.

Jemand zeigte diese Annonce Yigael Yadin, dem bekannten Jerusalemer Archäologen, der gerade auf New York-Besuch war. Yadin nahm Kontakt zu einem befreundeten reichen Amerikaner auf, der den Kaufpreis aufbrachte – eine Viertelmillion Dollar. So gelangten die Schriftrollen 1954 wieder nach Jerusalem. Sie wurden mit den später entdeckten zusammengefügt, die Yadins Vater, Professor Sukenik, für umgerechnet DM 1.100 erworben hatte.

Schon Ende 1948 hatten die Zeitungen von der Entdeckung und ihrer Bedeutung berichtet: Noch nie hatte man hebräische Bücher aus der Zeit Christi in Palästina gefunden! Die Nachricht, daß die Schriftrollen sehr wertvoll wären, erreichte nun die Hirten und ihre Freunde, die sich daraufhin gemeinsam auf die Suche nach weiteren Schriftrollen machten. Bis 1956 fanden sie und die Archäologen elf weitere Höhlen mit Manuskripten. In einer von ihnen, heute als Höhle 4 bezeichnet, entdeckten sie die Reste von 400 Schriftrollen. Von der Decke herabgefallene Steine, vom Wind hereingeblasener Staub, Insekten und möglicherweise auch Menschen hatten sie in 40 000 Fragmente zerfleddert. Jedes einzelne mußte von den Arabern, die sie gefunden hatten, zu einem Durchschnittspreis von etwa DM 13 pro Quadratzentimeter gekauft werden.

Natürlich waren die Geldmittel der Museen im jordanischen Jerusalem bald erschöpft. Die Regierung Jordaniens beschaffte daraufhin eine beträchtliche Summe, weiteres Geld kam von Museen, Akademien und reichen Spendern im Ausland. 1967 konfiszierten die israelischen Behörden die größte der entdeckten Schriftrollen, die sogenannte Tempelrolle. Im Nachhinein ließ man dem Mittelsmann der Hirten eine Entschädigung von $ 105 000 zukommen. Er und seine Stammesangehörigen waren durch einen beiläufig geworfenen Stein reich geworden!

Eine Gemeinschaft in der Wüste

Die Felsen hinter dem kahlen Ufer des Toten Meeres sind zerklüftet und schroff. Die Ebene, auf der Qumran lag, ist flach und trocken. Die Sommersonne erhitzt den Boden so sehr, daß man kaum länger als ein paar Sekunden auf der Stelle stehen bleiben kann. Kein Baum spendet Schatten. Nur nach den Regen- und Schneefällen im Winter fließt etwas Wasser durch die Felsklüfte. Süßwasser gibt es einzig 2,5 km entfernt in der Quelle von Ain Feshkha. Und doch bauten Menschen hier eine Siedlung.

Etwa 700 v. Chr. hatte es bereits kurze Zeit Landwirtschaft gegeben. Danach lag Qumran mehr als 500 Jahre verlassen da. Die neuen Siedler besserten eine große Zisterne aus und legten neue an, die sie über gemauerte Kanäle aus den Felsen speisten. Ein Töpferofen und andere Werkstätten entstanden. Bald setzte auch der umfangreiche Wiederaufbau größerer Gebäude ein.

Ein mächtiger Turm überragte einen Gebäudekomplex mit einer Küche und einem großen Wasserreservoir. Etwas außerhalb lagen die Räume der Töpfer und der Wäscher sowie ein länglicher Speise- und Versammlungssaal. Immer mehr Menschen kamen hinzu, und das Wasserversorgungssystem mußte erheblich erweitert werden. Ein Damm und weitere Zisternen wurden gebaut, in den Felsen schlug man einen Kanal. Besonders wasserdichter Putz verhinderte das Wegsickern des kostbaren Naß.

In dem Turm führte eine Treppe zum ersten und zweiten Stockwerk, eine andere zu Räumen in das Hochparterre, die wohl als Wohnraum dienten.

Josephus berichtet, daß 31 v. Chr. ein Erdbeben im Jordantal großen Schaden anrichtete. In Qumran senkte sich der Boden an einer Seite um einen halben Meter, in den Mauern und Zisternen klafften zahlreiche Risse. Zur gleichen Zeit wurde ein Teil der Gebäude durch Feuer vernichtet. Höchstens eine Handvoll Menschen wohnte jetzt noch dort. Nach nur 100 Jahren Nutzung wurde dieser Ort nun aufgegeben.

Nach dem Tod des Herodes (4 v. Chr.) kam erneut Leben in das Zentrum. Die heruntergekommenen Räume wurden gesäubert, Mauern verstärkt, Werkstätten wieder in Betrieb genommen und das lebenswichtige Wasserversorgungssystem repariert. Als die Römer angriffen, war die Gemeinschaft gerade erst im Aufbau. Die Soldaten schossen ihre Pfeile auf alles, was sich bewegte, und setzten sämtliche Gebäude in Brand. Die jüngsten gefundenen Münzen stammen aus dem zweiten und dritten Jahr des jüdischen Aufstands. Qumran wurde also etwa 68 n. Chr. vernichtet.

In jenem Jahr machte auch der Feldherr Vespasian von Jericho aus einen Abstecher ans Tote Meer. Ihm war zu Ohren gekommen, daß niemand in dem salzigen Wasser ertrinken könne. Er ließ Nichtschwimmer mit gefesselten Händen ins Wasser werfen, um die Geschichte zu prüfen. Natürlich trieben sie oben auf dem Wasser!

Der Angriff auf Qumran könnte mit diesem Ausflug zusammenhängen. In den Gebäuden schlug eine kleine römische Garnison ihr Quartier auf, da man vom Turm aus einen guten Blick auf die Uferstraße hatte.

EINE GEMEINSCHAFT IN DER WÜSTE / 103

Von 1953 bis 1956 erforschten Archäologen unter der Leitung des Franzosen Roland de Vaux die Geschichte des Ortes. Sie kamen zu dem Schluß, daß die Gebäude das Zentrum einer religiösen Gemeinschaft waren. Nicht jedes Mitglied lebte in den Häusern. Auch viele der Höhlen in den umliegenden Felsen waren bewohnt. Ausgegrabene Holzpflöcke beweisen, daß auch Zelte benutzt wurden.

Südlich von Qumran liegen mehrere Quellen, von denen Ain Feshkha die größte ist. Dort gab es kleine Oasen mit Palmen; in der Nähe von Ain Feshkha entdeckte man die Ruinen eines großen Bauernhofes. Die landwirtschaftlichen Produkte und Viehherden deckten zum großen Teil die Bedürfnisse der Bevölkerung. Getreide jedoch mußten sie aus anderen Landesteilen einführen.

Wie das Leben der Gemeinschaft aussah, erkennt man an der Versammlungshalle. An der einen Seite befand sich ein kleinerer Alkoven, der als Geschirrschrank genutzt wurde. Auf dem Boden waren fein säuberlich rund 1 000 getöpferte Gefäße aufgestapelt: 210 Teller, 708 Schalen und 75 Becher, sozusagen das „Tafelgeschirr" der Gemeinschaft. An verschiedenen Stellen in der Halle standen Regale

mit Krügen. Es war zweifellos der Speisesaal, in dem viele Menschen gleichzeitig essen konnten und der ebenfalls für die Versammlungen der Gemeinschaft genutzt werden konnte.

Nicht weit entfernt von den Ruinen entdeckte man einen Friedhof mit etwa 1 100 Gräbern. Sie liegen in ordentlich ausgerichteten Reihen nebeneinander, jedes ist mit einem Steinhaufen bedeckt. Die Leichname wurden in einer Tiefe von 1,20 bis 2 m auf dem Rücken liegend bestattet, wobei der Kopf jeweils nach Süden zeigte. Nur einige der Gräber wurden geöffnet. In jedem fand man ein Skelett eines Mannes. In einem erweiterten Bereich des Friedhofs fand man dann auch die sterblichen Überreste einiger Frauen und die eines Kindes. Nur wenige dieser Menschen waren älter als vierzig Jahre geworden. Zweifelsohne hatte man hier die Grabstätten der Gemeinschaft entdeckt.

Allein für den reinen Lebensunterhalt mußten die Mitglieder der Gemeinschaft viel Zeit und Energie aufwenden. Die Werkstätten zeigen, wie geschäftig es dort zuging. Ein großer, im ersten Stockwerk gelegener Raum wurde zu einem besonderen Zweck genutzt. Als die Gebäude langsam zerfielen, sackten Gegenstände von

Hier in Qumran war vermutlich im 2. Jh. v. Chr. bis 68 n. Chr. das Zentrum der jüdischen Sekte der Essener.

104 / DIE RELIGION

Dieser Habakuk-Kommentar war einer der ersten Schriftrollenfunde am Toten Meer. In dem abgebildeten Text wird Habakuk 2,15 ausgelegt und auf die eigene Zeit bezogen. Er spricht von dem „gottlosen Priester, der den Lehrer der Gerechtigkeit verfolgte".

dem oberen Stockwerk in den unteren Raum. Dort fand man nun einige ungewöhnliche Fragmente aus weichem Gips. Man brachte sie ins Rockefeller-Museum in Jerusalem und rekonstruierte in mühevoller Kleinarbeit eine 5 m lange und 50 cm hohe Bank. Zwei weitere Gegenstände, einer aus Bronze und einer aus Ton, wurden ebenfalls gefunden. Es waren Tintenfässer, in einer im frühen Römischen Reich weitverbreiteten Form. In einem fand man sogar noch getrocknete Tinte! Der Raum war offensichtlich ein Schreibraum, ein sogenanntes Scriptorium, gewesen.

Auf welche Weise die Schreiber nun genau arbeiteten, ist nicht gewiß. Alte Bilder und Reliefs stellen sie mit überkreuzten Beinen sitzend und die Schriftrollen über den Knien ausgebreitet dar. In Qumran knieten die Schreiber vermutlich vor der Bank, um die daraufliegenden Schriftrollen zu beschreiben.

Waren die Schreiber, die hier ihrer Arbeit nachgingen, auch die Verfasser der in den Höhlen gefundenen Schriftrollen? Dafür liegen uns zwar keine Beweise vor, aber es spricht auch nichts dagegen. Beim Vergleich der Schriftrollen stellten die Wissenschaftler unterschiedliche Handschriften fest.

Hauptaufgabe der Schreiber war offensichtlich, die Bücher des Alten Testaments abzuschreiben. Zuweilen verfaßten sie jedoch auch eigene Bücher. Da diese Unikate ausschließlich unter den Schriftrollen vom Toten Meer gefunden wurden, kann man davon ausgehen, daß sie in diesem Scriptorium verfaßt wurden. Die wichtigsten Beispiele hierfür sind Kommentare zu den Schriften des Alten Testaments.

Wahrgewordene Prophetie

Die von den Schreibern verfaßten Kommentare sind sehr aufschlußreich. Die Menschen, die sie niederschrieben, bezogen die Bibel direkt auf sich selbst. Diese Haltung war sehr verbreitet, und schon Daniel berichtete davon, daß ein Versprechen des Propheten Jeremia zu seiner Zeit wahr werden würde:

„In diesem ersten Jahr seiner Herrschaft achtete ich, Daniel, in den Büchern auf die Zahl der Jahre, von denen der Herr geredet hatte zum Propheten Jeremia, daß nämlich Jerusalem siebzig Jahre wüst liegen sollte" (Dan. 9,2).

Die Verfasser dieser Kommentare identifizierten sich selbst, ihre Führer, ihre Feinde und fremde Mächte mit den Figuren der biblischen Prophezeiungen.

Beispielsweise weissagte Jesaja den

Juden im Namen Gottes: „Siehe, ich will… deinen Grund mit Saphiren legen" (Jes. 54,11). Ein Kommentar zum Buch Jesaja legte diesen Satz folgendermaßen aus: „Dies betrifft die Priester und diejenigen, welche die Grundlagen für den Rat der Gemeinschaft geschaffen haben… die Versammlung dieser Auserwählten wird wie ein Saphir unter den Steinen sein."

Diese Menschen zweifelten nicht daran, daß Gott sie erwählt hatte. Durch sie würde er seine Ziele verwirklichen, alle ihre Feinde besiegen und sie selbst hätten ihre Freude an dem Reich, das Gott errichten würde. Ein Messias wie David würde der König sein, und ein anderer ein Priester wie Aaron – das entnahmen sie dem Alten Testament. Durch die Anmerkungen, die sie zu den Versen machten, bekommen wir interessante Informationen.

Sie selbst bezeichneten sich als „Die Gemeinschaft" und blickten auf einen großen Führer zurück, den sie den „Lehrer der Gerechtigkeit" nannten. Er hatte zwar nicht die Gemeinschaft gegründet, doch er stellte ihre Regeln auf und gab ihnen wenige Jahre nach der Gründung ihre Zielsetzung. Seine Führerschaft brachte andere gegen ihn auf. Deren Anführer wird in den Kommentaren als „der gottlose Priester" bezeichnet. Er duldete die freie Verkündigung konträrer Ideen nicht. Er verfolgte den „Lehrer der Gerechtigkeit" bis in seine Zufluchtsstätte, vielleicht in Qumran, und störte ihn und seine Nachfolger bei ihren Gottesdiensten. Was dann geschah, ist nicht überliefert, die Kommentare halten sich in dieser Hinsicht recht bedeckt. Nichts deutet darauf hin, daß der „gottlose Priester" den Lehrer tötete. Nirgendwo ist ausdrücklich festgehalten, was mit ihm weiter geschah. Er starb eines natürlichen Todes oder wurde bei der Verfolgung durch seine Feinde getötet.

Das Rätsel des Lehrers

Wer waren nun der „gottlose Priester" und der „Lehrer der Gerechtigkeit"? Für die Leser der Schriftrollen stellte dies kein Geheimnis dar, so daß man es nicht für nötig hielt, ihre Namen ausdrücklich zu erwähnen. Im Verlauf von 2 000 Jahren ist dieses Wissen verlorengegangen, die heutigen Wissenschaftler stehen also vor einem echten Rätsel. In den vergangenen vierzig Jahren wurden die verschiedensten Theorien aufgestellt, von denen einige bereits wieder verworfen werden mußten. Neue Dokumente brachten weitere Fakten ans Licht.

In einem Kommentar zum Propheten Nahum taucht der Name eines „Demetrius, König von Griechenland" auf, der versuchte, in Jerusalem einzudringen. Er war eingeladen worden von „denen, die glatte Dinge lieben"; ihm gelang es jedoch nicht, bis zur Stadt zu gelangen. Der Schreiber berichtet, daß kein „griechischer König" nach Jerusalem hinein kam „von der Zeit des Antiochus bis die Herrscher der Kittim kamen".

Das Geschichtswerk des Josephus löst dieses Rätsel. Um 88 v. Chr. waren die Pharisäer und andere Patrioten derart außer sich über das Verhalten des jüdischen Priesterkönigs Alexander Jannäus (der von 103 bis 76 v. Chr. regierte), daß sie den griechischen König von Syrien baten, ihnen in ihrem Kampf gegen ihn beizustehen. Als Demetrius III. (95-88 v. Chr.) Jannäus besiegte, liefen einige der Rebellen, die den Griechen um Unterstützung gebeten hatten, zur Gegenseite über und vertrieben auf Seiten Jannäus' die syrische Armee. Der jüdische König war keiner, der so leicht etwas vergaß. Er ließ 800 Rebellen vor seinem Palast kreuzigen und ihre Frauen und Kinder vor ihren Augen niedermetzeln.

Mit „denjenigen, die glatte Dinge lieben" waren offensichtlich die Pharisäer gemeint. Warum erhielten sie diesen Namen? Weil sie sich weniger strikt an die Vorschriften des Alten Testaments hielten als die Gemeinschaft, oder weil sie bereit waren, eine fremde Herrschaft hinzunehmen, nur um in Ruhe gelassen zu werden? Wir wissen es nicht.

Der erwähnte Antiochus könnte der

106 / DIE RELIGION

Wenige Kilometer von Qumran entfernt liegt die Quelle von Ain Feshkha. Schon vor mehr als zweitausend Jahren gab es hier Landwirtschaft und kleine Handwerksbetriebe. Heute benutzen Beduinen die Oase für ihre Herden.

Erzfeind Antiochus IV. Epiphanes (175-163 v.Chr.) gewesen sein, der im Dezember 167 v.Chr. ein heidnisches Bildnis im Tempel aufrichten ließ und damit den Aufstand der Makkabäer provozierte; vielleicht war es auch Antiochus VII. Sidetes (139-129 v.Chr.), der 133 v.Chr. die Mauern Jerusalems einreißen ließ.

Schließlich stellen die Kittim, die häufig in den Schriftrollen erwähnt werden, eindeutig die Römer dar. Erstmals marschierten sie 63 v.Chr. unter Pompeijus in Jerusalem ein.

Nichts von alledem lüftet aber die Identität des „Lehrers der Gerechtigkeit". Was der Kommentar zu Nahum enthüllt, ist das Interesse des Verfassers an den Geschehnissen im zweiten und ersten Jahrhundert v.Chr. Andere Kommentare scheinen in dieselbe Richtung zu weisen. Vielversprechender scheint es, etwa im zweiten Jahrhundert v.Chr. nach dem „Lehrer der Gerechtigkeit" zu suchen, also nach dem Aufstieg der nationalistischen jüdischen Priesterschaft. Keiner

der aufständischen Anführer, deren Lebenslauf man verfolgen kann, stimmt mit dem Bild des Lehrers in den Schriftrollen überein. Auch im 20. Jahrhundert bleibt der Name des Mannes, der andere dazu inspirierte, ein ärmliches Leben der Hingabe und vielleicht auch des Märtyrertums zu führen, immer noch im Dunkeln.

Dagegen müßte ein Feind, der den Lehrer verfolgte und angriff – also eine mächtige Position innehatte – eigentlich leichter zu identifizieren sein. Zwei Männer sind passende Kandidaten, obwohl noch mehr Namen in Frage kämen.

Der erste ist Alexander Jannäus. Unter seiner langen Herrschaft als König und Hoherpriester dehnte er sein Königreich durch militärische Eroberungen aus und bereicherte sich erheblich. Kurz nachdem Jannäus nach langer Krankheit starb, geriet das Königreich in Abhängigkeit von Rom. Jannäus' Geschichte scheint mit den Angaben in den Kommentaren so genau übereinzustimmen, daß viele

EINE GEMEINSCHAFT IN DER WÜSTE / 107

Wissenschaftler in dem „gottlosen Priester" Jannäus sehen.

Die Indizien sprechen jedoch noch deutlicher für den zweiten Mann. Nachdem Judas der Makkabäer, den Tempel von dem heidnischen Götzen befreit hatte (164 v.Chr), wurde er 160 v.Chr. in einer Schlacht getötet. Sein Bruder Jonathan nahm seinen Platz als Nationalistenführer ein. Einige Jahre lang herrschten Ruhe und Frieden, bis ein Mann namens Alexander Balas in Ptolemais (Akko) landete und den Thron Syriens für sich beanspruchte. Er versprach Jonathan den Stuhl des Hohenpriesters, wenn er ihn unterstützte (152 v.Chr.). Als Balas schließlich 145 v.Chr. getötet wurde, bestätigte Demetrius II. die Position Jonathans. Trypho, syrischer General und Gegner des Demetrius, nahm Jonathan zwei Jahre später gefangen und ließ ihn hinrichten.

Diese Ereignisse passen wesentlich besser zu den Andeutungen in den Kommentaren: Der „gottlose Priester" habe gut begonnen und ein schlimmes Ende genommen. Er wurde Hoherpriester, obwohl er nicht von Aaron abstammte, und erhielt diese Position von einem Fremden. Hinzu kommt, daß sein Tod durch die Hand anderer herbeigeführt wurde: „Sie nahmen Rache an seinem Körper", was sich auf das Vorgehen des Trypho beziehen könnte.

Falls Jonathan der „gottlose Priester" war, könnte eine andere Beschreibung auf Jannäus zutreffen. In dem Kommentar zu Nahum liest man von dem brüllenden Löwen, der „diejenigen, die glatte Dinge lieben, bei lebendigem Leibe aufhängte", eine Beschreibung, die an die Kreuzigung der Pharisäer erinnert.

Momentan sprechen die Indizien also eher dafür, daß Jonathan der „gottlose Priester" war. Das Puzzlespiel, die Fragmente zu übersetzen und zusammenzufügen, dauert jedoch an. Es ist durchaus möglich, daß sich hinter dem „gottlosen Priester" noch jemand ganz anderes verbirgt.

Die Gemeinschaft gibt sich Regeln

Im ersten Jahrhundert v.Chr. war das Leben härter als heutzutage. Wasser, oft verschmutzt, holte man aus Fluß oder Teich, Quelle oder Brunnen. Für das Abwasser war meist keine Vorsorge getroffen. Nahrung konnte man nicht über längere Zeit aufbewahren, es sei denn getrocknet oder gepökelt. Im Winter waren die Häuser feucht und zugig, im Sommer staubig. In Spalten und unter Steinen hausten Schlangen und Skorpione; Insekten und Parasiten jeglicher Art verkrochen sich in den Speisekammern oder fanden bei Mensch oder Tier ein Zuhause.

Meist lagen Städte und Dörfer in der Nähe eines Wasserlaufes, umgeben von Feldern, Obsthainen und Weiden. Und selbst diesen geringen Komfort verließen die Menschen und zogen nach Qumran, jenen ungastlichen Ort, weit entfernt von anderen Ansiedlungen. Warum bloß?

Religiöser Glaube kann Menschen extrem werden lassen, sie zu außergewöhnlichen Taten anspornen. Die Schriftrollen vom Toten Meer sprechen von der Hoffnung, die man auf den „Lehrer der Gerechtigkeit" setzte. Das war das ganze Geheimnis. Diese Menschen waren sicher, daß ihr Führer recht hatte. Sie befolgten und bewahrten seine Lehren um jeden Preis. Eines Tages, so glaubten sie, würde Gott der ganzen Welt zeigen, daß sie die Treuen waren, die seine Gebote auf die richtige Weise gehalten hatten, und alle ihre Feinde bestrafen.

Die Juden in Qumran teilten die Grundlagen ihres Glaubens mit allen übrigen patriotischen Juden. Als Nachkommen Abrahams verstanden sie sich als Gottes auserwähltes Volk, von den Gesetzen regiert, die Gott ihnen durch Mose am Berg Sinai gegeben hatte. Was die Angehörigen der Gemeinschaft von allen anderen trennte, war ihre Überzeugung, allein den Weg Gottes zu kennen.

Vermutlich ging diese Vorstellung auf den „Lehrer der Gerechtigkeit" zurück. Bevor er die Führung der nach dem Makkabäeraufstand entstandenen Bewegung übernahm, riefen sie nur – wie viele andere Gruppen – zum Einhalten der göttlichen Gesetze auf. „Zurück zur Bibel" war ihr Wahlspruch. Andere Gruppen gingen andere Wege, aus einer entwickelten sich die Pharisäer.

Das Problem „Wie läßt sich die Bibel in das heutige Leben umsetzen?" mußte die Bewegung wie alle ähnlichen Gruppierungen als erstes lösen. Der Lehrer überzeugte seine Gruppe davon, daß er die Antwort wußte. Gott „ließ ihn alle Geheimnisse seiner Diener, der Propheten, wissen", behauptet der Kommentar zum Propheten Habakuk. Dieses besondere Wissen trennte ihn und seine Anhänger von dem Rest des Judentums.

Wären große Menschenmengen von diesen Ideen zu überzeugen gewesen, der Einfluß auf das jüdische Gemeinwesen hätte groß sein können. Dies gelang

Die Abbildung zeigt die ersten Spalten der Sektenregel, nach denen sich die Menschen in Qumran richteten. Die Lederschriftrolle entstand kurz nach 100 v. Chr.

EINE GEMEINSCHAFT IN DER WÜSTE / 109

dem Lehrer aber nicht, was seine Gruppe natürlich noch exklusiver machte. Wenn die ganze Welt falsch liegt, nur man selbst nicht, ist es besser, sich zurückzuziehen. Anscheinend begann die Gemeinschaft aus diesem Grund, Qumran zu besiedeln. Hier konnten sie die Schrift in Ruhe und Frieden erforschen.

Dieser Friede war sorgfältig durchorganisiert, jeder hatte seinen Platz und seine Pflichten. Eine der ersten Schriftrollen, die man fand, ist die sogenannte „Sektenregel". Sie legt die Bedingungen für den Eintritt in die Gemeinschaft fest, Richtlinien für den Umgang in der Versammlung und Anweisungen für den Leiter.

Um in die Gemeinschaft aufgenommen zu werden, mußte der Anwärter sich einer Prüfung unterziehen. Davor lag sicherlich eine Probezeit, in der ein Anwärter die Lebensart und die Reglementierungen kennenlernen konnte, bevor er endgültig in die Gemeinschaft eintrat. Josephus berichtet, daß er selbst eine Weile in solch einem Noviziat gelebt habe, jedoch nicht in Qumran. Dazuzugehören bedeutete völlige Hingabe. Es wurde erwartet, daß man die Regeln aufrichtig befolgte und seinen gesamten Besitz der Gemeinschaft zur Ver-

fügung stellte. (Das heißt nicht, daß es kein persönliches Eigentum mehr gab, doch es wurden keinerlei Geschäftsbeziehungen nach außen unterhalten.)

Die Landwirtschaft und die Arbeit in den Werkstätten nahmen einen Großteil der Zeit in Anspruch. Die wichtigsten Aufgaben der Mitglieder waren jedoch der Gottesdienst und die Erforschung der biblischen Schriften, für die bestimmte Zeiten festgelegt waren. Die Gemeinschaftsregel besagte, daß „die Gemeinschaft das ganze Jahr hindurch ein Drittel der Nacht zusammen wachen soll, um aus dem Buch zu lesen, das Gesetz zu studieren und zusammen zu beten".

Einige der normalen jüdischen Feste – wie das Wochenfest – wurden beibehalten, jedoch nicht solche, die Opferhandlungen mit einschlossen. Die Menschen in Qumran hatten sich vom Tempel und seinem Opferdienst zurückgezogen. Sie machten darüberhinaus auch jeglichen sonstigen Kultus unmöglich, da sie einen anderen Kalender benutzten. Der übliche jüdische Kalender beruhte auf einem 12monatigen, 354 Tage umfassenden Mondjahr. Alle drei Jahre wurde ein zusätzlicher Monat eingeschoben, um mit den Jahreszeiten

Übereinstimmung zu erzielen. Die Gemeinschaft benutzte dagegen einen Kalender, der sich nach der Sonne richtete, 364 Tage umfaßte und in bestimmten Abständen Schaltjahre einbezog. Als Folge feierten sie beispielsweise den „Großen Versöhnungstag" nicht gleichzeitig mit allen anderen Juden.

Die Lebensregeln in der Gemeinschaft waren streng. Drei Priester und zwölf Laien waren offenbar die Führer. Sie kontrollierten die Versammlungen, bei denen alle Arten von Geschäften besprochen wurden. Hier konnte sich jeder zu Wort melden, bekam aber nur die Redeerlaubnis, wenn niemand in der Hierarchie Höherstehender sprechen wollte. Niemand durfte den Redner unterbrechen. Die Verhaltensmaßregeln sahen eine zehntägige Buße für den vor, der sich nicht daran hielt.

Andere Vergehen wurden noch strenger bestraft: 30 Tage für albernes Gelächter oder für Schlafen in der Versammlung; sechs Monate für Betrug, üble Nachrede oder für unzüchtiges Auftreten. Ungehorsam gegenüber der Gemeinschaft wurde mit Ausschluß geahndet. Bestraft wurde auch, wer den Namen Gottes aussprach.

Der Rufer in der Wüste

„Das Reich Gottes ist nahe herbeigekommen! Tut Buße, kehrt um!"

Die Menschen strömten in der Wüste zusammen, um den neuen Propheten zu hören. In Abständen von nur wenigen Jahren traten Männer mit den verschiedensten Botschaften auf. Zum Beispiel Theudas, von dem man munkelte, er sei der Messias. Er wurde von Soldaten getötet, seine 400 Anhänger verstreuten sich in alle Winde. Dann war da noch Judas von Gamala, der gegen die Römer hetzte. Sie machten kurzen Prozeß

mit ihm. Der neue, dem nun alle zuhörten, war ein seltsamer, wilder Kerl in Kamelhaarkleidern, der aß, was er fand – zum Beispiel die Heuschrecken, die sich in der Wüste niederließen und die Mägen voll Getreide hatten, oder Honig aus den Stökken der wilden Bienen.

„Es ist an der Zeit, umzukehren", erklärte er ihnen, „Zeit, damit aufzuhören, andere zu betrügen. Helft statt dessen den Armen und seid mit dem, was ihr habt, zufrieden. Es ist an der Zeit, von dem Bösen zu Gott umzukehren."

Viele folgten seinem Aufruf und ließen sich im Jordan taufen. Man stimmte ihm zu, wenn er die betrügerischen religiösen Führer angriff, die den Menschen zahllose Vorschriften auferlegten, die nicht nur einengend, sondern auch bedeutungslos waren. Es war die Zeit für einen Neubeginn. Das Volk sollte sich bereithalten, denn Gottes auserwählter König, der Messias, sei im Begriff zu kommen.

Von wem hatte Johannes seine Botschaft? „Er war in der Wüste bis zu dem Tag,

an dem er vor das Volk Israel treten sollte", erklärte Lukas, und das „Wort Gottes geschah dort" zu ihm (Lk. 1,80; 3,2). In der ganzen Bibel ist berichtet, wie Gott zu Menschen spricht und ihnen Aufgaben gibt, die ihre Erfahrung und Weisheit fordern. Obgleich man wohl nicht davon ausgehen kann, daß Johannes nie die Wüste verließ, um seine Familie zu besuchen oder mit anderen Menschen zu sprechen, war die Wüste doch sein Zuhause. Wie konnte er dort lernen, außer mit Hilfe seines eigenen Verstandes?

EINE GEMEINSCHAFT IN DER WÜSTE / 111

Bis 1947 war das Leben des Johannes ein Mysterium. Nach der Auswertung der Schriftrollen vom Toten Meer vermuteten einige Wissenschaftler, daß Johannes zu der Qumran-Gemeinschaft gehörte. Die Siedlung stand zweifelsohne in der Wüste, und ihre Regeln schrieben auch Taufen beziehungsweise rituelle Waschungen vor, mit denen ihre Mitglieder sich für die Versammlungen und Mahlzeiten reinigten. Gleichzeitig machte das Regelwerk klar, daß diese Waschungen ohne echte Hingabe an Gott völlig zwecklos wären. Das klingt fast nach Johannes' Aufruf, Buße zu tun und sich taufen zu lassen. Auch erwarteten die Männer von Qumran die Wiederkunft des Messias. Hatte Johannes dort eine Zeitlang gelebt und einige ihrer Ideen übernommen?

Auf diese Fragen gibt es keine eindeutigen Antworten. Wenn Johannes Kontakt mit den Menschen in Qumran hatte oder gar eine Zeitlang bei ihnen lebte, so hätten die Dinge, die er verkündete, ihnen bestimmt nicht gefallen. Er forderte die Menschen ja dazu auf, Buße zu tun und sich *einmal* taufen zu lassen, weil das Reich Gottes kurz bevorstehe. In Qumran jedoch wurden rituelle Waschungen regelmäßig durchgeführt, wie die sorgfältig gestalteten Becken zeigen. Vielleicht hat es eine Taufe bei der Aufnahme in die Gemeinschaft gegeben, wie es in anderen Bereichen des Judentums praktiziert wurde, doch es deutet nichts darauf hin, daß eine Taufe „zur Vergebung der Sünden" vorgenommen wurde, wie Johannes sie durchführte.

Ganz sicher war Johannes nicht zufrieden mit dem Lebensstil in Qumran, denn er zwang die Bekehrten nicht, ihr Zuhause zu verlassen oder derart strenge Vorschriften zu beachten. In seinen Predigten griff Johannes zwar die Priester an, doch er kritisierte, soweit es Aufzeichnungen darüber gibt, nie den Tempel und die dortigen Gottesdienste, wie es in einigen der Schriftrollen der Fall ist. Der elementarste Unterschied zeigt sich in der Person des Messias, den Johannes der Menge zeigte: Jesus von Nazareth. Er unterschied sich so sehr von den damaligen Hoffnungen, daß selbst Johannes bald unsicher wurde (Mt. 11,2-19).

Welche Ideen Johannes auch immer mitbekommen haben mochte, wo er auch gelebt haben mag: Was er lehrte, war keine Imitation der Gedanken anderer. Johannes war unabhängig und wußte, daß sein Werk darin bestand, den Weg des Messias vorzubereiten, dessen Ankunft anzukündigen. Diese Ankündigung galt jedermann und nicht nur einigen wenigen Auserwählten, wie die Menschen in Qumran glaubten.

Über diese Hügel wanderten die Menschen zum Jordan, um Johannes den Täufer predigen zu hören.

Schriftrollen und die Lehren Jesu

Original-Bücher aus der Zeit und dem Umfeld Jesu hatte im 20. Jahrhundert noch keiner zu Gesicht bekommen. Die Entdeckung der Schriftrollen vom Toten Meer führte aber zu allerlei Spekulationen. Vielleicht würden sie neue Erkenntnisse über die Geschichte des Alten Testaments liefern. Auf jeden Fall erwartete man Informationen über das Judentum des ersten Jahrhunderts, da keine anderen hebräischen Schriften aus dieser Zeit mehr vorhanden sind. Vor allem könnten die Schriftrollen vielleicht etwas Licht auf die Anfänge der Christenheit werfen. Kein Wunder, daß Tausende von Dollar für diese einzigartigen Dokumente gezahlt wurden, obwohl es oft nur Fetzen waren.

Sind diese Hoffnungen vierzig Jahre nach der Entdeckung erfüllt worden? Was die Texte des Alten Testaments anbelangt, so haben die Schriftrollen tatsächlich neue Erkenntnisse geliefert, obgleich sie nicht so eindeutig sind, wie viele sich erhofft hatten! Das Spät-Judentum muß in manchem neu beurteilt werden; man hat Lebensformen aufgedeckt, die niemand zuvor vermutet hatte (siehe: *Die Gemeinschaft gibt sich Regeln*).

Zum Thema Schriftrollen und Evangelien sind unzählige Bücher und Forschungsarbeiten veröffentlicht worden. Einige Autoren haben sensationelle Behauptungen aufgestellt; andere Verfasser haben jedoch bewiesen, daß die meisten dieser Behauptungen jeglicher Grundlage entbehren. Und doch werden immer noch übertriebene Darstellungen veröffentlicht und sind schwer aus der Welt zu schaffen. Es erscheint angebracht, hier einige Tatsachen noch einmal aufzugreifen.

Die Schriftrollen vom Toten Meer erwähnen weder Jesus noch Johannes den Täufer. Sie stellen auch keine Verbindung zum Neuen Testament her. Als die Besitzer ihre Manuskripte versteckten und aus Qumran flüchteten, warteten sie immer noch auf die Ankunft des Messias. Sie erkannten Jesus nicht als Messias an und brauchten die gleiche grundlegende Bekehrung wie jeder andere auch. Sie warteten auf einen kämpferischen Messias, der sie zum Sieg über alle ihre Feinde führen und sein Königreich in Jerusalem aufrichten würde. Ein weiterer, priesterlicher Messias sollte dann die richtigen Formen des Gottesdienstes und der Opfer im Tempel wieder herstellen. Keiner der beiden Erlöser hatte eine sühnende Funktion, vielmehr sahen die Schreiber der Schriftrollen ihre Gemeinschaft und besonders ihre Führer als diejenigen an, die für die Sünden allein schon durch ihre Taten und ihr Leiden sühnten. Bis zum Ende blieben sie eine rein jüdische Gemeinschaft. Soweit sich das beurteilen läßt, dachten sie nicht daran, Menschen anderer Rassen in ihre Gemeinschaft aufzunehmen.

Die häufig als „Essener" titulierte Gemeinschaft in Qumran schaute auf ihren „Lehrer der Gerechtigkeit" zurück und folgte dessen Lehren. Er war vermutlich eines natürlichen Todes gestorben, und man erwartete nicht, daß er wiederkommen würde. Die Christen sahen auf einen hingerichteten Rabbi, der am dritten Tag von den Toten auferstanden war. Anschließend wurde er von ihnen nicht nur als

DIE SCHRIFTROLLEN UND DIE LEHREN JESU / 113

Mensch, sondern auch als Gott verkündet.

Zwischen den Lehren der Schriftrollen und denen der Evangelien liegt also eine tiefe Kluft. Niemand kann eine direkte Verbindung zwischen beiden herstellen. Und doch haben sie gemeinsame Grundlagen, da beide ihre Wurzeln im Alten Testament finden. Die Offenbarung Gottes an Abraham, die Erwählung seiner Nachkommen als das Volk Israel, dem besonderen Volk Gottes mit den von Moses überbrachten Gesetzen, die Weissagungen der Propheten, die Geschichtsbücher und die Psalmen – all das war für beide eine gemeinsame Basis.

Die Prophezeiungen erfüllten sich jeweils zu ihrer Zeit, sowohl bei dem „Lehrer der Gerechtigkeit" als auch bei Jesus. Beide kritisierten die dominierenden Gruppierungen im Judentum als Irrlehrer und Verführer. Wo jedoch Jesus die religiösen Vorschriften erleichterte, legten die Essener sie nur noch enger aus.

Ein einleuchtendes Beispiel ist das Sabbatverständnis. Fiel am Sabbat ein Tier in eine Grube, durfte man ihm nach pharisäischer Ansicht heraushelfen. Jesus beantwortete die Frage „Ist's erlaubt, am Sabbat zu heilen?" folgendermaßen: „Wer ist unter euch, der sein einziges Schaf, wenn es ihm am Sabbat in eine Grube fällt, nicht ergreift und ihm heraushilft? Wieviel mehr ist nun ein Mensch als ein Schaf! Darum darf man am Sabbat Gutes tun!" (Mt. 12,10-12). In Qumran wurde einem solchen Tier nicht geholfen. Man durfte am Sabbat auch nicht seine Hand gegen ein störrisches Tier erheben, um es zu schlagen.

Zwischen den Schriftrollen und den Evangelien bestehen jedoch mehr Gemeinsamkeiten als nur das Erbe des Alten Testaments. In den Evangelien tauchen einige Ausdrücke auf, die nicht im Alten Testament vorkommen, wohl aber in den Schriftrollen. An dieser Stelle wurde die Hoffnung, Licht in die Anfänge des Christentums zu bringen, zumindest in kleinem Umfang erfüllt. Aus derselben Zeit stammend, vor dem gleichen Hintergrund, aus demselben Land und mit denselben Fragen befaßt, konnte man davon ausgehen, daß sie sich derselben Sprache bedienten. So verkündeten die Engel, als sie ihren Lobgesang zur Geburt Jesu anstimmten: „Friede auf Erden bei den Menschen seines Wohlgefallens" (Lk. 2,14, siehe: *Was sangen die Engel?*). Eine Rolle der Lobgesänge aus Qumran, vermutlich vom „Lehrer der Gerechtigkeit" selbst verfaßt, enthält an zwei Stellen ebenfalls die Formulierung „Menschen seines Wohlgefallens".

Ein anderes Loblied verkündet: „Die geistlich Armen (haben Macht) über die Hartherzigen". Das ist zwar nicht dasselbe wie „Selig sind die geistlich Armen, denn ihrer ist das Himmelreich" (Mt.5,2), doch die Formulierung „geistlich arm" ist dieselbe. Offensichtlich war das unter frommen Juden die geläufige Bezeichnung für Menschen, die geistlich demütig waren (vgl. Pharisäer und Zöllner in Lk. 18,10-13).

Als Jesus seinen Jüngern auftrug, die Feinde zu lieben und für sie zu beten, kommentierte er die den Essenern zugeschriebene Aussage: „Liebe deinen Nächsten und hasse deinen Feind." Denn mehrmals wird in den Schriftrollen den Gläubigen aufgetragen, die „Söhne der Finsternis" zu hassen, eine Einstellung, die an keiner anderen Stelle so deutlich zum Ausdruck kommt.

Sowohl Jesus als auch die Schriftrollen warnen diejenigen, die sich dem Willen Gottes entgegenstellen, daß sie an einem Ort ewigen Feuers enden werden (siehe: *Gehenna – das Höllenfeuer*).

Im Johannesevangelium ist „Licht" eines der zentralen Themen. Jesus ist „das Licht der Welt", er bietet der Menschheit sein Licht, obgleich die meisten ihn ablehnen und die Finsternis vorziehen (Jh. 8,12; 3,19-21). Die Schriftrollen vom Toten Meer sprechen von den „Kindern der Gerechtigkeit", die „vom Fürsten des Lichts regiert werden und auf dem Pfad des Lichts wandeln". Die „Kinder der Falschheit" andererseits „wandeln auf den Pfaden der Finsternis" und stehen im Gegensatz zu denen, „die Wahrheit tun" – wiederum ein Begriff, der im Johannesevangelium auf die Jünger Jesu bezogen wird (Jh. 3,21).

Die Schriftrollen korrigieren die weitverbreitete Ansicht, das Johannesevangelium weise starken griechischen Einfluß auf. Licht und Finsternis, Wahrheit und Lüge waren auch in der Gedankenwelt der Juden in Palästina zu Hause. Somit wird es noch etwas wahrscheinlicher, daß hier authentische Erinnerungen an die Lehren Jesu enthalten sind. Gleichzeitig zeigen die Schriftrollen auch die Neuheit der Lehre Jesu, die seine Hörer so sehr traf. Er forderte sie auf, zuerst ihm zu glauben. Daraus würde dann ein Lebensstil entstehen, der prinzipiell das Gesetz befolgen würde. Die Schriftrollen dagegen legen Wert auf die Mitgliedschaft in der Gemeinschaft und die exakte Befolgung des Gesetzes. Nur so könne man zu einem „Sohn des Lichtes" werden.

In den Ruinen der Festung von Masada, wo die letzten jüdischen Rebellen den Römern bis 73 n.Chr. Widerstand leisteten, fand man Fragmente einer Schriftrolle, die offensichtlich die Abschrift einer Qumranrolle war. Die Fragmente gehörten zu einem Gesangbuch der Gemeinschaft in Qumran. Wahrscheinlich flüchteten einige Essener bis nach Masada, um in der letzten Schlacht zum „Sieg der Gerechten" beizutragen.

Ein Evangelium in Qumran?

Eine Überraschung jagt die andere, seitdem die Schriftrollen vom Toten Meer ausgewertet werden. Keine war jedoch so unerwartet wie die Mitteilung eines spanischen Wissenschaftlers im Jahre 1972. Er vermutete, auf kleinen Papyrusfetzen Abschriften eines in Griechisch verfaßten Markusevangeliums, Teile eines Timotheusbriefes und des Jakobusbriefes entdeckt zu haben.

Die Papyrusfragmente waren in Höhle 7 in Qumran gefunden worden. Als Archäologen die sehr ausgewaschene und zerstörte Höhle untersuchten, fanden sie 21 winzige Papyrusfetzen sowie die „Negative" von drei weiteren. Papyrusstücke waren an Schlammklumpen gepreßt worden und hatten ihre Tintenbuchstaben darauf hinterlassen, während der Papyrus selbst zwischenzeitlich verrottet war. Die Fragmente stammten von 13 oder noch mehr griechischsprachigen Rollen. Auf einem Fragment war noch so viel Text erhalten geblieben, daß man es als Teil aus dem 2. Buch Mose bestimmen konnte, ein zweites stammte aus einer Abschrift des apokryphen Baruchbriefes. Als José O'Callaghan auch die anderen Fragmente untersuchte, stellte er fest, daß sich die Buchstaben auf einem Papyrusfetzen zu den Versen 52 und 53 des 6. Kapitels des Markusevangeliums ergänzen ließen (bezeichnet als 7Q5, also 7. Höhle mit Schriftfunden bei Qumran: 5. gefundenes Fragment [„Quelle"]).

„Denn sie waren um nichts verständiger geworden angesichts der Brote, sondern ihr Herz war verhärtet.

Und als sie hinübergefahren waren ans Land, kamen sie nach Genezareth und legten an."

Sollte seine Vermutung zutreffen, wäre es wirklich ein erstaunlicher Fund. Die Art der Handschrift, mit der die Papyrusrollen beschriftet ist, stammt aus der Mitte des ersten nachchristlichen Jahrhunderts. Auch die in der Höhle gefundenen Töpfereien stammen aus jener Zeit. Sie sind den Gefäßen ähnlich, die zusammen mit in Hebräisch verfaßten Manuskripten in benachbarten Höhlen gefunden wurden. Es ist kaum anzunehmen, daß die Papyrusrollen zu einer anderen Zeit und von anderen Menschen zurückgelassen wurden, als die nachweislich von den Essenern versteckten Schriftrollen aus der Bibliothek der Gemeinschaft. Die Existenz von neutestamentlichen Manuskripten in Qumran würde bedeuten, daß die Essener christliche Bücher lasen, bevor der Ort 68 n.Chr. aufgegeben werden mußte.

Viele Menschen – auch der Autor selbst – wären hocherfreut, wenn die Handschrift eines Evangeliums aus der Mitte des ersten Jahrhunderts gefunden würde. Viele langlebige Theorien würden dann zusammenbrechen, und viele Bücher über die Evangelienentstehung müßten umgeschrieben werden. Die Argumente für die Verläßlichkeit

der Evangelien würden wieder an Stärke gewinnen. Allein schon wegen der weitreichenden Auswirkungen eines derart sensationellen Fundes müssen die Behauptungen O'Callaghans und des deutschen Wissenschaftlers Carsten Peter Thiede* besonders sorgfältig überprüft werden.

Kleine Fragmente von Papyrusmanuskripten können selbst dann noch identifiziert werden, wenn nur wenige Worte erkennbar sind. Der Rylands-Papyrus des Johannesevangeliums (siehe S. 165) weist mehrere vollständige (darunter:„die Juden" und „was bedeutet") und erkennbare Teile anderer Wörter auf, die in solch einer Art und Weise auf der Vorder- und Rückseite des Papyrus angeordnet sind, daß kein Zweifel daran besteht, die Textteile eines Johannesevangeliums vor sich zu haben. Das in Qumran gefundene Fragment hingegen ist kleiner und enthält höchstens zwei erkennbare Wörter.

Zwei Punkte sprechen für die These vom Markusevangelium. In Zeile 4 könnten drei Buchstaben und der Rest eines vierten den Mittelteil des Namens „Genezareth" darstellen. Die vorangehende Zeile weist einen Zwischenraum vor dem Wort „und" auf, das Zeichen für einen neuen Abschnitt (sonst ließen griechische

Von diesem winzigen Stück Papyrus aus dem ersten Jahrhundert behaupten einige Wissenschaftler, es stamme aus dem Markusevangelium.

---

* Carsten Peter Thiede, *Die älteste Evangelien-Handschrift? Das Markus-Fragment von Qumran und die Anfänge der schriftlichen Überlieferung des Neuen Testaments*, 2., überarbeitete und durchgesehene Auflage, Wuppertal 1990.

116 / DIE RELIGION

Schreiber keine Zwischenräume zwischen den Wörtern). Diese zwei Zeilen könnten ein Teil von Markus 6,53 sein: „Und als sie hinübergefahren waren ans Land, kamen sie nach Genezareth und legten an." Setzt man diesen Satz in den Papyrus ein, kann man – mit zwei geringen Änderungen – die wenigen erkennbaren Buchstaben in den anderen Zeilen um die vorausgehenden und nachfolgenden Sätze von Markus 6,52.53 ergänzen.

Eine wissenschaftliche These braucht ein unerschütterliches Fundament, wenn sie als Tatsache akzeptiert werden soll – besonders dann, wenn weitere Thesen darauf aufbauen sollen. Laut statistischen Berechnungen ist es nicht möglich, einen zweiten Text zu finden, in dem exakt dieselbe Reihenfolge von Buchstaben und Zwischenräumen über fünf Zeilen hinweg auftaucht. Die Identifizierung des vorliegenden Fragments als Teil des Markusevangeliums müßte deshalb eigentlich möglich sein. Mittels eines Computers wurde die griechische Literatur auf das Buchstabenmuster hin durchsucht, das O'Callaghan auf dem Papyrus gelesen hatte, und man fand eine entsprechende Passage nur im Markusevangelium.

Doch ist seine Lesart des Fragmentes befriedigend?

Einige der Buchstaben sind alles andere als deutlich sichtbar, besonders in Zeile 2 und nach dem „und" in Zeile 3. Anders gelesen ändert sich auch das ganze Muster und gibt neuen Zweifeln Raum. Die Buchstaben, die zu „Genezareth" passen würden, könnten ebenso der Teil einer Verbform sein. Mit anderen Buchstaben ergänzt, könnte das Fragment also auch aus einem völlig anderen Buch stammen. Niemand weiß, wieviel der gesamten in Griechisch verfaßten jüdischen Literatur in der Zeit zwischen 200 v.Chr. und 70 n.Chr. verloren gegangen ist. Einige dieser Schriften werden von Josephus namentlich erwähnt oder sogar zitiert, andere überlebten nur in lateinischen oder äthiopischen Übersetzungen. Die hebräischen und aramäischen Manuskripte aus den anderen Höhlen sprechen von weiteren Büchern, deren Existenz vorher unbekannt war.

Leider müssen wir zu dem Schluß kommen, daß unser Fragment zu klein und seine Buchstaben zu undeutlich sind, um es mit dem Etikett „Teil des Markusevangeliums aus dem ersten Jahrhundert" versehen zu können. Das gleiche trifft auch für die sonstigen Fragmente zu, die man wohl voreilig schon als neutestamentliche Schriftrollen bezeichnete. Natürlich könnten die Mutmaßungen zutreffen, doch es ist noch nichts bewiesen. Und selbst wenn einige Menschen in Qumran die Evangelien gelesen haben sollten, liegen doch keine Anzeichen dafür vor, daß dies die Lehre der Essener beeinflußt hat.

Viertes Kapitel

Der Tod und die Bestattungsformen

Schon immer haben die Menschen ihre Toten mit größter Ehrfurcht begraben. Die Freunde Jesu taten dasselbe für ihren Meister. Seitdem wird in der Christenheit darüber diskutiert, wie und wo sein Leichnam beerdigt wurde, welches Grab am Ostersonntag leer zurückblieb.

Die Erforschung der bei Jerusalem gelegenen Gräber und der alten Begräbnisriten, aber auch die jüngsten Ausgrabungen in der Stadt lassen mittlerweile fundierte Aussagen zu. Die Berichte in den Evangelien gewinnen dadurch für den informierten Leser an Lebendigkeit.

Die Gebeine eines Verstorbenen bewahrte man in Steinsärgen, den sogenannten Ossuarien auf. Manchmal waren die Urnen reich verziert.

Gräber im alten Palästina

Könige und wohlhabende Familien besaßen seit dem achten Jahrhundert v. Chr. weiträumige Grabkammern in den Hügeln bei Jerusalem. Diese Kammer liegt unter dem St.-Stephans-Kloster im Norden des heutigen Jerusalem. Auf den Bänken links und rechts wurden die Toten aufgebahrt. Unterhalb der Bänke sieht man einen Schacht, in den die Gebeine der früher Verstorbenen gelegt wurden.

Friedhöfe und Gräber, wie oft stehen sie der neuen Autobahn oder dem geplanten Appartementblock im Weg. Sie sind ein kniffliges Problem für Städteplaner und der Alptraum jedes Architekten.

Seitdem es Städte gibt, ist die Frage nach der letzten Ruhestätte aktuell. Manchmal wurde der Verstorbene im eigenen Haus beerdigt, vielleicht um auf diese Weise die Familie zusammenzuhalten. Friedhöfe legte man oft direkt an der Grenze zum bebauten Gebiet an. Die platzsparende Feuerbestattung, erst von den Römern eingeführt, war für Juden nicht annehmbar, da sie die Auferstehung in gewisser Weise mit dem leiblichen Körper verbanden. Im Lauf der Jahrhunderte wuchs die Zahl der Gräber und Friedhöfe ständig. Zuweilen wurden alte Gräber durch neue zerstört, ein weiteres Mal benutzt oder von Bauherren achtlos umgegraben.

Nur wenn man tief genug gegraben hatte, konnte man den Leichnam ohne Angst vor wilden Tieren bestatten. In weiten Teilen Palästinas trifft der Spaten jedoch schon bald auf felsigen Untergrund. Als Alternative legte man manchmal den Verstorbenen auf den Boden und häufte über ihm Steine zu einem Hügel auf oder baute – ähnlich den Hünengräbern – ein kleines „Haus" aus Steinplatten um ihn herum. Doch auch diese Methode bot keine große Sicherheit. Vermutete ein Räuber wertvolle Grabbeigaben, konnte er leicht in die letzte Ruhestätte eindringen.

Zum Normalfall wurde deshalb die weitaus aufwendigere Bestattungsform, eine für mindestens einen Leich-nam gedachte Höhlung in den Fels zu meißeln. In den Kalksteinhügeln Judäas finden sich allerdings auch unzählige natürliche Höhlen, von denen die kleineren verschlossen und als Grabstätten genutzt werden konnten. Schon rund 2000 v. Chr. wurden auf diese Weise Grabanlagen zum Beispiel in der Nähe von Jericho angelegt. Ein enger, ein oder zwei Meter tiefer Schacht führte in eine kleine Kammer, die nicht nur genug Platz für den aufgebahrten Leichnam bot, sondern auch für einige Töpfe und Pfannen. Nach dem Begräbnis verschloß man die Grabkammer mit einem Stein und füllte den Schacht mit Erde und Felsbrocken.

Für jeden Verstorbenen ein neues Grab anzulegen, konnte sich kaum eine Familie leisten. Gestaltete man jedoch die Innenkammer von vornherein etwas größer, hatte man eine Familiengruft zur Verfügung.

In Jericho öffnete Kathleen Kenyon mehrere Gräber aus der Zeit Abrahams, Isaaks und Jakobs, also um 1800 v. Chr. Jedes von ihnen enthielt mindestens 20 Leichname. Bei der Bestattung wurden die sterblichen Überreste des jeweils vorher Verstorbenen beiseite geschoben, so daß die Archäologen nur den zuletzt bestatteten Leichnam samt seinen Grabbeigaben ordentlich aufgebahrt vorfanden.

Auch in der Höhle, die Abraham für die Bestattung seiner Frau Sara gekauft hatte, wurden später sein Leichnam und die seines Sohnes Isaak, dessen Frau Rebekka, noch später die Jakobs und Leas aufgebahrt (1. Mo. 23,19; 49,31-33). Dieses Grab – so sagt es die jüdische Tradition jedenfalls – konnte

120 / DER TOD UND DIE BESTATTUNGSFORMEN

noch zur Zeit Jesu im südlich von Jerusalem gelegenen Hebron besucht werden. Um das Grab als heiligen Ort zu kennzeichnen, ließ König Herodes eine hohe Mauer um das Grab herum errichten, die heute noch steht.

Gräber aus den Tagen der Könige

In der Zeit der Könige Israels und Judas änderte sich die Bestattungsform nur geringfügig. Gräber aus dieser Zeit hat man im ganzen Land gefunden. Besonders schön gestaltete liegen vor der Jerusalemer Altstadt. Einige in dem östlich der Davidstadt gelegenen Dorf Silwan zu sehende Gräber sind schon seit langem bekannt.

Reiche Familien bezahlten viel Geld für Kammern, die rechteckig in die Felsenfläche im Tal gemeißelt wurden. Einige waren sogar aus einem Block geschlagen, so daß sie als freistehende Steinwürfel wie Häuser aussahen. Über den Eingängen nannten in die geglättete Oberfläche gemeißelte hebräische Buchstaben die Namen der Toten.

Weitere alte Grabstätten findet man am südlichen Ausgang des Hinnomtals, neben der schottischen St. Andrews Kirche. Sie wurden zwischen 1975 und

1980 von Archäologen ausgegraben und haben eine lange Tradition. Die Gräber wurden im siebten Jahrhundert v. Chr. in den Felsen gehauen und bis gegen Ende des sechsten Jahrhunderts v. Chr. benutzt. Rund 200 Jahre lang waren die Gräber um die Zeitenwende in Gebrauch. Im zweiten und dritten Jahrhundert errichtete man auf dem Gelände Scheiterhaufen für Feuerbestattungen. Die dort gefundenen Töpfe enthielten Asche und verbrannte Knochen. Andere Scheiterhaufen, die man in der Nähe Jerusalems fand, sind der Zehnten Legion zuzuordnen, der römischen Garnison, die nach 70 n. Chr. dort stationiert war. Bodenbegräbnisse wurden damals auch durchgeführt.

Im fünften Jahrhundert riß man Teile der Gräber zugunsten einer Kirche ab. Die jüngsten Funde, Dutzende von rostigen Gewehren, Uniformknöpfen und Krimskrams, ließen Soldaten der türkischen Armee während des 1. Weltkrieges zurück, als sie von einem Posten hinter den Gräbern die Straße nach Jerusalem beobachten mußten. Sie lagen auf dem Felsboden über Gräbern aus dem siebten Jahrhundert.

Diese Gräber waren einzelne, 3 m² große Kammern, in die jeweils eine

Im ersten Jahrhundert v. Chr. bauten sich die führenden Jerusalemer Familien prachtvolle Grabstätten im Kidrontal. Dieser Säuleneingang führte zu den Gräbern der Priesterfamilie Hesir, der Name wird bereits in 1. Chronik 24,15 erwähnt. Der massive quaderförmige Turm gehört mit zur Grabanlage. Sein traditioneller Name „Grab des Zacharias" entbehrt jeder wissenschaftlichen Grundlage.

Stufe hinabführte. An den Seiten und am Kopfende der Grabkammer befanden sich 1m hohe, aus dem Fels geschlagene Totenbänke. In zwei Gräbern waren diese Bänke mit sorgfältig gemeißelten Kopfstützen für die Verstorbenen versehen worden. In einem weiteren Grab mit drei vom Vorraum abzweigenden Kammern fand man eine Bank mit sechs nebeneinander liegenden Kopfstützen.

Die mühsame, aber kunstvoll ausgeführte Arbeit der Steinmetze ließ nur wenige ordentliche Bestattungen zu. Es gab bei weitem zu wenig Grabraum, als daß eine Kammer nur zu einer geringen Zahl von Beerdigungen genutzt werden durfte. Aus diesem Grund fand man in mehreren dieser Gräber unter den Totenbänken kleinere Höhlen, von denen jedoch mit einer Ausnahme alle leer waren.

Im größten Grab jedoch schützte die eingestürzte Decke einer Höhle deren Inhalt vor dem Zugriff von Räubern. Neben einer Reihe von Töpfen, Schmuckstücken und zwei wertvollen Silberamuletten fand man auch zahllose Knochen. Die sterblichen Überreste von fast 100 Menschen hatten sich dort angesammelt. Man verlegte wohl, wenn die Totenbänke für eine neue Bestattung gebraucht wurden, den dort Liegenden in diese „Knochenkammern". Die biblische Formulierung „er versammelte sich zu seinen Vätern" hat also einen sehr anschaulichen Hintergrund.

Eine dritte Gruppe von Gräbern, die im achten oder siebten Jahrhundert v.Chr. für reiche Jerusalemer Bürger gefertigt wurden, liegt im Norden der Altstadt. Sie weisen den gleichen Bauplan auf wie die Gräber im Hinnomtal, sind jedoch wesentlich größer. Zu den Gräbern gehören insgesamt sieben Grabkammern. Wie in den Silwan-Gräbern zeigen auch diese die Arbeit geschickter Steinmetze. In der Nähe der Decke ist aus dem Fels eine Zierleiste gemeißelt, die Eingänge sind sorgfältig rechtwinklig behauen und in einem Fall sogar mit Scharnieren für Türpfosten einer Doppeltür versehen worden. An den Wänden täuschen

schmale Einschnitte eine Holzvertäfelung vor. Hier war tatsächlich ein „ewiges Zuhause", das höchsten Ansprüchen genügte.

Gräber aus der Zeit Jesu

Gräber, die 600 Jahre vor der Zeitenwende entstanden sind, mögen uninteressant scheinen, wenn einen die Bestattungspraxis des 1. Jahrhunderts beschäftigt. Doch tatsächlich enthüllen sie die bis zur neutestamentlichen Zeit nahezu unveränderte Haltung der Menschen zu ihren Toten. So blieb die Sitte, viele Menschen zusammen in einem Grab zu beerdigen, bestehen, denn das Platzproblem wurde immer größer. Die Gräber aus dem ersten vorchristlichen und ersten nachchristlichen Jahrhundert verdeutlichen, welche Art von Grab in den Evangelien als die letzte Ruhestätte Jesu beschrieben wird.

Sich in einem Felsengrab beisetzen zu lassen, war zweifellos eine kostspielige Angelegenheit. Nur reiche Bürger konnten es sich leisten. In der Zeit der Evangelien stellten die Grabbauer sowohl einfache Gräber her als auch solche für gehobenere Ansprüche: mit Steinmetzarbeiten am Eingang oder sogar weithin sichtbare kunstvoll gearbeitete Grabstätten mit Monumenten. Einfache Gräber hatten einen engen, nur 1m hohen Zugang, der von einem Findling oder einer Steinplatte wie mit einem Stöpsel verschlossen wurde. Denn das Grab dicht zu verschließen war notwendig, damit nicht die ständig herumstreunenden wilden Tiere in die Gräber eindrangen und die Leichname zerrissen. Die Trauernden mußten sich bücken, wenn sie in das Grab gelangen wollten, stiegen eine oder zwei Stufen hinunter und konnten dann erst aufrecht stehen.

Reiche Bürger konnten es sich leisten, Prachtgräber mit bepflanzten Vorhöfen anlegen zu lassen. Die Zugänge selbst waren sorgfältig in den Felsen gehauen, um ihnen das Aussehen von Eingängen zu Palästen zu geben. In einigen Fällen waren sie mit flachen, Blumen und Blättermotive

Das Grab der Königin Helena von Adiabene stammt aus der Zeit der Evangelien. Gräber mußte man sorgfältig verschließen, damit die Totenruhe nicht von wilden Tieren oder streunenden Hunden gestört wurde.

122 / DER TOD UND DIE BESTATTUNGSFORMEN

*Im hinteren Teil der Grabes-
kirche liegt das „Grab des
Josef von Arimathia". Die
Art der Grabstollen und die
Form der Bänke sind typisch
für Gräber aus dem 1. Jahrhundert n. Chr. Als Besucher
betritt man das Grab auf der
Höhe der Totenbank. Das
Gitter bewahrt den Besucher
vor einem Absturz auf das
ursprüngliche Niveau der
Grabkammer.*

darstellenden Reliefs geschmückt. Solche Eingänge waren dann mannshoch,
mit Holztüren oder Steinplatten verschlossen. Dahinter lag ein großer Raum,
der in weitere Kammern mit Kurzschäch-
ten in den Wänden für die Gebeine
führte. In einem Grab fand man sogar
80 dieser Schächte. In einigen Fällen
kam es vor, daß Verstorbene in Särgen
beigesetzt wurden. In jede Wand waren
dann bis zu 2 m lange Simse eingemeißelt, über denen der Fels eine bogenför-
mige Decke bildete. In sehr seltenen
Fällen war die Bank unter der Wölbung
zu einem Sarg ausgemeißelt worden.

Die kunstvollsten aller Begräbnisstätten sind jedoch die sogenannten
„Königsgräber". Eine zum Judentum
übergetretene königliche Familie aus
dem Nordosten des heutigen Irak hatte
sich diese Gruft im Norden Jerusalems
anfertigen lassen.

Eine eindrucksvolle Treppe führt
hinunter in einen weiten, aus dem Fels
herausgehauenen Hof. Den Schilderungen des Josephus zufolge lag an
einer Seite der mit Säulen versehene
Eingang, der ursprünglich von drei
Pyramiden gekrönt war. Durch all
diese Pracht hindurch gelangte man zu
einem niedrigen Zugang, der von
einem Stein verschlossen wurde und
wie ein Rad in einer Rinne beiseite
gerollt werden konnte. Im Innern
lagen dann ein großer und acht kleinere
Räume mit Bestattungsschächten.

Als der französische Forscher de
Saulcy 1863 dieses Grab öffnete, fand
er einen großen Steinsarg, auf dem der
Name und Titel der Königin Helena
von Adiabene in Aramäisch und Hebräisch zu lesen war. Nur wenige Menschen wurden in Steinsärgen bestattet,
denn das konnten sich nur die Aller-
reichsten leisten.

In den meisten Gräbern lagen die
Gebeine jedoch nicht für immer in den
Bestattungsschächten. Statt dessen
wurden nach einem oder zwei Jahren,
wenn das Fleisch verwest war, die
Knochen eingesammelt und in besondere Behälter, die sogenannten Ossuarien gelegt (siehe: *Und ihre Namen
leben weiter*). Sechs oder sieben solcher
Ossuarien paßten dann in einen
Schacht hinein, der sonst nur für einen
Körper gereicht hätte. Auf diese Weise
konnten eine wesentlich größere Anzahl von Toten in einem Grab untergebracht werden. Öffnet man solche
Gräber, so findet man diese Behälter
auch auf den Totenbänken und sogar
auf dem Boden. Obwohl ursprünglich
für nur eine Person gedacht, sind
manchmal die Gebeine von mehreren
Toten in einem Ossuarium gesammelt
worden. Eine Inschrift besagt beispielsweise: „Simon und seine Frau", eine
andere: „Die Frau und der Sohn des
Matthia".

Angesichts dieser Funde können wir
uns durch die Berichte der Evangelien
von dem Begräbnis Jesu und den
Umständen des ersten Ostersonntags
ein besseres Bild machen. Josef von
Arimathia war ein reicher Mann, der
ein noch unbenutztes Grab in einem

GRÄBER IM ALTEN PALÄSTINA / 123

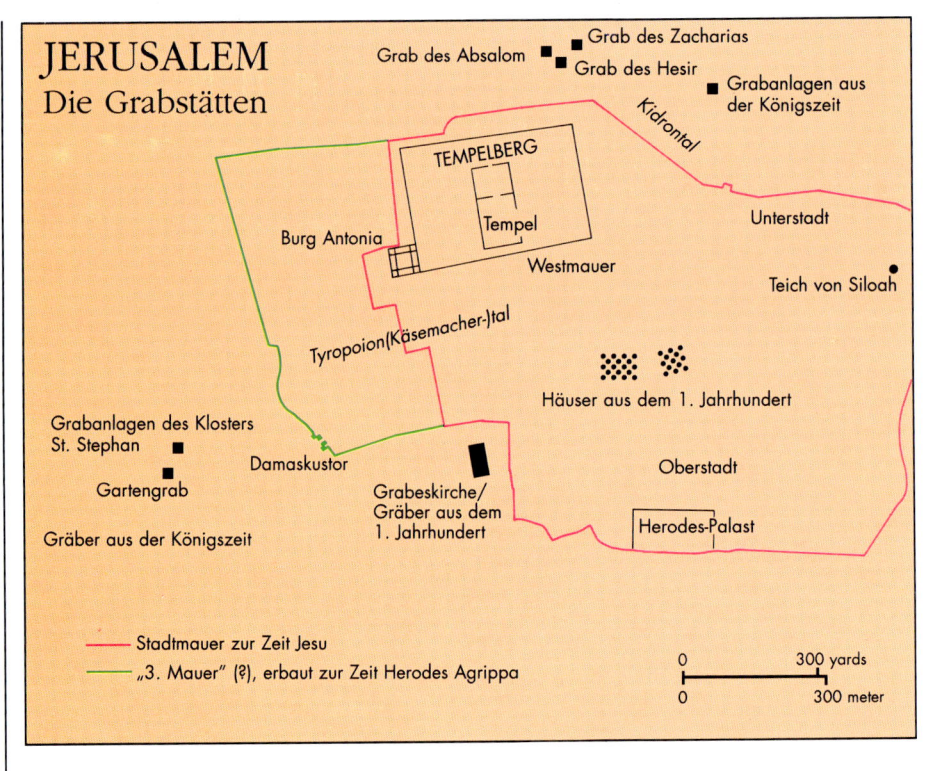

JERUSALEM
Die Grabstätten

Grab des Absalom
Grab des Zacharias
Grab des Hesir
Grabanlagen aus der Königszeit
Kidrontal
TEMPELBERG
Tempel
Burg Antonia
Unterstadt
Westmauer
Teich von Siloah
Tyropoion(Käsemacher-)tal
Häuser aus dem 1. Jahrhundert
Grabanlagen des Klosters St. Stephan
Damaskustor
Oberstadt
Gartengrab
Grabeskirche/ Gräber aus dem 1. Jahrhundert
Herodes-Palast
Gräber aus der Königszeit

Stadtmauer zur Zeit Jesu
„3. Mauer" (?), erbaut zur Zeit Herodes Agrippa

0   300 yards
0   300 meter

Garten besaß. Er nahm den Leichnam Jesu und ließ ihn sofort dort hinbringen, da Sabbat war. Um den Körper zu schützen, wurde das Grab mit einem schweren Stein verschlossen. Kaum war der Sabbat vorüber, gingen einige Frauen wieder zum Grab, um den Leib mit Spezereien zu salben und ihn mit der Sorgfalt zu versorgen, die der Sabbat verhindert hatte. Sie hatten erwartet, daß der Stein vor dem Grab ein Hindernis für sie werden würde, doch er war schon beiseite gerollt worden. So konnten sie sofort sehen, daß der Leichnam nicht mehr da war.

Eine Gestalt saß in dem Grab auf der rechten Seite und sagte ihnen, Jesus sei auferstanden. Auch zwei Jünger Jesu gingen zum Grab: Während einer nur zuschaute, ging Petrus sogar hinein. Beide sahen die noch dort liegenden Grabtücher. Als Maria noch einen Blick hineinwarf, sah sie zwei Engel am Kopf- und Fußende der Totenbank sitzen (Jh. 20,11.12).

Die Verfasser der Evangelien beschreiben offensichtlich ein Grab der etwas preiswerteren Art mit einem

engen Zugang und einer aus dem Felsen gehauenen Totenbank. Der Leib Jesu lag nicht in einem der Schächte, da er in aller Eile und ohne präpariert gewesen zu sein in das Grab geschafft worden war. Nach seiner Auferstehung blieben die Grabtücher zurück, und die Engel konnten bequem auf der Totenbank sitzen.

Ein sehr sorgfältig und durchdacht gearbeitetes Grab liegt im Westen von Jerusalem. Möglicherweise wurden hier Familienangehörige des Herodes beerdigt. Der Eingang konnte, wie im Bild deutlich zu erkennen, mit einem großen Rollstein fest verschlossen werden.

Und ihre Namen leben weiter

Die Gebeine in diesem Ossuarium stammen von einem wahrscheinlich griechisch sprechenden Mann namens Johannes.

„Ihr Grab kennt man nicht", heißt es traurigerweise oft von gefallenen Soldaten. Aber dies trifft auch für Tausende von Männern, Frauen und Kindern zu, die in früheren Zeiten gelebt haben. Diese Menschen sind im besten Sinne des Wortes verschwunden. Ihre Knochen sind verstreut worden oder vollständig zerfallen.

Alte Gräber tauchen recht oft bei Feldarbeiten und im Zuge von Bauvorhaben auf, doch die wenigsten sind noch in ihrem ursprünglichen Zustand. Zuweilen finden sich in den Gräbern auch Dinge aus dem täglichen Umfeld der Verstorbenen. Das reicht von einem Ring am Finger oder einigen Perlen bei Kindern bis hin zu dem Thronsitz und Streitwagen des Pharaos Tutenchamun.

In den Gräbern bedeutender Männer und Frauen waren deren Namen auf den Wänden, dem Sarg, Töpfen oder Pfannen aufgemalt oder eingeritzt. Aber es kommt auch vor, daß solche Gräber keinerlei Namen aufweisen. Ein bemerkenswertes Beispiel sind die überaus prächtig ausgestatteten Totenkammern, die 1977 im mazedonischen Vergena geöffnet wurden. Der Archäologe vor Ort behauptete, daß Philipp II. von Mazedonien, der Vater von Alexander dem Großen, hier beerdigt liege. Doch sein Name wird nirgendwo genannt. Es ist deshalb nicht verwunderlich, daß die Gräber weniger bedeutender Menschen – und das war der Großteil der Bevölkerung – normalerweise anonym blieben.

In einigen Kulturen war es üblich, die Namen der Verstorbenen festzuhalten. Die Griechen errichteten Grabsteine, und die Römer ritzten Namen und andere Einzelheiten auf Steinurnen oder in Steinplatten, die über die Gräber gedeckt wurden. Während des ersten Jahrhunderts v. Chr. und des ersten Jahrhunderts n. Chr. versah man die Gräber in Palästina meist mit Namen, die uns heute wertvolle Informationen über die jüdische Gesellschaft geben.

Wenn in den Felsengräbern die Gebeine nach rund zwei Jahren in die Ossuarien gelegt wurden, hat man manchmal die Namen der Toten festgehalten. Besonders in Jerusalem werden heute Hunderte solcher Ossuarien in Museen ausgestellt. Zum Teil sind die Buchstaben sorgfältig eingemeißelt, zum Teil aber auch nur grob eingeritzt oder mit Holzkohle aufgemalt. Anhand der Beschriftungen oder Bezeichnungen ist es also möglich, den Inhalt der Ossuarien zu identifizieren. Nicht immer tragen sie den Namen des Verstorbenen, oft wird auch der des Vaters, der den Zweck des heutigen Nachnamens erfüllte, gelegentlich auch der Titel der Person genannt. Es gab spezielle Aufschriften für Rabbiner, Priester, Tempelbauer, Schreiber, Töpfer und noch einige andere. Die Namen von Frauen tauchen neben denen von Männern auf, oft mit dem Zusatz „Tochter des X" oder „Frau des Y".

Die Informationen wurden in Aramäisch oder Hebräisch, seltener in Griechisch abgefaßt. In einigen Fällen wurde dem griechischen Text eine Übersetzung in Aramäisch oder Hebräisch beigefügt. An diesen Texten ist zu erkennen, welche Sprachen im 1. Jahrhundert in Jerusalem gesprochen und verstanden wurden (siehe: *Die Sprachen der Juden*).

UND IHRE NAMEN LEBEN WEITER / 125

Die hebräische Inschrift sagt aus, daß dieses Ossuarium die Gebeine von Shitrath, der Tochter des Yehohanan enthält. (Yehohanan ist eine andere Schreibweise des Namens Johannes.)

Die Namen der Toten spiegeln ebenfalls diese Vielfalt wieder. Da tauchen griechische Namen auf wie Andreas oder Alexander, aramäische wie zum Beispiel Abba und Yithra, sowie hebräische, darunter Gamaliel, Isaak und Levi. Aus ihnen wird die Namensgebung und die Schreibweise ersichtlich, die damals üblich war. Dabei ist es sehr interessant, daß die häufigsten Namen auch im Neuen Testament vorkommen! Johannes, Judas, Jesus, Maria, Martha, Matthäus, Lazarus und Simon waren offensichtlich sehr beliebte Namen.

Findet man Ossuarien mit „biblischen" Namen, wird es sich meistens um Namensvettern handeln. So muß der Fund von Knochen in einem Ossuarium, das die aramäische Aufschrift „Jesus, Sohn des Josef" trägt, nicht den Glauben an die Auferstehung Jesu ins Wanken bringen. Aber er ist eine zusätzliche Bestätigung dafür, daß dieser Name im 1. Jahrhundert weit verbreitet war. Und auch bei den anderen Namen kann man eine verblüffende Übereinstimmung feststellen: Die Evangelien spiegeln unzweideutig die im ersten Jahrhundert gebräuchlichen Namen wider. Die einfachen Aufschriften auf den Steinsärgen bringen uns Personen näher, die zur Zeit Jesu lebten. Aber auch die unbekannten Toten in den nicht beschrifteten Ossuarien gehörten zu denjenigen, die im Tempel in der Menge standen oder sich in den Straßen drängelten, um einen Blick auf Jesus werfen zu können.

Wo ist das Grab Jesu?

„Hier wurde Jesus begraben!" – „Aber nein, Jesus wurde hier begraben!"

Sucht man in Jerusalem das Grab Jesu, werden dem Touristen jeweils im Brustton der Überzeugung zwei unterschiedliche Gräber gezeigt. Das Vorhandensein zweier konkurrierender Orte verärgert immer wieder einige Pilger. Andere sind von der Authentizität des einen Grabes überzeugt und nehmen von dem anderen keine Notiz. Doch welches Grab ist nun das richtige, das in der Grabeskirche oder das Gartengrab? Erst seitdem die Archäologen mehr über die Gräber aus der Zeit Jesu wissen (siehe: *Wie sahen ihre Gräber aus?*), ist man der Klärung des Problems nähergekommen.

Das Gartengrab

General Charles Gordon, Kommandeur der britischen Armee im Krimkrieg, in China und in Ägypten, erreichte 1883 Jerusalem. Gordon interpretierte das Alte Testament mit Hilfe des Neuen Testaments. Er verstand die gottesdienstlichen Verrichtungen im alten Israel als Hinweise auf das Leben und Werk Christi. In Jerusalem begab er sich zu einem kleinen Hügel nördlich der Türkischen Mauer. Dort, im Felsabhang gegenüber der Stadt, befanden sich zwei Höhlen, die fast aussahen wie die Augenhöhlen eines Schädels.

Gordon nahm an, daß die Priester an diesem Ort, nördlich des Altars, die Tiere für den Opferdienst im Tempel vorbereiteten (wobei er 3. Mo. 1,11 zugrunde legte). Aus diesem Grund wäre es auch der richtige Platz gewesen, um dort Jesus, „das Lamm Gottes", zu töten. Auf diese Weise identifizierte Gordon den Hügel als Golgatha („Schädelstätte") oder Kalvarienberg. Die Veröffentlichung seiner Aufzeichnungen im Jahr 1885 erlebte er nicht mehr, da er ein Jahr zuvor in Khartum beim Mahdi-Aufstand getötet wurde.

Nicht weit entfernt von der Hügelspitze befindet sich ein in den Felsen gehauenes Grab. Schon 40 Jahre vor Gordons Besuch in Jerusalem gab es Spekulationen, daß es sich um das Grab Jesu handele. Ein weiteres, auch recht nahe gelegenes Grab wurde von einem anderen Forscher entdeckt. Doch mit Gordons Hypothese erlangte das erste Grab einen gewissen Ruhm. Berge von Schutt und Gebäudereste der Kreuzfahrer mußten zunächst beseitigt werden, bevor der weite, flache Platz, die Zisterne und die senkrecht aufragende Felswand mit dem darin eingelassenen Zugang zum Vorschein kamen.

In dem Zugang befindet sich ein kleiner Raum, der zu einem weiteren Raum auf der rechten Seite führt, der zwei aus dem Fels geschlagene Troggräber aufweist. Kerben im Gestein zeigen, wo Steinplatten als Seitenteile und Abdeckungen eingesetzt waren. An den Wänden finden sich aufgemalte Kreuze und griechische Buchstaben, übliches Synonym für den Namen Jesus Christus. Diese Malereien gehören in die frühe byzantinische Zeit, also das fünfte oder sechste Jahrhundert n.Chr.

Warum sollte gerade dieses Grab das Grab Jesu sein, und nicht ein beliebiges anderes in diesem Gebiet? Ein Grund hierfür ist die Nähe zu Golgatha. Ein anderer ist seine Lage – außerhalb der Stadtmauer, jedoch ganz in ihrer Nähe. Auch die Gefühle spielen hier eine Rolle, da europäische Protestanten sich in der Grabeskirche zuweilen recht unwohl fühlen. Die vielen Lampen und Kerzen, schreiende Farben und schwarz gekleidete Priester sind ihnen fremd. In seiner Einfachheit hat hingegen dieses Grab und der gepflegte Garten eine ganz andere Wirkung auf den Besucher, der sich hier die Ereignisse des ersten Ostersonntagmorgens wesentlich leichter vorstellen kann.

Und doch gibt es keine Beweise zugunsten des Gartengrabs, zumal Gordons Vermutung, daß es sich bei dem Hügel um den Opferplatz des Tempels handelte, jeglicher historischen oder geographischen Grundlage entbehrt.

Für jeden sichtbar liegt das Gartengrab außerhalb der Stadtmauern, das Heilige Grab innerhalb. Wo nun die Stadtmauer zu Zeiten der Kreuzigung verlief, ist eine Streitfrage, die von Wissenschaftlern jahrelang diskutiert wurde. Dabei dürfen die Gefühle heutiger Besucher natürlich die Argumente für oder gegen eine Identifikation nicht beeinflussen.

In den letzten Jahren ist die archäologische Beweisführung an den Punkt gelangt, wo sie diese Frage entscheiden kann. Die Formen der Grabgestaltung sind bekannt und durch die in unversehrten Gräbern entdeckten Funde zeitlich genau einzuordnen. Obgleich die Troggräber meist von byzantinischen Steinmetzen hergestellt wurden, ist das Gartengrab doch älter. Die von den Werkzeugen der Steinmetze verursachten Spuren stellen hierbei den Schlüssel dar: Die Tröge waren nicht von Anfang an da. Diejenigen, die zuerst an dem Grab arbeiteten, hinterließen an drei der vier Wände in den Fels gemeißelte Bänke, vermutlich auch eine im Vorraum, die später dann weggeschlagen wurde. Aus dem ersten Jahrhundert stammende Gräber weisen Steinbänke auf, von denen aus aber in den meisten Fällen kurze Tunnel in den Fels führen, in denen die Körper der Verstorbenen lagen.

Noch heute sind an den Wänden der Gräber die Spuren der Steinmetze sichtbar, die allerdings nicht alle gleich ausfallen. Im oberen Teil, wo Wände und Decke in sorgfältig gezogenen Winkeln zusammentreffen, findet man einzelne lange Kerben. Im Gegensatz dazu wurden die im ersten Jahrhundert gefertigten Gräber normalerweise mit gezahnten Meißeln bearbeitet, die im Stein mehrere kleine, parallel verlaufende Rillen hinterließen. Doch weder die eine noch die andere Form findet sich an den Wänden des Gartengrabes.

Damit muß man zwangsläufig zu der Schlußfolgerung kommen: Das Gartengrab stammt nicht aus dem ersten Jahrhundert. Immer mehr Entdeckungen deuten darauf hin, daß es früher gebaut wurde, vermutlich im achten oder siebten Jahrhundert v. Chr., also der Zeit Jesajas oder Jeremias. In unmittelbarer Nähe, auch noch auf demselben Hügel, liegt eine weitere Ansammlung größerer Grabstätten, die am Ende der Königszeit benutzt wurden. Das Gartengrab scheint dazugehört zu haben. Über 1000 Jahre später wurde der Innenraum von Christen umgestaltet, um ihre Toten auf ihre Art und Weise zu beerdigen.

Später veränderte man auch das Äußere. Vielleicht waren es Kreuzritter, die das Bodenniveau vor dem Grab absenkten, eine große Zisterne mit einer im Gestein verlaufenden Kanalzuführung anlegten und einige Gebäude an den Fels bauten. All diese Veränderungen haben ihre Spuren an dem Grab selbst hinterlassen, und nun scheint alles zusammen einen Sinn zu ergeben: Was fehlt, sind irgendwelche Zeichen eines Gebrauchs im ersten Jahrhundert. Das Gartengrab war nicht das Grab Jesu.

Dieses Urteil soll jedoch niemanden verstimmen, der an dieser Stelle einen friedlichen Ort zur Meditation und zum Gebet gefunden hat. Der Charakter des Grabes ist nämlich genauso unverändert wie die Botschaft von der Auferstehung. Daß die Engel ihre Nachricht an einer anderen Stelle verkündeten, spielt keine große Rolle.

128 / DER TOD UND DIE BESTATTUNGSFORMEN

Die Grabeskirche

Seit der Entdeckung des Gartengrabes vor gut hundert Jahren zogen vor allem evangelische Christen dessen Schlichtheit der mit Verzierungen versehenen Grabeskirche vor. Obwohl das Gartengrab nicht im ersten Jahrhundert benutzt wurde, wie mehrfach durchgeführte Untersuchungen eindeutig ergaben, sind seine Gartenanlagen ein idealer Ort zur Ruhe und Meditation.

Mit Seilen und Brechstangen wurden Steine bewegt, Pickel und Spaten gruben sich in die Erde, als die Männer einen alten Tempel abrissen und den Erdboden darunter aufgruben. Man schrieb das Jahr 326. Kaiser Konstantin hatte den Befehl gegeben, in Jerusalem Ausgrabungen durchzuführen. Zum Gedenken an die Auferstehung wollte er eine Kirche bauen lassen. Christen hatten behauptet zu wissen, wo das echte Grab Jesu lag – und dies wäre doch der ideale Standort für die Kirche. Recht unerwartet gaben sie eine Stelle unter einem Tempel mitten in der Stadt an.

Nachdem es den Juden in ihrem zweiten Aufstand (132-135 n.Chr.) nicht gelungen war, sich von den Römern zu befreien, baute Kaiser Hadrian Jerusalem zu einer römischen Stadt um und gab ihr einen neuen Namen: Aelia Capitolina. Keinem Juden war es erlaubt, seinen Fuß in diese Stadt zu setzen. Zudem hatte Hadrian in seiner neuen Stadt einen Tempel für die Göttin der Liebe, Venus, errichten lassen. Unter diesem Tempel sollte sich das Grab Jesu verbergen. Hadrians Spezialisten gaben sich enorme Mühe, ein tragkräftiges Fundament zu bauen. Sie schafften unzählige Tonnen Erde herbei, um eine von Mauern abgestützte ebene Fläche

herzustellen, auf die der Tempel selbst errichtet wurde.

Jetzt, weniger als zwei Jahrhunderte später, brach man wieder alles ab, um das vermutlich darunterliegende Grab freizulegen. Bischof Eusebius von Cäsarea verfaßte zu dieser Zeit nicht nur ein umfangreiches Buch über die christliche Kirche und einige weitere kleine Schriften, sondern auch eine Biographie Konstantins, in der er berichtet, wie das Grab gefunden wurde:

„Der Kaiser befahl, die Steine und das Holz der Ruinen (des heidnischen Tempels) so weit wie möglich fortzuschaffen und viel der darunterliegenden Erde ... sehr tief abzugraben ... Die Arbeit begann unverzüglich, und als der Untergrund Schicht für Schicht sichtbar wurde, erschien auch der ehrwürdige und heilige Beweis für die Auferstehung des Heilands – jenseits all unserer Hoffnungen, wie unser Heiland wieder ins Leben gebracht."

Die Steinmetze Konstantins schlugen rund um das Grab den Fels weg, so daß es frei am Hang lag. Zu seinem Schutz errichtete man einen Schrein und schließlich auch einen Säulenring, der zusammen mit einer Außenmauer als Schutzdach eine Kuppel trug. Neben dem Schrein lag ein Garten mit seitlich gelegenen überdachten Hallen, dahinter eine große Kirche. Feindliche Angriffe, Feuer und Erdbeben beschädigten die Gebäude viele Male. 1009 wurde der Grabfelsen von dem geisteskranken Kalifen Hakim völlig demoliert. Die immer wieder aufgebaute Grabeskirche stellt heute eine bunte Mischung von Formen und Baustilen aus vielen Jahrhunderten dar, von denen ein Großteil auf die Kreuzritter zurückzuführen ist. Seitdem die Arbeiter Konstantins das Grab entdeckten, beten Pilger an diesem Ort.

Ist es wirklich das Grab Jesu?

Fanden Konstantins Männer das richtige Grab? Konnten die Christen im vierten Jahrhundert sicher sein, daß sie das richtige Grab entdecken würden?

Bis Konstantin an die Macht kam, waren die Christen eine unbeliebte und häufig verfolgte Minderheit. Die meisten von ihnen, die bei Ausbruch des ersten jüdischen Aufstandes 67 n.Chr. in Jerusalem lebten, verließen die Stadt. Nach dem zweiten Aufstand konnten offensichtlich Christen dort leben, solange sie keine jüdischen Vorfahren hatten. Nach der neuen Stadtplanung verlief die Hauptstraße südlich des heutigen Damaskustores. Hadrian baute das Forum, also den Marktplatz, und den Venustempel westlich dieser Straße. Die Lage des Tempels war vermutlich eher aus praktischen Gründen gewählt, nicht um den Christen einen heiligen Ort zu nehmen. Erstaunlich ist nur, daß die Christen rund 200 Jahre nach der Kreuzigung Kaiser Konstantin vom Standort des Grabes so sehr überzeugen konnten, daß er nicht nur den Abrißbefehl erteilte, sondern auch noch die Kosten übernahm. Ohne ein fundiertes Wissen um die Lage des Grabes hätten sie wohl kaum gewagt, ein derartiges Vorhaben anzuregen. Denn was hätte der Kaiser gesagt, wenn seine Männer kein Grab vorgefunden hätten? Ohne diese Gewißheit wäre es für die Christen sicherer gewesen, eines der vielen Gräber außerhalb der Stadt zu benennen.

Außerhalb der Stadtmauer?

Die Grabeskirche birgt einen entscheidenden Widerspruch in sich. Die Kreuzigungsstätte Golgatha lag ebenso außerhalb der Stadtmauern (vgl. Jh. 19,20) wie das Grab, da das jüdische Gesetz keine Bestattungen in der Stadt erlaubte. Und doch wurde die Grabeskirche eindeutig innerhalb der Stadtmauer errichtet.

Die heutigen Stadtmauern, 1532-1540 von Sultan Suleiman dem Prächtigen errichtet, stehen an anderer Stelle als die Mauern zur Zeit des Neuen Testaments. Nur ein Teil entspricht dem Verlauf der alten Mauern. Der Verlauf der Nordmauer war jedoch bis vor kurzem noch ungeklärt. Während

130 / DER TOD UND DIE BESTATTUNGSFORMEN

Seitdem Konstantin der Große sie im 4. Jahrhundert erbauen ließ, kommen christliche Pilger in die Grabeskirche. Die meisten der heute sichtbaren Gebäude, auch der Eingang, wurden allerdings erst im 12. Jahrhundert von den Kreuzfahrern errichtet.

Befürworter der Grabeskirche die These eines veränderten Mauerverlaufes vertraten, behaupteten die Gegner das Gegenteil.

Seit 20 Jahren ist diese Diskussion zu Ende. Die britische Akademie für Archäologie in Jerusalem führte von 1964 bis 1966 Ausgrabungen am heutigen Damaskustor durch. Über sieben Meter tief, unter den alten Straßen und Hausruinen, entdeckten die Wissenschaftler Straßenpflaster aus dem ersten Jahrhundert. Die verschiedenen Schichten und die darin gefundenen

Objekte wurden genauesten Untersuchungen unterzogen.

Den Naturstein bedeckte ein Schicht Erdreich, in dem sich einige Gräber befanden. Darauf war die erste Straße angelegt. In ihrem Pflaster fand man eine Münze von König Herodes Agrippa I., um 42-43 n.Chr. geprägt. Vor dem Straßenbau hatte man dort die Fundamente für eine großartige Stadtmauer mit Tor gelegt. Soweit man das von den vorhandenen Steinen ablesen kann, wurden die Arbeiten an Mauer und Tor an dieser Stelle nie in der vorgesehenen Form beendet. Alles deutet darauf hin, daß hier die von Josephus beschriebene Nordmauer gefunden wurde, die Herodes Agrippa zu bauen begann. Sie war in derartigen Dimensionen geplant, daß im Kriegsfall kein Belagerungsring gezogen werden konnte. Als Agrippa jedoch sah, wie groß die Mauer werden würde, stellte er sich die Reaktion der Römer auf sein Vorhaben vor und verzichtete auf den Weiterbau. Die in der oberen Schicht der Straße gefundene Münze stimmt mit dem Bericht des Josephus überein.

Aber wo hat nun die Nordmauer vor Agrippas Bauvorhaben gestanden? Darauf kann bisher niemand eine endgültige Antwort geben. Man hat keine Reste der Nordmauer finden können, die Jerusalem zur Zeit der Kreuzigung schützte. Josephus deutet ihren Verlauf nahe des Tempels an, und Ausgrabungen in der Nähe der Grabeskirche unterstreichen diese vage Information. Sie sind jedoch nur Anhaltspunkte, keine echten Beweise. In der heutigen Stadt selbst gibt es nur wenige Stellen, die für Ausgrabungen freigegeben sind. Man konnte deshalb bisher nur kleine Areale untersuchen. Eines davon liegt mitten auf dem Marktplatz, südlich der Grabeskirche.

1963 ließ Kathleen Kenyon hier einen tiefen Graben anlegen. 15 m unter dem heutigen Straßenniveau stieß sie schließlich auf das Felsbett. Sie stellte fest, daß der Fels zu Zeiten der Könige als Steinbruch benutzt wurde. Sie fand Erdreich, das Töpferwaren aus dem siebten Jahrhundert v.Chr. und dem ersten Jahrhundert n.Chr. enthielt. Schon wenige Jahre nach dieser Ausgrabung wurden weitere Grabungen unter der in der Nähe gelegenen lutherischen Kirche durchgeführt – und die ersten Ergebnisse wurden bestätigt. Notwendige Restaurierungen an der Grabeskirche machten es möglich, unter dem dortigen Boden Untersuchungen durchzuführen. Wieder fand man Anzeichen dafür, daß der felsige Untergrund – im 7. Jh. v. Chr., wie gefundene Töpferwaren zeigen – bearbeitet worden war. Vergilio Corbo, der italienische Leiter dieses Projekts, vermutet, daß ein Teil des Steinbruchs im ersten Jahrhundert v. Chr. als Garten genutzt wurde.

Die Entdeckungen legen nahe, daß dieses Gebiet solange außerhalb der Stadt lag, wie der Steinbruch benutzt wurde. Die Auffüllung des Steinbruchs läßt sich um 135 n. Chr. datieren, als der römische Kaiser Hadrian hier das Zentrum der neuen Stadt anlegen ließ.

Und doch kommt vielleicht jemand auf den Gedanken, daß der Steinbruch innerhalb der Mauern gelegen haben könnte und deshalb nicht die Grabstätte sein könne. Aber diese Zweifel sind mittlerweile widerlegt. Obwohl die Bauleute Konstantins eine ganze Menge Gestein weggehauen haben, blieb doch noch genug von dem übrig, was sich dort vorher befand.

Teile der Felsbank und der vier typischen Grabschächte beweisen, daß es sich hier eindeutig um eine Begräbnisstätte aus dem 1. Jahrhundert handelt. Zwei weitere Gräber, die allerdings heute nicht mehr besichtigt werden können, haben in der Nähe des Jesus-Grabes gelegen. (Eines wurde vor 100 Jahren unter dem koptischen Kloster gefunden; das andere war im Eingangshof in ein Wasserreservoir umfunktioniert worden, doch Professor Corbo fand Anzeichen, die auf die ursprüngliche Nutzung hindeuteten.)

Da Begräbnisse immer außerhalb der Stadt zu geschehen hatten, sind diese Gräber der eindeutige Beweis, daß die Stadtmauer zu der damaligen Zeit weiter südlich gestanden haben muß. Die Felswände ehemaliger Steinbrüche waren für die Steinmetze ideale Plätze, um Gräber anzulegen.

Die Mauer, die dieses Gebiet umschloß, wurde erst von Herodes Agrippa in den Jahren 41 n. Chr. gebaut. Es bestehen keinerlei Aufzeichnungen oder bauliche Überreste, die darauf hinweisen, daß es noch eine andere Stadtmauer als die Agrippas gab, die dem nördlichen Verlauf folgte und innerhalb von 100 Jahren davor oder danach errichtet wurde.

Um mit Sicherheit sagen zu können, daß ein bestimmtes Grab in Jerusalem das des Josef von Arimathia war, bräuchte man allerdings eine originale Inschrift aus dem ersten Jahrhundert, die seinen Namen wiedergibt. Die hat bisher natürlich niemand gefunden. Da die Namen der Eigentümer nur selten in Gräber eingemeißelt wurden, ist eine solche Entdeckung auch recht unwahrscheinlich. Auf Grund der vorhandenen Indizien steht die Grabeskirche höchstwahrscheinlich auf dem Gelände, wo das Grab des Josef von Arimathia lag. Es gibt jedoch keinerlei Gewißheit über das Grab selbst. Vielleicht fanden Konstantins Arbeiter Zeichen oder Inschriften, die von christlichen Besuchern dort zurückgelassen worden waren, bevor Hadrian den Friedhof mit Erde auffüllen ließ; oder sie entdeckten mehrere Gräber und wählten der Einfachheit halber eines aus, das sich am leichtesten zu einem Schrein umbauen ließ. Was auch immer sie fanden, sie verwandelten es in ein Zentrum, das selbst 1650 Jahre später noch immer Pilger anzieht – Pilger, die davon überzeugt sind, daß das Grab am Ostersonntagmorgen leer war.

Wie wurde Jesus gekreuzigt?

1968 fand man in einem Grab nördlich von Jerusalem ein Ossuarium mit dem eingekratzten Namen Yehohanan (Johannes) und einen weiteren Satz mit ungewöhnlichem Inhalt. Unter den Knochen in dem Behälter befand sich ein Fersenbein, in dem ein eiserner Nagel steckte. Nachdem eine Jerusalemer Ärztegruppe die menschlichen Überreste einer genauen Prüfung unterzogen hatte, war das Ergebnis eindeutig: Yehohanan ist gekreuzigt worden. Den Untersuchungen zufolge waren seine Arme an das Kreuz genagelt worden, und seinen Körper beugte man so stark, daß ein einziger, durch beide Füße getriebener Nagel (der rechte Fuß war über den linken gekreuzt) den Gekreuzigten in der Senkrechten hielt. Auf halber Höhe des Kreuzes muß es deshalb einen Vorsprung gegeben haben, der das Gewicht des Opfers trug. Mit einem mörderischen Schlag brach man dem Opfer nach der Kreuzigung beide Schienbeine.

Mehrere Jahre später untersuchten ein Anthropologe und ein weiterer Arzt diese Knochen und kamen zu einem anderen Ergebnis. Ihrer Meinung nach enthielt das Ossuarium die Knochen dreier Menschen; die des gekreuzigten Mannes, dessen Sohn und eines weiteren Menschen. Sie fanden keine Anzeichen dafür, daß die Arme ans Kreuz genagelt oder die Beine gebrochen worden seien. Der Nagel sei von der Seite durch die Ferse getrieben worden, so daß die Beine des Mannes den Pfahl quasi umschlungen hätten. Ein Holzstück habe gewissermaßen als „Unterlegscheibe" gedient, damit der Deliquent seinen Fuß nicht losreißen konnte.

Die beiden unterschiedlichen Aussagen der Wissenschaftler sind ein gutes Beispiel für die Schwierigkeit, unvollständige Fundstücke richtig zu bewerten. Die Untersuchungen stimmen wenigstens darin überein, daß die Inschrift auf dem Ossuarium recht ungewöhnlich ist. Sie beschreibt Yehohanan als „den mit gespreizten Beinen Erhängten", was auf eine ungewöhnliche Stellung bei der Kreuzigung hindeutet. Alte Aufzeichnungen geben wieder, wie Kriminelle entkleidet und auf dem Boden mit ausgebreiteten Armen auf den Querbalken gelegt wurden, an dem man sie entweder festnagelte oder festband. Danach wurde der Balken mit dem daranhängenden Menschen hochgezogen und an dem vertikalen Pfahl befestigt. Anschließend band oder nagelte man auch die Füße fest. Der Tod trat durch Ersticken ein, wenn die Brustmuskeln des Gekreuzigten erlahmten.

Die Kreuzigung als Hinrichtungsart war bei den Juden verpönt. In den Schriftrollen vom Toten Meer verdammt ein Schreiber seinen Feind, weil er „Männer bei lebendigem Leib aufhängt" (der Nahumkommentar, siehe: *Eine Gemeinschaft in der Wüste*). Eine andere Schriftrolle verbindet die Kreuzigung schicksalhaft mit dem Los der Verräter. Auch bei den Griechen und Römern war diese Art des Sterbens gleichzeitig eine Herabsetzung der betroffenen Person. Man nutzte die Kreuzigung als Bestrafung von aufrührerischen Sklaven und all denen, die das herrschende System in Frage stellten. Deshalb ließ Pilatus auch den „König" Jesus kreuzigen.

Sein Vater trug das Kreuz

Schon vor 2000 Jahren war Jerusalem ein ähnlicher Anziehungspunkt für Pilger aus aller Welt wie heute. Von weit her reiste man an, um an den großen Festen, vor allem den Passafeiern, teilzunehmen. Die Apostelgeschichte zählt 15 Landschaften auf, deren Sprachen man kurz nach der Kreuzigung in Jerusalem hören konnte (Apg. 2,8-11). Sie reichten von Persien bis Rom. Einige der Pilger wurden krank und starben in Jerusalem; andere kamen absichtlich, um hier zu sterben.

Bei einigen der Gräber vor den Toren Jerusalems fand man Anzeichen dafür, daß sie die sterblichen Überreste von Pilgern enthalten. Manche Ossuarien sind nicht nur mit den Namen der Toten, sondern auch mit dem Geburtsort versehen. So trägt ein Ossuarium den griechischen Namen „Judan", wohl ein zum jüdischen Glauben konvertierter Grieche aus Tyrus. In einer anderen Inschrift wird „Maria, die Frau des Alexander, aus Capua" erwähnt. Eine besonders ungewöhnliche Inschrift fand man in der Felswand einer weiteren Grabstätte: Sie erzählt von einem frommen Pilger, der einen anderen Mann aus Babylon mitbrachte und ihm in Jerusalem ein Grab finanzierte. Diese Funde unterstreichen die Vielsprachigkeit, wie sie schon in der Apostelgeschichte erwähnt wird.

1941 öffnete man im Kidrontal ein Grab, das elf Ossuarien enthielt. Neun von ihnen tragen Inschriften. Neben dem verbreiteten Namen Simon sind andere, wie Philiskos oder Thaliarchos, recht selten. Wenn überhaupt, findet man sie unter nordafrikanischen Juden, nicht in Palästina, wie Inschriften aus jüdischen Kolonien in Ägypten und Libyen zeigen. Und in der Tat hatte man eine Begräbnisstätte für Juden aus Kyrene eingerichtet. Ihre Anwesenheit in Jerusalem wird in Apostelgeschichte 2,10 und 6,9 erwähnt. Ein Ossuarium trägt die aramäische Aufschrift „Alexander aus Kyrene" und nennt an anderer Stelle, in Griechisch, den Namen des Vaters: „Alexander, Sohn des Simon."

Nun enthält das Markusevangelium in der Passionsgeschichte eine Einzelheit, die Matthäus und Lukas nicht bieten. Alle drei erzählen, wie Simon von Kyrene gezwungen wurde, das Kreuz für Jesus zu tragen (Mt. 27,32; Lk. 23,26). Markus fügt jedoch noch hinzu, daß Simon „der Vater des Alexander und des Rufus" war (Mk. 15,21). War Alexander von Kyrene, dessen Gebeine in dem Ossuarium lagen, der Mann, dessen Vater das Kreuz getragen hatte? Die doppelte Namensgleichheit kann natürlich Zufall sein, doch vieles spricht dafür, daß man den Sohn des Kreuzträgers identifiziert hat.

Während der obere Schriftzug „Alexander, Sohn des Simon" (in Griechisch) nur sehr grob in das Ossuarium eingeritzt wurde, sind „Alexander" und „Alexander von Kyrene" (in Hebräisch) wesentlich sorgfältiger gearbeitet.

Verhörte er Jesus?

1990 wurde südlich von Jerusalem ein Grab mit zahlreichen Ossuarien entdeckt. Ein sehr schön gestalteter Steinsarg trägt an zwei Stellen die Inschrift „Josef, Sohn des Kaiphas". Nun erwähnt der Zeithistoriker Josephus namentlich einen Josef Kaiphas als Mitglied der hohenpriesterlichen Familie, was den leitenden Archäologen bei der Grabung vermuten ließ, auf die Grabstätte jenes Kaiphas gestoßen zu sein, der in das Gerichtsverfahren um Jesus verwickelt war (Mt. 26,57; Jh. 11,49-51; 18,13.14). Ohne nähere Informationen über die familiären Zusammenhänge kann diese Vermutung aber noch nicht als gesichert gelten.

Störe nicht die Totenruhe

„Anordnung des Kaisers" stand auf dem Marmorblock in dem Pariser Museum, die dem Historiker Michael Rostovtzeff auffiel, als er durch die Antikensammlung schlenderte. Eine „Anordnung des Kaisers" mußte von Wichtigkeit sein, stellte er interessiert fest und las kurzentschlossen weiter:

„Es ist mein Wille, daß Gräber und Grüfte für immer ungestört bleiben ... Der Respekt vor denjenigen, die beerdigt wurden, ist äußerst wichtig; niemand soll sie auf irgendeine Weise stören. Tut es jemand dennoch, soll er ... hingerichtet werden."

Irgendwo hatte man wohl Grüfte geöffnet und damit die Aufmerksamkeit des Kaisers erregt. Woher kam die Tafel? Welcher Kaiser hatte diese Anordnung gegeben?

Als der Wissenschaftler 1930 die Bedeutung der Inschrift erkannte, befand sich der Stein schon in der Bibliothèque Nationale in Paris. 1925 war er als Teil einer Privatsammlung dem Museum gestiftet worden. Der ursprüngliche Eigentümer hatte seine Schätze von niemandem begutachten lassen und nur einen

kurzen Vermerk zu dem Stein mitgeliefert: „Marmortafel, 1878 aus Nazareth überstellt".

Eine kaiserliche Anordnung aus Nordpalästina, die Grabräuberei verbietet, mag auf den ersten Blick nicht sehr bemerkenswert erscheinen, doch im Vergleich mit anderen griechischen Inschriften erkannte man: Die Form der Buchstaben deutet auf das erste Jahrhundert n.Chr. hin.

Vielleicht steht die Inschrift tatsächlich in Zusammenhang mit der Auferstehung Jesu, wie einige Wissenschaftler behaupten: Sie nehmen an, daß Kaiser Claudius (41-54 n.Chr.) mit seinem strikten Verbot versuchte, der christlichen Lehre ein Ende zu bereiten. Wenn nämlich die Behauptung der Juden zutraf, daß „seine Jünger in der Nacht kamen und ihn stahlen" (Mt. 28,31), dann

konnten die Anhänger Jesu wegen Grabräuberei bestraft werden!

Eine weitere Hypothese bringt die Anordnung aus Nazareth sogar in einen noch engeren Zusammenhang mit dem Tod Jesu. Einige Forscher vermuten, Pilatus habe mit Kaiser Tiberius Rücksprache gehalten, wie er mit der Behauptung der Christen umgehen soll, das Grab Jesu sei leer. Ein Teil der kaiserlichen Antwort sei dann in Nazareth, der Heimatstadt Jesu, öffentlich kundgegeben worden. In jedem Fall wäre dann die Tafel das früheste Zeugnis für die zentrale Aussage des christlichen Glaubens. Sie wäre der Beweis dafür, daß die römische Regierung sich mit Berichten über die Auferstehung befassen mußte.

Hypothesen wie diese sind so attraktiv, daß man leicht die weniger passenden Tatsachen übersieht. Niemand weiß genau, wo der Stein wirklich gefunden wurde. Es könnte durchaus Nazareth gewesen sein, doch der Finder könnte ihn auch von weit her an diese Stelle gebracht haben, um ihn an christliche Pilger zu verkaufen. Deshalb kann man den Stein nicht sicher mit den ersten Christen in Verbindung bringen. Denn wenn der Stein nicht in Judäa hergestellt und erst später nach Norden an den Fundort transportiert wurde, kann er nicht von Pontius Pilatus in Auftrag gegeben worden sein. Galiläa (und damit auch Nazareth) gehörte zum Königreich des Herodes Antipas,

Auf dieser Marmorplatte steht das sogenannte Nazareth-Dekret des Kaisers gegen die Grabräuberei. Der Stein mißt 60 x 37,5 cm und steht heute in der Bibliothèque Nationale in Paris.

WO IST DAS GRAB JESU? / 135

und Rom hatte so wenig Einfluß (vgl. Lk. 23,6.7), daß selbst ein kaiserliches Dekret unter der Regentschaft des Antipas (bis 39 n.Chr.) wohl kaum aufgestellt worden wäre. Also hat wohl doch Kaiser Claudius nach 39 das Gesetz erlassen.

Grabräuberei gibt es, seitdem Menschen ihre Toten mit wertvollen Beigaben bestatten. Zeugnis hiervon geben beispielsweise die „Königlichen Gräber" im babylonischen Ur (ca. 2500 v.Chr.), die leeren Pyramiden sowie das Tal der Könige in Ägypten. Um die Grabräuberei zu unterbinden, wurde alles nur Erdenkliche versucht. Oftmals wurden Flüche auf das Grab geschrieben, um Eindringlinge abzuschrecken. Das griechische und römische

Recht enthielt Regelungen gegen die Störung der Totenruhe, auch bei den Juden galt sie als gottlos. Und die Anordnung des Kaisers zeigte dort ihre Wirkung, wo Soldaten das Recht durchsetzen konnten.

Aus dem Nazareth-Dekret wird ersichtlich, daß damals Grabräubereien in so großem Umfang an der Tagesordnung waren, daß der Kaiser eingreifen mußte. Der Stein veranschaulicht, wie ernst die römische Administration das Verbrechen nahm, und wie streng sie Zuwiderhandlungen bestrafen wollte. Betrachtet man ausschließlich die tatsächlichen Gegebenheiten – die Aufrichtung dieses Steines irgendwo in Galiläa –, dann lassen sich

keinerlei Gründe dafür finden, die Inschrift mit der Lehre von der Auferstehung Christi in Verbindung zu bringen. Wie dem auch sei, er unterstreicht jedenfalls die Unhaltbarkeit der Anklage, die Jünger hätten den Leichnam Jesu geraubt. Denn wären glaubhafte Indizien vorhanden gewesen, hätten jüdische und auch römische Institutionen entsprechende Maßnahmen gegen die Jünger ergreifen müssen, die immerhin eines todeswürdigen Verbrechens beschuldigt wurden.

Ein Pilger berichtet

Niemand kann mit Sicherheit sagen, daß die Grabeskirche in Jerusalem genau über dem Grab Jesu errichtet wurde. Das von den Christen im vierten Jahrhundert gefundene Grab ist heute nicht mehr zu sehen, da die Männer von Kalif Hakim im Jahr 1009 alles mit Hämmern und Pickeln schwer beschädigten. Unter den Pilgern, die es zuvor mit eigenen Augen sahen, war ein Mann namens Arculf, der etwa im Jahr 680 von Frankreich aus in das Heilige Land reiste. Er berichtet: Im Grab gab es „ein einziges Fach, das sich von der Kopf- bis zur Fußseite ohne Unterteilungen er-

streckte und das eine auf dem Rücken liegende Person aufnehmen konnte. Es ist wie eine Höhle, deren Öffnung auf den südlichen Teil des Grabes zeigt, und hat ein niedriges Dach."

Arculfs Beschreibung paßt sehr gut zu einem Grab

der teureren Art aus dem ersten Jahrhundert: Eine gewölbte Wandvertiefung oder einen Sarg für den Leichnam konnte die Grabstätte eines reichen Mannes wie Josef von Arimathia sehr gut haben. Wieder einmal muß das Urteil

über die Grabeskirche „möglich, aber nicht sicher" lauten.

In einigen der großen Gräber aus dem 1. Jahrhundert n.Chr., die man in der Gegend von Jerusalem fand, wurde der Leichnam in eine gewölbte Wandnische, ein sogenanntes „arcosolium" gelegt. Nur selten war der Boden zusätzlich noch in Form eines Sarges ausgehöhlt.

Das Geheimnis des Turiner Grabtuchs

Tausende von Pilgern reisen jährlich in das italienische Turin, um in der Kathedrale zu beten. Sie kommen, weil in Turin das angebliche Grabtuch Jesu liegt. Doch eine kürzlich durchgeführte wissenschaftliche Untersuchung gibt das Alter des Tuches mit nur rund 700 Jahren an. Trotz alledem wird das Grabtuch hier erwähnt. Es zeigt beispielhaft einige Probleme auf, mit denen Wissenschaftler bei der Untersuchung von vor langer Zeit hergestellten Dingen zu kämpfen haben.

1898 wurde einem italienischen Fotografen ein besonderes Privileg zugebilligt: Er durfte das erste Foto vom Turiner Grabtuch machen. Betrachtet man das 4,34m lange und 1,09m breite gelbliche Leinenstück bei Tageslicht, erkennt man schattenhafte Flecken, die wie die Vorder- und Rückseite eines Mannes aussehen. Als der Fotograf seine Platte entwickelte, war er erstaunt: Er hatte ein wesentlich detaillierteres Bild aufgenommen, als er mit eigenen Augen gesehen hatte. Es schien, als ob der Stoff ein Negativ war, von dem er einen Abzug angefertigt hatte. Spätere Aufnahmen zeigten dasselbe Ergebnis.

Was ist nun das Turiner Grabtuch? Die Geschichte des Tuchs kann man bis ungefähr ins Jahr 1350 zurückverfolgen. Ein französischer Ritter, der in der Nähe von Troyes lebte, ist der damalige Eigentümer. 100 Jahre später übergab es seine Enkelin dem Herzog von Savoyen. 1532 wurde es dann bei einem Feuer in der Kirche von Chambéry beschädigt. Schließlich brachte es der Herzog von Savoyen 1578 nach Turin, wo es noch heute in der Kathe-

drale „Johannes der Täufer" in Verwahrung ist.

Über die frühere Geschichte des Tuches weiß man nichts Genaues. Hier und da wird angenommen, daß es keine weitere Geschichte hat. Als das Grabtuch erstmals in Troyes ausgestellt wurde, bezeichnete es der dortige Bischof als Fälschung. Er kannte den Künstler, der zugegeben hatte, es angefertigt zu haben. Einige andere behaupteten dasselbe, doch man nahm sie nicht ernst.

Es gibt aber auch Berichte über ein Grabtuch Jesu in Konstantinopel, das im Jahr 1203 verschwand, als die Kreuzritter die Stadt plünderten. Bei dem Tuch von Troyes könnte es sich um das verschwundene handeln. Bereits 600 Jahre zuvor bezeichnete man ein Stofftuch, das den Abdruck eines Gesichts aufwies, als Grabtuch Jesu. Diese Reliquie lag in Edessa, dem heutigen Urfa, nicht weit entfernt von Haran in der südlichen Türkei. Eine Legende besagt, daß es von einem der Jünger Jesu kurz nach der Kreuzigung dorthin gebracht wurde. War das Tuch aus Edessa dasselbe wie das Turiner Grabtuch? Beweisen kann es zur Zeit niemand, da die Geschichte zu viele Lücken aufweist.

Jahrelang baten Wissenschaftler um ein Stoffteilchen des Turiner Tuchs, um daran eine Altersbestimmung mit Hilfe der Radiokarbonmethode durchzuführen. (Alle lebenden Dinge enthalten die radioaktiven Substanzen Kohlenstoff 12 und Kohlenstoff 14. Sterben sie, so zerfällt Kohlenstoff 14 mit einer gleichmäßigen Geschwindigkeit, wobei meßbare Partikel abgegeben werden. Diese werden nun gezählt und

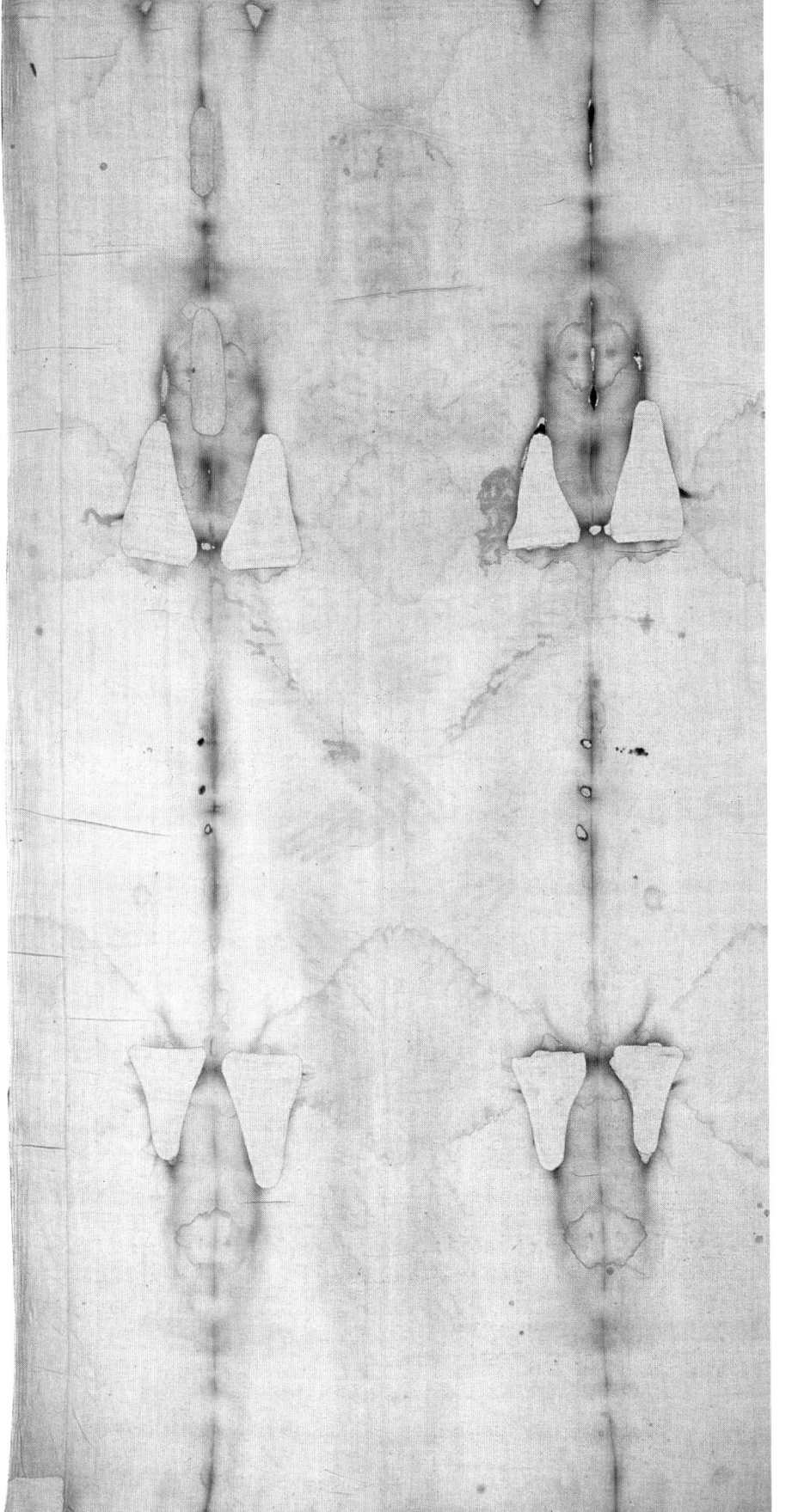

Der Leichnam wurde auf die eine Hälfte des Grabtuches gelegt, dann faltete man die andere Hälfte über den gesamten Körper und deckte ihn zu. Diese Fotografie der oberen Tuchhälfte läßt deutlich rotbraune Blutflecken erkennen.

138 / DER TOD UND DIE BESTATTUNGSFORMEN

der Anteil des zerfallenen Materials läßt sich durch Vergleiche mit dem Anteil des stabilen Kohlenstoff 12 errechnen. So kann der Zeitpunkt bestimmt werden, wann das betreffende Objekt starb.) Die erforderliche Probe mußte einige Quadratzentimeter groß sein. Da die Eigentümer des Tuches befürchteten, das Herausschneiden eines so großen Stückes würde es zu sehr beschädigen,

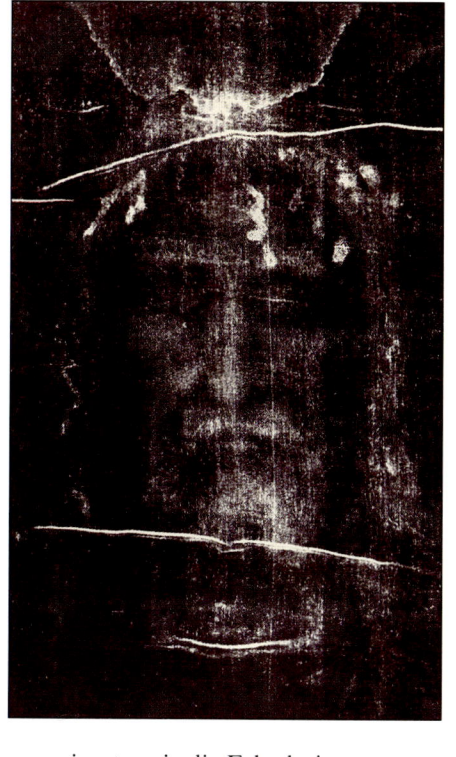

Fotografien des Turiner Grabtuches geben eine Person wieder wie auf einem Film-Negativ.

---

* Anmerkung zur deutschen Übersetzung: Die Umstände des Radio-Karbontests werfen so viele Fragen wissenschaftlicher und moralischer Natur auf, daß immer lauter eine Wiederholung unter wirklich kontrollierbaren Umständen gefordert wird (vgl. W. Bulst, Betrug am Turiner Grabtuch?, Frankfurt 1990).

verweigerten sie die Erlaubnis zur Untersuchung.

Als technische Weiterentwicklungen einen Test ermöglichten, für den man wesentlich kleinere Proben benötigte, willigten die Verantwortlichen ein. Die Proben wurden zusammen mit weiteren Fragmenten anderer Stoffe, von denen man jeweils wußte, daß sie aus dem ersten Jahrhundert und aus dem Mittelalter stammten, in drei Institute in Arizona, Oxford und Zürich geschickt. Die anderen Stoffe dienten quasi als Kontrollobjekte, die man den gleichen Tests unter denselben Bedingungen aussetzen wollte. Alle Proben

schickte man unetikettiert zu den Laboratorien, damit die Wissenschaftler nicht beeinflußt wurden. Erst nach Abschluß der Untersuchungen gab der Koordinator bekannt, welche Proben von dem Leinentuch stammten.

Im Oktober 1988 lagen die Ergebnisse vor. Die Resultate waren eindeutig – alle drei Institute waren sich einig. Jedes Fragment des Leinentuchs gab dieselbe Antwort: Der Stoff ist aus Flachs hergestellt, der zwischen 1260 und 1390 geschnitten worden ist. Eine Datierung in das erste Jahrhundert ist damit ausgeschlossen, ein harter Schlag für die Verehrer des Turiner Leichentuchs. Gibt es Hoffnung, daß die Altersbestimmung falsch ist? Zu einer derartigen Annahme besteht kein Anlaß. Die C 14-Methode ist in voneinander unabhängigen Laboratorien entwickelt und verbessert worden, wobei immer mehr Unsicherheitsfaktoren ausgeschlossen werden konnten. Bei ehemals belebter Materie, die nicht älter als 2000 Jahre ist, bleibt wenig Raum für Zweifel oder Fehler, denn die Wissenschaftler waren sich auch bei der Datierung der Kontrollobjekte einig.

Auch wenn die Altersbestimmung mit der C 14-Methode erbracht hat, daß das Turiner Grabtuch keine Reliquie aus dem ersten Jahrhundert ist, besteht natürlich weiterhin genug Interesse an einer genaueren Untersuchung.*

Glaube ist immer einfacher, wenn man Dinge zum Sehen und Anfassen hat. „Thomas der Zweifler" verdeutlichte das verständlich nach der Auferstehung Jesu: „Wenn ich nicht in seinen Händen die Nägelmale sehe und meinen Finger in die Nägelmale lege und meine Hand in seine Seite lege, kann ich's nicht glauben", sagte er (Jh. 20,25). So verwundert es nicht, daß die Menschen Reliquien von Märtyrern herstellten, die den Betenden bei ihrer Verehrung helfen sollten. Das erste Beispiel – aus dem zweiten Jahrhundert – mag die sorgfältige Bestattung der Knochen des betagten Märtyrers Polykarp in Smyrna sein, zu dessen Grab viele Christen pilgerten.

DAS GEHEIMNIS DES TURINER GRABTUCHS / 139

Dasselbe Bedürfnis nach einem sichtbaren Bindeglied zu Helden der Vergangenheit besteht auch in nicht-religiösen Fällen. Reiseunternehmen werden reich, indem sie Touristen zu Goethes Geburtshaus, zum Grab Napoleons oder George Washingtons Farmhaus führen. Persönlichkeiten aus der Geschichte kommen uns näher, wenn sie mit einem Ort oder einem Gegenstand in Verbindung gebracht werden können.

Im Mittelalter wurden Reliquien fast schon „auf Bestellung" hergestellt. Es behaupteten so viele Kirchen, Fragmente des Kreuzes Jesu zu besitzen, daß es hieß, es sei genug Holz, eine Galeone davon zu bauen! Und allein 40 „Grabtücher Jesu" wurden als Reliquien verehrt.

Was macht nun das Turiner Tuch so einzigartig?

Zunächst sind da die Einzelheiten: Abgebildet ist der Körper eines Mannes von 1,78 m Größe (13 cm mehr als die Durchschnittsgröße von Skeletten aus jüdischen Gräbern des ersten Jahrhunderts). Über das Abbild des Körpers verteilt befinden sich rötliche (Blut-)Flecken. Sie stimmen mit den in der Passionsgeschichte beschriebenen Wunden Jesu überein. Kleinere Flekken finden sich dort, wo der Rücken auflag, was zum Bericht über die Geißelung paßt. Für einige Christen reichte dies aus. Der auf dem Tuch abgebildete Mensch war wie Jesus gekreuzigt worden. So mußte dies auch sein Grabtuch sein.

Nicht für jeden war der Fall so klar, man mußte Erklärungen für die Flekken auf dem Tuch finden. So sind, besonders seit 1978, zahlreiche Tests mit dem Ziel durchgeführt worden, so viel wie möglich über das Grabtuch herauszufinden. Doch es kamen noch weitere Rätsel zum Vorschein.

Waren die rötlichen Male auf dem Stoff wirklich Blutflecken? Einer der Wissenschaftler behauptete, es seien Farbflecken, andere erklärten, die Partikel hätten Eigenschaften einer organischen Substanz, was manche zur Schlußfolgerung brachte, daß es sich doch um Blut handele. Bei der Unter-

suchung der Rückseite des Tuchs erkannte man, daß die Flecken das Material durchtränkt hatten, sich das Abbild des Körpers dagegen nur auf der Oberfläche befindet.

Doch wenn man davon ausgeht, daß es tatsächlich Blutflecken sind, wie kamen sie dann auf das Grabtuch? Blut gerinnt schnell, und die Geißelung fand noch vor der Kreuzigung statt. Gerichtsmediziner und Pathologen, die Erfahrungen mit Opfern von Verbrechen und Unfällen hatten, konnten zwei Möglichkeiten nennen: Ein Mensch, der an den Handgelenken aufgehängt wird, sondert große Mengen Schweiß ab, wodurch Wunden feucht gehalten werden können. Die andere beruht auf dem Bericht des Johannes über Nikodemus, der eine große Menge Myrrhe und Aloe brachte, mit denen er den Körper Jesu behandelte (vgl. Jh. 19,39.40). Die öligen und fettigen Substanzen können den Gerinnungsprozeß des Blutes verlangsamt haben.

Andere Tests haben faszinierende Resultate erbracht. Ein Schweizer Wissenschaftler untersuchte die Pollen, die sich in dem Material verfangen hatten. Er fand Samen von Pflanzen, die im östlichen Mittelmeerraum wachsen, auch solche aus der Region des Toten Meeres. Allerdings fehlen Pollen von dem dort weit verbreiteten Ölbaum.

Verschiedene Partikel in den Fasern des Leichentuchs haben die gleiche chemische Zusammensetzung wie der Sandstein in Jerusalem. Ein Kristallograph und ein Archäologe vermuten, daß die hohe Temperatur des gekreuzigten Leibes eine Reaktion mit dem alkalischen Sandstein des neuen Grabes bewirkte. Diese Reaktion rief dann auch die gelbliche Abbildung des Körpers auf der Oberfläche des Leichentuchs hervor.

Wissenschaftler sind der Ansicht, daß die Körperform nicht auf das Tuch aufgemalt worden ist. Röntgenaufnahmen zeigen keine der in Farben als Grundstoffe verwendeten Substanzen wie beispielsweise Blei.

Weitere Tests wurden mit einem

140 / DER TOD UND DIE BESTATTUNGSFORMEN

Bild-Analysegerät durchgeführt. Bei der Analyse der Bilder des Grabtuchs produzierte das Gerät dreidimensionale Aufnahmen der Vorder- und Rückseite des Körpers, was bei einer Farbgrundlage nicht möglich gewesen wäre.

Die Aufnahme des Gesichts offenbarte in fünffacher Vergrößerung ein rundes Mal auf jedem Auge. Einer der Wissenschaftler erklärte, auf dem rechten Auge den Teil einer Aufschrift zu erkennen, die von einer Münze des Pontius Pilatus stamme: jene Münze mit dem Augurenstab auf der Rückseite (siehe: *Keine Rücksicht auf die Juden: Pilatus*). Doch einem Leichnam eine Münze auf das Auge zu legen, war im ersten Jahrhundert in Judäa nicht üblich. Auch sind dem Autor die Reproduktionen der Aufschrift alles andere als überzeugend.

Berücksichtigt man all diese Punkte, stellt sich weiter die Frage, ob das Turiner Grabtuch irgendeine Ähnlichkeit mit dem Tuch hat, das Josef von Arimathia nahm, um den Leib Jesu darin einzuwickeln. Den Verfassern der Evangelien kam es nur auf seine Lage in dem leeren Grab an, womit der Beweis erbracht war, daß Jesus nicht mehr dort war. Unter den Umständen der ersten Ostertage ist es anzuzweifeln, daß einer der Freunde Jesu noch einmal zurückkam und das Grab aufräumte. Bereits benutzte Grabgewänder aufzuheben hätte auch der jüdischen Sitte widersprochen, da sie als unrein galten.

Nun sind die Evangelien in ihrer Beschreibung der Bestattung nicht sehr präzise. Matthäus, Markus und Lukas berichten übereinstimmend, daß Josef ein Stück Leinen brachte. Johannes schreibt, daß er mehrere Leinentücher benutzte und daß Petrus, als er an dem Sonntag ins Grab schaute, „... das Schweißtuch, das Jesus um das Haupt gebunden war ..." sah (Jh. 20,6.7). Die Beschreibung des Johannes entspricht dem Wissen über die jüdischen Bestattungsbräuche; auch mit Lazarus war so verfahren worden (Jh. 11,44).

Der Körper war bekleidet, Hände und Füße zusammengebunden, damit sie in der normalen Stellung liegen blieben. Der Kopf war mit einer Bandage unter dem Kinn versehen, die das Aufklappen des Unterkiefers verhindern sollte. Der gekreuzigte Jesus trug jedoch keine Kleider, sie waren ihm von den Soldaten genommen worden. Josef hatte Ersatz besorgt, vielleicht ein Grabtuch. Die Leinenstücke aus dem Johannesevangelium könnten ebenfalls damit gemeint sein. Nicht notwendigerweise waren es Leinenstreifen oder Binden, wie es in einigen Übersetzungen heißt. Wenn diese Rekonstruktion richtig ist, müßten sich die Abdrücke der Bandagen um Hände, Füße und Kopf auf dem Turiner Leichentuch abzeichnen.

Das tun sie jedoch nicht. Wäre das Tuch festgebunden gewesen, hätte es Falten geben müssen, was jedoch nicht der Fall ist. Es lag nicht eng am Körper an, da man die eigentliche Beerdigung erst nach dem Passafest durchführen wollte. Danach wäre der Leichnam sorgfältiger eingewickelt worden.

Was hat dazu geführt, im Mittelalter eine solche Reliquie zu schaffen? Vielleicht werden zukünftige Untersuchungen eine Antwort bringen. Die bisher überzeugendste Hypothese besagt, daß ein Kreuzfahrer ein Tuch von seinen Reisen mit nach Hause brachte, in das ein schwer verwundeter Mann eingewickelt worden war. Diese Vermutung stimmt mit den Indizien überein, wenngleich die Ursachen für die abgebildeten Male nicht völlig zu erklären sind. Die Wissenschaft kann viele seltsame Dinge auf dieser Welt noch nicht richtig deuten, und das Turiner Grabtuch bleibt sicher eines davon.

Die katholische Kirche hat nie offiziell die These vom Turiner Grabtuch unterstützt. Wie alle anderen Reliquien, sollte es eine Hilfe zum Glauben sein, nicht Glaubensgrund. Die Feststellung, daß das Tuch nicht 2000 Jahre alt ist, mag manche Christen enttäuschen, doch sollte es nicht ihren Glauben ins Wanken bringen. Viel wichtiger ist die Person, deren Grabtuch es gewesen sein soll.

Fünftes Kapitel

Bekannte Autoren

Wann passierte dieses und warum jenes? Was für ein Mensch war dieser Mann? Geschichtsschreibung versucht, die Vergangenheit zu beschreiben und zu erklären. Das ist keine moderne Erfindung. Im ersten Jahrhundert schrieb Flavius Josephus Bücher, um die Gründe für den jüdischen Aufstand gegen Rom aufzuzeigen und um seinen römischen Freunden über den Glauben und die Vergangenheit seines Volkes zu berichten.

Zusammen mit den Schriften anderer jüdischer, griechischer und römischer Geschichtsschreiber des ersten und zweiten Jahrhunderts helfen uns seine Bücher, den historischen Hintergrund der Evangelien besser zu verstehen. Sie ergänzen die Fakten über die Karrieren von Königen und Herrschern mit Zusatzinformationen, in denen sich die Ansichten aufmerksamer Beobachter widerspiegeln. Sie klären viele Umstände, die den ersten Lesern der Evangelien geläufig waren, uns jedoch meist unbekannt sind.

Römerinnen ließen sich gern bei Schreibarbeiten porträtieren.
Diese junge Frau aus Pompeji scheint sorgfältig nachzudenken, bevor
sie etwas auf ihre Holztafel niederschreibt.

Philo – ein Philosoph aus Alexandria

Allen in den Hafen von Alexandria einlaufenden Schiffen wies der Leuchtturm auf der Insel Pharos den Weg. Die um 188-189 n.Chr. von Kaiser Commodus geprägte Münze zeigt das in antiker Zeit als Weltwunder bezeichnete Bauwerk.

Alexander der Große begann seinen Eroberungsfeldzug im Jahr 334 v.Chr. in Makedonien. 332 eroberte er Ägypten und machte sich im Jahr darauf zum Herrscher des persischen Reiches. Überall in seinem Herrschaftsgebiet gründete er griechische Städte und siedelte Soldaten an, um auf diese Weise die griechische Sprache und Lebensart so weit wie möglich zu verbreiten. Eine damals gegründete und nach dem Feldherrn benannte Stadt ist heute noch eine ägyptische Großstadt: Alexandria. Alexander hatte sie 331 v.Chr. selbst auf einer Landenge zwischen einem See und dem Meer anlegen lassen, ein idealer Platz für den Hafen, der später zum wichtigsten Umschlagplatz für den Getreidetransport nach Rom wurde.

Alexander starb 323 v.Chr., sein Sohn und Erbe wurde noch als Jugendlicher umgebracht. Das Reich teilten sich drei seiner Generäle. Seleukos krönte sich 312 v.Chr. selbst zum König von Syrien und Babylonien. Sieben Jahre später erklärte sich Ptolemäus zum König von Ägypten und wählte Alexandria zu seiner Hauptstadt. Die Dynastie der Ptolemäer herrschte bis zum Jahr 30 n.Chr., als Octavian (der spätere Kaiser Augustus) Mark Anton und seine Geliebte Cleopatra mit ihrem Sohn, dem fünfzehnten Ptolemäus, besiegte. Ägypten wurde als römische Provinz von Alexandria aus regiert.

Alexandria war noch immer eine griechisch geprägte Stadt, in der viele Bürger griechische Vorfahren hatten. Sie sprachen und schrieben Griechisch, spielten griechische Theaterstücke, übten griechische Sportarten aus und verehrten griechische Gottheiten.

Alexandria war neben Athen das Zentrum der griechischen Kultur. In der Bibliothek standen 500 000 auf Papyrusrollen geschriebene Bücher. Von jedem erhältlichen Buch versuchten die Bibliothekare ein Exemplar im Bestand zu haben. In einem Forschungszentrum durften Gelehrte aus der ganzen Welt auf Kosten des Königs leben und studieren.

Natürlich lebten auch Ägypter in Alexandria. Sie übernahmen die griechische Lebensart und begannen, statt der komplizierten ägyptischen Hieroglyphen für die eigene Schriftsprache die Buchstaben des griechischen Alphabets zu verwenden. Außerdem lebten nirgendwo mehr Juden außerhalb Palästinas als in Alexandria. Sie bewohnten zwei von fünf Stadtteilen und paßten sich ebenfalls der griechischen Gesellschaft an – auch wenn sie die wichtigsten Gesetze und Feste ihrer eigenen Religion noch beibehielten. Mit der Zeit lernten immer weniger von ihnen Hebräisch, mit der Zeit verstand kaum noch jemand die hebräische Schriftlesung in der Synagoge. Konsequent übertrugen jüdische Gelehrte noch vor 250 v.Chr. das Gesetz, die fünf Bücher Mose, ins Griechische. Andere Bücher des Alten Testaments folgten und wurden zur sogenannten „Septuaginta" zusammengefaßt.

Die griechische Bibel mag vielen Juden geholfen haben, ihre Religion zu bewahren, doch für manchen war die Spannung zwischen jüdischer Tradition und griechischer Kultur zu groß. Man übernahm die griechische

PHILO – EIN PHILOSOPH AUS ALEXANDRIA / 143

Lebensweise. Als die Römer die Kontrolle über Ägypten übernahmen, erlaubten sie den in Alexandria lebenden praktizierenden Juden, als anerkannte Gemeinschaft ihren Kult zu pflegen. Dieselben Rechte wie den griechischen oder römischen Bürgern wurden ihnen aber anscheinend nur zugestanden, wenn sie ihre jüdische Gesinnung aufgaben. Einige Juden taten dies. Einer von ihnen brachte es schließlich bis zum römischen Statthalter von Palästina in den Jahren 46 bis 48 n.Chr.; später wurde Tiberius Julius Alexander, dessen Vater die mit Gold und Silber beschlagenen Tore für den Tempel des Herodes stiftete, sogar Präfekt von Ägypten (66-69 n.Chr.).

Sein Verhalten verstimmte alle Juden, die das Gesetz des Mose genau einhalten wollten. Besonders verärgert war sein Onkel Philo, der von etwa 20 v.Chr. bis 45 n.Chr. lebte. Er war Philosoph und leitete die jüdische Gemeinschaft in Alexandria. Er versuchte vor allem, die jüdische Religion und Lebensweise so darzustellen, daß gebildete Griechen sie verstehen konnten. Indem er Kernaussagen der griechischen Philosophen mit den jüdischen Traditionen verknüpfte, schlug er eine Brücke zwischen zwei gänzlich unterschiedlichen Gedankenmustern über Gott und die Welt. Seine Bücher sollten den Juden helfen, griechische Denkart mit dem jüdischen Glauben zu verbinden. Vielleicht hat Philo einige Bücher an seinen Neffen geschickt, um ihn so umzustimmen.

Die 16 religiösen und philosophischen Bücher Philos sind die einzigen erhaltenen jüdischen Schriften dieser Art aus der Zeit der Evangelien. Sie zeigen ein Denkschema, das sich von dem der Rabbiner unterscheidet, und sie lassen einige der Ansichten erkennen, mit denen sich die ersten Christen auseinandersetzen mußten, als sie den griechischen Juden von Jesus predigten.

In den Schriften Philos finden sich mehrere Ausdrücke, die auch im Neuen Testament auftauchen. Einer ist „das Wort" (logos), die Kraft, die Gott und Mensch miteinander verbindet.

Obwohl Philos Gedankengang auf den ersten Blick dem Anfang des Johannesevangeliums ähnelt, sind bei näherem Hinsehen doch Unterschiede festzustellen. Philos „Wort" war das Ebenbild Gottes und des vollkommenen menschlichen Geistes, umschrieb jedoch auch die Gesamtheit des verstandesmäßig faßbaren Weltalls. Philo war der Ansicht, daß der Körper verdorben und hinderlich sei bei der

Erkenntnis Gottes. Im Gegensatz dazu konnte Johannes sagen: „Und das Wort ward Fleisch und wohnte unter uns", nicht als Idee oder beeinflussende Kraft, sondern als Mensch gewordener Sohn Gottes (vgl. Jh. 1,14.17.18). Der Hebräerbrief im Neuen Testament verwendet eine Sprache und Gedankenstrukturen, die viel mit Philo gemein haben, auch wenn der christliche Verfasser mit ihnen eine Botschaft über Gottes Offenbarung verkündet, die sich sehr von der Philos unterscheidet.

Philosophen haben gerne Frieden, um denken und schreiben zu können.

Die Juden von Alexandria übersetzten sich die hebräische Bibel (das Alte Testament) zum Eigengebrauch ins Griechische. Die abgebildeten Fragmente stammen von der ältesten erhaltenen Ausgabe etwa aus der Zeit um 100 v.Chr. Der Name Gottes (in deutschen Bibelausgaben häufig mit Jahwe wiedergegeben) wurde in Hebräisch belassen, wie man in Zeile sechs unschwer erkennen kann. Gelesen wurde an dieser Stelle das Wort „Herr".

144 / BEKANNTE AUTOREN

Alexandria wurde nach seinem Gründer, Alexander dem Großen, benannt. Die Lage auf einer Landenge zwischen dem Mariut-See und dem Mittelmeer war ideal für eine große Hafenanlage, die auch heute noch ihre Bedeutung hat.

Am Ende seines Lebens, 38 n.Chr., wurde der Friede Philos erschüttert. Flaccus hatte fünf Jahre lang Ägypten verwaltet; Kaiser Tiberius, der ihn ernannt hatte, war ein Jahr zuvor gestorben, und Flaccus fühlte sich in seiner Stellung bedroht. Als der neue Kaiser Gaius Caligula alle wichtigen Personen am Hofe des Tiberius hinrichten ließ, hatte Flaccus keinen einzigen einflußreichen Freund mehr in Rom. Noch schlimmer war jedoch, daß ein Grieche, dessen politische Schachzüge Flaccus in Alexandria vereitelt hatte, sich die Gunst Caligulas sicherte. Der Grieche kehrte nun samt seinen Anhängern wieder in die Stadt zurück und bot an, Flaccus vor dem Mißfallen des Kaisers zu schützen. Diese Hilfe hatte natürlich ihren Preis. Flaccus sollte den Griechen eine Vorrangstellung gegenüber den Juden in Alexandria einräumen.

Anscheinend wollten die Juden sich die Vorteile der griechischen Bürgerschaft sichern (von denen einer darin bestand, weniger Steuern zahlen zu müssen), ohne die Pflichten zu akzeptieren, die ihrem religiösen Glauben zuwider liefen, während die Griechen offenbar der Ansicht waren, daß man den Juden bereits genügend Privilegien einräume.

Flaccus hatte Angst, die griechischen Vorschläge abzulehnen. So wie Pontius Pilatus mußte er etwas tun, um „Freund des Kaisers" zu werden. Als der griechische Mob begann, gegen Synagogen vorzugehen, verhielt sich Flaccus still und tat nichts. Im Gegenteil, die Juden durften nur noch in einem Stadtviertel leben: das erste Ghetto entstand. Das Verhalten des Römers ermutigte natürlich die antijüdisch eingestellte Menge, mit ihren Angriffen fortzufahren. Viele Juden wurden getötet und manche Synagoge in Brand gesteckt.

Im August 38 kam die Wende. Eine Abteilung Soldaten verhaftete Flaccus und brachte ihn nach Rom. Gerade diejenigen, die er auf Kosten der

PHILO – EIN PHILOSOPH AUS ALEXANDRIA / 145

Juden für sich einnehmen wollte, hatten ihn beim Kaiser verklagt. Er wurde ins Exil geschickt und schließlich ermordet. Philo und seine Freunde priesen Gott, daß er sie auf diese Weise gerettet hatte.

Philos Buch „Gegen Flaccus" erzählt jene Geschichte. Es enthüllt die Probleme, denen die Juden in der heidnischen Gesellschaft ausgesetzt waren, Schwierigkeiten, mit denen auch die ersten Christen konfrontiert wurden. Es zeigt eindrücklich, auf welche Weise ein Interessenverband einen römischen Statthalter dazu zwingen konnte, wider bessere Einsicht zu handeln, so wie es etwa die Priester in Jerusalem bei der Verhandlung über Jesus getan hatten (Jh. 19,12-16).

In seinem Buch „Die Mission zu Gaius" berichtet Philo von seiner Reise mit fünf jüdischen Gemeindeältesten zu Kaiser Gaius Caligula, um die alexandrinischen Juden vor den Intrigen der Griechen zu schützen. Sie trafen im Frühjahr des Jahres 40 mit Caligula zusammen, der ihnen jedoch keine Antwort zukommen ließ. Im Sommer gab er statt dessen die Anweisung, eine Statue von ihm, hergerichtet als Gott Zeus, im Tempel in Jerusalem aufzustellen. Der Statthalter von Syrien, Petronius, verzögerte vernünftigerweise die Ausführung des Befehls, da er immense Schwierigkeiten erwartete. Aus verschiedenen Gründen kam es dann doch nie zur Errichtung der Statue.

Noch im selben Jahr hörte Gaius die zwei Parteien aus Alexandria erneut an, brachte es aber wieder nicht fertig, eine Lösung zu finden. Am 24. Januar 41 wurde Caligula erstochen und sein Onkel Claudius zum Kaiser ernannt.

Dieser gab den Juden sehr bald ihre alten Rechte in der Stadt zurück. Gleichzeitig wies er sie aber an, nichts zu fordern, was ihnen nicht zustand. Dieser Papyrus-Brief des Kaisers an die alexandrinischen Juden ist uns erhalten geblieben. Das Ende des Buches „Die Mission zu Gaius" ist nicht überliefert. Der Vergleich mit „Gegen Flaccus" führte Wissenschaftler zu der Annahme, daß der letzte Teil den Tod Caligulas beschrieb und ihn als Handeln Gottes zugunsten des jüdischen Volkes erklärte.

Philo vergleicht das Verhalten Gaius Caligulas mit der besonnenen, umsichtigen Reaktion von Augustus und Tiberius. In dem Buch ist ein Brief überliefert, den Herodes Agrippa schrieb, um die Aufmerksamkeit des Kaisers auf die Reaktion des Tiberius zu richten, als Pontius Pilatus gegen alle Sitte die vergoldeten Schilde nach Jerusalem brachte (siehe: *Gewiß kein Heiliger*). Obgleich er in Alexandria wohnte, war Philo über die Ereignisse in Judäa informiert. Seine Berichte sind wertvolle Zusatzinformationen zu Josephus und dem Neuen Testament.

Die Bücher Philos waren – wie die meisten philosophischen Bücher – nie Bestseller, und doch gerieten sie nicht in Vergessenheit. Mit der Ausbreitung des Christentums wurde die Auseinandersetzung mit griechischem Gedankengut immer wichtiger. Die Bemühungen Philos, dasselbe für den jüdischen Standpunkt zu tun, beeinflußte einige der christlichen Denker, unter anderem Augustinus. Deshalb kopierten auch christliche Schreiber Philos Werke. Einige Schriften wurden ins Lateinische und sogar ins Armenische übersetzt.

Josephus – Verräter oder Patriot?

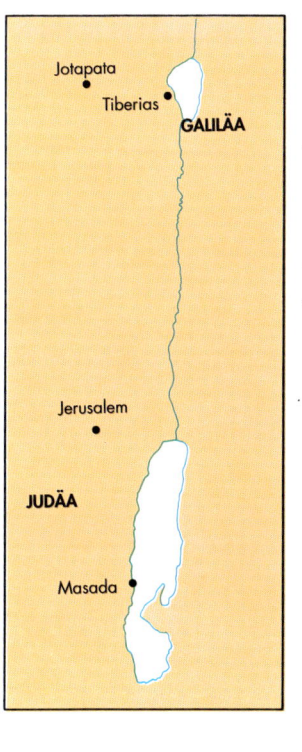

Es war nur eine Handvoll Patrioten, die der gut organisierten Kriegsmaschinerie gegenüberstanden. Hatte es überhaupt Sinn, gegen eine so starke Armee zu kämpfen? Wäre es nicht besser, sich zu ergeben und so viele wie möglich zu retten? Das waren die geheimen Gedanken eines 30jährigen jüdischen Kommandeurs mit Namen Josephus. 67 n.Chr. befehligte er den Widerstand gegen Rom in Galiläa von der belagerten Stadt Jotapata aus. Es half alles nichts, er mußte seine Gedanken für sich behalten und seine Männer anspornen.

Nach 47 Tagen fiel die Stadt. Josephus und 40 Männer versteckten sich in einer Höhle, nachdem sie geschworen hatten, sich eher gegenseitig zu töten, als sich zu ergeben. Josephus gelang es, als einer der letzten zwei übrig zu bleiben, und überredete den anderen Mann, sich gemeinsam den Römern zu ergeben. Statt den Führer der Aufständischen hinzurichten, stellte ihn der römische General Vespasian lediglich unter scharfen Arrest.

Josephus war ein sehr kluger und überzeugender Mann. In einer privaten Unterredung mit Vespasian sagte er ihm die römische Kaiserwürde voraus. Als dies im Sommer 69 Wirklichkeit wurde, entließ Vespasian Josephus aus der Gefangenschaft. Der neue Herrscher begab sich nach Rom, um seinen Anspruch zu sichern, und ließ seinen Sohn Titus in Judäa zurück, der dort den Krieg weiterführen sollte. An seine Seite stellte er ihm Josephus als Berater. Natürlich versuchten die Juden, den Verräter in die Hände zu bekommen. Auch einige Römer

hatten – ganz im Gegensatz zu Titus – kein Vertrauen zu ihm.

Josephus mußte mit ansehen, wie die römischen Soldaten in Jerusalem einfielen und den Tempelbezirk und die heiligen Gebäude verwüsteten. Nachdem sie die ganze Stadt überrannt hatten, trieben sie Tausende von Gefangenen in den Hof des Tempels und erlaubten Josephus, unter ihnen nach Freunden zu suchen, die dann freigelassen wurden. Als der Aufstand vorüber war und die Juden nur noch die Felsenfestung Masada besetzt hielten, nahm Titus Josephus mit nach Rom.

In Rom wurde er in dem Haus einquartiert, das früher der Kaiser bewohnt hatte. Vespasian schenkte ihm in der Nähe der Küste von Judäa Grundbesitz, dazu eine Pension und, was noch wertvoller war, das Privileg der römischen Bürgerschaft. Es war üblich, in diesem Fall seinen Namen zu latinisieren. Aus dem jüdischen Namen Josef wurde so Josephus. Zusätzlich stellte man den Familiennamen des Kaisers dem eigenen voran, als Römer hieß er nun Flavius Josephus.

Da er aus verständlichen Gründen nicht nach Palästina zurückkehren konnte, verbrachte Josephus den Rest seines Lebens in Rom und verfaßte mehrere Bücher. Sie wurden für viele christliche Schreiber sehr nützlich, da sie detaillierte Informationen über das Palästina des ersten Jahrhunderts v.Chr. bis 70 n.Chr. wiedergeben.

Josephus gab zunächst einen genauen Bericht über den jüdischen Krieg gegen Rom. Die bereits vorhandenen Veröffentlichungen hielt er für unzuverlässig, da sie nur auf Informationen aus zweiter Hand basierten.

Er hingegen wollte nun die wahre Geschichte erzählen. Das Buch gab er in seiner Muttersprache, also dem Aramäischen, für die jüdischen Leser im Osten heraus. Anschließend ließ er es ins Griechische übersetzen. In dieser Version kann es heute noch gelesen werden.

Nach Einschätzung römischer Historiker ist „Der jüdische Krieg" der umfassendste aller Berichte über das römische Kriegswesen im ersten Jahrhundert. Josephus schildert als Augenzeuge verschiedene Phasen des Krieges sowie seine Entstehung in lebendigem Erzählstil. Er konnte auf seine Erinnerungen, vielleicht auch auf eigene Aufzeichnungen, zurückgreifen und behauptete, auch Berichte herangezogen zu haben, die Vespasian und Titus in die offiziellen Archive von Rom aufgenommen hatten. Das fertige Manuskript legte er Titus und dem jüdischen König Herodes Agrippa II. vor, die es beide genehmigten.

Natürlich schrieb Josephus aus seiner persönlichen Sicht. Seiner Meinung nach hätte der Krieg vermieden werden können, und so ließ er kaum ein gutes Haar an den Anführern des jüdischen Aufstandes. Seine eigene Rolle verschwieg Josephus nicht, da er offensichtlich zu der Ansicht neigte, daß sie durch die Ereignisse gerechtfertigt war. Manche Aussagen und Zahlen kann man nur schwer akzeptieren,

doch der größte Teil des Buches wird von allen Wissenschaftlern als erstklassige historische Quelle gewertet.

Dem „Jüdischen Krieg" folgte ein weit bedeutenderes Buch. Josephus hatte die Erfahrung gemacht, daß die römische Welt über sein Volk kaum etwas wußte. Er folgte der biblischen Linie von Adam bis Mose, über die Könige und das Exil bis hin zu den Tagen der jüdischen Könige, des Herodes, seiner Söhne und dem jüdischen Krieg. „Die jüdischen Altertümer" ist wie „Der jüdische Krieg" besonders für den letzten Teil der älteren jüdischen Geschichte von Bedeutung. Fast die Hälfte des Buches vergleicht die Ereignisse zu Zeiten der Makkabäer mit dem Beginn des jüdischen Krieges und bietet eine Menge Informationen über die Zeit Jesu. Einige der Darstellungen des Josephus von den Gebäuden des Herodes und anderer Monumente haben sich als bemerkenswert genau erwiesen, als Archäologen ihre Überreste ausgruben. Bei der gleichzeitigen Betrachtung dieses alten Buches und der greifbaren Indizien bietet sich ein wesentlich reichhaltigeres Bild, als jedes einzeln für sich genommen geben kann.

Das umfangreiche Werk – 60 000 Zeilen auf Griechisch, wie der Autor sagte – wurde 93 oder 94 n. Chr. beendet. Josephus widmete es einem Mann namens Epaphroditus. Er hat

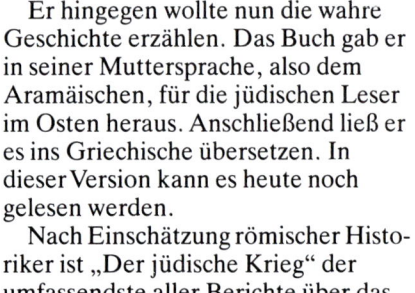

Der römische Kaiser Vespasian (69-79 n. Chr.) belohnte Josephus für seine Dienste im jüdischen Krieg mit einem eigenen Haus in Rom.

Nach der Eroberung Jerusalems brachte Titus die Gefangenen und die Beute im Triumphzug nach Rom. Dieses Relief im Titusbogen zeigt römische Soldaten mit dem Opfertisch, den Hörnern und dem goldenen Leuchter aus dem Tempel in Jerusalem.

148 / BEKANNTE AUTOREN

wahrscheinlich um das Buch gebeten oder den Verfasser dazu angeregt, ähnlich wie Theophilus (dessen Name am Beginn des Lukasevangeliums erwähnt wird) es bei Lukas getan hat.

Es sind noch zwei weitere Bücher von Josephus erhalten geblieben, in beiden setzt er sich gegen seine Feinde zur Wehr. Eines ist seine „Lebensbeschreibung" („Vita"), in dem er sich darauf konzentriert, einen Historiker aus Tiberias zu widerlegen. Dieser hatte Josephus der Anstiftung zum anti-römischen Aufstand in Galiläa bezichtigt. Nahmen die Menschen diese Aussage für bare Münze, dann stand Josephus' Ansehen in Rom auf dem Spiel. Zu Beginn gibt er eine biographische Zusammenfassung seines bisherigen Lebens. Als junger Mann, so erzählt er, habe er sich im jüdischen Gesetz so gut ausgekannt, daß selbst die Priester ihn um Rat gefragt hätten. Später studierte er dann die verschiedenen Gruppierungen des Judentums, um entscheiden zu können, welche von ihnen die beste sei. Anschließend verbrachte er drei Jahre in der Wüste bei einem Eremiten. Zurück in Jerusalem, trat er der gemäßigten Partei der Pharisäer bei.

64 n.Chr. besuchte Josephus Rom. Der Statthalter Felix hatte einige Priester vor Gericht gebracht, und Josephus wollte sich für ihre Freilassung einsetzen. Nachdem er einen Schiffbruch überlebte, erreichte er Rom in Begleitung eines jüdischen Schauspielers. Dieser Mann war ein Günstling bei Hofe, der Josephus nun Poppäa, der Witwe Neros, vorstellte. Sie unterstützte ihn erfolgreich bei seinem Vorhaben.

Die Stärke und Macht des römischen Weltreichs und seine Leistungen überzeugten Josephus davon, daß man sich Rom besser nicht zum Feind machte. Trotzdem entwickelten sich die Dinge nach seiner Rückkehr so, daß Josephus zum Feind Roms wurde. Ein Großteil seiner „Lebensbeschreibung" versucht sein Handeln zu begründen.

Das vierte Buch heißt „Gegen Apio" und ist die Antwort auf eine anti-jüdische Propagandaschrift. Die jüdische Religion und Rasse sind sehr alt, erklärt Josephus, und zitiert zum Beweis antike Schriftsteller aus Ägypten, Phönizien, Babylonien und sogar Griechenland. (Die meisten dieser Schriften sind nicht überliefert, Josephus gibt meist die einzigen erhaltenen Hinweise.) Darüber hinaus, argumentierte Josephus, sei der jüdische Glaube an „nur" einen, der Menschheit gerechte Gesetze gebenden Gott weit besser als der griechische Glaube an viele Götter, die sich „schändlich" verhielten.

Josephus veröffentlichte seine Bücher in Rom. Dort wurden sie von Schreibern kopiert, um sie einer breiten Öffentlichkeit zugänglich zu machen. Alle diese Abschriften sind verlorengegangen. Nur ein Papyrus aus dem dritten Jahrhundert, den man in Ägypten fand, enthält einige Paragraphen aus „Der jüdische Krieg". Im vierten Jahrhundert stützte sich Eusebius mehrfach auf die Schriften von Josephus, als er fundierte historische Einzelheiten für seine Geschichte der frühen christlichen Kirche benötigte. Seit dieser Zeit schätzen die Wissenschaftler Josephus' Bücher aus denselben Gründen.

Während des gesamten Mittelalters haben Schreiber die Aufzeichnungen kopiert und einige auch ins Lateinische übersetzt. Eine lateinische Version von fünf Kapiteln der „Altertümer" ist auf einem Papyrus erhalten, das im siebten Jahrhundert abgeschrieben wurde. Die ältesten vollständig erhaltenen griechischen Manuskripte stammen aus dem neunten oder zehnten Jahrhundert. Sie zeigen, daß die früheren Abschriften fehlerhaft waren und unkorrigiert weitergegeben wurden. Ein Teil von „Gegen Apio" ist nur auf Lateinisch erhalten geblieben. Josephus' Werke waren so populär, daß nach der Erfindung der Buchdruckerkunst 1453 bis zum Jahre 1500 mindestens sechs lateinische Ausgaben gedruckt wurden.

Von Tacitus bis Sueton

Zu Beginn des zweiten Jahrhunderts arbeiteten zwei römische Autoren an Geschichtswerken über die vorangegangenen hundert Jahre. Ihre Bücher sind die Hauptinformationsquellen für die Regierungszeit der ersten römischen Herrscher. Die „Annalen" des Tacitus behandeln die Jahre von der Thronbesteigung des Tiberius bis zum Tode Neros (14-68 n.Chr.). Tacitus verfaßte 18 Bücher, von denen jedoch die Bände 7-10 und 17-18 verlorengingen. Die älteste erhaltene Abschrift der Bände 1-6 wurde etwa im Jahr 850 in Deutschland kopiert.

Tacitus war ein sehr sorgfältiger Historiker, der sich auf die Kaiser und ihre Politik konzentrierte – mit der er

Auf diesem in Pompeji ausgegrabenen Wandgemälde hält der Mann eine Papyrusrolle in der Hand, während die Frau zusammenklappbare Schreibtafeln und einen Metallgriffel benutzt. Das Bild entstand kurz vor dem Vulkanausbruch im Jahre 79 n.Chr.

150 / BEKANNTE AUTOREN

Die größte Bibliothek des Altertums befand sich in Alexandria. 145 v.Chr. wurden viele Wissenschaftler aus der Stadt vertrieben, die anschließend in anderen Orten – zum Beispiel Ephesus – neue Forschungszentren aufbauten. 48-47 v.Chr. wurde die Bibliothek in Ephesus fast vollständig durch Feuer vernichtet. 135 n.Chr. stiftete ein Mann aus Sardis zu Ehren seines Vaters Celsus eine neue Bibliothek, deren teilweise renovierte Fassade auf unserem Bild zu sehen ist. Der Lesesaal war fast 17 Meter breit.

nicht einverstanden war. Auf etwas, was die Evangelien betrifft, bezieht er sich nur an einer Stelle. Er merkt an, daß die von Nero verfolgten Christen sich auf Jesus beriefen, „der unter der Herrschaft des Tiberius vom Statthalter Judäas, Pontius Pilatus, hingerichtet wurde".

„Das Leben der Cäsaren" von Sueton hat einen anderen Charakter. Es sind Kaiserbiographien von Augustus bis Domitian (43 v.Chr. - 96 n.Chr.). Sueton veröffentlichte Klatsch und Skandale, streute dabei jedoch – er war Sekretär Kaiser Hadrians (eine Art Kanzleramtsminister) – Einzelheiten aus den offiziellen Berichten der

Cäsaren ein. Dadurch hat sein Werk einen besonderen Stellenwert. Die älteste erhaltene Abschrift wurde im neunten Jahrhundert angefertigt.

Hundert Jahre nach Sueton verfaßte Cassius Dio eine umfassende, von der Gründung Roms bis zum Jahr 229 n.Chr. reichende Geschichte Roms. Zwei Drittel seines Werks sind verlorengegangen, doch Teile davon blieben in Zusammenfassungen oder Auszügen bei anderen Autoren erhalten. Hin und wieder werden dort Ereignisse erwähnt, die bei anderen Historikern nicht auftauchen.

Der römische Offizier Velleius Paterculus verfaßte eine allerdings für den Kaiser sehr günstig ausfallende Zeitgeschichte über die Herrschaft (14-37 n.Chr.) des Tiberius. Die einzige, etwa 800 hergestellte Abschrift war bis zum 16. Jahrhundert verfügbar, ging aber dann verloren.

Neben den genannten Büchern läßt sich auch aus der von Strabo unter Augustus (27 v.Chr.-14 n.Chr.) in Griechisch verfaßten „Geographie" viel über die römische Welt erfahren. Weiterhin schrieb Plinius der Ältere, der beim Ausbruch des Vesuv in Pompeji ums Leben kam, über 60 Werke. Nur 37 blieben erhalten, darunter die sehr wertvolle „Naturgeschichte", eine Art Enzyklopädie des römischen Wissens.

Viele weitere Autoren, darunter Dichter, Dramatiker und Philosophen, haben Schriften in Griechisch und Lateinisch hinterlassen. Sie alle helfen uns dabei, sich ein recht genaues Bild vom Leben im Römischen Reich zur Zeit Jesu zu machen.

Jüdische Schriften

Jemand, der etwas über die Zeit Jesu erfahren möchte, wird sich zuerst den jüdischen Schriften zuwenden. Schließlich war Jesus ja Jude und lebte in Palästina. Es gibt zahlreiche Werke, die Lehren der Rabbiner auf Hebräisch und Aramäisch enthalten: die beiden Talmude und die Mischna, mehrere Targumim und die Midraschim. Leider entstanden all diese Bücher erst lange nach der Zerstörung Jerusalems im Jahr 70 n.Chr. Sie erzählen Geschichten über die Ereignisse vor der Katastrophe und geben Lehren der Rabbiner dieser Zeit wieder. Doch jeder dieser Texte muß sorgsam bewertet werden.

Die Erinnerungen der Rabbiner waren ideologisch gefärbt, und spätere Lehrer kombinierten gerne ihre eigenen Meinungen mit denen ihrer Ahnen. Doch nach sorgfältiger Prüfung können diese Schriften über das Leben und Denken im frühen ersten Jahrhundert Auskunft geben. Die meisten der Rabbiner nach 70 n.Chr. gehörten allerdings zum gemäßigten Flügel der Pharisäer, ihre Lehren stellen also nur *eine* Form der jüdischen Glaubensausprägung dar.

Jede Religion, die ein heiliges Buch hat, muß den Gläubigen diese Schriften verständlich machen. Alle rabbinischen Werke haben dieses Ziel. Nach 70 n.Chr. mußten die Rabbiner überlegen, wie das Gesetz des Mose im täglichen Leben anzuwenden sei, da es in Jerusalem keinen Tempel mehr gab. Nach Ende des zweiten jüdischen Aufstandes im Jahr 135 war es den Juden nicht einmal mehr erlaubt, Jerusalem zu betreten. Neue Umstände verlangten neue Auslegungen.

Etwa um das Jahr 200 faßte Rabbi Jehuda der Patriarch alle Entscheidungen und die vorangegangenen Diskussionen in der sogenannten Mischna zusammen. Er griff dabei zwar auch auf einige ältere Sammlungen zurück, stützte sich jedoch hauptsächlich auf Material, das aus der jüdischen Tradition der Rabbinerschulen kam. Die Mischna ist in einem hebräischen Dialekt geschrieben, der von einer früher gesprochenen Sprache abstammen könnte. Sie ist die aufgezeichnete Form des – das Leben der Gläubigen bestimmenden – mündlichen Gesetzes. Die Mischna enthält die detaillierte Ausarbeitung einer jeden Regel sowie einen Maßnahmenkatalog, der sicherstellen sollte, daß die Vorschriften nicht zufällig gebrochen wurden. Die Zusatzregeln erreichten derartige Auswüchse, daß bereits Jesus sie verurteilte (vgl. Mk. 7,1-23; Mt. 15,1-20; siehe auch: *Klein ist fein; Wenn Reinlichkeit dem Glauben hilft; Weder Tisch noch Bett?*).

Die Mischna selbst wurde im Laufe der Zeit zu einem Studienobjekt. Bereits im frühen fünften Jahrhundert stellte man die Meinungen der Rabbiner in Palästina als Kommentar zu Teilen der Mischna zusammen und schuf so den „Jerusalemer Talmud" (Talmud bedeutet „Lehre"). Der Text der Mischna ist auf Hebräisch abgefaßt, die Kommentare in galiläischem Aramäisch. Trotz des Datums seiner Zusammenstellung enthält der Talmud auch wesentlich älteres Material.

Ein ähnlicher Vorgang spielte sich in den babylonischen Rabbinerschulen ab. Im sechsten Jahrhundert wurde der „Babylonische Talmud" in einer Ge-

152 / BEKANNTE AUTOREN

Dieses Gemälde aus einem Grab in Abila (heute Quweilbeh) im nördlichen Transjordanien stammt aus dem 3. Jahrhundert und zeigt eine Frau bei der Arbeit an einem Codex.

bietsvariante des Aramäischen vervollständigt, einige Berichte sind jedoch ebenfalls in Hebräisch verfaßt.

Das Aramäische war im ersten Jahrhundert Umgangssprache in Palästina (siehe: *Die Sprachen der Juden*), und als nach 70 n.Chr. das Hebräische immer mehr an Bedeutung verlor, hatten die Menschen keine Anbindung mehr an die hebräische Bibel. Schon längere Zeit waren aramäische Übersetzungen und Übertragungen in den Synagogen gelesen worden. Offiziell durften sie nicht schriftlich festgehalten werden, doch am Toten Meer fand man einige aramäische Bibelübersetzungen. Schließlich akzeptierten die Rabbiner einige Übertragungen, die unter dem Begriff Targumim („Interpretationen") im Umlauf waren.

Es gibt drei bedeutende Targumim. Das Targum aus Palästina und das

Onkelos behandeln die ersten fünf Bücher der Bibel, das dritte stammt von Jonathan und befaßt sich mit den geschichtlichen und prophetischen Büchern. Obgleich sie etwa um 300 n.Chr. verfaßt und später revidiert wurden, enthalten sie viele ältere Überlieferungen. Ihre Übereinstimmung mit dem hebräischen Text ist unterschiedlich gut. Einige Passagen sind wörtliche aramäische Übersetzungen, andere sind Übertragungen oder Interpretationen im Licht der Zeit. Übereinstimmungen zwischen den Targumim und der griechischen Übersetzung (der Septuaginta) zeigen, daß verschiedene Vorstellungen im zweiten oder dritten Jahrhundert v.Chr. entstanden sind.

Schließlich gibt es noch eine weitere Gruppe von Schriften. Die Midraschim, kurze Predigten und Meditationen, sind Kommentare zu den Büchern des Alten Testaments aus der Sicht verschiedenster Lehrer. Oftmals schmücken sie die kurzen biblischen Geschichten mit Einzelheiten aus oder bringen durch einfallsreiche Wortspiele den vermuteten Sinn zum Vorschein. Die Midraschim gehören in die talmudische Zeit, auch wenn sie ebenfalls Material aus viel früherer Zeit enthalten. Die Art und Weise, wie in ihnen die Schrift betrachtet wird, kennt man aus den Schriftrollen vom Toten Meer, aus der Septuaginta und zu einem gewissen Teil auch aus den Chronik-Büchern des Alten Testaments, die sich selbst als Midrasch bezeichnen (2. Chr. 13,22; 24,27 – auch wenn die Bedeutung dieses Wortes hier nicht dieselbe sein mag wie in rabbinischen Kreisen).

Alle diese Schriften erläutern den Glauben und die Bräuche zur Zeit der Evangelien. Besonders wichtig werden sie, wenn man sich für die Einflüsse jüdischer religiöser Haltungen auf die Evangelien interessiert.

Sechstes Kapitel

Neutestamentliche Handschriften

Das Christentum, zu Anfang eine nicht erlaubte religiöse Bewegung, breitete sich schnell über das ganze Römische Weltreich aus. Obwohl vom Staat verfolgt, von der geistigen Elite verachtet und von den Juden verschmäht, wuchsen die Gemeinden unaufhörlich. Grundlage dafür waren die Bücher des Neuen Testaments, besonders die Evangelien. Dementsprechend ließen die Regierenden alles verbrennen, was ihnen in die Hände fiel. Doch erstaunlicherweise blieben Abschriften erhalten, die bereits angefertigt worden waren, bevor Konstantin der Große im Jahr 313 den christlichen Glauben anerkannte. Diese frühen Texte belegen, daß die Bibeltexte in der Folgezeit korrekt überliefert wurden. Nur in Einzelfällen – in einigen Versen – sind später Mißverständnisse aufgetreten. Von keinem anderen griechischen Buch gibt es so viele Abschriften, die alle so kurz nach der Entstehung des Originals angefertigt wurden.

Szene aus einer römischen Schule. Der Lehrer unterrichtet seinen Schüler,
der gerade aus einer Schriftrolle vorliest.
Neumagen (Pfalz), 2. oder 3. Jahrhundert n. Chr.

Die ältesten Bibeln

Diese Seite aus dem Codex Alexandrinus zeigt das Ende des Lukasevangeliums. Wie man deutlich sieht, versahen die Schreiber ihr Werk mit Zeichnungen und Verzierungen.

Oft haben sich Großbritannien und Frankreich gestritten, mehrere Male gab es Krieg. Selbst die Bibelwissenschaft blieb von den Auseinandersetzungen nicht verschont.

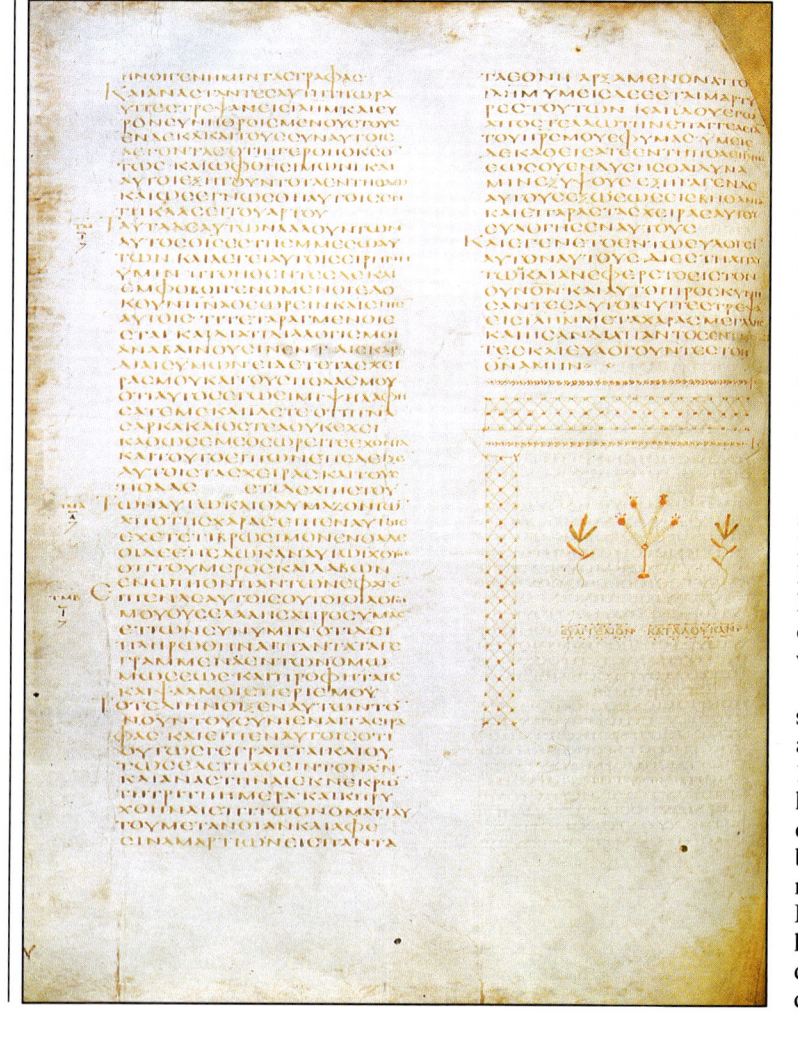

Ein Geschenk für den König

Unter der Herrschaft von König James I. (1603-1625) hatten die Griechisch-Orthodoxe Kirche in Konstantinopel und die Römisch-Katholische Kirche eine Auseinandersetzung. Es ging um die Vormachtstellung in der türkischen Hauptstadt. Der englische Botschafter war auf der Seite des griechischen Patriarchen, während der französische Botschafter den Papst unterstützte.

Der Patriarch war über die Unterstützung des Briten hocherfreut und half ihm bei der Suche nach alten Manuskripten und Skulpturen. Um seine Dankbarkeit zu zeigen, wählte der Patriarch ein besonderes Geschenk, das seiner Ansicht nach dem König von England gefallen würde. In einem Brief beschreibt der Botschafter die Abschrift einer Bibel, die von einer Märtyrerin namens Thekla verfaßt worden sei, „die zur Zeit des Heiligen Paulus lebte". König James starb, ohne die Bibel erhalten zu haben. Sein Tod verzögerte die Angelegenheit, doch 1627 übergab der Patriarch die Bibel dem Botschafter, der sie an den neuen König, Charles I., weiterleitete.

In London wurde das Manuskript später in die Königliche Bibliothek aufgenommen, die König Georg II. 1757 dem Britischen Museum gestiftet hatte. Wissenschaftler untersuchten das Buch und veröffentlichten schon bald Abhandlungen darüber. Obgleich man keine Bestätigung für die frühe Datierung des Botschafters fand, handelt es sich doch eindeutig um eine der ältesten griechischen Abschriften der Bibel, die erhalten blieb.

Heute wird diese Abschrift *Codex Alexandrinus* genannt, weil man annimmt, daß der Patriarch das Buch aus Alexandria in die Türkei mitgenommen hatte. Da die Abschrift eine Einführung in die Psalmen von Athanasius enthält, der 373 n.Chr. starb, kann das Buch nicht vor Mitte des vierten Jahrhunderts entstanden sein. Das exakte Alter des Manuskripts zu bestimmen, ist schwierig. Der Stil der Handschrift weist auf ein Datum zwischen 400 und 450 hin. Es ist also weniger als 350 Jahre nach der Niederschrift des Neuen Testaments abgeschrieben worden.

Ein verstecktes Buch

Seit dem 15. Jahrhundert besitzt die Bibliothek des Vatikans in Rom eine sehr alte griechische Bibel. Der berühmte Gelehrte Erasmus, der als erster das Neue Testament auf Griechisch gedruckt veröffentlichte (1516), erhielt Informationen aus diesem *Codex Vaticanus*. In den darauffolgenden Jahrhunderten beschäftigten sich einige Gelehrte flüchtig damit. Erst als das Buch aus Rom verschwand, begann man seinen Wert richtig zu schätzen.

Napoleon brachte die Abschrift 1797 als Beutestück nach Paris. Dort untersuchte es ein deutscher Professor auf Alter und Bedeutung. Als das Manuskript 1815 nach Rom zurückkam, verweigerten die verantwortlichen Stellen des Vatikans den Wissenschaftlern die unbeschränkte Einsichtnahme. 1843 wurde dem deutschen Gelehrten Tischendorf erlaubt, es sechs Stunden lang zu untersuchen, länger dann erst wieder 1866. Einem englischen Wissenschaftler durchsuchte man zuerst die Taschen und nahm ihm sämtliche Schreibutensilien ab, bevor er das Manuskript einsehen durfte. Schließlich gab der Vatikan 1890 Fotografien des gesamten Manuskripts heraus, zu denen jeder freien Zugang hatte.

Der Codex Vaticanus wurde Mitte des vierten Jahrhunderts hergestellt, ist also älter als der Codex Alexandrinus. Wiederum beruht die zeitliche Einordnung hauptsächlich auf dem Stil der Handschrift.

Vor den Flammen gerettet

1844 machte ein deutscher Wissenschaftler eine dramatische Entdeckung. Konstantin Tischendorf befand sich auf einer Rundreise zu den Kirchen und Klöstern des Nahen Ostens. Andere Reisende hatten wertvolle Manuskripte von dort mitgebracht. Tischendorf hoffte nun auf weitere Funde. Gerade noch rechtzeitig erreichte er das Katharinenkloster am Nordwesthang des Djebel Musa, dem traditionellen Berg Sinai. Die verschiedensten Manuskripte standen in der Bibliothek, doch Tischendorf kam gar nicht erst dazu, sie durchzusehen. Was am 24. Mai geschah, beschreibt er wie folgt: „In der Mitte der großen Halle erblickte ich einen riesigen Korb mit alten Pergamenten, die man zum Beheizen der Öfen verwenden wollte. Der Bibliothekar sagte mir, daß bereits zwei solcher Haufen modriger Manuskripte verbrannt worden seien. Wie war ich überrascht, inmitten dieses Papierhaufens eine beträchtliche Anzahl von Seiten einer griechischen Abschrift des Alten Testaments zu finden, die mir die älteste zu sein schien, die ich je gesehen hatte."

Es gelang Tischendorf, insgesamt 129 Blätter aufzustöbern. Als die Mönche jedoch merkten, daß der Fund wertvoll war, überließen sie ihm nur die 43 aus dem Abfallkorb. Tischendorf schenkte den Schatz seinem Landesfürsten, dem König von Sachsen. Noch heute befinden sie sich in der Universitätsbibliothek von Leipzig. 1846 ließ Tischendorf die 43 Blätter nachdrucken, nicht ohne darauf zu verweisen, daß sie aus dem vierten Jahrhundert stammten. Den Fundort verschwieg er wohlweislich.

Erst 1853 konnte Tischendorf das Kloster erneut besuchen. Doch seine Hoffnungen zerplatzten wie Seifenblasen: Niemand erzählte ihm etwas über das Manuskript. Einzig und allein einen Schnipsel mit ein paar Versen

Der Codex Sinaiticus ist der wichtigste Manuskriptfund im 19. Jahrhundert gewesen. Die außerordentlich gleichmäßige Schrift und umfangreiche Marginalien machen das Buch besonders wertvoll. Als das Britische Museum die Pergamentbögen 1933 erwarb, wurden sie sorgfältig restauriert und eingebunden.

156 / NEUTESTAMENTLICHE HANDSCHRIFTEN

aus dem 1. Buch Mose fand er. Waren alle anderen Seiten 1844 doch noch verbrannt worden? Enttäuscht verließ er das Kloster.

Aber der deutsche Gelehrte gab nicht auf. Im Januar 1859 reiste er zum dritten Mal in den Sinai. Nach einem kurzen Aufenthalt sprach er mit dem Leiter der Bibliothek und gab ihm eine Ausgabe der Septuaginta, die er veröffentlicht hatte. „Ich besitze auch eine Septuaginta", kommentierte der Mönch das Geschenk und holte einen in rotes Tuch eingeschlagenen Packen hervor.

Zu Tischendorfs Erstaunen waren es sämtliche Seiten, die er 15 Jahre zuvor gesehen hatte, und noch viele mehr: der Großteil des Alten Testaments und das gesamte Neue Testament! In dieser Nacht hatte Tischendorf keine Zeit zum Schlafen, denn der Mönch überließ ihm das Manuskript zur Einsichtnahme: „In dieser Nacht wäre Schlaf ein Sakrileg gewesen."

Verkaufen oder ausleihen wollten die Mönche Tischendorf den vollen Packen nicht. Glücklicherweise traf er in Kairo den Abt des Katharinenklosters. Der Gelehrte konnte ihn überreden, das Buch zu Studienzwecken nach Kairo bringen zu lassen. Mit Hilfe zweier Freunde verbrachte er schließlich zwei ganze Monate damit, das

Eine Entdeckung am Berg Sinai

Der von Tischendorf im Katharinenkloster gefundene Codex Sinaiticus umfaßt insgesamt 390 Seiten: Das ganze Neue Testament und einen Teil des Alten Testaments in Griechisch. Tischendorfs Bericht läßt keinen Zweifel am Verbleib der fehlenden Seiten: Sie verbrannten in den Öfen des Klosters...

Im Mai 1975 machte man eine weitere Entdeckung im Katharinenkloster. Nachdem bei einem Feuer die Kapelle zerstört wurde, stießen die Mönche bei den Aufräumungsarbeiten auf eine alte, vergessene Zelle, deren Decke eingefallen war. Als die Mönche den Schutt beiseite räumten, fanden sie bündelweise Seiten alter Bücher in arabischer, syrischer und griechischer Sprache. Viele der Handschriften sind mehr als tausend Jahre alt, andere erst einige Jahrhunderte. Warum sie in der Zelle lagen, ist nicht bekannt.

Vielleicht hatte man sie vor einer früheren Katastrophe gerettet und dann vergessen.

Wie man aus gesicherten Quellen weiß, besaßen die Mönche vom Sinai vor langer Zeit eine Ausgabe der Ilias von Homer, die etwa im Jahr 800 abgeschrieben und mit einer Übersetzung in die damalige griechische Prosa ergänzt worden war. Der größte Teil ihrer Sammlung bestand jedoch aus religiösen Büchern. Man fand die Andachtsanleitung eines früheren Abtes, Teile einer Abschrift des Markusevangeliums aus dem sechsten Jahrhundert und Fragmente des 1. Buches Mose in griechischer Sprache aus dem fünften Jahrhundert. 13 Seiten und 15 Fragmente gehören zu einer weiteren Abschrift des Alten Testaments auf Griechisch, welche die Mönche als Teil des Codex Sinaiticus identifizierten. Wenigstens ein paar Seiten waren sowohl den

Flammen als auch – zur Freude der Mönche – den Augen und Händen Tischendorfs entkommen.

Justinian, der große byzantinische Kaiser, der im sechsten Jahrhundert von Istanbul (dem damaligen Konstantinopel) aus regierte, hatte das Kloster gegründet. Schon vorher waren Mönche in diese Gegend gezogen. Ob es Justinian war, der den Codex zur Einweihung dem Kloster überließ, oder ob ein Mönch ihn mitgebracht hatte, weiß niemand. Obwohl diese neue Entdeckung die Hoffnung weckt, es könnten dort noch andere Seiten verborgen liegen, sind jedoch bisher keine älteren Manuskripte mehr aufgetaucht.

Das Katharinenkloster am Berg Sinai. Hier wurde der Codex Sinaiticus 1844 von Konstantin Tischendorf entdeckt. An Weihnachten 1933 erstand das Britische Museum den Codex von der Sowjetunion.

DIE ÄLTESTEN BIBELN / 157

Manuskript abzuschreiben – insgesamt 110 000 Zeilen.

Was sollte nun mit dem Original geschehen? War es in der Wüste Sinai sicher aufgehoben? Schließlich überredete Tischendorf die Mönche dazu, es dem Zar von Rußland anzubieten. Am 19. November 1859 erhielt der Zar die 347 Pergamentseiten. Anläßlich der Feierlichkeiten zum 1000jährigen Bestehen des Russischen Reiches (1862) ließ er den Text drucken.

Es war nicht die letzte große Reise dieser Bibel. 1933 beschloß die russische Regierung, sich mit dem Verkauf der Bibel Geld zu beschaffen. Nachdem Verhandlungen mit den USA fehlschlugen, erstand sie das Britische Museum für 100 000 Pfund (damals rund 10 Millionen DM), wobei mehr als die Hälfte des Geldes aus Spenden der Bevölkerung stammte.

Tischendorf schätzte den Codex Sinaiticus auf das gleiche Alter wie den Codex Vaticanus. Seiner Ansicht nach waren beide etwa 350 n.Chr. abgeschrieben worden. Grund für seine Vermutung ist ein Bericht des Kirchenhistorikers Eusebius († 340 n.Chr.). Er erwähnt eine Bitte Konstantin des Großen, 50 Bibeln in Cäsarea abschreiben zu lassen. Vielleicht waren diese zwei Exemplare die letzten dieser 50 Bibeln.

158 / NEUTESTAMENTLICHE HANDSCHRIFTEN

Heute glauben Wissenschaftler nicht mehr an diese Theorie. Es liegen keine Beweise dafür vor, daß die beiden Bücher einmal in Konstantinopel gewesen sind. Man nimmt an, daß sie eher in Ägypten als in Cäsarea angefertigt wurden.

Beide Manuskripte verdienen es, „die erste Bibel" genannt zu werden. Bis Konstantin das Christentum im Jahr 312 erlaubte, verfolgte man die Christen und verbrannte ihre Bücher. Eine vollständige Bibel wäre ein recht großes Buch gewesen, das man kaum verstecken konnte. Es ist deshalb anzunehmen, daß die Bücher der Bibel nur selten in einem Band abgeschrieben wurden. Als die Gefahr vorüber war, gaben Kirchen oder reiche Christen komplette, schön geschriebene Bibeln in Auftrag, die natürlich entsprechend teuer waren. Berechnungen zufolge soll eine solche Prachtabschrift mehr als ein halbes Pfund Goldmünzen gekostet haben.

Der Codex Vaticanus ist die wichtigste griechische Ausgabe der gesamten Bibel. Er wurde vermutlich Mitte des 4. Jahrhunderts abgeschrieben, die Buchstaben zog man vermutlich später noch einmal nach. Der abgebildete Textausschnitt gibt die Verse 13 bis 37 aus dem fünften Kapitel des Johannesevangeliums wieder.

Bücher aus neutestamentlicher Zeit

Ein beißender Geruch erfüllte die Luft. Als das Feuer prasselte und die Flammen niederbrannten, warf jemand noch mehr Material hinein, um es wieder anzufachen. Dann war nichts mehr da, das Feuer erstarb.

Es kommt nicht selten vor, daß Menschen achtlos Dinge aus der Vergangenheit zerstören, seien es Gebäude, Möbel oder Papiere. Dabei werden schnell unschätzbare Werte vernichtet. Was in Ägypten vor mehr als 200 Jahren verbrannt wurde, waren Papyrusrollen, uralte Bücher. Man liebte eben den Geruch von brennendem Papyrus. Den Berichten zufolge fand man 40 oder 50 Rollen. Ein Kaufmann erwarb eine davon, der Rest ging in Flammen auf.

Heute, wo einzelne Bücher in hoher Auflage gedruckt werden, ist der Verlust von ein paar Exemplaren keine große Tragödie. Als jedoch noch jede Abschrift von Hand angefertigt wurde, gab es meist nur so wenige Exemplare eines Buches, daß es leicht ganz verlorengehen konnte. Viele alte Bücher kennen wir lediglich dem Namen nach. Darum ist jedes erhalten gebliebene äußerst kostbar.

Schließlich erkannten Wissenschaftler den Wert der ägyptischen Papyrusrollen, so daß auch die Ortsansässigen anfingen, die Rollen mit etwas mehr Sorgfalt zu behandeln oder an europäische Sammler und Museen zu verkaufen. Alte ägyptische Bücher waren sehr begehrt, besonders wenn sie mit farbigen Bildern illustriert waren. Um ihren Erwerb entwickelte sich ein regelrechter Wettlauf. Andere Rollen enthielten griechische Zahlenkolonnen, von denen der Großteil kommunale Steu-ern und Vermögensabgaben dokumentierte. Einige von ihnen sind Abschriften griechischer Literatur, besonders der Ilias und der Odyssee von Homer.

Mit den Funden in Ägypten hatten sich die Wissenschaftler eine neue Tür geöffnet. Bevor die Papyri gefunden wurden, also bis Mitte des 19. Jahrhunderts, waren die Werke griechischer und lateinischer Autoren nur von mittelalterlichen Abschriften her bekannt, von denen nur wenige älter als 1000 Jahre waren. Die ältesten drei Exemplare – Vergils berühmte Dichtung „Aeneis" – stammten aus dem fünften Jahrhundert.

Im Lauf der Jahrhunderte, in denen Schreiber die Bücher wieder und wieder abschrieben, unterliefen ihnen auch Fehler. Manchmal wurden sie nicht korrigiert und von späteren Schreibern übernommen. Bemerkten diese den Fehler, waren sie nicht immer in der Lage, den Mangel zu beheben. Oft verschlimmerten sie das Ganze nur noch (siehe: *Auf der Suche nach dem echten Text*). Sicherlich gab es, als Johannes Gutenberg (etwa 1450) den Buchdruck mit beweglichen Lettern erfand, bereits unzählige Fehler in den Texten klassischer Autoren, die in den nun gedruckten Versionen fortbestanden.

Als die weit älteren Papyrusexemplare vorlagen, hofften die Wissenschaftler, die Texte in ihrer ursprünglichen Fassung lesen zu können. Aber nicht alle erwarteten Irrtümer kamen zum Vorschein. Die Papyrusabschriften machten es möglich, einen zuverlässigeren Text zu gewinnen. In einigen Fällen jedoch unterstützten die älteren Papyrusmanuskripte mittelalterliche

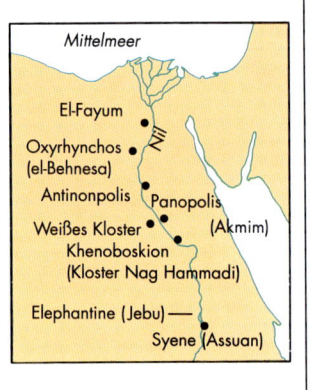

160 / NEUTESTAMENTLICHE HANDSCHRIFTEN

Texte, die Wissenschaftler als unmöglich oder schlichtweg falsch abgetan hatten.

Woher kamen die Bücher?

Griechische Papyri fand man in Ägypten vorrangig in der Gegend südlich von Kairo. Die größten Entdeckungen wurden in verlassenen Städten gemacht, die um einen See herum lagen. Das Gebiet wird heute El-Faijum genannt. Zwischen 300 und 200 v.Chr. konstruierten griechische Ingenieure hier ein Bewässerungssystem. Solange die Kanäle sauber gehalten wurden und das ganze System funktionierte, konnten die Menschen hier ihr Land bestellen. Irgendwann brach die Organisation zusammen, oder die Menschen hatten die Zusammenarbeit satt – jedenfalls verfiel die Kanalisation, und die verlassenen Häuser versandeten.

Die Papyrusstaude findet man vor allem am Nil. Für die Papyrusherstellung entfernt man die äußere Rinde und legt das Mark des Stengels kreuzweise übereinander. Anschließend wird das Ganze flachgeklopft, geglättet und getrocknet.

Frischer Papyrus ist sehr flexibel und läßt sich leicht aufrollen.

Diese Entwicklung begann im vierten Jahrhundert, und zur Zeit der arabischen Invasion im Jahr 642 waren nur noch wenige Städte bewohnt. Die verlassenen Häuserruinen trockneten immer mehr aus; auch den Papieren, die zurückgeblieben waren, wurde das Wasser entzogen. So blieben sie erhalten. Solche Umweltbedingungen sind ungewöhnlich, doch auch an anderen trockenen Orten in der Nähe des Toten Meeres und in Zentralasien hat man alte Papyrus-Manuskripte gefunden.

Griechische Immigranten waren nach Ägypten eingewandert, als die Ptolemäer (304 v.Chr. bis zum Tod Cleopatras 30 v.Chr.) das Land beherrschten. Sie siedelten zwar auch unter Ägyptern, doch war für sie das neu erschlossene Land in Faijum besonders reizvoll. Dort konnten sie Griechisch nicht nur sprechen und schreiben, sondern auch zur offiziellen Amtssprache für Administration und Handel erheben. Auch unter der römischen Herrschaft behielt das Griechische seinen Status bei, nur für einige offizielle Zwecke wurde Latein benötigt.

Die entdeckten Papyrusrollen stammten aus den Archiven der Griechen, die meist Regierungsangehörige, Landbesitzer und gebildete Menschen waren. Aus der enormen Menge von Dokumenten könnte der Eindruck entstehen, daß die meisten Menschen lesen und schreiben konnten. Doch das beherrschte tatsächlich nur eine Minderheit. Irreführend ist auch die Annahme, daß die Papyri komplette Dokumenten- oder Büchersammlungen bilden. Denn selbst wenn man sie in demselben Raum eines Hauses findet, kann man nie sicher sein, daß alle Teile vorhanden sind. Gelegentlich findet man komplette Berichtsrollen, seltener vollständige Rollen literarischer Werke. Ein Großteil der Papyri wurde auf Schutthalden gefunden. Oft handelte es sich wirklich um Abfall: zerrissen, zerbrochen und unvollständig. So sind die Überreste der Bücher aus der Zeit des Neuen Testaments oftmals enttäuschend: hier ein Stück einer Spalte dieses Textes, da ein paar Zeilen einer Seite jenes Schriftstücks.

BÜCHER AUS NEUTESTAMENTLICHER ZEIT/ 161

Schriftrollen bestehen zumeist aus zusammengeklebten Papyrusbögen. Hier sehen wir das Ende einer sechs Meter langen Rolle aus dem 2.Jahrhundert n.Chr., auf der die gesamte Ilias notiert ist.

Die Altersbestimmung der Bücher

Griechische Bücher hatten keine Impressumseite, und die Schreiber, die sie kopierten, signierten ihre Arbeiten meistens nicht. Um das Entstehungsdatum alter Manuskripte zu finden, untersuchen Wissenschaftler den Stil der Handschrift und vergleichen ihn mit der Schrift auf datierten juristischen Urkunden und offiziellen Dokumenten. Obwohl diese Vergleiche ein gutes Hilfsmittel sind, müssen wir damit rechnen, daß ein Schreiber möglicherweise dreißig oder vierzig Jahre lang das einmal gelernte Schriftbild beibehielt, auch wenn sich bereits neue Formen entwickelt hatten.

Weiterhin haben sich manche Schreibstile in verschiedenen Gegenden mit unterschiedlicher Geschwindigkeit entwickelt. Aus den Dokumenten ist oft ersichtlich, wo sie geschrieben wurden, aus Büchern jedoch nicht. Zieht man nun diese Unsicherheitsfaktoren in Betracht, so kann ein Experte normalerweise das Jahrhundert bestimmen, in dem der Text abgeschrieben wurde. Nur wenn besondere Kennzeichen vorliegen, kann man manchmal einen noch engeren Zeitraum angeben.

Was lasen die Menschen?

Unter den griechischen Büchern waren Homers Ilias und Odyssee die Bestseller. Zwischen 600 und 700 Abschriften auf Papyrus sind uns bekannt. Homers epische Werke sind recht lang. Allein die Ilias besteht aus 24 Büchern, die moderne deutsche Übersetzung aus 586 Seiten, so daß jedes Buch mehrere Schriftrollen umfassen würde. Eine Rolle, die sich heute im Britischen Museum befindet, hat eine Länge von 6 m und enthält nur die letzten zwei Bücher der Ilias.

Die Werke berühmter Schriftsteller, Dichter, Philosophen und Historiker sind reichlich vorhanden. Ein Fragment von Platons philosophischem Essay „Phaidon" läßt sich auf das dritte Jahrhundert v.Chr. datieren, so daß man von einer Abschrift innerhalb eines Jahrhunderts nach dem Tod des Autors (348 v.Chr.) ausgehen kann.

Menander, der populäre Dramatiker, lebte kurz nach Platon. Sein Name und Werk wurden zwar von anderen Autoren erwähnt, doch waren nur wenige Zitate erhalten, bis unter den Papyri Teile seines Werkes entdeckt wurden. Heute sind ein Theaterstück vollständig und sechs andere zu einem Großteil bekannt.

Die griechischen Bürger in Ägypten lasen Stücke von Aischylos und Sophokles, die in späteren Zeiten in Vergessenheit gerieten. Auch von Aristoteles besaßen sie Bücher. Alle diese Werke und weitere, unbekanntere, ergänzten das Wissen über die griechische Literatur. Auch manche der ersten Christen werden diese Bücher gelesen haben.

Die Vorgänger unserer Schreibgeräte bestanden aus Schilfrohr, das an der Spitze geschärft und gespalten wurde. (Aus Ägypten, römische Periode.)

Die ältesten christlichen Bücher

Diese drei winzigen Stücke einer Abschrift aus dem Matthäusevangelium zeigen Textteile des Kapitels 26: Teile der Verse 7.10.14.15 auf der Vorderseite und 22.23.31-33 auf der Rückseite. 1901 kaufte sie ein ehemaliger Student des Magdalen College im ägyptischen Luxor und schenkte sie seiner alten Oxforder Universität. Daß er Teile der ältesten bekannten Abschrift des Matthäusevangeliums verschenkt hatte, stellte man erst 1953 fest. Andere Fragmente des Buches mit Textteilen aus dem dritten Kapitel haben mittlerweile ihren Weg nach Barcelona gefunden.

Als das Britische Museum 1933 den Codex Sinaiticus erwarb, war das öffentliche Interesse daran groß, weil man wahrscheinlich eine der beiden ältesten Bibeln erworben hatte (siehe: *Die ältesten Bibeln*). Die Abschrift stammte etwa aus der Zeit um 350 v.Chr.

Unter den frühen Abschriften aus dem dritten Jahrhundert enthält eine die vier Evangelien und die Apostelgeschichte. Sie steht heute in der Chester-Beatty-Bibliothek in Dublin. Eine weitere umfaßt die Paulusbriefe (ohne die Pastoralbriefe und den Hebräerbrief). Heute sind uns mehr als dreißig Abschriften von NT-Teilen bekannt, die zeitlich vor dem vierten Jahrhundert eingeordnet werden können. Natürlich ist diese Zahl gering im Verhältnis zu den Unmengen an Abschriften Homers und den Dutzenden von Exemplaren anderer berühmter griechischer Autoren. Und dennoch sind diese Papyri von großer Bedeutung.

Zunächst einmal zeigen sie uns die Form, in der das Neue Testament im zweiten und dritten Jahrhundert im Umlauf war. Jedes Exemplar hat seine besonderen Eigenheiten und Fehler. Es gibt nicht zwei, die völlig identisch wären. Sie sind jedoch in verschiedene Gruppen zu unterteilen, auf die man spätere Abschriften zurückführen kann. Ein einziger Buchstabe kann den Sinn eines ganzen Satzes verändern, und meist sind es auch nur einzelne Buchstaben oder Wörter, die ein Problem darstellen. Sind erst einmal alle Variationen gesichtet, bedürfen nur noch wenige einer genaueren Untersuchung.

In den Evangelien gibt es insgesamt etwa 70 Textstellen, bei denen die Wissenschaftler über die richtige Lesart im Zweifel sind. Nur wenige dieser Stellen wirken sich auf die zentralen christlichen Glaubenssätze aus, und in keinem der Fälle beeinflußt eine solche Unsicherheit den christlichen Glauben (siehe: *Auf der Suche nach dem echten Text*). Wir können deshalb sicher sein, daß die Texte des Neuen Testaments

DIE ÄLTESTEN CHRISTLICHEN BÜCHER / 163

heute fast exakt so zu lesen sind wie sie aus der Feder der Verfasser kamen.

Die in Ägypten gefundenen Bücher des Neuen Testaments sind Zeichen dafür, daß sich dort Christen aufhielten. Wären die Bücher nur an einem Ort gefunden worden und könnten alle gleich datiert werden, hätten sie einem Theologiestudenten oder einem belesenen Gegner des Christentums gehören können. Die Spanne der Daten, die Vielfalt der Handschriften und die verschiedenen Entdeckungsorte sprechen jedoch gegen eine solche Annahme. Von verschiedenen Büchern fand man zudem mehr als ein Exemplar, was ebenfalls die Theorie vom Einzelbesitzer widerlegt.

Mindestens vier Ausgaben des Johannesevangeliums stammen aus dem dritten Jahrhundert, ein weiteres Buch enthält alle vier Evangelien. Johannes war vielleicht der beliebteste Evangelist, doch auch die anderen kannte man. Von allen Büchern des Neuen Testaments wurden Papyrusabschriften aus dem dritten Jahrhundert gefunden. Wenn auch der 2. Petrus- und der Judasbrief erst gegen Ende des dritten oder im frühen vierten Jahrhundert abgeschrieben wurden, so ist eindeutig belegt, daß im dritten Jahrhundert in Ägypten eine Reihe von Menschen die Bibel lasen.

Jene Leser hatten ihre Vorgänger im zweiten Jahrhundert. Teile von Abschriften des Matthäusevangeliums, eine des Johannesevangeliums und möglicherweise Fragmente des Titusbriefs lassen sich auf Grund der Handschriften ins Ende des zweiten Jahrhunderts einordnen. Ein sehr bekannter Schnipsel des Johannesevangeliums wird auf einen Zeitpunkt noch vor 150 n.Chr. datiert (siehe: *Der Rylands-Papyrus*). Neben diesen neutestament-

Die moderne Stadt Antakya am Orontes liegt dort, wo sich das antike Antiochia befand. In dieser Stadt gab man den Nachfolgern Jesu das erste Mal den Namen Christen (Apg. 11,26). Möglicherweise war hier gegen Ende des ersten Jahrhunderts ein Zentrum der christlichen Buchproduktion.

lichen Manuskripten sind aus dem zweiten Jahrhundert noch Teile zweier „Evangelienimitationen" sowie Teile eines Buches über christliche Verhaltensweisen („Der Hirte der Hermas") bekannt.

Betrachtet man die Funde im Zusammenhang mit der Geschichte des Christentums, wird ihre Bedeutung offenbar. Schon das Neue Testament berichtet von Gemeinden in Palästina, Syrien, der Türkei, Griechenland und Italien, erwähnt aber keine in Ägypten. Unsere Papyri sind der einzige Existenzbeweis von Christen vor 400 n.Chr. in Ägypten.

Eine neue Art von Buch

Die frühen Abschriften des Neuen Testaments sind noch aus einem anderen Grund bemerkenswert: Es sind Bücher mit Seiten, ein enormer Unterschied zu den Abschriften griechischer Literatur auf Papyrus und den frühen hebräischen Manuskripten des Alten Testaments, die als Schriftrollen gefertigt waren. Bis zum dritten Jahrhundert war das die übliche „Buchform". Ein Buch mit Seiten, einen Codex, benutzte man nur für Notizen. Erst im vierten Jahrhundert verdrängten die Bücher nach und nach die Schriftrollen.

Die Vorteile von Büchern sind einleuchtend: Eine Rolle verschwendet Platz, da sie nur auf einer Seite beschrieben ist. Sie ist unhandlich – um eine Textstelle zu finden, mußte man unter Umständen erst mehrere Meter abrollen. Grund genug für die ersten christlichen Schreiber, sich nicht sklavisch an die alten Bräuche zu halten. Wahrscheinlich setzten sie damit für die ganze Literatur neue Maßstäbe. Einige Besonderheiten unterscheiden die ersten christlichen Papyri von anderen Papyri des ersten und zweiten Jahrhunderts: Sie haben eindeutig einen gemeinsamen Ursprung. Neuere Forschungsergebnisse lassen vermuten, daß an einem bestimmten Ort allgemeine Richtlinien für das Kopieren von christlichen Büchern festgelegt wurden: Sie sollten in der Form des Codex vervielfältigt werden. Wo auch immer dieses Zentrum gewesen sein mag – vielleicht Antiochia in Syrien –, die gefundenen Papyri sind nicht die ersten Muster aus dieser Kopieranstalt gewesen. Vermutlich hat sie ihre Arbeit spätestens 100 n.Chr., eher sogar früher aufgenommen.

Die ältesten christlichen Bücher zeigen uns die Form des neutestamentlichen Textes spätestens 200 Jahre nach der Abfassung – in einigen Fällen ist man zeitlich sogar noch näher am Originalmanuskript. Deutlich kann man sehen, daß der griechische Text des Neuen Testaments äußerst sorgfältig abgeschrieben wurde und man die Ausbreitung der christlichen Literatur nicht dem Zufall überließ. Für die Christen waren ihre Schriften von Anfang an von großer Bedeutung.

Der Rylands-Papyrus

Unzählige Papyri schmuggelte man aus Ägypten in die Museen und Privatsammlungen der westlichen Welt. Unmöglich konnte man sie alle sofort studieren oder wenigstens katalogisieren. 1920 erwarb ein Wissenschaftler, der selbst Papyri in verlassenen Städten ausgegraben hatte, eine Fragmente-Sammlung für die John-Rylands-Bibliothek in Manchester. Als C.H. Roberts, ein Fachmann aus Oxford, sie 15 Jahre später katalogisierte, entdeckte er alle möglichen interessanten Teile von griechischen Büchern und sogar den Teil einer lateinischen Rede Ciceros. Als er ganz zum Schluß die kleinen Fragmente unter die Lupe nahm, stieß er auf einen vom oberen Ende einer Seite abgerissenen Schnipsel. Auf jeder Seite sind Teile von sieben handgeschriebenen Zeilen zu erkennen. Obwohl das Stück sehr klein ist (unsere Abbildung zeigt die Originalgröße), konnte Roberts doch seine Herkunft feststellen: Es stammt aus dem Johannesevangelium. Von diesem Evangelium waren bereits eine ganze Reihe Abschnitte aus dem dritten Jahrhundert in Ägypten gefunden worden. Roberts versuchte nun, das Alter seines Fragments zu ermitteln. Nachdem er den Stil der Handschrift und die Form der Buchstaben untersucht hatte, war er sehr verunsichert. Sicherheitshalber zog er noch andere Experten und erfahrenere Papyrologen zu Rate. Doch sie bestätigten sein Ergeb-

nis: Die Form der Buchstaben stimmt eindeutig mit denen in Dokumenten zwischen 125 und 150 n.Chr. überein. Und diese Schätzung hat auch heute noch Bestand. Selbst nach einem halben Jahrhundert ständiger Untersuchungen gilt dieses kleine Papyrusfragment immer noch als älteste bekannte Abschrift eines Teils des Neuen Testaments.

Der Text auf dem Fragment stammt aus Kapitel 18 des Johannesevangeliums.

Auf der Vorderseite stehen die Verse 31-33, auf der Rückseite die Verse 37 und 38. Die Größe der ganzen Seite schätzt man auf 21 x 20 cm; das gesamte Buch dürfte etwa 130 Seiten gehabt haben und war höchstwahrscheinlich nicht mit anderen Evangelien kombiniert.

Ein wichtiger Fund

Keines der Evangelien trifft eindeutige Aussagen über das Abfassungsdatum.

Natürlich stammen alle aus der Zeit nach der Auferstehung Jesu, doch man weiß nicht, ob sie nun fünf, zwanzig oder hundert Jahre später geschrieben wurden. Laut christlicher Tradition sollen alle vier Evangelien vor 100 n.Chr. verfaßt worden sein. Johannes habe seines gegen Ende des ersten Jahrhunderts als letzter niedergeschrieben, als er in Ephesus lebte. Solche Überlieferungen gerieten im 19.Jahrhundert unter

Die wenigen Worte auf beiden Seiten dieser zwischen 125 und 150 n.Chr. angefertigten Handschrift stimmen mit einigen Versen aus dem 18. Kapitel des Johannesevangeliums überein.

166 / NEUTESTAMENTLICHE SCHRIFTEN

Beschuß. Einige Tübinger Theologen vertraten die Ansicht, das Johannesevangelium sei im späten zweiten Jahrhundert geschrieben worden, also weit nach 150 n.Chr. Der Rylands-Papyrus hat diese These jedoch widerlegt.

Wenn die Abschrift des Johannesevangeliums um die Mitte des zweiten Jahrhunderts in Ägypten ange-

fertigt wurde, ist sie ein Zeichen für den Bedarf an christlicher Literatur – vermutlich in einer der rund 150 km südlich von Kairo gelegenen Städte Mittelägyptens. Falls der Besitzer nicht gerade ein persönlicher Freund der Verfassers war, müssen einige Exemplare von dort, wo es geschrieben wurde (vermutlich Ephesus), in alle Him-

melsrichtungen verkauft, erneut abgeschrieben und populär geworden sein. Berücksichtigt man hier den Zeitfaktor, spricht alles für eine Abfassung des Johannesevangeliums spätestens zu Anfang des zweiten Jahrhunderts – mit einer starken Tendenz zu einem noch früheren Abfassungszeitpunkt.

Laut früher christlicher Tradition schrieb der Apostel Johannes sein Evangelium im an der türkischen Westküste gelegenen Ephesus gegen Ende des 1. Jahrhunderts. Das hier abgebildete Theater wurde im dritten und zweiten Jahrhundert v. Christus erbaut und im 1. Jahrhundert n. Chr. umgestaltet. Die grüne Rasenfläche am Ende der Straße kennzeichnet übrigens den mittlerweile völlig versandeten antiken Hafen der Stadt.

Die Zeit vor den Evangelienbüchern

Wenn man die Evangelien erst um das Jahr 100 kopierte und in einer Standardform verbreitete, was machte man vorher? Wann genau die Verfasser der Evangelien an der Arbeit waren, beschäftigt die Wissenschaftler schon seit jeher. Vergleicht man Matthäus, Markus und Lukas, sieht man leicht eine Menge Gemeinsamkeiten. Vielleicht gab es eine noch ältere Sammlung von Geschichten und Aussprüchen Jesu, derer sich alle bedienten (Bibelforscher nennen sie die „Q"-Sammlung, nach dem Wort „Quelle"). Jeder Schreiber fügte weitere Details hinzu, die er von den verschiedenen Jüngern Jesu erfahren hatte, und setzte besondere Schwerpunkte. Das genau zu erklären würde jedoch den Rahmen dieses Buches sprengen.

Eine weitere interessante Frage ist, ob die Verfasser der Evangelien die Worte Jesu wortwörtlich wiedergaben oder ob sie Reden freiweg erfanden und sie ihm in den Mund legten. Falls sie sich ein paar der Aussprüche Jesu ausdachten, nahmen sie wahrscheinlich Ideen und Glaubensgrundsätze auf, die sich in den ersten Gemeinden herausgebildet hatten. Dieser kontrovers diskutierte Punkt kann an dieser Stelle leider ebenfalls nicht erörtert werden.

Nicht vergessen darf man bei allen entsprechenden Diskussionen, daß alle Theorien über die Geschichte der Evangelien auf Spekulationen fußen. Die

Das Notizbuch der Antike bestand aus Holztäfelchen, die ähnlich einem Ringbuch miteinander verbunden waren. Hier sehen wir eine ägyptische Version aus der römischen Periode.

einzigen uns zur Verfügung stehenden Fakten sind die Evangelien selbst. Darüber hinaus ist es unmöglich zu beweisen, daß irgendein Bericht über das Leben und die Lehren Jesu falsch oder irreführend ist.

Sicherlich hatten alle Verfasser der Evangelien ihre Informationsquellen, egal ob sie nun selbst Augenzeugen waren oder – wie Lukas – Augenzeugen befragten. Man nimmt gemeinhin an, daß die Geschichten der Evangelien, bevor man sie zusammenstellte und in einer „Q"-Sammlung oder einer anderen Form niederschrieb, mündlich verbreitet wurden.

Diesen Vorgang kann man sich leicht vorstellen. Jesus sprach zu großen Menschenmengen, kleinen Gruppen und zu Einzelpersonen. Nachdem sie auseinandergingen, teilten die Zuhörer anderen mit, was sie gehört hatten. Bei seinen herausfordernden Worten und sensationellen Ansprüchen erregte Jesus schnell die Aufmerksamkeit der religiösen Führer, die

natürlich über seine Reden diskutierten. Wenige sahen sein Wirken positiv, die meisten waren erbost und verärgert. Männer und Frauen aus ganz Palästina und sogar noch darüber hinaus behielten auch nach der Kreuzigung das Gehörte in ihrem Gedächtnis, jederzeit bereit, es einem Interessenten mitzuteilen.

Im alten Palästina war das Auswendiglernen die normale Art der Ausbildung, und einige der Aussprüche Jesu sind so kurz gehalten, daß man sie gut im Gedächtnis behalten kann. Übersetzt man den einen oder anderen seiner Aussprüche zurück ins Aramäische, der Sprache, die er normalerweise verwendete, erhalten sie einen poetischen Sprachrhythmus, der ebenfalls beim Auswendiglernen half. Auf diese Art und Weise unterrichteten schon jüdische Rabbiner ihre Schüler. Es ist nicht verwunderlich, daß Jesus diese Form beibehielt.

Aber war die mündliche Überlieferung der einzige Weg für die ersten Christen,

die Worte und Taten ihres Meisters weiterzugeben, bevor es die uns bekannten Evangelien (oder die „Q"-Sammlung) gab? Gab es Menschen, die Jesus predigen gehört hatten und sich sagten: „Dies muß ich jetzt niederschreiben"? Bis vor kurzem war für diese Möglichkeit nur wenig Raum in der Evangelienforschung. Doch mittlerweile haben die archäologischen Beweise für die große Anzahl der im ersten Jahrhundert in Palästina angefertigten Schriften und die neueren Untersuchungen anderer Quellen ein Gleichgewicht zu den Theorien über die mündliche Überlieferung hergestellt.

In Jerusalem wie in Jericho hat man in Gräbern die Namen der Toten festgehalten (siehe: *Und ihre Namen leben weiter*). In den Palästen des Herodes fand man Krüge mit griechischen oder lateinischen Aufschriften, die Datum, Namen und Titel des Königs nennen. Andere Krüge, die man in Qumran und Jerusalem fand, tragen Namen oder

Etiketten über den Inhalt auf Hebräisch oder Aramäisch. Gefunden hat man auch auf Tonscherben gekritzelte Kurznachrichten. All diese Funde sind ein Zeichen dafür, daß die Menschen Schrift vielfältig verwendeten, auch wenn sie noch weit von Geschichts- oder Lehrbüchern entfernt waren.

Normalerweise hielten die Juden nicht viel davon, die Reden ihrer Rabbiner aufzuschreiben und zu sammeln. Wenngleich dem nicht schriftlich fixierten Recht, also den „Traditionen der Väter", große Autorität beigemessen wurde, war es doch nicht dasselbe wie das Gesetz des Mose. Die grundlegende Sammlung rabbinischer Lehren, die Mischna, wurde erst ein Jahrhundert nach dem Fall Jerusalems (70 n.Chr.) zusammengestellt (siehe: *Jüdische Schriften*). Doch schon vorher waren einige jüdische Lehrer bereit, ihre Lehrreden niederschreiben zu lassen. Philo und der Apostel Paulus sind Beispiele hierfür.

Unter den Schriftrollen vom Toten Meer ist ein bemerkenswerter Brief, der die Ansichten eines Führers – möglicherweise des „Lehrers der Gerechtigkeit" – über alle möglichen Fragen ritueller Reinheit und des Verhaltens dazu ausführlich darlegt. In der Einleitung zu jeder Stellungnahme verwendet er die Worte: „Über dieses und jenes sagen wir, daß...", was dem wiederholten „ich aber sage euch" Jesu aus Matthäus 5 ähnlich ist.

Die Worte der Rabbiner waren nicht zur Veröffentlichung gedacht, aber einige Schüler machten sich für private Studien Notizen – und darum hören wir über einige. Die Schüler schrieben, und das ist interessant, in Notizbücher und nicht auf Schriftrollen oder Tonscherben. Die hebräische Sprache kannte kein Wort für den Begriff „Notizbuch", deshalb lieh man sich das griechische „pinax" aus. Ein Pinax war eine beliebige Schreib- oder

Zeichentafel. Zacharias schrieb auf solch einer kleinen Tafel (Lk.1,63). Man bezeichnete damit aber auch das Tablett oder die flache Schale, auf der das Haupt Johannes des Täufers gebracht wurde (Mt. 14,8; Mk. 6,28).

Hölzerne Schreibtafeln findet man im ganzen ehemaligen Römischen Reich, ob in der Festung Vindolanda am Hadrianswall in England oder in den Städten Ägyptens. Oft sind sie zerbrochen, und die mit

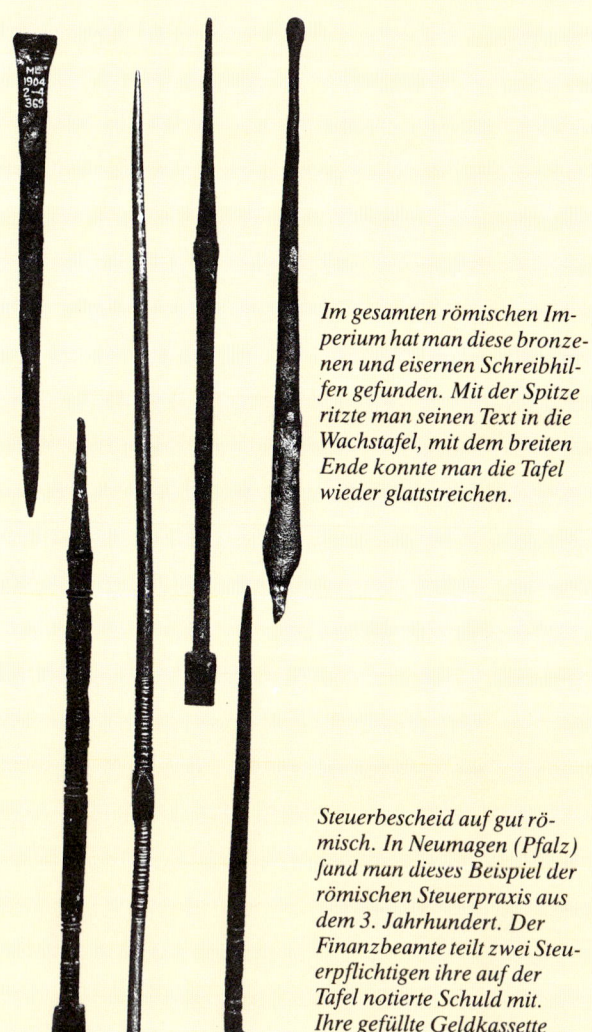

Im gesamten römischen Imperium hat man diese bronzenen und eisernen Schreibhilfen gefunden. Mit der Spitze ritzte man seinen Text in die Wachstafel, mit dem breiten Ende konnte man die Tafel wieder glattstreichen.

Steuerbescheid auf gut römisch. In Neumagen (Pfalz) fand man dieses Beispiel der römischen Steuerpraxis aus dem 3. Jahrhundert. Der Finanzbeamte teilt zwei Steuerpflichtigen ihre auf der Tafel notierte Schuld mit. Ihre gefüllte Geldkassette haben die beiden schon mitgebracht.

Tinte direkt auf die hölzerne Oberfläche geschriebene oder in eine Schicht Gips eingeritzte Schrift ist verschwunden. Manchmal wurde die Tafel auch etwas vertieft und mit Wachs ausgefüllt. Nun konnte der Schreiber die Buchstaben einkratzen und nach Bedarf später das Wachs wieder glattstreichen.

Mit Hilfe von Scharnieren oder Lederriemen ließen sich die hölzernen Tafeln leicht zu zwei oder noch mehr Seiten zusammenfügen. Eine solche Einheit, so erklärt der im ersten Jahrhundert lebende Autor Seneca, wurde „Codex" genannt. Normalerweise waren diese Tafeln für den Schulbetrieb gedacht, für Übungen, Berichte, Nachrichten und Notizen aller Art. In Rom stenografierte man die Reden aus dem Senat mit, und der Gelehrte Plinius wurde ständig von einem Sekretär begleitet, der auf Anweisung alles Wichtige notierte. Unter den Papyri aus Ägypten fand man sogar Lehrbücher über die griechische Kurzschrift.

Neben den hölzernen Tafeln kamen im Rom des ersten vorchristlichen Jahrhunderts immer stärker Notizbücher mit Pergamentseiten in Mode. Sie waren leichter zu tragen als die hölzernen, weshalb der Dichter Martial um das Jahr 85 n.Chr. seinen Freunden nicht nur empfahl, die Gedichte von Homer und Vergil in Bücher dieser Art zu schreiben, sondern auch einige Exemplare verschenkte, damit jedermann den besseren Nutzen im Vergleich zu den traditionellen Rollen feststellen konnte. Bedauerlicherweise sind keine Bücher aus dem ersten und zweiten Jahrhundert aus Rom erhalten geblieben. Deshalb wissen wir nicht, ob Martial lediglich eine aufkommende Mode anpries oder ein Exzentriker war, der ein Jahrhundert vorausdachte. Die Papyrusbücher aus Ägypten zeigen, daß die Schriftrollen noch weitere 200 Jahre populärer waren

als Bücher in Codexform (siehe: *Die ältesten christlichen Bücher*).

Daß die Evangelien von Anfang an in Codexform abgeschrieben wurden, läßt vermuten, daß ihnen als Vorlage Notizbücher dienten, die Aussprüche und Taten Jesu enthielten. Sie können sogar am selben Tag noch niedergeschrieben worden sein. Vielleicht hielt man die Worte Jesu sogar in Kurzschrift fest. Da Jesus oft in Städten wirkte, in denen es staatliche Stellen, Armeeoffiziere, Steuereintreiber oder Rabbiner gab, und nicht nur auf grünen Hügeln oder an Seeufern, spricht viel für die Vermutung. (Vielleicht waren die „Pergamente", um die Paulus in 2. Tim.4,13 bat, solche Notizbücher.)

Doch es gibt nichts, das diese Vermutung von C.H. Roberts, einem Experten auf dem Gebiet der griechischen Papyrusbücher (siehe: *Der Rylands-Papyrus*), beweisen oder widerlegen würde. Aber diese These sollte auf jeden Fall diskutiert werden.

Auf der Suche nach dem echten Text

Der Schreiber des Originals des Codex Sinaiticus machte bei seiner Abschrift einige Fehler, die von einem späteren Schreiber korrigiert wurden. Unser Bild zeigt Teile aus dem 21. Kapitel des Johannesevangeliums. Hier wurde vor allem der Vers 18 verbessert.

Wie kommt man eigentlich an jahrhundertealte Originaltexte heran? William Shakespeare schrieb seine Stücke beispielsweise zwischen 1588 und 1613. Er war sowohl Schauspieler als auch Schriftsteller und schrieb einige Rollen den Schauspielern seiner Truppe auf den Leib. Wie er dabei vorging, ist nicht bekannt. Man weiß lediglich, daß er zunächst immer Rohentwürfe festhielt. Doch weder diese noch irgendwelche leserlichen Kopien sind erhalten geblieben, obwohl Schauspieler mit tragenden Rollen zumindest für die wichtigsten Szenen eigene Kopien hatten. Ebenso brauchte der Souffleur einen vollständigen Text, um den Schauspielern zu helfen, die ihr Stichwort verpaßt oder ihren Text vergessen hatten.

Natürlich blieben die Stücke Shakespeares nicht lange nur auf die Textausfertigung des Autors selbst beschränkt; mit zunehmender Beliebtheit hatten die Verleger immer mehr den Wunsch, die Stücke zu veröffentlichen. Was sie dann letztendlich verkauften, waren nicht selten Raubkopien. Schauspieler oder Zuhörer aus dem Publikum lernten den gesamten Text auswendig oder machten sich Notizen, aus denen die Verleger dann einen Text zusammenstellten. So machte man es jedenfalls 1597 mit *Romeo und Julia,* 1600 mit *König Heinrich V.* und 1603 mit dem *Hamlet.*

Shakespeares Ideen und Texte waren in einigen Büchern dermaßen verunstaltet, daß er selbst oder einer seiner Freunde neue Fassungen drucken ließ (1599 *Romeo und Julia,* 1604-1650 *Hamlet,* beide auf der Grundlage der Rohentwürfe des Autors).

Als Shakespeare 1616 starb, waren noch 22 seiner Stücke unveröffentlicht. 1623 gaben seine Freunde einen Band mit 36 Stücken heraus. Sie wollten eine möglichst perfekte Shakespeare-Ausgabe schaffen, um auf diese Weise den Autor zu ehren. Selten verwendeten sie korrigierte Raubausgaben, meistens stützte man sich auf die Aufzeichnungen Shakespeares selbst. Und dennoch gibt es eine ganze Menge Fehler in dieser „First Folio"-Ausgabe.

Der „Second Folio" (1632) verbesserte zwar einige Fehler, verursachte aber andererseits auch wieder neue. Seit dieser Zeit versuchen Wissenschaftler herauszufinden, was manche Wörter oder Linien bedeuten oder wie Shakespeare sie ursprünglich schrieb, weil sie in der vorgegebenen Form unverständlich sind oder sich falsch anhören.

Über einen Großteil des Textes herrscht weitgehende Übereinstimmung, wenngleich auch einige Passagen immer noch schwer verständlich bleiben (wen die Neugier gepackt hat, mag *König Lear* lesen, und zwar im IV. Aufzug, IV. Szene, die Zeilen 217 und 218; oder in *Hamlet* im I. Aufzug, VI. Szene, die Zeile 37). Durch geniale Mutmaßungen, wie nun die unverständlichen Stellen auf Hörfehlern beruhen oder an Mißverständnissen des Druckers liegen könnten, läßt sich aus einigen dieser Zeilen noch ein Sinn gewinnen.

Bei bestimmten Stücken scheint Shakespeare die Arbeit anderer miteingeflochten zu haben. Besonders im 1. Teil von *Heinrich VI.* birgt der Text noch Rätsel, mit denen sich viele Generationen von Wissenschaftlern

beschäftigen können. Eine wortwörtliche Wiedergabe eines Shakespeare-Stückes werden wir aber auch durch die besten Literaturforscher nicht erhalten.

Shakespeare lebte vor noch nicht einmal 400 Jahren, und doch können wir nicht feststellen, ob selbst die schon zu Lebzeiten gedruckten Textausgaben dem Original entsprechen. Das gleiche Problem tritt natürlich auch bei den Evangelien und den Büchern des Neuen Testaments auf, die ja schon vor fast 2000 Jahren geschrieben wurden. Die Originale der Autoren verschwanden bereits vor langer Zeit, und wir können nur die Abschriften lesen. Alle Evangelien wurden ja wahrscheinlich noch vor dem Jahr 100 n.Chr. verfaßt, rund ein Jahrhundert vor den ältesten umfassenden Kopien, die uns heute vorliegen. Ob jene Schreiber und deren Vorgänger zuverlässig arbeiteten?

Das herauszufinden ist die Aufgabe der wissenschaftlichen Textkritik. Dem interessierten Leser des Neuen Testaments kann es nur von Nutzen sein, wenn er über die Arbeitsweise dieser Forscher Bescheid weiß.

Wie schon Shakespeare und seine Freunde feststellen mußten, machen auch Drucker Fehler, die sich dann tausendfach vervielfältigen. Die Schreiber, die Bücher per Hand kopierten, waren dafür genauso anfällig. Und doch ist es gerade ihre Arbeit, der wir die Erhaltung des Neuen Testaments verdanken.

Die Kopisten

Versuchen wir einmal, uns diese Schlüsselfigur in der Geschichte der Evangelien vorzustellen: Seine Zeugnisse waren, abgesehen von den Noten für seine Handschrift, durchschnittlich. Eine Karriere in einem staatlichen Büro oder einem Wirtschaftskonzern lag außerhalb seiner Fähigkeiten. Aber er konnte sich seinen Lebensunterhalt als Schreiber verdienen. Die Menschen wollten Bücher lesen, und damit konnte er dienen.

Natürlich mußte er sich die abzuschreibenden Bücher ausleihen, wenn die Kunden die gewünschte Vorlage nicht gleich mitlieferten. In einer großen Stadt war das keine Schwierigkeit, denn es gab private Buchsammlungen, aus denen man sich – eine durchaus übliche Praxis – einen Band zum Kopieren ausleihen konnte. Ein in einer Kleinstadt lebender Kopist mußte wohl schon größere Mühen auf sich nehmen, bis er an seine Vorlage kam. Möglicherweise mußte er sogar eine lange Dienstreise antreten, um ein seltenes Buch in der Bibliothek des Besitzers abzuschreiben.

Das Kopieren war eine recht ermüdende Angelegenheit, und Hunderten von Textspalten gegenüberzusitzen war alles andere als motivierend. Langweilte das Buch den Kopisten oder hatte er schon mehrere Male damit gearbeitet, ließ die Aufmerksamkeit zwangsläufig mit der Zeit nach, und Fehler schlichen sich ein. So konnte es vorkommen, daß er einen Satz zweimal schrieb, eine Zeile ausließ, die mit demselben Wort begann wie die vorhergehende, oder er schrieb schlechthin Nonsens.

Diktierte ihm jemand das Buch, konnten Hörfehler auftreten. Las der Kopist selbst von der Vorlage, brachte er vielleicht beim Übertragen Wörter durcheinander.

Interessierte ihn das Buch, war er wahrscheinlich schon sorgfältiger. Allerdings überschritt er seine Kompetenzen, wenn er versuchte, die Sprache zu verbessern: Schrieb der Autor nicht in einem sehr modischen Griechisch, polierte mancher Kopist den Stil etwas auf. Nach der Fertigstellung überprüfte ein gewissenhafter Kopist oder sein Kollege die Arbeit in der Hoffnung, alle Fehler ausmerzen zu können. Oftmals geschah die Durchsicht aber nur auf die Schnelle und stichprobenartig, wie noch erhaltene Abschriften beweisen.

Anscheinend entsprach die Bezahlung eines Kopisten in etwa der eines Landarbeiters, wenngleich er für das Endprodukt und nicht nach Tagessätzen entlohnt wurde. Geschwindigkeit brachte ihm also Gewinn, Fehler wurden in Kauf genommen.

Im späten ersten Jahrhundert nennt der Dichter Martial eineinhalb bis zweieinhalb Denare als Preis für ein billiges Buch. Laut Matthäus verdiente ein Tagelöhner einen Denar. Rechnet man die Preissteigerung über 50 Jahre ein, entsprach der niedrigere Preis etwa einem Tageslohn. Aus dem Ägypten des zweiten Jahrhunderts wissen wir einen Zeilenpreis: 10 000 Zeilen für 20 Denare, oder 500 Zeilen für einen Denar.

Grobe Schätzungen geben dem Johannesevangelium etwa 2000 Zeilen, es kostete also rund vier Denare und konnte in drei bis vier Tagen abgeschrieben werden.

Als Kopist konnte man bei guter Auftragslage seinen Lebensunterhalt verdienen. In kleinen Städten war das jedoch kaum denkbar. Wer hier ein bestimmtes Buch kopiert haben wollte, mußte es entweder selbst abschreiben oder einen gewöhnlichen Schreiber damit beauftragen. Das Ergebnis kann man in einigen ägyptischen Papyrusbüchern sehen. Professionelle Bücherkopisten führten ihre Arbeit in einem bestimmten Stil aus, dem die normalen Schreiber nicht immer folgten. Wer sonst nur Rechnungen ausstellte oder Rechtsangelegenheiten niederschrieb, kürzte leicht Wörter ab oder schrieb Zahlen nicht aus. Solche Dinge treten in manchen frühen Beispielen christlicher Bücher gehäuft auf, in anderen sehr selten. Offensichtlich waren einigen schreibkundigen Christen die Bücher zu teuer (oder die Inhalte zu gefährlich), so daß sie sich selbst an die Abschreibarbeit machten. Diese Bücher waren meist für den privaten Gebrauch vorgesehen, doch auf Grund der großen Buchstaben einiger Exemplare liegt die Vermutung nahe, daß sie zum lauten Vorlesen vor einer größeren Gruppe genutzt wurden. Die „Großschriftbücher" sind nur ein weiteres Indiz für das Verlangen der ersten Christen nach den Evangelien und den anderen Büchern des Neuen Testaments.

Auf Fehlersuche

Manche Fehler der Kopisten sind leicht zu erkennen und zu verbessern. Der berühmte Codex Sinaiticus (siehe: *Die ältesten Bibeln*) enthält viele Stellen, an denen der Kopist selbst seine Fehler richtigstellte. Im Laufe der Jahrhunderte wurden noch weitere Korrekturen ausgeführt.

Kurz nach 200 n.Chr. ließ ein Schreiber beim Johannesevangelium 54 Textstellen ganz aus (Papyrus Bodmer II), wiederholte dafür aber 24mal fälschlicherweise einzelne Wörter. Ein anderer Schreiber, der etwa zur selben Zeit die Evangelien des Lukas und des Johannes in ein Buch kopierte, arbeitete sehr sorgfältig und machte weit weniger Fehler (Papyrus Bodmer XIV-XV).

Vergleicht man verschiedene Kopien miteinander, werden die Fehler offensichtlich. Eindeutige Fehler schrieben Kopisten meist nicht mit ab. Waren sie aber weniger deutlich, gingen sie unbemerkt durch und wurden so von Abschrift zu Abschrift weiter übertragen. Waren die Fehler inhaltlich gravierend, führten sie unter Umständen zum Verlust des ursprünglichen Sinns der Wörter. Stand die fehlerhafte Kopie in einer bedeutenden Bibliothek oder Schule, benutzte man sie wesentlich häufiger als Vorlage für Abschriften als die vielleicht exakte Kopie einer unbedeutenden Bibliothek. Von einem einzigen fehlerhaften Manuskript wurden möglicherweise Dutzende von Abschriften gefertigt und jedesmal kopierte man die Fehler mit. Dabei wäre die Abschrift der textgetreuen Fassung bei der Erhaltung der richtigeren Version des Buches von größerem Wert als alle anderen.

Es gibt fehlerhafte Abschriften, die wesentlich älter sind als sorgfältig angefertigte Kopien. Nicht immer sind die ältesten Abschriften auch die besten. Weder die Anzahl der Textabschriften in einer bestimmten Formulierung noch deren Alter sind ein zwingendes Argument für die Nähe des Textes zur Urfassung.

174 / NEUTESTAMENTLICHE HANDSCHRIFTEN

Die Zahl der erhaltenen griechischen NT-Manuskripte beläuft sich auf über 5000. Entsprechend ihren Charakteristika teilt man sie in verschiedene Familiengruppen ein: Eine Serie von Familienportraits kann zwar über Generationen hinweg dominant eine große Nase oder rotes Haar aufzeigen, doch jede Person besitzt Kennzeichen, die sie zu einem individuellen menschlichen Wesen machen. Auf dieselbe Art und Weise trägt jedes Manuskript sowohl seine eigenen als auch die familienspezifischen Merkmale. Die Nützlichkeit einer Kopie hängt von einer Analyse aller Kopien derselben Familie ab. Die Untersuchung gestattet den Wissenschaftlern, diese speziellen Merkmale herauszuarbeiten und viele der Fehler auszumerzen.

Man schätzt, daß es möglicherweise mehr als eine Viertelmillion Abschriften neutestamentlicher Bücher gibt, wenn man auch die verschiedenen Übersetzungen in andere Sprachen miteinrechnet. Natürlich ist auch die Zahl der verschiedenen Versionen enorm, aber ein Großteil ist unbedeutend. Nach der Sichtung führten die Herausgeber der Standardausgabe des griechischen Neuen Testaments etwa 10000 Abweichungen in Fußnoten auf. Etwa 1400 Abweichungen waren ausreichend wichtig, um 1966 in dem griechischen Neuen Testament der Bibel-Gesellschaften aufgenommen zu werden. Haben wir also keinerlei Gewähr dafür, wirklich die Worte der Evangelien-Autoren zu lesen? Und wie beeinflussen Fehler die Übersetzungen des Neuen Testaments?

Ein theologischer Unterschied

Gelegentlich ändert sich durch einen Fehler in der Übersetzung auch die Aussage des Verses. Selbstverständlich muß jeder Fall sorgfältig überprüft werden, und Veränderungen nimmt man nicht ohne Grund vor. Betrifft es eine wichtige Doktrin, so kann eine Veränderung in einem einzigen Vers nicht an diesem Bauwerk rütteln, da jede wichtige Lehre auf mehreren Textstellen fußt.

Solch ein Fall liegt im Johannesevangelium 1,18 vor. „Niemand hat Gott je gesehen; *der Eingeborene,* der Gott ist und in des Vaters Schoß ist, der hat

ihn uns verkündigt", heißt es in der Lutherübersetzung von 1984. Hundert Jahre vorher hieß es noch: „Niemand hat Gott je gesehen; *der eingeborene Sohn,* der in des Vaters Schoß ist, der hat es uns verkündiget."
Die Elberfelder Übersetzung bietet „nach guten alten Handschriften" neben der Formulierung „*eingeborener Sohn*" folgende Alternative an: „Niemand hat Gott jemals gesehen; der *eingeborene Gott,* der in des Vaters Schoß ist, der hat [ihn] kundgemacht."
Warum weichen nun diese Übersetzungen voneinander ab? Die erste

Papyruskopie des Johannesevangeliums aus der Bodmer-Sammlung wurde 1956 veröffentlicht; die zweite 1961. Beides sind Abschriften aus dem frühen dritten Jahrhundert, und beide enthalten ebenso wie der Codex Sinaiticus und der Codex Vaticanus an der entscheidenden Stelle den Begriff „Gott". Der traditionelle griechische Text aber sagt „Sohn".
Alles hängt von einem einzigen Wort ab. Schrieb der Verfasser „Sohn" oder „Gott"? Heutigen Einschätzungen von Experten zufolge stand in der Urfassung der schwerer verständliche

Begriff „*der einzige Gott*". „Der einzige Sohn" taucht in Johannes 1,14 und Johannes 3,16 auf, so daß ein Kopist, der mit unserem Satz konfrontiert war, ihn bewußt oder unbewußt angeglichen haben mag. Eine Veränderung von einem bekannten Satz zu einem unbekannten ist weniger wahrscheinlich. Doch auch hier gilt: An dieser Stelle besteht kein Zweifel an der Lehre über die Göttlichkeit Christi. Der Eingangsvers zum Johannesevangelium sowie der gesamte Abschnitt sagen es deutlich.

Ganz einfache Fehler

Ein ausgelassener Satz

Die Verse aus Johannes 13,31.32 lauten: „Jetzt ist der Menschensohn verherrlicht, und Gott ist verherrlicht in ihm. Ist Gott verherrlicht in ihm, so wird Gott ihn auch verherrlichen in sich und wird ihn bald verherrlichen."

Vor langer Zeit lasen einige Christen diese Stelle noch ganz anders. Eine der zwei Abschriften des Johannesevangeliums, die kurz nach 200 n.Chr. hergestellt wurden und sich heute in der Bodmer Bibliothek befinden, liest sich nämlich so: „Jetzt ist der Menschensohn verherrlicht, und Gott ist verherrlicht in ihm. Gott wird ihn auch verherrlichen in sich selbst..." Und auch der Codex Sinaiticus und der Codex Vaticanus haben diese Verkürzung. Doch es ist kein gravierender Unterschied. Die Augen des Kopisten sind wahrscheinlich von dem ersten „verherrlicht in ihm" zum zweiten gesprungen und haben den Zwischentext übersprungen. Diese Art von Fehlern findet man häufig in den Abschriften alter Bücher (Textkritiker nennen dies *Homoioteleuton* = auf gleicher Silbe endend).

Wiederholte Sätze

Genauso häufig tritt aber auch die fehlerhafte Doppelung eines Wortes oder eines Satzes auf. Im Codex Vaticanus heißt es in Johannes 17,18: „Wie du mich gesandt hast in die Welt, so sende ich sie auch in die Welt, so sende ich sie auch in die Welt." Diese Art Fehler nennt man *Dittographie*

(versehentliche Doppelschreibung).

Paralleleinfluß

In den Evangelien von Matthäus, Markus und Lukas wird von vielen Ereignissen oder Reden in fast denselben Worten berichtet. Kopierte nun ein Schreiber ein Evangelium und war auch in den anderen Evangelien bewandert, konnte es vorkommen, daß er sie unbewußt in Übereinstimmung miteinander brachte. Bei manchen Kopisten mag das auch absichtlich geschehen sein.

Die Untersuchung der frühen Evangeliumsmanuskripte brachte etwas Licht in das Problem. Moderne Bibelausgaben geben deshalb die unterschiedlichen Lesarten oft als Beifügungen an. Als Jesus die Warnung über das Kommen des Menschensohns aussprach, sagte er: „Dann werden zwei auf dem Felde sein; der eine wird angenommen, der andere wird preisgegeben. Zwei Frauen werden mahlen mit der Mühle; die eine wird angenommen, die andere wird preisgegeben" (Mt. 24, 40.41). Im Bericht von Lukas tauchen andere Bilder auf, erst dann folgt das der mahlenden Frauen. Im überlieferten Text sind hier die Verse umgedreht, und das Bild über die zwei auf dem Felde arbeitenden Männer bildet den Abschluß (Lk. 17,30-36). Sowohl in der ältesten Abschrift des Lukasevangeliums, dem Bodmer Papyrus XIV aus dem frühen dritten Jahrhundert, als auch im Codex Sinaiticus, im Codex Vaticanus, im

Codex Alexandrinus und in anderen frühen Manuskripten fehlt jedoch dieser letzte Satz. Vielleicht ließen Kopisten diesen Vers versehentlich aus, weil er mit den gleichen Worten endet wie der Satz zuvor. Wahrscheinlicher ist jedoch, daß ein Matthäus-Kenner diesen Vers dem Lukastext hinzufügte, um die zwei Berichte über Jesu Prophezeiungen einander anzugleichen.

Beispiele solcher *Harmonisierungen* sind auch in der Lukasversion des Vaterunsers klar ersichtlich (vgl. Lk. 11,2-4 mit Mt. 6, 9-13).

Den Kopisten unterliefen auch noch andere Fehler, doch diese Beispiele sollen genügen. Sie zeigen die Bedeutung des Manuskriptvergleichs auf, mit dessen Hilfe man einen möglichst genauen Text des Neuen Testaments erhalten will.

Die vom Schreiber des Codex Sinaiticus vergessene Zeile aus Johannes 13,32: „Ist Gott verherrlicht in ihm..." fügte man später als Marginalie hinzu.

Absichtliche Veränderungen

Man kann sich gut vorstellen, daß ein nachdenklicher Kopist während des Abschreibens den Text gelegentlich abänderte oder ihm etwas hinzufügte. Wurde ihm hingegen der Text diktiert, fügte er seine Änderungen und Bemerkungen am Seitenrand ein – nach dem Diktat natürlich, denn vorher hatte er keine Zeit. Wurde dieser Text dann wiederum abgeschrieben, flossen diese Anmerkungen einfach in den fortlaufenden Text mit ein.

Auf diese Weise mag auch eine auf der Kenntnis regionaler Traditionen beruhende Anmerkung in Johannes 5 eingeflossen sein. Im traditionellen Text wird in den Versen 3 und 4 berichtet, daß an dem Teich Betesda „...viele Kranke, Blinde, Lahme, Ausgezehrte (lagen). Sie warteten darauf, daß sich das Wasser bewegte. Denn der Engel des Herrn fuhr von Zeit zu Zeit herab in den Teich und bewegte das Wasser. Wer nun zuerst hineinstieg, nachdem sich das Wasser bewegt hatte, der wurde gesund, an welcher Krankheit

Einige griechische Manuskripte nennen den von Pilatus an Jesu Stelle freigelassenen Verbrecher Jesus Barabbas. Der Codex Vaticanus nennt den Namen Jesus nicht, aber die gesamte Abschrift zeigt, daß der Codex von einem anderen abgeschrieben wurde, der den vollständigen Namen nannte. Unsere Abbildung zeigt Kapitel 26,70-27,24.

er auch litt." Die ältesten Abschriften des Johannesevangeliums enthalten diese Erklärung nicht, die zudem Formulierungen beinhaltet, die sonst nirgends in diesem Evangelium auftauchen.

Bei einer Abschrift des Johannesevangeliums kurz nach 200 n.Chr. (Papyrus Bodmer XV) veränderte der Kopist das Jesuswort „Ich bin die Tür zu den Schafen" in Kapitel 10,7 kurzerhand in „Ich bin der Hirte für die Schafe". Obgleich Bodmer XV eines der ältesten Evangelienmanuskripte ist, will doch niemand diese Formulierung übernehmen. Hier liegt ein offensichtlicher Fall von Vereinfachung durch den Kopisten vor.

Veränderungen religiöser Auffassungen konnten ebenso Veränderungen im Text nach sich ziehen. Die wachsende Verehrung Jesu bewog einige Kopisten anscheinend, in Matthäus 27,16.17 absichtlich ein Wort auszulassen. Der Name des Verbrechers, den Pilatus freigab, lautete wahrschein-

lich nicht nur Barabbas, sondern Jesus Barabbas. Der Codex Vaticanus führt beide Namen, und auch Origenes zitiert ihn im dritten Jahrhundert. Der Name Jesus war in neutestamentlicher Zeit durchaus gebräuchlich (siehe: *Ihre Namen leben weiter*) und weit verbreitet. Doch schon Origenes bemerkte: Der Name Jesus passe nicht zu einem Verbrecher wie Barabbas. Und diesen Standpunkt machte sich nicht nur die Kirche zu eigen, sondern auch unser Kopist.

Was sangen bloß die Engel?

„Ehre sei Gott in der Höhe und Friede auf Erden bei den Menschen seines Wohlgefallens."

Das Lied der Engel in Lukas 2,14 (hier in der Lutherübersetzung von 1984) ist einer der bekanntesten Weihnachtstexte. Leser des Lukasevangeliums im 20. Jahrhundert mögen verwundert sein, daß die neuen Übersetzungen dieses Verses nicht den früheren Versionen entsprechen. Die Lutherübersetzung von 1964 lautete beispielsweise:

„Ehre sei Gott in der Höhe und Friede auf Erden und den Menschen ein Wohlgefallen."

Die Einheitsübersetzung (1980) formuliert es dagegen folgendermaßen:

„Verherrlicht ist Gott in der Höhe, und auf Erden ist Friede bei den Menschen seiner Gnade."

Die Elberfelder Übersetzung von 1985 gibt den Text wieder mit:

„Herrlichkeit Gott in der Höhe, und Frieden auf Erden

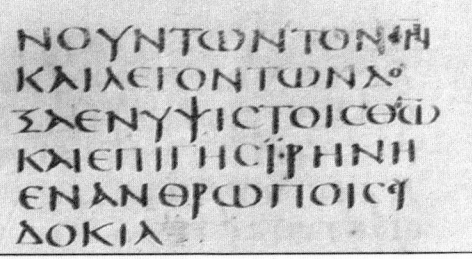

in den Menschen [seines] Wohlgefallens."

Warum nun all diese Verschiedenheiten? Der Grund liegt in einem einzigen griechischen Buchstaben. Das Wort „Wohlgefallen" steht, grammatisch gesehen, zusammen mit „Friede" im traditionellen Text als etwas, das für die Menschheit gewünscht wird. Ein Christ namens Tatian zitiert den Text um das Jahr 170 jedenfalls in dieser Form, als er aus den vier Evangelien ein einziges zusammenstellte und alle doppelt auftretenden Abschnitte ausließ. Der im vierten Jahrhundert lebende Historiker Eusebius zitiert den Text ebenfalls in dieser Form. Demgegenüber findet sich in den Abschriften von Lukas 2 aus dem vierten Jahrhundert – den ältesten erhaltenen – und auch bei Origenes, der im dritten Jahrhundert schrieb, das

griechische Wort für „Wohlgefallen" im Genitiv, also „des Wohlgefallens".

Wie läßt sich nun entscheiden, welche Version richtig ist? Auch hier ist eine letztgültige Aussage nicht möglich. Die frühen Manuskripte sind natürlich von großer Bedeutung, doch Tatian und Eusebius widersprechen ihnen. Die Wissenschaftler vertreten die Ansicht, daß der komplizierteren Form der Vorzug zu geben sei. Kopisten hätten eher dazu geneigt, Wörter und Sätze zu vereinfachen, als sie zu komplizieren. „Friede, und den Menschen ein Wohlgefallen" ist im Griechischen die einfachere Formulierung. Berücksichtigt man die Schriftrollen vom Toten Meer, ist der Ausdruck „Menschen seines Wohlgefallens" als eine unter religiösen Juden im ersten Jahrhundert geläufige Formulierung anzusehen.

Der Kopist des Codex Vaticanus schrieb: „Frieden auf Erden in den Menschen seines Wohlgefallens." Später strich ein anderer Schreiber einen simplen Buchstaben, und schon müßte man ins Deutsche übersetzen: „Frieden auf Erden und den (allen) Menschen ein Wohlgefallen."

Weder Tisch noch Bett?

„Noch viele andere überlieferte Vorschriften halten sie ein, wie das Abspülen von Bechern, Krügen und Kesseln" (Mk. 7,4, Einheitsübersetzung).

Becher, Krüge und Kessel zu reinigen ist nach heutigen Vorstellungen nicht besonders erwähnenswert. Aber in einigen Bibelübersetzungen gibt es noch eine Ergänzung:„Trinkgefäße und Krüge und eherne Gefäße und Tische" heißt es in der alten Lutherübersetzung, während die revidierte Ausgabe von 1984 an derselben Stelle von „Bänken" spricht (was auch ungefähr den „Sitzpolstern" der „Guten Nachricht" entspricht).

Die älteste Abschrift des Markusevangeliums ist ein Papyrus, der heute in der Chester-Beatty-Bibliothek in Dublin zu sehen ist. Er enthält den Zusatz eines Ruhemöbels ebensowenig wie der Codex Sinaiticus und der Codex Vaticanus. Der Codex Alexandrinus hingegen enthält jenen Zusatz, auch der Freer Codex in Washington und der Codex Bezae in Cambridge, die beide aus dem fünften Jahrhundert stammen. Die Worte wurden in die griechischen traditionellen Texte übernommen und erscheinen so in den älteren Übersetzungen. Die hierfür früher oft benutzte Übersetzung „Tisch" zeigt zwar ein gewisses Verständnis für hausfrauliche Gepflogenheiten, ist aber wohl falsch. Denn mit demselben Wort wird das Lager des kranken Mädchens in Vers 30 bezeichnet und auch die Ruhegelegenheit des gelähmten Mannes in Matthäus 9, 2.6 und Lukas 5,18-25, dem Jesus wohl eher befahl, aufzustehen und sein Bett mitzunehmen als seinen Tisch.

Stand diese Bezeichnung nun aber in den Originaltexten von Markus 7,4? Wenn man von den ältesten Abschriften ausgeht, hat man den Text später ergänzt. Doch es gibt auch Zweifel. Allein schon die Vorstellung, Betten wie Geschirr zu reinigen, könnte für die Kopisten so ungewöhnlich gewesen sein, daß sie diesen Satzteil wegließen. Aber es gab im Alten Testament Gesetze, daß jedes durch körperlichen Ausfluß befleckte Bett gereinigt werden sollte (3. Mo. 15,4.20.26).

Im ersten Jahrhundert hielten sich die Rabbiner in jedem Bereich ihres Lebens an die Vorschriften des Alten Testaments und beachteten streng die Reinheitsgebote. Im späten zweiten Jahrhundert wurde dann die Mischna, eine Gesetzesinterpretation, geschaffen. In einem langen Kapitel über die Reinheitsgebote wird auch diskutiert, welche Teile eines Bettes zu reinigen sind.

Vielleicht hat Markus die Reinigung von Betten als Beispiel angeführt, um die religiöse Akribie der Juden in solchen Angelegenheiten zu zeigen. Dazu paßt die christliche Tradition, daß Markus sein Evangelium für Leser in Rom geschrieben hat. Andererseits hätte auch ein Leser, der über diese Sitte Bescheid wußte, ebensogut der Liste den Zusatz „und Betten" hinzufügen können.

Die Frage bleibt also offen, ob im Markusoriginal „Betten" stand oder nicht. Die Abschriften, die den Zusatz enthalten, geben jedenfalls nur die gängige Praxis des ersten Jahrhunderts wieder.

Die älteste Abschrift mit dem Text „Bett" in Markus 7,4 ist der Codex Alexandrinus. Die fragliche Formulierung steht im ersten Absatz am Ende der zweiten und zum Anfang der dritten Zeile.

Original oder originell?

Zwei bekannte Textabschnitte in den Evangelien fehlen in vielen frühen Abschriften und werden deshalb in modernen Übersetzungen nur unter entsprechendem Vorbehalt wiedergegeben.

Im Johannesevangelium (7,53-8,11) steht der Bericht über die beim Ehebruch ertappte Frau und ihre heuchlerischen Ankläger.

„Und jeder ging heim. Jesus aber ging zum Ölberg. Und frühmorgens kam er wieder in den Tempel, und alles Volk kam zu ihm, und er setzte sich und lehrte sie. Aber die Schriftgelehrten und Pharisäer brachten eine Frau zu ihm, beim Ehebruch ergriffen, und stellten sie in die Mitte und sprachen zu ihm: Meister, diese Frau ist auf frischer Tat beim Ehebruch ergriffen worden. Mose aber hat uns im Gesetz geboten, solche Frauen zu steinigen. Was sagst du? Das sagten sie aber, ihn zu versuchen, damit sie ihn verklagen könnten. Aber Jesus bückte sich und schrieb mit dem Finger auf die Erde.

Als sie nun fortfuhren, ihn zu fragen, richtete er sich auf und sprach zu ihnen: Wer unter euch ohne Sünde ist, der werfe den ersten Stein auf sie. Und er bückte sich wieder und schrieb auf die Erde.

Als sie aber das hörten, gingen sie weg, einer nach dem anderen, die Ältesten zuerst; und Jesus blieb allein mit der Frau, die in der Mitte stand. Jesus aber richtete sich auf und fragte sie: Wo sind sie, Frau? Hat dich niemand verdammt? Sie antwortete: Niemand, Herr. Und Jesus sprach: So verdamme ich dich auch nicht; geh hin und sündige hinfort nicht mehr."

Obgleich die meisten griechischen Manuskripte des Johannesevangeliums diese Verse enthalten, findet man sie in anderen wiederum nicht. Vor allem in den ältesten Abschriften des Johannesevangeliums, zwei in Ägypten hergestellten Papyri aus dem frühen dritten Jahrhundert (Papyrus Bodmer II und Papyrus Bodmer XIV), aber auch im Codex Sinaiticus und im Codex Vaticanus fehlen diese Verse. Dem Codex Alexandrinus fehlen sogar einige Seiten des Johannesevangeliums, darunter auch die Kapitel 7 und 8. Laut wissenschaftlichen Kalkulationen wäre auf den verlorenen Seiten jedoch nicht genug Platz gewesen, um auch den Bericht über die beim Ehebruch ergriffene Frau zu enthalten.

Die Übersetzungen der Evangelien, die im zweiten und dritten Jahrhundert in Latein, Syrisch und Koptisch angefertigt wurden, weisen diese Stelle ebenfalls nicht auf.

Die ersten Kirchenväter liefern noch weitere Indizien. Keiner von ihnen zitiert diese Verse oder kommentiert sie. Erst Hieronymus übersetzte sie, als er 384 n.Chr. die Vulgata (eine lateinische Bibelübersetzung) erstellte. In einem seiner Bücher bemerkt er dazu, daß sich diese Verse in vielen griechischen Manuskripten und frühen Übersetzungen ins Lateinische befänden. Auch Augustinus geht wenige Zeit später auf diesen Textabschnitt ein.

Der Codex Bezae ist das bisher älteste erhaltene Manuskript in Griechisch, das diese Verse enthält; er befindet sich heute in Cambridge. Diese Abschrift der Evangelien entstand im fünften oder sechsten Jahr-

180 / NEUTESTAMENTLICHE HANDSCHRIFTEN

Ausgrabungen nördlich des Tempelplatzes förderten den in Johannes 5 erwähnten Teich von Betesda zutage. Die Anordnung der Säulen um und zwischen den eigentlich zwei Teichen machen noch heute deutlich, warum man von fünf „Hallen" sprach.

der Fische willen, denn ich will euch zu Menschenfischern machen. Als sie dies hörten, verließen sie alles und folgten ihm nach."

Diese zusätzlichen Wörter stützen sich auf die Parallelstelle Markus 1,17.18. Einige der Sondertexte des Codex Bezae, wie die Passage über die Ehebrecherin, sind jedoch interessanter. Sie könnten gut und gerne Traditionen darstellen, die aus dem ersten Jahrhundert von den Freunden Jesu weitergegeben wurden. Warum die Verfasser der Evangelien sie nicht in ihre vier Bücher mit aufnahmen, ist unbekannt (wenn man sich nicht dem Evangelisten Johannes anschließt: „Es sind noch viele andere Dinge… die Welt würde die Bücher nicht fassen", Kap. 21,25).

Im vorliegenden Fall ist die Evidenz von Hieronymus, Augustinus und einigen späteren Johannesmanuskripten zusätzlich zum Codex Bezae recht stark. Wissenschaftler vermuten, daß es sich bei der „Ehebrecherin" um eine echte Geschichte aus dem ersten Jahrhundert handelt, wenngleich sie nicht zum Originaltext des Johannesevangeliums gehört.

Die weitere Textstelle, die in modernen Übersetzungen nur unter Vorbehalt Eingang findet, ist der Abschluß des Markusevangeliums (Kap. 16,9-20). Diese Verse stellen ein anderes Problem dar als der Bericht über die ehebrecherische Frau.

Im Codex Alexandrinus und im Codex Bezae sind diese Verse enthalten, auch in den meisten späteren Abschriften. Irenaeus, der Bischof von Lyon (Ende des zweiten Jahrhunderts), wußte ebenfalls von dieser Schlußpassage, und Tatian nahm sie in seine harmonisierte Fassung der Evangelien auf, die er zu dieser Zeit anfertigte (das *Diatessaron*). Ein Jahrhundert später merkt Hieronymus an, daß sie in einigen Manuskripten enthalten ist. Doch er selbst fand in vielen nur die Stelle über die Ehebrecherin, nicht aber den langen Schluß des Markusevangeliums.

Zwei alte Manuskripte ohne den langen Schluß, die mit Markus 16,8

hundert mit einer von Hieronymus angefertigten Übersetzung neben der griechischen Fassung. Der griechische Text des Codex Bezae enthält allerdings eine ganze Reihe von Ergänzungen, die in keiner anderen Kopie zu finden sind. Zum großen Teil haben diese Zusätze keinen überragenden Wert. Sie erklären oder harmonisieren lediglich Abschnitte der Evangelien. Zum Beispiel findet sich in Lukas 5,10.11 die Ergänzung: „…ebenso auch Jakobus und Johannes, die Söhne des Zebedäus, Simons Gefährten. *Er sagte zu ihnen: Kommt, fischt nicht um*

enden, sind erhalten geblieben – der Codex Sinaiticus und der Codex Vaticanus. Sie sind die ältesten Abschriften von Markus, die das letzte Kapitel aufweisen. Ein älteres Papyrus-Manuskript der Chester-Beatty-Bibliothek in Dublin – aus dem dritten Jahrhundert – enthielt ursprünglich die vier Evangelien und die Apostelgeschichte. Leider sind nur sechs Seiten des Markusevangeliums erhalten – der Papyrus endet mit Kapitel 12. Wie also das Schlußstück ausgesehen haben mag, läßt sich nicht mehr feststellen.

Das Problem des letzten Markuskapitels liegt nicht allein in der Authentizität der Verse 9-20. Hieronymus berichtet von einer Fassung mit noch weiteren Versen, und eine frühe griechische Abschrift, die Washingtoner Evangelien (um 400 n.Chr.), enthält sie. Einige späteren Abschriften, ein Manuskript einer lateinischen Übersetzung, die älter ist als die von Hieronymus, und einige andere Übersetzungen

haben einen sehr kurzen Schluß, dem (mit Ausnahme der altlateinischen Handschriften) die Ergänzungsverse 9-20 hinzugefügt worden waren. Jede dieser Schlußversionen verwendet Begriffe, die nirgendwo sonst im Markusevangelium auftauchen.

Was läßt sich daraus schließen? Die verschiedenen Versionen sind ein Zeichen dafür, daß dieses Evangelium auf eine unvermutete Art und Weise endete. Wissenschaftler meinen nun, daß das Original des Verfassers beschädigt wurde und das Ende der Schriftrolle oder die letzte Seite des Codex verloren ging, noch bevor das Manuskript als Ganzes abgeschrieben werden konnte. Eine andere Hypothese besagt, daß der Verfasser sein Werk nicht vollendet hat, weil er plötzlich verstarb. Von den verschiedenen Versuchen, zu einem passenden Schluß zu kommen, setzte sich die Schlußversion der traditionellen Fassung als die geeignetste im Vergleich mit den anderen drei Evangelien durch.

Neues Wissen – neue Übersetzungen

Eine große Errungenschaft der Reformation war die Übersetzung der Bibel in alle europäischen Hauptsprachen. In vorangegangenen Jahrhunderten gab es hier und da Übersetzungen, die von der lateinischen Vulgata abstammten. Der „*Mondseer Matthäus*" war vermutlich die erste Übersetzung ins (Alt)Deutsche (um 800).

In der Renaissance interessierten sich immer mehr Wissenschaftler für Griechisch, man fertigte nun Übersetzungen direkt aus der Originalsprache des Neuen Testaments an. Martin Luther stützte sich auf eine Ausgabe, die von Erasmus von Rotterdam erstellt worden war und erstmalig 1516 gedruckt wurde.

Erasmus stellte den Text aus den ihm zur Verfügung stehenden Manuskripten zusammen. Nur eines enthielt die

Erasmus von Rotterdam stellte einen bis weit ins 19. Jahrhundert hinein benutzten griechischen Text des Neuen Testaments zusammen, der Vorlage für fast alle Bibelübersetzungen in europäische Sprachen wurde.

Offenbarung des Johannes – allerdings ohne die letzten sechs Verse. Erasmus übersetzte sie von der lateinischen Vulgata ins Griechische zurück.

Mit einigen Korrekturen und Abänderungen wurde der griechische Text des Erasmus immer und immer wieder abgedruckt. Im 17. Jahrhundert nannte ihn ein holländischer Verleger den „authentischen Text" *(textus receptus)*, ein Name, der weithin übernommen wurde. Als der englische König James I. ein Kommitee beauftragte, eine englische Bibel ohne die Einflüsse anderer Übersetzungen zu erstellen, nahm man eine Ausgabe von Erasmus' griechischem Neuen Testament als Grundlage.

Auch wenn die Fassung von Erasmus sich allgemein durchsetzte, wiesen andere Gelehrte schon bald Unterschiede zwischen seinem Text und den älteren griechischen Manuskripten nach. Als der Patriarch Cyril Lucar dem englischen König den Codex Alexandrinus zum Geschenk machte, übergab er damit eine Abschrift, die älter war als alle im 17. Jahrhundert bekannten Werke (siehe: *Die ältesten Bibeln*). In Waltons „Polyglot" aus dem Jahr 1657, einer Zusammenstellung verschiedensprachiger NT-Übersetzungen, sind die Unterschiede angemerkt.

Die Auswertung der verschiedenen Formulierungen dauerte das ganze 18. Jahrhundert an. Die Erforschung der jeweiligen Unterschiede führte sowohl zu einem besseren Verständnis, auf welche Weise den Kopisten bestimmte Fehler unterlaufen sein mußten (siehe: *Ganz einfache Fehler*), als auch zum

NEUES WISSEN – NEUE ÜBERSETZUNGEN / 183

Erstellen eines Regelwerkes, das Entscheidungshilfen bei der Einordnung des einen oder anderen Textes bot.

Mit Tischendorfs Entdeckung des Codex Sinaiticus, seinen Forschungsarbeiten zu anderen Manuskripten und den Arbeiten anderer Wissenschaftler trat im 19. Jahrhundert ein grundlegender Wandel ein.

Die Grenzen des traditionellen oder „autorisierten" Textes von Erasmus wurden offensichtlich. Er bewahrte zwar die Worte der Verfasser, doch im Verlauf der Jahrhunderte waren einige Änderungen und Harmonisierungen nicht spurlos an ihnen vorübergegangen. Wollte man genau lesen, was die Verfasser des Neuen Testaments geschrieben hatten, mußte man in einer

Jeder Bibelausleger versucht, die Bibel „lebendig" zu machen. Um den leseunkundigen Menschen des Mittelalters zu helfen, fügten die Schreiber der Bibeln Bilder in den Text mit ein. Die Gestalten der biblischen Geschichte wurden entsprechend der eigenen Zeit mit Kleidung und Gebrauchsgegenständen versehen. Die „Winchester-Bibel" aus dem 12. Jahrhundert zeigt Christus, wie er das Böse besiegt.

Revision die Übereinstimmung mit den älteren Manuskripten wiederherstellen.

In Deutschland wurde die erste „kirchenamtliche Revision" der Lutherbibel 1892 abgeschlossen. Zwanzig Jahre später erschien ein erneut „durchgesehener" Text. 1921 begann die dritte, umfassende Revision von Luthers Bibelübersetzung. 1984 beendete man die bisher letzte Überarbeitung des Neuen Testaments. Für einige Christen stellen diese Vorgänge immer noch ein Problem dar. Warum all diese Änderungen an der Bibel? Wie konnte die Kirche so lange mit den fehlerhaften Ausgaben ihres grundlegenden Werkes existieren? Sind die noch älteren Manuskripte wirklich besser als der traditionelle Text?

Diese Fragen sind heute noch genauso aktuell wie vor 100 Jahren. Und die letzte Frage ist die Schlüsselfrage: Warum sollen die wenigen abweichenden Texte besser sein als die meisten der etwa 5000 griechischen Manuskripte des Neuen Testaments?

Das Alter allein kann der Minderheit nicht den Vorrang einräumen, und die älteren Kopien sind nicht notwendigerweise auch die besseren (siehe: *Auf der Suche nach dem echten Text*). Es steht noch immer die Behauptung im Raum, daß Manuskripte wie der Codex Sinaiticus erhalten blieben, weil sie schlechte Abschriften waren. Wenig benutzt, wurden sie nicht zerlesen wie die guten, die an ihrer Stelle verschwunden sind.

Drei Argumente gehen auf diese Thesen ein: Existierten nur zwei oder drei Abschriften wie der Codex Sinaiticus und der Codex Vaticanus aus dem vierten Jahrhundert, wäre die „schlechte Abschrift" eine akzeptable Erklärung. Nun decken sich aber die Manuskripte mit allen anderen, die dasselbe Alter haben oder noch älter sind. In den Abweichungen von dem traditionellen Text stimmen sie oftmals überein, und nur selten unterstützt eines von ihnen die traditionelle Formulierung. Die Anzahl und die Umstände, die zur Entdeckung von Manuskripten führten, machen es statistisch unwahrscheinlich, daß es sich bei allen um Ausschuß handelte und sämtliche „guten" Kopien verschwunden sind.

Quellenforschung ist nicht demokratisch. Die Stimme der Mehrheit gibt nicht den Ausschlag. Betrachtet man die Gewohnheiten der Kopisten, wird das schnell deutlich (siehe: *Auf der Suche nach dem echten Text*). Fast alle erhaltenen Manuskripte des Neuen Testaments entstanden nach dem vierten Jahrhundert. Jeder Fund wird genau untersucht. Kommt man zu dem Ergebnis, daß die untersuchten Texte im Vergleich zum traditionellen Text die Kennzeichen eines älteren Textes aufweisen, wird man ihnen verständlicherweise den Vorzug geben.

Es gibt noch einen besonderen Komplex sehr aufschlußreicher Indizien. Bestimmte Passagen aus dem Neuen Testament erscheinen häufig in den Büchern der sogenannten Kirchenväter. Diese Männer zitierten die kurzen Textstellen sicherlich aus dem Gedächtnis; die längeren Passagen kopierten sie jedoch wohl aus den Manuskripten – wenngleich ihr Gedächtnis wahrscheinlich besser war, als man sich heute vorstellen kann. Bemerkenswerterweise ähneln diese Zitate mehr den früheren Texten als dem traditionellen Text. Falls der traditionelle Text zu ihrer Zeit verwendet worden wäre, hätten jene Kirchenväter ihn sicherlich zitiert.

Jeder der drei Punkte hat sein Gewicht. Der traditionelle Bibeltext muß mit denselben Maßstäben beurteilt werden, die allen alten Texten und Manuskripten zugrunde liegen. Dem Neuen Testament einen Sonderstatus zuzuordnen, nur weil es die „Heilige Schrift" ist, wäre absurd. Jedes NT-Manuskript leidet unter den Fehlern seines menschlichen Kopisten. Fälle von Erweiterung oder Harmonisierung sind typisch für die späteren Texte und lassen sich in dem traditionellen Text des griechischen Neuen Testaments leicht finden. Die Evangelien legen eine Harmonisierung einfach sehr nahe.

Ein unkomplizierter Fall ist in Lukas 23,38 zu lesen: „Es war aber auch eine Aufschrift über ihm *in griechischen und lateinischen und hebräischen Buchstaben*" (Elberfelder 1985, Scofield 1967, Schlachter). Andere Übersetzungen (z.B. Luther 1984 und Einheitsübersetzung) lassen die verschiedenen Sprachen aus. Der Vers taucht in unterschiedlichen Versionen in verschiedenen Reihenfolgen auf und fehlt ganz im Bodmer Papyrus des frühen dritten Jahrhunderts und im Codex Vaticanus. Die naheliegende Erklärung ist, daß die Wörter nicht Teil des Originaltexts von Lukas waren, sondern aus dem Bericht im Johannesevangelium eingefügt wurden. Gehörten sie aber von Anfang an in den Lukastext, gibt es keine Erklärung für die Streichung oder die geänderte Reihenfolge.

Einen weiteren Einfluß auf die Kopisten hatten sicherlich die Änderungen im Frömmigkeitsstil. Im traditionellen Text findet man: „*Josef* und seine Mutter verwunderten sich über das, was von ihm gesagt wurde" (Lk. 2,33), während die älteren Manuskripte überliefern „*sein Vater* und seine Mutter". Als die Stellung Marias in der Kirche stärker wurde, verspürten die Kopisten den Drang, alles zu entfernen, was auch nur den geringsten Zweifel an der jungfräulichen Geburt Jesu aufkommen lassen könnte.

Die textkritischen Untersuchungen im 19. Jahrhundert waren nicht allein auf das griechische Neue Testament beschränkt. Die Abschriften der berühmten griechischen und lateinischen Klassiker, die man unter den Papyri in Ägypten fand, wurden auf dieselbe Art erforscht (siehe: *Bücher aus neutestamentlicher Zeit*). Man eignete sich auf vielfältige Art und Weise das Wissen an, wie Fehler der Kopisten zu korrigieren und ausgelassene Zeilen wieder einzufügen sind. Auch fälschlicherweise eingefügte Sätze konnte man identifizieren, so daß man schließlich korrigierte Texte vorlegte, die den Worten der Verfasser näher sind als die bis dato überlieferten.

Den Text des Neuen Testaments von diesem Prozeß auszuklammern, wäre

grundweg falsch. Vielmehr sollte man sich darüber freuen, daß er genauso behandelt wird wie alle anderen Texte desselben Alters auch. In einer Hinsicht stellt das Neue Testament jedoch eine Ausnahme dar. In vielen Klassikern müssen die Wissenschaftler Vermutungen über Wortänderungen anstellen, um ganzen Zeilen oder Sätzen einen Sinn zu geben. Das Neue Testament ist demgegenüber so gut erhalten geblieben, daß nicht ein einziger Abschnitt auf diese Art bearbeitet werden müßte. Der Text des Neuen Testaments und die von kompetenten Wissenschaftlern angefertigten Übersetzungen sind sehr zuverlässig.

Rund vierzehnhundert Jahre lang haben die Christen ihr heiliges Buch per Hand abgeschrieben. Ein griechisches Evangelienbuch aus dem 11. Jahrhundert macht anschaulich, wie der Evangelist Johannes in der Vorstellung der damaligen Zeit an seinem Evangelium saß. Erst die Erfindung des Buchdrucks machte es Erasmus von Rotterdam und den Reformatoren möglich, die Bibel in größerer Menge zu einem erschwinglichen Preis zu verbreiten.

Epilog

König Herodes, Pontius Pilatus und einige andere Personen aus den Evangelien werden in den Schriften von Philo oder Josephus erwähnt. Außerhalb des jüdischen Kulturkreises wäre ihnen wohl nur wenig Interesse entgegengebracht worden, wenn nicht Jesus von Nazareth zur selben Zeit gelebt hätte.

Wir haben Münzen vorliegen, die als eigenständiger Beweis für die Existenz von Herodes gelten. Der Stein in Cäsarea ist ein deutlicher Nachweis für den Statthalter Pilatus. Doch für die Existenz Jesu gibt es keinen archäologischen Beweis.

Die in diesem Buch beschriebenen Entdeckungen enthüllen den Kontext seiner Lebensgeschichte und geben einen Einblick in die Zeit, das Umfeld und die geschichtlichen Zusammenhänge. Und doch liefern sie keine direkte Spur von ihm.

Warum ist das so?

Der Wunsch zu schauen, zu fühlen, zu berühren, ja vielleicht sogar Reliquien eines großen Mannes zu besitzen, all das ist sehr menschlich. Und doch zeigt die Geschichte, wie sehr dieser Wunsch zu überzogenem Denken und Handeln führen kann, wie leicht er von anderen ausgenutzt wurde.

Die tief in der Geschichte verwurzelte Botschaft des Evangeliums verlangt Glauben. Die Gebeine eines Helden zu sehen oder in seinem Stuhl zu sitzen, mag zwar ein momentanes Hochgefühl erzeugen, doch Glaube verändert und inspiriert das Leben durch und durch. Die christliche Botschaft verlangt Glauben, einen einfachen, doch nicht blinden, einen wohlbegründeten und nicht unwirklichen Glauben an Jesus, in dem Gott Mensch wurde, der in Palästina lebte, starb und aus dem Grabe auferstand.

Stichwortverzeichnis

*Kursiv gesetzte Zahlen beziehen
sich auf Abbildungen bzw. Bild-
legenden*

A

Aaron 105, 107
Abija 96
Abilene 49
Abraham 118
Actium 47, 58
Aelia Capitolina 20, 128
Agrippa I 49
Agrippa II 49, 60
Ägypten 45f., 51, 61, *73*, 135,
  142ff., 158, 159ff., 163, 165,
  173
Ahab 88
Ain Feshkha 103, *106*
Aischylos 161
Al-Aqsa-Moschee 93
Alexander 53f., 61
Alexander Balas 107
Alexander der Große 34, 124,
  142, 144
Alexander Jannäus *34*, 40, 44,
  68, 105ff.
Alexander, der Sohn Aristobuls
  41f.
Alexandra 52f.
Alexandria 43, 86, 142ff., *144*,
  155
Alexandrion 56
Alexas 86
Allerheiligstes 49, 87, 95
Ambibulus *64*
Ankara *50*
Antigonus 45ff., *77*
Antiochia 58, *163*, 164
Antiochus IV. Epiphanes 105f.
Antiochus VII. Sidetes 105f.
Antipas s. Herodes Antipas
Antipater 41, 43ff., 53
Antipatris 58
Antonius 43, 45ff., 52, 55, 58,
  142
Apollon-Tempel 58
Aramäisch 34f., 124, 167ff.
Archelaus 49, 54, 55, 61, 64, 76
Arculf 135
Aretas 41, 63
Aristobul 40ff., 45, 52f.
Aristoteles 161
Artas 56
Aschkelon *9*, 44, 96
Assuan 75
Athanasius 155
Athen 49
Äthiopier 69
Augur 71

B

Augustinus 145, 183
Augustus (Octavian) *39*, 43,
  45ff., 49, 50f., 53f., 61f., 64,
  69, 72f., 75f., 142, 145, 150
Aureus *73*, siehe auch: Münzen
Avigad, N. *12*, 14, *15*

Babylon 34, 38, 88, 148
Bäder 17, 22f., *53*, 56, 78, 95
Bar Kathros *12*, *13*, 24
Bar-Kochba-Aufstand 35
Baruchbrief 115
Batanäa 49
Beirut 58
Betanien 19
Betesda, Teich *180*
Bethlehem 31, *42*, 52, 55f., 69,
  101
Betsaida 27
Bibliothèque Nationale 134
Bodmer-Papyri 175
Britisches Museum 154, 162f.
Bronzekrüge *17*, *21*
Brutus 43
Bundeslade 87
Burg Antonia 65
Byblos 58

C

Cäsar, Julius 41f., 45, 76
Cäsarea 48, 50, 55, 58ff., *61*, 64,
  66, *67*, 69, 76, 96, 157
Cäsarea Philippi 62, *63*
Caligula 49, 63, 69, 145
Cassius 43
Cassius Dio 150
Charles I. 154
Cicero 49, 72, 165
Claudius 49, 64, 71, 134, 145
Cleopatra 45, 47f., 51, 76, 142,
  160
Codex *152*, 164, 169, *178*
Codex Alexandrinus 154f., *175*,
  178, 179, 182
Codex Bezae 178, 183f.
Codex Sinaiticus 155ff., *162*,
  171, 173, *175*, 180, 182ff.
Codex Vaticanus 155, 157, *158*,
  174ff., *176*, *177*, 180f., 182ff.
Commodus *142*
Coponius *64*f.
Corbo, Prof. V., 131
Costobar 53
Crassus 41
Cypros *16*, *55*, *56*
Cyril Lucar 182

D

Damaskus 41, 58, 90
Damaskustor 129
Daniel 104
Darius 83
David 88, 105
Davidstadt 79
Demetrius II. 107
Demetrius III. 105
Denar 19, 33, *65*, 73ff., *173*,
  siehe auch: Münzen
Domitian 49, 150
Doris 53

E

Eisenmesser *21*
El-Faijum *159*, 160
Elisabeth 96
Ennion *16*, 18
Epaphroditus 147
Ephesus 49, *73*, *150*, *166*
Erasmus von Rotterdam 155,
  182
Erntefest 96
Essener 102ff., 108f., 112ff.,
  115f.
Ethnarch 61
Eusebius von Cäsarea 70, 129,
  148, 157
Evangelien 32, 61, 63, 64, 71,
  75, 91, 96, 115f., 133, 139,
  153ff.

F

Fasaëlis 55, 58, *61*
Felix 65, 71, 148
Felsendom 93
Flaccus 144
Flavius Josephus s. Josephus
Freer Codex 178
Fresko-Malerei 15

G

Gaba *61*, 76
Gabinius 41
Gadara 61
Galatien 76
Galba 49
Galiläa 30, 43, 44ff., 49, 54,
  61, 62, 76, 134
Gallien 43, 61
Gamala 27ff., 30ff.
Gamaliel 92
Garizim *68*, 70
Gartengrab 127, *128*
Gaulanitis 49, 54, *61*
Gaza 44, 48, 61

G

Gebetsriemen 36f.
Geld siehe: Münzen
Gemeinden, christliche 164
Genezareth siehe:
  See Genezareth
Georg II. 154
Germanien 43
Ginosar 26
Golanhöhen 27
Goldenes Tor 94
Goldmünzen 158, siehe auch:
  Münzen
Golgatha 126, 129
Gordon, Charles 126
Grab Jesu 92, 126ff., 135
Grabeskirche 127, 128ff., 135
Grabkammer 118ff.
Grabstätten 19, 117ff.
Gratus 65
Griechenland 18, 43, 124
Griechisch 34f., 38, 124, *143*,
  160ff., 167ff.

H

Habakuk-Kommentar *104*
Hadrian 20, 128ff., 150
Hafen 58, *59*
Halbschekel 43, 72f., 91,
  siehe auch: Münzen
Halle Salomos 83, 84f.
Hasmonäer 52ff., 89, 91, siehe
  auch: Makkabäer
Haushaltsgeschirr *20/21*, 22, 35
Hebräisch 34f., 124, 142, *143*,
  168
Hebron, Patriarchengräber
  von 79, 90, 120
Helena von Adiabene,
  Königin *121*
Herodeion 31, 35, *48*, 55f.
Herodes 18, 22, 31, 35, 40ff.,
  44ff., 49, 50, 52ff., 55ff.,
  58ff., 64, 66, 71f., 74, 78f.,
  82ff., 88, 93, 98, 120, *123*,
  147, 186
Herodes Agrippa I. 45, 49,
  130f.
Herodes Agrippa II. 45, 49,
  147
Herodes Antipas 45, 49, 54,
  56, 61ff., 72, 134f.
Herodes Archelaus 45, 49, 61,
  72
Herodes Philippus 45, 49, 62
Herodes von Chalkis 49
Herodias 63
Herzlia 66
Herzog von Savoyen 136
Hesir *120*
Hieronymus 181

188 / STICHWORTVERZEICHNIS

Hillel 92
Hinnomtal *19*, 38, 120
Hippicus 55
Hiskia 44
Hohepriester 12f., 35, 40f.,
44f., 61, 64f., 82f., 95, 106
Holzgeschirr *21*
Homer 159ff., 169
Hulda-Tore 92
Hyrkanion *55*, 56
Hyrkanus 40ff., 44f., 52f.

I

Idumäa 44f., 53, 61, 76
Ilias 159ff., *161*
Irenaeus 180
Istanbul siehe:
    Konstantinopel

J

Jairus 79
Jakobusbrief 115
James I., König 154, 182
Jehuda der Patriarch 151
Jeremia 104
Jericho *16*, 47f., *53*, 56, 75, 78,
96, *99*, 100, 118, 167
Jerusalem 12f., 14ff., 20, 22ff.,
33, 38, 40, 44ff., 55, *58*,
64f., 69, 78ff., *81*, 88ff.,
92ff., 96f., 106, 112, *118f.*,
124, 126ff., 132f., 135, 139,
146, 151, 167
Jesaja 104
Jesus Barabbas *176*
Jesus Christus *20*, 23ff., 30,
32ff., 38, 40, 55, 61, 64, 66,
69, 74f., 82, 91, 92ff., 111,
121ff., 125, 126ff., 132, 135,
136ff., 167ff., *176*, 186
Jesus-Boot 26
Johannes 92, 143, 165f.
Johannes der Täufer *20*, 40,
56, 63, 74, 110f., 112, 168
Johannes Gutenberg 159
Jom Kippur siehe:
    Versöhnungstag
Jonathan 107
Joppe 43, *61*
Jordan 56, *61*, 62f., 75, 110, *111*
Jordanien 101
Josef 61, 185
Josef von Arimathia 18, *122*,
123, 131, 135, 140
Joseph 46, 52f.
Josephus 27, 29, 34, 49, 54,
55f., 58, 63, 69f., 71, 78,
82f., 86f., 89, 93, 102, 105,
109, 122, 130, 146ff., 186
Jotapata 146
Judäa 49, *61*, 64, 70, 75, 76
Judas Ischarioth *91*
Judas von Gamala 110

Jünger Jesu 20, 22, 25, 35, 74,
88, 91, 92ff., 113, 123, 135,
136, 165f., 167
Jüngling, reicher 18
Julias *61*, 62
Julius Cäsar siehe: Cäsar, Julius
Justinian 156

K

Käsemachertal 65, *84*, 93
Kaiphas 65, 83, 133
Kairo 156, 160
Kalender 109
Kalif Hakim 129, 135
Kalifen der Omaijaden 90
Kana 23, 24
Kapernaum *25*, 27, 30, 76,
79, 91
Kappadozien 54
Karmel (Berg) 60, 72, 76
    (Gebirge)
Katharinenkloster 155ff.
Kenyon, Kathleen 118, 130
Kidrontal 78, 83, *84*, *120*, 133
Kittim 105f., siehe auch: Römer
Klagemauer *89*, 90, *96*
Kleinasien 45
Könige, hasmonäische
    siehe: Hasmonäer
Königliche Halle 82, *84f.*, 94
Königsgräber 122
Konstantin der Große 128f.,
130, 131, 157
Konstantinopel 86, 136, 154,
156, 157
Korinth 30
Kreuzfahrer, Kreuzritter 93,
126f., 140
Kupfermünze siehe: Münzen
Kypros siehe: Cypros
Kyrene 133
Kyrus 83

L

Latein 34, 167
Laubhüttenfest 96
Lehrer der Gerechtigkeit 105,
108, 112f.
Levi 74, siehe auch: Matthäus
    und: Jünger Jesu
Leviten 88, 95
Libanon 44
Livias *61*, 62
Lukas, Lukasevangelium 64,
148, 167

M

Machärus *55*, *56*, 63
Magdala 26
Makkabäer 91, 106, 108, siehe
    auch: Hasmonäer
Malichus 43
Marcellus 65

Mariamne 52ff
Marienquelle 69
Mark Anton siehe: Antonius
Markus, Markusevangelium
23, 115, 167
Martial 33, 169, 173
Martin Luther 179
Marullus 65
Masada 20, 22, 31f., *34*, 46,
53, *55*, *76*, 114, 146
Matthäus 74, 167, siehe auch:
    Jünger Jesu
Mazar, Benjamin 92
Meer, Totes siehe: Totes Meer
Megiddo 88, *90*
Menander 161
Messer *17*
Messias 35, 105, 110f.
Michelangelo 15
Midrasch 151
Mischna 35, 82, 151, 168, 178
Misenum 63
Mosaik *14*, 16, 17, *26*, 56, 80
Münzen *14*, *19*, 33, *34*, 38, 41,
50, *61*, *62ff.*, *64f.*, *71*, 72ff.,
73, *74*, *91*, *98*, 158, 173

N

Nabatäer 41, 48, 53, *61*, 63
Napoleon 155
Nazareth 32, 33, 35, 96, 134
Nazareth-Dekret 134f.
Nebukadnezar 87, 88
Nero 49, 71, 148
Nicanor *86*
Nikodemus 18, 139
Nikopolis 58

O

O'Callaghan, José 115f.
Octavian siehe: Augustus
Odyssee 159ff.
Ölberg 78, *81*
Öle *19*, 139
Olympische Spiele 58
Origenes *99*, *176*, 177
Orontes 58
Ossuarium *34*, *35*, *117*, 122,
124f., 132, 133
Otho 49

P

Pallas 71
Palmyra *49*
Paneas 62f., siehe auch:
    Cäsarea Philippi
Papyrus, Papyrusrollen 34,
115, 142, 159, *160*, siehe
auch: Schriftrollen und:
Schriftrollen vom Toten
Meer
Parfüm *19*, 44

Parther 40ff., 45, 91
Passa 78, 96
Patriarchengräber 79, 90, 119
Paulus 71, 92, 154, 162, 168f.
Peräa 49, 61, 62, 75
Persien 34, 51, 91
Petra 44
Petronius 145
Petrus 25, 35, 91, 92, 123, siehe
    auch: Jünger Jesu
Pharisäer 23, 37, 105, 107, 108,
148, 151
Pharos *142*
Phasael 43, 44ff., *45*, 55
Pheroras 53f.
Philipp II. von Mazedonien
124
Philippi 45
Philippus 49, 54, 61f.
Philo 69f., 71, 142ff., 168, 186
Phylacterion siehe:
    Gebetsriemen
Pilatus 34, 55, 62, 64f., 66f.,
68ff., 71, *73*, 76, *176*, 186
Pilger 18, 78ff., 82, 92ff., 129,
133, 135, 136
Pinax 168
Platon 161
Plinius der Ältere 19, 150, 169
Pompeijus 40f., 49, 87, 106
Pompeji 14, *149*, 150
Poppäa 148
Prächtiges Palais 14ff.
Priester 49, 52, 79, 82, 91, 96,
105, 124, 126, 148
Priester, Der gottlose 105
Priesterkönige 34, 71, 72, 83,
105
Ptolemäer 160
Ptolemais (Akko) 107
Ptolemäus 142

Q

Quirinius 64
Qumran *21*, 22f., 36f., *99ff.*,
100, 102ff., *103*, 108f., 111,
112ff., 115f., 168

R

Rabbiner 143, 151, 168, 178,
    siehe auch: Mischna
Rostovtzeff, Michael 134
Rhodos 45, 58
Robinson, Edward 93
Robinsonbogen 94
Rom, Römisches Reich 15f.,
27ff., 38, 40ff., 44ff., 49,
50f., 52, 58, 61, 64f., 71,
74f., 76, 91, 104, 142, 144,
146f., 169
Römer 20, 76, 92, 99, 105f., 118,
124, 128, 130, 132, 142, 146
Rufus 65
Rumänien 51
Rylands-Papyrus 115, 165f.

STICHWORTVERZEICHNIS / 189

S

Salome 52ff.
Salome Alexandra 40
Salomo 87, 88
Samaria siehe: Sebaste
Samarien 41, 44, 61, 70, 76,
Samaritaner 61,68
Sanhedrin 44, 64
Sara 118
Saturninus 64
de Saulcy 122
Scaurus 41
Schlüssel *17*
Schriftrollen 32, 33, siehe
  auch: Papyrus
Schriftrollen vom Toten Meer
  99, 104f., 108, 111, 112ff.,
  132, 177
Scriptorium 104
Sebaste 48, 58, 76
See Genezareth 26, 27, *29*,
  62, 74
Seleukiden 91
Seleukos 142
Seneca 169
Sephoris 62
Septuaginta 142, *143*, 152, 156
Shakespeare, William 170ff.
Sidon 58, *61, 73*
Silberdenar *74*, siehe auch:
  Münzen
Silbermünze siehe: Münzen
Silberschekel *91*, siehe auch:
  Münzen
Silwan-Gräber 120f.
Simon von Kyrene 133
Sixtinische Kapelle 15
Soldaten 76, *147*
Sophokles 161

Sprachen 34f., 38, *83*, 142, 143,
  145, 160ff., 167ff.
St.-Stephans-Kloster *118*
Statthalter, römische 64f., 143,
  siehe auch: Pilatus
Steingefäße 12
Steingeschirr *23*
Steingut *21*
Steuereintreiber 74f.
Steuern 43, 64, 70, 72, 74f.,
  168/169
Strabo 150
Sueton 149f.
Sukenik, Prof. 101
Suleiman der Prächtige 129
Synagoge 30ff., 35, 56, 79f.,
  96, 142, 152
Syrien 34, 41, 45, 48, 58, 61,
  64, 107
Syrien, König von 105

T

Tabor, Berg 41
Tacitus 69, 71, 149 f.
Tagelöhner 98
Talente 41, siehe auch:
  Münzen
Talmud 151f.
Targum 34, 151f.
Tatian 180
Teiche Salomos 69
Tel Aviv 66
Tempel 18, 34, 41, 43, 49, *50*,
  69, 72, 78ff., 82ff., *84/85*,
  88ff., 91, 92ff., 95, 96f., 98,
  126, 143, 146, 151
Tempel, samaritanischer 68
Tempelbezirk *97*

Tempel des Herodes,
  Grundriß *84/85*
Tempelmauer *79*
Tempelplatz *93*
Tetradrachme *73*, siehe auch:
  Münzen
Tetrarch 45, 61ff
Thekla 154
Theodotus 34, *78*, 79
Theophilus 148
Theudas 110
Thiede, Carsten Peter 115f.
Thomas der Zweifler 138
Tiberias *61, 62, 63*, 148
Tiberius 49, *51*, 62f., 64, 67, 69,
  72, *73*, *74*, 75, 134, 145,
  149f.
Tiberius Julius Alexander 143
Timotheusbrief 115
Tischendorf, Konstantin 100,
  154ff., 183
Titus 49, 87, 146f.
Titusbogen *147*
Tonflakons *19*
Totes Meer 20, *23*, 31, 33, 99f.,
  102ff., 139
Trachonitis 76
Transjordanien 54
Tripolis 58
Troyes 136
Trypho 107
Turin 136
Turiner Grabtuch 136ff., *137*
Tutenchamun 124
Tyrus 58, *61*, 72

U

Ur 135

V

Varus 64
de Vaux, Roland 103
Velleius Paterculus 150
Vergena 124
Vergil 159, 169
Versöhnungstag 95, 109
Vespasian 27ff., 49, 87, 102,
  146, *147*
Vesuv 59
Vettenus 79
Vierfürst, siehe Tetrarch
Vindolanda 168
Vitellius 49, 70
Vulgata 179, 182

W

Warren, Charles 94
Waschungen, rituelle 22f.,
  siehe auch: Bäder
Washingtoner Evangelien 181
Wilson, Charles 94
Wilson-Bogen 94

Y

Yigael Yadin 31, 36, 101

Z

Zachäus 75
Zacharias 40, 96, 168
Zeloten 22, 31, 35, 56
Zitadelle *47*
Zöllner 64, 74f.
Zypern 18

Quellennachweis

Illustrationen:
Dick Barnard: 15, 84
alle übrigen: Lion Publishing
Pläne auf den Seiten 12, 15: Originalzeichnungen in N. Avigad, *Dis-
  covering Jerusalem*, Shikmona Publishing Co. Ltd, Jerusalem
Zeichnungen S. 84-85: in M. Ben-Dor, *In the Shadow of the Temple*,
  Harper & Row, New York 1985 und B. Mazar, *The Mountain of
  the Lord*, Doubleday, New York 1975

Fotos:
Ashmolean Museum, Oxford: 61, 91 (Schekel), 98, 167
Professor N. Avigad: 14, 15, 24
Biblioteca Apostolica Vaticana: 158, 176
British Library: 154, 155, 161 (oben), 171, 175, 177, 178
Britisches Museum: 16, 34, 62 (Mitte), 73, 77, 142, 160 (unten),
  161 (unten)
Kairo-Museum: 143
Discoveries in the Judean Desert of Jordan III, OUP 1962: 115
Dr. Gideon Foerster: 62
Sonia Halliday Photographs, Jane Taylor: 57, 150, 163, 166;
  Sonia Halliday: 25 (oben), 46-47, 48 (oben), 59, 68, 97, 110-111 und
  Umschlag, 128, 129, 183
Robert Harding, Picture Library: 160 (oben)
Michael Holford: 50 (oben), 76 (links)

Israel-Museum, Jerusalem: 17, 19 (unten), 20 (oben u. unten links),
  21, 33, 67, 83 (unten) und Umschlag, 96, 99, 104, 108
Dr. John Kane: 53, 135
Kunsthistorisches Museum Wien: 51
Landesmuseum Trier, H. Thornig: 74-75, 153, 168-169
Lion Publishing, David Alexander: 11, 38, 83 (oben), 147 (unten),
  180; David Townsend: Vorsatzpapiere, 12, 19 (oben), 22,
  25 (unten), 28, 35, 37, 42, 48 (unten), 60, 63 (Mitte u. unten), 66,
  76 (rechts), 79, 86, 88, 89, 93, 100, 117, 120, 121, 123, 124, 125, 156
Liverpool-Museum: 91 (Halbschekel)
Mansell-Collection: 147 (unten), 168, 182
Magdalen College, Oxford: 162
Allan Millard: 23, 26, 31, 49, 50 (unten), 56, 62 (unten), 63 (oben),
  64, 71, 74, 75, 91, 94, 98, 103, 106-107
National-Bibliothek, Paris: 134
Römisch-Germanisches Museum Köln: 39
John Rylands Library: 165, '85
Scala: 149
Barrie Schwortz: 137
C. Vibert-Guigne: 152
Werner-Forman-Archiv: 141
Ian Wilson: 138
Agentur Yigael Yadin: 20 (oben rechts), 36
ZEFA: 5, 80-81, 119, 122, 144

Alan Millard

SCHÄTZE AUS BIBLISCHER ZEIT

Ihre Entdeckungsgeschichte - ihre Bedeutung

BRUNNEN
VERLAG GIESSEN

© der englischen Originalausgabe
1985 Lion Publishing, Oxford, England

Aus dem Englischen von
Johannes W. Volkert

Die Deutsche Bibliothek – CIP-Einheitsaufnahme

Schätze aus biblischer Zeit / Alan Millard.
[Aus dem Engl. von Johannes W. Volkert]
4. Aufl. – Giessen ; Basel : Brunnen-Verl., 1994
Einheitssacht.: Treasures from Bible times <dt.>
ISBN 3-7655-5762-5
NE: Millard, Alan R.; Volkert, Johannes W. [Übers.]; EST

4. Auflage 1994

© der deutschen Ausgabe
1986 Brunnen Verlag Gießen
Satz: Typostudio Rücker & Schmidt
Gedruckt in Malaysia
ISBN 3-7655-5762-5

Vorderes Umschlagbild:
Totenmaske des Pharaos Tutenchamun
Vorsatzpapier:
Hirten in Mesopotamien
Seite 1: Goldener Kopf
aus persischer Zeit
Seite 8: Assyrische Gewichtssteine
aus Bronze

Inhalt

Vorwort	8
Biblische Archäologie – ihre Anfänge	13
Forschungsreisende in Ägypten	16
Kuriositäten aus Assyrien	18
Im Land der Bibel	23
Vom Lesen alter Schriften	25
Das Geheimnis der ägyptischen Hieroglyphen	26
Das Geheimnis des Felsens von Behistun	28
Graben nach der Vergangenheit	32
Ein Tag an einer Grabungsstelle	36
Die babylonische Version der Sintflutgeschichte	42
Königliche Schätze aus Ur	44
Die verschwundene Stadt Ebla	47
Ur: Die Stadt des Mondgottes	50
Der Palast der Könige von Mari	54
Die Patriarchen: Ein Argument des Schweigens	58
Ein Volk wird wiederentdeckt: Wer waren die Hethiter?	60
Verträge und Bundesschlüsse	64
Verwandte der Hebräer?	65
Der Schatz des Tutenchamun	68
Tutenchamun, die Stiftshütte und die Bundeslade	73
In den Ziegeleien Ägyptens	74
Die Vorratsstadt des Pharao Ramses II.	77
Irgendeine Spur von Mose?	80
Gesetzeskodex König Hammurabis und das Gesetz Moses	81
Unter dem Pflug: Die verschüttete Stadt Ugarit	84
Kanaanitische Mythen und Legenden	88
Das Alphabet	90
Die eroberten Städte in Kanaan	92
Und die Mauern stürzten ein...	96
Das Problem Ai	99
Der Bericht über den Sieg: Die Israel-Stele	100
Die Philister	102
Ein goldener Tempel	105

Die Bauten Salomos	107
Schätze aus Gold und Silber	108
Paläste aus Elfenbein	109
Briefe und Verzeichnisse: Alte hebräische Schriften	112
Privathäuser	114
In der Zeit vor Einführung des Münzgeldes	116
Kein verborgener Schatz: Die „Mesa-Stele"	117
Der Preis für den Schutz: Der „Schwarze Obelisk"	119
„Die Assyrer zogen herauf..."	121
Wie ein Vogel im Käfig: Sanheribs Angriff auf Jerusalem	124
Der Tunnel des Königs Hiskia	126
„Unsere Zeichen sehen wir nicht"	128
Nebukadnezar, König der Juden	131
Das alte Babylon und seine Herrlichkeit	135
Die Schrift an der Wand: Belsazar – Geschichte oder Legende?	139
Der Glanz Persiens	141
Die Befehle des Königs – in allen Sprachen	146
Aus persischen Postsäcken	148
Der Schreiber	150
Die Feldzüge Alexanders und das griechische Ideal	152
Jüdische Münzen	155
Petra, die verborgene Stadt	157
Die kostbaren Funde am Toten Meer	161
Eine Bibliothek, die verlorenging und wiedergefunden wurde	164
Jesus und die Schriftrollen vom Toten Meer	167
Herodes, der große Baumeister	169
Das neue Grab im Garten	174
Masada – die letzte Festung	176
Eintritt nur für Juden – Die Geschichte eines Steins	180
Geheime Zeichen – und eine christliche Gemeinde?	183
Die ersten Christen – Spuren und Zeugnisse	184
Stichwortverzeichnis	187

Vorwort

Seit mehr als hundert Jahren geht es in den Berichten über die archäologischen Entdeckungen im Nahen Osten zunehmend um deren Bedeutung für das Verständnis der Bibel. Manche Autoren wollen mit Hilfe der Archäologie beweisen, daß die Bibel doch recht hat. Andere meinen, die Archäologie sei für den Theologen vergleichsweise unwichtig. Aber Meinungen ändern sich, und neue Entdeckungen lieferten neue Informationen. Deshalb gibt es immer wieder Neuerscheinungen, in denen die Funde und ihre Beziehung zu biblischen Texten dargestellt und erläutert werden.

Auch das vorliegende Buch beschäftigt sich mit den verschiedenen Funden, mit ihrer Interpretation und mit Bewertung aus gegenwärtiger Sicht. Natürlich gibt es wesentlich mehr Entdeckungen als hier behandelt werden können. Das gilt besonders für Dokumente, die Personennamen oder hebräische bzw. griechische Sachbezeichnungen enthalten, wie sie auch in der Bibel zu finden sind. Sie alle vollständig zu erfassen, würde nicht nur den Rahmen eines einzelnen Buches sprengen, sondern wohl auch die meisten Leser langweilen.

Dieses Buch entstand auf Anregung meiner Verleger, und es verdankt seine Existenz wesentlich ihrer Geduld.

Viele Freunde und Institutionen haben großzügig und bereitwillig Bildmaterial zur Verfügung gestellt. Ihnen allen bin ich dafür sehr dankbar. Für die Informationen über das alte Ägypten danke ich meinem Freund Dr. Kenneth Kitchen. Meiner Frau danke ich für ihre treue Unterstützung und Hilfe bei der Entstehung des Buches.

Alan Millard, Liverpool

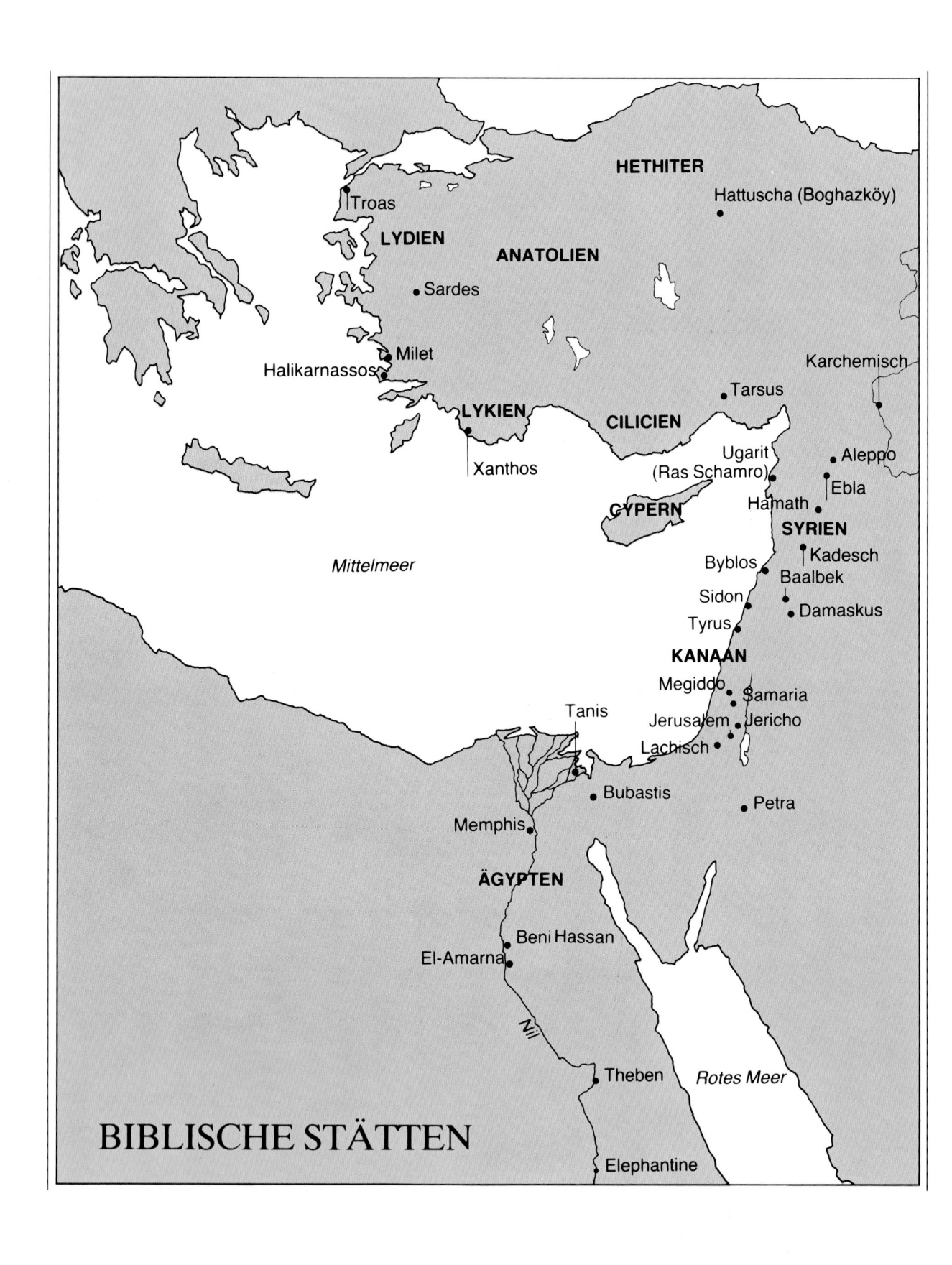

BIBLISCHE STÄTTEN

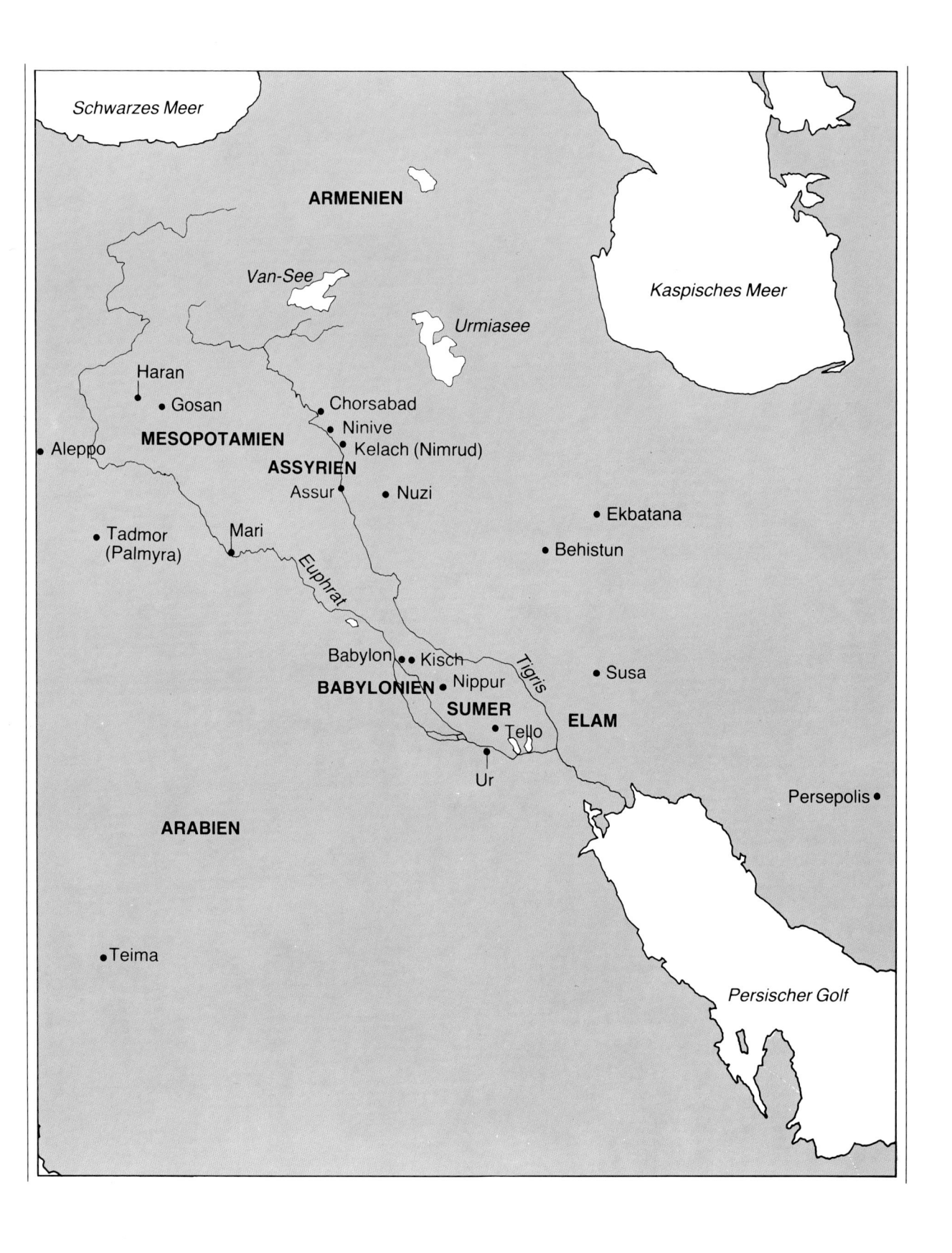

Einleitung

Biblische Archäologie – ihre Anfänge

Jemand vergaß, ein Tor zu schließen, und damit nahm die Geschichte Europas einen anderen Verlauf. Im Mai 1453 griffen die Türken Konstantinopel an. Die Stadt hatte starke Mauern und tapfere Verteidiger. Um die militärische Kraft der Angreifer zu schwächen, waren ein paar der Verteidiger durch ein kleines Tor aus der Stadt geschlichen. Sie wollten einen Ausfall wagen. Als sie zurückkamen, vergaßen sie wohl, das Tor wieder zu verriegeln. Durch dieses offene Tor kam zuerst eine kleine Gruppe Türken in die Stadt, dann mehr und immer mehr, und bald gehörte die Stadt ihnen.

Aus Furcht vor einem türkischen Sieg hatten viele Bürger die Stadt schon vorher verlassen. Andere flohen nach ihrer Eroberung. Es waren vor allem griechische Christen, die nach Europa, vor allem nach Italien und Frankreich, flüchteten. Unter den Flüchtlingen, die sich dort niederließen, waren auch viele Gelehrte, die ihre klassisch-griechische Bildung auf diese Weise nach Europa brachten. Unter dem Einfluß dieser klassischen Philosophie und anderer Wissenschaften erblühte eine Geistesbewegung, die wir „Renaissance" nennen.

Das Interesse für das alte Griechenland und Rom wuchs. Reiche Männer begannen, Statuen und Münzen zu sammeln, die in den Ruinen alter Städte gefunden worden waren. Gelehrte fingen an, diese Funde zu untersuchen und ihre Ergebnisse niederzuschreiben. Schon damals erkannte man in einigen wenigen Fällen Zusammenhänge mit der Bibel, besonders mit dem Neuen Testament. Man entdeckte, daß die Kenntnis der Antike und der Lebens-

weise des antiken Menschen helfen konnte, die alten Schriften der Bibel besser zu verstehen.

Vor allem im 17./18. Jh. reisten reiche und abenteuerlustige junge Männer nach Italien, Griechenland und in die Türkei. Dort durchforschten sie die Ruinen griechischer und römischer Städte.

Einige von ihnen zogen bis nach Syrien und Palästina. Dort stießen sie auf die immer noch eindrucksvollen Überreste von Baalbek, Palmyra und Petra, diesen römischen Städten mit ihrer griechisch beeinflußten Architektur.

Seit vielen Jahrhunderten besuchten zwar schon Pilger die heiligen Stätten. Aber nur wenige von ihnen interessierten sich aus historischer Sicht für diese Orte oder gar für die vorhandenen Ruinen.

Auch das alte Ägypten lockte einige Abenteurer an. Sie wußten danach von riesigen Tempeln, bemalten Gräbern und gewaltigen Pyramiden zu berichten. Neben sachlichen Reiseberichten erzählte man sich auch phantastische Geschichten über das alte Ägypten. Aus der Gestaltung der Pyramiden hoffte man, die Zukunft vorhersagen oder andere Geheimnisse erfahren zu können – eine Vorstellung, die man z.T. auch heute noch findet.

Was die Gemüter vor allem beschäftigte, waren die Mumien. Diese sorgfältig bandagierten und mit natürlichen Chemikalien konservierten ägyptischen Leichname hielt man in pulverisierter Form z.B. für eine wirksame Medizin.

Erst mit dem Beginn des 19. Jahrhunderts setzte ein intensives Studium der

Namen aus der Bibel wurden plötzlich lebendig, als Archäologen die Siege der assyrischen Könige in Palastwände gemeißelt entdeckten. Diese Stele zeigt den assyrischen König Tiglatpileser III. (745-727 v.Chr.).

Das Geheimnis der ägyptischen Pyramiden hat die Phantasie von Reisenden und Geschichtenschreibern lange beflügelt. Die genauen Vermessungen von Sir Flinders Petrie beendeten viele Spekulationen.

14 / BIBLISCHE ARCHÄOLOGIE

Im 17. und 18. Jh. entdeckten zuerst Abenteurer die eindrucksvollen Ruinen von Städten wie Palmyra. Die römischen Erbauer hatten den Stil der griechischen Architektur übernommen.

alten Welt ein. Man begann die Länder gewissenhaft zu erforschen, in denen bereits vor dem klassischen Altertum der Griechen und Römer blühende Kulturen bestanden hatten – z.B. in Assyrien, Babylon und Ägypten. Zunächst waren die Kulturen selber Gegenstand der Erforschung. Als man aber Inschriften entzifferte, in denen z.B. Könige aus dem Alten Testament genannt wurden, wuchs das Interesse bei einem wesentlich breiteren Publikum.

Bald erschienen Bücher, die sich mit den neuen Entdeckungen und ihrem Bezug zur Bibel beschäftigten. Namen, die bis dahin beinahe bedeutungslos gewesen waren, bekamen plötzlich Leben und Farbe. Die Forscher entdeckten auf den Wänden ausgegrabener Paläste eingemeißelte Bildnisse der assyrischen Tyrannen samt ihren Armeen und Gefangenen. Die großen Könige Persiens sprachen durch ihre eigenen Schriften, und die Pharaonen Ägyptens konnten identifiziert werden.

So gelangte man zu zahlreichen Hintergrundinformationen für die biblische Geschichte. Der Rahmen für die Geschichte des alten Israel wurde erkennbar.

Was gegen die Berichte des Alten Testaments zu sprechen schien, hoffte man nun mit Hilfe der Archäologie beweisen zu können. Die Geschichten von Abraham und seiner Familie, so behauptete man, stammten aus der Zeit der Könige von Israel oder seien noch jüngeren Datums. Ein Großteil des mosaischen Gesetzes sei das Ergebnis langer Entwicklungen. Einige Passagen stammten von Priestern zur Zeit des Exils. Diese und ähnliche Ansichten wurden sehr populär. Und sie sind es teilweise immer noch.

Andere Autoren versuchten ganz im Gegensatz dazu, mit archäologischen Entdeckungen die Aussagen der Bibel zu beweisen. Doch damit verlangten sie von der Archäologie mehr, als diese zu

leisten vermag. Die Archäologie kann die Bibel weder beweisen, noch ihre wichtigsten Aussagen widerlegen, denn diese Aussagen beziehen sich auf Gott. Es gibt aber nichts, womit die Archäologie z.B. beweisen könnte, daß Gott durch Mose sprach oder daß Gott den babylonischen König Nebukadnezar sandte, um Jerusalem zu zerstören. Es ist schon unwahrscheinlich, daß man je etwas finden wird, was mit Mose in Zusammenhang steht oder gar von ihm selber geschrieben wurde.

Wobei die Archäologie hilfreich sein kann, sind Fragen des Umfelds, Fragen der Lebensweise der Menschen und ihrer Bräuche. Wenn die Bibel oder irgendein anderes Buch sagt, daß die Menschen zu einer bestimmten Zeit in einer bestimmten Weise lebten, dann kann die archäologische Forschung zeigen, ob das stimmt oder nicht.

Nun können durchaus die Ergebnisse der archäologischen Forschung alte Berichte in bestimmten Punkten bestätigen. Das heißt aber noch lange nicht, daß auch alles andere in diesem Bericht stimmt. Die Tatsache, daß viele Aussagen der Bibel von der Archäologie bestätigt werden können, legt es aber doch nahe, vertrauensvoll an die biblischen Berichte heranzugehen (siehe zum Beispiel: *Ein goldener Tempel; Aus persischen Postsäcken*).

Die wichtigste Aufgabe der biblischen Archäologie besteht darin, daß sie die Berichte der Bibel in ihren zeitgemäßen Hintergrund stellt und dadurch verständlicher macht. Seltenere Entdeckungen, die sich unmittelbar auf Abschnitte im Alten oder Neuen Testament beziehen, haben auch einen gewissen Beweischarakter (siehe zum Beispiel: *Kein verborgener Schatz; Die Assyrer zogen herauf ...*). Aber nur insofern kann die Archäologie der eigentlichen Botschaft der Bibel dienen, als alle diese Entdeckungen unser Wissen über die Welt erweitern, in der die Bibel geschrieben wurde.

16 / ÄGYPTEN

Forschungsreisende in Ägypten

Im Jahre 1798 drang Napoleon Bonaparte mit seiner Armee in Ägypten ein. Eine Gruppe von Wissenschaftlern begleitete ihn. Diese Gelehrten sind die eigentlichen Begründer der modernen Ägyptologie (siehe: *Das Geheimnis der ägyptischen Hieroglyphen)*.

Damals kam das alte Ägypten in Mode. Wer etwas auf sich hielt, kaufte Möbel im ägyptischen Stil. Manche importierten sogar alte Skulpturen direkt aus Ägypten. Auch die Museen versuchten, wertvolle Stücke zu erwerben. Viele reisten deshalb nach Ägypten, um von dort möglichst viele Kunstgegenstände mitzubringen.

Einer der ungewöhnlichsten Männer unter ihnen war der Italiener Belzoni, der als eine Art Goliath in einem Londoner Zirkus aufgetreten war. Dieser

Mann hatte nicht nur enorme Muskelkraft, er hatte auch Verstand. Er erfand z.B. ein Wasserrad, das – jedenfalls nach seinen eigenen Aussagen – besser war als jedes andere, das in Ägypten jemals benutzt worden war. 1815 stellte er es in Kairo aus, aber niemand interessierte sich dafür. Daraufhin sah er sich nach einer anderen Beschäftigung um und begann, Steindenkmäler von Ägypten nach England zu transportieren.

Aus unserer heutigen Sicht war Belzonis Methode allerdings sehr bedauerlich. Er brach die Gräber nämlich einfach auf und raubte die Tempel aus. Dennoch machte er wichtige Entdeckungen und trug dazu bei, daß sich die Öffentlichkeit bis in unsere Gegenwart für das alte Ägypten interessierte.

Andere Altertumssammler und

Sonnenaufgang über dem Nil bei Nag Hammadi in Ägypten.

ÄGYPTEN / 17

-händler folgten dem Beispiel Belzonis. Aber es gab auch Gelehrte, die systematisch vorgingen. Von 1843 bis 1845 forschte ein deutsches Team unter der Leitung von Richard Lepsius in Ägypten. Es lieferte genaue Berichte über die Gräber und Denkmäler. Gleichzeitig sammelte es Ausstellungsstücke für das Museum in Berlin. Unter dem Titel „Dokumente aus Ägypten" veröffentlichte Lepsius zwölf Bände mit Zeichnungen und Beschreibungen, die bis heute ein Standardwerk sind.

Auch drei Engländer leisteten eine wertvolle Arbeit, indem sie Bilder und Inschriften kopierten, die in späterer Zeit zerstört oder beschädigt wurden. Einer von ihnen, Sir John Wilkinson, schrieb das Buch „The Manners and Customs of the Ancient Egyptians" (Die Sitten und Bräuche der alten Ägypter). Dieses Buch erschien 1837 und wurde sehr bekannt.

Der junge Franzose Auguste Mariette, der sich bereits einige Jahre in Ägypten aufgehalten hatte, begann die Archäologie im Lande selbst in geordnete Bahnen zu lenken. 1858 gründete er das Kairoer Museum. Er richtete zudem eine örtliche Dienststelle für

Altertümer ein und regte an, die Ausfuhr von Altertümern unter eine gesetzliche Kontrolle zu stellen. Mit großer Sorgfalt führte Mariette einige bedeutsame Ausgrabungen durch.

Gegen Ende des 19. Jahrhunderts stellte der tatkräftige britische Archäologe Sir Flinders Petrie die Ausgrabungen in Ägypten auf eine solide wissenschaftliche Grundlage. Petrie wurde im Jahre 1853 geboren. Sein Vater war Bauingenieur. Von ihm hatte er die Grundkenntnisse der Vermessungskunde, die er dann auf alte Denkmäler in England anwandte.

1880 ging Petrie nach Ägypten, um die Pyramiden zu vermessen. Damit beschäftigte er sich beinahe zwei Jahre. Ihm wird nachgesagt, daß er nur mit einem Spazierstock und einer Visitenkarte arbeitete und dennoch sehr exakte Ergebnisse erzielte. Zutreffend ist jedenfalls, daß er sehr spartanisch lebte und nur das absolut Notwendige besaß.

1883 verpflichtete ihn der ein Jahr zuvor gegründete „Egypt Exploration Fund" zu Ausgrabungen in Ägypten. Bis 1926 arbeitete Petrie dort in fast jedem Winter. Im Laufe dieser Jahre grub er an ungefähr dreißig verschiedenen Stellen. Nach Abschluß der jeweiligen Grabungsarbeiten veröffentlichte er dann innerhalb eines Jahres einen Bericht über die entsprechenden Ergebnisse.

Hatte man früher nach großen Bauwerken und Gegenständen für Museen gesucht, so befaßte sich Petrie damit, die Dinge sorgfältig zu Papier zu bringen und Einzelheiten genau zu vergleichen. So gelang es ihm, auch frühere Entdeckungen geschichtlich einzuordnen und wichtiges Material zu retten, das von anderen übersehen worden war. Das Ergebnis war eine systematische Studie der erstaunlich vielfältigen Funde.

Als Petrie 1926 Ägypten verließ, war dort kein Platz mehr für Archäologen, die unscheinbare Keramikscherben übersahen oder Tierknochen einfach fortwarfen. Die Archäologie war zu einer wissenschaftlichen Disziplin geworden.

Sir William Flinders Petrie führte Ende des 19. Jh. erstmals Ausgrabungen in Ägypten auf wissenschaftlicher Basis durch.

Kuriositäten aus Assyrien

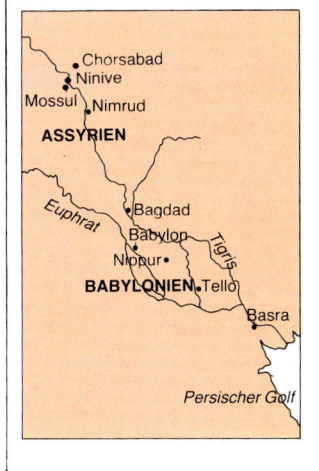

Der Name Babylon ist niemals aus dem Gedächtnis der Menschen entschwunden. Sie erinnerten sich auch dann noch an jene Stadt, als der Sand der Wüste sie bedeckte. Der Name Babylon stand für Luxus und ein lasterhaftes Leben. Für das letzte Buch der Bibel, die Offenbarung, war er der Inbegriff menschlicher Verderbtheit schlechthin.

Wie Babylon wirklich ausgesehen hatte, wußte allerdings niemand. Einige wenige Europäer, die nach Bagdad reisten, sahen die staubigen Hügel von Babel und lasen Steine mit merkwürdigen Inschriften auf, um sie als Kuriositäten mit nach Hause zu bringen.

Der erste, der sich die Ruinen genauer ansah und sie beschrieb, war ein bemerkenswerter junger Mann namens Claudius James Rich. Nachdem er die Türkei, Ägypten und den Nahen Osten bereist hatte, kam er nach Bombay, um dort für die „British East India Company" zu arbeiten. Er sprach nicht nur Französisch und Italienisch, sondern auch Türkisch, Arabisch und Persisch. Außerdem konnte er Hebräisch, Syrisch und sogar ein wenig Chinesisch lesen!

Ein Jahr später berief ihn die Gesellschaft zu ihrem Generalbevollmächtigten in Bagdad. Und so kam er 1807 – zusammen mit seiner achtzehnjährigen Braut – dort an. 1811 unternahmen beide einen Ausflug nach Babylon. Rich ging über die Hügel, fertigte Skizzen von ihnen an und zeichnete ihre groben Grundrisse. Er stellte Männer an, die nach beschrifteten Ziegeln, Siegeln und anderen Gegenständen graben sollten.

Seine „Memoir on the Ruins of Babylon" (Abhandlung über die Ruinen von Babylon) erschien 1813 in Wien. Das Buch mußte schon 1815, 1816 und 1818 in London neu aufgelegt werden, weil es auf so großes Interesse gestoßen war. Rich besuchte Babylon noch einmal im Jahre 1817, um seine früheren Forschungsergebnisse zu überprüfen. 1818 veröffentlichte er dann in London eine „Second Memoir on Babylon" (Zweite Abhandlung über Babylon). Zwei Jahre später unternahm das Ehepaar Rich eine lange Reise, in deren Verlauf es auch nach Mossul kam, der wichtigsten Stadt des nördlichen Irak.

Gegenüber von Mossul lagen – auf dem Ostufer des Tigris – die Ruinen der früheren assyrischen Hauptstadt Ninive. Rich untersuchte und vermaß auch diesen Ort und sammelte beschriftete Ziegel und Tontafeln. Die Notizen über diese Reise konnte er dann freilich nicht mehr selbst veröffentlichen. Auf einer Reise zu den Ruinen von Persepolis fiel er 1821 in Schiras einer Cholera-Epidemie zum Opfer. Er starb im Alter von vierunddreißig Jahren.

Frau Rich, die ihrem Mann nach Bombay vorausgereist war, machte seine Tagebücher dann druckfertig. Sie erschienen 1836 („Narrative of a Residence in Koordistan" – Die Geschichte einer Reise durch Kurdistan). Die Siegel, Inschriften und Manuskripte, die Rich gesammelt hatte, gingen im Jahre 1825 für tausend Pfund in den Besitz des Britischen Museums über.

Richs Bücher wurden in weiten Kreisen gelesen. Aufgrund dieser Bücher stellte die französische Regierung dann Geld für Ausgrabungen in den verheißungsvollen Hügeln von Ninive zur Verfügung. Paul Emile Botta wurde nach Mossul geschickt, und im Dezember 1842 gab es die ersten Spatenstiche in den Ruinen von Ninive. In den ersten sechs Wochen fand Botta sehr wenig. Deswegen war er froh, als ihm die

Einwohner von dem Ort Chorsabad berichteten, der zweiundzwanzig Kilometer nördlich lag. Dort waren angeblich behauene Steine zu sehen. Botta begann dort 1843 zu graben. Erst zwei Jahre später stellte er die Arbeiten wieder ein.

Dicht unter der Erdoberfläche stieß er auf die Mauern eines großen Palastes. Auf der Innenseite der Ziegelwände waren Steinplatten mit eingemeißelten Bildern und Inschriften in Keilschrift angebracht. Bei den Haupteingängen standen riesige, bis 4,80 Meter hohe, geflügelte Stiere.

Botta war begeistert. Er stellte weitere Arbeiter ein, um die gemeißelten Steine auf Karren an den Tigris zu bringen. Dort sollten sie auf Flöße verladen und zum Hafen von Basra gebracht werden. Bevor die Steinplatten verpackt wurden, ließ Botta Zeichnungen von ihnen anfertigen. So wurden Bilder und Inschriften der Platten festgehalten, falls sie irgendwie beschädigt werden sollten.

Als die Steine Paris erreichten, verursachten sie eine wahre Sensation. Das öffentliche Interesse wuchs noch mehr, als sich herausstellte, daß der Palast dem Assyrerkönig Sargon gehört hatte,

der in Jesaja 20,1 erwähnt wird. Man hatte seine Existenz bisher angezweifelt, weil er sonst nirgendwo genannt worden war.

1839 begann ein zweiundzwanzigjähriger Engländer mit seinem Freund eine Reise von London nach Ceylon. Ein Verwandter hatte ihm dort eine Arbeitsstelle besorgt. 1840 erreichten sie Mossul, von wo aus sie mit einem Floß den Tigris hinabfuhren bis nach Bagdad. Bald darauf trennten sie sich. Der eine zog weiter nach Ceylon, seinem Reiseziel. Der andere, Austen Henry Layard, war von der Gegend so fasziniert, daß er zurückblieb. Er verbrachte einige Monate in Persien bei den dort lebenden Bergstämmen. Dann kehrte er nach Bagdad zurück. Von Bagdad aus wurde er mit irgendwelchen politischen Nachrichten zum britischen Gesandten in Istanbul geschickt. Unterwegs traf er in Mossul mit Botta zusammen.

Der damalige Gesandte interessierte sich sehr für Altertümer. Nachdem er Layard in den diplomatischen Dienst übernommen hatte, stellte er ihm Gelder zur Verfügung. Mit Genehmigung des türkischen Sultans sollte er damit Ausgrabungsarbeiten in Assyrien beginnen.

Ende 1845 begann Layard südlich von Ninive, am Hügel Nimrud, zu graben. Plötzlich stießen die Schaufeln seiner Arbeiter auf Steintafeln, die – wie sich sehr bald herausstellte –

Die „Illustrated London News" veröffentlichte viele aufsehenerregende Funde erster Archäologen wie z.B. Austen Henry Layard.

Ein großer geflügelter Stier schmückte den Palast König Sargons von Assyrien in Chorsabad (links). Paul Emile Botta grub als erster den Hügel aus. Als die von ihm gefundenen Kunstwerke nach Paris gebracht wurden, lösten sie eine Sensation aus.

Die Steinplatten, die König Assurbanipal und seine Diener auf Löwenjagd zeigen, gehören zu den berühmtesten assyrischen Reliefs.

20 / ASSYRIEN

Zimmerwände verkleideten. Es kamen Reliefs, Keilinschriften, Metallgegenstände und zerbrechliche Elfenbeinschnitzereien zum Vorschein.

Layard war der festen Überzeugung, Ninive gefunden zu haben. Nach achtzehn Monaten harter Arbeit kehrte er nach London zurück. Dort schrieb er das Buch: „Ninive and its Remains" (Ninive und seine Überreste), das zu einer Art Bestseller werden sollte. Es erschien 1849.

Layard kehrte ebenfalls 1849 nach Mossul zurück. Ungeachtet der früheren Mißerfolge Bottas, begann er ernsthaft, in den Hügeln von Ninive zu graben, wo er weitere Skulpturen zu finden hoffte. Und er behielt recht. In den

Jahren 1849 bis 1851 legte er mit seinem einheimischen Assistenten Hormuzd Rassam mehrere Räume frei, deren Reliefwände insgesamt an die drei Kilometer lang waren. Es handelte sich um Zimmer des Palastes, der dem assyrischen König Sanherib (705 – 681 v.Chr.) gehört hatte. Auf den Reliefs waren unter anderem auch die berühmten Bilder von seinem Sieg bei Lachisch zu sehen (siehe: *Die Assyrer zogen herauf ...*).

In einer Kammer lagen Tausende von kleinen Tontafeln mit Keilschrift. Es handelte sich um einen Teil der Palastbibliothek. Obwohl auch die Skulpturen von großer Bedeutung waren, lieferten doch erst diese Dokumente wirklich

Araber mit einer Ladung Reet-Matten auf dem Euphrat. Ihre Lebensgewohnheiten haben sich im Süden des großen Königreichs Babylon durch die Jahrhunderte nur wenig verändert.

ASSYRIEN / 21

wesentliche Informationen über die assyrische Geschichte, Religion und Gesellschaft. Alle Funde wurden nach England ins Britische Museum gebracht. Layard beendete 1851 seine Grabungsarbeiten. Er wurde Politiker, Diplomat und Kunstsammler.

In Assyrien und Babylonien setzte jetzt eine regelrechte Jagd ein nach Schaustücken für die Vitrinen der Museen. Im Süden wurden Tontafeln, Metallarbeiten und andere kleine Gegenstände gefunden, sehr zur Enttäuschung der Forscher. In Assyrien stießen französische Ausgräber nahe der Ortschaft Chorsabad auf weitere Bilderfriese. Vor allem Hormuzd Rassam hatte in Ninive Erfolg. Er fand dort den Palast von Assurbanipal, dem letzten großen König der Assyrer (669 – 627 v.Chr.). Aus seinem Palast stammen zahlreiche Tontafeln, aber auch die wunderbaren Szenen der königlichen Jagd auf Löwen und andere wilde Tiere, die heute so berühmt sind.

Wegen des Krimkrieges (1853 – 56), aber auch aus anderen Gründen, kamen nun die eigentlichen Grabungsarbeiten fast zum Erliegen. Die Gelehrten arbeiteten daran, die Entdeckungen auszuwerten und darüber zu schreiben. 1872 fand George Smith, Assistent im Britischen Museum, auf einer der Lehmtafeln den Bericht über eine große Flut. Diese Geschichte erinnerte sehr an die Sintflut im 1. Buch Mose (siehe: *Die babylonische Version der Sintflutgeschichte*). Smiths Entdeckung verursachte großes Aufsehen, und eine große Tageszeitung – The Daily Telegraph – stellte das Geld für neue Ausgrabungen in Ninive zur Verfügung.

Jetzt begannen noch andere französische Gelehrte, in Babylon zu graben. Sie legten Überreste der sumerischen Kultur aus der Zeit vor 2000 v.Chr. frei. In Tello fanden sie großartige Statuen eines Prinzen Gudea, der um 2100 v.Chr. regiert hatte.

Ein Team der Universität von Pennsylvanien führte 1887 Ausgrabungsarbeiten in Nippur durch, dem religiösen Zentrum der Sumerer. Dort entdeckte man Tausende von Keilschrifttafeln. Viele von ihnen enthielten Legenden und Lieder über die Gottheiten, die dort verehrt wurden.

Ende des 19. Jahrhunderts begann eine deutsche Expedition mit den Ausgrabungen in Ninive. Unter der Leitung des Architekten Robert Koldewey setzte sie im Hinblick auf die Sorgfalt bei den Grabungen und die Registrierung der Funde neue Maßstäbe.

Die Archäologie in Assyrien und Babylonien hatte sich von einer wilden, abenteuerlichen Schatzsuche zu einer wissenschaftlichen Erforschung der Vergangenheit entwickelt.

In Nimrud, nahe bei Ninive, entdeckte Layard mit Steintafeln eingefaßte Räume und von steinernen Stieren bewachte Eingänge. Araber beobachten auf dieser Skizze erstaunt die ersten Ausgrabungen.

Im Land der Bibel

Archäologie in Palästina beginnt mit dem Amerikaner Edward Robinson, obwohl er selber niemals an archäologischen Grabungen teilnahm und sogar glaubte, daß die Erdhügel (Tells), die über den Fundstätten lagen, natürliche Hügel seien.

Zusammen mit seinem Freund Eli Smith reiste Robinson 1848 und 1852 nach Palästina, um das Land zu erforschen. Durch ein sorgfältiges Studium der Landschaft fanden sie etwa hundert Ortschaften, die in der Bibel erwähnt werden, von denen aber bisher niemand wußte, wo sie lagen. Diese grundlegende Arbeit wurde zusammen mit einer Beschreibung des Landes in den Büchern „Biblical Researches in Palestine" (Biblische Forschungen in Palästina) (1851) und „Later Biblical Researches" (Spätere biblische Forschungen) (1856) veröffentlicht.

Die genaue kartographische Erfassung Palästinas war eine wichtige Aufgabe. Ein anderer Amerikaner, W.F. Lynch, leistete dazu einen wesentlichen Beitrag. Vom See Genezareth aus fuhr er mit seinen Männern in zwei Metallbooten den Jordan hinab. Für diese Fahrt brauchten sie eine Woche, und zwar die Woche vom 10. – 18. April 1848. Er zeichnete die erste genaue Karte über den gewundenen Flußlauf und fand heraus, daß das Tote Meer etwa 396 Meter unter dem Meeresspiegel liegt.

Den Hauptanteil an der geographischen Vermessung des westlichen Palästina hatte der 1865 in London gegründete „Palestine Exploration Fund". Im Auftrag dieser Gesellschaft gingen britische Armeeoffiziere daran, Landkarten von Jerusalem und seiner Umgebung zu zeichnen.

Zwischen 1872 und 1878 vermaßen C.R. Conder und H.H. Kitchener (der spätere Lord Kitchener von Khartum) über 15.000 Quadratkilometer des Landes, wobei sie mehr als 10.000 Orte kennzeichneten. Inzwischen wurden ihre Landkarten durch neuere ersetzt, aber Conders und Kitcheners Arbeit war die Grundlage für alle späteren Landkarten.

Der „Palestine Exploration Fund" führte auch einige Ausgrabungen durch, besonders beim Tempel des Herodes in Jerusalem (siehe: *Herodes, der große Baumeister*). Bis Flinders Petrie 1890 Palästina von Ägypten aus einen kurzen Besuch abstattete, war die Ausgrabungsarbeit jedoch wenig ergiebig.

Petrie arbeitete sechs Wochen lang bei dem Hügel Tell el-Hesi. Bei dieser Arbeit erkannte er, wie wichtig es ist, die jeweiligen Keramikfunde den verschiedenen Erdschichten zuzuordnen, in denen sie entdeckt wurden. Dadurch waren Rückschlüsse auf ihr Alter möglich und eine Klassifizierung.

An seinen Arbeiten orientierten sich alle späteren Arbeiten in Palästina. Wo es keine Inschriften oder Münzen gibt, lieferten Form und Art der Keramik Anhaltspunkte über das Alter der Grabstelle.

Anders als in Ägypten gab es in Palästina keine riesigen Tempel und Paläste aus Stein oder Ziegeln. Die Hügel Palästinas erfordern von den Archäologen eine viel größere Aufmerksamkeit – für weit weniger spektakuläre Erfolge. Beobachtung und Registrierung sind hier vorrangig. Das methodische Vorgehen Petries überzeugte

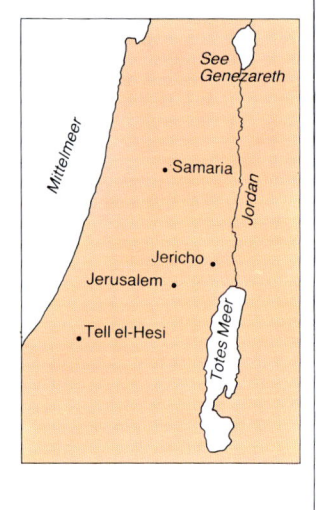

Im Hügelland von Judäa und seinen kleinen Städten spielen viele biblische Berichte.

24 / IM LAND DER BIBEL

Kathleen Kenyon war eine der bedeutendsten Archäologinnen, die in Palästina arbeiteten. Sie erregte durch ihre Ausgrabungen in Jericho Aufsehen.

Petrie hat die Lage der Töpferwaren skizziert, die er bei seinen Ausgrabungen bei Tell el-Hesi fand, bevor die Stücke in ein Museum gebracht wurden.

Das Luftbild (rechts oben) zeigt den großen „Tell" oder Stadthügel von Lachisch. Die Bibel berichtet, wie die Stadt von den Invasionstruppen der Assyrer eingenommen wurde.

auch andere Wissenschaftler. Sie übernahmen seine Methode.

Eine amerikanische Expedition begann 1909 und 1910 mit der Erforschung Samarias. Die Bauleute des Königs Herodes hatten beim Bau des neuen Tempels einen Großteil vom Palast des israelitischen Königs zerstört (siehe: *Herodes, der große Baumeister*). Deswegen war es sehr schwierig, den Grundriß und die Geschichte des Palastes zu rekonstruieren. Doch der Leiter der Expedition, G.A. Reisner, war ein akkurater und scharfsichtiger Archäologe, der seine fachliche Erfahrung in Ägypten gesammelt hatte. Er fertigte ein genaues Verzeichnis der Erdschichten an und konnte so die Geschichte entwirren. Reisner arbeitete in Palästina ausschließlich an diesem einen Projekt, und seine Methoden blieben der Fachwelt weitgehend unbekannt.

Der führende amerikanische Archäologe W.F. Albright präzisierte die Methode zur Datierung der Keramik, indem er Scherben aus verschiedenen Fundorten miteinander verglich.

Eine der bedeutendsten Archäologinnen, die in den vergangenen fünfzig

Jahren in Palästina arbeitete, war Kathleen Kenyon (1906 – 1978). Als sie 1931 an einer Ausgrabung in Samarien teilnahm, arbeitete sie nach einer Technik, die sie in England bei Sir Mortimer Wheeler gelernt hatte. Sie wandte diese sogenannte formationskundliche Methode des Grabens und Registrierens auch bei ihren eigenen Ausgrabungen in Jericho (1952 – 1958) an. Und sie erzielte hervorragende Ergebnisse, auch wenn sich die Ergebnisse für die biblische Forschung letztlich als enttäuschend herausstellten (siehe: *Und die Mauern stürzten ein*).

Die Ausgrabungen, die Frau Kenyon in Jericho und später in Jerusalem (1961 – 1967) durchführte, dienten vielen Archäologen in Palästina als Vorbild. Inzwischen wurden diese Verfahren verfeinert und differenziert. Oberstes Ziel aller dieser Methoden ist und bleibt es, möglichst viele Erkenntnisse aus einer Ausgrabung zu gewinnen. Dabei geht es zuerst immer darum, möglichst viel über die Geschichte eines Ortes zu erfahren. Erst danach geht es um den Wert der Funde für das Verständnis der Bibel.

Vom Lesen alter Schriften

Hebräisch, Aramäisch und Griechisch – die Sprachen der Bibel –, wurden seit eh und je verstanden. Die Sprachen anderer Völker aber, die zu biblischen Zeiten lebten, gerieten in Vergessenheit. Sofern von ihnen keine Inschriften o.ä. erhalten geblieben sind, müssen diese Sprachen als verloren gelten. Denn die Chance, alte Schriften wiederzuentdecken, ist nicht sehr groß. Von manchen Völkern besitzen wir überhaupt keine schriftlichen Dokumente. Das gilt zum Beispiel für die Philister. Mit Ausnahme ein oder zweier Wörter und Namen, die in den Schriften anderer Völker bewahrt worden sind (wie der Philistername „Goliath", der in der Bibel genannt wird), ist ihre Sprache unbekannt.

Die alten Dokumente, die uns heute zur Verfügung stehen, haben die Zeit zufällig überstanden und sind großenteils in einem sehr schlechten Zustand. Die Texte aus Samarien berichten über die Verwaltung und Steuern im alten Israel (siehe: *Briefe und Verzeichnisse: Alte hebräische Schriften*). Wir besitzen aber z.B. keine Texte über das Leben am königlichen Hof oder die Rechtsprechung. Ebenso gibt es keine Lieder an Baal oder Briefe ausländischer Könige.

Aber selbst wenn – wie in Ägypten und Babylon –

überaus zahlreiche Dokumente vorhanden sind, so stellen sie insgesamt doch nur eine kleine Auswahl dar und liefern uns nur ein unvollständiges Bild. Aus einem Schriftverkehr existiert häufig nur ein einzelner Brief. Das Antwortschreiben ging verloren. Über seinen Inhalt kann man also nur Mutmaßungen anstellen.

Außerdem stammen wohl die meisten schriftlichen Fundstücke aus eben der Zeit, aus der auch das Gebäude, der Fundort, stammt. Die älteren Dokumente wurden fortgeworfen, es sei denn, sie besaßen einen gewissen Wert wie Urkunden und andere Familiendokumente.

Das Lesen dieser alten Schriften ist oft schwierig, weil sie schadhaft oder stark beschädigt sind. Häufig kann man die Lücken im Text durchaus auf sehr unterschiedliche Weise schließen, was zu völlig widersprüchlichen Ergebnissen führt. (Ein Beispiel dafür im Kapitel: *Jesus und die Schriftrollen vom Toten Meer*.)

Um die vergessenen Sprachen aus biblischer Zeit lesen zu können, braucht man viel Geduld und ein intensives Studium. Die wichtigsten Sprachen sind heute aber alle entziffert. Vor weniger als zweihundert Jahren waren sie allerdings noch ein Rätsel. Das Entziffern der ägyptischen Hiero-

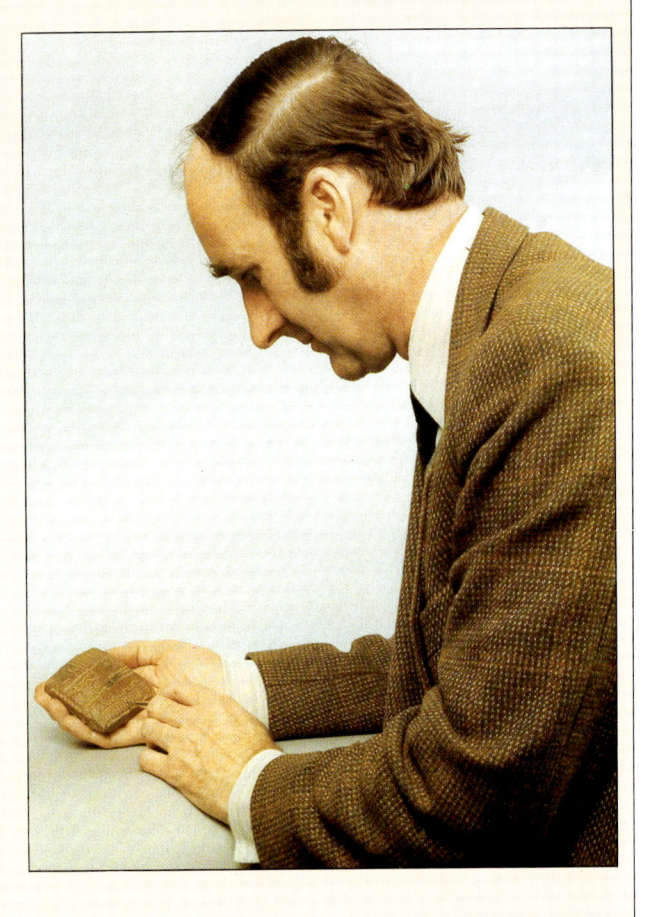

glyphen und der babylonischen Keilschrift war eine der großen Leistungen der Gelehrten des 19. Jahrhunderts. Es gibt heute keinen Zweifel mehr, wie die meisten alten Texte zu verstehen sind. Neue Entdeckungen dienen auch hier zur Überprüfung, wie das ja für die Archäologie insgesamt gilt.

Der Autor hält eine Lehmtafel aus Nuzi in der Hand, die ungefähr auf 1400 v.Chr. datiert wird und mit babylonischer Keilschrift beschrieben ist.

Das Geheimnis der ägyptischen Hieroglyphen

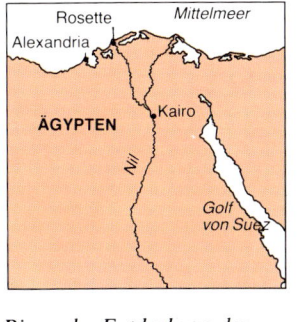

Bis zu der Entdeckung des Steins von Rosette im Jahre 1799 konnte niemand die alten Hieroglyphen lesen, die überall an den Wänden der Gräber und Tempel des alten Ägyptens zu sehen waren.

Im August 1799 ließ ein Kriegsschiff die Küste Ägyptens hinter sich. An Bord befand sich Napoleon Bonaparte mit einer kleinen Gruppe von Offizieren.

Vor gut einem Jahr war Napoleon mit einer Flotte und einer großen Armee in Ägypten eingefallen. Jetzt verließ er seine Armee, nachdem der britische Admiral Nelson die französische Flotte zerstört hatte. Napoleon hatte gehofft, Ägypten zu einer französischen Kolonie machen und von dort aus die Engländer in Indien angreifen zu können. Sein Abenteuer war fehlgeschlagen.

Napoleons Heer wurde von 175 französischen Wissenschaftlern begleitet. Ihre Aufgabe bestand darin, das Land geographisch zu erfassen und zu beschreiben. Die Gelehrten leisteten gründliche Arbeit. Sie kehrten mit zahlreichen Notizen und Zeichnungen nach Paris zurück. Das gesammelte Material füllte vierundzwanzig Bände und wurde unter dem Titel „Description de l'Egypte" (Beschreibung Ägyptens) (1809 – 1813) veröffentlicht. Die Arbeit dieser Gelehrten bildete die Grundlage der modernen Ägyptologie.

Unter der großen Sammlung alter ägyptischer Inschriften, die Napoleons Männer zusammengetragen hatten, war auch ein Stein, den man am Nil in der Nähe von Rosette gefunden hatte. Der Stein wurde zusammen mit den anderen gesammelten Gegenständen von den Engländern als Kriegsbeute nach London gebracht, nachdem sich die von Napoleon im Stich gelassene Armee den Engländern ergeben hatte. Die Zeichnungen und Gipsabdrücke davon waren aber bereits in Paris eingetroffen. Dort sorgte der Stein von Rosette für erhebliche Aufregung. Schien er doch der Schlüssel zu dem Geheimnis der alten ägyptischen Schrift, den Hieroglyphen, zu sein.

Auf dem oberen Teil des Steines befinden sich vierzehn Zeilen mit Hieroglyphen. Dann folgen zweiundzwanzig Zeilen in einer vereinfachten ägyptischen Schrift und schließlich vierundfünfzig Zeilen in griechischer Schrift.

Das Lesen und Entziffern des griechischen Textes war nicht schwierig. Es handelte sich um einen Teil des Erlasses von König Ptolemäus V. aus dem Jahre 196 v.Chr. Aber wie man sich auch mühte – niemand konnte die ägyptischen Schriftreihen lesen, zwei oder drei Namen ausgenommen.

ÄGYPTISCHE HIEROGLYPHEN / 27

Napoleon war es nicht gelungen, Ägypten zu erobern. Dennoch war es ein Franzose, der den Kampf um das Entziffern der altägyptischen Schrift siegreich beendete. Dieser Mann war Jean-François Champollion. Er wurde 1790 geboren und studierte schon im Alter von elf Jahren Latein, Griechisch und Hebräisch.

Noch im jugendlichen Alter sah Champollion zum ersten Mal ägyptische Inschriften. Man sagte ihm, daß niemand sie lesen könne. Da schwor er, daß er eines Tages diese Hieroglyphen lesen und verstehen würde. Seitdem galt seine ganze Leidenschaft nur diesem einen Ziel.

Seine ganze Energie setzte er ein, um alte und seltene Sprachen zu lernen. Er sammelte alles, was er über die ägyptische Geschichte finden konnte. Als Siebzehnjähriger ging er nach Paris, um weiter zu studieren. Dort lebte er in ärmlichen Verhältnissen. Im Alter von dreiundzwanzig Jahren veröffentlichte er eine ausführliche Geschichte Ägyptens („L'Egypte sous les Pharaons" – Ägypten unter den Pharaonen) (1814). Obwohl ihn politische Wirren zwangen, seinen Universitätsplatz aufzugeben, hörte Champollion niemals auf zu studieren. Allmählich beherrschte er Koptisch, die Sprache der ägyptischen Kirche, perfekt.

Im Herbst 1822 hatte Champollion sein Ziel erreicht. Es gelang ihm, die ägyptischen Hieroglyphen zu entziffern. Bis dahin hatte er angenommen, die Hieroglyphen hätten eine Art symbolische Bedeutung und würden nur zum Schreiben ausländischer Namen als Buchstaben gebraucht. Jetzt erkannte er beim Betrachten der neuen, kopierten Texte, daß die Zeichen gleichermaßen für bestimmte Laute wie für Wörter gebraucht wurden. Innerhalb weniger Tage gelang es ihm, die Namen vieler Könige zu entziffern. Er veröffentlichte seine Entdeckung am 17. September 1822 in Paris.

Einige Wochen später erhielt er weitere Kopien von unlängst gefundenen Inschriften. Auch an ihnen konnte er sein System erfolgreich anwenden. Im Jahre 1824 veröffentlichte er einen vollständigen Bericht über seine Entdeckung („Précis dû système hiéroglyphique des anciens égyptiens" – Ein genaues System der Hieroglyphen des alten Ägypten). Das war die Geburtsstunde der modernen Ägyptologie. Es war offensichtlich, daß er die Hieroglyphen richtig entziffert hatte.

1826 wurde Champollion zum Direktor des neuen königlichen Ägyptischen Museums in Paris ernannt. Von 1828 bis 1829 leitete er eine Expedition nach Ägypten. Nach zahlreichen Entdeckungen kehrte er mit reichen Funden nach Frankreich zurück. Hoch geehrt, starb er 1832 im Alter von einundvierzig Jahren.

Der Rosette-Stein war der Schlüssel, der die Geheimnisse der Hieroglyphen erschloß. Er verzeichnet einen Erlaß des Königs Ptolemäus V. in drei Sprachen: Griechisch (unten), Ägyptisch in vereinfachter Schrift (Mitte) und Hieroglyphen (oben).

Ra' – mse – sw

Eine Hieroglyphen-Gruppe, die für Champollion zum Schlüssel wurde, das alte Ägyptisch zu entziffern, war der Name Ramses. Das dritte Zeichen dient dazu, die Bedeutung des zweiten zu erklären.

Das Geheimnis
des Felsens von Behistun

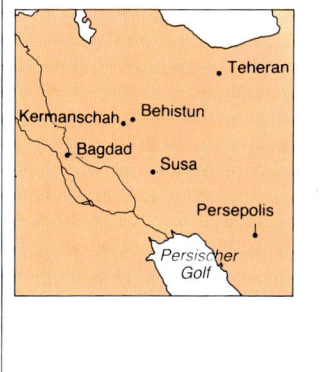

Wenn man von Teheran aus auf der Straße nach Westen reist, die durch Kermanschah in Richtung Irak führt, kommt man an einem Felsen vorbei, der als „Felsen von Behistun" (oder Bisitun) bekannt ist.

Auf diesem Felsen ist in etwa neunzig Meter Höhe ein Relief zu sehen: Eine hochgewachsene Gestalt steht mit ausgestreckten Händen vor einer Gruppe von zehn Männern. Hinter dieser Gestalt stehen noch zwei weitere Männer. Lange Zeit wußte niemand, wer auf dem Relief dargestellt ist und was das Relief zu bedeuten hat. Die Vermutungen reichten von Christus und seinen zwölf Aposteln bis hin zu einem Lehrer mit seiner Schulklasse!

Rund um das Relief ist der Felsen glattgeschliffen. Leute, die hinaufkletterten, berichteten aber, daß in diese Fläche ein pfeilspitzartiges Muster eingeritzt ist.

Dieselben Zeichen hatten bereits im 17. Jh. die Aufmerksamkeit auf sich gezogen und seitdem die Wissenschaftler beschäftigt. Die wenigen Europäer, die sie sahen, veröffentlichten Zeichnungen von ihnen, die gleichermaßen Verblüffung wie Verwirrung auslösten. Immer mehr Interessierte reisten nur deswegen nach Persien, um sich die eigenartigen Zeichnungen anzusehen und ihre Bedeutung zu enträtseln.

Einhellige Meinung war, daß es sich um eine Art Schrift handeln müsse und nicht nur um eine Verzierung. Wegen ihrer Form nannte man die Schrift „Keilschrift".

Der Forscher Carsten Niebuhr konnte als erster einige Fortschritte bei der Entzifferung erzielen. Er hatte viel über Persien gelesen und damals sein ganzes Interesse diesem Land und seiner Geschichte gewidmet. Er lernte Arabisch und übernahm 1761 die Leitung einer dänischen Expedition.

Niebuhr reiste durch Arabien nach Indien. Als er schließlich in Bombay eintraf, waren er und ein Arzt die einzigen Überlebenden der Gruppe. Aber er ließ sich nicht abschrecken und reiste dennoch nach Persien weiter, wo er in den Ruinen der alten Hauptstadt Persepolis drei Wochen lang Inschriften kopierte (siehe: *Der Glanz Persiens*). Nach der Auswertung der Kopien veröffentlichte er in den Jahren 1774 – 78 einen Bericht über seine Reisen und die Inschriften („Reisebeschreibung von Arabien und anderen umliegenden Ländern").

Niebuhr fertigte aber nicht nur Kopien an, sondern versuchte auch, das Geschriebene zu übersetzen. Er erkannte, daß es sich um drei verschiedene Schriften handeln mußte. Die einfachste davon war ein Alphabet. Von den zweiundvierzig Buchstaben, die er bestimmte, erwiesen sich schließlich zweiunddreißig als richtig.

Angespornt durch die Arbeit Niebuhrs versuchten auch noch andere, das geheimnisvolle Keilschriftalphabet zu entziffern. Einer von ihnen meinte – und das mit vollem Recht –, die Könige des Persischen Reiches, Kyros, Darius und ihre Nachfolger, hätten das Alphabet benutzt. Freilich konnte er selbst dieses Alphabet nicht lesen.

Das gelang zuerst Georg Grotefend, einem Lehrer aus Göttingen. Das Auflösen von Rätseln, besonders von Worträtseln, war sein Hobby. Eines Tages, es war um das Jahr 1800, wettete ein Freund gegen ihn, daß er niemals die

DER FELS VON BEHISTUN / 29

persische Schrift würde lesen können. Schon 1802 verkündete Grotefend, daß er die Schrift entziffert habe. Die Namen von Darius und Xerxes seien gleichzusetzen mit den Worten für „Sohn" und „König".

Leider war die Universität Göttingen an den Arbeiten Grotefends nicht interessiert. So wurde die vollständige Veröffentlichung bis 1805 hinausgezögert. Grotefend selber vollendete sein Werk nicht; das geschah durch andere Gelehrte.

Die Inschriften von Behistun spielten bei der Entzifferung der – heute so genannten – „altpersischen" Keilschrift eine wichtige Rolle. Gleichzeitig eröffneten sie die Möglichkeit, die wesentlich kompliziertere, babylonische Keilschrift zu entschlüsseln.

Ein tatkräftiger Engländer kam schließlich hinter das Geheimnis des

Riesige Reliefs befinden sich an dem Felsen von Behistun über der keilförmigen Schrift, die in die Felswand gegraben ist. Es war für Henry Rawlinson schwierig, die Inschrift in sein Notizbuch zu übertragen. Dadurch gelang aber zum ersten Mal die Entzifferung der keilförmigen Schriftzeichen.

30 / DER FELS VON BEHISTUN

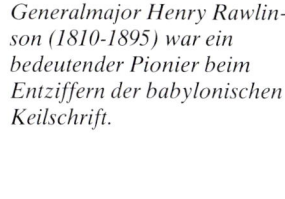

Generalmajor Henry Rawlinson (1810-1895) war ein bedeutender Pionier beim Entziffern der babylonischen Keilschrift.

Rawlinsons Notizbücher, die im Britischen Museum aufbewahrt werden, zeigen, wie er arbeitete, um die Schrift zu entziffern. Hier ein Detail von einer Seite.

Felsens von Behistun. Henry Rawlinson trat im Jahre 1827 als Siebzehnjähriger in den Dienst der „East India Company". Er lernte indische Sprachen und auch Persisch. In der Armee diente er in Bombay. 1835 ging er als Militärberater des Schahbruders, der Gouverneur von Kermanschah war, nach Persien.

Dicht bei der Stadt gab es zwei Felsen mit Inschriften. Rawlinson untersuchte sie und entzifferte die Namen Darius und Xerxes. Offensichtlich waren ihm die Arbeiten Grotefends und anderer unbekannt. Dann untersuchte er den Felsen von Behistun.

1835 begann er mit dem Kopieren. Am Ende desselben Jahres wurde er krank. Rawlinson mußte einige Zeit in Bagdad verbringen, wo er anscheinend mit dem englischen Gesandten über die alten Inschriften sprach. Nach Militärübungen kehrte er nach Kermanschah zurück. Dort fand er Unterlagen vor, die ihm der Gesandte geschickt hatte und in denen Grotefends Arbeit erläutert wurde.

In den Jahren 1836, 1837 und dann 1844 und 1847 kopierte Rawlinson die Texte von Behistun, eine schwierige und gefährliche Arbeit am steil abfallenden Felsen.

Er schrieb: „… Leitern sind unentbehrlich … und selbst mit den Leitern ist die Arbeit ziemlich gefährlich, denn der Vorsprung ist so schmal (etwa fünfundvierzig bis höchstens sechzig Zentimeter breit), daß eine Leiter, die

lang genug ist, um die Inschrift zu erreichen, nicht schräg genug gestellt werden kann, um hinaufsteigen zu können. Und mit kürzeren Leitern kann man die oberen Inschriften nur kopieren, wenn man auf der obersten Sprosse steht. So kann man sich aber nur dadurch einen Halt verschaffen, daß man sich mit dem linken Arm gegen den Felsen stützt, gleichzeitig den Notizblock hält und mit der rechten Hand schreibt. In dieser Haltung kopierte ich alle höher angebrachten Inschriften. Aber die Arbeit war so interessant, daß ich die Gefahr vollkommen vergaß."

An einer anderen Stelle berichtet er, wie eine Leiter zerbrach, als er damit eine Felsspalte überbrücken wollte. Über einem Abgrund hängend, mußte er von seinen Freunden gerettet werden. Doch derartige Dinge konnten ihn nicht abschrecken.

1837 schickte Rawlinson einen ersten Aufsatz nach London. In diesem Aufsatz übersetzte und kommentierte er zweihundert Zeilen der Inschrift. Sein Hauptwerk „Memoir of the Persian Version of the Behistun Inscriptions" (Abhandlung über die persische Version der Inschrift von Behistun) erschien 1846 und wurde 1849 vervollständigt. Das war der Anfang eines gründlichen Studiums der altpersischen Sprache.

Rawlinson vermutete, daß die beiden anderen Keilschriftarten auf dem Felsen Übersetzungen der persischen Inschrift darstellten. Eine der beiden Schriften enthielt mehr als hundert verschiedene Zeichen; also viel zu viele, als daß es sich um ein Alphabet hätte handeln können.

Grotefend identifizierte einzelne Zeichen und ein dänischer Gelehrter, Niels Westergaard, einige andere, indem er Vorbilder derselben Schrift benutzte, die an anderen Orten in Persien gefunden worden waren.

Aber es war wieder Rawlinson, der den Hauptbeitrag leistete. Er schickte seine Kopie des Textes mit einer Übersetzung und ausführlichen Anmerkungen nach London. 1855 wurde sie nach sorgfältiger Bearbeitung und Verbesse-

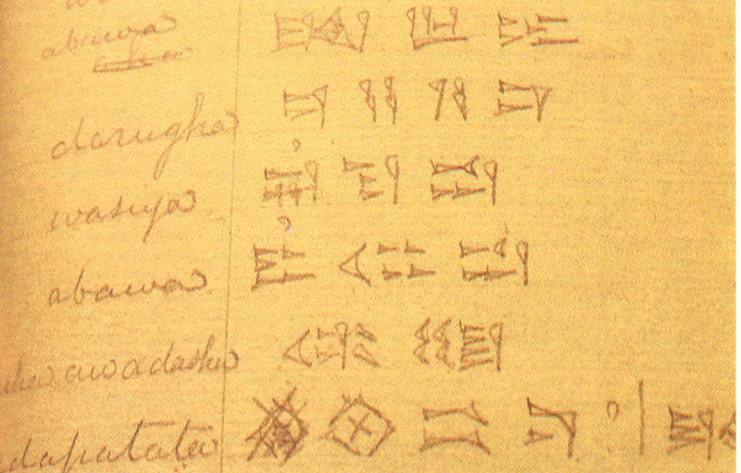

DER FELS VON BEHISTUN / 31

rung durch Edwin Norris von der „Royal Asiatic Society" veröffentlicht.

Die Sprache der zweiten Keilschriftart nannte man „susisch" oder „elamitisch", weil sie hauptsächlich in Susa, der Hauptstadt des alten Elam, gefunden worden war (siehe: *Der Glanz Persiens*).

Nachdem er zwei der drei Schriften entziffert hatte, wandte sich Rawlinson der dritten zu. Es war die schwierigste und zugleich die auf dem Felsen von Behistun am schwersten zugängliche.

1847 nahm Rawlinson einen einheimischen Kurdenjungen in seine Dienste. An einem Seil hängend trieb der Junge hölzerne Keile in die Felsspalten, um einen Halt für die Füße zu bekommen. So gelang es dem Jungen mühsam, den richtigen Abschnitt des Felsens zu erreichen. Dort mußte er versuchen, mit großen, feuchten Papierbögen, die er auf den Felsen preßte, Rawlinson einen Abdruck der Inschrift zu besorgen. Nach gut einem Jahr meinte Rawlinson, zumindest den Sinn der Inschrift verstehen zu können. Im Januar 1850 hielt er in London einen Vortrag über seine Arbeit.

Es wurden noch andere Keilschriftinschriften gefunden, und es gab noch andere Forscher, die sie zu entziffern versuchten. In einem stillen irischen Pfarrhaus bemühte sich ein anglikanischer Geistlicher, Edward Hincks, die Schrift zu enträtseln. Schon 1847 hatte er ganze Reihen von Zeichen mit ihrer Bedeutung sowie auch die Bedeutung einiger Wörter veröffentlicht. Hincks hat neben Rawlinson einen bedeutenden Anteil an der Entschlüsselung der babylonischen Keilschrift. Er war es, der Layard über den Inhalt der von ihm in Assyrien ausgegrabenen Inschriften informieren konnte (siehe: *Der Preis für den Schutz*).

Die Forschungsergebnisse von Hincks und Rawlinson wurden an andere Gelehrte geschickt, die sich für die Keilschrift interessierten, so daß alle gemeinsam die Arbeit fortführen konnten. Viele Versuche, die Schrift zu enträtseln, blieben erfolglos. Erst als man erkannte, daß Hincks mit seiner Behauptung recht hatte, daß die Zei-

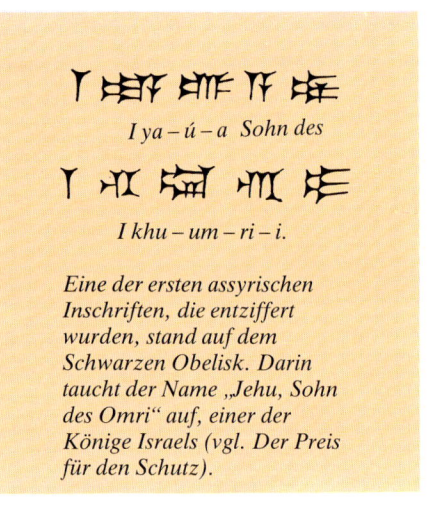

I ya – ú – a   Sohn des

I khu – um – ri – i.

Eine der ersten assyrischen Inschriften, die entziffert wurden, stand auf dem Schwarzen Obelisk. Darin taucht der Name „Jehu, Sohn des Omri" auf, einer der Könige Israels (vgl. Der Preis für den Schutz).

chen überwiegend für Silben stehen (*ba, ad, gu, im* usw.) und nur manchmal für ganze Wörter (*„an"* heißt auch „Gott": *„ilu"*), kam man voran.

Hincks erkannte auch, daß die Zeichen ursprünglich dazu dienten, um damit eine andere Sprache als Assyrisch oder Babylonisch wiederzugeben. Später zeigte sich, daß es sich dabei um Sumerisch handelte, das überhaupt nicht mit jenen anderen Sprachen verwandt war.

Henry Fox Talbot, ein Pionier der Fotographie, interessierte sich für diese Forschungen und schlug 1857 vor, die vorgetragenen Thesen zu überprüfen. Jeder Übersetzer sollte einen Text erhalten und ihn dann selbständig zu entschlüsseln versuchen. Die Ergebnisse sollten danach einer unabhängigen Jury vorgelegt werden.

Rawlinson, Hincks, Talbot sowie ein französischer Gelehrter, Jules Oppert, beteiligten sich an dem Versuch. Die Übersetzungen glichen einander so sehr, daß man nun sicher sein konnte, daß die Schrift richtig entschlüsselt worden war.

Jetzt konnte die Veröffentlichung und Übersetzung der Inschriften vorangetrieben werden. Die Berichte aus Assyrien und Babylonien erwachten nach 2500 Jahren des Schweigens zu neuem Leben.

Graben nach der Vergangenheit

Dorfbewohner haben in dem Hügel gegraben, auf dem ihr jetziges Dorf erbaut ist, und legten Erdschichten und eine alte Ziegelmauer frei.

Auf der ganzen Welt gibt es Geschichten über vergrabene Schätze. Denn seit die Menschen Häuser bauen und in Dörfern und Städten wohnen, finden sie Gegenstände, die ihre Vorfahren verloren oder vergraben haben.

Gewöhnlich werden diese Dinge zufällig gefunden, und viele davon sind so uninteressant, daß man sie früher einfach weggeworfen hat. Das einzige, was die Menschen aufbewahrten, waren Gold und Silber oder andere offensichtlich wertvolle Sachen.

Auch Archäologen sind Schatzsucher. Wenn sie Gold und Silber oder schöne Kunstgegenstände finden, freuen sie sich. Aber für sie ist auch alles andere wertvoll, was Menschen verwendet haben, was ihr Alltagsleben prägte.

Manchmal kann nämlich eine einzige Tonscherbe dem Archäologen mehr sagen als ein goldener Ring. Wenn man zum Beispiel an der Keramik erkennt,

GRABEN NACH DER VERGANGENHEIT / 33

daß es sich um einen Import aus einem anderen Land handelt, dann kann das ein Hinweis darauf sein, daß es Beziehungen zu diesem Land gegeben haben muß, friedlicher oder kriegerischer Art.

Ebenso wichtig sind die Überreste von Gebäuden, Häusern, Tempeln, Palästen und Festungen, die man in der Vergangenheit baute, oder alte Gräber. Aufschlußreich sind aber nicht nur die Funde selbst, sondern auch, wo die Dinge liegen, welche Farbe und welche Beschaffenheit der Boden besitzt und wie die Dinge in der Erde gelagert sind.

Lag dieser Topf unter dem Lehmfußboden oder darauf? Oder im Schutt darüber? Im ersten Fall wäre er wohl älter als der Boden. Im zweiten Fall wurde der Topf wahrscheinlich von den Menschen benutzt, die in dem Haus wohnten. Im dritten Fall könnte er aus einer sehr viel späteren Zeit stammen. Aber auch wenn man den Topf unter dem Fußboden fand, kann erst eine

sehr genaue Untersuchung zuverlässige Ergebnisse bringen. Er könnte ja auch in eine Grube gefallen sein, die aus einer Zeit stammt, in der man das Haus schon längst vergessen hatte.

Folgt man den Erdlagen oder Erdschichten, so kann der Archäologe daraus den Schluß ziehen, daß die eine Mauer älter ist als die andere; dann nämlich, wenn die Erdschicht, von der die erste Mauer bedeckt ist, von den Fundamenten der zweiten Mauer durchstoßen wurde.

Das Beobachten und Registrieren all dieser Einzelheiten mit Hilfe von Notizen, Fotos und Zeichnungen, ist für den Archäologen ebenso wichtig wie die Beschreibung der gefundenen Gegenstände und Bauwerke. Denn bei jeder Ausgrabung werden Erdschichten zerstört, und es ist unmöglich, die Dinge nachher wieder so herzustellen, wie sie zuvor waren. Was der Archäologe übersieht, ist verloren.

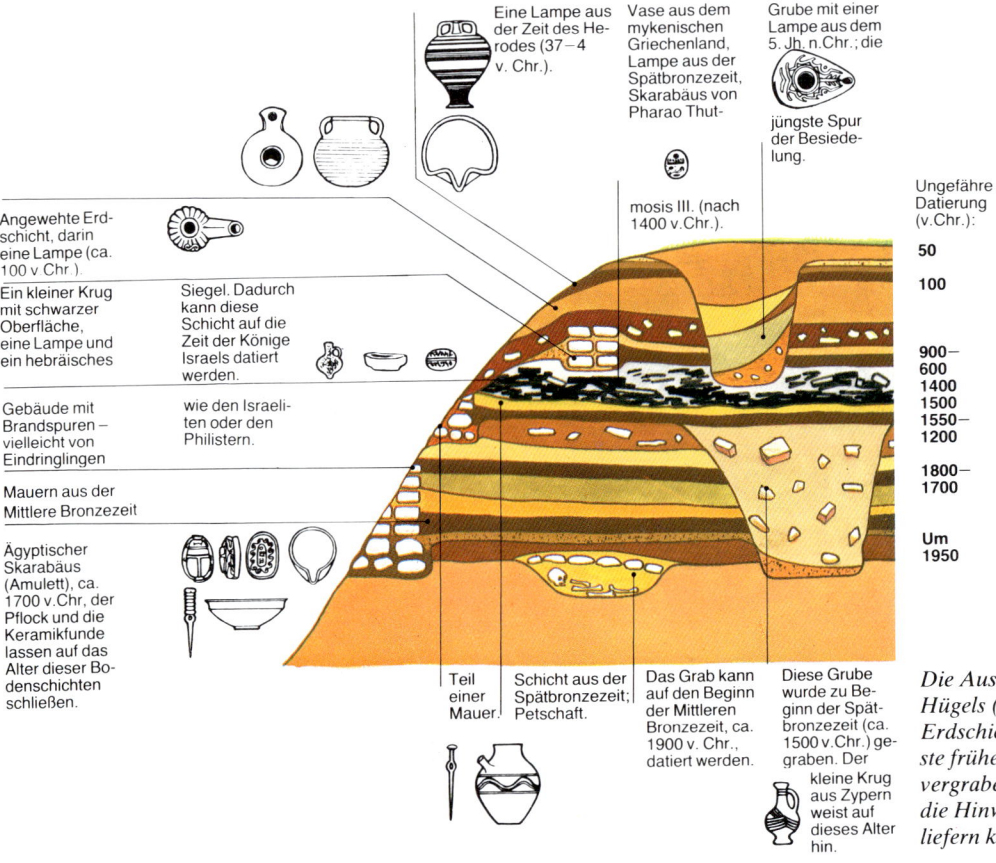

Eine Lampe aus der Zeit des Herodes (37–4 v. Chr.).

Vase aus dem mykenischen Griechenland, Lampe aus der Spätbronzezeit, Skarabäus von Pharao Thut-

Grube mit einer Lampe aus dem 5. Jh. n.Chr.; die

jüngste Spur der Besiedelung.

mosis III. (nach 1400 v.Chr.).

Angewehte Erdschicht, darin eine Lampe (ca. 100 v Chr.).

Ein kleiner Krug mit schwarzer Oberfläche, eine Lampe und ein hebräisches

Siegel. Dadurch kann diese Schicht auf die Zeit der Könige Israels datiert werden.

Gebäude mit Brandspuren – vielleicht von Eindringlingen

wie den Israeliten oder den Philistern.

Mauern aus der Mittlere Bronzezeit

Ägyptischer Skarabäus (Amulett), ca. 1700 v.Chr, der Pflock und die Keramikfunde lassen auf das Alter dieser Bodenschichten schließen.

Teil einer Mauer.

Schicht aus der Spätbronzezeit; Petschaft.

Das Grab kann auf den Beginn der Mittleren Bronzezeit, ca. 1900 v. Chr., datiert werden.

Diese Grube wurde zu Beginn der Spätbronzezeit (ca. 1500 v.Chr.) gegraben. Der

kleine Krug aus Zypern weist auf dieses Alter hin.

Ungefähre Datierung (v.Chr.):

50

100

900
600
1400
1500
1550
1200

1800
1700

Um
1950

Die Ausgrabung eines Stadt-Hügels („Tell") zeigt die Erdschichten und die Überreste früherer Gebäude mit vergrabenen Gegenständen, die Hinweise auf das Alter liefern können.

34 / GRABEN NACH DER VERGANGENHEIT

Diese so wichtigen Tatsachen hat man erst in den letzten eineinhalb Jahrhunderten nach schmerzlichen, unwiederbringlichen Verlusten erkannt. In der jüngsten Zeit ist vieles verbessert worden. Man hat ein breites Spektrum von Techniken aus der Chemie und der Physik übernommen. So hofft man, möglichst viele Informationen aus den Funden zu gewinnen. Letztlich ist und bleibt aber die Aufmerksamkeit des Archäologen das wichtigste aller Werkzeuge.

In den Ländern des Nahen Ostens, in denen ein Großteil der Bibel geschrieben wurde, bauten die Menschen ihre Häuser schon seit über 7.000 Jahren aus Steinen und Ziegeln. Die Steine liegen vielleicht nicht mehr an ihrem alten Platz, aber sie haben die Zeit oftmals überdauert. Die Ziegel dagegen waren aus Lehm. Sie wurden nicht in einem Ofen gebrannt, sondern trockneten in der Sonne. Die Lebensdauer eines aus Lehmziegeln hergestellten Gebäudes betrug daher häufig nur etwa dreißig Jahre. Dann begannen die Mauern langsam zu zerbröckeln.

Lehmziegel als Baumaterial bedeuteten viele Reparaturen und Neubauten. So entstanden überall im Nahen Osten große Trümmerhügel von Dörfern und Städten. Dabei wurden die Neubauten einfach auf den Überresten früherer Häuser errichtet. (In vielen Ländern kann man ähnliches beobachten. In

europäischen Städten zum Beispiel liegen die Straßen aus der Römerzeit 3 bis 7 Meter unter dem heutigen Niveau. Die Mauerreste und Trümmer des Mittelalters und der nachfolgenden Zeiten ergeben die Differenz.)

Die Notwendigkeit, während der gesamten Ausgrabung genau zu beobachten und die Funde gewissenhaft zu registrieren, läßt die Grabungen zu einer langwierigen und anstrengenden Angelegenheit werden. Deswegen kommt es nur selten vor, daß man eine ganze Stadt ausgräbt. Ausgrabungen konzentrieren sich in der Regel auf die Bauwerke einer bestimmten Zeit. Noch häufiger aber gräbt man nur an bestimmten Stellen.

Der Archäologe entschließt sich u.U. dort zu einer Grabung, wo ein Bauer einen interessanten Stein entdeckt hat, oder dort, wo Forscher den Verlauf einer Mauer oder große Mengen Töpferwerk gefunden haben. Gelegentlich führt ihn das ins wichtigste Zentrum der Grabungsstätte, weil es sich dabei etwa um den höchstgelegenen Teil einer Stadt handelt oder um einen Teil, der die besten klimatischen Bedingungen hatte. Aber es ist auch möglich, daß er die wichtigsten Gebäude verfehlt und statt dessen viel über die Häuser der ärmeren Bevölkerung erfährt.

Aus diesem Grunde ist es nahezu unmöglich, daß durch Ausgrabungen die Geschichte eines Ortes vollständig

Behauene Steine von früheren Gebäuden – wie der Stier (unten rechts) – wurden oft später wiederverwendet.

In Nimrud/Irak. Erdreich wird von Arbeitern entfernt und von Jungen in Körben weggetragen.

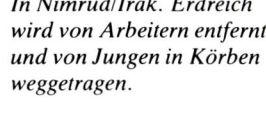

GRABEN NACH DER VERGANGENHEIT / 35

Eine Ausgrabung auf einem sumerischen Gräberfeld im nördlichen Irak.

und lückenlos rekonstruiert werden kann. Das, was man findet, ist immer nur ein Bruchteil, eine Auswahl von dem, was früher einmal war.

Diesen Sachverhalt sollte man berücksichtigen, wenn man irgendeine Studie liest, die auf archäologischen Entdeckungen beruht. Material, das nicht äußerst gewissenhaft geprüft und im Zusammenhang mit anderen Erkenntnissen der betreffenden Zeit und Region ausgewertet wurde, kann zu falschen Schlußfolgerungen führen. Und was für die archäologischen Funde gilt, trifft gleichermaßen auf die schriftlichen Dokumente zu. Auch sie sind immer nur ein Bruchteil von dem, was in alter Zeit geschrieben wurde. Obwohl Tausende Dokumente in unseren Museen liegen, sind ebenso viele oder sehr viel mehr Dokumente verlorengegangen.

Nur wenige Bauwerke, Schriften und Gegenstände wurden mit der Absicht hergestellt, daß sie auch noch von viel späteren Generationen benutzt werden sollten. Die meisten haben die Zeit zufällig überdauert oder wurden zufällig gefunden. Wahrscheinlich sind manche Funde nicht einmal typisch für ihre Art. Das bedeutet, daß eine neue Entdeckung die Gelehrten zwingen kann, ihre bisherigen Ansichten vollständig oder doch teilweise zu ändern; wie etwa der vor wenigen Jahren gemachte Fund eines Palastes in Ebla in Nordsyrien. Dort fand man Tausende von Tontafeln, die um 2.300 v.Chr. beschrieben wurden und die völlig neue Aspekte der Geschichts- und Sprachforschung eröffneten (siehe: *Die verschwundene Stadt Ebla)*.

Weil sich Landwirtschaft und moderne Städte in manchen Teilen des Nahen Ostens gerade dort ausdehnen, wo jahrhundertelang kein Mensch wohnte, besteht die Gefahr, daß alte Städte und Dörfer für immer vernichtet werden. Für Ausgrabungen an diesen Orten bleibt nicht viel Zeit. Aber es gibt für den Archäologen noch immer viel zu tun. Noch viele verborgene Schätze warten auf ihre Entdeckung.

Ein Tag an einer Grabungsstelle

Es ist noch dunkel, als wir aufstehen. Nach einer schnellen Morgentoilette an einem Becken mit kaltem Wasser gehen wir über den Hof zu einem aus Lehmziegeln gebauten Haus. Für die Mitglieder des Forschungsteams ist hier, in einem schmalen Raum, Treffpunkt. Tee, Brotscheiben und ein Topf mit Aprikosenmarmelade stehen auf dem Tisch. Noch schnell ein Imbiß, bevor die heutigen Grabungsarbeiten beginnen! Das Stimmengewirr im Hof verrät uns, daß die Arbeiter gekommen sind. Sie holen ihre Schaufeln und Spitzhakken, aber auch die Körbe, mit denen sie die Erde wegtragen.

Noch schläfrig, nehmen wir unsere Notizbücher, Bleistifte, Meßbänder, Etiketten, Papiertüten und Kästen und gehen hinaus. Wir folgen den Arbeitern über den Hügel zu der Ausgrabungsstelle. Über dem Berg im Osten sieht man einen rosa Schein. Die Sonne geht auf.

Nachdem die Arbeiter am Vortag gegangen waren, hatten wir uns die Ausgrabungsstelle angesehen, um zu entscheiden, wo noch tiefer gegraben werden sollte und wo nicht. Jetzt zeigen wir den beiden Männern mit der Spitzhacke, an welcher Stelle sie heute arbeiten sollen. Es ist ein Teil einer Ziegelmauer freigelegt worden, und wir wollen nun bis auf das Fundament graben, um anschließend ihren weiteren Verlauf zu verfolgen. Anfangs sind die Grabungsarbeiten anstrengend. Es müssen Lehmziegel entfernt werden, die aus der Mauer gefallen sind und zu einem einzigen festen Klumpen Lehm verwitterten. Die Spitzhacken werden geschwungen, die Lehmziegel geben nach, und bald liegt lockere Erde vor uns.

Die zwei Männer unterbrechen ihre Arbeit und ruhen sich etwas aus. Vier andere füllen Körbe mit zwei oder drei Schaufeln Erde. Dann schwingen die Burschen die Körbe auf ihre Schultern und kippen sie am Rand des Grabungsfeldes aus. (Mit Ausgrabungen wird oft nach der Ernte begonnen. Dann haben die einheimischen Männer wenig auf den Feldern zu tun, und die Jungen haben Schulferien.) Wir beobachten und passen auf, daß nur unbrauchbare Ziegel weggeworfen werden.

Dann treffen die Hacken plötzlich auf eine andersfarbige Schicht. Unter den heruntergefallenen Ziegeln liegt Schutt. Vielleicht haben wir jetzt das Fundament erreicht. Mit einer Kelle überprüfen wir das. Die dunkle, aus Asche bestehende Schicht ist mehrere Zentimeter dick und erstreckt sich über einen relativ großen Raum. Sämtliche heruntergefallenen Ziegel müssen weggeräumt werden, bevor weitergegraben werden kann.

Wir notieren die Bodenveränderung in unserem Notizbuch und geben der neuen Schicht eine Nummer. Dann schreiben wir schon einmal die Nummer des Grabens und der Schicht sowie das Datum auf einen Sack, um ihn für eventuelle Fundstücke vorzubereiten. Endlich ist die schwere, pappige Lehmmasse weggeräumt. Die Mauer ist auf der einen Seite ganz freigelegt; es sind nur noch Flecken eines reinen Lehmverputzes zu sehen.

Nun beginnen die Männer sehr vorsichtig, in der Aschenschicht zu graben. Sie sind darin geübt, jede Veränderung des Bodens zu erkennen. Schon auf das Geräusch, das die Spitzhacke beim Eindringen ins Erdreich macht, achten sie. Oft fällt die Erde von einem Stein oder Gefäß ab, sobald sie ein wenig gelockert wird. Der Papiersack beginnt sich mit Tonscherben zu füllen. Die Erdmenge, die jetzt bewegt wird, ist nur gering, so daß die Korbjungen sich Zeit lassen können.

Als wir die Scherben untersuchen, werden wir von einem Arbeiter gerufen. Er ist auf ein langes, schwarzes Viereck von einigen Zentimetern Länge gestoßen. Es handelt sich um ein Stück verkohltes Holz. Aber ist es wirklich nur ein einfaches Stück Holz? Ist es gedrechselt oder geschnitzt? Altes Holz zerfällt leicht. Deswegen lösen wir es mit Spachtel und Messer zusammen mit dem Lehmbrocken heraus, in dem es liegt. Das Ganze legen wir in einen mit Baumwolle ausgeschlagenen Pappkarton. Der Karton soll später in unser behelfsmäßiges Laboratorium gebracht werden.

Durch eine fachmännische Behandlung kann man das Holz festigen, bevor es untersucht wird. Selbst wenn es nur ein ganz normales Stück Holz ist, können die Botaniker feststellen, von welcher Baumart es stammt, und die Atomphysiker können anhand des Carbon-14-Testes das Alter bestimmen. (Jeder lebende Organismus enthält eine feste Anzahl von radioaktiven Kohlenstoff-Isotopen, C 14. Nach dem Tod beginnt diese Substanz in einem bekannten Maß zu zerfallen, so daß die Hälfte davon nach 5.730 Jahren verschwunden ist. Durch die Messung des C 14-Anteiles kann man so das Alter berechnen.)

Wir finden noch weiteres zerbrochenes Töpferwerk – die Leute damals waren offensichtlich nicht besonders sorgfältig mit ihrem Geschirr. Zwei Tüten sind nun voll; wir müssen noch einen Korb dazunehmen, damit alle Stücke untergebracht werden können.

Noch mehr Holz wird freigelegt; es sind größere

In einem alten jüdischen Dorf aus dem 5. Jh. n. Chr. auf den Golanhöhen. Ein Archäologe sucht nach Münzen.

EIN TAG AN EINER GRABUNGSSTELLE / 37

Teile von Dach- oder Fußbodenbalken. Um das festzustellen, müssen noch mehr Proben genommen werden. Von jedem Balken muß außerdem die genaue Lage vermessen und in einer Skizze eingetragen werden. Die Männer legen die Spitzhacken beiseite. Mit Spachteln und Messern graben sie vorsichtig weiter.

Neben Keramik und Holz sind an einer Stelle auch grüne Flecken im Boden zu sehen. Sehr behutsam wird die Erde entfernt. Vollständig erhalten, wenngleich erheblich korrodiert, liegt dort ein Kupferring mit einem ägyptischen Skarabäus als Stein. Bevor wir ihn aufheben, wird seine Lage notiert, denn das hilft uns vielleicht weiter bei der Frage, warum er gerade dort lag, wo wir ihn fanden. Alle freuen sich. Wir haben einen guten „Fang" gemacht.

Kaum ist der Ring in einer deutlich gekennzeichneten Schachtel verpackt, kommt einer der Korbjungen angelaufen. Beim Auskippen der Ladung entdeckte er den Schimmer einer kräftigen Farbe. Auf seiner Hand liegt eine kleine Perle aus geschliffenem roten Stein. Die Perle wandert in einen Briefumschlag, der ordnungsgemäß beschriftet wird. Dann wird der Fund noch in einem Buch vermerkt. Auf dem Umschlag steht auch der Name des jungen Finders – das hat er verdient!

Wir waren fleißig, und drei Stunden sind vergangen. Es ist Zeit für das Frühstück. Zurück in unserer Unterkunft, essen wir Eier, gekocht oder als Rührei, Brot und noch einmal Aprikosenmarmelade, dazu Tee oder Kaffee. Wir haben eine Pause von einer halben

Stunde, in der wir die Funde und den Fortschritt der Arbeit besprechen. Außerdem benachrichtigen wir den Registrator, daß noch mehr Funde zu erwarten sind. Es ist nämlich Aufgabe des Registrators, die Funde für die Unterlagen des Forschungsteams und der archäologischen Fakultät zu zeichnen und zu beschreiben.

Am späten Vormittag nimmt das Arbeitstempo ab. Es wird heiß. Bald ist es Zeit, die Grabungen für diesen Tag zu beenden. Doch dann geschieht nur einige Minuten vor dem Ende der Arbeiten etwas Besonderes. Einer der Männer mit der Spitzhacke richtet sich auf. Er hält etwas in seiner Hand und kommt zu uns herüber. Er hat etwas gefunden, was er bisher noch nie gesehen hat.

Alle versammeln sich um ihn herum und starren auf ein kleines Stückchen braunen Lehm. Die eine der flachen Seiten ist übersät mit kleinen Einkerbungen. Wir haben eine babylonische Keilschrifttafel vor uns, ein geschriebenes Dokument, das uns vielleicht die Namen und Personen nennt, die sich mit den stummen Mauern und Tonscherben verbinden. Als wir die Tafel behutsam in die Hand nehmen, merken wir, daß beim Ausgraben zwei Ecken abgebrochen sein müssen. Sind die anderen Teile noch im Boden oder schon beim Schutt?

Enttäuschung auf dem Gesicht des Mannes. Er geht zurück, um nachzusehen. Die Männer mit den Schaufeln und auch die Korbjungen durchsuchen die lose Erde. Bald atmen alle erleichtert auf. Ein Stück lag in einem Korb, der gerade abtransportiert

Ein Künstler bei einer sorgfältigen Kopie des Reliefportraits von Pharao Tutenchamun.

werden sollte, und die zwei noch fehlenden Teile im Boden. Der Fundort der Stücke wird genau registriert. Dann werden sie alle feierlich zum Haus getragen, wo sich die Nachricht bereits verbreitet hat.

Von der anderen Seite des Hügels kommt der Epigraphiker – das ist der Spezialist für Inschriften und Sprachen – eilig gelaufen. Er hat drei schreckliche Wochen hinter sich, weil es überhaupt keine Inschriften gab, die er hätte studieren können. Körnchen um Körnchen entfernt er jetzt mit Pinsel und Nadel den Schmutz von den ersten zwei Zeilen. Jeder wartet. Was werden wir erfahren? Es ist ein Brief an einen König, und zwar an den König der Stadt, die wir gerade hier vermutet haben. Jetzt sind alle Zweifel verschwunden.

Das Mittagessen bedeutet eine willkommene Unterbrechung. Am Tisch wird eifrig weiterdebattiert.

Nach dem Mittagessen halten die meisten Mitglieder des Teams eine Ruhepause von ein, zwei Stunden, um sich zu waschen, zu rasieren und um Briefe zu schreiben.

Erfrischt setzen wir dann die Arbeit fort. Wir reinigen die Fundstücke und zeichnen sie. Die Keramikscherben werden sortiert und zusammengefügt. Es werden Pläne gezeichnet und Fundstücke fotografiert. Nicht zuletzt studieren wir eifrig die gefundene Keilschrifttafel.

Die Sonne geht unter, Öllampen werden angezündet. Der Koch hält für uns ein besonderes Abendessen bereit: Froschschenkel aus dem nahegelegenen Fluß. Das ist in der Tat etwas anderes als die üblichen Dosengerichte, die wir in der zweiunddreißig Kilometer entfernten Stadt gekauft haben. Wir stolpern im Mondlicht über den unebenen Hof und träumen später von Schreibtafeln, Gefäßen, Palästen, Ringen und Archiven. Unter dem Hügel liegen noch viele Schätze, die nur darauf warten, entdeckt zu werden!

„Das war natürlich die Sintflut!"

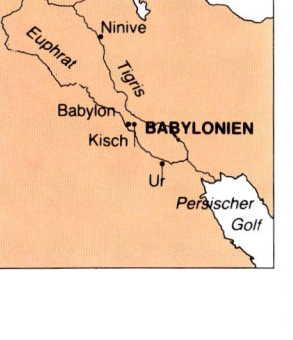

Leonard Woolley, der leitende Archäologe in Ur, wies seinen Arbeiter an, einen schmalen Schacht zu graben. Er wollte die Bodenschicht finden, auf der die ersten Siedler ihre Schilfhütten gebaut hatten. Diese Fläche wäre dann der Ort, wo das berühmte Ur in Chaldäa seinen Anfang genommen hatte.

Der Arbeiter grub, bis er auf eine Lehmschicht stieß, in der sich keine zerbrochene Keramik mehr befand. „Hier ist der Boden, Sir", rief er. Aber Woolley war sich da nicht so sicher. Die Sohle des gegrabenen Schachtes war noch mehr als zwei Meter über dem Meeresspiegel, und Woolley war der Meinung, daß der Meeresspiegel die ursprüngliche Höhe sein müsse. Unwillig stimmte der Mann zu, noch tiefer zu graben. Er grub und grub und arbeitete sich durch eine ca. 2,50 Meter dicke Schicht; Lehm, nichts als Lehm. Die ursprüngliche Bodenfläche erreichte er erst einen Meter unter dem heutigen Meeresspiegel und etwa neunzehn Meter unter dem Gipfel des Trümmerhügels.

Was hatte es mit dieser dicken, toten Lehmschicht auf sich?

Woolley glaubte es zu wissen, und als seine beiden Assistenten die Frage nicht beantworten konnten, wandte er sich an seine Frau.

„Nun", erwiderte sie, „das war natürlich die Sintflut!"

Als die Schicht analysiert wurde, stellte sich heraus, daß es sich tatsächlich um Schlamm handelte, den Wasser abgelagert hatte. Diese und ähnliche Entdeckungen veranlaßten Woolley zu behaupten, er habe den Beweis für die große Flut gefunden, von der in sumerischen, babylonischen und hebräischen Berichten die Rede ist.

Woolleys These wurde von vielen bereitwillig angenommen und akzeptiert. Manche sahen in ihr den Beweis für die Wahrheit der biblischen Noahgeschichte. Andere hielten die Lehmschicht allerdings einfach für den Überrest einer der vielen Überschwemmungen, von denen die Städte Babyloniens immer wieder heimgesucht worden waren.

Die Nachricht über die merkwürdige Lehmschicht bei Ur war kaum verklungen, als ein anderer Archäologe ebenfalls behauptete, eine von der Sintflut zurückgelassene Schlammschicht gefunden zu haben. Dieser Wissenschaftler arbeitete bei Kisch, 220 Kilometer nördlich von Ur.

Jetzt begann die Diskussion.

Die Schicht von Ur, die etwa 4.000 v.Chr. abgelagert wurde, war viel älter als die von Kisch. Welche von beiden war durch die Sintflut entstanden?

Ausgrabungen an anderen Orten Babyloniens brachten ähnlich tote, unfruchtbare Schichten ans Licht wie bei Kisch. Alle stammten etwa aus derselben Zeit, ungefähr 2.800 v.Chr. Keine der Schichten ließ sich in denselben Zeitraum wie die von Ur einordnen.

Viele Gelehrte meinen heute, daß die späteren Schlammablagerungen die Zeit der Sintflut kennzeichnen. Sie argumentieren so, weil das Datum zu der uns bekannten babylonischen Überlieferung paßt. Manche der alten Königslisten beginnen mit den Göttern, von denen die Königsherrschaft eingesetzt wurde. Nach einigen wenigen Regierungsperioden bricht die Aufzählung ab – „Dann kam die Flut" –, und ein neuer Anfang folgt. Andere Listen beginnen mit dem ersten König nach der Flut. Nur wenig später begegnen wir in der Reihe seiner Nachfolger einem Herrscher, von dem Inschriften erhalten geblieben sind. Sie stammen aus der Zeit um 2.600 v.Chr. Man könnte die Sintflut also ganz gut ein oder zwei Jahrhunderte früher ansetzen.

Sie war zweifellos ein Ereignis von katastrophalen Ausmaßen und blieb in der Erinnerung der Menschen haften, solange die babylonische Zivilisation existierte. Viele Texte sprechen von der Sintflut als einem historischen Ereignis. Es handelte sich offensichtlich um mehr als um eine kleine, örtlich begrenzte Überschwemmung, wie sie die meisten babylonischen Städte an den flachen Flußufern erwarten konnten. Dennoch sind wir immer noch nicht sicher, ob die Ablagerungen von Schlamm und Lehm wirklich Spuren der Sintflut sind.

Bei Ur, so gab Woolley zu, bedeckte der Schlamm nicht die ganze Gegend. Es stellte sich heraus, daß die beträcht-

Der schneebedeckte Gipfel des Berges Ararat in der Osttürkei. Die Bibel berichtet, daß Noahs Arche nach der großen Flut auf dem Bergrücken des Ararat strandete.

40 / DIE SINTFLUT

liche Stärke der sauberen Lehmschicht dadurch entstanden war, daß während einer vielleicht langen Periode ein Gewässer Teile des Trümmerhügels bedeckte. Auch manche der anderen Schlammablagerungen scheinen die Bauten, bei denen sie gefunden wurden, weder zerstört noch gänzlich bedeckt zu haben. Vielleicht hatte Frau Woolley also doch unrecht, und es handelte sich um irgendeine Überschwemmung und nicht um die Sintflut.

Lange vor den Ausgrabungen in Ur gab es bereits eine andere aufregende Entdeckung im Zusammenhang mit der Sintflut. In den fünfziger Jahren des 19. Jh. grub Sir Henry Layard in den Ruinen von Ninive Tausende von Tontafeln aus; die ehemalige Bibliothek des assyrischen Königs Assurbanipal. Sie blieben zerbrochen und vergessen liegen, als dessen Palast 612 v.Chr. zerstört wurde. Layard brachte die Tafeln in das Britische Museum in London. Dort wurden sie in den folgenden Jahren von Gelehrten katalogisiert und entziffert. Die Wissenschaftler veröffentlichten die Ergebnisse ihrer Arbeit in Büchern und Fachzeitschriften.

1872 war George Smith mit der Entzifferung der Tontafeln beschäftigt, als er entdeckte, daß die Teile auf seinem Schreibtisch offenbar zu einer Sintflutgeschichte gehörten. Bei dieser Flut handelte es sich weder um eine gewöhnliche Flut noch einfach um einen Bericht von irgendeiner Überschwemmung. Sie wies eine bemerkenswerte Ähnlichkeit mit der Noahgeschichte im 1. Buch Mose auf.

Smith referierte über seine Entdeckung vor einer Versammlung der „Society of Biblical Archaeology" und verursachte damit eine Sensation.

Die babylonische Geschichte und der biblische Bericht hatten zweifellos so viel gemeinsam, daß zwischen ihnen ein enger Zusammenhang bestand. Aber welcher? War der hebräische Bericht auf den babylonischen zurückzuführen oder der babylonische auf den hebräischen, oder hatten sie beide eine gemeinsame Quelle?

Seit der Veröffentlichung dieser Entdeckung hat die erste Möglichkeit immer als die wahrscheinlichste gegolten. Die zweite hält man für unwahrscheinlich, weil der babylonische Bericht mindestens auf 1.600 v.Chr. datiert werden muß, also lange vor dem hebräischen Bericht geschrieben wurde.

Einige Gelehrte haben sich auch für die dritte Möglichkeit ausgesprochen, nämlich dafür, daß die Geschichten einen gemeinsamen Ursprung haben. Durch die Wanderung Abrahams von Ur nach Kanaan könnte die Geschichte nach Westen gelangt sein. Viele Gelehrte glauben, daß die Israeliten sie von den Kanaanäern erfuhren.

Die Kapitel 6 bis 9 des ersten Mosebuches berichten von der Sintflut. Sie gehören zu einer längeren Geschichte, die sich mit der Beziehung der Menschen zu Gott beschäftigt. Auch die babylonische ist Teil einer längeren Erzählung. Sie findet sich auf der elften und vorletzten Tafel des Gilgamesch-Epos.

Dieses Epos erzählt von dem Versuch des frühgeschichtlichen Königs Gilgamesch, die Unsterblichkeit zu erlangen. Nach vielen Abenteuern erreichte er ein fernes Land, in dem der einzige Mensch lebte, der unsterblich geworden war. Dieser Mensch war Utanapischtim, der babylonische Noah. Er berichtete Gilgamesch von der Sintflut, um ihm zu erklären, warum ihm die Götter Unsterblichkeit verliehen hatten. Nachdem er die Geschichte erzählt hatte,

In Berichten von den Ausgrabungen in Ur wurde 1956 dieser Querschnitt der Grabung veröffentlicht, die auf eine dicke Schlammschicht stieß. Leonard Wolley hielt sie für einen Hinweis auf die Sintflut.

DIE SINTFLUT / 41

Gebäude aus Reet an den Ufern des Euphrat. Die tiefliegenden Gebiete am Flußufer wurden oft überflutet.

erklärte er Gilgamesch, daß dieser nicht darauf hoffen könne, selbst auch Unsterblichkeit zu erlangen, und schickte ihn nach Hause.

Einige Einzelheiten und Eigenarten lassen jedoch vermuten, daß die babylonische Sintflutgeschichte ursprünglich nicht Teil des Gilgamesch-Epos war. Sie scheint viel besser zu einem anderen schriftlichen Bericht aus dem Altertum zu passen: zum Atrachasis-Epos.

Wie das 1. Buch Mose berichtet das Atrachasis-Epos von der Erschaffung des Menschen, von seiner Geschichte bis zur Sintflut sowie von der neuen Gesellschaft, die danach entstand. Hier wird auch erklärt, weshalb es zur Sintflut kam, was beim Gilgamesch-Epos nicht der Fall ist. Die Menschen machten demnach so viel Lärm, daß der Hauptgott der Erde nicht schlafen konnte. Nachdem es den Göttern auf andere Weise nicht gelungen war, die Menschen zur Ruhe zu bringen, sandten sie die Sintflut. Sie sollte die lästigen Menschen vernichten und für immer zum Schweigen bringen.

Die Ähnlichkeiten zwischen dem babylonischen und dem hebräischen Bericht sind offensichtlich. Es gibt aber auch bemerkenswerte Unterschiede, die man nicht übersehen sollte. Ein wesentlicher Unterschied liegt in dem Monotheismus des hebräischen Berichtes, der in völligem Gegensatz zum Polytheismus der babylonischen Erzählung steht. Nicht weniger unterschiedlich sind die zugrundeliegenden moralischen Vorstellungen. Aber auch Einzelheiten unterscheiden die Berichte, zum Beispiel, was die Form und die Größe der Arche anbetrifft (die babylonische Arche ist würfelförmig gebaut, wodurch sie unmöglich ruhig auf dem Wasser schwimmen kann), oder was die Dauer der Flut und die Aussendung der Vögel anbelangt.

Die Ähnlichkeiten in den Geschichten und der erkennbar mesopotamische Hintergrund deuten auf einen gemeinsamen Entstehungsort. Die archäologischen Beweise für große Überschwemmungen in Babylonien sowie die Überlieferung einer großen, alles vernichtenden Flut weisen zusammen mit den Geschichten über diese Flut auf ein katastrophales Ereignis in der frühen Geschichte hin. Bewertet man die Berichte nach ihrem Inhalt, so hebt sich der biblische Bericht eindeutig von den anderen ab, was seinen eigenen Anspruch unterstützt, nicht einfach eine Erzählung zu sein, sondern die Offenbarung Gottes.

Die babylonische Version der Sintflutgeschichte

Die babylonische Sintflutgeschichte, wie sie im Gilgamesch-Epos erzählt wird, umfaßt beinahe zweihundert Zeilen. Die folgenden Auszüge sollen einen Eindruck von dieser Erzählung vermitteln.

Der Götterrat beschloß, die Flut zu senden, und Ea (Wassergott), der die Menschen erschaffen hatte, versprach feierlich, den Menschen nichts über das Vorhaben der Götter mitzuteilen. Aber seinen Diener Utanapischtim wollte Ea doch warnen, und darum sprach er zu Utanapischtims Haus:

„Oh Rohrhaus, Rohrhaus,
Wand, o Wand,
Ja, Rohrhaus, höre, und du,
Wand, gib acht!"

In Wirklichkeit aber sagte er zu Utanapischtim:

„Reiß ab dies Haus und
baue draus ein Schiff!
Laß fahren den Besitz,
das Dasein rette!
Gib hin dein Gut
und sichere das Leben!
Ins Schiff nimm aller Lebewesen Samen!
Betreffs des Schiffes, das du
bauen sollst –
Wohl abgemessen seien
seine Maße!
An Breite und Länge soll's
gerecht sein!"

Dann folgt ein Gespräch über die Frage, wie Utanapischtim den anderen Menschen erklären soll, was er tut, und woran er selbst erkennt, wann die Flut kommt. Eas Rat ist, den anderen Menschen den wirklichen Sachverhalt zu verheimlichen und sie glauben zu lassen, daß die Götter sie segnen würden. Anschließend wird der Bau des Bootes beschrieben. Nachdem es fertig ist, sagt Utanapischtim:

„All meine Habe bracht' ich
nun an Bord:
Was ich an Silber hatte,
lud ich ein,
Was ich an Gold besaß,
das nahm ich mit,
Ließ einziehn aller Lebewesen Samen,
Hieß alle gehn aufs Schiff,
die mir verwandt,
Und nahm an Bord auch
alles Vieh des Feldes,
Das Wildgetier und alle
Handwerksmeister ...
Und nun war die gesetzte
Frist erfüllt ...
Ich sah mich um, wie's um
das Wetter stand:
Entsetzlich war der Himmel
anzusehn.

Diese beschriftete Tontafel aus dem 7. Jh. v. Chr., die elfte Tafel der assyrischen Version des Gilgamesch-Epos, enthält einen babylonischen Bericht der Sintflut.

DIE SINTFLUT / 43

Da trat ins Schiff ich
und verschloß mein Tor ...
Beim ersten Dämmerschein
des nächsten Morgens
Schob eine schwarze Wolke
sich empor
Am Horizont, drin Adads
(Wettergott) Donner rollt ...
Der mächtige Erra (Unter-
welts- und Pestgott) reißt
heraus die Pfropfen,
Ninurta (Kriegsgott) kommt
und läßt die Dämme wanken,
Die Anunnaki (Götter)
hoben ihre Fackeln,
Beleuchteten mit ihrem
Glanz das Land.
Furcht überkam ob Adads
Grimm den Himmel,
Da Finsternis verdrängte
alles Licht,
Und wie ein Tonkrug barst
das weite Land.
Der Südsturm raste einen
Tag mit Macht ...
Die Menschheit wie ein
Krieg zu überfallen.
Der eine konnt' den anderen
nicht sehn,
Vom Himmel war kein
Mensch mehr zu erblicken.
In Angst gerieten ob der Flut
die Götter,
Sie flohn und stiegen auf zu
Anus (Himmelsgott) Himmel,
Wie Hunde duckten sie sich
draußen nieder.
Es schreit wie eine Frau in
Wehen Ischtar (Venus-
göttin) ...
Es jammerten mit ihr die
Anunnaki ...
Der Orkan schnob sechs
Tag' und sieben Nächte.
Es stieg die Flut, vom Sturm
ward flach das Land.
Erst als der siebte Tag kam,
schwand die Macht
Des wilden Südsturms,
der die Flut gebracht.
Alsbald ward still das Meer,
es legte sich
der Wettersturm,
die Sintflut war zu Ende.
Ein Fenster tat sich auf
und Helle fiel
Auf mein Gesicht.
Ich schaute ... Stille rings,

Und alle Menschheit war
zu Lehm geworden.
Das Land lag eben
wie ein flaches Dach.
Ich kniete nieder,
setzte mich und weinte ...
Am Berge Nisir legte an
das Schiff.
Als dann der siebte Tag
herangekommen,
Entsandt ich eine Taube,
ließ sie frei.
Die Taube flog
und kehrte bald zurück;
Es war kein Rastplatz da,
drum kam sie wieder.
Drauf sandt' ich eine
Schwalbe, ließ sie frei,
Die Schwalbe flog
und kehrte bald zurück;
Es war kein Rastplatz da,
drum kam sie wieder.
Da sandt' ich einen Raben,
ließ ihn frei.
Der Rabe flog davon,
doch als er sah,
daß nun die Wasser
sich verlaufen hatten,
Da fraß er, flatterte umher
und krächzte
und kehrte nun nicht mehr
zu mir zurück.
So ließ ich denn hinaus
in die vier Winde,
was in der Arche war
und bracht' ein Opfer.
Trankspende goß ich aus
auf des Berges Gipfel ...
Die Götter aber rochen
ihren Duft,
Sie rochen dieses Opfers
süße Düfte.
Es scharten sich alsbald
den Fliegen gleich
die hehren Götter
um den Opferspender.
Doch als die große Götter-
herrin (Ischtar) kam,
Hob sie empor das herrliche
Geschmeide,
das Anu ihr zu ihrer Freude
schuf:
,Ihr Götter hier – so wahr ich
nicht vergesse
des Lapislazulis an
meinem Halse,
Will dieser Tage
ich mich stets erinnern

und ihrer wahrlich nimmer-
mehr vergessen! ...'"

Es folgt nun ein Streit der
Götter über die Überlebenden, und es wird der Rat
gegeben, die einzelnen
Menschen für ihre Sünden
zu bestrafen. Danach verleihen die Götter Utanapischtim und seiner Frau die
Unsterblichkeit.

Der biblische Bericht
beginnt in 1. Mose 6. Im Ton
und in der Art unterscheidet
er sich erheblich von der
babylonischen Geschichte.

„Da sah Gott auf die Erde,
und siehe, sie war verderbt;
denn alles Fleisch hatte
seinen Weg verderbt auf
Erden. Da sprach Gott zu
Noah: Das Ende alles Flei-
sches ist bei mir beschlossen, die Erde ist voller Frevel
von ihnen; und siehe, ich will
sie verderben mit der Erde.
Mach dir einen Kasten aus
Tannenholz und mache
Kammern darin und verpiche
ihn mit Pech innen und
außen. Und so mache ihn:
Dreihundert Ellen sei die
Länge, fünfzig Ellen die
Breite und dreißig Ellen die
Höhe. Ein Fenster sollst du
daran machen obenauf,
eine Elle groß. Die Tür sollst
du mitten in seine Seite
setzen. Und er soll drei
Stockwerke haben, eines
unten, das zweite in der
Mitte, das dritte oben. Denn
siehe, ich will eine Sintflut
kommen lassen auf Erden,
zu verderben alles Fleisch,
darin Odem des Lebens ist,
unter dem Himmel. Alles,
was auf Erden ist, soll unter-
gehen. Aber mit dir will ich
meinen Bund aufrichten,
und du sollst in die Arche
gehen mit deinen Söhnen,
mit deiner Frau und mit den
Frauen deiner Söhne. Und
du sollst in die Arche bringen

von allen Tieren, von allem
Fleisch, je ein Paar, Männ-
chen und Weibchen, daß sie
leben bleiben mit dir. Von
den Vögeln nach ihrer Art,
von dem Vieh nach seiner
Art und von allem Gewürm
auf Erden nach seiner Art:
von allen soll je ein Paar zu
dir hineingehen, daß sie
leben bleiben. Und du sollst
dir von jeder Speise neh-
men, die gegessen wird, und
sollst sie bei dir sammeln,
daß sie dir und ihnen zur
Nahrung diene. Und Noah
tat alles, was ihm Gott
gebot ...“
„So wurde vertilgt alles, was
auf dem Erdboden war, vom
Menschen an bis hin zum
Vieh und zum Gewürm und
zu den Vögeln unter dem
Himmel; das wurde alles von
der Erde vertilgt. Allein Noah
blieb übrig und was mit ihm
in der Arche war. Und die
Wasser wuchsen gewaltig
auf Erden hundertfünfzig
Tage.
Da gedachte Gott an Noah
und an alles wilde Getier und
an alles Vieh, das mit ihm in
der Arche war, und ließ Wind
auf Erden kommen, und die
Wasser fielen. Und die
Brunnen der Tiefe wurden
verstopft samt den Fenstern
des Himmels, und dem
Regen vom Himmel wurde
gewehrt. Da verliefen sich
die Wasser von der Erde
und nahmen ab nach hun-
dertundfünfzig Tagen. Am
siebzehnten Tag des sieben-
ten Monats ließ sich die
Arche nieder auf das Ge-
birge Ararat. Es nahmen
aber die Wasser immer
mehr ab bis auf den zehnten
Monat. Am ersten Tag des
zehnten Monats sahen die
Spitzen der Berge hervor.“

Königliche Schätze aus Ur

Sir Leonard Woolley war 1923 erst einige Tage mit den Ausgrabungen in Ur beschäftigt, als einer seiner Männer einen kleinen Schatz an Gold und Steinperlen fand. Die Männer hatten noch keine große Erfahrung in dieser Arbeit, und Woolley befürchtete, daß der Anblick des Goldes sie zu heimlichem Graben und zu Schmuggel verleiten könnte. Er vermutete, daß an dieser Stelle noch mehr zu finden war. Deshalb unterbrach er die Ausgrabungen bis zum Jahr 1926.

Woolley wußte nicht recht, was es mit diesem Fund auf sich hatte. Niemand hatte jemals zuvor derartige Juwelen gesehen. Ein erfahrener Archäologe war der Ansicht, sie stammten aus dem Mittelalter und seien 500 bis 600 Jahre alt. Woolley selber schätzte ihr Alter auf 2000 Jahre und meinte, daß sie aus der persischen Zeit oder aus einer noch früheren Epoche stammten.

Als Woolley 1926 die Arbeit an dieser Stelle wiederaufnahm, kam er zu erstaunlichen Ergebnissen. Die Arbeiter fanden einen Friedhof mit Hunderten von Gräbern, die über einen Zeitraum von mehreren Jahrhunderten in einen noch älteren Schuttabladeplatz gegraben worden waren. Die meisten Grabstätten waren ziemlich einfach. Jedes Grab enthielt ein Skelett mit einigen Gefäßen, gelegentlich etwas Schmuck, einige Werkzeuge oder Waffen.

Sechzehn Grabstätten aber waren beeindruckend und prächtig. Man hatte eine neun Meter tiefe Grube von elf mal fünf Metern gegraben. Um auf den Boden gelangen zu können, war eine schräg abfallende Rampe angelegt worden, die in einem Winkel der Grube endete. Auf dem Boden befand sich für die Toten eine kleine gewölbte Kammer aus Stein oder Ziegeln. Die großangelegten Grabstätten dienten freilich nicht zur Bestattung eines einzelnen Leichnams. Zum Erstaunen der Ausgräber waren es Dutzende auf dem Boden jeder Grube. Am Fuß der Rampe lagen Skelette von Ochsen, die einmal vor einen Wagen gespannt gewesen waren. Die Zügel waren vermodert, aber manche hatte man durch Perlen gezogen, die noch genau dort lagen, wo einst die Zügel verliefen waren.

Neben den Skeletten der Ochsen lagen die von Menschen, die Woolley als die Hüter der Ochsen identifizierte. Andere hielt er für Wachpersonal, das

Der Schmuck aus goldenen Blumen und Blättern gehörte einmal einer Königin von Ur.

SCHÄTZE AUS UR / 45

mit Speer und Helm bewaffnet am Fuß der Rampe stand. Noch zahlreicher waren die Skelette von Hofbediensteten. Die Musiker hatten Harfen und Leiern, die Damen trugen einen herrlichen Kopfputz aus goldenen und silbernen Blumen und Blättern.

Sämtliche Skelette lagen ordentlich nebeneinander. Woolley zog daraus den Schluß, daß die Leute die Rampe hinuntergegangen waren, sich niedergelegt und aus einer kleinen Tasse Gift getrunken hatten. (Einige der Tassen lagen neben den Leichen.) Leichenbestatter hatten dann den Ort hergerichtet, die Ochsen, von denen manche auf ihren Hütern lagen, getötet, und waren gegangen. In einer feierlichen Zeremonie, wobei zahlreiche Opfer dargebracht wurden, war der Schacht dann wieder mit Erde aufgefüllt worden.

In früherer Zeit hatten Räuber schon unterirdische Gänge zu den Gräbern angelegt und die Hauptgräber geplündert. Trotzdem blieb für Woolleys Männer noch mehr als genug zurück. Aus diesen Funden nun wurde klar ersichtlich, daß es sich um Königsgräber handelte. Ein König sollte all das mit ins Grab nehmen, woran er sich zu seinen

Lebzeiten erfreut hatte. Auch seine Diener mußten ihm ins Grab folgen. Vermutlich galt es sogar als Ehre, wenn man dazu auserwählt wurde.

Der Zerfallsprozeß hatte die Gewänder, die Korbwaren, das Leder und die Holzwaren zerstört. Mit hervorragenden Hilfsmethoden gelang es Woolley dennoch sehr häufig, Überreste von zerfallenem Holz zu erhalten oder wenigstens zu beschreiben. Wenn seine Arbeiter auf ein Loch im Boden stießen,

Nur der goldene Stierkopf und der Mosaikschmuck dieser Lyra (unten links) konnten wiedergefunden werden. Aber Woolleys sorgfältige Aufzeichungen über die zerfallenen Holzteile erlaubten eine Rekonstruktion.

Einer der schönsten Schätze von Ur ist die Darstellung einer Ziege (unten), verziert mit Gold, Silber, Lasurstein und Muscheln.

46 / SCHÄTZE AUS UR

Dieses Mosaik aus Muscheln, rotem Kalkstein und blauem Lapislazuli gehört zur Ausstattung der Königsgräber von Ur. Die eine Seite zeigt Kriegsszenen, die andere (unser Bild) zeigt die Siegesfeier und das Vorführen der Kriegsbeute. Bereits mehrere hundert Jahre vor der Zeit Abrahams konnten die Handwerker von Ur so formvollendete Arbeiten ausführen.

Die goldenen Gegenstände sind ebenfalls aus den Königsgräbern in Ur.

schüttete er Gips hinein. War der Gips getrocknet, wurde die Erde vorsichtig entfernt, um festzustellen, was sich dort befunden hatte. Auf diese Weise konnte man die Umrisse von Harfen und Leiern, Speerschäften und vielen anderen hölzernen Gegenständen erhalten.

Durch Woolleys Können und seine scharfe Beobachtungsgabe hat man über die Kultur in Ur um 2500 v.Chr. mehr erfahren als über die Kultur irgendeiner anderen babylonischen Stadt jener Zeit.

Die Königsgräber in Ur zeugen vom Reichtum der Stadt. Die Könige und Königinnen tranken aus goldenen und silbernen Bechern. Die Könige trugen Dolche mit goldenen Klingen, die Königinnen erlesenen Schmuck aus Gold und farbigen Steinen. Bei festlichen Anlässen lauschten sie Sängern, die mit Streichinstrumenten und Flöten begleitet wurden.

In Babylonien selber gab es keine natürlichen Vorkommen an Metallen und Edelsteinen. So etwas erhielt man durch Handel oder als Kriegsbeute aus fremden Ländern. Der blaue Lapislazuli z.B. stammt aus dem fernen Afghanistan. In manchen Gräbern lagen auch die Siegel der Verstorbenen mit ihren Namen und Titeln. Dadurch war es möglich, die Toten einer bestimmten Epoche zuzuordnen.

Die Schätze von Ur stehen in keiner direkten Verbindung zur Bibel. Wie viele andere, weniger spektakuläre Entdeckungen zeugen sie von der außerordentlichen Kunstfertigkeit der damaligen Handwerker. Gleichzeitig geben sie einen Hinweis auf die Glaubensvorstellungen jener Zeit – in diesem Fall weisen sie auf eine Form des Menschenopfers, das sowohl vom Judentum wie vom Christentum verabscheut wird. Die Funde stammen aus einer Zeit, die einige Jahrhunderte vor Abraham liegt. Das bedeutet, daß die Anfänge der Geschichte Israels nicht in einem primitiven, vielmehr in einem hochzivilisierten Zeitalter zu suchen sind.

Die verschwundene Stadt Ebla

Woche um Woche schufteten die Arbeiter unter der heißen Sonne Syriens. Jedes Jahr wurden sie für zwei Monate von italienischen Archäologen angeworben. Die Arbeiter gruben in dem Hügel, den sie wie schon ihre Väter Tell Mardich nannten. 1964 war hier zum ersten Mal gegraben worden. Weitere Grabungen folgten in den Jahren 1965, 1966 und 1967.

Offensichtlich lag unter dem Hügel eine wichtige Stadt verborgen. Um die ganze Ausgrabungsstelle herum zog sich ein hoher Wall, die Stadtmauer. Ein festes Tor im Südwesten gewährte Einlaß. Bei dem Hügel in der Mitte der Einfriedung grub einer der einheimischen Arbeiter einen behauenen Stein aus. Die Archäologen fanden noch andere. Es handelte sich um enorme Steinschalen, die einen großen Tempel geschmückt hatten.

Alle diese Bauwerke gehörten zur mittleren Bronzezeit (2000 bis 1600 v.Chr.). Doch niemand wußte, um welche alte Stadt es sich wohl handeln könnte. Erst 1968 fand man die Antwort. In der persischen Zeit um 500 bis 400 v.Chr. hatten Baumeister den Teil einer alten Statue gefunden und als brauchbaren Baustein wiederverwendet. Auf der Statue stand der Name des Königs, der sie vor mehr als 1000 Jahren hatte anfertigen lassen. Er weihte diese Statue Ischtar, der Göttin der Liebe und des Krieges, der babylonischen Venus. Neben dem Namen des Königs stand auch sein Titel: „König von Ebla"

Ebla war der Name einer Stadt, von der die mächtigen babylonischen Könige Sargon und Naram-Sin behaupteten, sie hätten sie um 2300 und 2250 v.Chr. erobert. Viele Archäologen hatten seit Jahren nach ihr gesucht. Gewöhnlich erstreckte sich ihre Suche auf ein Gebiet am Euphrat, 160 Kilometer von Tell Mardich entfernt. Aber natürlich konnte ein König eine weite Reise unternommen haben, um in einer anderen Stadt ein Standbild aufzustellen. Das Standbild allein war also noch kein Beweis dafür, daß es sich beim Tell Mardich um das alte Ebla handelte.

1975 wurde dann aber der endgültige Beweis erbracht. In einem Gebäude unterhalb des großen Tempels entdeckte man Abertausende von Keilschrifttafeln, die den Ort eindeutig identifizierten. Ebla war gefunden!

Die Tafeln lagen aufgestapelt in einem kleinen Raum des Innenhofes. Sie waren das Archiv eines Palastes, der einige Generationen lang im Mittelpunkt der Macht gestanden hatte und dann niederbrannte. In der Hitze der Flammen wurden die Ziegel und auch die Tafeln gebrannt, so daß sie über die Zeiten hinweg erhalten blieben.

Die feindlichen Soldaten hinterließen keine Visitenkarten. Da wir aber keinen Grund haben, die Prahlereien Sargons und Naram-Sins über die Eroberung Eblas anzuzweifeln, können wir annehmen, daß der Palast in Ebla von der Armee eines dieser beiden Könige geplündert wurde. Die Soldaten gingen dabei sehr hastig vor und ließen viele für den Archäologen wichtige Dinge zurück. Teile von steinernen Statuen in babylonischem Stil sowie mit Gold überzogenes und künstlerisch geschnitztes Holzwerk, vom Feuer verkohlt, waren auf den Boden gefallen und von dem einstürzenden Gebäude bedeckt worden.

Ebla kam in die Schlagzeilen, nach-

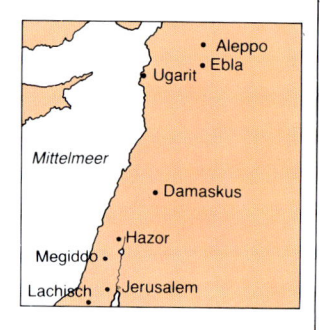

dem ein führender italienischer Archäologe damit begonnen hatte, die Tafeln zu studieren. So wertvoll die anderen Entdeckungen auch sind, lebendig wurden sie erst durch das überlieferte Wort. Daten, Namen und Personen erfüllen die staubigen Gegenstände und die zerstörten Mauern mit Leben. Das erste, was man vom Inhalt der Tafeln erfuhr, war verblüffend: Die Sprache der ältesten schriftlichen Dokumente, die man je im nordwestlichen Syrien gefunden hatte, ähnelte mehr dem Hebräischen als dem Babylonischen.

Dann wurden die Namen einiger Bewohner Eblas bekannt. Unter vielen fremden Namen gab es einige, die einen sehr vertrauten Klang hatten: Ishmael, Adam, Daud (David). Manche Namen endeten auf „el", dem Wort für „Gott", und manche auf „ja". War dies eine Namensgestaltung wie bei dem biblischen Namen „Michael, der „Wer ist wie Gott?" bedeutet? Oder wie bei dem Namen „Michaja"? („Wer ist wie der Herr?", wobei „ja" eine Abkürzung von Jahwe ist.) War dieses „Ja" wirklich der Name des Gottes Israels?

Ein italienischer Experte sprach sich für diese These aus. Andere Gelehrte stimmten ihm zu. Der Italiener ging aber noch weiter: Das Gebiet, über das Ebla herrschte oder in dem es doch zumindest Einfluß besaß, war sehr groß. Es umfaßte sogar Hazor, Megiddo und Lachisch in Kanaan sowie die Städte Sodom und Gomorra in der Ebene am Toten Meer.

Einer der Könige Eblas hieß Ebrium. Könnte dieser Name identisch sein mit Eber, dem Namen von Abrahams Vorfahren, der in 1. Mose 10,24 erwähnt wird? Oder war er vielleicht mit dem Wort „Hebräer" gleichzusetzen?

Die Journalisten stürzten sich auf diese Neuigkeiten. Ebla wurde in Zeitschriften aller Art groß herausgebracht und als „Beweis" für die Bibel bejubelt. Die Tafeln selber waren von anderen Gelehrten noch nicht untersucht worden. Alle Informationen stammten von dem einen Gelehrten.

Die Ebla-Tafeln sind in der Tat eine der herausragenden archäologischen Entdeckungen der siebziger Jahre dieses Jahrhunderts. Bedauerlicherweise verführte die Menge der Tafeln und ihre Einzigartigkeit den italienischen Gelehrten aber dazu, übereilte Schlüsse zu ziehen und die gebotene Sorgfalt beim Umgang mit einer fremden Sprache außer acht zu lassen. Heute trägt ein internationales Expertenteam, in dem hauptsächlich Italiener, aber

C. Cataldi Tassoni zeichnete die ausgegrabenen Teile des Königspalastes von Ebla. Die Archive waren in dem kleinen Raum rechts von den fünf Säulen.

auch Gelehrte aus Belgien, England, Frankreich, Deutschland, Irak, Syrien und den USA vertreten sind, die Verantwortung für die Veröffentlichung der ganzen Sammlung.

Dieses Team hat die meisten der sensationellen Behauptungen als unzutreffend zurückgewiesen. Kanaanitische Orte werden auf den Tafeln nicht genannt. Ebla besaß so weit in den Süden reichend keine Verbindungen und ganz bestimmt nicht mit den Städten in der Ebene am Toten Meer.

Namen mit der Endung „ja" können Kurzformen sein wie bei uns Willi oder Rudi. Vielleicht muß man die Namen auch ganz anders lesen. In Ebla gab es keinen Gott „Ja", und es läßt sich auch keine Verbindung zu dem Gott Israels herstellen.

Ein König Ebrium regierte tatsächlich in Ebla. Sein Name könnte auch mit dem Namen Eber identisch sein. Aber es gibt keinen Grund, ihn mit dem Vorfahren Abrahams in Verbindung zu bringen. Ein Zusammenhang mit dem Begriff „Hebräer" ist unwahrscheinlich.

Selbst die Sprache der Tafeln ist einem babylonischen Dialekt ähnlicher als dem Hebräischen, obwohl manche Bewohner Eblas eine Sprache gebrauchten, die mit dem Hebräischen verwandt ist.

Zehntausende Dokumente, die an einem Ort geschrieben wurden, von dem man bis dahin nichts wußte, können den Archäologen manche Kopfschmerzen bereiten. Lange Jahre der Forschung werden notwendig sein, um alle Fragen zu beantworten. Doch schon jetzt steht fest, daß die Tafeln ein Beweis dafür sind, daß sich die babylonische Schrift vor 2300 v.Chr. bis nach Nordsyrien verbreitet hatte. Sie zeugen auch von der Fähigkeit der Menschen jener Zeit, Ereignisse und Erlasse jeder Art prompt und zuverlässig schriftlich festzuhalten, Briefe und Literatur zu verfassen und sogar Wörterbücher für andere Sprachen anzufertigen. Außerdem beweisen die Tafeln, daß dort bereits in jener frühen Zeit westsemitische Völker lebten.

Die Überreste von Ebla illustrieren die biblischen Texte unmittelbar. Zur

Zeit der Patriarchen war Ebla eine blühende Stadt. In seinem Grundriß läßt der große Tempel den salomonischen Tempel mit seiner Vorhalle, dem Heiligen und dem Allerheiligsten vorausahnen. Die Ausmaße sind jedoch anders.

Eblas Könige wurden in Gräbern bestattet, die unter einem Palast aus derselben Periode, 1800 bis 1650 v.Chr., gegraben wurden. Räuber hatten die Begräbnisstätten geplündert, aber einige Schätze waren ihnen entgangen. Zierlich gearbeitete Goldperlen wurden zu Halsketten aufgereiht. Es gab goldene Armreifen und ein Zepter mit dem Namen eines Pharao in goldenen Hieroglyphen.

Ein wunderschöner Goldring, bedeckt mit winzigen goldenen Kugeln, hatte die Nase einer Dame geziert. Man könnte sich vorstellen, daß er dem Ring glich, den Elieser Rebekka in Haran gab.

Wenn sich die Aufregung über die ersten Berichte wieder gelegt hat, wird man erkennen, daß Ebla für das Verständnis der frühen syrischen Geschichte eine wichtige Rolle spielt. Die Ausgrabungen in Ebla vermitteln einen ausgezeichneten Einblick in das dortige kulturelle Niveau vor und während der Zeit der Patriarchen. Die Tafeln werden zweifellos die Kenntnisse über die frühen semitischen Sprachen und dadurch auch des Hebräischen erweitern.

Die Entdeckung Tausender von Tontafeln – dem Palast-Archiv – lieferte den Beweis, daß die versunkene Stadt Ebla gefunden war.

Ur: Die Stadt des Mondgottes

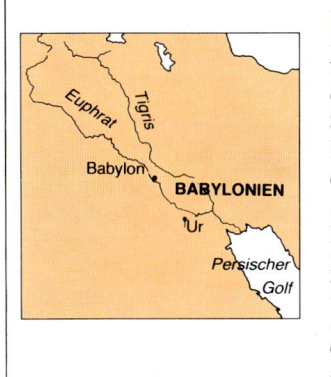

Der Zug rollte durch die Nacht. Bevorzugte Reisende schliefen in Betten, die anderen dösten auf ihren harten Sitzen. Der Zug hielt mit einem heftigen Ruck. Verschlafene Augen starrten aus den Fenstern. Der Name der Station „Bahnstation Ur" hatte etwas Unwirkliches an sich. Wir kletterten aus dem Zug und verbrachten den Rest der Nacht in einem bequemen Rasthaus. Am nächsten Morgen, nach etwa zwei oder drei Kilometern, erreichten wir die zerstörte Stadt: das Ur der Chaldäer.

Schon von weitem sieht man einen wuchtigen Bau aus Ziegelwerk, den Tempel des Mondgottes Sin, des Hauptgottes der Stadt Ur.

Von einem älteren, ersten Bau abgesehen, wurde der Hauptteil des heute noch existierenden Gebäudes vor über 4000 Jahren von einem König von Ur errichtet. Der König ließ das Gebäude als eine Reihe von übereinanderliegendenTerrassen bauen. Auf der dritten Terrasse stand das Heiligtum, das als der Sitz des Gottes verehrt wurde.

Die Babylonier nannten den turmartigen Bau „Ziggurat", was „Bergspitze" bedeutet. Ein Tempel in dieser Bauweise war typisch für eine babylonische Stadt (siehe: *Das alte Babylon und seine Herrlichkeit*). Er erhob sich hoch über dem flachen Land – ein Wahrzeichen zur Ehre der Götter. Zugleich hatte er den Reichtum des Königs zu demon-

Der Tempel des Mondgottes beherrscht die Ruinen von Ur. Er ist mehr als 4000 Jahre alt und wurde in mehreren Stufenterrassen angelegt – mit dem Haus des Gottes auf der Spitze. Der in der Bibel erwähnte „Turm zu Babel" war vermutlich ein Tempelturm dieser Art.

UR: DIE STADT DES MONDGOTTES / 51

strieren. In der Stadt um den Tempel herum fand man Ruinen von anderen Tempeln, von Palästen und Gräbern sowie von den Häusern wohlhabender Familien.

Als Sir Leonard Woolley, der Leiter der Ausgrabung in Ur, Erde, Sand und Trümmer hatte entfernen lassen, fand er zwei relativ gut erhaltene Areale. Ein babylonischer König hatte Ur um 1760 v.Chr. zerstört, indem er an einige Gebäude Feuer gelegt hatte. Die Einwohner flüchteten, und nur wenige kehrten später zurück. Woolley war in der Lage, den Grundriß vieler Straßen, Häuser, Geschäfte und kleiner dazwischen aufgerichteter Tempel zu rekonstruieren. Durch seine reichen Funde konnte er weitgehend ihre ursprünglichen Formen erkennen und sich eine ziemlich genaue Vorstellung vom Aussehen und dem Leben der einstigen Stadt machen.

Durch die Vordertür der Häuser kam man in eine kleine Vorhalle, in der sich

wahrscheinlich ein Wasserbecken zum Füßewaschen befand. Von der Vorhalle aus betrat man einen Innenhof. Um diesen Innenhof herum gruppierten sich weitere Räume, darunter Vorratsräume, eine Toilette und eine Küche. In der Küche gab es einen Brunnen, einen Tisch aus Ziegelsteinen, einen Ofen und eine Mühle zum Mahlen von Mehl sowie Töpfe und Pfannen. Ein langgestreckter Raum in der Mitte der einen Hofseite könnte so etwas wie ein Empfangszimmer gewesen sein.

Die Häuser, die heute in den Städten des Irak gebaut werden, haben einen nahezu identischen Grundriß. In der Regel liegen alle Räume im Erdgeschoß. Bei den Häusern in Babylonien, die 1000 Jahre später als die von Ur entstanden, handelte es sich ebenfalls um einstöckige Häuser. In den Häusern von Ur findet man gewöhnlich auf der einen Seite des Innenhofes eine feste Treppe. Keine der Mauern ist für ein oberes Stockwerk hoch genug, und

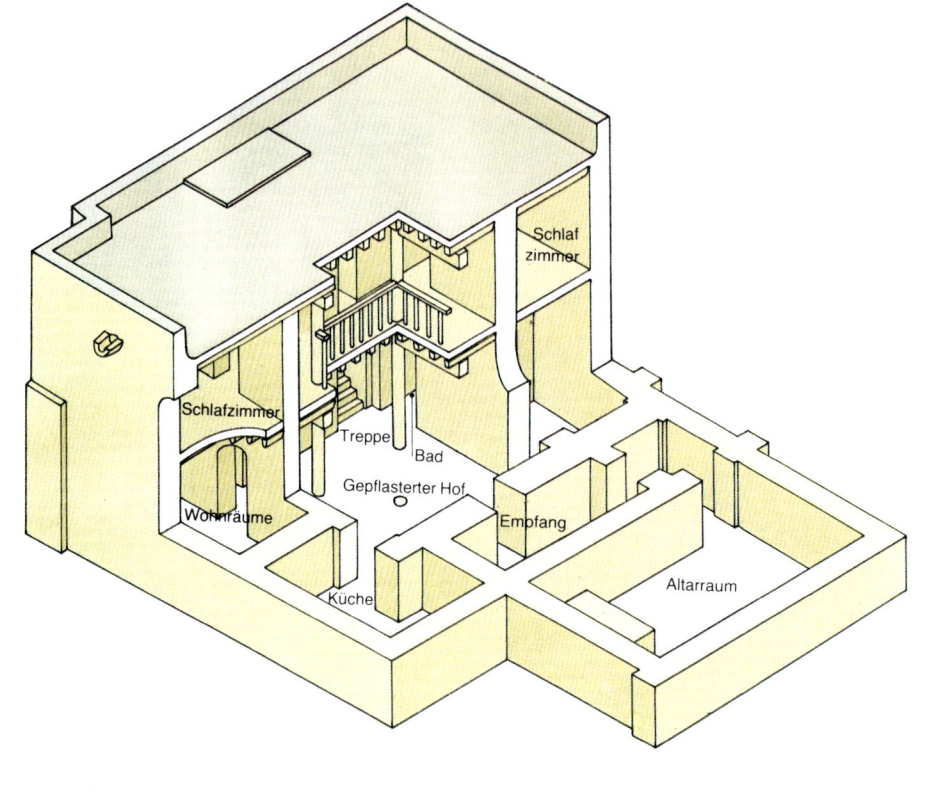

Zur Zeit Abrahams lebten wohlhabende Bürger von Ur wahrscheinlich in solchen zweistöckigen Häusern. Um einen mit Fliesen versehenen Innenhof gruppierten sich Bad, Küche, ein Raum für gottesdienstliche Zwecke und andere Zimmer.

52 / UR: DIE STADT DES MONDGOTTES

dennoch scheint es obere Räume gegeben zu haben.

Mobiliar ist nicht erhalten. Schnitzereien, Bilder auf Siegelsteinen und Nachbildungen aus Lehm, die vermutlich als Spielzeug dienten, zeigen Klapptische und -stühle, Korbwaren, hölzerne Bettstellen, dazu Teppiche, die ein Haus wohnlich gestalteten.

In größeren Häusern gab es ein Zimmer, das offensichtlich als Hauskapelle diente. In einer Ecke der Kapelle stand ein sorgfältig verputzter Altar aus Lehmziegeln. Dicht daneben befand sich eine Art Herd mit einem Abzug, der bis zur Decke reichte. Auf dem Herd wurde möglicherweise Weihrauch verbrannt. Eine Bank aus Ziegelsteinen war als Tisch für die Getränke und Speisen gedacht. Welcher Art Gottesdienst in den Häusern gefeiert wurde, läßt sich freilich nicht mehr feststellen. Die Bewohner des Hauses brachten aber vermutlich Opfer dar, beteten zu ihren Hausgöttern und gedachten ihrer Vorfahren. Der Familiensinn zeigt sich deutlich in zwanzig der neunundsechzig ausgegrabenen Häuser. Gewölbe unter dem Fußboden erwiesen sich als Grabkammern. Sie enthielten die Überreste von zehn bis zwölf Personen, wobei die früher bestatteten Toten auf die Seite geschoben wurden, um den späteren Platz zu machen. Ein angemessenes Begräbnis, so glaubten die Babylonier, verhinderte, daß die Toten sich an

Unter den Schätzen, die in den Königsgräbern von Ur gefunden wurden, befand sich auch diese wunderschöne Goldschale.

Viele Stufen führten zu der ersten Terrasse des Tempels.

UR: DIE STADT DES MONDGOTTES / 53

den Lebenden rächten.

Im Haus zurückgelassene Tontafeln – manche lagen in kleinen Archiven – geben Aufschluß über den Beruf der Hausbewohner. So gab es Kaufleute, die auf ihren Handelsreisen nach Süden den Persischen Golf hinabreisten, im Osten bis nach Persien kamen und in Richtung Nordwesten – den Euphrat entlang – bis nach Syrien gelangten. Es gab aber auch ortsansässige Geschäftsleute, Priester und andere Tempelbedienstete. Ihre Berichte befassen sich mit dem An- und Verkauf von Häusern und Ländereien, von Sklaven und Gütern, mit Adoption, Eheschließung und Erbschaft und all den anderen Angelegenheiten einer geschäftigen Stadt.

In einigen Häusern gab es eine Anzahl Tafeln ganz anderer Art. Auf flachen, runden Lehmscheiben hatten sich Schüler offensichtlich damit abgemüht, die Schrift des Lehrers nachzuahmen, um sich so die Keilschriftzeichen anzueignen. Der nächste Schritt war das Abschreiben von Schriften früherer Könige, von Liedern und Gebeten oder von Mythen und Legenden aus der Vergangenheit. Diesen Übungen verdanken wir im wesentlichen unser Wissen über die sumerische und babylonische Kultur. Um die alte sumerische Sprache zu lernen, gab es Tafeln mit Verben. Für die Arithmetik besaßen die Schulen Tafeln mit Quadrat- und Kubikwurzeln sowie mit reziproken Zahlen. Funde aus anderen Städten des 18. Jh. v.Chr. in Babylonien beweisen ein korrektes Verständnis des „Satzes des Pythagoras" – und das immerhin 1200 Jahre, bevor Pythagoras ihn überhaupt formulierte!

Zwischen 2100 und 1740 v.Chr. erfreuten sich die Einwohner von Ur in einer wohlhabenden Stadt eines recht hohen Lebensstandards. Daher ist es keineswegs überraschend, daß sie sich den Nomaden, die in der Halbwüste außerhalb der vom Euphrat bewässerten Gebiete lebten, überlegen fühlten. Leute, die „keinen festen Wohnsitz" hatten, die rohes Fleisch aßen und ihren Toten kein anständiges Begräbnis gaben, die konnte man

doch wohl kaum als Menschen bezeichnen!

Die Nomaden hießen Amoriter und kamen anscheinend aus Syrien; und zwar in so großen Scharen, daß die Könige aus Ur quer durch Babylonien eine Schutzmauer bauten, um die Eindringlinge abzuwehren.

Dennoch kamen immer mehr Amoriter. Sie überrannten die Mauer und übernahmen um 2000 v.Chr. die Herrschaft über Babylonien. Allmählich bestimmten die Neuankömmlinge das Leben in den Städten, in denen sie zusammen mit den ursprünglichen Bewohnern lebten. Die Amoriter gebrauchten eine Sprache, die mehr als das Babylonische dem Hebräischen ähnelte. Die Schreiber verwendeten aber noch immer die babylonische Sprache, weil sie ganz offensichtlich ein höheres Ansehen genoß. Hammurabi, der berühmte König von Babylonien (siehe: *König Hammurabis Gesetzeskodex),* stammte übrigens aus einer semitischen Familie.

Die Namen Abrahams und seiner Familie sind den amoritischen Namen sehr ähnlich. Den biblischen Berichten zufolge hat Abraham um 2000 v.Chr. gelebt. Das 1. Buch Mose berichtet uns in Kapitel 12, daß er aus dem Ur der Chaldäer stammte. Wie groß ist dann der Gegensatz zu seinem späteren Leben! Dem Ruf Gottes folgend, verließ Abraham die weltoffene Stadt mit all ihrer Sicherheit und ihrem Komfort, um einer dieser verachteten Nomaden zu werden!

Der neutestamentliche Brief an die Hebräer (Kapitel 11) zeigt uns, warum Abraham so und nicht anders auf den Ruf Gottes reagierte:

„Durch den Glauben ward gehorsam Abraham, als er berufen ward, auszugehen in ein Land, das er erben sollte, und er ging aus und wußte nicht, wo er hinkäme. Durch den Glauben ist er ein Gast gewesen in dem verheißenen Lande wie in einem fremden und wohnte in Zelten mit Isaak und Jakob, den Miterben derselben Verheißung: Denn er wartete auf die Stadt, die einen festen Grund hat, deren Baumeister und Schöpfer Gott ist."

Der Palast der Könige von Mari

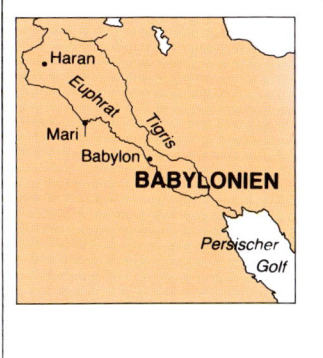

Nomaden hinterlassen den Archäologen nur wenige Hinweise auf ihre Existenz. Wenn sie ihre Zelte einmal abgebaut haben, dann ist eine Feuerstelle mit verrußten Steinen vielleicht das einzige, was zurückbleibt. Deshalb kann man nur mittelbar aus den Kontakten mit den seßhaften Bauern und Stadtbewohnern etwas über sie erfahren. Dabei muß man freilich berücksichtigen, daß deren Meinung sehr voreingenommen sein kann. Einer der neueren Funde gibt uns aber nähere Aufschlüsse über die Nomaden in Mesopotamien um 1800 v.Chr.

1933 entdeckte eine Gruppe von Arabern in einem Berg am Euphrat eine Steinstatue. Sie meldeten ihren Fund, und noch vor Ablauf des Jahres begann ein französisches Archäologenteam mit der Arbeit. Bald wurden weitere Statuen gefunden. Auf einer stand in babylonischer Sprache der Name einer Stadt: Mari. Aus anderen Berichten wußte man, daß Mari ein bedeutender Ort gewesen war. Bis zu diesem Zeitpunkt hatte man ihn aber noch nicht gefunden. Von einigen Unterbrechungen abgesehen, dauern die Ausgrabungen Maris bis heute an.

Die Tempel, ein Palast, Standbilder, Inschriften und ein im Krieg vergrabener Schatz – alles aus der Zeit um 2500 v.Chr. –, sind Zeichen der Bedeutung Maris zu einer Zeit, als auch die Könige von Ur mit großer Pracht begraben wurden. Lange nach dieser Blütezeit gab es für Mari nochmals eine kurze Periode der Macht. Um 1850 v.Chr. riß ein amoritischer Stammesführer die Herrschaft über die Stadt an sich und machte sie zum Zentrum eines Königreiches, das den Handel den Euphrat entlang zwischen Babylonien und Syrien kontrollierte. Durch die Besteuerung des Handels und durch die Einnahmen aus anderen Geschäften sowie der Landwirtschaft wurden die Könige Maris so reich, daß sie sich einen gewaltigen Palast bauen konnten. Dieser Bau gilt als eine der wichtigsten Entdeckungen im Nahen Osten.

Der Palast von Mari umfaßte eine Fläche von mehr als 2,5 Hektar und hatte über 260 Zimmer, Höfe und Durchgänge. Feinde hatten ihn ausgeplündert und in Brand gesteckt. Danach begrub der Wüstensand das ganze unter sich. So konnten die Mauern von mindestens 5 Meter Höhe die Zeiten überdauern. Heute ist zum Schutz der Mauern ein Teil des Palastes überdacht. Jetzt können auch Besucher dieses höchst beeindruckende, frühgeschichtliche Gebäude betreten.

Nachdem die Räume von den ungeheuren Sandmengen wieder freigeschaufelt waren, erhofften sich die Ausgräber eine reiche Belohnung für ihre Mühe. Manche Räume waren leer. Manche waren Vorratsräume, in denen ganze Reihen von Krügen für Öl, Wein oder Korn standen. Außerdem gab es unterschiedliche Wohnbereiche. Dem König, seinen Frauen und seiner Familie standen geräumige Zimmer zur Verfügung, während die Beamten und Diener beengter untergebracht waren. Man kann sich gut vorstellen, wie die Handwerker in ihren Werkstätten beschäftigt waren, die Sekretäre in ihren Büros, die Köche an ihrem Herd. Es gab sogar Sängerinnen eigens zur Unterhaltung der ausländischen Gäste des Königs.

Wie immer sind die schriftlichen

Dokumente die aufschlußreichsten Funde. Auf dem Boden verschiedener Räume lagen Tontafeln verstreut. Einer dieser Räume war das Archiv. Im Palast von Mari fanden die Archäologen insgesamt mehr als 20.000 Keilschrifttexte.

Die Schreiber achteten offenbar auf jede Einzelheit des Palastlebens. So ist genau festgehalten worden, welche Mengen an Nahrungsmitteln, Korn und Gemüse aller Art in den Palast gebracht wurden. Mehrere hundert Tafeln geben Auskunft über den täglichen Speiseplan für die königliche Tafel.

Hunderte von Briefe informierten den König über die Ereignisse im ganzen Reich. So schreibt ein Beamter, welche Fortschritte die Herstellung von Musikinstrumenten macht, die der König bestellt hatte. Ein anderer Beamter schreibt, daß nicht genügend Gold da ist, um einen Tempel nach den Wünschen des Königs zu verschönern. In

Diese Statue eines bärtigen Mannes wurde in Mari gefunden und stammt aus dem 18. Jh. v. Chr. Der Name Ischtupilum, König von Mari, ist darauf eingraviert.

56 / MARI

Der große Palast von Mari wurde von König Zimrilim im 18. Jh. v.Chr. erweitert und wiederaufgebaut. Das Gebäude enthält Empfangsräume für Staatsbesuche, Räumlichkeiten für die königliche Familie, Zimmer für Schreiber und ein Heiligtum.

einigen Briefen findet man Berichte über Botschaften, die Propheten oder auch ganz gewöhnliche Leute von den Göttern erhalten haben. Manche raten dem König, in einer bestimmten Art und Weise zu handeln, andere sichern ihm göttlichen Schutz zu.

Die umherziehenden Nomadenstämme waren für die Offiziere der Armee ein ständiger Grund zur Sorge. Regelmäßig unterrichteten sie deshalb den König über die aktuelle Lage.

Stammesangehörige streiften zu Hunderten durch das Land. Immer wieder bedrohten sie die kleinen Bauerndörfer und sogar Mari selber. Sie störten den Verkehr auf den Handelswegen. Die ständige Anwesenheit der Streitkräfte des Königs war notwendig. In der Absicht, den Frieden zu bewahren, schloß der König mit einigen Stämmen einen Vertrag. Darin erlaubte man ihnen, sich in bestimmten Teilen des Reiches niederzulassen; ein für die ganze Geschichte Mesopotamiens typisches Vorgehen.

Die Briefe erwähnen außerdem die Namen verschiedener Stämme. Sie alle werden unter dem Oberbegriff „Amoriter" zusammengefaßt.

Vorratsräume

Vorratsräume

Heiligtum und Halle

Küche

Audienzhalle mit Wandgemälden

Thronsaal

Verwaltung

Haupthof

Hof mit Wandgemälden

Königliche Residenz

Haupteingang

Geheimraum

0   20 Meter

0   20 Yards

MARI / 57

Als Wissenschaftler diese Texte zum ersten Mal studierten, stießen sie zu ihrer Überraschung auf Namen wie „Benjaminiter". Handelte es sich hier um den israelitischen Stamm oder um seine Vorfahren? Spätere Untersuchungen ergaben, daß dieser Name „Yaminiter" gelesen werden muß, was „Südländer" bedeutet (wie die Yemeniter im Süden Arabiens). Ein anderer Name bedeutet „Nordländer". Beide Namen scheinen auf das Ursprungsland der Stämme hinzudeuten. Einen Zusammenhang mit der Bibel scheint es nicht zu geben.

Ungeprüft und enthusiastisch meinte man anfangs auch, daß der Name „David" ein in Mari üblicher Titel war und „Häuptling" bedeutete. Daraus entstand die Theorie, daß David ursprünglich einen anderen Namen besessen habe. „David" habe er erst als König geheißen. Auf diese Weise wollte man ein altes Problem lösen. Nach 1. Samuel 17 tötete nämlich David den Riesen Goliath, während nach 2. Samuel 21,19 Elhanan einen Riesen tötete. Wenn nun „David" ein Titel war, so könnte es sich bei David und Elhanan um ein und dieselbe Person handeln. Heute steht aber fest, daß dieses Wort in Mari kein Titel war und kein Zusammenhang mit dem biblischen „David" besteht. Es bedeutete soviel wie „Niederlage".

Außer „David" tauchen in den Tafeln aus Mari Hunderte von amoritischen Namen auf. Ähnlichkeiten mit hebräischen Namen sind reichlich vorhanden, besonders bei den Namen aus der Zeit der Patriarchen. Manchmal sind die Namen identisch, wie bei Ismael. Das muß aber nicht unbedingt ein Hinweis auf den Ismael der Bibel sein (siehe: *Die verschwundene Stadt Ebla*). Daraus schließen läßt sich lediglich, daß diese Namen zu jener Zeit vielleicht modern waren.

Der großartige Palast von Mari zeigt die Organisation und Bürokratie eines kleinen, jedoch mächtigen Staates. Seine Archive vermitteln unerwartete und reiche Erkenntnisse über das Leben der Nomaden im 18. Jh. v.Chr. Doch trotz der absichernden Verträge mit anderen Königen unterlag Mari nach

1760 v.Chr. den Streitkräften Hammurabis von Babylon. In späteren Zeiten entstanden in der Gegend von Mari andere blühende Städte; heute ist Abu Kemal der nächstgelegene Ort. Aber keine dieser Städte erreichte jemals wieder die einstige Größe der Königsstadt Mari.

Unter den Ausgrabungsstücken von Mari war eine lebensgroße Statue einer Göttin. Sie hält eine Vase, durch die Wasser floß. Ihr Kleid ist mit Darstellungen von Flüssen verziert, in denen Fische schwimmen. Die Statue stammt aus dem 18. Jh. v. Chr.

58 / DIE PATRIARCHEN

Die Patriarchen:
Ein Argument des Schweigens

Abraham und sein Vater Tharah lebten in Ur im Süden Mesopotamiens und später in Haran im Norden. Weder in diesen beiden Städten noch in irgendeiner anderen babylonischen Stadt werden ihre Namen in irgendeinem der bekannten alten Texte genannt. Haran wurde bisher nicht ausgegraben; die älteren Schichten liegen unter einer mittelalterlichen Burg und einer Moschee. Dennoch: Aus Ur kennen wir immerhin Hunderte schriftlicher Dokumente.

Nachdem er aus Mesopotamien weggezogen war,

lebte Abraham in Kanaan. Dort, so berichtet 1. Mose 20, hatte der Patriarch einen Streit mit dem König von Gerar um die Wasserrechte. Der Streit wurde durch einen Vertrag beigelegt. Abrahams Sohn Isaak hatte die gleichen Schwierigkeiten und schloß ebenfalls einen Vertrag. Man hat außerordentlich viele solcher Verträge gefunden. Trotzdem ist in der außerbiblischen Literatur nichts über diese Verträge bekannt. Ebenso geben die kanaanitischen Städte keinerlei Hinweise auf die Anwesenheit Abrahams.

Die Bibel berichtet, daß

Abraham nach Ägypten zog. Der Pharao nahm ihm seine Frau Sarai. Als Gott ihn dafür strafte, gab der Pharao Sarai zurück und schickte Abraham mit reichen Geschenken fort (1. Mose 12). Später stieg Josef, der Enkel Isaaks, in Ägypten vom Sklaven zum engsten Vertrauten des Pharao auf. Er holte seinen Vater Jakob und seine Brüder nach Ägypten. Was sagen die ägyptischen Hieroglyphen über diese Ereignisse? Wieder muß man antworten: Nichts!

Die Tatsache, daß alle außerbiblischen Quellen

DIE PATRIARCHEN / 59

über die Patriarchen schweigen, läßt manche vermuten, daß es die Patriarchen niemals gegeben hat. Sie seien Erfindungen jüdischer Patrioten, die im Exil eine nationale Geschichte schaffen wollten. Nach einer anderen Version sind die Patriarchen legendäre Personen, Gestalten aus dem Volkstum, die tatsächlich niemals existierten. Dafür lassen sich unterschiedliche Argumente finden. Wer allerdings die Archäologie als Grundlage für derartige Schlußfolgerungen benutzt, kann unmöglich die „fehlenden" Funde als Beweismittel heranziehen.

Das Finden eines Vertrages zwischen Abraham und dem König von Gerar setzt zum Beispiel voraus, daß die Archäologen erst einmal den Palast von Gerar und dann auch noch die Berichte entdecken, die sich auf die Herrschaft eben dieses Königs beziehen.

Soll ein solcher Vertrag aber gefunden werden, dann setzt das weiter voraus, daß er 1. niedergeschrieben wurde, und 2. auf einem dauerhaften Material – einem Stein oder einer Tontafel etwa – festgehalten wurde. Gerar lag aber im Süden Kanaans, nahe bei Ägypten. Es ist daher wahrscheinlich, daß die Schreiber Papyrus gebrauchten, wie

Wandgemälde eines Grabes in Beni Hassan (ca. 1900 v.Chr.). Ein dunkelhäutiger ägyptischer Schreiber (rechts) bezeichnet die ausländischen Besucher als Asiaten aus der Gegend von Shut, die Bleiglanz (Galenit) für die schwarze Augenschminke bringen, die bei den Ägyptern so beliebt war. Der Führer wird „fremder Häuptling Abuschar" genannt.

es in Ägypten üblich war. Und Papyrus zerfällt schnell.

Es ist zudem mehr als unwahrscheinlich, daß die Archäologen dann auch noch einen ganz bestimmten Bericht finden. Wenn – wie in Mari – ein Palast ausgegraben wird, dann stammen die Funde gewöhnlich aus der Regierungszeit der letzten zwei oder drei Könige. Also müßte die Regierungszeit des Verbündeten Abrahams mit dem Ende einer Periode in der Geschichte von Gerar zusammenfallen.

Aber selbst wenn alle diese Voraussetzungen erfüllt würden, könnte niemand dafür garantieren, daß jedes in einem Archiv lagernde Dokument die Zeit und die Ausgrabung unversehrt und leserlich übersteht.

Die Möglichkeit, einen solchen Vertrag zu finden, ist also gering. Es wäre eine zufällige und unerwartete Entdeckung, zumal man bisher noch nicht einmal ganz sicher weiß, wo Gerar liegt.

Die Erforschung der Geschichte Ägyptens stellt den Historiker immer wieder vor das Problem, daß kaum ein Papyrus überliefert wurde (siehe: *Irgendeine Spur von Moses?*). Für die fünfhundert Jahre zwischen 2000 bis 1500 v.Chr. sind die Monumente der Könige in den Tempeln und Gräbern sowie die Denkmäler ihrer Diener nahezu die einzige Informationsquelle. Nur sehr wenige Papyrusdokumente haben die Zeiten überstanden. Einige Papyrusfragmente berichten über die Situation im Süden Ägyptens; andere befassen sich mit den Angelegenheiten einer einzelnen Stadt.

Um es noch einmal zu betonen: Es ist äußerst unwahrscheinlich, daß man

in Ägypten irgendeinen Bericht über Abraham oder Josef findet. Im Gegensatz zu anderen führenden Männern wurde Josef nicht in Ägypten begraben. Es gibt kein Monument, wo seine Verdienste eingemeißelt oder aufgemalt wurden. 1. Mose 50 berichtet, daß sein einbalsamierter Leichnam nach Kanaan zurückgebracht werden sollte.

Kann also die Archäologie auch keine unmittelbaren Hinweise auf die Existenz der Patriarchen liefern, so kann sie dennoch hilfreiche Hintergrundinformationen geben. Stimmen die Geschichten über die Väter Israels mit dem überein, was wir aus der Zeit von 2000 bis 1500 v.Chr. wissen? In diese Zeit nämlich scheint sie die Bibel zu stellen. Oder zeigen sie bestimmte Merkmale, die auf eine andere Epoche hindeuten?

Wenn sie später, etwa in der Mitte des ersten Jahrtausends v.Chr. geschrieben wurden, dann könnten sie von dem assyrischen und babylonischen Reich wissen, von den Aramäern in Damaskus und dem allgemeinen Gebrauch von Eisen und Pferden. Tatsächlich fehlen solche Hinweise; mit Ausnahme von Josefs Triumphwagen in Ägypten, den vermutlich Pferde zogen.

Andere Fakten weisen darauf hin, daß die erste Hälfte des zweiten Jahrtausends wohl am ehesten für die Datierung der biblischen Geschichten in Frage kommt. Damals gab es einen konstanten Zustrom von Amoritern und anderen kanaanitischen Völkern nach Ägypten. Manche von ihnen kamen im Dienst des Pharao zu Macht und Ehren. Am Ende wurde Ägypten sogar von einigen dieser

Fremdlinge regiert. (Das war zur Zeit der Hyksos-Könige.) Der Aufstieg Josefs und die Auswanderung seiner Angehörigen nach Ägypten paßt gut in diese Zeit. Obwohl die nomadische Lebensweise (die wir von den Tontafeln aus Mari kennen) und die sozialen Bräuche von Nuzi weitverbreitet und über die Jahrhunderte hindurch üblich waren, erscheint eine Datierung der Patriarchen für die Zeit von 2000 bis 1500 v.Chr. dennoch als sehr wahrscheinlich.

Von ägyptischen Schreibern sind Abschriften einer Geschichte erhalten, die von einem Ägypter handelt, der vom Hof des Pharao floh und in Kanaan viele Abenteuer erlebte. Schließlich gelangte er wieder zu Ehren und erhielt ein angemessenes Begräbnis in seiner Heimat. Diese Abschriften stammen aus der Zeit von 1800 bis 1000 v.Chr. Die Geschichte selbst wird etwa hundertfünfzig Jahre früher datiert. Ägyptologen behaupten, daß sie auf Tatsachen beruht und mit der darin beschriebenen Zeit übereinstimmt. Der Held der Geschichte, Sinuhe, hatte aber kein Staatsamt. Seine Geschichte war anscheinend eine allgemein bekannte Abenteuergeschichte, die mit den biblischen Berichten nichts zu tun hat.

In 1. Mose haben die hebräischen Schreiber die Geschichte von den Ursprüngen ihres Volkes aufgezeichnet. Die Archäologie kann den Hintergrund dieser Geschichte erhellen. Sie kann aber nicht beweisen, daß sie wahr ist. So wie sie nicht beweisen kann, daß es sich bei ihr nur um eine erdachte Geschichte handelt.

Ein Volk wird wiederentdeckt: Wer waren die Hethiter?

„Siehe, der König von Israel hat sich gegen uns verbündet mit den Königen der Hethiter und den Königen der Ägypter, daß sie über uns kommen sollen!"

Diese Vermutung reichte aus, um in der Armee von Damaskus eine Panik auszulösen. Die Truppen flohen und Samaria war plötzlich von einer Belagerung erlöst, die alle Bewohner der Stadt an den Rand einer Hungerkatastrophe geführt hatte (diese Geschichte steht in 2. Könige 7).

Niemand wird fragen, wer die „alten" Ägypter waren. Die Rolle, die sie in der Geschichte des Altertums spielten, war zu dominierend, als daß sie jemand vergessen könnte. Aber wer waren die Hethiter? Bis vor einem Jahrhundert konnte niemand diese Frage beantworten. Wenn sie überhaupt jemals existiert hatten, dann waren die Hethiter wie die Heviter, Perisiter, Girgasiter und andere im Alten Testament genannte Völker spurlos verschwunden.

Häufig werden die Hethiter nur als eines der vielen kanaanitischen Völker erwähnt, das die Israeliten bei der Eroberung des Verheißenen Landes ausrotten sollten. Dennoch beweisen der oben erwähnte Vorfall wie die Mitteilung, daß König Salomo „allen Königen der Hethiter und allen Königen Syriens" (= Aram; 1. Könige 10,29) Pferde verkaufte, daß die Hethiter ein bedeutendes, wichtiges Volk gewesen sein müssen.

Weil von ihrer Existenz aber nichts bekannt war und sie oft zusammen mit anderen unbekannten Gruppen genannt wurden, glaubten manche Forscher, zumindest in 2. Könige 7 habe der biblische Geschichtsschreiber die Assyrer gemeint.

Im Jahre 1876 begann jedoch die Wiederentdeckung der Hethiter. Sie setzte ein mit der Arbeit von A.H. Sayce. Dieser englische Gelehrte verbrachte einen großen Teil seines Lebens im Orient. Mit seinem Hausboot unternahm er vom Nil aus zahlreiche Reisen durch Ägypten und den Nahen Osten. Jedes Frühjahr kehrte er nach Oxford zurück, um dort seine Vorlesungen zu halten. Sayce erkannte, daß die Bildersprache auf den Steinblöcken, die man im Mittelalter in Hama und Aleppo bei der Errichtung neuer Bauwerke wieder-

Bis zum Ende des 19. Jh. waren die Hethiter nur aus der Bibel bekannt. Ihre Wiederentdeckung ist eine der bemerkenswertesten archäologischen Leistungen. Die Statue aus dem 8. Jh. v.Chr. stellt einen späten hethitischen König dar.

DIE HETHITER / 61

verwendet hatte, der eingeritzten Schrift glich, die auf Felsen in der Türkei entdeckt worden war. 1876 brachte er diese Schriften mit den Hethitern des Alten Testaments und den in ägyptischen Texten genannten „Kheta" in Verbindung.

Aus den ägyptischen Quellen ging eindeutig hervor, daß die Kheta „ein mächtiges Volk" waren. Einer ihrer Könige schloß als Gleichrangiger einen Vertrag mit Pharao Ramses II. In Anatolien begannen nun die Altertumsforscher den eingemeißelten Schriften und den überall verstreuten Ruinen alter Städte größere Aufmerksamkeit zu schenken.

Die größte dieser Ruinen war der Ort

Boghazköy, ungefähr 160 Kilometer östlich von Ankara. Einheimische hatten dort schon viele Tontafeln gefunden und sie an ausländische Reisende verkauft. Die Schrift auf den Tafeln war babylonisch, aber nicht die Sprache. Zwei andere Tafeln in derselben Sprache waren 1887 in Ägypten aufgetaucht. Sie enthielten babylonische Briefe. Einer dieser Briefe stammte von einem hethitischen König (siehe: *Verwandte der Hebräer?*). Es dauerte einige Jahre, bis die Sprache entziffert werden konnte.

Boghazköy war offensichtlich der Ort, an dem man mehr über die Hethiter erfahren konnte. 1906 begann eine deutsche Expedition unter der Leitung

Ungefähr 3500 Jahre alte Steinlöwen bewachen das Tor der alten Hethiter-Hauptstadt Chattusa bei Boghazköy in der Türkei.

62 / DIE HETHITER

von H. Winckler mit den Ausgrabungen. Man hatte schon bald Erfolg. In den ausgebrannten Ruinen einiger Lagerhallen fanden die Forscher über 10.000 Keilschrifttafeln, die im Feuer hartgebrannt waren. Das bemerkenswerteste Dokument darunter war die babylonische Version eines Vertrages zwischen Ramses II. und dem Hethiterkönig. Zusammen mit anderen babylonischen Texten bewies dieses Dokument, daß Boghazköy die Hauptstadt eines mächtigen Königreiches gewesen war. Der alte Name dieser Stadt: Hattuscha.

Aus den babylonischen Tafeln ergab sich sehr bald ein Überblick über die Geschichte der Stadt und die Namen der Könige in der Zeit von 1400 bis 1200 v.Chr. Die hethitischen Schreiber hatten die babylonische Sprache für Staatsberichte und die internationale Korrespondenz gebraucht. Es waren offenbar fähige Männer und gute Übersetzer. Abgesehen von Texten in babylonischer Sprache enthalten die Keilschrifttafeln Texte in sechs weiteren Sprachen. Eine von ihnen wurde neben Akkadisch zur Abfassung von Staatsdokumenten verwendet. Häufiger noch gebrauchte man sie für religiöse Berichte und die Verwaltung. Man nennt sie heute die hethitische Sprache.

Einer der Gelehrten, der die Keilschrifttafeln studierte, war der Tscheche Bedrich Hrozný. Kaum zehn Jahre nach Wincklers Entdeckung stellte er fest, daß die hethitische Sprache mit dem Griechischen, Lateinischen, Französischen, Deutschen und Englischen verwandt sei und zur Familie der indo-europäischen Sprachen gehöre. Genau das hatte schon ein paar Jahre zuvor ein anderer Gelehrter behauptet, der seine Aussage auf zwei in Ägypten gefundene Tafeln stützte. Niemand hatte ihn freilich ernstgenommen, und man war auch jetzt nur zögernd bereit, Hrozný zu glauben. Die weitere Forschung aber bestätigte dessen These. Hethitisch steht inzwischen an zentraler Stelle im Studium der indo-europäischen Sprachen und der Geschichte jenes Volkes, das diese Sprache benutzte.

Eine der Sprachen, die auf den Tafeln von Boghazköy verwendet wurden, ist älter als das Hethitische selbst. Zwei andere sind mit Hethitisch verwandt, (wovon Luwisch – eine dieser Sprachen – recht häufig gebraucht wurde). Eine weitere Sprache war Hurritisch, das in der östlichen Türkei und im nördlichen Mesopotamien anzusiedeln ist (siehe auch: *Die Tontafeln aus Nuzi)*. Im hethitischen Königreich spielten die hurritisch sprechenden Menschen eine bedeutende Rolle. Von einer weiteren Sprache, die man in Boghazköy fand, sind nur einige Ausdrücke erhalten; man bringt sie aber mit dem Sanskrit in Verbindung.

Nach Inhalt und Vielseitigkeit der Sprache sind die Tafeln aus Boghazköy einzigartig. Aber auch andere Entdeckungen beweisen die hohe Kultur und große Kunstfertigkeit der Hethiter. (Die Ausgrabungen von Winckler dauerten von 1906 bis 1912. Im Jahre 1931 wurden sie unter K. Bittel fortgesetzt, dann aber 1939 unterbrochen. Die 1952 wieder aufgenommenen Arbeiten dauern noch an.)

Die Stadt Hattuscha umfaßt ein mehr als 120 Hektar großes Gebiet. Eine festgefügte Mauer aus Steinen und Ziegeln schützte die Stadt. Unter den Texten in den Archiven fand man unter anderem auch Anweisungen für die Wachen. An der Ostseite befand sich auf einem hohen Felsen die befestigte Zitadelle.

In der Stadt wurden fünf Tempel ausgegraben. Der größte (64 x 42 m) war von zahlreichen Lagerhäusern umgeben, in denen zweifellos die Opfergaben für die Götter aufbewahrt wurden. All das erforderte eine gute Organisation. In den Texten findet man Einzelheiten über die Riten und Zeremonien, die von dem Priester angewendet wurden und an denen manchmal auch der König beteiligt war. Bei der Einweihung eines neuen Tempels oder bei der Reinigung der Menschen von ihren Sünden wurden komplizierte und sehr lange Gottesdienste abgehalten.

Viele Alttestamentler haben die These vertreten, die hebräischen Gesetze aus dem 2. bis 5. Buch Mose seien zu „fortschrittlich" oder zu „kompli-

DIE HETHITER / 63

ziert" für diese Zeit. Aber die Texte von Boghazköy und andere aus Ägypten sowie neuere französische Ausgrabungen bei Emar am Euphrat stellen diese Behauptung eindeutig in Zweifel: Die Zeremonien, die das israelitische Gesetz vorschreibt, passen ausnahmslos in die Welt des späten 2. Jahrtausends.

Neben den Stadttoren standen in Stein gemeißelte Löwen, magische Figuren zur Abschreckung von Feinden. In einer nahegelegenen kleinen Schlucht befand sich ein Schrein für die Götter und Göttinnen, deren Bilder man in die Felsen gemeißelt hatte. Andere Felsenreliefs und Steinskulpturen bezeugen die hethitische Herrschaft über verschiedene Teile Anatoliens.

Etwa ab 1750 v.Chr. bauten die Hethiter ihre Machtposition aus. In der Zeit um 1380 bis 1200 v.Chr. war der hethitische Herrscher der „Große König", der Herr über zahlreiche Fürsten in einem Gebiet, das von der Ägäis im Westen bis nach Damaskus im Süden reichte. Hier genossen die Hethiter Ruhm und Ansehen. Um Ruhe und Sicherheit zu gewährleisten, schlossen die hethitischen Fürsten mit den unterworfenen Königen Verträge ab. Zwei Dutzend dieser Verträge wurden vollständig oder doch zum Teil aus den Tafeln von Boghazköy zusammengesetzt. Eine 1931 entstandene Studie zeigt die Grundform dieser Verträge, die eine brauchbare Grundlage für Vergleiche mit den Verträgen liefert, von denen uns das Alte Testament berichtet (siehe: *Verträge und Bundesschlüsse*).

Auf den hethitischen Skulpturen und auf den in die Tontafeln eingedrückten Siegeln ist die Bilderschrift zu sehen, die wir als „hethitische Hieroglyphen" kennen. Diese Hieroglyphen ähneln den ägyptischen; die Hethiter könnten die Idee aus Ägypten übernommen haben. Aber die ägyptischen Hieroglyphen sind mit den hethitischen nicht identisch. In einigen wenigen Beispielen, vor allem in den Siegeln der Könige, stehen die Hieroglyphen parallel zur babylonischen Keilschrift und buchstabieren den Namen bzw. die Titel des Königs.

Dieses Relief aus dem 8. Jh. v.Chr. wurde in dem hethitischen Zentrum bei Karchemisch gefunden. Es zeigt einen Prinzen als Kind mit seiner Amme. Daneben eine Ziege, deren Milch vielleicht gebraucht wurde. Die hethitische Hieroglyphenschrift gibt den Namen und den Titel des Prinzen an.

Gebraucht man die babylonische Schrift als Schlüssel, so kann man einige Hieroglyphen übersetzen. 1947 wurden an einem Ort mit dem Namen Karatepe wesentlich längere, parallele Texte in hethitischer und phönizischer Sprache entdeckt. Sie bilden die Grundlage für eine sichere Deutung der Hieroglyphen.

Hattuscha und das Hethiterreich wurden bald nach 1200 v.Chr. vernichtet, und zwar in den Unruhen, die viele Gebiete des östlichen Mittelmeerraumes erschütterten (siehe: *Die Philister*). Die hethitische Tradition blieb allerdings länger erhalten. In kleinen Staaten Anatoliens und Nordsyriens ließen die Könige ihre Dokumente weiter in hethitischen Hieroglypen und der luwischen Sprache abfassen. Das geschah sogar bis 700 v.Chr. (dem Datum der Karatepe-Inschriften). Manche dieser Könige konnten wahrscheinlich ihre Vorfahren auf das Hethiterreich zurückführen. Andere waren überhaupt keine Hethiter, wurden aber dennoch – zum Beispiel von den Assyrern und den Hebräern – als solche angesehen und bezeichnet.

Als die Armee von Damaskus Samaria fluchtartig verließ, gab es etwas weiter nördlich am Orontesfluß einen starken „Hethiterkönig" mit dem Namen Hama. Er könnte für Damaskus durchaus eine Gefahr gewesen sein, besonders wenn er sich mit anderen Königen verbündete. Das sind die Hintergründe des biblischen Berichtes.

Verträge und Bundesschlüsse

Die frühgeschichtlichen Könige standen ihren Nachbarn immer voller Mißtrauen gegenüber. Würden sie angreifen, um das Königreich in Besitz zu nehmen? Oder hatte man einen Angriff von entfernter wohnenden Feinden zu erwarten? Um sich abzusichern, bemühte man sich in der Regel um ein gutes Einvernehmen mit den Nachbarstaaten, indem man darauf achtete, die gegenseitigen Grenzen und Interessen zu respektieren. Starke Könige schlossen auch wohl sogenannte Paritätsverträge miteinander ab. Oder aber sie überredeten oder zwangen schwächere Könige durch entsprechende Verträge, sie als Oberherren zu akzeptieren.

In den Ruinen der hethitischen Hauptstadt Boghazköy hat man Keilschrifttafeln entdeckt, die den Text von mindestens vierundzwanzig Verträgen enthalten. Einige davon sind allerdings in einem sehr schlechten Zustand. Unter diesen Texten ist auch das berühmte Übereinkommen zwischen Ramses II. von Ägypten und dem Hethiterkönig Hattuschili III. aus dem Jahre 1259 v.Chr. Dieses Übereinkommen ist ein Paritätsvertrag. Danach behandeln sich die Könige als Brüder: Sie wollen die gegenseitigen Interessen respektieren und einander nicht bekämpfen, sondern sich bei feindlichen Angriffen beistehen; Flüchtlinge wollen sie zurückschicken.

In Ägypten wurde das Gegenstück dieses Vertrages in Hieroglyphen in die Wand eines Tempels in Karnak eingemeißelt. Die ägyptische Version enthält sogar eine detaillierte Beschreibung der silbernen Tafel, in die man die einzelnen Punkte des Vertrages eingraviert und mit dem königlichen Siegel versehen hatte. Jeder zukünftige ägyptische oder hethitische König, der sich nicht an die Abmachungen des Bündnisses hielt, wurde verflucht. Die Götter beider Länder rief man an, Zeugen des Vertrages zu sein und darüber zu wachen, daß die Verträge eingehalten wurden.

Üblicher waren Verträge zwischen einem mächtigen Staat und einem schwächeren. Für den Schutz, den der Oberherr bot, versprach der untergebene König, ihm treu zu sein und sich weder auf die Seite der Feinde seines Oberherrn noch auf die Seite unbekannter ausländischer Herrscher zu schlagen. Zog der Oberherr in den Krieg, so hatte der untergebene König Soldaten für die Armee bereitzustellen. Außerdem mußte er dem Oberherrn in jedem Jahr Abgaben entrichten. Es wurde von ihm erwartet, daß er die Flüchtlinge aus dem Land des Oberherrn zurückschickte; der Oberherr konnte freilich mit Flüchtlingen aus dem Land des anderen nach Belieben verfahren.

1931 wurden derartige Verträge sorgfältig analysiert. Alle folgten demselben Grundmuster. Nach einer Einführung werden Ereignisse geschildert, die zur Abfassung des Vertrages führten. Dann folgten die einzelnen Vereinbarungen sowie Abmachungen zur Einhaltung des Vertrages und seiner öffentlichen Verlesung. Danach folgen die Namen der Zeugen. Anschließend wird der Segen der Götter für alle erfleht, die den Vertrag halten; die ihn brechen, werden verflucht.

Es liegt allerdings kein starres Schema vor; manche Elemente können ausgelassen oder in eine andere Reihenfolge gebracht werden. Die übliche Gliederung eines Vertrages sah aber offensichtlich so aus.

Erst 1954 erkannte der Alttestamentler G.E. Mendenhall, daß eben dieses Schema auch im Alten Testament angewendet wird. Verträge als solche werden dort zwar nicht zitiert, aber es wird über sie berichtet, und zwar in aller Ausführlichkeit. Die Berichte über den Vertrag oder „Bund", den Gott mit Israel schloß und der das Volk zu einer Nation unter seiner Obhut zusammenschloß, sind besonders detailliert. Teile dieses Bundesschlusses erscheinen in 2. Mose 20-31; und in 5. Mose wird der ganze Bund noch einmal erneuert. Auch Josua 24 zeigt die Grundelemente dieses Vertragsschemas. Ähnliche Grundelemente werden außerdem in 1. Mose 31,43-54 und in anderen Abschnitten genannt.

Das Bedeutsame an diesem Schema in den hethitischen und hebräischen Texten ist die Frage der Datierung. Das Hethiterreich fand kurz nach 1200 v.Chr. sein Ende. Andere uns zugängliche Verträge in assyrischen und aramäischen Texten aus dem 8. Jh. v.Chr. und aus jüngerer Zeit zeigen einen veränderten Aufbau. Nach einer Einführung folgen dort die Namen der Zeugen, dann die einzelnen Bedingungen und die Verfluchungen, wobei die Anordnung unterschiedlich ist. Die Ereignisse, die zum Vertrag führten, wurden überhaupt nicht mitgeteilt (es gibt nur eine sehr schlecht erhaltene Tafel, die sie möglicherweise erwähnt). Außerdem fehlen die Segenssprüche.

Auch wenn manche Forscher dem keine Bedeutung zumessen wollen, ist die starke Ähnlichkeit zwischen den hethitischen Verträgen und den ersten fünf Büchern Mose doch auffallend. Das ist zwar kein Beweis dafür, daß sie alle in derselben Zeitspanne geschrieben wurden. Aber möglich wäre es durchaus. Die Vermutung mancher Forscher, die biblischen Texte seien in ihrer gegenwärtigen Form erst etwa sechshundert Jahre später entstanden, setzt voraus, daß in Israel ein altes Vertragsgrundmuster überdauerte; und zwar ein Schema, das sich von den Verträgen der israelitischen und den Königen von Assyrien und Babylonien unterscheidet. Was die Datierung und den Vergleich der Schemata und der Sprache anbelangt, muß dieses Problem freilich noch eingehender untersucht werden.

Verwandte der Hebräer?

1887 grub eine ägyptische Bauersfrau emsig in den Erdhügeln in der Nähe ihres Dorfes. Sie suchte nach der fruchtbaren Erde, mit der sie den Boden ihres Feldes anreichern konnte. Diese Erde bestand aus ehemaligen Abfällen und den Überresten einer alten Stadt.

Wenn die Dorfbewohner in den Hügeln gruben, fanden sie manchmal merkwürdige Gegenstände. Die verkauften sie dann für ein paar Pfennige an einen Antiquitätenhändler, der sie nach Kairo brachte, um sie dort an Sammler aus Europa weiterzuverkaufen. Die Europäer interessierten sich vor allem für beschriftete Steine, dekorative Glasware, Metallfiguren und kleine käferförmige Amulette, die sogenannten „Skarabäen".

Bei ihrer Suche nach fruchtbarer Erde fand die Bauersfrau auf einmal viele harte Lehmklumpen. Sie hatten keinen Wert für die Frau. Aber die Bäuerin hatte so etwas noch niemals zuvor gesehen, nahm sie mit nach Hause und verkaufte sie später an einen Nachbarn.

Tatsächlich waren die Funde Keilschrifttafeln; mehr als vierhundert. Einige davon wurden nach Kairo gebracht. Dort konnte aber niemand mit Sicherheit feststellen, wie alt sie waren. Noch niemals zuvor hatte man in Ägypten Keilschrifttafeln gefunden. Unsicherheit und auch Mißtrauen waren nur zu verständlich. Es gab genug Fälscher.

Einige Wochen lang boten die Händler die Tafeln im Lande an und versuchten, einen guten Preis dafür zu erzielen. Gegen Ende des Jahres 1887 kam Wallis Budge im Auftrag des Britischen Museums nach Ägypten. Er sollte alles aufkaufen, was die Museumssammlung vervollständigen könnte. Da hörte er von den ungewöhnlichen Tafeln. Und so fuhr er in den Süden des Landes. Von Assjut aus brachte ihn ein Dampfer nilaufwärts nach Luxor.

Dort legte ihm ein Händler einige der Tafeln vor. Budge erkannte, daß es andere als die assyrischen oder babylonischen Tafeln waren. Dennoch war er überzeugt, keine Fälschungen vor sich zu haben. Als noch andere Tafeln dazukamen, konnte er feststellen, daß es sich um Briefe handelte, die im 14. Jh. v.Chr. an ägyptische Könige gesandt worden waren.

Er kaufte zweiundachtzig Tafeln. Sie wurden heimlich aus Ägypten gebracht und sind heute in London. 199 Tafeln gelangten in das Staatliche Museum in Berlin, und fünfzig blieben in Kairo.

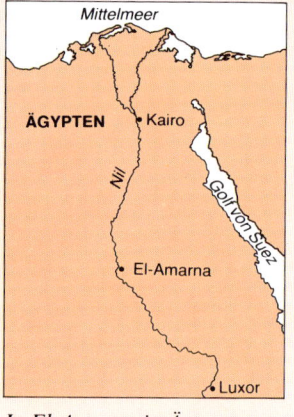

In El-Amarna in Ägypten wurden sowohl bildliche Darstellungen als auch schriftliche Berichte entdeckt.

VERWANDTE DER HEBRÄER? / 67

Etwa ein Dutzend befindet sich in anderen Sammlungen. Nach gegenwärtigem Stand wurden 378 Tafeln gefunden.

Zwischen der Entdeckung der Bauersfrau und der sicheren Verwahrung jener Tafeln in Museen wurden viele beschädigt oder gingen verloren. Der Besitzer einer besonders großen Tafel wollte sie nach Kairo bringen. Als er, die Tafel unter seinem Umhang verbergend, in den Zug stieg, rutschte er aus, und die Tafel zerbrach auf dem Boden. Er sammelte die Teile auf, so gut es ging. Sie befinden sich heute in Berlin. Es handelte sich dabei um eine Liste der Schätze, die eine ausländische Prinzessin bei ihrer Hochzeit mit einem Pharao als Mitgift mitbrachte.

Bei Ausgrabungen in Tell-el-Amarna fand man noch einige weitere zerbrochene Tafeln. Sie waren zurückgelassen worden, als die ägyptische Regierung unter Pharao Tutenchamun wieder in die alte Hauptstadt umzog. Offensichtlich handelte es sich um weniger wichtige Akten des Auswärtigen Amtes.

Auf diesen Tafeln schrieben Könige und Fürsten aus dem gesamten Nahen Osten an den Pharao, und manchmal antwortete er in babylonischer Sprache. Es schrieben ihm die Könige von Assyrien und Babylonien, die Fürsten von Syrien und Kanaan sowie die Herrscher über Städte wie Tyrus, Beirut, Hazor, Gezer und Jerusalem. In ihren Briefen ging es um internationale Angelegenheiten, örtliche Probleme und die Loyalität der kanaanitischen Könige. Dabei beteuern gerade die Könige dem

Tafeln aus El-Amarna. Kanaanitische Könige schrieben dem ägyptischen Pharao. Sie erwähnen umherstreifende Gruppen Fremder – sog. „Habiru" –, von denen sie angegriffen würden. Waren die „Habiru" die Hebräer des Alten Testaments?

Seit frühester Zeit war der Nil die große Verkehrsstraße Ägyptens und das Niltal ein fruchtbarer Landstrich inmitten der Wüsten im Osten und Westen.

Pharao ihre Treue am nachdrücklichsten, die ihre Nachbarn der Untreue bezichtigen!

Ein Problem, dem diese Herrscher gegenüberstanden, war die Bedrohung durch Fremde, die das Land durchstreiften und auch einzelne Städte angriffen. Es handelte sich um Banditen, Verbrecher und Flüchtlinge aller Art. Sie gehörten nicht zu den üblichen Nomadenstämmen, die mit ihren Herden umherzogen. Die Briefschreiber nannten sie Habiru. Als man dieses Wort in den Amarna-Tafeln gelesen hatte, begann eine Debatte, die bis heute nicht beendet ist. Waren diese Habiru, die gegen die Kanaaniter kämpften, die Hebräer des Alten Testaments?

Wenn die Israeliten tatsächlich – wie zumeist angenommen – im 13. Jh. v.Chr. in Kanaan einzogen, scheidet diese Möglichkeit aus. Die Amarna-Tafeln gehören in das vorhergehende Jahrhundert. Wenn man aber – wofür es auch Argumente gibt – den Auszug aus Ägypten um 1440 v.Chr. datiert, dann könnten die Habiru mit den

Hebräern durchaus identisch sein.

Man muß trotzdem davon ausgehen, daß es zwischen den Briefen und Personen der Amarna-Tafeln und den im Alten Testament genannten Ereignissen keine Verbindung gegeben hat. Auch wo gleiche Ortsnamen auftauchen, nennt jede Quelle andere Könige und Fürsten, hat jede einen anderen historischen Hintergrund. So stammen alle Briefe aus Palästina von Herrschern, die Ägypten untertan waren, und genau das gilt nicht für die Bücher Josua und Richter.

Seit die Amarna-Tafeln die Habiru bekanntgemacht haben, sind noch viele Texte gefunden worden, die sich auf sie beziehen. Die Habiru tauchen in ägyptischen, hethitischen, ugaritischen (siehe: *Die eroberten Städte in Kanaan)* und babylonischen Berichten auf. In großen Gruppen konnten sie eine Bedrohung sein; als einzelne waren sie keine Gefahr. Ägyptische Generäle machten Habiru in Kanaan zu ihren Gefangenen und brachten sie als Sklaven nach Ägypten. Dort mußten sie Steine brechen

oder Wein servieren. In Babylonien konnten sich die Habiru selber gegen Unterkunft und Verpflegung als Sklaven verkaufen.

Die ägyptischen Dokumente aus der Zeit zwischen 1500 und 1200 v.Chr. sprechen häufig von den Habiru. Babylonische Texte erwähnen die Habiru bereits zwei- bis dreihundert Jahre früher. Sie alle lassen erkennen, daß „Habiru" die Bezeichnung für heimatlose und geächtete Menschen war.

Abraham und seine Nachkommen gehörten zweifellos zu ihnen. In der Geschichte Israels wird die Bezeichnung „Hebräer" hauptsächlich bis etwa zur Regierungszeit Sauls gebraucht. Man kann also davon ausgehen: Die Habiru waren keine Hebräer, aber sie helfen zu erklären, was Hebräer waren!

Der Schatz des Tutenchamun

Lord Carnarvon war ein überaus reicher Mann. Auf eigene Kosten hatte er bei Ausgrabungen in Ägypten 200.000 Tonnen Sand und Geröll bewegen lassen. Aber nach sechs Ausgrabungskampagnen hatte man noch immer nichts Nennenswertes gefunden. Eine Fortführung der Arbeit schien sinnlos. Lord Carnarvon beschloß deshalb, sie zu beenden. Er ließ Howard Carter zur Berichterstattung in sein Landhaus kommen. Carter hatte die Ausgrabung angeregt und geleitet, weil er davon überzeugt war, daß im Tal der Könige noch ein weiteres Königsgrab zu finden sei. Man hatte die Gräber von allen Königen gefunden, mit einer einzigen Ausnahme: dem Grab des Tutenchamun.

Carter gelang es, seinen Förderer noch zu einem allerletzten Versuch zu überreden. Es gab kaum eine Stelle im Tal, die noch nicht vom Schutt befreit worden war. Nur ein kleiner Bereich

Im November 1922 entdeckte Howard Carter den reichsten Grabschatz aller Zeiten. Grabräuber vergangener Jahrhunderte hatten die Grabkammer des Königs Tutenchamun von Ägypten nicht gefunden. Sie blieb die einzige unversehrte Grabkammer eines Pharao, die je gefunden worden ist.

war ausgelassen worden, damit die Touristen ein anderes Grab leichter erreichen konnten. Zweifellos war es einen letzten Versuch wert, auch diesen Bereich noch zu untersuchen! Im November 1922 kehrte Howard Carter zurück, um die Arbeit wieder aufzunehmen. Und diesmal hatte er Erfolg!

Die Arbeiter räumten die Steine und die Überreste von Hütten fort, die für ein anderes Grab dort aufgestellt worden waren. Darunter fanden sie eine Treppe, die in den Felsen gehauen war. Nach sechzehn Stufen stand man vor einer versiegelten Tür. Einige der Siegel trugen den Namen Tutenchamuns. Ganz offensichtlich waren schon in früherer Zeit Diebe in das Grab eingedrungen. Die königlichen Friedhofswärter hatten deshalb den Türdurchbruch wieder verschlossen. Hatten die Diebe irgend etwas von Wert zurückgelassen?

Hinter der Tür lag ein neun Meter langer Gang. Dann stand man erneut vor einer versiegelten Tür.

Am 26. November 1922 drängten sich Lord Carnarvon, seine Tochter und ein Assistent um Carter, als dieser die Tür durchstieß und durch das Loch mit einer Kerze leuchtete. Was gab es da zu sehen?

„Ich sehe wundervolle Dinge!" antwortete er.

Carter blickte in die größte von vier unterirdischen Kammern. Drei davon waren vollgepackt mit Gegenständen, die ein König in seinem Leben nach dem Tode brauchen würde. In der vierten Kammer lag der Leichnam des Königs.

Der Türdurchbruch und die Unordnung bewiesen, daß der Schatz des

TUTENCHAMUN / 69

Tutenchamun bereits vor vielen hundert Jahren, kurz nach seiner Beerdigung, von Grabräubern beinahe geplündert worden wäre. Lediglich die Aufmerksamkeit der Wachen verhinderte den Raub. Nicht lange danach verschwand der Eingang unter Geröll, und die Hütten von Arbeitern aus späterer Zeit verbargen ihn vollständig. So entging das Grab eines unbedeutenden Pharao der Plünderung, dem Schicksal, das alle Gräber der großen Könige Ägyptens erlitten.

Ein Vogel mit seinem Gelege ist einer der Schätze aus dem Grab Tutenchamuns.

Der Name Tutenchamun, ein junger Pharao aus dem 14. Jh. (Regierungszeit 1345-1334 v.Chr.), ist heute besonders durch die aufsehenerregende goldene Totenmaske bekannt, die für die königliche Mumie angefertigt wurde.

Ein Hund, der den ägyptischen Gott der Mumifizierung und Wiedergeburt – Anubis – darstellt, bewachte einen Eingang im Grab Tutenchamuns.

Tutenchamuns Grab vermittelt uns einen kleinen Eindruck von all der Pracht, der sich die ägyptischen Könige zu einer Zeit erfreuen konnten, in der die Nation auf dem Höhepunkt ihrer Macht stand. Das Gold floß als Kriegsbeute oder Abgabe aus fremden Ländern in die Schatzkammern. Dazu kam das Gold aus den Minen im Süden Ägyptens. Tutenchamuns Grab zeigt, wie das Gold zur Ehre der Könige verwendet wurde.

Bei seinem ersten kurzen Blick sah Carter unter anderem ein vergoldetes hölzernes Bett, eine vergoldete Statue und viele andere mit Gold verzierte Möbelstücke.

Als die Forscher das Grab nach und nach leerten, staunten sie immer wieder über die Verschiedenartigkeit der gefundenen Gegenstände, über die hohe Qualität der Bearbeitung und über das hohe künstlerische Niveau.

So fand man zum Beispiel einen hölzernen Thronsessel, dessen Beine unten in einer Löwenklaue auslaufen, während sich am oberen Ende der beiden vorderen Beine ein Löwenkopf befindet. Das ganze ist mit Gold verkleidet. Die Armlehnen sind so geschnitzt, daß sie die Form von geflügelten Schlangen haben, die den König beschützen. Die mit Gold überzogene Rückenlehne zeigt die Königin, die den sitzenden König bedient. Der Glanz des Goldes wird noch unterstrichen durch Details, die in Silber und in blau-, grün- und rötlichbraungefärbtem Glas herausgearbeitet sind.

Vier Streitwagen waren zerlegt und in das Grab geschafft worden. Der hölzerne Aufbau des einen war goldverkleidet. In diese Verkleidung hatte man Bilder getrieben und eingraviert, die Ägyptens gefesselte Feinde darstellten. Zum Besitz des Königs gehörten auch viele prachtvolle Schmuckstücke aus Gold und Halbedelsteinen. Er besaß einen Dolch aus massivem Gold und einen, den er wohl tatsächlich benutzt hatte, mit einer Klinge aus Eisen; eine Rarität in der damaligen Zeit. Es lagen neunundzwanzig Bogen in dem Grab. Manche von ihnen waren zierlich umwickelt oder mit Gold überzogen. Die Zahl der Kostbarkeiten schien kein Ende zu nehmen.

Am prachtvollsten und wohl auch am bekanntesten sind der goldene Sarg und die goldene Totenmaske des Verstorbenen. In vier ineinander verschachtelten Schreinen (siehe: *Tutenchamun, die Stiftshütte und die Bundeslade*) befand sich ein gelber Steinsarg. In diesem Sarg lag ein anderer, mumienförmiger Sarg aus Holz, der mit Blattgold überzogen war. Ein zweiter, mit Gold überzogener Sarg aus Holz paßte genau in den ersten, und als der nun geöffnet wurde, fand man den Goldsarg. Das Metall ist 2,5 bis 3 mm dick. Er hat die Form eines Körpers und ist wie der zweite Sarg mit farbigem Glas und Steinen verziert. Der Leichnam war mumifiziert. Zwischen den einzelnen Lagen der sorgfältigen Bandage lagen Dutzende von Amuletten sowie in Edelmetall gefaßte Steine.

Das königliche Grab war mit allem ausgestattet, was der König während seines Lebens gebraucht oder benutzt hatte. Auf diese Weise sollte er in dem Leben nach dem Tod den gewohnten Lebensstil beibehalten können. Um sicherzustellen, daß es dem verstorbenen König auch wirklich wohl erging, waren verschiedene magische Texte in das Grab eingemeißelt. Außerdem hatte man geschnitzte Figuren von Göttern und Göttinnen in das Grab gestellt. Man hatte große Sorgfalt darauf verwendet, all das zu tun, was dem toten Tutenchamun nutzen konnte.

Tutenchamun starb etwa 1350 v.Chr., keine hundert Jahre vor der Zeit Moses. An den Schätzen in seinem Grab kann man daher den Lebensstil erkennen, wie er an dem ägyptischen Hof gepflegt wurde, an dem Mose aufwuchs. Sie zeigen auch den Luxus, der ihn dort umgab. Obwohl die einfachen Ägypter an diesem Reichtum nicht teilhatten, haben mehrere Ausgrabungen bewiesen, daß offensichtlich eine beträchtliche Anzahl königlicher Beamter, Soldaten und Verwalter ein luxuriöses Leben führten.

Wir können davon ausgehen, daß sich die Israeliten von diesem Personenkreis Gold und Silber geben ließen, als

Die Innenseite der Rückenlehne von Tutenchamuns Thron zeigt den König und die Königin. Der Thron ist aus Holz – überzogen mit schimmerndem Gold, Silber, blauer Fayence, Kalzit und Glas. Er gehört zu den wertvollsten Schätzen Ägyptens.

72 / TUTENCHAMUN

Eine hölzerne Truhe aus Tutenchamuns Grab in Theben ist mit Szenen aus seinem Leben bemalt. Der König fährt in seinem Kriegswagen dem Feind entgegen. Auf dem Deckel sind Jagdszenen dargestellt.

sie Ägypten nach den zehn Plagen verließen. 2. Mose 12 berichtet: „Und die Kinder Israel hatten getan, wie Mose gesagt hatte, und hatten sich von den Ägyptern silbernes und goldenes Geschmeide und Kleider geben lassen. Dazu hatte der Herr dem Volk Gunst verschafft bei den Ägyptern, daß sie ihnen willfährig waren, und so nahmen sie es von den Ägyptern zur Beute."

Nach 2. Mose 38 spendeten die Israeliten später in der Wüste etwa dreißig Talente Gold für die Ausschmückung der Stiftshütte (siehe: *Tutenchamun, die Stiftshütte und die Bundeslade*) und deren Geräte. Berechnet man ein Talent mit etwa dreißig Kilogramm, so betrug das Gesamtgewicht rund neunhundert Kilo.

Angesichts einer so immensen Goldmenge erschien Skepsis angebracht. Doch der Schatz des Tutenchamun

macht diese Angabe glaubwürdig. Der innere Goldsarg aus massivem Gold wiegt etwa 110 kg, etwas mehr als dreieinhalb Talente. Außerdem gibt es noch viele andere Gegenstände aus seinem Grab, die entweder aus purem Gold oder mit Gold überzogen sind. Es ist unmöglich, den Goldüberzug genau zu wiegen, aber man kann von rund 180 kg Gesamtgewicht des Goldes im Grab ausgehen. Das wäre dann etwa ein Fünftel der Menge an Gold, das die Israeliten mitnahmen.

Der Schatz des Tutenchamun ist die spektakulärste aller archäologischen Entdeckungen. Obwohl keine unmittelbare Verbindung zwischen dieser Entdeckung und den Berichten des Alten Testaments besteht, verdeutlicht sie den Reichtum Ägyptens und den historischen Hintergrund des Auszugs aus Ägypten.

Tutenchamun, die Stiftshütte und die Bundeslade

Der Schatz des Tutenchamun hilft uns, zwei Gegenstände besser zu verstehen, die in der Bibel beschrieben werden. Beide spielen in der Zeit des Auszugs Israels aus Ägypten eine große Rolle, also hundert Jahre nach der Beisetzung Tutenchamuns.

Das erste ist die Stiftshütte, der heilige Zeltschrein, in dem Gott „wohnte". Die Stiftshütte war so konstruiert, daß sie für die Wanderung von Ort zu Ort in ihre Einzelteile zerlegt werden konnte. Die Wände der Stiftshütte bestanden aus einer Reihe hölzerner Bretter. Sie waren mit Ringen bestückt, durch die man Querbalken schob, um den Teilen Halt zu geben.

Alle hölzernen Teile waren mit Gold überzogen, und die Seitenwände standen auf einer silbernen Bodenplatte. Zehn wundervoll bestickte Vorhänge bildeten das Dach. Um die Stiftshütte vor Witterungseinflüssen zu schützen, spannte man über das Ganze ein Zelt aus Ziegenhaar.

Die ägyptischen Handwerker stellten schon viele Jahrhunderte lang zerlegbare Pavillons und Schreine her. Im Jahre 1925 fand man ein solches Stück im Grab einer Königin aus der Zeit um 2500 v.Chr. Eine mit Gold überzogene und mit Vorhängen versehene Holzkonstruktion diente der Königin auf ihren Reisen als Unterkunft.

Im Grabe Tutenchamuns schützten vier mit Gold überzogene hölzerne Schreine den Leichnam des Königs. Der größte, äußere Schrein ist 5 Meter lang, 3,30 Meter breit und 2,30 Meter hoch. Jede Wand besteht aus einem hölzernen Rahmen, in den geschnitzte, mit Blattgold überzogene Paneele eingesetzt wurden.

Die Leichenbestatter hatten die Teile einzeln durch den 1,60 Meter breiten Eingang gebracht und sie dann in der Grabkammer zusammengesetzt. In der Eile hatten sie freilich nicht alle Teile richtig miteinander verbunden.

Den zweiten Schrein bedeckte ein Tuch aus Leinen, das mit goldenen Sternchen benäht war und den Himmel darstellen sollte. Die Dachform von zwei Schreinen stammt aus sehr alter Zeit. Das Dach selbst hat man aus Holz angefertigt und anschließend mit Gold überzogen. Früher, am Anfang der ägyptischen Geschichte, bestand der Schrein einer Hauptgöttin aus einem leichten, hölzernen Gestell, das oben mit einer Tierhaut bedeckt war. Von dieser Art waren auch die beiden Schreine, allerdings aus kostbarerem Material.

All das steht in keinem direkten Bezug zur israelitischen Stiftshütte. Es zeigt aber, daß die Idee wie auch die Konstruktionsmethoden eines solchen Schreines in Ägypten zur Zeit des Auszuges bekannt waren.

Der zweite Gegenstand, den das Grab Tutenchamuns anschaulich werden läßt, ist die Bundeslade. Die Bundeslade war ein Kasten, in dem das Dokument lag, das Israel als Nation begründete, das Gesetz Gottes. Das Volk Israel hatte gelobt, diesem Gesetz zu folgen. Die Bundeslade stand im Allerheiligsten der Stiftshütte. Um sie tragen zu können, hatte man an jeder Ecke einen goldenen Ring angebracht, durch den man Tragholmen schob. Denn die Bundeslade war zu heilig, als daß sie mit der Hand hätte berührt werden dürfen.

Unter dem Besitz Tutenchamuns befand sich auch eine hölzerne Truhe, eine wunderschöne Tischlerarbeit, die wie die Bundeslade mit Tragholmen ausgerüstet war. Vermutlich transportierte man darin die schweren königlichen

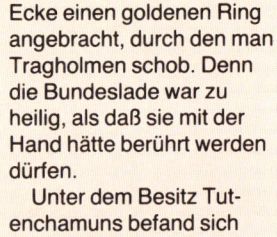

Gewänder. Die Truhe hatte vier Tragholme, zwei an jedem Ende. Wenn man sie abstellte, schob man die Holme in Ringe, die sich an der Unterseite der Truhe befanden. Sie ragten dann nicht mehr hervor. Am inneren Ende der Holme befand sich eine Manschette, so daß die Holme nicht aus dem Boden der Truhe herausrutschen konnten.

Eine hölzerne Truhe mit Ringen und Tragholmen wurde im Grab Tutenchamuns gefunden. Sie erinnert an die biblische „Bundeslade", in der die Gebote Gottes aufbewahrt wurden.

Vier mit Gold überzogene Schreine nahmen den einbalsamierten Körper Tutenchamuns auf.

In den Ziegeleien Ägyptens

Die Besucher Ägyptens stehen staunend vor den großen Pyramiden in der Nähe Kairos und reisen häufig mehr als 322 km nilaufwärts, um die großen Tempel von Karnak zu bewundern. Diese gewaltigen Monumente sind aus Stein errichtet. Ganze Heerscharen von Männern waren notwendig gewesen, um die Steine in den Bergen am Rande des Niltales zu brechen und mit Schlitten und Booten zum Baugelände zu bringen. Dort wurden sie von den Steinmetzen für den Gebrauch behauen.

Obwohl die riesigen Steinbauten die Touristen bis heute beeindrucken (sie werden bereits seit vielen Jahrhunderten von Touristen besucht. Die Sphinx und die Pyramiden waren schon zu Moses Zeit eine Attraktion), waren das übliche Baumaterial im alten Ägypten doch die Ziegel.

Jedes Jahr einmal steigt der Wasserstand des Nils um über sieben Meter und überflutet das Tal. Das Hochwasser beginnt im Juli, und erst ab Ende Oktober beginnen die Wasser wieder zu fallen. Auf seinem Wege von den Bergen Äthiopiens führt der Nil viele Tonnen Schlamm mit sich. In Ägypten, wo er träge dahinfließt, lagert er diese fruchtbare schwarze Erde ab. Es war für die Ägypter naheliegend, dieses reichlich vorhandene Material auch zum Bauen zu benutzen.

Ihre allerersten Unterkünfte haben die Ägypter wahrscheinlich aus Schilf geflochten und mit Lehm bestrichen. Diese Bauweise wurde sehr lange beibehalten, bis man um 3000 v.Chr. die Vorteile der Ziegel entdeckte. Die Idee dazu kam wahrscheinlich aus Syrien oder Palästina, wo der Ziegel schon viel früher üblich war als in Babylon.

Die Herstellung war einfach. Arbeiter brachten den Schlamm an eine geeignete Stelle, wo sie ihn mit ihren Füßen oder mit einer Hacke und unter Zugabe von Wasser zu einem zähen Brei verarbeiteten. Indem man zerschnittenes Stroh untermengte, machte man die Ziegel haltbarer. Heute braucht man etwa 20 kg Stroh für einen Kubikmeter Schlamm. Zusätzlich gibt man häufig etwas Sand hinzu.

Nach dem Mischen und Kneten schafften die Männer die Ziegelerde zu den Ziegelmachern. Die preßten die Ziegelerde in rechteckige Holzrahmen. Dann nahmen sie den Rahmen weg und ließen die Ziegel auf dem Boden trocknen. Nach zwei oder drei Tagen in der heißen Sonne waren die Steine gebrauchsfertig.

Es war keine angenehme Arbeit. Ein ägyptischer Schreiber aus der damaligen Zeit lobte seinen Beruf über alle anderen. Die Bauleute, so berichtete er, führten nämlich ein erbärmliches Leben: „Der kleine Bauhandwerker trägt Schlamm ... Er ist vom Zertreten des Lehmes schmutziger als die Schweine. Seine Kleider sind steif vom Lehm ..."

Die in Ägypten gefundenen Ziegel enthalten häufig noch Strohstücke. Die Ziegel für ein bestimmtes Bauwerk wurden, solange sie noch weich waren, mit einem Stempel versehen. In den hölzernen Stempel waren Name und Titel eines Pharao oder eines hohen Beamten eingraviert (siehe: *Das alte Babylon und seine Herrlichkeit*). Die Maße der Ziegel für den Hausbau betrugen 23 x 11,5 x 7,5 cm. Für größere Gebäude waren sie bis zu 40 x 20 x 15 cm groß.

Mehrere Berichte beschreiben die

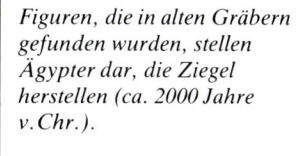

Figuren, die in alten Gräbern gefunden wurden, stellen Ägypter dar, die Ziegel herstellen (ca. 2000 Jahre v.Chr.).

IN DEN ZIEGELEIEN ÄGYPTENS / 75

Herstellung von Ziegeln für Staatsbauten. Sie berichten von Gruppen mit je zwölf Arbeitern und einem Aufseher. In einem Fall stellten 602 Männer 39.118 Ziegel her; pro Mann relativ wenig. Die heutige Rate liegt für eine Arbeitsgruppe von vier Männern bei 3.000 Ziegeln täglich. Andere Berichte erwähnen Ziegel in verschiedener Größe: 23.603 Ziegel von fünf Handbreiten, 92.908 Ziegel von sechs Handbreiten. Ein detaillierter Bericht aus dem 13. Jh. v.Chr. gibt als Produktionssoll für eine Gruppe von vierzig Männern je 2.000 Ziegel an. Dann folgen die Zahlen der tatsächlich abgelieferten Ziegel. Eine Angabe lautete: „Gesamtmenge 1.360 Stück; es fehlen 370 Stück." Es wird nicht berichtet, welche Strafe die Männer deswegen zu erwarten hatten.

Diese Angaben erinnern stark an den biblischen Bericht in 2. Mose (Kapitel 1 und 5). Dort wird beschrieben, wie die Israeliten vor dem Auszug für den Pharao Ziegel herstellen mußten.

„Und man setzte Fronvögte über sie, die sie mit Zwangsarbeit bedrücken sollten. Und sie bauten dem Pharao die Städte Pithom und Ramses als Vorratsstädte. Aber je mehr sie das Volk be-

drückten, desto stärker mehrte es sich und breitete sich aus. Und es kam sie ein Grauen an vor Israel. Da zwangen die Ägypter die Kinder Israel unbarmherzig zum Dienst und machten ihnen ihr Leben sauer mit schwerer Arbeit in Ton und Ziegeln und mit mancherlei Frondienst auf dem Felde, mit all ihrer Arbeit, die sie ihnen auferlegten ohne Erbarmen."

„Danach gingen Mose und Aaron hin und sprachen zum Pharao: So spricht der Herr, der Gott Israels: Laß mein Volk ziehen, daß es mir ein Fest halte in der Wüste. Der Pharao antwortete: Wer ist der Herr, daß ich ihm gehorchen müsse und Israel ziehen lasse? Ich weiß nichts von dem Herrn, will auch Israel nicht ziehen lassen. Sie sprachen: Der Gott der Hebräer ist uns erschienen. So laß uns nun hinziehen drei Tagereisen weit in die Wüste und dem Herrn, unserm Gott, opfern, daß er uns nicht schlage mit Pest oder Schwert. Da sprach der König von Ägypten zu ihnen: Mose und Aaron, warum wollt ihr das Volk von seiner Arbeit freimachen? Gehet hin an eure Dienste! Weiter sprach der Pharao: Siehe, sie sind schon mehr als das Volk des Landes, und ihr wollt sie noch feiern lassen von ihrem

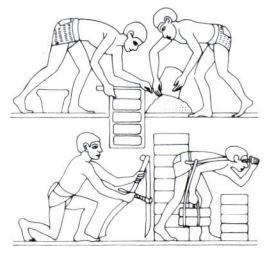

Der Name von Pharao Ramses II. ist auf den Lehmziegel (oben) gestempelt. Auf seinen großen Baustellen mußten wahrscheinlich die Israeliten sich plagen.

An den Wänden von Gräbern im alten Ägypten sind Zeichnungen zu finden, die das Herstellen von Ziegeln abbilden. Die Herstellung von Ziegeln war eine schmutzige Angelegenheit – eine typische Sklavenarbeit.

Eine heutige Ziegel-„Fabrik" in der Nähe von Kairo verwendet immer noch die jahrhundertealten Methoden und Materialien, um Ziegel zu brennen.

76 / IN DEN ZIEGELEIEN ÄGYPTENS

Dienst! Darum befahl der Pharao am selben Tag den Vögten des Volkes und ihren Aufsehern und sprach: Ihr sollt dem Volk nicht mehr Häcksel geben, daß sie Ziegel machen, wie bisher; laßt sie selber hingehen und Stroh dafür zusammenlesen. Aber die Zahl der Ziegel, die sie bisher gemacht haben, sollt ihr ihnen gleichwohl auferlegen und nichts davon ablassen, denn sie gehen müßig; darum schreien sie und sprechen: Wir wollen hinaufziehen und unserem Gott opfern. Man drücke die Leute mit Arbeit, daß sie zu schaffen haben und sich nicht um falsche Reden kümmern.

Da gingen die Vögte des Volkes und ihre Aufseher hinaus und sprachen zum Volk: So spricht der Pharao: Man wird euch kein Häcksel mehr geben. Geht ihr selber hin und beschafft euch Häcksel, wo ihr es findet; aber von eurer Arbeit soll euch nichts erlassen werden.

Da zerstreute sich das Volk ins ganze Land Ägypten, um Stroh zu sammeln, damit sie Häcksel hätten. Und die Vögte trieben sie an und sprachen: Erfüllt euer Tagewerk wie zuvor, als ihr Häcksel hattet. Und die Aufseher aus den Reihen der Kinder Israel, die die Vögte des Pharao über sie gesetzt hatten, wurden geschlagen, und es wurde zu ihnen gesagt: Warum habt ihr nicht auch heute euer festgesetztes Tagewerk getan wie bisher?

Da gingen die Aufseher der Kinder Israel hin und schrien zu dem Pharao: Warum verfährst du so mit deinen Knechten? Man gibt deinen Knechten kein Häcksel, und wir sollen dennoch die Ziegel machen, die uns bestimmt sind; und siehe, deine Knechte werden geschlagen, und du versündigst dich an deinem Volk. Der Pharao sprach: Ihr seid müßig, müßig seid ihr; darum

sprecht ihr: Wir wollen hinziehen und dem Herrn opfern. So geht nun hin und tut euren Frondienst! Häcksel soll man euch nicht geben, aber die Anzahl Ziegel sollt ihr schaffen. Da sahen die Aufseher der Kinder Israel, daß es mit ihnen übel stand, weil man sagte: Ihr sollt nichts ablassen von dem Tagewerk an Ziegeln."

Auch hier ist die Rede von Lehm und Stroh, von Aufsehern und Tagessoll. Die biblische Erzählung redet vom menschlichen Leid, von der Mühsal, die sich hinter den nackten Zahlen der ägyptischen Berichte verbirgt. Es war nur zu verständlich, daß die Israeliten dem entkommen wollten.

Sie baten darum, den Arbeitsplatz verlassen und ihren Gott anbeten zu dürfen. Eine Bitte übrigens, die damals durchaus üblich und nicht ungewöhnlich war. Es existieren Berichte über Arbeiter, die im Tal der Könige am Grab eines Pharao arbeiteten. Aus diesen Berichten erfahren wir, daß sich viele Arbeiter für religiöse Feste und Gottesdienste beurlauben ließen.

Die Beigabe von Stroh verbesserte die Qualität der Ziegel: Die Israeliten mußten sich das Stroh selber zusammensuchen. Ein ägyptischer Beamter in einem abgelegenen Grenzposten beklagte sich: „Es gibt in der Gegend keine Männer zur Herstellung von Ziegeln, und es gibt kein Stroh."

Tausende von Jahren haben die Menschen in Ägypten Ziegel hergestellt. Der Bericht über den Auszug gibt im Zusammenhang mit den ägyptischen Quellen ein anschauliches Bild von den Arbeitsvorgängen, aber auch von der schweren körperlichen Anstrengung, mit der diese Arbeit im zweiten Jahrtausend v.Chr. verbunden war.

Die Vorratsstadt des Pharao Ramses II.

Wenn ägyptische Könige ihre Götter durch großartige Bauwerke ehren und gleichzeitig ihren eigenen Ruhm bewahren wollten, verwendeten sie dafür immer Steine. Denn Gebäude aus Lehmziegeln waren nicht annähernd so haltbar. Die Steine mußten in den Bergen gebrochen und oft weit transportiert werden.

Bei Gebäuden im Nildelta, also im Norden Ägyptens, war das eine sehr teure Angelegenheit. So konnte sich einer der Pharaonen, der um 900 v.Chr. regierte, aus Geldmangel keine

neuen Steine für zwei seiner Bauten leisten. Deswegen gingen seine Männer in die Ruinen früherer Paläste und Tempel und holten sich von dort die Steine, die sie brauchten.

Die neuen Bauwerke wurden in Tanis und Bubastis errichtet. Bei den Ausgrabungen in Tanis, dem heutigen San el-Hagar, fand man in den Bauwerken von Osorkon II. (um 874 bis 850 v.Chr.) viele behauene Steine. Auf so manchem dieser Steinquader stehen Namen und Titel des großen Pharao Ramses II., der

vierhundert Jahre früher regierte. Dadurch ließen sich die Ausgräber zunächst zu der Schlußfolgerung verleiten, daß Ramses selber diese großartigen Paläste und Tempel habe erbauen lassen. Es war bekannt, daß er eine neue Stadt im Delta hatte errichten lassen, die nach ihm Per-Ramses hieß. Man hielt ihn außerdem für den Ramses, für den die Israeliten so schwer hatten arbeiten müssen (s. 2. Mose 1,11; die Lage des anderen Ortes, Pithom, ist ungewiß).

Aber die Steine des

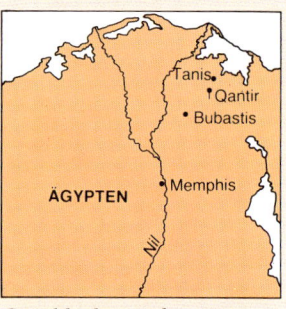

Steinblöcke mit dem eingemeißelten Namen Ramses II. wurden in Tanis gefunden. Das trug zur Verwirrung unter den Archäologen bei, die versuchten, die Lage der Vorratsstädte des Pharao ausfindig zu machen.

Ramses sind ohne jeden Zweifel nicht durch seinen Befehl nach Tanis gebracht worden. Einige der Inschriften sind nämlich verkehrtherum in die Mauern eingebaut oder auf der Innenseite der Mauer angebracht. Nirgendwo in Tanis gab es Grundmauern von Gebäuden des Pharao Ramses II. Keiner dieser Steine lag an seinem ursprünglichen Ort.

Nach den Ausgrabungen von Tanis grub man 30 km südlich in dem heutigen Ort Qantir weiter, obwohl dort heute oberhalb der Erdoberfläche praktisch nichts zu sehen ist. Von Zeit zu Zeit fand man in diesem Gebiet hellglasierte Ziegel. Manche hatten einen Sommerpalast geschmückt, den der Vater von Ramses, Seti I., hatte bauen lassen. Viele gehörten aber zu einer großangelegten Neugestaltung des Palastes für Ramses. Auf den Ziegeln standen sein Name und sein Titel, in Weiß auf Blau und Blau auf Weiß. In anderen Farben hatte man außerdem Szenen seiner Siege, aber auch besiegte Ausländer in den Stufen des Thrones dargestellt.

Offensichtlich war es ein prachtvoll-eleganter Palast gewesen, den man aus dekorativem Ziegelwerk gebaut hatte, weil es im Gegensatz zu den weiter südlich gelegenen Palästen an behauenen Steinen fehlte.

Die anschließenden Untersuchungen haben ergeben, daß der Palast von Qantir Teil einer Stadt war, und zwar der Stadt Per-Ramses. Dort gab es Tempel für die Hauptgötter und einen für die kanaanitische Gottheit Astarte, Häuser und Büros für den königlichen Verwaltungsapparat und Baracken für die Soldaten. Die Diener, Handwerker und Arbeiter wohnten und arbeiteten in kleinen Häusern und Werkstätten.

Man hatte zwei Nebenarme des Nils durch einen Kanal miteinander verbunden, so daß die Stadt auf einer Insel lag. Durch den Kanal konnten Schiffe vom Mittelmeer aus leicht den Hafen der Stadt erreichen. Es gab auch Lagerhäuser für die importierten und exportierten Waren sowie für die Steuerabgaben, die von den Beamten des Pharao eingetrieben wurden.

Alle diese Anlagen entstanden zur Zeit des Ramses. Manches davon war offenbar sehr unter Zeitdruck aufgebaut worden. Neben der neuen Stadt Per-Ramses lag die alte Stadt Awaris. Von dort ließ Ramses die Säulen der älteren Tempel forttragen, um seine eigenen Bauten damit zu schmücken. Auf die gleiche Weise benutzte wiederum ein späterer König die Steinblöcke und Säulen des Ramses für seine eigenen Bauwerke in Tanis.

Per-Ramses war offensichtlich ein Handelszentrum, außerdem ein strategisch wichtiger Ort. Unter Ramses II. kontrollierte Ägypten Kanaan und einen Teil des Libanon. Nach zwanzig Jahren Krieg mit Syrien und Palästina schloß Ramses einen Friedensvertrag mit dem hethitischen König, dessen Armee bis nach Damaskus marschiert war (1259 v.Chr.).

Von Per-Ramses aus bestand über Land und See mit den ägyptischen Gouverneuren in Kanaan eine gute Verbindung. Über den Nil konnte man auch die alten Hauptstädte Memphis und Theben, die weiter stromaufwärts lagen, leicht erreichen.

Über die Erbauung von Per-Ramses sind keine ägyptischen Berichte bekannt. Für diesen Bau waren viele, ja ganze Heerscharen von Arbeitern nötig, die das Gelände vorbereiteten, die Ziegel herstellten und die Mauern errichteten. Eine große ausländische Bevölkerungsgruppe in der Nähe, die man zu dieser Fronarbeit zwingen könnte, wäre hervorragend dafür geeignet gewesen. Und genau das beschreibt das 2. Buch Mose.

Wenn wir auch aus ägyptischen Quellen keine genauen Einzelheiten über den Frondienst der Israeliten kennen, so ist doch offensichtlich, daß die Entdeckung von Per-Ramses den biblischen Bericht erhellt und unterstützt. Die Stadt lag dicht an der Landesgrenze, so daß die Israeliten später ohne Probleme in die Sinaiwüste entkommen konnten.

Der Kopf Ramses II., dessen Bild so viele der großen Ruinen des alten Ägyptens beherrscht.

Eine riesige Statue Ramses II. bei Memphis.

Irgendeine Spur von Mose?

Eines der wichtigsten Ereignisse in der biblischen Geschichte ist der Auszug Israels aus Ägypten. Hätte es sonst das Volk Israel, hätte es die Bibel gegeben?

Das 2. Buch Mose berichtet, wie Mose am Königshof von Ägypten erzogen wurde. Er floh aus dem Land, nachdem er einen Ägypter getötet hatte, weil der einen Hebräer mißhandelte.

Viele Jahre lebte er fern von Ägypten. Dann kam er zurück, übernahm die Führung über sein Volk und versuchte beim Pharao zu erzwingen, die Hebräer aus Ägypten wegziehen zu lassen.

Als der Pharao das verweigerte, brachte Mose im Auftrag Gottes eine Reihe von Plagen über das Land. Die zehnte und letzte Plage tötete in jeder ägyptischen Familie den ältesten Sohn. Da endlich gab der Pharao nach und ließ die Hebräer ziehen. Sie hatten aber Ägypten noch nicht ganz verlassen, als er seine Meinung wieder änderte und seine Armee losschickte, um die Hebräer wieder zurückzuholen.

Als die Streitwagen die Hebräer schon fast erreicht hatten, teilte sich das Wasser des Roten Meeres. Die hebräischen Stämme kamen sicher durch das Meer, aber die Ägypter ertranken.

Wir erwarten vielleicht, daß von derart sensationellen Ereignissen auch heute noch Spuren zu finden sein müßten. Über hundert Jahre lang haben die Menschen danach gesucht und anhand sehr unterschiedlicher Funde nachzuweisen versucht, daß ihre These richtig ist. So soll der Leichnam des Pharao mit Salz bedeckt gewesen sein, eine Folge seines Ertrinkens im Roten Meer. Es stellte sich jedoch sehr bald heraus, daß es sich um ein chemikalisches Salz handelte, das sich bei der Einbalsamierung des Leichnams gebildet hatte.

Große Ziegelbauwerke wurden begeistert als die „Vorratsstädte" identifiziert, bei deren Bau sich die Hebräer vor ihrem Auszug quälten. Nichts an diesen Funden aber hätte beweisen können, daß es gerade Israeliten gewesen waren, die in der Ziegelei arbeiteten.

Nicht einmal im Hinblick auf die Person des Pharao, der als Unterdrücker der Israeliten bezeichnet wurde, herrscht Klarheit. Es gab mehrere Pharaonen, denen kein erstgeborener Sohn auf den Thron folgte. Aber zu einer Zeit, der viele Kinder im Säuglingsalter starben, war das auch wieder nicht so ungewöhnlich.

Wenn wir in den vielen tausend überlieferter, ägyptischer Inschriften nach Informationen suchen, dann findet man auch dort nichts, was eindeutig mit Mose und dem Auszug in Verbindung gebracht werden könnte. Deshalb behaupten manche Forscher, daß dieser Bericht der Bibel überhaupt keine historische Grundlage hat. Sie halten es für undenkbar, daß derartige Katastrophen ein so gut organisiertes Volk wie die Ägypter hätten treffen können, ohne daß darüber geschrieben worden wäre. Die großen Pharaonen ließen ihre Taten in die Wände der Tempel einmeißeln. Diener zeichneten ihre Lebensgeschichte an den Wänden ihrer Gräber auf. Verwalter und Schatzmeister führten Buch über die Einnahmen und Ausgaben der Paläste und Tempel. Sekretäre trugen die Arbeiter in Listen ein. Sie notierten deren Arbeitstage, Freizeit und Krankheitsfälle. So erscheint es auf den ersten Blick tatsächlich merkwürdig, daß in allen erhaltengebliebenen Berichten aus Ägypten nichts, aber auch gar nichts über den Auszug zu finden ist.

Dennoch ist es falsch, von den fehlenden ägyptischen Zeugnissen über den Auszug darauf zu schließen, daß es gar keinen Auszug gegeben hat. Tatsächlich zeigt es nur, wie wenig wir wirklich über die Geschichte dieses Landes wissen, und welch kleiner Teil der alten Schriften tatsächlich erhaltengeblieben ist.

Die Könige ließen ihre Titel, die Zahl ihrer besiegten Feinde und Berichte über die gewonnenen Schlachten in Stein meißeln. Manche davon stehen heute noch. Viele Bauten sind aber von späteren Königen abgerissen worden (siehe: *Die Vorratsstadt des Pharao Ramses II.*) und königliche Inschriften auf diese Weise verschollen. Aber selbst wenn wir jede einzelne davon wieder in Händen hätten, könnte man nicht davon ausgehen, in einer von ihnen den Bericht über den Untergang der ägyptischen Armee zu finden. Wer proklamiert schon gern eine Niederlage?

Wenn also die königlichen Monumente hier nicht weiterhelfen, dann könnte vielleicht der Schaden, den Ägypten durch die Plagen erlitt, und der Verlust an Arbeitskraft Veränderungen im Staatswesen bewirkt haben. Wie jeder zentralistisch regierte Staat verbrauchte Ägypten ungeheure Mengen an Papier und Papyrus. Viele dieser Dokumente wurden archiviert. Aber im Lauf der Geschichte wurden solche Papyrusdokumente fast alle vernichtet. Die Wahrscheinlichkeit ist also äußerst gering, ein Dokument wiederzuentdecken, das Mose oder den Aufenthalt der Israeliten in Ägypten erwähnt.

Die Behauptung, Mose habe nie existiert, weil er in keinem ägyptischen Dokument genannt wird, ist deshalb völlig unbegründet. Tatsächlich kennen wir – außer Mose – noch viele berühmte Persönlichkeiten in der frühen Geschichte vieler Völker nur aus den Dokumenten, die im eigenen Volk von Generation zu Generation weitergegeben wurden. Trotzdem gelten sie nach Ansicht vieler Wissenschaftler als historische Personen. Die früheren, äußerst skeptischen Thesen werden immer mehr zugunsten einer positiveren Annäherung an die Aussagen der Traditionen aufgegeben, ob es nun archäologische Belege dafür gibt oder nicht.

MOSE / 81

Gesetzeskodex König Hammurabis und das Gesetz des Moses

In den Jahren 1901 bis 1902 stießen französische Archäologen bei Ausgrabungen in der alten Stadt Susa im westlichen Persien auf einen überraschenden Fund. In den Ruinen von Bauwerken, die gegen Ende des zweiten Jahrtausends v.Chr. verlassen worden waren, fanden sie sorgfältig beschriftete, viele hundert Jahre zuvor angefertigte Gedenktafeln aus Stein. Es handelte sich nicht um ortsübliche, elamitische Skulpturen, sondern um Denkmäler, die berühmte Könige Babylons in ihren eigenen Städten hatten aufstellen lassen.

In einem kurzen Augenblick des Triumphs hatte ein König von Susa Babylon geplündert und diese Stücke als Trophäen mitgenommen. Die Steine wurden in neuer Zeit mit dem Schiff nach Paris gebracht, wo sie heute den Louvre schmücken.

Unter diesen steinernen Dokumenten nimmt eine schwarze Steinsäule eine Sonderstellung ein. Sie ist 2,25 m hoch, und am oberen Ende ziert sie ein 60 cm hohes Relief. In den Stein sind Hunderte von Zeilen in Keilschrift eingraviert worden. Schon ein Jahr, nachdem der Stein gefunden war, wurden die Einzelheiten seiner Entdeckung sowie eine Übersetzung des Textes veröffentlicht. Die Welt erfuhr von den Gesetzen des Königs Hammurabi.

Hoch schlugen die Wellen der Erregung, denn hier gab es eine ganze Reihe von Gesetzen, die dem „mosaischen Gesetz" in vieler Hinsicht sehr ähnlich waren. Man lese nur die Übersetzung einiger Paragraphen, die den Gesetzen aus 2. Mose 21-23 sehr gleichen:

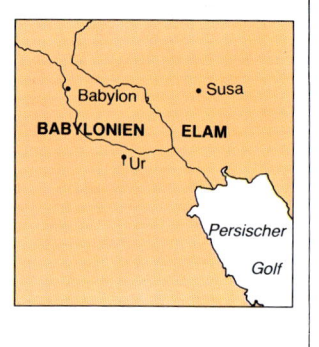

Die Stele des Hammurabi von Babylon ist mit den Gesetzen des Königs versehen. Obwohl er mehrere hundert Jahre vor Mose lebte, fordern die beiden Gesetzesvorschriften zum Vergleich heraus. Die Unterschiede sind ebenso bemerkenswert wie die Ähnlichkeiten.

„Gesetzt, ein Kind hat seinen Vater geschlagen, so wird man ihm die Hände abschneiden" (Nr. 195).*
„Wer Vater oder Mutter schlägt, der soll des Todes sterben" (2. Mose 21,15).

„Gesetzt, ein Mann hat einen minderjährigen Freigeborenen gestohlen, so wird er getötet" (Nr. 14).
„Wer einen Menschen raubt, sei es, daß er ihn verkauft, sei es, daß man ihn bei ihm findet, der soll des Todes sterben" (2. Mose 21,16).

„Gesetzt, ein Mann hat bei einer Schlägerei einen anderen geschlagen und ihm eine Verwundung beigebracht, so wird selbiger Mann schwören: ‚Ich habe ihn nicht mit Absicht geschlagen' und wird den Arzt bezahlen" (Nr. 206).
„Wenn Männer miteinander streiten und einer schlägt den anderen mit einem Stein oder mit der Faust, daß er nicht stirbt, sondern zu Bett liegen muß und wieder aufkommt und ausgehen kann an seinem Stock, so soll der, der ihn schlug, nicht bestraft werden; er soll ihm aber bezahlen, was er versäumt hat, und das Arztgeld geben" (2. Mose 21,18.19).

„Gesetzt, ein Mann hat eine Freigeborene geschlagen und hat bei ihr eine Fehlgeburt veranlaßt, so wird er zehn Sequel Silber für den Fötus zahlen. Gesetzt, selbige Frau ist gestorben, so wird man seine Tochter töten" (Nr. 209,210).
„Wenn Männer miteinander streiten und stoßen dabei eine schwangere Frau, so daß ihr die Frucht abgeht, ihr aber sonst kein Schaden widerfährt, so soll man ihn um Geld strafen, wieviel ihr Ehemann ihm auferlegt, und er soll es geben durch die Hand der Richter. Entsteht ein dauernder Schaden, so sollst du geben Leben um Leben, Auge um Auge, Zahn um Zahn, Hand um Hand, Fuß um Fuß, Brandmal um Brandmal, Beule um Beule, Wunde um Wunde" (2. Mose 21,22-25).

---

* Übersetzung nach Hugo Gressmann, Altorientalische Texte zum Alten Testament, Berlin 1926.

„Gesetzt, ein Mann hat das Auge eines Freigeborenen zerstört, so wird man sein Auge zerstören. Gesetzt, er hat einem anderen einen Knochen zerbrochen, so wird man seinen Knochen zerbrechen. Gesetzt, ein Mann hat einem anderen ihm gleichstehenden Manne einen Zahn ausgeschlagen, so wird man ihm einen Zahn ausschlagen" (Nr. 196, 197, 200).
„Auge um Auge, Zahn um Zahn, Hand um Hand, Fuß um Fuß" (2. Mose 21,24).

„Gesetzt, ein Rind hat, als es auf der Straße ging, einen Mann gestoßen und getötet, so entstehen aus diesem Rechtsstreit keine Ansprüche. Gesetzt, das Rind eines Mannes ist stößig und hat demgemäß, daß es stößig ist, ihm seinen Fehler gezeigt, er aber hat seine Hörner nicht gestutzt, sein Rind nicht angebunden, selbiges Rind hat einen Freigeborenen gestoßen und getötet, so wird er eine halbe Mine Silber geben" (Nr. 250, 251).
„Wenn ein Rind einen Mann oder eine Frau stößt, daß sie sterben, so soll man das Rind steinigen und sein Fleisch nicht essen; aber der Besitzer des Rindes soll nicht bestraft werden. Ist aber das Rind zuvor stößig gewesen und seinem Besitzer war's bekannt und er hat das Rind nicht verwahrt und es tötet nun einen Mann oder eine Frau, so soll man das Rind steinigen, und sein Besitzer soll sterben. Will man ihm aber ein Lösegeld auferlegen, so soll er geben, was man ihm auferlegt, um sein Leben auszulösen. Ebenso soll man mit ihm verfahren, wenn das Rind einen Sohn oder eine Tochter stößt. Stößt es aber einen Sklaven oder eine Sklavin, so soll der Besitzer ihrem Herrn dreißig Lot Silber geben, und das Rind soll man steinigen" (2. Mose 21,28-32).

„Gesetzt, ein Mann hat entweder ein Rind oder ein Schaf oder einen Esel oder ein Schiff gestohlen, gesetzt, es ist das Eigentum Gottes oder des Palastes, so wird er es dreißigfach geben. Gesetzt, es ist das Eigentum eines Muskenu (Abhängigen), so wird er es zehnfach ersetzen. Gesetzt, der Dieb hat nichts zu geben, so wird er getötet. Gesetzt, ein Mann hat geraubt und ist dabei gefaßt worden, so wird selbiger Mann getötet" (Nr. 8, 22).

„Wenn jemand ein Rind oder ein Schaf stiehlt und schlachtet's oder verkauft's, so soll er fünf Rinder für ein Rind wiedergeben und vier Schafe für ein Schaf. Wenn ein Dieb ergriffen wird beim Einbruch und wird dabei geschlagen, daß er stirbt, so liegt keine Blutschuld vor. War aber schon die Sonne aufgegangen, so liegt Blutschuld vor. Es soll aber ein Dieb wiedererstatten; hat er nichts, so verkaufe man ihn um den Wert des Gestohlenen. Findet man bei ihm das Gestohlene lebendig, sei es Rind, Esel oder Schaf, so soll er's zweifach erstatten" (2. Mose 21,37-22,3).

Hammurabi war um 1750 v.Chr. König von Babylon, also mehrere hundert Jahre, bevor Mose lebte. Die Gesetze befassen sich häufig mit den gleichen Tatbeständen, weil die meisten Babylonier wie die Israeliten Bauern waren, die in kleinen Städten lebten. Manche Ähnlichkeiten sind so verblüffend, daß man von einer in weiten Kreisen bekannten Tradition der Rechtsprechung ausgehen kann. Man vergleiche nur die Gesetze über den angriffslustigen Ochsen. Eine andere, ältere Sammlung babylonischer Gesetze verzeichnet eine Vorschrift, die in Hammurabis Gesetzen fehlt, die aber dem Gesetz des Mose sehr ähnlich ist: „Wenn ein Ochse einen anderen Ochsen durchbohrt hat, so daß er stirbt, sollen die Besitzer der Ochsen den Wert des lebenden Ochsen und den Körper des toten Ochsen zwischen sich teilen" (Kodex des Eschnunna, Nr. 53).

„Wenn jemandes Rind eines anderen Rind stößt, daß es stirbt, so sollen sie das lebendige Rind verkaufen und das Geld teilen und das tote Tier auch teilen" (2. Mose 21,35).

Auffällig sind freilich nicht nur die Ähnlichkeiten zwischen diesen babylonischen Gesetzen und den biblischen, auffällig sind auch ihre Unterschiede.

In den babylonischen Gesetzen sind Vermögen und Besitz ebenso wichtig wie die Menschen. Für Verbrechen an Personen und Sachen gelten dieselben Strafen.

In den biblischen Gesetzen dagegen ahndet man nur Verbrechen gegen die Person mit körperlichen Strafen. Verstöße gegen den Besitz werden durch Geld oder Güter abgegolten.

Das Schicksal eines Diebes, der den angerichteten Schaden nicht wiedergutmachen kann, ist nach Hammurabis Gesetz (Nr. 8) der Tod, während 2. Mose 22,2 verlangt, daß er als Sklave verkauft wird. Das hebräische Gesetz mißt dem Menschen einen höheren Wert zu als das babylonische.

Die Gesetze Hammurabis sind – soweit man hat feststellen können – niemals mit aller Konsequenz angewendet worden. Obwohl die babylonischen Schreiber sie auch noch zur Zeit Nebukadnezars abschrieben, also mehr als tausend Jahre nach Hammurabi, beziehen sich die babylonischen Berichte über Rechtsfälle niemals auf sie. Ihre Bedeutung dürfte mehr in ihrem Grundsatz als in ihrer praktischen Anwendung gelegen haben.

Interessanterweise gleichen sie darin ebenfalls den alttestamentlichen Gesetzen. Obwohl sie in der Geschichte Israels schon immer Mose zugeschrieben wurden, sind nach Ansicht der Gelehrten in den Geschichtsbüchern Samuel und Könige kaum Spuren von ihnen zu finden. Wie die Gesetze des Hammurabi könnten sie über viele Jahrhunderte in Vergessenheit geraten sein.

Es kann durchaus sein, daß die hebräischen Gesetze einzelne Problemlösungen von den Babyloniern übernommen haben. Der Vergleich zeigt aber auch die tiefgreifenden Unterschiede in den Wertvorstellungen, besonders was das menschliche Leben anbetrifft. Dieser Umstand lenkt die Aufmerksamkeit auf das Neue des hebräischen Denkens, das auch heute noch unsere Gesellschaft beeinflußt.

Unter dem Pflug:
Die verschüttete Stadt Ugarit

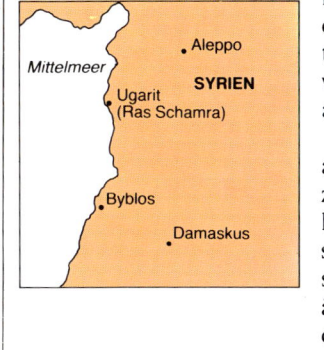

Ein Bauer stieß beim Pflügen seines Feldes auf einen großen Stein. Als er ihn wegschleppte, entdeckte er einen Gang, der zu einer unterirdischen Kammer führte. Es war ein frühgeschichtliches Grab, das noch vollständig erhalten war. Der Bauer nahm alles heraus, was er finden konnte, und verkaufte es an einen Händler.

Die Nachricht über die Entdeckung aber wurde bekannt und gelangte auch zu dem zuständigen Beamten der staatlichen Altertümerverwaltung. Er schickte einen seiner Mitarbeiter, der sich das Grab ansah. Sein Bericht, ältere, schon vorhandene Studien über die Gegend und Geschichten der Einheimischen, daß hier vor langer Zeit einmal eine große Stadt gestanden habe, führten zu der Entscheidung, Ausgrabungsarbeiten durchzuführen.

Das ist der fast klassische Weg, auf dem große Entdeckungen gemacht werden – und genau das war auch hier der Fall.

Hier in Syrien, an der Mittelmeerküste, nördlich der Hafenstadt Lattakia, machte der Bauer 1928 seine Entdeckung. Damals verwalteten die Franzosen das Land, und so war es auch ein französisches Team, das 1929 unter Leitung von Claude Schaeffer mit den Grabungen begann. Mit einer Unterbrechung von 1939 bis 1948 wurden dort fast in jedem Jahr Forschungsarbeiten durchgeführt, die bis heute noch nicht abgeschlossen sind.

Unter dem Acker des Bauern lagen die Ruinen einer Hafenstadt. Hier gab es die Häuser und Arbeitsstätten der Kaufleute (die Gräber dieser Menschen befanden sich unter dem Fußboden der Häuser) sowie die Kontore und Lagerhäuser eines geschäftigen Hafens. In den Ruinen lagen Hunderte von Keramikschalen, Kannen und Vasen. Darunter auch einige ausländische Stücke,

die aus Zypern, Kreta oder den griechischen Inseln importiert worden waren. Kontakte zu Ägypten zeigten sich an der Gestaltung von Äxten aus Bronze und Kosmetikkästen aus Elfenbein. Der Ort war auf einen Schlag vollständig verlassen worden. Die Gebäude zerfielen im Laufe der Jahrhunderte und wurden von einer wenige Zentimeter dicken Schicht Erde zugedeckt. Nach der Form und Verzierung der gefundenen Keramikwaren schätzte Schaeffer, daß die Hafenstadt zwischen 1400 und 1200 v.Chr. bewohnt wurde.

Die Ausgrabungsstelle war sehr ergiebig. Ihre reichen Funde wurden zu lohnenden Studienobjekten. Trotzdem wechselte Schaeffer nach nur fünfwöchigen Grabungen zu einem Tell, 1.200 Meter landeinwärts, von wo aus man auf den Hafen hinunterschauen konnte. An dieser Stelle hatte man nach dem Bericht von Einheimischen goldene Gegenstände und kleine geschnitzte Steine gefunden. Der Tell war ein bis zu achtzehn Meter hoher Schutthügel. Er erstreckte sich über ein Gebiet von zwanzig Hektar. Heute nennt man ihn Ras Schamra.

Die Grabung begann am höchsten Punkt des Hügels. Bald legte man die Mauern eines großen Bauwerks frei. Sorgfältig behauene Steinblöcke bildeten die Mauern. Innen fand man Teile von Steinskulpturen. Auf einem dieser Bruchstücke stand der Name eines ägyptischen Pharao, auf einem anderen eine in ägyptischer Sprache geschriebene Widmung an den Gott „Baal von Sapon". In der Nähe des Gebäudes hatte ein aus Stein gefertigter Schrein mit dem Bild des Sturmgottes Baal gestanden. Diese Gegenstände deuteten zusammen mit dem Grundriß des Bauwerks darauf hin, daß es sich hier nicht um ein Haus oder einen Palast handelte, sondern um einen Tempel, der vermutlich dem Gott Baal geweiht war.

Östlich vom Tempel befanden sich Mauern und Säulen eines herrschaftlichen Hauses. Es hatte einen offenen Innenhof, um den herum sich Räume mit gepflastertem Fußboden gruppierten. Eine steinerne Treppe läßt vermuten, daß es ein oberes Stockwerk gegeben hat. Unter einer Türschwelle fand man vierundsiebzig Werkzeuge und Waffen aus Bronze: Schwerter, Pfeilspitzen, Äxte und einen Dreifuß, verziert mit Granatäpfeln, die an einer Schleife herabhingen (wie die Verzierungen am Gewand des israelitischen Hohenpriesters, 2. Mose 28,33.34).

In einem Zimmer dieses Hauses gelang Schaeffer 1929 die allerwichtigste Entdeckung. Auf dem Boden lagen viele Keilschrifttafeln. Glücklicherweise war der Direktor der Altertümerverwaltung, Charles Virolleaud, ein Fachmann für babylonische Sprachen. Er erkannte sofort, daß einige der Tafeln Verzeichnisse von Worten waren, die zur babylonischen Sprachgruppe gehörten. Aber nicht alle Tafeln waren in babylonischer Sprache geschrieben.

Die Keilschrift auf achtundvierzig Tafeln war unbekannt. Virolleaud fertigte Zeichnungen davon an, die noch vor Ablauf eines Jahres nach dem Fund veröffentlicht wurden. So konnten auch andere Gelehrte darüber rätseln. Virolleaud, einem weiteren französi-

Die Hafenstadt Ugarit an der syrischen Küste hatte ihre Blütezeit in den Jahren vor dem Auszug der Israeliten aus Ägypten. Sie wurde plötzlich verlassen und versank im Dunkel der Geschichte. Claude Schaeffers Ausgrabungen brachten viele bemerkenswerte Entdeckungen. Unter den Funden war eine goldene Schale (links), deren Verzierung eine Jagd auf wilde Stiere darstellt.

Die sitzende Göttin von Ugarit, in Bronze modelliert (unten), stammt ungefähr aus dem 14. Jh. v.Chr.

86 / UGARIT

Eine Tontafel zeigt das Alphabet in ugaritischer Schrift. 1500 Tafeln mit dieser Schriftart sind entdeckt worden.

Überreste des Palasteingangs von Ugarit lassen die frühere Pracht ahnen. Die Könige lebten in Luxus, besaßen schöne Möbel aus poliertem Elfenbein, die von den ausländischen Prinzessinnen als Teil ihrer Mitgift stammten.

schen Experten mit Namen E. Dhorme und einem deutschen Fachmann, Hans Bauer, gelang schließlich die Entzifferung.

Die Gelehrten arbeiteten unabhängig voneinander und trugen die Ergebnisse ihrer Forschung zusammen. Gemeinsam gelang es ihnen, die Bedeutung von dreißig Schriftzeichen festzustellen. Sie waren der Ansicht, daß es sich um eine semitische Sprache handeln müsse. Deswegen sortierten sie die Buchstaben heraus, die in westsemitischen Sprachen wie dem Hebräischen häufig am Anfang oder am Ende eines Wortes stehen. Ihr Schema ermöglichte Übersetzungen, die einen Sinn ergaben (ein wichtiger Prüfstein!). Es funktionierte auch bei

anderen Tafeln, die man erst später fand.

Die Sprache auf den Tafeln nannte man Ugarit – nach dem früheren Namen der Stadt. Bei fast jeder Grabung wurden neue Tafeln entdeckt. Heute gibt es mehr als 1.500 Stücke in ugaritischer Schrift und außerdem viele in babylonischer Sprache (siehe: *Kanaanitische Mythen und Legenden*).

Mit der Entdeckung der Dokumente begannen Geschichte und Kultur der Stadt lebendig zu werden. Voller Begeisterung begann Schaeffer mit weiteren Grabungen an anderen Stellen des Hügels. Überall lagen die Ruinen dicht unter der Erdoberfläche.

An einer Stelle fand man Häuser und Werkstätten von Webern, Steinmetzen, Schmieden und Juwelieren, in denen viele Werkzeuge und Handwerksarbeiten lagen, und zwar genau dort, wo ihre Besitzer sie hatten fallenlassen, als Feinde die Stadt in Brand setzten. In anderen Teilen standen vornehme Häuser für die Reichen von Ugarit. Manche hatten ihre eigenen Archive mit Keilschrifttafeln.

Die märchenhaften Schätze, von denen die Einheimischen erzählten, wurden tatsächlich gefunden. Einige Häuser bargen Gold- und Silberschmuck sowie Kupferstatuetten von Göttern und Göttinnen, die mit Gold überzogen oder verziert waren. Eine Grabung 1933 brachte eine Schüssel und eine Schale aus Gold mit reliefförmig herausgearbeiteten, kunstvollen Mustern zum Vorschein. 1960 entdeckte man weitere Schalen aus Silber und Gold.

Das beeindruckendste Gebäude von Ugarit war der königliche Palast. Wie die übrige Stadt war auch er den Flammen zum Opfer gefallen. Obwohl vom Bauholz nichts übrigblieb, standen die Mauern noch bis zu einer Höhe von zwei Metern, manche sogar noch höher.

Ein Treppeneingang mit zwei Säulen, auf denen der Fenstersturz ruhte, führte in eine kleine Vorhalle und von dort aus in einen großen Hof. Hier spendete ein Brunnen Wasser, so daß sich die Besucher waschen konnten, ehe sie vor den König traten. In den Boden war ein Steinbecken eingelassen, wo den Besuchern Wasser über Hände und Füße gegossen wurde; ein Abfluß leitete das Wasser ab.

In den etwa zwei Jahrhunderten seiner Existenz hatte ein König nach dem anderen dem Palast weitere Höfe und Zimmerfluchten zugefügt. Die Archäologen erkannten zwölf verschiedene Bauabschnitte. In einer relativ späten Periode wurde in einem Hof ein Garten angelegt und in einem anderen ein großer flacher Teich, in dem möglicherweise Fische gezüchtet wurden. Mehrere Räume dienten als Archiv.

Keilschrifttafeln in babylonischer und ugaritischer Sprache berichten von den täglichen Regierungsgeschäften; manche Tafeln über Auslandsangelegenheiten, über Verträge mit benachbarten Königen oder über Verträge, die von den Hethitern auferlegt wurden. Es gab sogar einen Bericht über den Gerichtsprozeß gegen eine ausländische Prinzessin. Sie war mit einem König von Ugarit verheiratet und wurde vermutlich wegen Ehebruchs hingerichtet.

Ausländische Prinzessinnen brachten reiche Mitgift nach Ugarit, die sorgfältig auf bestimmten Tafeln verzeichnet wurde. In dem Palast fand man einige der verzeichneten Möbelstücke. Ein Bett hatte ein Kopfteil aus Elfenbein. In das Elfenbein waren Tiere und Jagdszenen eingeschnitten sowie Bilder von dem König und der Königin, die sich umarmen. Links und rechts von diesen Bildern sieht man die Gestalt einer Göttin, die zwei junge Götter stillt. Man fand einen runden Tisch mit einer komplizierten Einlegearbeit aus Elfenbeinschnitzereien, die Phantasietiere, Sphinxe und geflügelte Löwen darstellen.

Die Beine anderer Möbelstücke bestanden aus Elfenbein, die Löwentatzen und Löwenbeinen nachempfunden waren. Ein ganz außergewöhnlicher Fund besteht aus dem Stoßzahn eines Elefanten. Er diente als Träger für ein Möbelstück und ist in Form eines Menschenkopfes geschnitzt – vielleicht das Bildnis eines Königs oder einer Königin von Ugarit.

Ugarits Reichtum gründete sich auf den Handel. Zu dieser Stadt führte die Straße, die von Babylon den Euphrat entlang zum Mittelmeer führte. Von Ugarit aus segelten Schiffe nach Zypern und Kreta, zur Südküste der Türkei und an der Küste von Kanaan entlang nach Ägypten. Es ist also verständlich, daß Einflüsse aus all diesen Regionen in der Kunst und Kultur von Ugarit erkennbar sind.

Am deutlichsten sind sie in den gefundenen Schriften festzustellen. Neben Babylonisch und Ugarit wurde auch Hethitisch und Hurritisch in Keilschrift geschrieben. Ägyptisch erscheint auf Metall und Stein (und wurde sicherlich noch häufiger für die Niederschrift auf Papyrus verwendet). Auch die hethitischen Hieroglyphen und die Silbenschrift von Zypern fand man in Ugarit.

Der Pflug des Bauern öffnete den Weg zu den märchenhaften Schätzen in den Ruinen von Ugarit. Obwohl die Stadt außerhalb der Grenzen von Kanaan liegt, gibt sie ein eindrucksvolles Bild von dem blühenden Leben in Kanaan vor Ankunft der Israeliten.

Kanaanitische Mythen und Legenden

Bücher, die Menschen lesen, und Lieder, die sie singen, sind oft ein Spiegel ihrer Hoffnungen und Glaubensvorstellungen. In biblischer Zeit wurden jedoch nur die Gedanken und Vorstellungen weniger Menschen niedergeschrieben, und davon wiederum sind nur wenige erhalten geblieben.

Von den Menschen, die vor den Israeliten in Kanaan lebten, gibt es praktisch keine derartige Überlieferung. Das liegt vermutlich daran, daß sie Papyrus als Schreibmaterial benutzten (siehe: *Das Alphabet*).

Etwas nördlicher, in Ugarit, gebrauchte man normalerweise Tontafeln. Viele dieser Tafeln sind erhalten geblieben. Sie enthalten Geschichten über Götter und Helden, über Rituale und Gebete für den Gottesdienst.

Obwohl Ugarit außerhalb der Grenzen Kanaans liegt, haben die Menschen dort dieselben Götter und Göttinnen verehrt. Ihre Glaubensvorstellungen mögen von Ort zu Ort leicht unterschiedlich gewesen sein, aber man kann mit ziemlicher Sicherheit davon ausgehen, daß sie im großen und ganzen übereinstimmten.

El, den Hauptgott (sein Name bedeutet einfach „Gott"), stellte man sich als einen alten – bei einer Gelegenheit sogar hilflos betrunkenen – Mann vor, dessen Platz von dem tatkräftigen, aktiven Baal eingenommen wurde. Baal war der Regen- und Sturmgott. Er hatte zwei Rivalen. Der eine war Yam, das Meer. Yam hatte einen Palast, Baal aber nicht. Eine der Mythen berichtet, wie Baal einen herrlichen Palast bekam, vielleicht, nachdem er Yam besiegt hatte.

Am meisten wurde Baal von seiner Schwester Anat unterstützt. Einmal metzelte sie die Bevölkerung zweier Städte nieder:

„Seht, Anat kämpfte im Tal,
Sie kämpfte zwischen den beiden Städten,
Sie tötete die Menschenmengen an der Küste (?),
Sie brachte die Männer des Ostens zum Schweigen.
Unter ihren Füßen waren die Köpfe wie Bälle,
Die Handteller waren wie Heuschrecken um sie herum,
Die Handteller der Krieger wie Kornhaufen (?).
Sie hing die Köpfe um ihre Hüften,
Sie band die Handteller zu einem Gürtel zusammen.
Sie stand bis zu den Knien im Blut der Helden,
Der Saum ihres Kleides hing im Blut der Krieger.
Sie vertrieb die alten Männer mit ihrem Stab,
Mit der Sehne ihres Bogens ...
Sie kämpfte schwer, dann schaute sie um sich,
Anat schlug zu und lachte,
Ihr Herz war voller Freude ..."

Baal war der kanaanitische Gott des Regens und Sturms. Im Gegensatz zu dem Hauptgott El galt er als kraftvoll und forderte rivalisierende Götter heraus.

Eine Tafel in ugaritischer Schrift enthält eine Anzahl von Sprüchen, um Schlangen zu beschwören.

KANAANITISCHE MYTHEN UND LEGENDEN / 89

Nach ihrem Kampf setzte Anat den Gott El unter Druck, damit er Baal erlaubte, sich einen Palast errichten zu lassen, in dem er in aller Würde residieren konnte.

Baal hatte noch einen Feind: Das war Mot, der Tod. Eine zerbrochene Tafel erzählt, wie Mot den Baal besiegte, als der in die Unterwelt eindrang. Anat trauerte um ihren Bruder, suchte Mot, seinen Mörder, auf, zermalmte ihn wie Korn, verbrannte ihn und streute seine Asche über die Erde. Inzwischen schlug Aschera, die Gattin Els, vor, ein anderer Gott möge sich auf Baals Thron setzen. Das geschah auch, aber der Gott war viel zu klein, um sich auch nur richtig hinsetzen zu können!

Am Eingang zur Unterwelt paarte sich Baal mit einer Kuh, die ihm sofort einen Sohn gebar. Als Mot tot war, kehrte Baal aus der Unterwelt zurück, tötete die Söhne der Aschera und setzte sich wieder auf seinen Thron.

Sieben Jahre danach trat Mot wieder in Erscheinung, um noch einmal Baal zu bekämpfen. Keiner von beiden siegte, weil El den Kampf beendete und Baal in seinem Königsamt beließ.

Götter wie diese sind für den modernen Menschen nicht gerade gute Vorbilder. Was die Israeliten betrifft, so standen sie in Gefahr, sich diesen Göttern zuzuwenden. Die kanaanitischen Götter waren skrupellos. Sie machten das, was ihnen gefiel.

Die Baalsanbeter gebrauchten zahlreiche Rituale, um die Gunst ihres Gottes zu erlangen. In der Regel brachten sie ihm Opfergaben. Auf einer gefundenen Tontafel ist ein Gebet für Zeiten der Gefahr aufgezeichnet:

„Greift ein Mächtiger das Stadttor an,
ein Heldenmütiger die Stadtmauern,
dann hebt eure Augen auf zu Baal:
O Baal, jag bitte den Mächtigen vom Stadttor weg,
den Heldenmütigen von den Stadtmauern:
Einen Stier für Baal weihen wir!
Ein Gelübde für Baal legen wir ab!
Einen Erstgeborenen für Baal weihen wir!
Die Beute bringen wir Baal als Opfer dar!
Ein Trankopfer bringen wir dem Baal!
Wir werden zum Heiligtum Baals hinaufsteigen,
auf den Wegen zum Baalstempel werden wir gehen.
Nun wird Baal eurem Gebet seine Aufmerksamkeit schenken,
er wird den Mächtigen vom Stadttor wegjagen,
den Heldenmütigen von den Stadtmauern."*

Einer der Helden in den Legenden von Ugarit war König Keret. Er verlor seine Frau und trauerte um sie. Da erschien ihm in einem Traum El, der „Vater der Menschenkinder", um ihm zu helfen. Keret sollte eine Armee sammeln und zu der Stadt eines Königs marschieren, der eine wunderschöne Tochter besaß. Um ihre Hand sollte er anhalten.

Nach einer langen Reise und schwierigen Verhandlungen wurde die Hochzeit beschlossen. Im Laufe der Zeit gebar die Prinzessin viele Söhne und Töchter. Aber Keret erkrankte, und

_____
* Übersetzung nach Eugen Sitarz, Kulturen am Rande der Bibel, Stuttgart 1983.

sein Land litt unter einer Dürre. Schließlich griff El noch einmal ein und heilte ihn, beziehungsweise verlängerte zumindest sein Leben.

Kerets Sohn hoffte, der Nachfolger seines Vaters zu werden. Er versuchte deswegen, den Vater zu überreden, sich aus den Regierungsgeschäften zurückzuziehen, weil er nicht länger fähig sei zu regieren: „Du trittst weder für die Sache der Witwen ein, noch läßt du den Armen Gerechtigkeit widerfahren." Doch Keret war noch rüstig genug, um seinen Sohn zu verfluchen und den Thron zu behalten.

Diese und noch einige andere Geschichten vermitteln einen Eindruck vom Leben dieses Landes. Baal, Yam und Mot verkörpern Naturgewalten. Baals Tod symbolisiert das alljährliche Verschwinden von Regen und Wasser in der Hitze des Sommers. Baals Rückkehr zeigt den wiederkehrenden Regen im Herbst an.

Hinweise auf den Tafeln bestätigen, daß die Texte laut vorgelesen wurden, um Baals Wiederkehr sicherzustellen.

Kerets Geschichte zeigt, wie sich ein Gott um den König bemüht, wie die Wohlfahrt eines Landes von der Gesundheit und dem Erfolg des Königs abhängen. Rivalität innerhalb der Familie und das Problem des hohen Alters spielen ebenfalls eine Rolle. Allerdings fehlt der Schluß der Geschichte, der vielleicht die Lösung dieser Probleme bringt.

Diese Beispiele sollen einen kleinen Eindruck von der kanaanäischen Literatur vermitteln. Freilich kann auch die vollständige Lektüre der uns erhaltenen

Figur des Baal aus Bronze. Ungefähr 1400 v. Chr.

Texte lediglich ein bruchstückhaftes Wissen vermitteln, denn viele Tafeln wurden schon in früher Zeit zerstört, und viele Geschichten wurden nur mündlich weitergegeben.

Das vorhandene Material zeigt uns aber, mit welchen Glaubensvorstellungen die Israeliten in Kanaan konfrontiert wurden.

Die überlieferten Berichte sind für das Studium der hebräischen Sprache und in anderer Hinsicht von Bedeutung. Ihre Sprache ähnelt dem Hebräischen und hat uns zu einem besseren Verständnis einiger Worte und Schriftstellen im Alten Testament verholfen.

Die Form der Poesie – Zweizeiler, wobei die zweite Zeile die erste sinngemäß wiederholt – ist sowohl in der kanaanäischen wie in der hebräischen Literatur üblich. Die Dichter der Psalmen benutzten also zu Ehren ihres Gottes damals übliche und bekannte Stilmittel.

Das Alphabet

Die allermeisten der heutigen Sprachen basieren auf einem Alphabet. Nur für die chinesische und japanische Sprache trifft das nicht zu. Auf den ersten Blick ist es schwer zu glauben, daß römische, hebräische, arabische und äthiopische Alphabete miteinander verwandt sein sollen. Dennoch stammen sie alle vom selben Alphabet ab. Einer der Beiträge der Archäologie in den Regionen von Palästina und Syrien ist die Entdeckung dieses „Ur-Alphabets".

In die Hügel am südwestlichen Rand der Wüste Sinai hatten die alten Ägypter Stollen getrieben, wo sie einen blauen Edelstein abbauten. Diesen Türkis verarbeiteten sie in ihren Schmuckstücken (abergläubische Menschen schätzen diesen Stein auch heute noch als „Glücksstein" zur Abwehr des „bösen Blicks"). Die Ägypter führten die Aufsicht bei der Türkisgewinnung. Nomaden aus dieser Gegend oder Männer, die man aus Kanaan hergebracht hatte, arbeiteten unter Aufsicht von Ägyptern in diesen Minen. Sowohl die Aufseher wie die Arbeiter brachten der Muttergöttin und anderen Gottheiten ihre Opfer dar. Besondere Ereignisse hielten sie durch Inschriften fest, die sie in die Steine ritzten.

Die ägyptischen Inschriften folgen den traditionellen Mustern. Daneben gibt es andere, die – als Sir Flinders Petrie sie 1905 fand – überhaupt niemand verstehen konnte. Sie enthielten etwa dreißig verschiedene Zeichen. Jedes Zeichen bestand aus einem Bild wie die ägyptischen Hieroglyphen, war aber nicht damit identisch.

Nach einigen Jahren erkannte der hervorragende britische Ägyptologe Sir Alan Gardiner, daß diese Zeichen eine Art Alphabet darstellten. Er erzielte Fortschritte beim Entziffern dieser Zeichen, als er davon ausging, daß jedes Bild für den Anfangslaut des Dargestellten stand. Wenn Kinder das Alphabet lernen, sagen sie auch: „A wie Apfel, H wie Hund." Gardiner überlegte, daß die Zeichen, die er studierte, auf einer Umkehrung dieses Prinzips aufbauen könnten. Das heißt: „Apfel steht für A, Hund steht für H."

1915 gab Gardiner bekannt, daß er die Bedeutung von neun Zeichen herausgefunden habe. Weniger sorgfältige Gelehrte kamen zu weitergehenden Schlußfolgerungen. Einer behauptete zum Beispiel, es existierten Zusammenhänge zwischen diesen Inschriften und Mose. Aber auch hervorragende Experten, die alle Schriftzeichen zu deuten versuchten, stießen auf Skepsis. Bis heute ist es nicht möglich, die Inschriften zu lesen, hauptsächlich deshalb, weil sie alle sehr kurz sind. Deutlich ist nur, daß es sich bei ihnen um Widmungen an eine Göttin und um andere religiöse Berichte handelt.

Daß etwa dreißig Inschriften mit diesen Schriftzeichen in der Wüste Sinai gefunden wurden, war ein archäologischer Zufall. Nachdem man die Minen aufgegeben hatte, blieben die Inschriften der Zerstörung durch Witterungseinflüsse und gelegentliche Besucher ausgesetzt. In Kanaan benutzte man dieselbe Schriftart. Einige wenige Beispiele bezeugen das. Ein oder zwei davon könnten sogar älter sein als die vom Sinai, andere etwas jünger. Aus derart dürftigen Quellen kann man dennoch die Anfangsgeschichte des Alphabets herleiten, zumindest in ihren allgemeinen Grundzügen.

Zwischen den Jahren 2000 und 1500 v.Chr. entstanden überall in Syrien und Kanaan große, mächtige Städte. Sie wurden gewöhnlich auf den Ruinen von Orten erbaut, die im späten dritten Jahrtausend zerstört worden waren. Mit diesen neuen Städten weitete sich der Handel im ganzen Nahen Osten beträchtlich aus. Für den Schriftverkehr mit dem Ausland benutzte man in der Regel die babylonische Keilschrift oder die ägyptischen Hieroglyphen. Diese Sprachen mit ihren Hunderten von Schriftzeichen waren freilich ziemlich kompliziert.

Die Küstenregion von Syrien und Palästina bildete den Schmelztiegel all dieser Sprachen. Dort, vielleicht in dem geschäftigen Hafen Byblos, kam einem Schreiber die geniale Idee des Alphabets. Seine Erfindung zeigt eine umfassende Kenntnis der eigenen Sprache. Babylonische Schreiber untersuchten ihre Sprache, um Listen der Silben und der Verbformen anzufertigen.

Der Inschrift auf der Steinsphinx aus der Sinaiwüste liegt ein frühes Alphabet zugrunde.

DAS ALPHABET / 91

(1)	(2)	(3)	Buch-stabe	(Bedeu-tung)	Lautwert
			Alef	Ochse	'
			Bēt	Haus	b
			Rēsch	Kopf	r
			Ajin	Auge	'

Bereits feststehende Zeichen wurden in den Bergwerken des Sinai (1) und in kanaanitischen Schriftstücken aus dem 13. und 12. Jh. v.Chr. (2 und 3) gefunden.

(1)	(2)	(3)	Semi. Lautwert	Griech. Buchst.	Griech. Lautwert
			'	Alpha	a
			b	Beta	b
			r	Rho	r
			'	Omikron	o

Bereits feststehende phönizische Zeichen um 1000 v.Chr. (1), moabitische (2) und im frühen Griechisch um 700 v.Chr. (3).

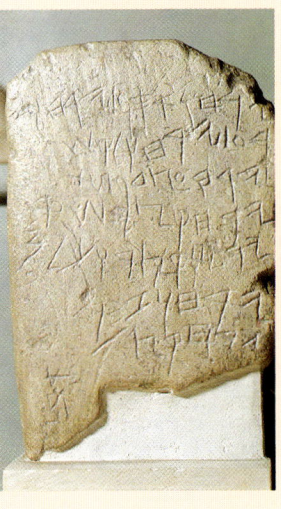

Der Kalender von Gezer ist der älteste fortlaufende Text, der in Israel gefunden wurde. Er stammt wahrscheinlich aus der Zeit Salomos.

Der unbekannte Schöpfer des Alphabets trennte in seiner Sprache jeden selbständigen Laut ab, für den er ein Bild nach dem „Hund steht für H-Muster" zeichnen konnte.

Bei seiner Sprache handelte es sich um eine westsemitische Form, vermutlich eine kanaanitische Sprache, die sich zum Phönizischen weiterentwickelte. In dieser Sprache begann kein Wort mit einem Vokal. Deshalb gab es dafür keine Zeichen. Die Vokale mußte der Leser nach jedem Konsonanten sinngemäß einfügen. Bei zwei Abkömmlingen dieses Alphabets ist das noch heute der Fall: Im Arabischen und im Hebräischen werden die Vokale entweder gar nicht geschrieben, oder sie werden durch bestimmte Zeichen über und unter den Buchstaben angedeutet.

Wenn es wirklich so war, wie man vermuten kann, dann beherrschte jener kluge Schreiber auch die ägyptische Hieroglyphen-schrift. Das erklärt, weshalb die neue Schrift von rechts nach links verlief. So schrieben nämlich die Ägypter (das gilt heute noch für das Arabische und Hebräische). Damit wäre auch klar, weshalb so wenige Beispiele dieses ersten Alphabets erhalten geblieben sind. Sie wurden fast alle auf dem wenig dauerhaften Papyrus geschrieben.

In Ugarit war die babylonische Schreibweise auf Ton üblich. Papyrus mußte aus Ägypten eingeführt werden, d.h. es war teuer. Als das erste Alphabet bekannt wurde, erkannte ein in der babylonischen Tradition geübter Schreiber die Vorteile. Er übernahm die Idee und entwickelte eine Variante, die für das Schreiben auf Tontafeln geeignet war. Die Tafeln, die in Ugarit erhalten geblieben sind, zeigen die Bereitschaft der Schreiber, dieses Keilschriftalphabet für alle Arten von Berichten zu verwenden. Man kann davon ausgehen, daß in dem südlich gelegenen Kanaan das ursprüngliche Alphabet sich in ähnlicher Weise durchsetzte.

Als Israel die Herrschaft über Kanaan erlangte, war das Alphabet bereits allgemein bekannt. Es wurde verstanden, wo immer man es brauchte. Von sehr kurzen Texten aus den Jahren 1600 bis 1200 v.Chr. einmal abgesehen, sind phönizische Texte die ältesten uns bekannten schriftlichen Überlieferungen. Sie stammen aus Byblos und sind in Steintafeln, Statuen und einen Sarg eingraviert worden zu der Zeit, als David und Salomo über Israel regierten. Von dieser Zeit an läßt sich anhand von Inschriften in Stein, Metall und Keramik die Entwicklung örtlicher Varianten des Alphabets – des aramäischen, hebräischen, moabitischen und phönizischen – verfolgen.

Die Entstehung des Alphabets bedeutete nun freilich nicht, daß jetzt jedermann lesen und schreiben konnte. Es machte das Lesen und Schreiben nur einfacher und daher für wesentlich mehr Menschen verfügbar als für die hochspezialisierte Gilde der Schreiber.

In den Jahrhunderten nach 1000 v.Chr. übernahmen die Griechen das phönizische Alphabet. In ihrer Sprache gab es viele Worte, die mit einem Vokal begannen. Sie mußten also auch die Vokale schreiben (so wurde zum Beispiel der phönizische Kehllaut „ayin" als leichtes „O" genommen).

Von diesem griechischen Alphabet haben die Römer ihre Schrift abgeleitet, von der wiederum die modernen lateinischen Buchstaben stammen, die heute in der ganzen westlichen Welt gebraucht werden.

Die eroberten Städte in Kanaan

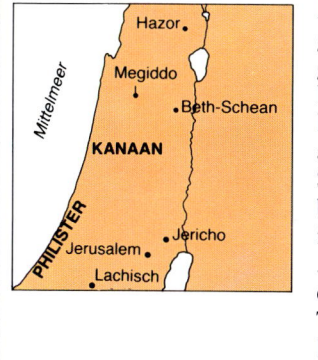

Bei ihren Grabungen in den Schutthügeln von Palästina stießen die Archäologen auf Reste von Häusern, die alle den Flammen zum Opfer gefallen waren. Bei jeder Ausgrabungsstelle hieß es annähernd gleichlautend: „Eine dicke Schicht Asche zeigt an, daß diese Bebauungsstufe mit einem großen Feuer im 13. Jh.v.Chr. endete …" oder „… die Festung wurde durch ein Feuer dem Erdboden gleichgemacht. Die Trümmerschicht ist 1,50 Meter stark. Die Stadt wurde offensichtlich in der zweiten Hälfte des 13. Jh.v.Chr. zerstört."

Die Tatsache, daß eine ganze Anzahl von Städten etwa um dieselbe Zeit vernichtet wurde, deutet auf einen großangelegten Angriff. Das geschätzte Datum fällt in die Zeit, in der die Israeliten aller Wahrscheinlichkeit nach in Kanaan einwanderten. Viele Wissenschaftler haben den naheliegenden Schluß gezogen: Die israelitischen Stämme brannten diese Städte nieder.

Zum Bedauern der Archäologen verließen die feindlichen Armeen jedoch die rauchenden Städte und zogen weiter. Sie hinterließen keine Notiz oder Gedenktafel mit der Mitteilung: „Wir, die Israeliten, haben unter Führung Josuas diese Stadt Bethel zerstört." Man kann dies also nicht mit Sicherheit behaupten.

Es gibt noch ein weiteres Problem: Neben den Israeliten gab es die Philister, die von der Küste aus versuchten, die Kontrolle über Kanaan zu gewinnen, und im Norden hatten die Aramäer von Syrien aus die gleiche Absicht. Jedes dieser Völker kann die kanaanitischen Dörfer und Städte angegriffen haben. Auch die Ägypter sollte man

nicht vergessen. Gegen Ende des 13. Jh.v.Chr. waren auch die Streitkräfte von Pharao Merneptah aktiv (siehe: *Der Bericht über den Sieg*). Die Art der Töpferware und einige Gegenstände, auf denen die Namen ägyptischer Könige stehen, beweisen das, auch wenn die Datierung nicht sehr genau sein kann, denn eine bestimmte Stilart hat sich möglicherweise an einem Ort länger erhalten als an einem anderen, und manches Material mag verlorengegangen sein.

Aus heutiger Sicht muß man davon ausgehen, daß es mehrere Angriffe auf die Kanaaniter gegeben hat. Bei manchen Attacken wurden mehrere Städte auf einmal besiegt; andere wurden einzeln und in Zeitabständen von mehreren Jahren erobert. Das paßt zu dem, was das Buch Richter erzählt. Die Armeen der Israeliten und die der Philister haben mal hier, mal dort eine Stadt überfallen und niedergebrannt.

Als die Israeliten in das Land Kanaan eindrangen, brannten sie die eroberten Städte nicht massenweise nieder. Sie brauchten diese Städte schließlich, um darin zu leben! Nach Aussage der Bibel wurden nur Jericho, Ai und Hazor völlig zerstört.

In der Asche und in den Ruinen liegen noch viele Gegenstände so, wie ihre Besitzer sie hinterließen. Keramik findet man am meisten. Obwohl die Schüsseln und Schalen, Krüge und Kannen der kanaanitischen Töpfer im 13. Jh.v.Chr. qualitativ nicht mehr so gut waren wie einige Jahrhunderte zuvor, wählten die Töpfer zur Verzierung immer noch gern Tier- und Vogelmotive.

In einer bestimmten Art von Krügen

DIE EROBERTEN STÄDTE IN KANAAN / 93

mit zwei Henkeln, etwa 57 cm hoch, wurde kanaanitisches Öl und Wein exportiert. Diese Krüge wurden als Handelsware oder als Abgaben nach Ägypten gebracht. Manchmal gelangten sie sogar bis nach Athen und Mykene in Griechenland. Die für diese Länder typische Keramik kam dafür nach Kanaan zurück.

Am bemerkenswertesten sind die Gefäße mit waagerechten Streifen in Rot oder Braun aus Griechenland. Bei wohlhabenden Kanaanitern waren sie sehr beliebt. Deshalb produzierten die einheimischen Töpfer für die ärmeren Leute billige Imitationen. Die Muster auf der importierten mykenischen Keramik sind das wichtigste Instrument, um die Fundorte datieren zu können, weil der Wechsel von einem Muster zu einem anderen mit den Regierungszeiten bestimmter Pharaonen verbunden werden kann.

Die kanaanitischen Handwerker waren sehr geschickt im Gießen und Gravieren von Metall – Silber und Gold für Schmuckstücke, Kupfer und Bronze für Werkzeuge, Waffen und andere Gebrauchsgegenstände. Wie in Ugarit gab es Leute, die mit großer Kunstfertigkeit Elfenbeinschnitzereien herstellten, und andere, die aus Steinen Siegel meißelten. In ihrer Kunst übernahmen die Kanaaniter Vorstellungen und Ideen aus Ägypten und Babylonien, aus Anatolien und aus Syrien, die sie dann untereinander vermischten.

Ein ähnliches Vermengen einheimischer und fremder Vorstellungen findet man bei der kanaanitischen Religion. Kleine Götterfiguren tragen ägyptische Kronen; Göttinnen haben Locken wie die ägyptische Muttergöttin Hathor. Die kanaanitischen Priester versuchten, die Zukunft auf babylonische Art und Weise vorauszusagen, indem sie die Leber der Opfertiere betrachteten. Man hat Tierleber aus Ton gefunden, die als Modell für die praktische Unterweisung in der Wahrsagekunst diente.

An mehreren Ausgrabungsorten hat man die Tempel freigelegt, in denen man opferte und die Götter anbetete. In Lachisch war ein kleines Heiligtum außerhalb der Stadtmauer dreimal neu aufgebaut worden. Jeder neue Tempel begrub den alten Tempel unter sich und alles, was darin zurückgeblieben war. Zahlreiche Schalen in und um den Tempel herum enthielten Opfergaben, vermutlich Mehl, das in den danebenstehenden Öfen zu Brot gebacken wurde. Ein kleiner Raum auf der linken Seite des Altars war voller Tierknochen. Es waren die Überreste von Opfern, die dem Gott und seinen Priestern dargebracht worden waren. Bei fast allen Knochen handelte es sich um das rechte Vorderbein eines Schafes oder einer Ziege, das heißt um die Keule, die im israelitischen Dankopfer für den Priester bestimmt war (beschrieben in 3. Mose 7,32). Das Heiligtum von Lachisch und die Stadt selber fielen vermutlich wenige Jahre nach 1200 v.Chr. dem Feuer zum Opfer.

Eine andere kanaanitische Stadt, die ebenfalls von Feinden niedergebrannt wurde, war Hazor. Die Zerstörung Hazors kann zeitlich vielleicht etwas früher angesetzt werden. Bei den Ausgrabungen von Yigael Yadin in den Jahren 1955 bis 1958 fand man mehrere Tempel, die in der späten Bronzezeit benutzt und dann gewaltsam zerstört worden waren. Ein Tempel bestand aus

In Lachisch entdeckte man einen kleinen Tempel, der wahrscheinlich kurz nach 1200 v.Chr. gebrandschatzt worden war.

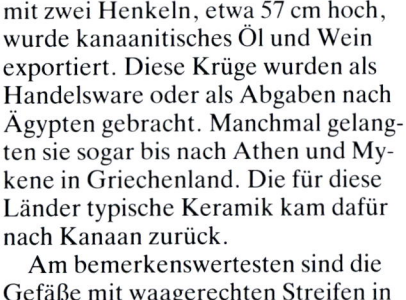

94 / DIE EROBERTEN STÄDTE IN KANAAN

Yigael Yadins Ausgrabungen in Hazor brachten einen kanaanitischen Schrein ans Tageslicht. Man nimmt an, daß die in Stein gemeißelten Symbole auf den Mondgott und die Mondgöttin hinweisen. Die Tempel aus der Spätbronzezeit wurden gewaltsam zerstört.

Gott versprach seinem Volk ein Land, „in dem Milch und Honig fließen" – das Land Kanaan. Vom Berg Tabor aus hat man einen weiten Blick über die fruchtbare Ebene von Jesreel.

DIE EROBERTEN STÄDTE IN KANAAN / 95

einem einzigen Raum mit einer Nische, die sich dem Eingang gegenüber befand. Unmittelbar hinter dem Eingang war eine unbehauene Steinplatte, die als Opfertisch diente. In der Nische befand sich die Statue eines sitzenden Mannes aus Stein. Auffallend war auch eine Reihe von zehn aufrechtstehenden Steinen. Auf einem sah man zwei erhobene Arme und Hände, die sich einer Scheibe und einem Halbmond entgegenstrecken. Anscheinend handelte es sich hier um die Symbole für den Mondgott und seine Frau.

Die anderen Steine könnten zur Erinnerung an bedeutende Menschen oder große Ereignisse aufgestellt worden sein. Zu vielen Zeiten und an vielen Orten war das durchaus üblich – angefangen bei dem Stein Jakobs (in 1. Mose 28) bis in unsere Gegenwart. Für die Kanaaniter waren sie zu Kultstätten geworden. Deswegen erhielt Israel den Auftrag, sie zu zerstören: „Du sollst ihre Götter nicht anbeten noch ihnen dienen, noch tun, wie sie tun, sondern du sollst ihre Steinmale umreißen und zerbrechen" (2. Mose 23,24).

Man fand in Hazor noch einen wesentlich größeren Tempel. Er hatte drei Haupträume: eine Vorhalle, einen mittleren Raum und ein Allerheiligstes. Das entspricht der Anordnung im Tempel Salomos, obwohl sich die beiden Tempel in ihrer Größe unterscheiden. In der Asche auf dem Boden des Allerheiligsten entdeckte man Steintische mit Vertiefungen für die Trankopfer, einen Altar für den Weihrauch, einige Becken, eine Anzahl von Steinsiegeln und Bronzefiguren, die kleine Steinstatue eines sitzenden Mannes und Teile einer größeren Götterstatue. Professor Yadin identifizierte sie als den Gott des

Sturmes, Hadad, oder den Baal der Kanaaniter.

In diesen kanaanitischen Städten, in denen die neuen Bauwerke auf den Trümmern der zerstörten errichtet wurden, unterschieden sich die neuen in der Regel beträchtlich von den alten. Nur in den ägyptischen Garnisonsstädten Beth-schean und Megiddo verlief das Leben bis weit ins 12. Jh. v. Chr. relativ unverändert.

Die Neuansiedler kümmerten sich nicht um die alte Religion. Die Tempel wurden nicht wieder aufgebaut, und die kanaanitischen Götterstatuen aus Metall oder Keramik waren bald vollständig verschwunden.

In der Keramik wurden die bestehenden Stilformen beibehalten, wenn auch in einfacherer, weniger kunstvoller Form. Die Qualität der Häuser war freilich noch geringer. Manchmal waren die Wohnungen kaum besser als niedrige Hütten, in denen etwa zwei Meter tiefe Gruben für die Lagerung der Nahrungsmittel dienten. Später wichen diese armseligen Unterkünfte besseren Häusern mit besserer Töpferware.

Vergleicht man das archäologische Material mit den biblischen Berichten, so scheint es kaum zweifelhaft zu sein, daß zumindest einige der Veränderungen mit der Besetzung durch die Israeliten zusammenhängen. Die Israeliten waren weniger an das Leben in der Stadt gewöhnt, und ihre Religion unterschied sich erheblich von der kanaanitischen, denn sie beteten nur einen Gott an und hatten keine örtlichen Tempel. Und weil ein einziges Volk über ein Land herrschte, gab es keinen Raum mehr für einzelne Stadtstaaten.

Diese Abbildung eines Kanaaniters (Bronze) wurde in Hazor gefunden.

96 / JERICHO

Und die Mauern stürzten ein …

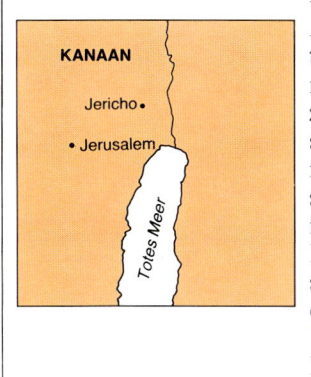

Die Bibel berichtet, daß Josuas Soldaten zur Zeit der israelitischen Eroberung Kanaans um die Stadt Jericho zogen. Nachdem die Mauern eingestürzt waren, töteten sie die Einwohner, raubten alles, was Wert hatte, und steckten die Stadt in Brand. Wenn irgendein Ereignis aus der Geschichte Israels von der Archäologie nachgewiesen werden kann, dann doch sicher dieses!

Jericho war einer der ersten Orte in Palästina, der archäologisch erforscht wurde. Das erste Team, eine Gruppe von Ingenieuren unter Leitung von Charles Warren, das vom „Palestine Exploration Fund" von London nach Palästina geschickt wurde, grub 1868 tiefe Schächte in den Trümmerhügel. Jeder hoffte, große, behauene Steine zu finden, wie man sie kurz zuvor aus den assyrischen Palästen mitgebracht hatte. Als sie außer Erde und Lehmziegeln nichts fanden, entschieden die Ausgräber, daß es hier nichts gäbe, wonach zu suchen es sich lohne, und zogen weiter.

Es vergingen vierzig Jahre, bevor man in Jericho mit neuen Ausgrabungen begann. Ein höherer Wissensstand und ein besseres Verständnis der alten Städte Palästinas konnten jetzt vorausgesetzt werden. Unter der Leitung von E. Sellin legten deutsche Archäologen 1907 bis 1909 Teile der Stadtmauer frei sowie Häuser, die innerhalb der Mauer lagen. Sie fanden aber nichts, wovon sie sagen konnten, es handle sich dabei um das Ergebnis des Angriffes von Josua.

Eine solche Aussage blieb der dritten Expedition von 1930 bis 1936 vorbehalten. Das Forscherteam unter der Führung von John Garstang von der Universität Liverpool hatte den Auftrag, vor

Uralte Mauerreste erinnern daran, daß Jericho eine der ältesten Städte überhaupt ist.

allen Dingen nach den Überresten von Jericho zur Zeit des Josua zu suchen. Nachdem man einige Wochen gegraben hatte, überraschte Garstang die Welt. Er verwies auf Unmengen von Lehmziegeln und auf Mauerreste. Dies waren, so behauptete er, die Mauern, die vor den Augen Josuas und seiner Männer einstürzten. Garstangs Meinung wurde von anderen Archäologen übernommen und geradezu ein Paradebeispiel dafür, wie die Archäologie die Richtigkeit der biblischen Berichte „nachwies".

Es gab zwei parallele Mauern mit einem Zwischenraum von 4,5 Metern. Auf den Mauern hatten Häuser gestanden. Die Stadt war plötzlich durch Feuer zerstört worden. Nach Garstang

JERICHO / 97

geschah dies um 1400 v.Chr. Dieses Datum hatte er anhand der ägyptischen Skarabäen errechnet, die er in Gräbern nahe der Stadt fand. Keiner der Skarabäen war jünger als die Regierungszeit von Pharao Amenophis III., die auf 1411 bis 1375 v.Chr. datiert wurde. Diese Datierung stimmt mit der Frühdatierung des Auszugs aus Ägypten überein (siehe: *Verwandte der Hebräer?*).

Außerdem ergab die Arbeit Garstangs, daß diese Stadt, die in die späte Bronzezeit gehörte, bereits wesentlich früher ein bedeutender Ort gewesen war, nämlich in der mittleren und frühen Bronzezeit (um 3000 bis 2300 v.Chr.) und in der Jungsteinzeit. Über diese früheste Zeit brachte die vierte Ausgrabung vieles ans Licht. Sie befaßte sich aber auch mit der Frage nach dem Jericho des Josua.

1952 begann ein Team unter Leitung von Kathleen Kenyon von der Universität London mit neuen Grabungen in

Die Luftaufnahme zeigt deutlich den großen Hügel – alles, was vom antiken Jericho übriggeblieben ist.

Jericho. Sie wollte einige Probleme klären, die im Zusammenhang mit den Schlußfolgerungen Garstangs aufgetaucht waren. Andere Ausgrabungen in Palästina hatten nämlich zu Ergebnissen geführt, die nicht völlig mit Garstangs Aussagen übereinstimmten; ganz abgesehen von der Frage, wann die Zerstörung der Stadt zu datieren sei. Nur sehr wenige Gelehrte waren mit der Datierung Garstangs um 1400 v.Chr. einverstanden. Die meisten zogen die Spätdatierung im 13. Jh. vor.

Kathleen Kenyon untersuchte die Mauern und Häuser, die Garstang gefunden hatte, und konnte jetzt nachweisen, daß er sie falsch datiert hatte. Durch sorgfältiges und gewissenhaftes Studium der Erdschichten unter, zwischen und über den Fundstellen und der in ihnen enthaltenen, zerbrochenen Keramik konnte sie aufzeigen, daß die Mauern etwa tausend Jahre älter sein mußten, als Garstang gemeint hatte. Erdbeben hatten sie lange vor der Zeit Josuas einstürzen lassen. Die Trümmer späterer Bauwerke häuften sich über den Ruinen. Garstang hatte versäumt, sie voneinander zu trennen.

Wie Garstang fand Kathleen Kenyon Hinweise auf eine Zerstörung durch Feuer. Mittlerweile besaß man bessere Kenntnisse über die einzelnen Keramikformen (das Ergebnis einer gesonderten, zwanzigjährigen Forschung vieler Archäologen), und Kathleen Kenyon konnte nachweisen, daß diese Zerstörung einige Jahrzehnte vor 1500 v.Chr. stattgefunden hatte. Nach diesem Ereignis blieb Jericho bis um 1400 v.Chr. unbewohnt.

Welche Bauwerke danach gebaut wurden und wie lange sie standen, ist schwer zu sagen. Mit Sicherheit wurde Jericho nie wieder eine so große Stadt. Viele Jahrhunderte lang war der Hügel Wind und Regen ausgesetzt. Die zerstörten Lehmziegel wurden fortgewaschen. Die Stadt, die vor 1500 v.Chr. niederbrannte, besaß einen großen Schutzwall, auf dem eine Ziegelmauer stand. Die Erosion hat jedes Stückchen dieser Mauer mit Ausnahme einer einzigen Stelle abgetragen, und auch dort sind nur die Grundmauern erhaltengeblieben. An anderen Stellen hatte der Schutzwall durch die Erosion bis zu sechs Meter seiner ursprünglichen Höhe verloren. Angesichts dieses Tatbestandes äußerte Kathleen Kenyon die Vermutung, daß die Erosion praktisch alle Spuren des biblischen Jericho beseitigt habe.

Sie fand jedoch den kleinen Teil eines

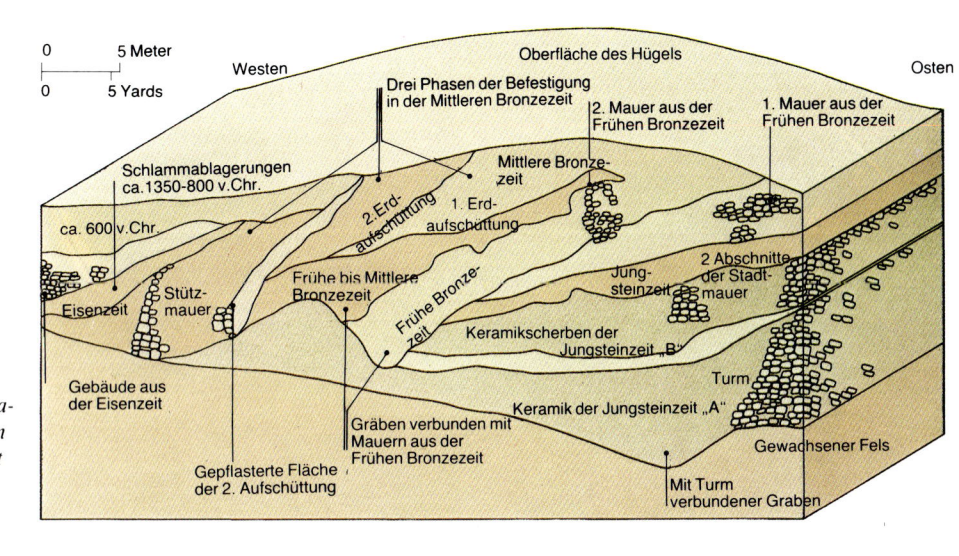

Das Ergebnis der Hauptgrabung von Kathleen Kenyon in Jericho. Die Erosion hat fast alle Spuren der alten Stadt beseitigt.

Das Problem Ai

Jericho war gefallen. Über den anschließenden Marsch der Israeliten gegen Ai, über die Eroberung der Stadt nach anfänglichem Mißerfolg berichtet das Buch Josua.

Schon 1838 vermutete der amerikanische Pionier der Ausgrabungen in Palästina, Edward Robinson, Ai könnte mit dem Hügel Et-Tell identisch sein. Dennoch grub er an anderer Stelle.

Auch W.F. Albright, ein weiterer bedeutender amerikanischer Gelehrter, sprach sich 1924 für Et-Tell aus. Seine Argumente überzeugten.

Ein französisches Team führte an diesem Hügel 1933 bis 1935 Ausgrabungen durch; ein amerikanisches Team von 1964 bis 1970. Beide Ausgrabungen legten die Überreste einer großen Stadt mit einer starken Stadtmauer frei. Diese Mauer war an einer Stelle noch immer sieben Meter hoch. Innerhalb der Stadtmauern fand man einen Tempel, Häuser und ein Wasserreservoir. Die Stadt entstand um 3000 v.Chr. und wurde etwa 2400 v.Chr. zerstört. Für die Zeit von 2400 v.Chr. bis 1200 v.Chr. fanden beide Ausgrabungsteams weder Häuser noch irgendwelche Keramik.

Wie aber läßt sich dann der biblische Bericht erklären? Drei Antworten sind möglich.

● Et-Tell ist nicht das frühgeschichtliche Ai. Es gibt keine Inschriften, die seine Identität beweisen. Allerdings waren die Versuche, einen anderen Ort zu finden, auf den die biblische Beschreibung von Ai zutrifft, bisher erfolglos.

● Es könnte sich bei der Geschichte um eine Legende handeln, um eine volkstümliche Erklärung für die Menschen, die dort nach 1200 v.Chr. lebten, weshalb die großen alten Mauern, die sie sehen konnten, zerstört worden waren. Eine solche Erklärung löst zwar das archäologische Problem, verneint aber eine historische Grundlage des biblischen Berichts und ist deshalb fragwürdig.

● Der frühgeschichtliche Name „Ai" bedeutet wie „Et-Tell" lediglich „Ruine". Selbst heute noch sind die vor 2400 v.Chr. erbauten Stadtmauern beeindruckend. Vor dreitausend oder mehr Jahren müssen sie – in noch wesentlich besserem Zustand – überaus eindrucksvoll gewesen sein. Strategisch günstig auf einem Gipfel errichtet, könnte die ummauerte Stadt bei einem Angriff aus dem Jordantal eine Fluchtburg

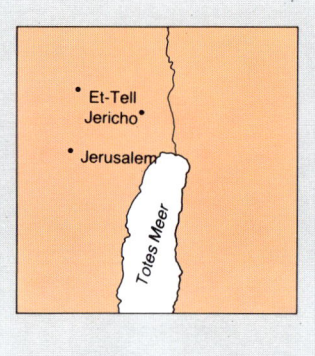

für die Bewohner der umliegenden Dörfer gewesen sein.

Diese letzte Erklärung scheint die befriedigendste Lösung des Problems Ai zu bieten.

Gebäudes, das sie in die Zeit vor 1300 v.Chr. datierte. Garstang hatte Töpferware gefunden, die aus derselben Zeit oder aus der Zeit kurz danach stammte. Es gibt also genügend Hinweise dafür, daß etwa um die Zeit von Josuas Angriff Jericho bewohnt war. Aber wie der Ort aussah, ist nicht zu rekonstruieren.

Jericho ist ein gutes Beispiel für die Grenzen der Archäologie. Die Ausgrabungen haben nichts ergeben, was die biblische Geschichte wirklich belegt. Man kann im besten Falle sagen, daß die Erosion die Ruinen des damaligen Jericho zerstörte. Das Fehlen der Ruinen gilt freilich einigen Alttestamentlern als Beweis ihrer Ansicht, daß der biblische Bericht über die Eroberung Jerichos Teil einer Legende oder einer Überlieferung ist; eine Geschichte, deren Inhalt nicht auf Tatsachen beruht. Die Archäologie kann nichts beisteuern, was für oder gegen diese Lehrmeinung spricht. Für einen Historiker ist das freilich höchst unbefriedigend. Schafft eine solche Unsicherheit doch die Möglichkeit, die alten Berichte nach Belieben zu interpretieren. Man kann sie sogar umformen, damit sie zu den eigenen Theorien passen.

Das Buch Josua liefert den Bericht über die Einnahme Jerichos in seiner frühgeschichtlichen Form. Wie jeder andere alte Bericht muß er historisch ernsthaft erwogen werden. Die Tatsache, daß archäologische Entdeckungen später neu interpretiert werden mußten, warnt uns aber davor, derartige Funde von vornherein als kristallklare Beweise für irgendeine Theorie anzusehen.

Der Bericht über den Sieg:
Die Israel-Stele

"Geplündert ist Kanaan mit allem Bösen.
Askalon ist genommen,
Gezer erobert,
Jenoam ist völlig ausgelöscht,
Israel liegt verwüstet,
hat keine Nachkommenschaft mehr.
Hurru ist eine Witwe für Ägypten geworden,
Alle Länder insgesamt sind befriedet.
Jeder, der nomadisch lebt, ist gebunden worden,
Durch den König von Ober- und Unterägypten ...
Merneptah..."*

Diese Worte stehen am Ende einer ägyptischen Inschrift auf einer Steintafel. Sie wurde 1896 in Theben gefunden, wo die Tafel im Tempel zu Ehren des Pharao Merneptah gestanden hatte. Nach dem Wort „Israel", das darin vorkommt, nannte man den Stein die „Israel-Stele".

Merneptah war der Sohn des bedeutenden Pharao Ramses II. Er folgte ihm 1213 v.Chr. auf den Thron von Ägypten. Merneptah erwies sich als kein so erfolgreicher Soldat und Baumeister wie sein Vater. Ägypten hatte zwar einige Jahre Frieden gehabt, aber es wurde immer noch von Feinden bedroht.

Da waren die Libyer im Westen. Sie wurden von Merneptah vollständig besiegt. Die Inschrift der

* Übersetzung nach Hans Bardtke, Bibel, Spaten und Geschichte, Göttingen 1970.

Der Name „Israel" wird eindeutig auf einer Stele (rechts) genannt, die bei Theben gefunden wurde und von dem Sieg des Pharao Merneptah (um 1220 v.Chr.) berichtet. Es ist der älteste außerbiblische Hinweis auf die Existenz Israels.

DIE ISRAEL-STELE / 101

Israel-Stele feierte diesen Sieg, den er im fünften Jahr seiner Regierung errang. Die abschließenden Zeilen sind ein Lob auf den König und erwähnen einen früheren Sieg.

Daß es tatsächlich der Name „Israel" ist, der auf dieser Tafel steht, ist sicher. Unzweifelhaft ist außerdem die Tatsache, daß es zwischen den Streitkräften Merneptahs und kanaanitischen Stämmen militärische Auseinandersetzungen gegeben hat, obwohl einige Gelehrte das bestritten. In einer anderen Inschrift bezeichnet man denselben Pharao als den, „der Gezer bezwingt".

Die „Israel-Stele" ist so wertvoll, weil sie das älteste außerbiblische Zeugnis für die Existenz Israels ist. Die nächsten Inschriften, die Israel erwähnen, stammen aus Assyrien und Moab. Sie wurden fast vierhundert Jahre später geschrieben (siehe: *Kein verborgener Schatz; Der Preis für den Schutz*). Ohne das Alte Testament wäre die Geschichte Israels in jenen vierhundert Jahren unbe-

kannt geblieben.

Die Israel-Stele bietet ein gutes Beispiel für das Zufallselement bei den archäologischen Entdeckungen. Ohne sie (und das Alte Testament natürlich) gäbe es kein Zeugnis dafür, daß Israel um 1200 v.Chr. überhaupt existierte.

Die Worte auf der Stele zeigen nicht ganz eindeutig, ob sich der Name „Israel" auf ein Volk in einem bestimmten Wohngebiet bezieht oder auf ein Nomadenvolk. Israel befindet sich aber eindeutig in Kanaan, und es ist durchaus möglich, den Konflikt in die Zeit einzuordnen, in der Israel nach dem Tode Josuas das ihm verheißene Land besiedelte. Die Ausdrücke „ausgelöscht, verwüstet, hat keine Nachkommenschaft mehr" sind nicht allzu wörtlich zu verstehen. Sie entsprechen nur der damaligen Terminologie, mit der ein vollständiger Sieg angezeigt wurde.

Tatsächlich dauerte die Herrschaft Merneptahs nur etwa zehn Jahre. Dann wurde die Macht Ägyptens schwächer, und der Sieg

hatte, soweit er Israel betraf, keine bleibenden Auswirkungen. Das mag ein Grund dafür sein, weshalb die biblischen Schreiber dieses Ereignis überhaupt nicht erwähnen. Vielleicht handelte es sich auch nur um eine einzelne Schlacht, in der die Ägypter Israel lediglich vorübergehend aus einem Teil Kanaans vertrieben.

Noch etwas ergibt sich aus dem Text der „Israel-Stele". Wenn sich Israel um 1213 v.Chr. oder kurz danach in Kanaan ansiedelte, dann muß der Auszug aus Ägypten eindeutig früher stattgefunden haben. Vor der Entdeckung der Stele hatten manche Historiker behauptet, der Auszug habe unter der Regierung Merneptahs stattgefunden. Das ist historisch aber nicht möglich. Es sei denn, die biblische Zeitrechnung ist falsch, oder Israel ist nicht geschlossen, als ganzes Volk nach Kanaan gezogen. Möglich ist allerdings auch, daß es sich bei dem Pharao zur Zeit des Auszugs um den Vater Merneptahs, um Ramses II., handelte.

Pharao Merneptah oder sein Vater Ramses II. läßt die Festung Askalon im Süden Kanaans stürmen. Sie ist typisch für die starkbefestigten Städte, vor denen Josua und seine Krieger standen.

Die Philister

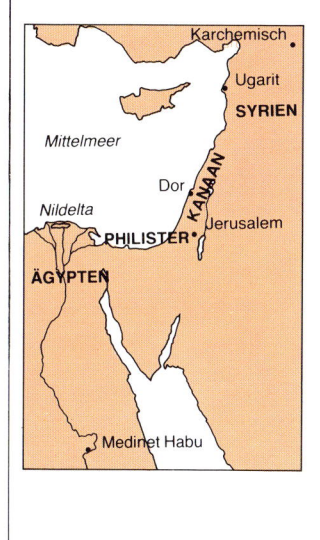

Der Kopf eines Philister-soldaten wurde in Theben eingemeißelt gefunden. Er stammt aus dem 12. Jh. v.Chr.

Pharao Ramses III. konnte zufrieden sein. Die ägyptische Armee hatte einen großen Sieg errungen. Jahrelang waren die fremden Eindringlinge über das Mittelmeer nach Ägypten gesegelt. Manche hatten sich friedlich niedergelassen; andere hatten sich jedoch mit den Libyern verbündet, den alten Feinden Ägyptens im Westen. Der mächtige Ramses II. hatte am Anfang seiner Regierungszeit eine Gruppe dieser Aggressoren unterworfen. Teilweise mußten sie ihm in der großen Schlacht von Kadesch (1275 v.Chr.) beistehen, in der die Ägypter gegen die Hethiter kämpften. Nach Ramses gelang es auch Merneptah, einige der Fremdlinge gefangenzunehmen.

Beide Könige überliefern die Namen dieser Stämme oder Volksgruppen: die Schirdan und Schekelesch, Luka und Aqiwascha. Sie werden „Fremdlinge des Meeres" genannt. Im Gegensatz zu den Ägyptern waren sie unbeschnitten. Heute bezeichnen die Wissenschaftler sie als die „Seevölker".

Ramses III. bedrohten die Seevölker in stärkerem Maße als seine Vorgänger. Von daher war sein Sieg auch bedeutender und folgenreicher. Wir wissen nicht, wieviele Angreifer er tötete oder gefangennahm. Merneptah tötete über 2.000; Ramses III. tötete in einem einjährigen Krieg über 12.000 Libyer.

Im fünften Jahr seiner Regierung, um 1175 v.Chr., fand die Schlacht mit den Seevölkern statt. Die Angreifer waren mit dem Schiff im Nildelta gelandet. Sie zogen aber auch mit ihren Ochsenwagen über Land, an der Küste entlang von Syrien und Kanaan nach Ägypten. Immer mehr Stämme drangen in Ägypten ein; z.T. die bekannten Gruppen,

etwa die Tscheker, die Weschesch und die Pelesiter. Dabei wußten die Ägypter vermutlich nicht, um welche Völker es sich handelte. Für sie waren es Fremdlinge und Feinde, und auch wir wissen heute kaum mehr. Mit Sicherheit identifizieren können wir lediglich die Pelesiter. Sie sind nämlich mit den Philistern der Bibel identisch.

Obwohl sie Fremde und verachtete Feinde waren, interessierten sich die Ägypter doch für ihre Erscheinung und Ausrüstung. Ramses wollte einen Bericht über seinen Triumph, und so ließ er in die Mauern eines von ihm erbauten Tempels Bilder von der Schlacht meißeln. Die Besucher von Medinet Habu, das gegenüber von Luxor am anderen Nilufer liegt, können die Bilder noch heute bewundern.

Eine Szene stellt die Schlacht auf dem Land dar. Viele Kämpfer der Seevölker liegen tot oder sterbend zu Füßen ihrer Kameraden, die erfolglos gegen die ägyptischen Soldaten kämpfen. Hier und da sind auf dem Schlachtfeld die leichten Streitwagen und Pferde der Ägypter und die schweren Ochsenwagen der Seevölker zu erkennen.

Die Künstler des Pharao bemühten sich, die Unterschiede zwischen den ägyptischen Soldaten und ihren Feinden sichtbar hervorzuheben. Die ägyptischen Soldaten tragen längliche, oben abgerundete Schilde, Keulen, die mit einem schweren Endstück versehen sind, und kurze Dolche; auf den Streitwagen stehen Bogenschützen. Die Seevölker haben Speere und lange, spitz zulaufende Schwerter, runde Schilde und Kopfbedeckungen aus aufrechtstehenden Federn oder Haaren. Eine Gruppe, die auf diesen Bil-

DIE PHILISTER / 103

dern auf der Seite der Ägypter kämpft, trägt Helme mit zwei Hörnern darauf.

Eine andere Szene illustriert die Seeschlacht. Ägyptische Bogenschützen in Schiffen, die mit Rudern und Segel für die Fahrten auf dem Nil ausgestattet sind, schießen auf die Kämpfer der Seevölker in ihren Segelschiffen. Eines dieser Schiffe ist gekentert. Überall im Wasser treiben Ertrinkende. Ägypter sind freilich nicht darunter.

Die Skulpturen von Ramses III. und die dazugehörenden Texte sagen eindeutig aus, daß es sich bei der Volksgruppe mit den gehörnten Helmen um die Schirdan handelt, die manche Schreiber mit Sardinien in Zusammenhang bringen. Zu den Trägern des Federschmuckhelms gehörten auch die Philister.

Unmittelbar nach ihrer Niederlage zerstreuten sich die Seevölker. Einige schlossen sich wie schon in früherer Zeit den Einheiten der ägyptischen Armee an. Es kann sein, daß sie an der kanaanitischen Grenze gegen andere Stämme der Seevölker eingesetzt wurden. Das Alte Testament verweist auf die Anwesenheit der Philister an der Südwestküste Kanaans, und gerade der Name „Palästina" ist der Beweis dafür, daß sie sich dort in großer Zahl aufgehalten haben. Um 1100 v.Chr. meldete ein Reisender aus Ägypten, daß sich bei Dor – etwas weiter im Norden an der Küste Kanaans – Tscheker

In der Bibel werden die Philister als Feinde Israels oft genannt. Sie waren eines der „Seevölker", die selbst in Ägypten einfielen. Gefangengenommene Philister mit einer Kopfbedeckung aus Federn werden auf einem ägyptischen Relief dargestellt, das von dem Sieg des Pharao berichtet.

104 / DIE PHILISTER

Ein Tonsarkophag mit menschlichem Gesicht wurde in Beth-Schean in Israel gefunden. Die Kopfbedeckung ähnelt der jener Philister auf den ägyptischen Reliefs.

Der charakteristische Stil der Keramik, den man an dem Krug (rechts) erkennen kann, wird mit den Philistern in Verbindung gebracht.

niedergelassen hatten.

Das Beweismaterial für die Ankunft der Philister in Kanaan sowie für ihre teilweise Besitzergreifung des Landes ist reichhaltig und könnte kaum besser sein. Die Archäologen haben diese Ereignisse lange Zeit mit einer Reihe von Entdeckungen im gesamten östlichen Mittelmeerraum in Verbindung gebracht.

In Anatolien brach das Hethiterreich unter den Angriffen der Feinde aus Ost und West zusammen. In Ugarit berichten Briefe, die kurz vor der Vernichtung der Stadt geschrieben wurden, daß zahlreiche Schiffe nach Westen fuhren, um den Hethitern zu helfen. Sie berichten auch von dem Schaden, den feindliche Schiffe angerichtet haben. Von Ugarit aus und weiter nach Süden bestätigen dicke Ascheablagerungen und die in vielen Ortschaften eilig verlassenen Gebäude die Bemerkung in dem ägyptischen Text von Ramses III., daß nämlich die Seevölker das Hethiterland, Karchemisch, Zypern und das Land der Amoriter zerstörten.

Ugarit und einige andere Orte wur-

den nicht wieder aufgebaut. Wo sich neue Städte aus den Ruinen erhoben, lebten häufig auch andere Volksstämme in ihnen. Die Gebäude weisen andere Grundrisse auf, und was höchst bemerkenswert ist – die Keramik zeigt eine andere Stilart. Sie hat große Ähnlichkeit mit den Keramikformen aus Griechenland, Kreta oder Zypern.

Die Städte, die vor ihrer Zerstörung eine große Blüte erlebten, hatten ausländische Formen dieser Keramiken übernommen. Nun gab es wesentlich mehr, und die einheimischen Kopien waren fast ebenso gut wie die Originale. Ein bestimmtes Vogelmuster war sehr beliebt und wurde zum Charakteristikum einer Art von Keramik. Das Töpferhandwerk wird hauptsächlich dort gefunden, wo nach biblischen Angaben die Philister wohnten. Deshalb nennt man es auch philistäisches Töpferwerk. Wir haben hier einen der wenigen Fälle, in denen eine besondere Keramikform einem bestimmten Volk zugeordnet werden kann.

Damit ist aber das archäologische Wissen über die Philister nahezu erschöpft. Sie hinterließen keine schriftlichen Zeugnisse, und in ihren Städten ist zu wenig gefunden worden, als daß man daraus ein Bild ihrer Kultur erstehen lassen könnte. Ein ganz anderer Gegenstand, den man im Gebiet der Philister fand und der im allgemeinen auch als philistäisch bezeichnet wird, ist ein Tonsarkophag, in dem ein Gesicht und ein Paar Hände reliefartig herausgearbeitet wurden. Über dem Gesicht sind horizontale Streifen zu sehen, von denen vertikale Linien ausgehen. Dies erinnert an den Kopfschmuck der Seevölker. Ähnliche Stücke aus dem Transjordanland und dem südlichen Ägypten könnten von Seevölkereinheiten in ägyptischen Garnisonen stammen. Die Tonsärge wurden offenbar den ägyptischen Mumien nachempfunden.

Nach Aussage des biblischen Geschichtsschreibers kontrollierten die Philister die Eisenbearbeitung im Land. Die Zeit ihrer Ankunft und der Zerstörung so vieler Städte deckt sich nämlich mit dem Ende der Bronze- und dem Beginn der Eisenzeit.

Ein goldener Tempel

Der Tempel, den König Salomo in seiner Hauptstadt Jerusalem bauen ließ, war nicht sehr groß, aber er war zweifellos sehr eindrucksvoll. Im Innern war er vollständig mit Gold ausgekleidet. Da gab es Schalen und Schüsseln, Lampen, Lampenständer und Zangen aus Gold. Die Türflügel waren mit vergoldetem Schnitzwerk verziert und der Tisch für die Schaubrote mit Gold überzogen.

Gold hat immer zu den Dingen gehört, die den Göttern als Opfer dargebracht wurden. Kathedralen in Europa und Südamerika sowie Tempel und Heiligtümer in Asien enthalten bis in unsere Gegenwart Kelche und Lampen, aber auch andere Gegenstände für den Gottesdienst, die aus Gold hergestellt sind.

Doch Salomos Tempel hatte nicht nur zahlreiche goldene Ausstattungsgegenstände. Wenn die Priester die Treppen ins Innere des Tempels emporstiegen, sahen sie nichts als Gold – und einen kostbaren Vorhang am anderen Ende des Raumes.

In der Bibel, in 1. Könige 6, wird der Tempel beschrieben: „Und Salomo baute das Haus ... Er bedeckte die Wände des Hauses innen mit Brettern aus Zedernholz ... und Salomo überzog das Haus innen mit lauterem Gold ... auch überzog er innen den Boden mit Goldblech."

Ein goldener Tempel! Die Vorstellung ist atemberaubend!

Für die damaligen Könige war es durchaus üblich, neue Tempel zu bauen oder alte wiederherzustellen. Sie woll-

Salomos Tempel war – wie dieses Miniatur-Heiligtum Tutenchamuns – prächtig mit Gold verziert.

Die Rekonstruktion des Tempels Salomos nach den Maßen und der Beschreibung in der Bibel. Das Gebäude war ziemlich klein – innen nur 27 mal 9 mal 13,5 Meter groß. Es sollte eher ein Haus für Gott sein als eine große Kathedrale, in der sich das Volk versammeln konnte.

106 / EIN GOLDENER TEMPEL

Sind die Nagellöcher in diesen Steinen ein Beweis dafür, daß einst Goldblech an den Wänden der Tempel und Paläste angebracht war, so daß sie „leuchteten wie die Sonne"?

ten die Gunst der Götter gewinnen, sich beim Volk beliebt machen und sich selber einen Namen verschaffen. Je stärker und reicher sie waren, um so verschwenderischer statteten sie „ihre" Tempel aus.

Durch die Jahrhunderte hindurch hat später die einheimische Bevölkerung Ziegel und Steine aus den Ruinen dieser großen Tempel geholt. Und bereits lange vorher war die ganze wertvolle Ausstattung geraubt und weggetragen worden. Doch wenn auch von den Tempeln heute meist nur noch die Grundmauern erhalten sind, kann sich kaum ein Besucher dem tiefen Eindruck entziehen, den etwa die Tempeltürme in alten babylonischen Städten wie Ur oder die ägyptischen Tempel in Karnak hinterlassen.

Manchmal ließen die Könige in den Tempeln Inschriften anbringen, die ihre Taten erzählen. Sie sollten den Leser beeindrucken und auch den kommenden Generationen davon berichten, wie groß, wie fromm ihre Vorfahren waren. Die Inschriften dürften gelegentlich etwas übertreiben oder mit ihren Aussagen nicht ganz bei der Wahrheit bleiben. Aber es gibt keinen Grund, ihren Inhalt vollständig anzuzweifeln.

Man darf den Worten der Könige von Assyrien und Babylonien Glauben schenken, wenn sie sich rühmen, die Wände ihrer Tempel völlig mit Gold verkleidet zu haben, oder wenn sie behaupten, ihre Heiligtümer seien dermaßen mit Gold überzogen, daß sie wie die Sonne glänzten. Das gilt auch für den Bericht der Pharaonen, die Wände ihrer Tempel seien mit Goldblechen verkleidet.

Aus Ägypten kennen wir sichtbare Beweise dafür, daß man Teile von Tempeln tatsächlich mit Goldplatten bedeckte. Ein von Pharao Thutmosis III. um 1450 v.Chr. erbauter Tempel zeigt Inschriften, die von seiner Pracht berichten: Bestimmte Eingänge, Schreine und Säulen waren über und über vergoldet.

Als ein bekannter französischer Ägyptologe die Ruinen dieses Bauwerks genau untersuchte, entdeckte er ungewöhnlich enge Schlitze in einigen Steinsäulen, deren Sockeln und in den Kapitellen, die sie schmückten. Diese Schlitze waren zu eng, um von irgendeinem Nutzen für die Konstruktion zu sein, und sie waren auch keine Ergänzung der eingemeißelten Dekoration. Offenbar dienten die Schlitze dazu, die Goldbleche zu halten, mit denen der Stein verkleidet war. In anderen Steinblöcken gibt es ganze Reihen von kleinen Löchern für die Nägel, mit denen man die Goldbleche an den flachen Wänden anbrachte.

Was die ägyptischen Inschriften rühmen, beweisen die Steine der Tempel. Es gab dort Gold, das die Tempelwände schmückte, nicht nur als Goldauflage, um bestimmte Teile der Innenarchitektur hervorzuheben, sondern als Goldbleche, die ganze Wandflächen bedeckten.

Es gibt also hinreichend Zeugnisse dafür, daß es sich bei dem biblischen Bericht über den goldenen Tempel des Königs Salomo nicht um eine Erfindung oder eine Übertreibung handelt. Ein Tempel wie der des Salomo war damals durchaus nichts Ungewöhnliches.

Die Bauten Salomos

Am bemerkenswertesten an den Bauten der salomonischen Zeit sind die Eingangstore von drei Städten. Es gibt keinen Grundstein und keine Dokumente, die Auskunft darüber geben, wer sie gebaut hat. Aber die dort gefundene Keramik kann auf die Regierungszeit Salomos datiert werden. Zumindest wurden die Bauwerke mit Sicherheit in jener Zeit benutzt.

Ein Tor entdeckte man bei den Ausgrabungsarbeiten von 1902 bis 1909 in Gezer, ein zweites in den Jahren 1936/37 in Megiddo und das dritte in Hazor.

Fortschrittlichere Ausgrabungstechniken und eine bessere Kenntnis der unterschiedlichen Keramikarten veranlaßten den Archäologen Yigael Yadin, das Tor in Hazor der Zeit Salomos zuzuschreiben. Anschließend prüfte er auch die Ruinen von Gezer und besonders die von Megiddo eingehender und genauer. Die Ausgräber selber hatten sie nämlich einer anderen Zeit zugeordnet.

Yadin aber konnte beweisen, daß alle drei Tore einen fast identischen Grundriß und sehr ähnliche Größenverhältnisse hatten. Die Keramikscherben, die zu der Periode gehören, in der die Tore gebaut und benutzt wurden, sind der Zeit Salomos zuzurechnen – der Mitte des 10. Jh. v.Chr.

Yadin beschäftigte sich nach dem Tor in Hazor vor allem mit denen in Gezer und Megiddo. Er erinnerte sich nämlich an einen Abschnitt in der Bibel, der sich mit den baulichen Aktivitäten Salomos in wichtigen Städten seines Königreiches befaßt. In 1. Könige 9,15 heißt es: „Und so verhielt es sich mit den Fronleuten, die der König Salomo aushob, um zu bauen des Herrn Haus und sein Haus und den Millo und die Mauer Jerusalems und Hazor und Megiddo und Gezer."

Abgesehen von dem einheitlichen Grundriß der Stadttore stellte Yadin fest, daß auch die angrenzenden Mauern gleichen Typs waren, sogenannte Kasematten – eine doppelte Mauerreihe also mit querstehenden Zwischenmauern, wodurch eine Reihe von langen, engen Räumen entsteht.

Überall war das Mauerwerk oberhalb des Erd-

bodens von hoher Qualität. Die Blöcke waren auf beiden Außenseiten der Mauern sorgfältig behauen und aufeinandergelegt, was der Konstruktion eine große Festigkeit gab.

Die Ähnlichkeit zwischen den drei Eingangstoren sowie die vergleichbar hohe Qualität des Mauerwerkes lassen vermuten, daß die Bauten nach demselben Entwurf errichtet wurden. Nach der Keramik zu schließen, stammen die Bauwerke aus dem 10. Jh.

Fügt man dieser Erkenntnis den biblischen Bericht hinzu, so ergibt sich die Schlußfolgerung, daß die Tore tatsächlich Salomos Werk sind. Auch wenn die Bauten keine Inschriften tragen, kann man nur schwer

zu einem anderen Schluß gelangen.

In Megiddo fand man Spuren großer Bauwerke innerhalb der Stadt, die in dieselbe Zeit gehören. Unglücklicherweise war ihr Mauerwerk so gut, daß man es später abriß, um die Blöcke weiterzuverwenden. Deswegen wissen wir wenig über die Paläste, Handels- und Wohnhäuser aus jener Zeit.

Auch in Gezer und Hazor konnte man nur sehr wenig über die salomonischen Städte in Erfahrung bringen, weil spätere Bewohner die Ruinen abrissen und gänzlich zerstörten.

```
0          10 Meter
├──────────┤
0          10 Yards
```

Die Bibel berichtet, daß Salomo drei Städte wiederaufbaute – Gezer bei Jerusalem, Megiddo und Hazor. Der Grundriß von Hazor zeigt deutlich die charakteristische Struktur, die man auch auf dem Foto von Megiddo erkennen kann.

Schätze aus Silber und Gold

Bald nach dem Tode Salomos, so berichtet 1. Könige 14,25.26, „zog Schischak, der König von Ägypten, herauf gegen Jerusalem und nahm die Schätze aus dem Haus des Herrn und aus dem Hause des Königs, alles, was zu nehmen war ...“

Hier handelt es sich um das früheste Ereignis in der Geschichte Israels, das auch von außerbiblischen Dokumenten belegt wird.

Sisak war der Gründer einer neuen – der zweiundzwanzigsten – ägyptischen Königsdynastie. Vor seinem Regierungsantritt war das Land unter verschiedenen Königen, örtlichen Häuptlingen und Priestern aufgeteilt gewesen. Der neue Pharao vereinte Ägypten unter seiner Herrschaft. Danach ging er daran, seinen Herrschaftsbereich über das benachbarte Juda und Israel auszudehnen.

Solange Salomo über Israel herrschte, war das Land stark genug, um einen Angriff Sisaks abzuwehren. Nachdem aber das Reich in zwei Teile zerfallen war – wobei Juda von Salomos Sohn Rehabeam und Israel von dem Rebellen Jerobeam regiert wurde –, war es zu schwach, um sich zu verteidigen.

Sisaks Männer marschierten durch das Land und überfielen etwa hundertfünfzig Städte und Dörfer, die sie zum großen Teil zerstörten. Nach ihrer siegreichen Heimkehr baute Sisak einen Tempel im nördlichen Memphis und einen im südlichen Theben (Karnak). Nur der Tempel in Theben ist erhaltengeblieben.

Dort steht noch immer eine lange Mauer, die einen großen Hof umschließt. In der Nähe des Tores ist ein riesiges Bild zu sehen, das den siegreichen Pharao zeigt. Daneben stehen die Namen der Städte und Dörfer, die er in Israel unterwarf. Um das unterworfene Volk an seinen Sieg zu erinnern, ließ er in Megiddo eine Stele mit seinem Namen und seinen Titeln aufstellen. Ein kleines Stück davon hat man in den Ruinen Megiddos gefunden, glücklicherweise ein Stück, das den Namen des Pharao trug und so seine Identität bezeugte.

Sisak starb etwa ein Jahr nach dem Sieg über Juda und Israel. Sein Sohn war nicht stark genug, um dem Vorbild des Vaters als Eroberer zu folgen. Eine beschädigte Inschrift geht aber ausführlich auf die Gaben ein, die Sisaks Sohn den Göttern Ägyptens weihte. Dabei handelte es sich um wesentlich größere Mengen an Gold und Silber, als sie in den Berichten der anderen Pharaonen erwähnt werden. Das Gesamtgewicht der Edelmetalle betrug demnach etwa zweihundert Tonnen.

Auch andere Pharaonen brachten ihren Göttern prachtvolle Geschenke dar, wenn auch nicht so überreich wie Sisaks Sohn.

Die Inschrift enthält keinen Hinweis, woher dieser Reichtum stammt. Es ist aber durchaus möglich, daß es sich dabei um das Gold handelt, das Sisak aus Salomos Tempel und Palast in Jerusalem raubte.

Pharao Sisak fiel in Juda ein und plünderte den Tempel von Jerusalem (ca. 918 v.Chr.). Dieser Armreif, der dem Sohn des Pharao gehörte, ist vielleicht aus dem Tempelgold angefertigt worden.

Paläste aus Elfenbein

Wir knieten auf dem trockenen, staubigen Boden. Sorgfältig hantierten wir mit Taschenmesser und Pinsel. In dem Lehmfußboden eines Lagerraumes hatten wir geschnitzte Elfenbeinfragmente gefunden. Sie waren brüchig geworden; lagen sie dort doch schon fast 3000 Jahre. Außerdem hatten herabfallende Ziegel sie zertrümmert. Wir mußten jedes Teil zusammen mit der Erde entfernen, in der es lag. Aber als wir das versuchten, entdeckten wir darunter oder daneben weitere Bruchstücke.

In unserer Unterkunft entfernten wir mit Skalpell und Nadeln vorsichtig den Lehm und reinigten die Oberflächen mit feuchter Watte. Und wir sahen voller Erstaunen, welch hervorragende Miniaturkunstwerke aus dem Schmutz zum Vorschein kamen. Das Elfenbein besaß eine cremigweiße Farbe, war geschnitzt und glattpoliert. Manche Teile waren mit Edelsteinen oder mit roten oder blauen Glasstücken eingelegt. Auf einigen Fragmenten fanden sich sogar noch Reste von Blattgold.

Worum handelte es sich bei diesen Elfenbeinschnitzereien?

Die Antwort bekamen wir durch Entdeckungen in einem anderen Lagerraum. Dort fanden wir fünfzehn oder mehr Stuhllehnen. Auf dem hölzernen Gestell hatte man großartige Elfenbeinpaneele befestigt, so daß vom Holz nichts mehr zu sehen war. Es sah aus, als wären die Möbelstücke aus massivem Elfenbein.

Elfenbeinschnitzereien mit Sphinxen zeigen den ägyptischen Einfluß.

110 / PALÄSTE AUS ELFENBEIN

Einlegearbeiten und Elfenbeinschnitzereien wurden als Beute nach Assyrien gebracht. Sie waren auch bei den Wohlhabenden in Israel sehr gefragt.

Diese Elfenbeinschnitzerei, die eine Frau am Fenster darstellt, ist typisch für den phönizischen Stil.

Bei manchen Stücken handelte es sich nur um polierte Elfenbeinstreifen, mit denen man den Kanten von Betten und Stühlen eine glatte Oberfläche gab. Andere Stücke waren tatsächlich aus massivem Elfenbein geschnitzt oder gedrechselt. Sie dienten als dekorative Träger oder Knäufe.

In den meisten Fällen handelte es sich aber um Platten, die zu Dekorationszwecken in einen Rahmen eingepaßt waren. Fast immer waren es Reliefschnitzereien. Ihre Muster hatte man wegen ihres magischen und symbolischen Wertes, aber auch wegen ihrer Schönheit gewählt. Gestalten, die nach einer Pflanze oder einem Baum greifen, symbolisierten Fruchtbarkeit. Die geflügelte Sonnenscheibe war das Zeichen der göttlichen Fürsorge. Mit Drachen kämpfende Männer verkörperten den Sieg der Ordnung über das Chaos.

Und dann die ägyptischen Einflüsse! Es gibt Darstellungen von Sphinxen, Palmwedeln und Lotusblumen. Deutlich sind auch ägyptische Götter und Göttinnen zu erkennen. Dabei lagen die Gegenstände, die wir ausgruben, nicht in den Trümmern eines ägyptischen Palastes, sondern in einer assyrischen Stadt.

Ganz offensichtlich stammte der größte Teil der Elfenbeinmöbel aus Beutegut, oder es waren Tributgaben unterworfener Länder. Die Soldaten hatten ihrem König die Möbel als wertvolle Beutegabe gebracht. Die königlichen Gemächer waren mit vielen kostbaren Gegenständen dieser Art geschmückt. Es gab so viel davon, daß man außer den Wohnräumen noch mehrere Lagerräume des Palastes damit hatte füllen können.

Die assyrischen Könige haben Berichte hinterlassen, aus denen hervorgeht, daß diese eroberte Stadt oder jener unterworfene Fürst ihnen Betten und Stühle aus Elfenbein sandten. Nach den Angaben Sanheribs gehörte auch König Hiskia von Juda zu denen, die Elfenbeinmöbel schickten (siehe: *Wie ein Vogel im Käfig*). Elfenbeinmöbel waren offensichtlich teuer. Sie schmückten als Statussymbol die Häuser der sehr Reichen; eine lohnende Beute für die Eroberer.

Das wird auch im Alten Testament deutlich. König Salomo schickte seine „Tarsisschiffe" aus, um Elfenbein nach Jerusalem zu bringen (1. Könige 10). Er brauchte das Elfenbein für einen Thron. Dieser Thron bestand aus einem hölzernen Aufbau, der vollständig mit Elfenbein verkleidet war.

Zweihundert Jahre später waren Elfenbeinmöbel bei den Vornehmen in Samaria modern. Sie beuteten ihre Schuldner aus, um sich diese prahlerische Extravaganz leisten zu können.

„Weh ... die ihr schlaft auf elfenbeingeschmückten Lagern", rief Amos, der Prophet aus Juda. „Ihr werdet nur die Ecke einer Bank oder das Bein eines Bettes übrigbehalten": nutzlose Überbleibsel verschwenderischen Reichtums.

Israels Herrscher, oder wenigstens einer von ihnen, huldigten dieser Mode. 1. Könige 22 berichtet, daß König Ahab ein „Elfenbeinhaus" baute. Dabei

PALÄSTE AUS ELFENBEIN / 111

könnte es sich um ein mit Elfenbein getäfeltes Haus gehandelt haben oder – was wahrscheinlicher ist – um ein Haus, das mit Elfenbeinmöbeln eingerichtet war. Die Entdeckungen in Assyrien illustrieren diese Art von Ausstattung: geschnitzte Elfenbeinpaneele mit einem komplizierten Muster, von denen manche noch mit farbigen Steinen verziert und mit Blattgold überzogen waren.

Heute mag man diese Art der Ausschmückung allzu prächtig, als überladen empfinden, aber genau das gefiel den Menschen damals. Im Hohelied Salomos vergleicht ein Mädchen den Körper seines Geliebten mit Elfenbein, das mit blauen Steinen besetzt ist.

In Samaria wurden die Überreste des israelitischen Königspalastes ausgegraben. Darunter fand man mehr als fünfhundert Elfenbeinfragmente; etwa die Hälfte davon geschnitzt. Manche Gelehrte glauben, daß sie aus der Regierungszeit Ahabs um 860 v.Chr. stammen. Andere datieren sie ein Jahrhundert später. Ob sie nun aus der Zeit Ahabs stammen oder nicht, sie zeigen doch die Art von Einrichtungsgegenständen, wie er sie besessen haben dürfte; sehr ähnlich den Stücken, die in Assyrien gefunden wurden.

Phönizische Handwerker waren führend in der Elfenbeinschnitzerei. Und Ahabs Frau Isebel stammte aus der phönizischen Stadt Sidon. In Phönizien wurden einheimische, kanaanitische Vorstellungen mit denen aus Ägypten und anderen Orten vermischt, um

Entwürfe für die Elfenbeinschnitzereien zu erhalten. Diese heidnischen Motive waren kaum dazu angetan, das israelitische Volk an den Befehl Gottes zu erinnern, sich keine geschnitzten Bilder zu machen.

Als Plünderer die Paläste Samarias und später die Assyriens heimsuchten, zerschlugen sie die Elfenbeinmöbel. Sie konnten so sperrige Gegenstände wie Betten und Stühle nicht mitnehmen. Deswegen rissen sie die Goldauflagen herunter und ließen Holz und Elfenbein zurück. Was die Archäologen heute finden, sind – mit den Worten von Amos – nur „die Ecke einer Bank oder das Bein eines Bettes". Dennoch reichen sie aus, um einen Eindruck von der einstigen Pracht dieser Möbel zu vermitteln, als sie in ihrer vollen Schönheit in Ahabs „Elfenbeinhaus" standen.

Das Elfenbein-Kopfende eines Bettes aus Nimrud erinnert an die Worte des Propheten Amos: „Weh euch, die ihr schlaft auf elfenbeingeschmückten Lagern!" (Amos 6,4). Als Israel von den Assyrern erobert wurde, sah man das als Gottes Strafe an.

Briefe und Verzeichnisse:
Alte hebräische Schriften

„Als Mose damit fertig war, die Worte dieses Gesetzes vollständig in ein Buch zu schreiben ..." (5. Mose 31,24).

„Am anderen Morgen schrieb David einen Brief an Joab ..." (2. Samuel 11,14).

„Und ich schrieb einen Kaufbrief und versiegelte ihn und nahm Zeugen dazu und wog das Geld dar ..." (Jeremia 32,10).

Dies sind drei von dreihundert oder mehr Hinweisen auf Schriftstücke im Alten Testament. Die Ägypter, Assyrer und Babylonier hatten ihre eigenen komplizierten Schreibweisen

(siehe: *Das Alphabet*). Wie aber schrieben die Israeliten in früher Zeit?

Ihre Schrift war wesentlich einfacher als die Hieroglyphen- und Keilschriftsysteme. Sie bedienten sich eines Alphabets, das wie das griechische und römische sowie das moderne hebräische und arabische Alphabet auf ein Uralphabet zurückgeht. Irgendein Kanaaniter erfand dieses Uralphabet, wie es scheint, zwischen 2000 und 1500 v.Chr.

Als sich die Israeliten im Verheißenen Land niederließen, hatte das in Kanaan

gebräuchliche Alphabet die anderen Schriftweisen verdrängt und eine relativ einheitliche Form angenommen. Es war also das kanaanitische Alphabet, das die Israeliten zum Schreiben des Hebräischen übernahmen.

Die kanaanitischen Schreiber folgten den ägyptischen und nicht den babylonischen Gewohnheiten. Sie schrieben mit Tinte auf Papyrus und nicht mit einem Schreibstift auf eine Tontafel. Die hebräischen Schreiber übernahmen diese Schreibweise, und weil Papyrus in feuchter Erde

nicht überdauern kann, ist das Werk der hebräischen Schreiber fast vollständig verlorengegangen.

Immerhin ist genug erhalten geblieben, um nachweisen zu können, daß den Israeliten die Schreibkunst bekannt war. Wenn man auch nicht davon ausgehen kann, daß viele Leute lesen und schreiben konnten, so gab es doch überall Schreibkundige. Die Meinung, daß nur wenige Beamte am Hof des Königs oder einige wenige Priester lesen und schreiben konnten, ist sicher falsch.

Papyrus war teuer. Des-

Auch winzige Siegel stellten die antiken Graveure mit großer Geschicklichkeit her.

Siegel aus dem 8. bis 6. Jh. v.Chr. mit althebräischer Schrift; viele davon Halbedelsteine. Sie tragen den Namen des Eigentümers. Man versiegelte Behältnisse und Papyrusrollen. Einige der Siegel kann man auf dem Bild rechts erkennen.

ALTE HEBRÄISCHE SCHRIFTEN / 113

wegen hoben die Leute Stücke von zerbrochenen irdenen Krügen auf, um kurze Botschaften, Listen und Quittungen darauf zu schreiben. Etwa zweihundertfünfzig dieser „Ostraka" (nicht alle sind lesbar) aus Israel und Juda werden heute in den verschiedenen Museen aufbewahrt. (Das Wort „Ostraka" ist das griechische Wort für „Scherben"; eine Scherbe ist ein „Ostrakon".)

Manche Scherben berichten über Öl- und Kornlieferungen in den israelitischen Palast von Samaria oder über Bezahlungen dieser Art im frühen 8. Jh. v.Chr. Andere stammen aus dem 7. Jh. v.Chr. und befassen sich mit der örtlichen Verwaltung in den Städten Judas. Unter ihnen sind Briefe an örtliche Beamte; die interessantesten dieser Briefe wurden in Lachisch gefunden (siehe: *Unser Zeichen sehen wir nicht*).

Die „Ostraka" berichten viel über das Leben und die Gesellschaft im alten Israel, was mit dem biblischen Bericht übereinstimmt oder ihn ergänzt.

Die Namen der erwähnten Personen sind manchmal identisch mit denen in der Bibel, zum Beispiel Jeremia, Obadja und Jonathan. Andere – wie Jedamia oder Gealja – klingen ähnlich, erscheinen aber nicht im Alten Testament. Auf den „Ostraka" von Samaria stehen einige Namen, bei denen es sich um Zusam-

mensetzungen mit dem Wort „Baal" handelt: zum Beispiel Abi-baal, „Baal ist mein Vater". Das könnte auf die Anbetung des kanaanitischen Gottes Baal in Israel hindeuten (aber das Wort kann auch einfach „Herr" bedeuten).

Ein Brief enthält die Beschwerde eines Schnitters, dem man zu Unrecht die Kleidung genommen hatte. Hierbei könnte es sich um einen Fall von Unterdrückung handeln, wie er in 2. Mose 22 u. 5. Mose 24 verurteilt wird.

Durch die „Ostraka" kennen wir die alte hebräische Schreibweise und die Art und Weise, in der die Schreiber arbeiteten. Das ist hilfreich beim Studium der Geschichte der hebräischen Bibel. Wir können uns auch besser vorstellen, wie die Prophezeiungen von Jesaja oder die Geschichte der Könige aussahen, als man sie niederschrieb.

Die elegante Schrift, die von den hebräischen Schreibern entwickelt wurde, gebrauchte man auch bei der Beschriftung von Siegelsteinen und Gewichten.

Gelegentlich benutzte man sie auch in größerem Umfang. In der Nähe von Jerusalem hatten einige reiche Bürger auf ihrem Grab Inschriften anbringen lassen, die ihren Namen enthielten und Grabräuber verfluchten.

Das beste Beispiel dieser Art ist die Siloah-Inschrift, die in einer Tunnelwand ein-

gemeißelt ist (siehe: *Der Tunnel des Königs Hiskia*).

Nach dem babylonischen Exil übernahmen die Juden das aramäische oder „quadratische" Alphabet (siehe: *Der Schreiber*). Die bis dahin übliche hebräische Schrift wurde immer weniger verwendet. Ihre wichtigste Aufgabe war erfüllt; sie hatte dazu gedient, die Gesetze, geschichtlichen Berichte und Prophetien des Alten Testaments festzuhalten und zu verbreiten.

Die Siegel wurden an Halsketten getragen oder in Ringe eingesetzt. Der Siegelring (oben) gehörte einem Mann, der Schaphat hieß.

Ein erhalten gebliebenes Siegel (oben) gehörte „Nehemia, Sohn des Micajah"; Namen, die uns aus biblischen Berichten vertraut sind und damals anscheinend üblich waren.

Privathäuser

Die prächtigen „Elfenbeinpaläste" der Könige sind aufregende Entdeckungen. Sie beschäftigen die Phantasie und verhelfen den jeweiligen Ausgräbern zum Ruhm. Weniger sensationell, aber ebenso wertvoll für unsere Kenntnis der frühgeschichtlichen Zeit sind aber die Ruinen der einfachen Häuser.

Man hat die Überreste von Häusern freigelegt, wie sie zur Zeit der Könige an vielen Orten in Israel gebaut wurden. Zusammen mit den alten schriftlichen Quellen und dem heutigen Landleben im Nahen Osten liefern sie ein überraschend vollständiges Bild vom Alltagsleben in biblischer Zeit.

In den meisten Städten wurden die israelitischen Häuser nach demselben Schema gebaut, wobei die Anordnung der Räume von den Gegebenheiten abhing. Die Bewohner lebten in einem gewissen, bescheidenen Wohlstand. Die ganz Armen hausten in Hütten mit ein oder zwei Räumen. Von diesen Unterkünften ist fast nichts erhalten geblieben.

Durch die Eingangstür gelangte man üblicherweise von der lehmigen, ungepflasterten Straße in einen kleinen, vielleicht mit Kopfsteinpflaster ausgelegten Innenhof. Auf der einen Seite stand eine Reihe von quadratischen Steinsäulen, auf der ein niedriges Dach ruhte. Der so entstandene Raum diente als Stall, in dem die Tiere für die Nacht untergebracht wurden. (Man konnte sie wegen des Raubwildes nicht ohne Schutz auf den Feldern zurücklassen.) Auf der gegenüberliegenden Seite des Innenhofes waren die Lücken zwischen den Säulen mit Ziegeln verschlossen. Manchmal bestand diese Wand auch gänzlich aus Ziegeln. Durch eine Tür auf der Seite betrat man einen länglichen, schmalen Raum.

Am Ende des Hofes war auf der Breitseite des Hauses genügend Platz für zwei weitere Zimmer, die Wohn- und Schlafräume. Sie konnten alle durch Zwischenwände abgeteilt werden.

Auf dem Innenhof konnte der Hausbesitzer je nach Geschmack eine Feuerstelle oder einen Backofen einrichten. Die Backöfen wurden häufig aus Lehmziegeln gebaut und innen glatt verputzt. Auf die Innenwände des Ofens klebte man den Teig für die flachen Brotfladen. Ein Feuer am Boden des Ofens gab den Wänden die nötige Hitze.

In jedem Haushalt gehörte das Backen zu den täglichen Aufgaben. Die meisten Familien besaßen ihren eigenen Kornvorrat, der in kleinen Gruben aufbewahrt wurde. Diese Gruben waren mit Steinen oder einem Korbgeflecht ausgekleidet. Mit der Handmühle wurde die Gerste oder der Weizen gemahlen.

Auch andere Grundnahrungsmittel wurden im Haus gelagert. So gab es große Krüge im Fußboden oder auf speziellen Ziegelgestellen, die Öl, Wein oder Wasser enthielten. Manche Krüge benutzte man auch für trockene Nahrungsmittel. Das Öl wurde in speziellen Steinpressen aus Oliven gepreßt.

Das typisch israelitische Haus bestand aus Räumen, die um einen Innenhof gebaut waren. Das flache Dach mit Geländer bot zusätzlichen Platz.

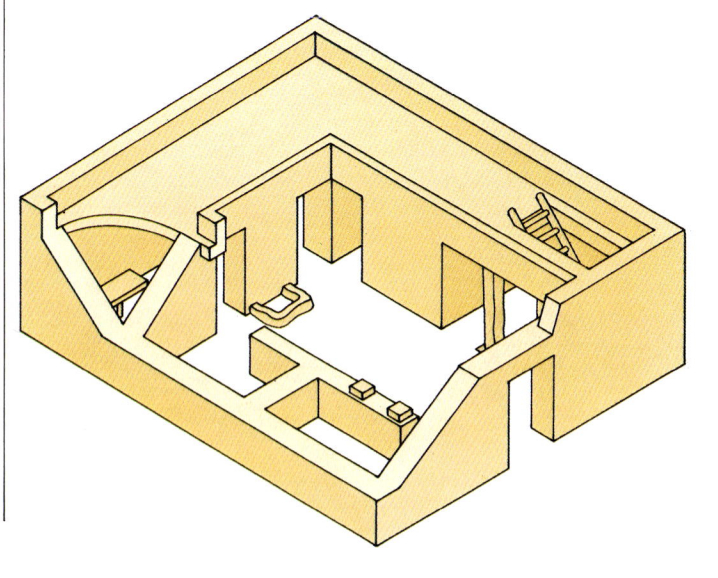

PRIVATHÄUSER / 115

In einer Stadt fand man in einem Haus mehrere Ölpressen. Offensichtlich versorgte hier ein einzelner Haushalt mehrere benachbarte Familien. Andere Leute spannen Wolle oder Flachs und webten Stoffe daraus. Auf dem Boden der Häuser hat man Tongewichte für die Spindeln und für das Spannen der Fäden im Webstuhl gefunden.

Die Häuser hatten flache Dächer. Weil es nicht genug hohe Bäume gab, waren die Dachbalken ziemlich kurz. Dadurch wurden die Räume recht eng, selten mehr als zwei Meter breit. Über die Balken legte man Äste und Zweige. Darauf kamen mehrere Lagen von Lehmverputz. Mit einer Steinwalze wurde dann das Ganze zu einem stabilen Gefüge zusammengepreßt.

Lehmverputzt wurden auch die Stein- und Ziegelwände. Jeden Sommer erneuerte man ihn, um das Gebäude möglichst wasserfest zu machen. Der Verputz eignete sich außerdem für Verzierungen oder konnte zumindest weiß getüncht werden (hierauf bezieht sich Hesekiel 13). Die Lehmziegel wurden nicht gebrannt, sondern nur an der Sonne getrocknet. Bei mangelnder Pflege zerbröckelten sie schnell, und die Wand brach zusammen. Ein gut gepflegtes Haus konnte dreißig Jahre und länger stehen.

Im Sommer wurden die flachen Dächer für alles mögliche genutzt. Josua (Kapitel 2) berichtet, daß Rahab in Jericho Flachs auf dem Dach ausgelegt hatte. In warmen Nächten schlief man auch dort. Ein weises Gesetz (5. Mose 22,8) verlangte für jedes Haus ein Geländer rings um das Dach, damit niemand hinabstürzen konnte.

Auf dem Dach konnten auch weitere Räume eingerichtet werden. Manche Häuser hatten ohnehin ein oberes Stockwerk, vielleicht über den Räumen am Ende des Innenhofes. Diese Räume konnte man über eine Treppe vom Hof aus erreichen. Gelegentlich befand sich die Treppe auch außerhalb des Hauses. Eine wohlhabende Dame stellte dem Propheten Elisa einen solchen Raum zur Verfügung (2. Könige 4). Sie möblierte ihn mit einem Bett, einem

Tisch, einem Stuhl und einer Lampe; eine Einrichtung, wie sie vermutlich in jedem Raum üblich war.

Die Lampen bestanden aus flachen Keramikschalen, die an einer Ecke zu einer Tülle zusammengedrückt waren. Ein Docht aus Binsenmaterial oder Stoff lag auf der Tülle und nährte sich von dem Öl in der Schale. Bei dem Töpferwerk handelte es sich um einfaches Steingut oder Terrakotta. Man verwendete noch keine Glasur, aber die höherwertige Ware wurde vor dem Brennen auf Hochglanz poliert. Dadurch entstand eine sehr glatte Oberfläche, die einfach zu reinigen war.

Die Töpfer formten Schüsseln und Schalen in allen Größen: große, tiefe zum Kochen, kleine, offene zum Essen; dazu Krüge für Öl, Wein und Wasser. Außerdem gab es noch kleine Gefäße für die Parfüms, die bei dem heißen Wetter viel gebraucht wurden. Obwohl die Keramik einfach war, wurde sie doch fachmännisch hergestellt, und die einfachen Formen wirken vollendet und elegant.

Zwar kann niemand behaupten: Dies ist das Haus von Elisa, oder: Hier hat Jeremia gewohnt. Trotzdem erinnern uns die gefundenen Ruinen daran, daß im Alten Testament von wirklichen Menschen berichtet wird. Sie zeigen uns, wie ihre Häuser aussahen und wie sie darin lebten.

Jeder Haushalt besaß eine einfache Tonlampe, die mit Olivenöl gefüllt wurde.

Im Beerseba der Eisenzeit gab es nur schmale Straßen.

In der Zeit vor der Einführung des Münzgeldes

Wollte man im alten Israel etwas kaufen, so brauchte man einen Tauschgegenstand, denn Münzgeld gab es noch nicht (siehe: *Jüdische Münzen*). Und selbst wenn ein Geschäftsmann seine Preise in Silberschekeln festgesetzt hatte, so nahm er statt dessen auch ein Schaf oder ein Gewand von entsprechendem Wert.

Für die Bezahlung mit Silber brauchten die Menschen eine Waage und Gewichte, um die erforderliche Menge bestimmen zu können. Das Silber war roh, in kleinen Stückchen. Notfalls gab man auch einen Ring oder ein anderes Schmuckstück. Ein einheitliches Gewichtssystem war also unerläßlich.

In Jerusalem und anderen Städten hat man einige Gewichte gefunden. Sie sind vorwiegend aus Stein geschnitten und haben eine sorgfältig geglättete, abgerundete Form mit einer flachen Grundfläche und einer gewölbten Spitze. Winzige Teile eines Schekels konnten nur 1 cm hoch und 1 cm im Durchmesser sein und zwei oder drei Gramm wiegen. Gewichte von 4500 Gramm konnten dagegen den Wert von 400 oder 500 Schekeln ausmachen.

Obwohl sie sorgfältig hergestellt wurden, wiegen selbst Steine, die offenbar gleich schwer sein sollten, nicht immer dasselbe. Deswegen ist das genaue Gewicht des Schekels unbekannt. Wahrscheinlich war es 11,4 Gramm.

Auf die kleinen Gewichte hatte man aus praktischen Erwägungen häufig ihren Wert eingraviert. Das konnte eine Zahl mit einem Zeichen für „Schekel" sein oder auch der Name eines kleineren Gewichtes. Das Eingravieren dieser Angaben gehörte vermutlich zu den Arbeiten des Siegelers.

Abgesehen vom Schekel sind noch zwei andere, im Alten Testament erwähnte Gewichte gefunden worden. Das erste ist der „Beka", der halbe Schekel, den jeder erwachsene Israelit als Steuer für das Heiligtum Gottes zahlen mußte.

Das zweite Gewicht war uns völlig unbekannt, bis man einzelne Exemplare davon fand und mit einem Bibelvers in Verbindung bringen konnte. Auf diese Gewichte ist das Wort „Payim" eingraviert. Dieses Wort bedeutet „Zweidrittel" eines Schekels. In 1. Samuel 13,21 steht dieses Wort im hebräischen Text, aber niemand hatte bisher damit etwas anfangen können. Die Übersetzung lautet jetzt: „Das Schärfen aber geschah für ein Zweidrittellot Silber." Diesen Betrag verlangten die Philister von den Israeliten für die Reparatur ihrer Werkzeuge.

Bevor es Münzgeld gab, wurde das Silber, mit dem man bezahlte, abgewogen. Dazu bedurfte es eines einheitlichen Gewichtssystems. In die bronzenen Löwen-Gewichte aus Assyrien ist der Name des Königs eingraviert, für den sie hergestellt worden waren.

Der Wert der Gewichte (oben) ist in Hebräisch eingraviert. Das zweite von rechts ist ein „Payim".

DIE MESA-STELE / 117

Kein verborgener Schatz:
Die „Mesa-Stele"

Schafe – wohin man auch sah, nichts als Schafe! Die Sekretäre des Königs waren ausgeschickt worden, um festzustellen, ob die verlangte Menge eingetroffen war. Jetzt hatten sie alle gezählt: 100.000 Schafe. Dazu gehörte auch noch die Wolle von 100.000 Böcken. Der König von Israel war zufrieden. Dies alles war der Tribut seines Untergebenen, des Königs von Moab.

Die Moabiter ärgerten sich natürlich über diese Tributzahlungen. Sie ärgerten sich über die Herrschaft, die Israel über sie ausübte. Endlich aber kam der Augenblick der Befreiung.

Der israelitische König Omri hatte Moab unterworfen. Omri war es auch, der die neue Hauptstadt Samaria baute. Auch sein Sohn Ahab konnte sich gegenüber Moab behaupten. Am Ende seiner Regierungszeit verbündete er sich aber mit anderen Königen und beteiligte sich an einem erfolglosen Feldzug gegen die Assyrer. Dabei wurde er im Kampf mit dem König von Damaskus getötet. Der Sohn Ahabs, der ihm auf den Thron nachfolgte, stürzte aus dem Fenster und starb.

Jetzt bot sich Moab eine ausgezeichnete Gelegenheit, wieder seine Freiheit zu erlangen. König Mesa von Moab erhob sich gegen Israel. Ahabs zweiter Sohn Joram, der jetzt König von Israel war, wollte die Revolte niederschlagen. Doch obwohl seine Armee die moabitische Hauptstadt erreichte, zog sie wieder ab, ohne sie eingenommen zu haben. Moab war frei.

All das wissen wir aus biblischen und assyrischen Quellen. Die moabitischen Berichte sind ausführlicher.

König Mesa von Moab konnte die Herrschaft Israels abschütteln, einen Teil des moabitischen Territoriums zurückgewinnen und einige Städte wiederaufbauen. Darauf war er so stolz, daß er seine Taten auf eine Steintafel gravieren ließ.

Diese Stele konnte man in der Zitadelle seiner Heimatstadt Dibon bewundern.

Wie viele andere königliche Inschriften aus der damaligen Zeit beginnt der Bericht auf der Stele mit der Vorstellung des Königs: „Ich bin Mesa, Sohn des ..., König von Moab, der Diboniter." Die Schilderung der Ereignisse erfolgt fast durchgehend in der ersten Person.

Einheimische brachen die „Mesa-Stele" auf, weil sie im Innern einen Schatz vermuteten. Aber der „Schatz" war die Stele selbst und ihre Inschrift.

118 / DIE MESA-STELE

In alter Zeit war es oft die Aufgabe der Schreiber, Tributzahlungen zu registrieren. Diese Schreiber kommen aus Assyrien.

„Ich griff an, ich erschlug, ich nahm ein, ich baute."

Der König war freilich nicht der Ansicht, daß er den Sieg ausschließlich mit eigener Kraft errungen hatte. Er erklärt, daß er das Heiligtum, in dem die Stele stand, für Kamos, den Hauptgott der Moabiter, gebaut habe. Er nennt auch den Grund: „Denn er hatte mich errettet von allen Königen und hatte mich triumphierend blicken lassen auf alle, die mich haßten."

Mesa war der Meinung, Israel habe nur deshalb Moab unterdrücken können, weil der Gott Kamos auf Moab zornig gewesen war. Jetzt aber hatte Kamos ihn beauftragt, gegen Israel zu kämpfen und so Moab wieder zu befreien. Vor allem sollte er Israel die Stadt Nebo entreißen. Mesa machte sich in der Nacht auf, eroberte die Stadt und erschlug 7.000 Menschen. Er brachte die Stadt seinem Gott zum Opfer. Die

Kultgeräte Jahwes, des Gottes Israels, die in der Stadt waren, raubte Mesa und weihte sie Kamos. Er eroberte noch andere Städte. Die Gefangenen mußten als Sklaven in der Zitadelle von Dibon arbeiten.

Die Inschrift auf der Stele ist in alten phönizischen Buchstaben geschrieben, die auch für die Niederschrift des Hebräischen gebraucht wurden. Die Sprache ist dem Hebräischen der Bücher Richter, Samuel und Könige sehr ähnlich. Auch sonst gibt es Parallelen.

Wenn Gott ihnen zürnte, dann griffen Feinde Israel an – zum Beispiel die Philister – und versklavten sie. Doch immer wieder beauftragte Jahwe Menschen – zum Beispiel die Richter, Saul und David – mit der Befreiung seines Volkes.

Wie Mesa ließen auch die Israeliten ihre gefangenen Feinde Frondienste leisten. Und wie Mesa die Stadt Nebo dem Gott Kamos weihte, so wählte Josua Jericho aus. Alles, was sich in der Stadt befand, gehörte Jahwe.

Mesas Inschrift bereitet dem Ausleger von heute manche Schwierigkeiten.

Das ist nicht erstaunlich, wenn man das Alter der Texte bedenkt. Außerdem wurden hier Ereignisse von gegensätzlichen Standpunkten aus beschrieben. Mesa erwähnt nicht, wie der israelitische König hieß, zu dessen Regierungszeit er seinen Sieg errang. Zum Verdruß der Historiker sind seine Angaben sehr ungenau. „Omri hatte das ganze Land von Madeba in Besitz genommen, und (Israel) saß darin während seiner Regierung und des Abschnittes der Regierungszeit seiner Söhne vierzig Jahre lang."

Omri regierte aber zwölf Jahre lang (etwa von 884 bis 873 v.Chr.), sein Sohn Ahab zweiundzwanzig Jahre (etwa von 873 bis 853 v.Chr.) – insgesamt also wesentlich weniger als vierzig Jahre. Sollen wir „vierzig Jahre" als eine aufgerundete Zahl verstehen oder als „eine Generation"? Bedeuten die Worte „Söhne" und „Abschnitt" einfach „Nachfolger" und „Teil"?

Tatsächlich enden die vierzig Jahre – von Omris Herrschaft aus gesehen – in der Regierungszeit Jorams (um 852 bis 841 v.Chr.), dem Sohn Ahabs, dem es nicht gelang, Moab zurückzuerobern. Vielleicht ließ Mesa sein Monument wenig später anfertigen.

Mesas Gedenktafel, die heute unter dem Namen „Moabiterstein" oder „Mesa-Stele" bekannt ist, steht jetzt im Louvre in Paris. Ursprünglich war sie über 1,15 Meter hoch und am Fuß 58 cm breit. Heute besteht sie aus einer Anzahl übel zugerichteter, schwarzer Basaltfragmente. Dennoch war sie – als man sie fand – noch fast vollständig. Die Geschichte ihrer Entdeckung

demonstriert die Gefahren, die es für viele frühgeschichtliche Monumente gibt.

1868 fand ein deutscher Missionar den Stein in den Trümmern von Dibon. Er war anscheinend in ein anderes Bauwerk eingefügt worden. Im folgenden Jahr erhielt ein französischer Gelehrter in Jerusalem die arabische Kopie einiger Zeilen der Inschrift. Er erkannte, wie wichtig der Stein war. Er fertigte zuerst den Papierabdruck der gesamten Inschrift an und setzte dann alles daran, um den Stein zu kaufen.

Für die Einheimischen war die Stele nichts als ein Stein. Die Inschrift bedeutete ihnen nichts. Aber vielleicht war ein Schatz in seinem Innern versteckt? Sie erhitzten den Stein über einem Feuer und gossen dann kaltes Wasser darüber. Er zerbarst, wie sie es beabsichtigt hatten. Aber es fand sich kein verborgener Schatz.

Der Franzose Clermont-Ganneau sammelte alle Stücke ein, die er finden konnte, und kaufte sie den Dörflern ab. Obwohl er nur etwa drei Fünftel der Teile wiederfand, konnte er die fehlenden Stücke anhand seines Papierabdruckes rekonstruieren. So gelang es ihm, die Geschichte von Mesas Triumph zu lesen.

Der „Moabiterstein" ist das einzige Monument dieser Art, das man aus Israel, Juda, Edom, Moab oder Ammon kennt. Wenn es – wie anzunehmen – noch andere gab, dann warten sie entweder noch auf ihre Entdeckung oder sind bereits zerstört; ein Schicksal, das auch der „Mesa-Stele" beinahe widerfahren wäre.

Der Preis für den Schutz:
Der „Schwarze Obelisk"

Man hatte schon tagelang gegraben, aber noch immer nichts Interessantes gefunden, damals, im November 1845. Henry Layard, der die Arbeit leitete, mußte schnell etwas erledigen und verließ den Trümmerhügel. Doch vorher sprach er noch mit seinen Arbeitern. Sie hatten einen mehr als fünfzehn Meter langen Graben ausgehoben. Der Erdboden war hart und trocken, und sie waren entmutigt, wollten aufgeben. Layard ordnete an, noch einen Tag weiterzuarbeiten, bis er zurückkam. Dann ging er.

Er hatte dem Ausgrabungsort kaum den Rücken gekehrt, als ihn ein Arbeiter keuchend einholte. Es war etwas im Graben gefunden worden. Layard sollte doch einmal nachsehen.

Layard kletterte in den Graben. Da lag ein glatter, schwarzer Steinblock, in den Bilder und eine Inschrift eingemeißelt waren. Unter der Aufsicht Layards hoben ihn eifrige Hände mit Hilfe von Seilen heraus. Es stellte sich heraus, daß es sich um einen vierseitigen Pfeiler, einen Obelisken, handelte. Die Säule war zwei Meter hoch, hatte auf jeder Seite fünf Paneele mit Bildern und enthielt zahlreiche Keilschriftzeichen.

Layard fertigte genaue Zeichnungen der Bilder und der Schrift an. Dann ließ er den Stein verpacken und nach England schicken. Heute steht er zusammen mit anderen von diesem Archäologen entdeckten Monumenten im Britischen Museum in London.

Wenn Layard auf seine Leute gehört und die Arbeiten vor seiner Abreise eingestellt hätte, läge der „Schwarze Obelisk" vielleicht noch immer in den Trümmern der alten assyrischen Königsstadt Kelach (heute heißt der Ort Nimrod).

Als man den Obelisken fand, konnte weder Layard noch sonst jemand die Inschriften lesen. Zeichnungen davon wurden deshalb schnell vervielfältigt und an verschiedene Gelehrte geschickt, die versuchen sollten, die Keilschrift zu entziffern. Beinahe gleichzeitig gelang es dann zwei Männern, einige Worte auf dem Stein zu lesen.

Einer davon war Edward Hincks, ein bescheidener Pfarrer, der in Irland lebte. Der Geistliche studierte in der Zurückgezogenheit seines Pfarrhauses und gelegentlich im Britischen Museum. Keines seiner Gemeindeglieder wußte vermutlich, daß ihr Pfarrer, der so viel Zeit hinter dicken Büchern verbrachte, dabei war, eine der lange verschlossenen Türen zur alten Geschichte zu öffnen. Hincks und Layard waren Freunde, und es war Hincks, der für Layard viele der unbekannten Inschriften entzifferte.

Der andere große „Entzifferer" jener Zeit war Henry Rawlinson (siehe: *Das Geheimnis des Felsens von Behistun*).

Beide Männer erkannten, daß der „Schwarze Obelisk" von den Siegen eines assyrischen Königs berichtete und daß die Schrift über jeder Bilderreihe eben diese Bilder beschrieb.

Die Überschrift der ersten Bilderreihe gab darüber Auskunft, daß es sich hier um den Tribut eines Königs aus Nordwestpersien handelte. Dieser König oder sein Abgesandter wird in kniender Haltung vor dem König Salmanassar und dessen Beamten gezeigt.

Auf den anderen Bildern führen Bedienstete ein Pferd und zwei Kamele, und Diener tragen irgendwelche Gegenstände als Zeichen des Tributs, den dieser König an Assyrien zu leisten hatte.

Die zweite Bilderreihe erwies sich als überaus aufregend. Auf dem ersten

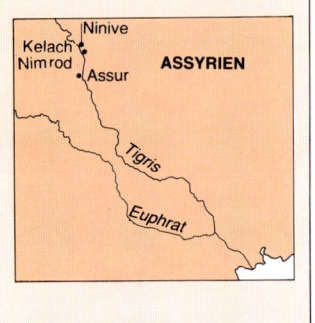

1845 entdeckte Henry Layard einen glatten, schwarzen Steinblock, in den Bilder und eine Inschrift eingemeißelt waren. Der „Schwarze Obelisk" berichtet von dem Triumph des assyrischen Königs Salmanassar.

120 / DER SCHWARZE OBELISK

Die Abbildung rechts oben sorgte für eine Überraschung. Der Text über der knienden Figur zählt Tributzahlungen auf, die vom König „Yaua, Sohn des Humri" geleistet wurden. Es handelt sich um den Jehu der Bibel.

Der „Schwarze Obelisk" ist bis jetzt das einzige Monument, das Israeliten (links oben) zeigt, die einem assyrischen König Tribut zahlen.

Bild kniet wieder eine Person zu Füßen des assyrischen Königs und küßt den Staub. Dreizehn Männer folgen den assyrischen Höflingen und tragen die Abgaben. Über den Bildern steht folgender Text: „Der Tribut des Yaua vom Hause Humri. Silber, Gold, ein goldenes Becken, eine goldene Vase, goldene Becher, goldene Kübel, Zinn, ein Stab für die königliche Hand. Puruhati-Früchte."

Es war nicht schwer, den Namen des Königs festzustellen, der diese Geschenke abschickte. „Yaua" ist die assyrische Schreibweise von „Jehu", dem König von Israel, und „Humri" die von „Omri", der die israelitische Hauptstadt Samaria errichtete.

Wir haben hier ein wichtiges Bindeglied zwischen dem assyrischen Monument und der Bibel – eine Tatsache, die Hincks und Rawlinson sofort erkannten.

Bevor wir näher darauf eingehen, sollten wir uns noch mit den restlichen Bildern befassen. Es erscheinen keine weiteren knienden Abgesandten, wohl aber eine Vielzahl von Abgaben. Reihe drei zeigt zwei Kamele, drei gehörnte Tiere, einen Elefanten, zwei kleinere und zwei größere Affen. Sie kamen aus Ägypten. Eines der gehörnten Tiere war vielleicht ein Rhinozeros. Möglicherweise waren die Tiere für den königlichen Zoo bestimmt. Die assyrischen Könige sammelten voller Leidenschaft ungewöhnliche Tiere und Pflanzen.

Der Darstellung eines Löwen, der einen Hirsch zerreißt, folgt die vierte Bilderreihe mit der Tributzahlung eines Königs, der am mittleren Euphrat wohnte. Es besteht große Ähnlichkeit zwischen der vierten und den beiden ersten Bilderreihen, nur bringen die Diener zusätzlich noch zusammengelegte Kleidungsstücke als Tribut.

In der letzten Reihe tragen die Bediensteten die Abgaben eines Staates an der Küste Syriens, die dem Tribut Jehus sehr ähnlich sind.

Die assyrischen Steinmetze hatten einige der aus Ägypten geschickten Tiere möglicherweise noch nie zuvor gesehen. Deswegen sind ihre Bilder vielleicht nicht sehr genau ausgefallen. Andererseits bemühten sie sich sehr, die jeweils andere – wohl landesübliche – Tracht der einzelnen tributzahlenden Gruppen darzustellen.

In den 129 Zeilen der Inschrift am oberen und unteren Ende der Säule zählt Salmanassar seine Siege vom ersten Jahr seiner Herrschaft (857 v.Chr.) bis zum einunddreißigsten Regierungsjahr (826 v.Chr.) auf. Im sechzehnten Herrschaftsjahr, also 841 v.Chr., so erklären andere Berichte Salmanassars, brachte Jehu seinen Tribut.

Nun entstammte Jehu nicht der israelitischen Königsfamilie. Er war ein Soldat, der den König Joram, einen Nachfahren Omris, tötete. Damals ermordete Jehu auch den König von Juda. Das 2. Buch der Könige berichtet über dieses Ereignis in Kapitel 9.

Sowohl die Berichte Salmanassars als auch die biblischen Berichte weisen darauf hin, daß sich die Ermordung der beiden Könige und die Thronbesteigung Jehus im selben Jahr ereigneten, in dem er sich den Assyrern unterwarf. Vielleicht hatte er geglaubt, seine Position im Schutz von Assyrien besser festigen zu können. Die Bibel berichtet nichts davon; für die Absicht des hebräischen Geschichtsschreibers war es bedeutungslos.

Der „Schwarze Obelisk" ist das bisher einzige Monument, auf dem in Bildern dargestellt ist, wie Israeliten einem assyrischen König Abgaben bringen. Seit den ersten Untersuchungen durch Hincks und Rawlinson nimmt er einen wichtigen Platz unter den assyrischen Dokumenten ein, die sich auf das Alte Testament beziehen. Er ist aber auch – ganz für sich allein – ein bedeutsames Kunstwerk.

DIE ASSYRER / 121

„Die Assyrer zogen herauf ...“

In einer Vitrine im Britischen Museum in London wird ein Lehmprisma aufbewahrt. Auf jeder seiner sechs Seiten befindet sich, Zeile um Zeile, eine saubere Keilschrift. Dieses unscheinbar aussehende, etwa 37,5 cm hohe Stück Keramik ist eine von vielen Inschriften, die über die Siege des Königs Sanherib berichten, der von 705 bis 681 v.Chr. Assyrien regierte. Der britische Botschafter in Bagdad, ein Oberst Taylor, erwarb es 1830 in Ninive. 1855 kam das Stück in den Besitz des Museums, wo es unter dem Namen „Taylor-Prisma" bekannt wurde.

Die assyrischen Könige ließen solche Berichte schreiben, um sie dann in die Fundamente der Tempel, Paläste und Stadttore, die sie bauten oder erneuerten, einzumauern. Sie hofften, daß ihre Nachfolger sie finden, lesen und dann erkennen würden, welch großartige Männer sie gewesen waren. Auf diese Weise sollte die Erinnerung an Könige wie Sanherib lebendig gehalten werden. Das erklärt auch den Ton der Inschriften. Sie klingen prahlerisch, hochfahrend und berichten über nichts anderes als die Tapferkeit des Königs, seine Siege, die Feinde, die er getötet und die Beute, die er heimgebracht hat.

Eine genauere Untersuchung läßt allerdings vermuten, daß die Könige nicht ganz die ruhmsüchtigen, großsprecherischen Imperialisten waren, die sie nach diesen Berichten zu sein scheinen. Sie rechtfertigen ihre Kriege häufig mit der Behauptung, daß ihr Gott sie ihnen befohlen habe. Oft mußten sie Aufstände niederschlagen. Auch Sanherib führte all die Kriege, die das „Taylor-Prisma" beschreibt, aus diesem Grund.

Einer der Könige, die Sanherib an-griff, war Merodach-Baladan, der König von Babylon. Zu schwach, um sich dagegen wehren zu können, hatte er Assyriens Herrschaft hinnehmen müssen. Aber als Sanherib König wurde, verbündete er sich mit den östlichen Feinden Assyriens. Er bemühte sich auch, die Unterstützung aller anderen Vasallenkönige Assyriens zu gewinnen; u.a. die des Königs Hiskia von Juda, ganz weit im Westen.

In der Bibel berichtet das Buch der Könige, wie Hiskia die Boten Merodach-Baladans mit allen Ehren empfing. Ihr Besuch mag ein Grund dafür gewesen sein, daß er sich gegen Assyrien erhob. Um diese Rebellion Hiskias niederzuschlagen, marschierte Sanherib nach Westen.

Zur Zeit des Königs Hiskia standen die Assyrer sogar vor den Toren Jerusalems. Die Hauptstadt wurde zwar nicht erobert, aber Lachisch weiter im Süden. König Sanherib schmückte die Wände seines Palastes in Ninive mit Szenen aus der dramatischen Endphase des Kampfes. Einwohner flüchten vor den niederfallenden Geschossen.

Der Gesandte des babylonischen Königs Merodach-Baladan wird am Hofe König Hiskias willkommen geheißen.

122 / DIE ASSYRER

Der assyrische König berichtet, wie er im Jahre 701 v.Chr. an der Mittelmeerküste entlangzog und auf diesem Wege mehrere Königreiche unterwarf. Schließlich erreichte er das südwestlich von Israel und Juda gelegene Gebiet der Philister.

Nur einer, der König von Askalon, weigerte sich, Assyriens Oberhoheit anzuerkennen. Also setzte Sanherib ihn

Die Macht des stolzen Assyrien kommt in dieser Statue zum Ausdruck, die König Assurbanipal II. darstellt. Sie stammt aus dem 9. Jh. v.Chr.

DIE ASSYRER / 123

ab und deportierte ihn mit seiner ganzen Familie nach Assyrien. An seiner Stelle wurde nun ein Mann zum König ernannt, der Askalon schon einmal unter assyrischem Schutz regiert hatte.

Auch eine andere Philisterstadt, Ekron, wollte sich nicht beugen. Führende Bürger hatten ihren assyrienfreundlichen König gefangengenommen und ihn in Jerusalem König Hiskia von Juda übergeben. Die Rebellen riefen Ägypten zu Hilfe, aber die assyrische Armee gewann die Schlacht bei Elteke, und Ekron wurde besiegt. Sanherib ließ die Anführer des Aufstandes hinrichten und warf ihre Helfer ins Gefängnis. Die übrigen aber verschonte er. Dann setzte er den König, der in Jerusalem gefangengehalten worden war, wieder auf den Thron.

Anders, als die Inschriften Sanheribs erkennen lassen, dürfte die Befreiung des Königs von Ekron erst nach Abschluß des letzten Abschnittes des Feldzuges stattgefunden haben.

Ein anderer Rebell wollte sich dennoch nicht beugen. Hiskia von Juda, offensichtlich einer der Anführer des Aufstandes, harrte in seiner Hauptstadt Jerusalem aus. Sanherib überrannte ganz Juda und umzingelte die Stadt. Auch davon erfahren wir in seinem Bericht. (Siehe: *Wie ein Vogel im Käfig*.)

Es gibt mehrere bemerkenswerte Punkte. Obwohl die assyrischen Truppen die Stadt so einkreisten, daß niemand hineingelangen oder herauskommen konnte, ist von einem Angriff auf die Stadt nicht die Rede, wie das bei den „vierundsechzig mit starken Mauern befestigten Städten" oder bei anderen Rebellenstädten geschah. Sanherib behauptet, daß Hiskia sich geschlagen gab und ihm einen hohen Tribut zahlte. Dennoch erwähnt er nirgendwo, daß seine Soldaten in Jerusalem eindrangen, noch daß er selber Hiskia begegnete.

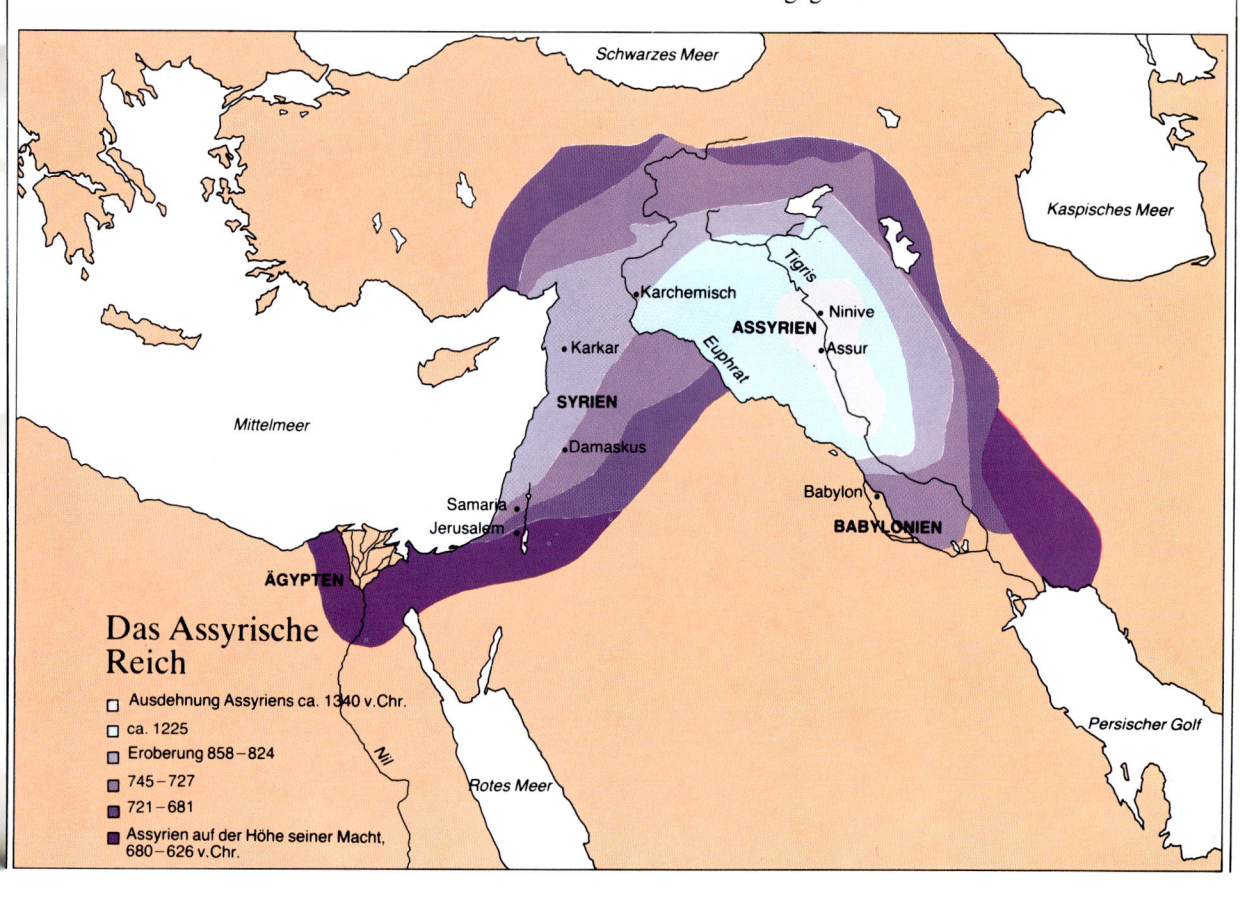

Das Assyrische Reich

☐ Ausdehnung Assyriens ca. 1340 v.Chr.
☐ ca. 1225
☐ Eroberung 858–824
▨ 745–727
▪ 721–681
■ Assyrien auf der Höhe seiner Macht, 680–626 v.Chr.

Wie ein Vogel im Käfig:
Sanheribs Angriff auf Jerusalem

König Sanheribs Angriff auf Jerusalem wird auf dem „Taylor-Prisma" berichtet.

So lautet die Übersetzung des Berichtes, in dem Sanherib die Nachwelt über seinen Angriff auf Juda informierte:

„Und Hiskia vom Lande Juda, der sich meinem Joch nicht gebeugt hatte, 46 seiner festen Städte, mit Mauern versehene, und die kleinen Städte in ihrer Umgebung, ohne Zahl, durch Niedertreten mit Bohlenbahnen und durch Ansturm mit Belagerungsmaschinen, durch den Kampf der Fußtruppen, durch Einbruchsstellen, Breschen und Mauerbrecher, belagerte und eroberte ich sie. 200.150 (vermutbar: 21.500) Leute, jung und alt, männlich und weiblich, Rosse, Maultiere, Esel, Kamele, Rinder und Kleinvieh ohne Zahl führte ich von ihnen heraus und rechnete sie als Beute. Ihn selbst, wie ein Käfigvogel, inmitten der Stadt Jerusalem, der Stadt seines Königtums, schloß ich ein. Befestigungen gegen ihn warf ich auf, und den aus dem Tore seiner Stadt Herauskommenden vergalt ich ihre Übertretung. Seine Städte, welche ich geplündert hatte, aus der Mitte seines Landes trennte ich sie ab, und dem Mitinti, König der Stadt Asdod, dem Padi, König der Stadt Ekron, und dem Sil-Bel, König der Stadt Gaza, gab ich sie und verminderte sein Land. Zu dem früheren Tribut, der Abgabe ihres Landes, fügte ich eine Abgabepflicht als Geschenk für meine Herrschaft hinzu und legte sie ihnen auf.

Ihn, den Hiskia, die Furcht vor dem Glanz meiner Herrschaft überwältigte ihn und die Urbi und seine guten Truppen, die er zur Verstärkung der Stadt Jerusalem, der Stadt seines Königtums, hatte hereinkommen lassen – Vernichtung trat ein (?). Außer 30 Talenten Gold, 800 Talenten Silber, Edelsteinen, Schminke, Daggassu-Steinen, großen Lapislazuli-Steinen, Betten aus Elfenbein, Thronsesseln aus Elfenbein, Elefantenhaut, Elefantenzähnen, Ahornholz, Buchsbaumholz, allerlei wertvollen Schätzen, seine Töchter und Palastfrauen, Sänger und Sängerinnen ließ er nach Ninive, der Stadt meiner Herrschaft, mir nachbringen, und zur Abgabe des Tributs und zur Erklärung der Botmäßigkeit schickte er seinen Gesandten."*

---
* Übersetzung nach Hans Bardtke, a.a.O.

Die überraschendste Tatsache kommt am Schluß. Hiskia schickte seine Boten und den gesamten Tribut an Sanherib „später, nach Ninive". Das heißt also: Die assyrische Armee konnte diese Abgaben nicht wie üblich im Triumphzug nach Hause führen.

Diese Episode ist auch aus dem Alten Testament bekannt. Sie wird zweimal in aller Ausführlichkeit berichtet, nämlich in 2. Könige 18 und Jesaja 36 und 37 (sowie in der Zusammenfassung in 2. Chronik 32). Liest man die Ausführungen der Bibel neben dem Sanherib-Bericht, so lassen sich etliche Unterschiede feststellen. Dennoch sprechen beide eindeutig von demselben Ereignis. Die Unterschiede überraschen auch nicht, weil die Berichte von Gegnern verfaßt sind. Außerdem ist es nicht unbedingt so, daß beide der tatsächlichen Reihenfolge der Ereignisse folgen.

Nach Aussage der hebräischen Geschichtsschreiber bedrohte Sanherib Jerusalem. Er wollte die Bürger dahin bringen, die Stadttore zu öffnen und Hiskia zur Aufgabe der Stadt zu zwingen. Jerusalem aber blieb standhaft. Durch den Propheten Jesaja hatte Hiskia Gottes Zusicherungen, die ihn zu weiterem Widerstand ermutigten. Also gab er nicht auf!

Ein bekannter Vers gibt die Erklärung des hebräischen Geschichtsschreibers wieder: „Und in dieser Nacht fuhr aus der Engel des Herrn und schlug im

DIE ASSYRER / 125

Lager von Assyrien hunderfünfundachtzigtausend Mann. Und als man sich früh am Morgen aufmachte, da lag alles voller Leichen. So brach Sanherib, der König von Assyrien, auf und zog ab, kehrte um und blieb zu Ninive" (2. Könige 19,35.36).

Was genau geschah, läßt sich nicht feststellen. Es gibt keinen Grund dafür, an diesem Bericht über eine Katastrophe zu zweifeln, die zum plötzlichen Ende des assyrischen Feldzuges führte. Daß Sanherib einen solchen Fehlschlag nicht berichtete, ist nur zu verständlich.

Eine plötzliche Dezimierung seiner Armee, die zu einem schnellen Rückzug führte, würde allerdings erklären, weshalb Sanherib sich nicht rühmen konnte, Jerusalem erobert zu haben, und weshalb er Hiskias Unterwerfung erst durch Botschafter in Ninive erhielt.

Auch noch eine andere Tatsache läßt vermuten, daß es Sanherib nicht gelang,

Jerusalem zu erobern: In seinem Palast in Ninive war ein Zimmer mit Steintafeln geschmückt, die den Feldzug gegen Juda darstellen. Unter anderem ist die Eroberung einer Stadt zu sehen, bei der es sich aber nicht um Jerusalem, sondern um die weiter südlich gelegene Feste Lachisch handelt. Hätten die Assyrer die Hauptstadt Jerusalem erobert, dann wäre das mit großer Wahrscheinlichkeit auf den Wänden dargestellt worden. Statt dessen wird Lachisch diese „Ehre" zuteil.

Sanheribs „Taylor-Prisma" und seine Parallelberichte geben gerade durch ihre andere Sicht ein außerordentlich umfassendes Bild von einer Zeitspanne der hebräischen Geschichte. Sie sind sehr wertvoll für das Verständnis der biblischen Texte, und es ist sehr interessant zu beobachten, auf welche Weise sie mit dem biblischen Text übereinstimmen.

In dieser Szene aus der Blütezeit Assurs führt König Assurbanipal eine Löwenjagd an.

Der Tunnel des Königs Hiskia

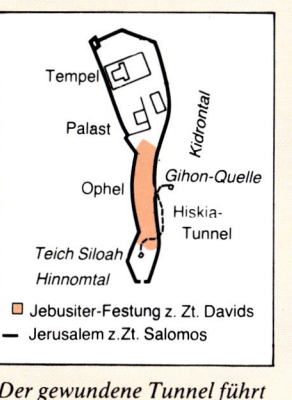

Der gewundene Tunnel führt von der Gihon-Quelle bis zum Teich Siloah.

1880 entdeckte ein Junge Schriftzeichen an der Wand des Tunnels zum Teich. Sie berichten, wie zwei Gruppen von Arbeitern, die an den entgegengesetzten Enden begannen, durch den Fels sich vorarbeiteten und schließlich tief unter der Erde aufeinandertrafen.

Seit Menschengedenken hatten die Jerusalemer Frauen ihre Wäsche in dem kleinen Teich im Süden der Stadt gewaschen, und die Kinder planschten gern darin. Das Wasser dieses Teiches kam aus einem unterirdischen Tunnel. Manch einer der Buben wagte sich mitunter ein kleines Stück in den dunklen Gang vor.

An einem Tag im Jahre 1880 dehnte einer der Knaben seine Expedition weiter aus als gewöhnlich. Im flackernden Licht seiner Lampe erkannte er auf der Felswand einige eingeritzte Schriftzeichen. Schnell verließ er den Tunnel, um den Leuten zu erzählen, was er entdeckt hatte.

Niemand hatte die Inschrift jemals zuvor gesehen. Deswegen wurde sie sehr bald sorgfältig untersucht. Weil ständig Wasser über die Wand herabgelaufen war, hatte sich Kalk auf der Schrift abgelagert. Als man ihn entfernte, kamen sechs Zeilen hebräischer Schrift zum Vorschein.

Die Zeilen besagten, daß zwei Gruppen von Arbeitern den Tunnel durch den Felsen gruben. Die Männer begannen ihre Arbeit gleichzeitig an beiden Enden und trafen schließlich tief unter der Erde aufeinander. Eine Meisterleistung!

Der Tunnel führt zu einer Quelle im Kidrontal auf der Ostseite der Stadt. Die Existenz des Tunnels war schon bekannt gewesen, seit der berühmte amerikanische Forscher Edward Robinson ihn 1838 zum ersten Mal sorgfältig untersucht hatte. Er fand heraus, daß das Wasser durch den Tunnel von der Jungfrauenquelle in den Teich floß und nicht umgekehrt, wie manche glaubten.

Zusammen mit seinen Freunden gelang es Robinson, die ganze Länge des Tunnels abzugehen. An manchen Stellen war der Tunnel zwischen 4,50 und 6 Meter hoch. An anderen Stellen war er freilich so niedrig, daß die Forscher sich flach auf den Bauch legten und mit den Ellbogen weiterschieben mußten. Heute ist der Tunnel vom Schlamm gereinigt und das Hindurchkommen nicht mehr so problematisch.

Robinson hatte erwartet, daß der Tunnel ziemlich gerade und ca. 360 Meter lang sei. Um so mehr war er überrascht, als seine Messung eine Länge von 534 Metern ergab. Der Grund dafür ließ sich leicht feststellen: Der Tunnel hatte eine starke S-Krümmung. Ziemlich in der Mitte gab es eine weitere doppelte Krümmung. An dieser Stelle trafen die zwei Gruppen der Tunnelarbeiter offensichtlich aufeinander. Hätten sie nicht die Spitzhacken der anderen gehört, dann wären sie wohl – so läßt jedenfalls der Verlauf des Tunnels vermuten – überhaupt nicht aufeinander gestoßen.

Warum der Tunnel einen so gewundenen Lauf hat, ist nicht eindeutig geklärt. Zwar hatten die damaligen Ingenieure keinen Kompaß, und doch hätten sie durch ein Anvisieren von den Enden her einen ziemlich geraden Verlauf erhalten können.

Vielleicht folgten sie teilweise dem Lauf eines unterirdischen Flusses oder nutzten Risse und Spalten im Felsen aus.

Der Tunnel wurde gegraben, um das Wasser in einen anderen Stadtteil zu leiten; das ist offensichtlich. Die Schriftzeichen geben näheren Aufschluß über die Zeit und den Grund des Tunnelbaus.

Die Inschrift demonstriert sehr gut, wie man vor dem babylonischen Exil Hebräisch schrieb. Seit ihrer Entdeckung haben die Gelehrten die Inschrift mit König Hiskia von Juda, kurz vor 700 v.Chr., in Verbindung gebracht. Tatsächlich gehört die Form der Buchstaben in diese Zeit, wie andere frühhebräische Dokumente beweisen, die man in den letzten Jahren gefunden hat. Unter ihnen ist ein in Ton eingedrücktes Siegel, das einem der Beamten Hiskias gehörte: „Jehozera, Sohn von Hilkia, Diener Hiskias". (Hilkia wird in 2. Könige 18 erwähnt.)

Die Verbindung zu Hiskia beruht auf der alttestamentlichen Mitteilung, daß Hiskia in Jerusalem einen Teich und eine Wasserleitung anlegte.

2. Könige 20,20 berichtet: „Was mehr von Hiskia zu sagen ist und alle seine tapferen Taten und wie er den Teich und die Wasserleitung gebaut hat, durch die er Wasser in die Stadt eingeleitet hat, siehe, das steht geschrieben in der Chronik der Könige von Juda."

2. Chronik 32,3-4 sagt: „Er beriet sich mit seinen Obersten und Kriegshelden,

DER HISKIA-TUNNEL / 127

ob man die Wasserquellen verdecken sollte, die draußen vor der Stadt waren; und sie stimmten ihm zu. Und es versammelte sich viel Volk, und sie verdeckten alle Quellen und den Bach, der durch die Erde geleitet wird, und sprachen: Daß die Könige von Assur nur kein Wasser finden, wenn sie kommen!"

Vers 30 fügt hinzu: „Das ist der Hiskia, der die obere Wasserquelle des Gihon verschloß und sie hinunterleitete westwärts zur Stadt Davids; denn es gelangen Hiskia alle seine Werke."

Heute liegt der Teich unter freiem Himmel, außerhalb der Stadtmauer. Als Hiskias Männer ihn gruben, lag er möglicherweise auch schon unter freiem Himmel und konnte über eine Treppe erreicht werden. Vielleicht aber lag er auch völlig unter der Erde. Damals befand er sich allerdings innerhalb der Stadtmauern. Denn der älteste Teil Jerusalems wurde über der Jungfrauenquelle erbaut, der Gihon-Quelle des Alten Testaments, die alle Einwohner mit Wasser versorgte.

Ein Grieche, der durch den Verkauf der Inschrift reichzuwerden hoffte, schlug sie im Jahre 1890 aus der Wand und zerbrach sie dabei. Die damalige türkische Besatzungsmacht beschlagnahmte sie aber. Jetzt wird die Inschrift im Museum für Altertümer in Istanbul ausgestellt.

Heute trägt der Teich den Namen „Siloah". Es ist aber nicht sicher, ob es sich dabei um den Teich handelt, der im Johannesevangelium, Kapitel 9, erwähnt wird und an dem Jesus einem Blinden befahl, sich darin zu waschen. Das könnte auch ein etwas weiter südlich gelegener Teich gewesen sein.

Um die Wasserversorgung Jerusalems bei Belagerungen sicherzustellen, ließ König Hiskia einen Tunnel durch massiven Fels schlagen und leitete das Wasser der Gihon-Quelle (oben links) in die Stadt. Die Quelle wurde anschließend verdeckt.

Noch heute fließt Wasser durch den Tunnel zum Teich von Siloah.

„Unsere Zeichen sehen wir nicht"

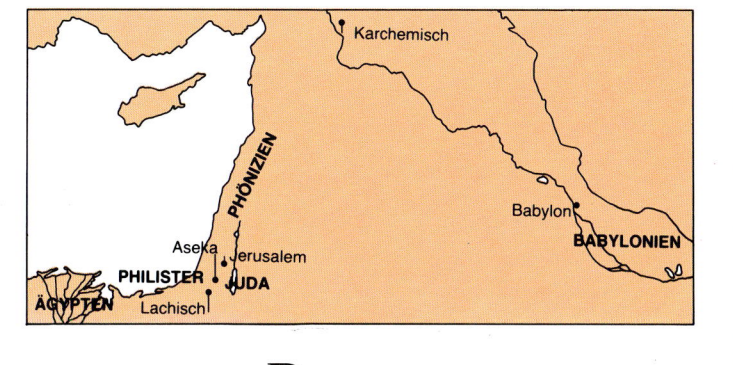

Das kleine Königreich Juda war in Schwierigkeiten. Sein alter, frommer König Josia war in einer Schlacht getötet worden, auf die er sich niemals hätte einlassen dürfen. Der Sieger dieser Schlacht, der König von Ägypten, setzte Josias Sohn als Vasallen auf den Thron.

Nur vier Jahre später wurden die Ägypter von der babylonischen Armee besiegt. Die Schlacht fand bei der im Norden gelegenen Stadt Karchemisch statt. Anschließend zogen die Babylonier nach Süden, um die Städte der Phönizier, Philister und Judäer zu unterwerfen. So kam es, daß der König Jojakim von Juda zum Vasallen des babylonischen Königs wurde.

Babylon besaß zwar starke Armeen, doch es war weit von Juda entfernt. Ägypten aber lag in der Nähe. Nachdem die Babylonier abgezogen waren, ließ sich König Jojakim von den Boten des Pharao überreden, sich dem Diktat der Babylonier zu widersetzen und sich wieder mit Ägypten zu verbünden. Vergeblich versuchte der Prophet Jeremia ihn davon abzuhalten. Das Bündnis mit den Ägyptern wurde erneuert.

Wovor Jeremia gewarnt hatte, ge-schah. König Nebukadnezar von Babylon reagierte schnell. Er schickte verbündete Streitkräfte, um die Rebellen zu unterwerfen. Doch dieses Heer war nicht sonderlich erfolgreich. Nun marschierte die babylonische Armee nach Jerusalem.

Jojakim starb in Jerusalem, und sein Sohn Jojachin wurde neuer König. Er war erst drei Monate auf dem Thron, als die Babylonier Jerusalem eroberten und ihn gefangennahmen. Sie brachten den jungen König und die führenden Männer nach Babylon und erhoben seinen Onkel Zedekia zum neuen König.

Unbegreiflicherweise machte Zedekia den gleichen Fehler wie Jojakim. Er beteiligte sich an dem ägyptischen Ränkespiel; sehr zum Unwillen der Babylonier. Nebukadnezar konnte nicht länger zulassen, daß Juda einen eigenen König hatte. Der fortgesetzte Widerstand mußte ein Ende finden.

Er ließ Jerusalem belagern und einnehmen. Die Soldaten rissen die Stadtmauern ein, plünderten den Tempel Salomos und steckten ihn in Brand. Sie nahmen Zedekia bei einem Fluchtversuch gefangen, töteten seine Söhne vor seinen Augen und stachen ihm die Augen aus. Alle Wohlhabenden, Gebildeten, Handwerker und Künstler wurden nach Babylon ins Exil geschleppt. Über das zurückgelassene Volk setzte Nebukadnezar einen einheimischen Statthalter ein, der unter babylonischer Oberaufsicht stand.

Das waren die Ereignisse in den letzten fünfundzwanzig Jahren des Königreiches Juda, wie sie uns aus der Bibel und den babylonischen Dokumenten bekannt sind.

DIE BABYLONIER / 129

Die Archäologie kann sie ergänzen. Von 1932 bis 1938 grub eine Gruppe von Engländern an einem vielversprechenden Hügel zwischen Hebron und Askalon. Man hoffte, hier die Ruinen der Stadt Lachisch zu finden (siehe: *Die Assyrer zogen herauf ...*). An einer Stelle am Rand des Hügels stießen die Spaten sehr bald auf Teile einer Stadtmauer. Es waren die Überreste des Stadttores. Der Boden der Wachkammer war mit Asche und Abfall bedeckt,

ein Zeichen dafür, daß Feuer das Bauwerk zerstört hatte. Auch einige armselige Häuser in der Nähe waren vernichtet worden.

Aus der Art der Keramikscherben im Stadttor kann man fast mit Sicherheit schließen, daß die Zerstörung auf einen der babylonischen Angriffe auf Juda zurückzuführen ist. Die meisten Archäologen nehmen an, daß es sich um den entscheidenden letzten Angriff handelte, bei dem auch Jerusalem

Unter diesem „Tell" liegen die Ruinen des alten Lachisch. Niedergebrannte Mauern und zerbrochene Gefäße erinnern an den verheerenden Angriff der Assyrer.

130 / DIE BABYLONIER

Einige Tonscherben, die in der Wachstation gefunden wurden, enthalten Berichte eines jüdischen Soldaten an seinen Befehlshaber in Lachisch.

geplündert wurde. Die verbrannten Mauern und die zerbrochenen Gefäße erinnern an das Unglück, das diese Invasion über die Einwohner von Lachisch brachte. Ihre Häuser wurden niemals wieder aufgebaut.

Einige in der Wachkammer gefundene Scherben lassen die Vergangenheit lebendig werden. Von seinem Außenposten aus hatte ein Unteroffizier der judäischen Armee seinem Befehlshaber in Lachisch Nachrichten zukommen lassen. Es waren kurze Botschaften, die mit einer Art Tinte auf Keramikscherben geschrieben wurden. Sie sind in gutem Hebräisch abgefaßt, wie die Sprache des Alten Testaments. Die Schrift läßt erkennen, wie die hebräischen Buchstaben damals aussahen. So haben wohl auch die Propheten Jeremia und Hesekiel geschrieben. Abgesehen von einer Namensliste, die man auf einer Keramikscherbe in Jerusalem entdeckt hatte, waren dies die ersten Zeugnisse der damals gebräuchlichen alten hebräischen Schrift, die man in Juda fand. Inzwischen sind – auch an anderen Orten – noch mehr davon gefunden worden.

Die Briefe sind einfach. In einem scheint der Offizier sagen zu wollen, daß er nicht so dumm sei, wie sein Vorgesetzter annehme; er könne wirklich lesen! Ein anderer meldet die Ankunft eines Generals auf seinem Weg nach Ägypten, ein Hinweis auf das Ränkespiel zwischen Juda und dem Pharao. Es wird außerdem eine prophetische Warnung erwähnt, die schriftlich eingetroffen sei und die der Schreiber weitergeleitet habe.

Es sind insgesamt achtzehn Briefe, von denen sich einige allerdings in einem sehr schlechten Zustand befinden: Die Tinte ist verblaßt oder stellenweise gänzlich weggewaschen. Einer der Briefe scheint unmittelbar vor dem Ende der Garnison geschrieben worden zu sein. Der Offizier berichtet, daß er alles, was ihm aufgetragen wurde, auf eine Schreibtafel oder eine Schriftrolle geschrieben hat, die ein bestimmter Mann als Gefangener in die Stadt (vielleicht Jerusalem) gebracht hatte, und endet mit folgenden Worten: „… daß auf die (Rauch-) Zeichen, von Lachisch wir stets achtgeben entsprechend allen, die mein Herr gibt, denn wir sehen nicht (mehr?) die Zeichen von Azeqa.“

Diese letzten Worte beziehen sich offensichtlich auf die Nachrichtenübermittlung durch Rauchzeichen oder Feuer. Einen fünfzehn Kilometer von Lachisch entfernten Ort hat man als Aseka (Azeqa) identifiziert. Rauchsignale waren vermutlich besonders wichtig, um bei einer Invasion Alarm zu schlagen.

Der Prophet Jeremia beschwor den König Zedekia, seine Politik zu ändern, „als das Heer des Königs von Babel schon Jerusalem und alle Städte Judas belagerte, die übriggeblieben waren, nämlich Lachisch und Aseka; denn diese waren noch übriggeblieben von den festen Städten Judas“ (Jeremia 34,7).

Eine in der Tat verlockende Vorstellung, daß auf dieser unscheinbaren Keramikscherbe eine Botschaft aus jenen letzten Tagen steht, als die babylonische Streitmacht hereinbrach.

Nebukadnezar, König der Juden

Alle, die in den zerstörten Palästen Sanheribs und anderer assyrischer Könige Grabungsarbeiten durchführen, erzählen dieselbe Geschichte: Die prächtigen Hallen und Höfe, die ringsum mit behauenen Steintafeln geschmückt waren, wurden geplündert, verbrannt und nicht wieder aufgebaut. Was die Plünderer nicht hatten forttragen können, das überließen sie den wilden Tieren und dem Zerfall. Die Herrlichkeit Assyriens verging.

An Assyriens Stelle trat Babylon. Einige wenige babylonische Tafeln, die Bibel und einige griechische Berichte geben darüber Auskunft. Nach 640 v.Chr. wurde Assyriens Machtposition geschwächt. Aus dem Osten, das heißt aus den Bergen Persiens, griffen die Meder und ihre Verbündeten an. Von Süden her rückten die Streitkräfte Babylons vor. Nachfolger von Merodach-Baladan, den Sanherib besiegt hatte, befehligten diese Truppen.

Nach mehreren Schlachten schlossen sich all diese Armeen zusammen, um durch die Eroberung Ninives im Jahre 605 v.Chr. die Herrschaft Assyriens zu beenden. Die Sieger teilten das assyrische Reich unter sich auf. Die Meder nahmen das Bergland im Norden und Osten, die Babylonier besetzten Mesopotamien, Syrien und Palästina.

Als drittes Land versuchte Ägypten, einige der noch verbliebenen Reichsteile an sich zu reißen. Aber in der Schlacht von Karchemisch (605 v.Chr.) wurde es von den Babyloniern vernichtend geschlagen. Der Anführer der babylonischen Armee in jener Schlacht war Nebukadnezar. Er wurde noch im selben Jahr König von Babylon und regierte bis 562 v.Chr., dreiundvierzig Jahre lang.

Auf den Wänden seiner Tempel und Paläste hinterließ Nebukadnezar keine langen Beschreibungen seiner Siege, wie es die assyrischen Könige getan hatten. Die von ihm hinterlassenen Inschriften sprechen fast ausschließlich von dem, was er für die von ihm verehrten Götter tat. Folglich ist die Geschichte seiner Regierung nicht allzu gut bekannt. Manche Inschriften nennen Orte in seinem Reich. Von daher kennen wir Größe und Ausdehnung des Reiches. Zwei Gruppen von Keilschrifttafeln bieten allerdings detailliertere Informationen.

Bei der ersten Gruppe handelt es sich um die babylonischen Chroniken. Zwei Tafeln enthalten Ereignisse aus der Regierungszeit von Nebukadnezars Vater, zwei weitere berichten über seine eigene Regierungszeit. (Andere Tafeln befassen sich mit früheren oder späteren Königen.) Die zwei Tafeln, die Nebukadnezar betreffen, beschäftigen sich leider nur mit seinen ersten elf Regierungsjahren. Über die restlichen zweiunddreißig Jahre gibt es so gut wie keine Berichte. Es bleibt zu hoffen, daß man eines Tages noch andere Tafeln findet. Die bekannten Tafeln wurden im späten 19. Jh. vom Britischen Museum gekauft; die zwei Tafeln über Nebukadnezar allerdings erst 1956 veröffentlicht.

Die „hängenden Gärten" Babylons gehörten zu den sieben Weltwundern der alten Welt.

Warum die Tafeln geschrieben wurden, weiß man nicht. Sie scheinen ein Auszug aus einem umfassenden Bericht über die Ereignisse eines jeden Jahres zu sein. Die Chroniken sind keine prahlerischen Beschreibungen von Blutvergießen und Sieg, wie etwa die Gedenktafeln der assyrischen Könige. Sie sind schlicht, sachlich und – wie die Gelehrten versichern – glaubwürdig. Sie berichten über den Aufstieg Babylons zur Macht, über den Fall Assyriens, über die Schlacht von Karchemisch und über Babylons Erfolge in Syrien und Palästina.

In einer kurzen Eintragung heißt es: „Im siebten Jahr, im Monat Kislev, musterte der babylonische König seine Truppen, und nachdem er in das Hattiland (Syrien und Palästina) einmarschiert war, belagerte er die Stadt von Juda (Jerusalem), und am zweiten Tag des Monats Adar nahm er die Stadt ein und machte den König zum Gefangenen. Er setzte dort einen König seiner eigenen Wahl ein, empfing ihren schweren Tribut und sandte (die Einwohner) nach Babylon."

Man weiß genug, um diese Angaben genau einordnen zu können. Der Monat Kislev im siebten Jahr war der Dezember des Jahres 598 v.Chr. Der zweite Tag des Monats Adar war der 15./16. März 597 v.Chr. Dieser babylonische Bericht befaßt sich mit dem Angriff auf Jerusalem, der damit endete, daß Nebukadnezar den jungen Jojachin als Gefangenen nach Babylon bringen ließ und an seiner Stelle Zedekia zum König erhob (siehe: *Unsere Zeichen sehen wir nicht*). Diese Könige unterstanden der Kontrolle Nebukadnezars. Nebukadnezar war wirklich „der König der Juden".

Die babylonischen Soldaten führten Jojachin und seine Höflinge nach Babylon ins Exil. Dort lebten sie unter Bewachung im königlichen Palast. Bei Ausgrabungen in jenem Palast fand man einige Keilschrifttafeln, die darüber

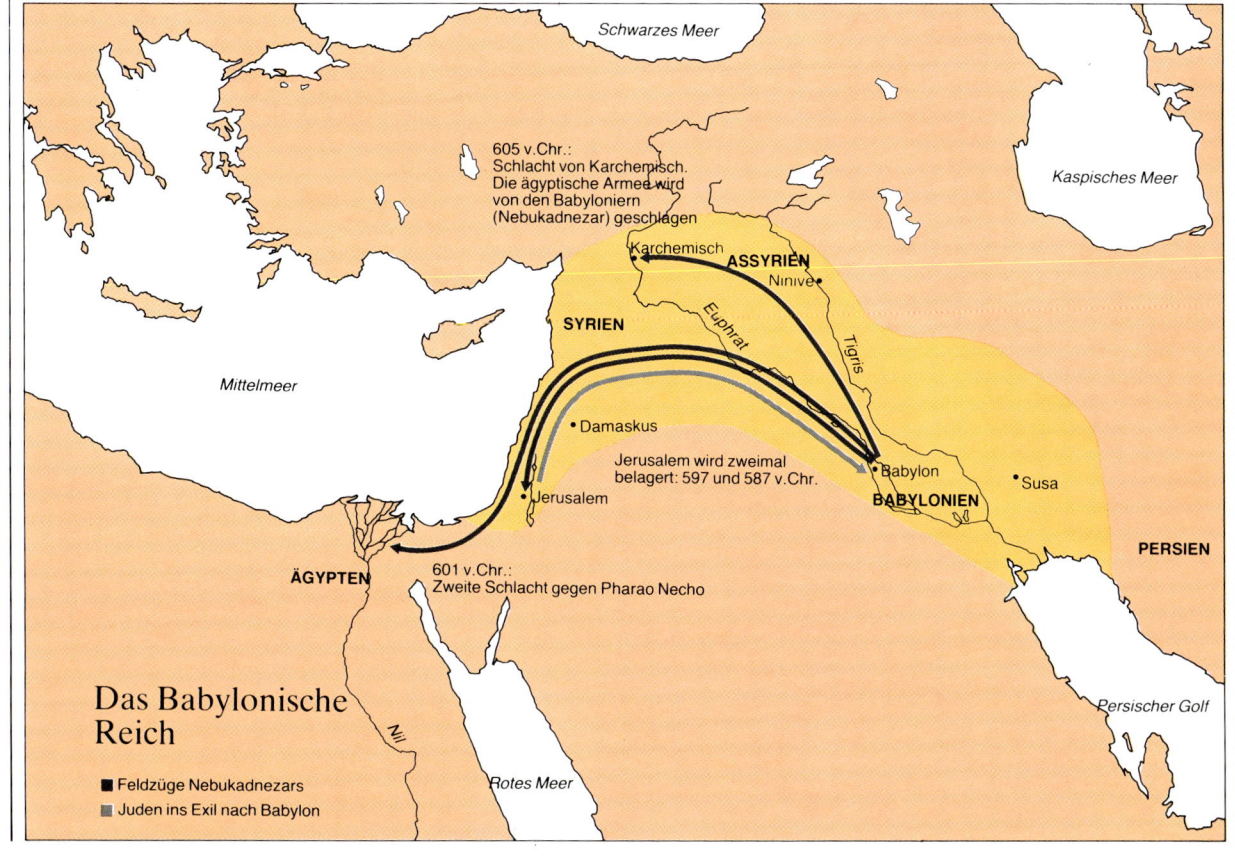

NEBUKADNEZAR / 133

Auskunft geben, wie die Menschen dort verpflegt wurden. Die Tafeln tragen Daten aus Jahren, die in Nebukadnezars Regierungszeit fallen. Es handelt sich um die Jahre zwischen 594 und 569 v.Chr.

Zu denen, die Korn und Öl erhielten, gehörten Meder und Perser, Ägypter und Lydier. Sie alle werden einzeln und mit Namen aufgeführt. Es gab Männer aus phönizischen Städten – wie Byblos, Arvad und Tyrus –, aus dem philistäischen Askalon und manche aus Juda. Die meisten von ihnen waren Beamte und Handwerker, Seeleute, Bootsbauer, Zimmerleute. Ein Ägypter hielt Affen (siehe auch: *Der Preis für den Schutz*).

Die Söhne des Königs von Askalon waren dort, ebenso der König von Juda. Vier Tafeln verzeichneten die Verpflegung für „Jojachin, den König von Juda", für seine fünf Söhne und für vermutlich vier weitere Juden, von denen einer ein Gärtner mit dem echt hebräischen Namen „Schelemja" war.

Nebukadnezar behielt Jojachin während seiner ganzen Regierungszeit in seinem Palast. Erst Nebukadnezars Sohn, so berichtet 2. Könige 25, entließ ihn aus der Haft und gab ihm einen privilegierten Platz an seiner Tafel.

Unter Nebukadnezar wurde Babylon zu einer prächtigen, machtvollen Stadt (siehe: *Das alte Babylon und seine Herrlichkeit*). Er besaß einen sehr großen, schwer bewachten Palast am nördlichen Ende der Stadt. Durch den Haupteingang gelangte man in einen großen Innenhof von 26 Metern Länge und 42 Metern Breite. An beiden Enden befanden sich Räume für die Wachen und anderes Personal. Dem Haupteingang gegenüber lag eine Halle. Durch sie kam der Besucher in einen zweiten Hof, der etwas kleiner war und an dessen Ende ebenfalls zahlreiche Räume lagen. Eine Zimmerflucht am südlichen Ende diente den ranghöchsten Beamten des Königs vielleicht zum Empfang der Gäste.

Nach Westen führte ein monumentaler Torweg in den fast 60 Meter langen und 55 Meter breiten Haupthof. Die Ziegel der südlichen Wand des Haupt-

hofes waren mit blauer Glasur überzogen und mit gelben, weißen, roten und blauen Baum- und Blumenmotiven geschmückt; darunter dann ein Löwenfries.

Ein zentraler Eingang führte durch diese Mauer in den Thronsaal des Königs, eine Halle mit einer Länge von 52 Metern und einer Breite von 17 Metern. Der Thron des Königs stand vermutlich diesem Haupteingang gegenüber und war teilweise in die Mauer eingelassen. Das könnte der Raum gewesen sein, in dem Belsazar saß, als die geheimnisvolle Hand sein Schicksal an die Wand schrieb (Daniel 5). Hinter diesem zentralen Hof und Thronsaal lagen noch zwei weitere Höfe mit zahlreichen weiteren Räumen. Einige davon dürften die Frauen des Königs bewohnt haben.

In der nordöstlichen Ecke des Palastes stand ein Bauwerk mit dicken Ziegelwänden und langen, engen, gewölbten Kammern. (Die Verpflegungstafeln von Jojachin wurden dort gefunden.) Vielleicht handelte es sich hier um Lagerräume. Die dicken Wände lassen freilich vermuten, daß hier einmal ein recht hohes Gebäude stand. Manche vermuteten hier sogar die berühmten „hängenden Gärten".

Die gewölbten Räume könnten durchaus die Ziegelterrassen für die Gärten getragen haben.

Nebukadnezar konnte sich während einer langen Regierungszeit an der Pracht seines Palastes und seines Regierungssitzes erfreuen. Kaum fünfundzwanzig Jahre nach seinem Tod aber wurde Babylon von den Persern erobert. Rasch versank die Stadt in Bedeutungslosigkeit.

Nebukadnezars Bauwerke machten Babylon zu einer prachtvollen Stadt. Sogar auf die Ziegel (oben links) war sein Name geprägt.

Nebukadnezar beschäftigte sich auch mit religiösen Angelegenheiten. Er baute mehrere Tempel wieder auf, auch einen für den Gott Marduk (oben). Das war vielleicht der Gott, den er mit einer 27 Meter hohen, goldenen Statue ehrte, wie es das Buch Daniel berichtet.

Das alte Babylon
und seine Herrlichkeit

Jahrhundertelang hatten die Menschen in den am Ufer des Euphrat gelegenen Trümmerhügeln des alten Babylon die harten Ziegel ausgegraben, die man für die antiken Bauwerke benutzt hatte. Die meisten Dörfer an diesem Flußabschnitt sowie die Stadt Hilla sind fast nur mit babylonischen Ziegeln gebaut worden. Obwohl der Archäologie auf diese Weise großer Schaden zugefügt wurde, war die Stadt doch so groß, daß dennoch viel erhalten blieb.

Planmäßige Ausgrabungen in Babylon begannen 1899 unter deutscher Schirmherrschaft. Robert Koldewey leitete und überwachte die Arbeit achtzehn Jahre lang, im Sommer wie im Winter. Seine Männer legten Stadtpromenaden, Paläste, Tempel und Häuser frei. Man fand darin Töpfe und Pfannen, Gegenstände aus Metall, Skulpturen aus Stein und Keilschriftinschriften. Fast alles stammte aus der chaldäischen Periode (626 bis 539 v.Chr.), in der

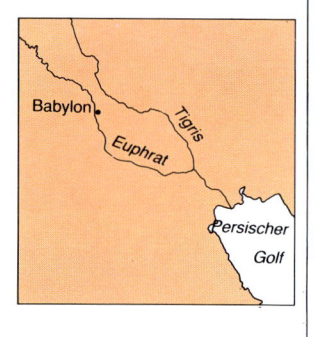

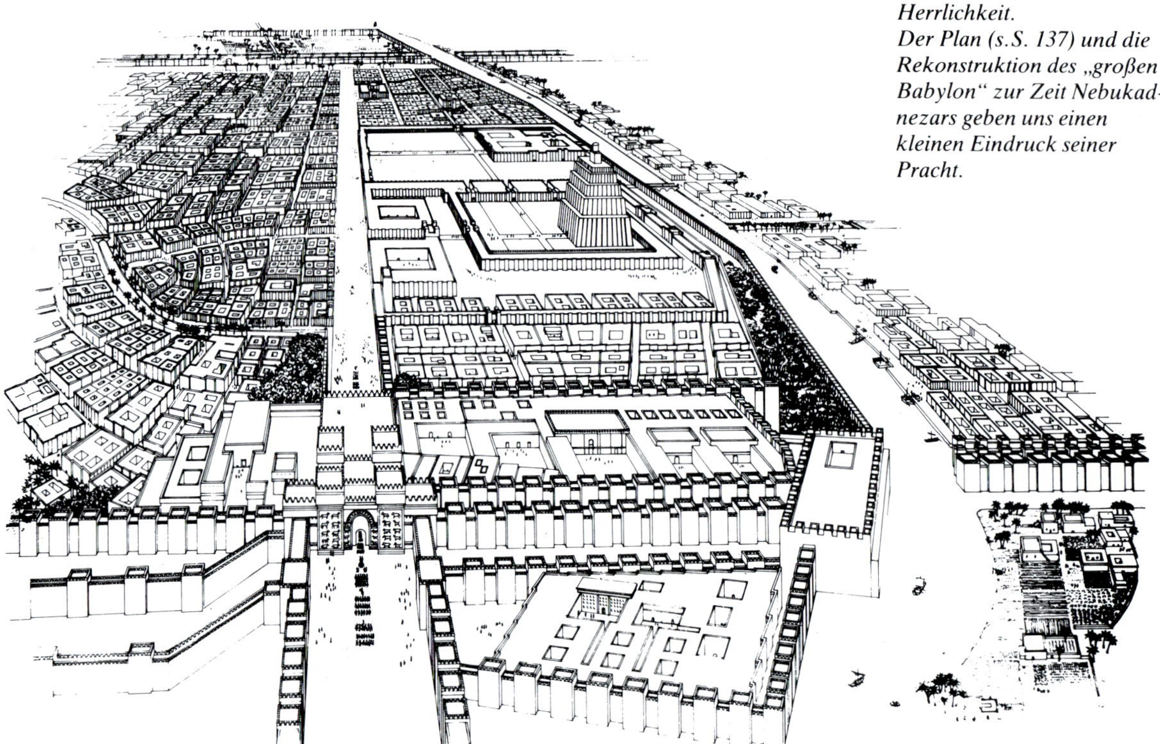

Das Ischtar-Tor erinnert an das alte Babylon und seine Herrlichkeit.
Der Plan (s.S. 137) und die Rekonstruktion des „großen Babylon" zur Zeit Nebukadnezars geben uns einen kleinen Eindruck seiner Pracht.

136 / DAS ALTE BABYLON

Nebukadnezar regierte.

Unter den Ruinen lagen die Überreste von noch älteren Bauwerken. Durch den nahegelegenen Fluß ist der Grundwasserspiegel aber so hoch, daß man sie nicht gut ausgraben kann. Was die Besucher also heute sehen, ist das Werk Nebukadnezars oder späterer Baumeister. Die Bauten Nebukadnezars haben Babylon am stärksten geprägt.

Als dieser König das Herrscheramt übernahm, setzte er die Bautätigkeit seines Vaters noch energischer und betriebsamer fort. Babylon lag am Ostufer des Euphrat; am anderen Ufer noch ein Vorort.

Die Stadt wurde von zwei Mauerreihen geschützt. Die innere Reihe bestand aus zwei parallel verlaufenden, 6,50 Meter und 3,72 Meter dicken Mauern. Der dazwischen liegende Raum war 7,20 Meter breit und diente als Fahrdamm. Die Mauern hatten eine Länge von etwa sechs Kilometern. Sie schützten die Stadt im Norden, Osten und Süden. Im Westen war die Stadt durch den Fluß vor Angriffen sicher. Die Vorstadt wurde von ähnlichen Mauern eingeschlossen.

Außerhalb der Mauern bot ein achtzig Meter breiter Graben zusätzlichen Schutz. Die Mauern der äußeren Mauerreihe waren sogar noch stärker (ca. 7, 8 und 3 Meter). Vor ihnen lag ebenfalls ein breiter Graben. Diese mehr als acht Kilometer langen Mauern schlossen ein

Mehr als 200 Tierbilder schmücken das große Ischtar-Tor. Es war mit glasierten Ziegeln verkleidet und stand am Anfang einer Prozessionsstraße, die zu den Göttertempeln führte.

dreieckiges Gebiet ein, in dem Vororte und noch ein königlicher Palast lagen.

Jeder, der die innere Stadt betreten wollte, durchschritt eines der imposanten Tore. Am prachtvollsten war das Ischtar-Tor, das neben dem Palast im Norden lag. Nebukadnezar erneuerte das Ischtar-Tor dreimal. Jedesmal schmückte man die Ziegelmauern mit reliefartigen Darstellungen magischer Tierfiguren. Bei den letzten Bauarbeiten hatte man die Ziegel sogar glasiert: Gelbe und braune Tiere zeigten sich auf einem blauen Hintergrund.

Obwohl Ziegeljäger sämtliche glasierten Wände zerstört hatten, lagen noch genug Ziegel lose am Boden, um diese Wände nachbauen zu können. Sie stehen heute im Pergamon-Museum in Ostberlin. Die älteren, unglasierten Wände kann man in Babylon besichtigen.

Die Fassaden entlang der Straße zum Tor waren ebenfalls mit glasierten Ziegeln bedeckt. Auch sie zeigten Reliefs von Löwen. Die Straße war mit weißem Kalkstein gepflastert. Jeder Stein war über einen Quadratmeter groß. Am Rand lagen weiß und rot geäderte Steine. Diese Prozessionsstraße führte direkt vom Ischtar-Tor zu den 900 Meter entfernten Tempeln des Gottes Marduk, den man gewöhnlich „Bel" („Herr") nannte.

Über die zwei Haupttempel von Babylon konnte man nur wenig herausfinden. Der eine war ein Stufenturm. Das riesige Bauwerk muß eine wahre Fundgrube für die einheimischen Ziegeljäger gewesen sein. Außer einem großen Loch im Boden und einigen Grundmauern existiert nichts mehr von diesem Bauwerk. Der Grundriß des Turms betrug etwa 190 Meter im Quadrat. Auf der Südseite bot eine lange Treppe Zugang zu den oberen Stufen.

Unser Wissen über den Turm beziehen wir aus babylonischen Tafeln und aus griechischen Beschreibungen. Sie enthalten die Maße jeder Stufe. Die

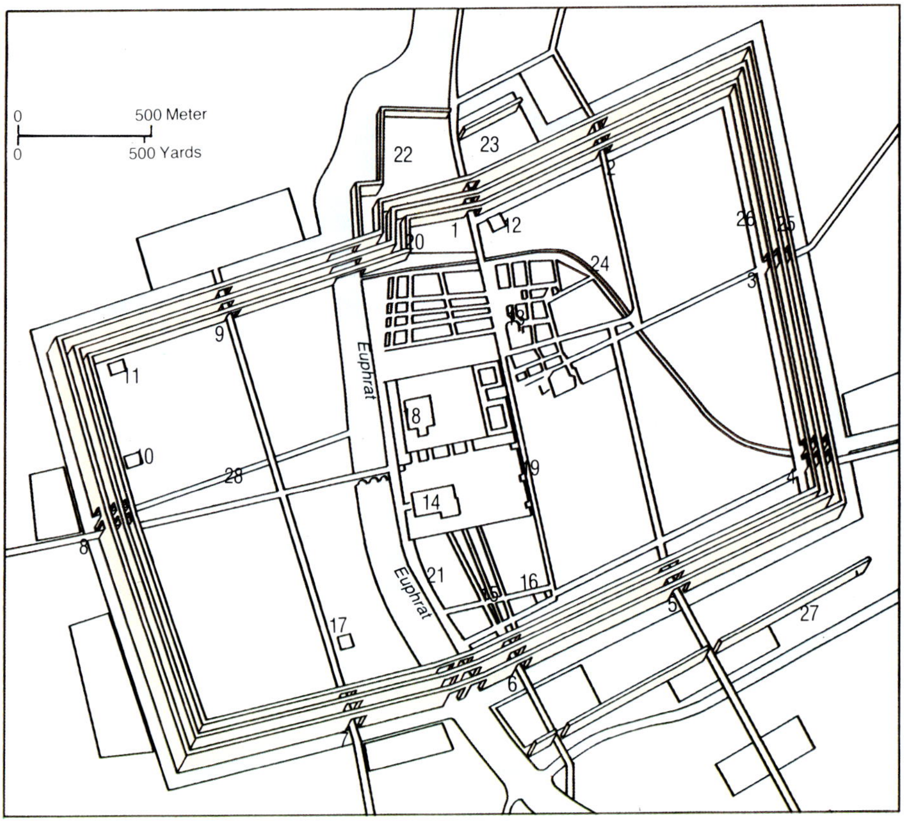

1 Ischtar-Tor

2 Sin-Tor

3 Marduk-Tor

4 Zebaba-Tor

5 Enlil-Tor

6 Urasch-Tor

7 Schamasch-Tor

8 Adad-Tor

9 Lugalgirra-Tor

10 Adad-Tempel

11 Belitnina-Tempel

12 Ninma-Tempel

13 Ischtar-Tempel

14 Marduk-Tempel

15 Gula-Tempel

16 Ninurta-Tempel

17 Schamasch-Tempel

18 Tempelturm

19 Prozessionsweg

20 Palast d. Nebukadnezar

21 Esagila

22 Nord-Zitadelle

23 Zitadelle

24 Süd-Zitadelle

25 Äußere Mauer

26 Innere Mauer

27 Äußere Mauer
   (unter Nebukadnezar angelegt)

28 Kanal

138 / DAS ALTE BABYLON

Seiten der Turmstufen waren verschiedenfarbig bemalt. In einer Höhe von vielleicht 190 Metern stand auf der obersten Stufe des Turmes ein Schrein aus blauglasierten Ziegeln. Um den Turm herum befand sich ein großer Hof mit Dutzenden von Räumen für die Priester und für die Lagerhaltung. Außerdem gab es dort Schreine für die Nebengötter.

Der zweite Tempel hieß Esagila. Koldewey konnte ihn kaum freilegen, weil die Überreste unter einer fast 120 Meter dicken Trümmerschicht liegen, auf der zudem ein moslemisches Gotteshaus steht. Aus den Berichten Nebukadnezars sowie den Berichten des griechischen Schreibers Herodot ist aber ersichtlich, wie großartig der Bau war.

Der babylonische König überzog die Wände des Heiligtums mit Gold. Außerdem stellte er für den Gott ein Bett und einen Thron auf, die beide mit Gold überzogen waren. Es gab zwei goldene Statuen von Marduk, berichtet Herodot, eine sitzende und eine stehende. Einheimische Priester berichteten Herodot, daß für den Tempel und seine Ausstattung mehr als zwanzigtausend Kilogramm Gold verwendet worden waren.

Die Pflastersteine des Prozessionsweges und viele der Ziegel trugen Inschriften mit folgendem Wortlaut: „Ich bin Nebukadnezar, König von Babylon, Sohn von Nabopolassar, König von Babylon." Diese Aussage findet ihre Entsprechung in der Bibel. In Daniel 4,27 lesen wir: „Das ist das große Babel, das ich erbaut habe ..."

Die Ruinen lassen erkennen, weshalb der König auf diese Weise prahlte. Von der späteren Periode des Wahnsinns erfahren wir in den babylonischen Berichten nichts. Sie fällt in die letzten dreißig Jahre der Regierungszeit Nebukadnezars, und darüber existieren praktisch keine Aufzeichnungen.

Die Schrift an der Wand:
Belsazar – Geschichte oder Legende?

Das Buch Daniel erzählt von jüdischen Männern, die für das einstanden, was sie als richtig erkannt hatten. Gott schützte sie, als sie von den heidnischen Königen verfolgt wurden. Daniel blieb in der Löwengrube unversehrt. Seine drei Freunde traten lebendig aus dem brennenden Feuerofen ...

Es gibt noch eine andere, ebenso bekannte Geschichte – die Geschichte von der Schrift an der Wand. Sie ist so bekannt, daß der Ausdruck „Menetekel" zu einem festen Bestandteil unserer Sprache wurde.

König Belsazar von Babylon gab ein Festmahl für seine Höflinge. Sie praßten und zechten. Dabei gebrauchten sie die goldenen Gefäße aus dem Tempel Gottes in Jerusalem.

Da erschien plötzlich eine Hand. Diese Hand schrieb auf die vor dem König liegende Wand: „Mene mene tekel u-parsin."

Niemand verstand den Sinn dieser Worte. Die Gelehrten des Königs versuchten, sie zu deuten, aber es gelang ihnen nicht. Dann wurde Daniel geholt. Er wußte sofort, was sie bedeuteten. Er warnte den König• und sagte ihm sein nahes Ende voraus.

Es scheint, daß es sich bei den Begriffen um Münz- oder Gewichtseinheiten handelte. Daniels Interpretation beruhte auf der Deutung und Bedeutung jeder dieser Maßeinheiten. Mit solchen Methoden interpretierten die Babylonier alte Bücher, mit denen sie die Zukunft vorauszusagen versuchten.

„Mene (Zahl): Gott hat dein Königtum gezählt und beendet."

„Tekel (Gewicht): Man hat dich auf der Waage gewogen und zu leicht befunden."

„Peres (Teilung): Dein Reich ist zerteilt und den Medern und Persern gegeben."

Die Prophezeiung erfüllte sich. Die Geschichtsschreibung berichtet, wie der Perser Kyros den Lauf des Euphrat umleitete und seine Männer auf dem Weg durch das trockene Flußbett die sonst unbezwingbare Stadt Babylon einnehmen ließ.

Vor allem wegen dieses einen Festes ist Belsazars Name überliefert. Rembrandt und andere große Künstler haben Bilder davon gemalt, und Sir William Walton verwendete das Thema für sein berühmtes Oratorium „Belsazars Fest". In der außerbiblischen Literatur aber wird Belsazar nicht genannt.

Aus diesem Grunde vermuteten manche Gelehrte, daß die ganze Geschichte erfunden sei. Nach ihrer Ansicht entstand sie, um die Juden, die im 2. Jh. v.Chr. für ihre Unabhängigkeit kämpften, zu ermutigen. Tatsächlich sei das ganze Buch Daniel erst zu jener Zeit geschrieben worden, ohne jede historische Grundlage. Der angebliche König Belsazar sei einer der Fehler, die dem Autor bei seinen gefälschten historischen Angaben unterlaufen seien.

1854 erforschte ein englischer Konsul für das Britische Museum die frühgeschichtlichen Ruinen im

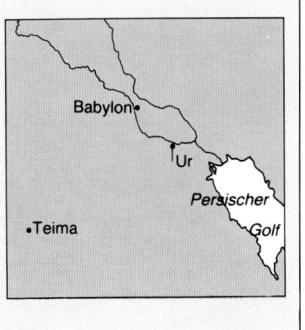

südlichen Irak. Dabei untersuchte er in den Ruinen einer alten Stadt auch die Überreste eines großen Turmes aus Lehmziegeln. Der Turm gehörte zu einem Tempel des Mondgottes. Er beherrschte das gesamte Stadtbild. Unter dem Ziegelwerk fand der Engländer mehrere schmale Tonzylinder. Jeder dieser Zylinder ist etwa zehn Zentimeter lang und enthält an die sechzig Reihen in babylonischer Schrift.

Als der Konsul seine Fundstücke nach Bagdad brachte, konnte ein Kollege die Inschriften lesen. Dieser Kollege war glücklicherweise Sir Henry Rawlinson, einer der Männer, die sich intensiv mit der babylonischen Keilschrift beschäftigt hatten. Rawlinson erkannte sofort die Bedeutung der Tonzylinder.

Die Inschriften waren auf Befehl des Königs Nabonid von Babylon (555 bis 539 v.Chr.) verfaßt worden. Der König hatte den Tempelturm baulich herrichten lassen, und die Tonzylinder erinnerten daran. Die Worte auf den Zylindern ergaben, daß es sich bei dem zerstörten Turm um den Tempel der Stadt Ur handelte. Die Zylinder enthielten ein Gebet um langes Leben und gute Gesundheit für Nabonid – und seinen ältesten Sohn. Der Name dieses Sohnes war: Belsazar.

Das Gebet bezeichnete ihn jedoch nur als Kronprinzen. Seit 1854 sind noch weitere babylonische Dokumente ausgegraben worden, die auf Belsazar Bezug nehmen. In jedem Fall aber

140 / BELSAZAR

ist er der Sohn des Königs beziehungsweise der Kronprinz; nirgendwo wird er als „König" bezeichnet.

Nach anderen Berichten ist Nabonid eindeutig der letzte einheimische König von Babylon gewesen. Belsazar kam niemals auf den Thron. Nach Ansicht vieler Gelehrter hatte also der Autor des Buches Daniel mit der Bezeichnung „König" doch einen Fehler gemacht – auch wenn der Fehler nicht so schwerwiegend war, wie man ursprünglich angenommen hatte.

Aber selbst dann konnte noch nicht alles stimmen. Was z.B. hatte es mit der Belohnung auf sich, die Belsazar Daniel anbot, wenn er die Schrift interpretieren könne: „Du sollst mit Purpur gekleidet werden und eine goldene Kette um deinen Hals tragen und der Dritte in meinem Königreich sein"? Wenn Belsazar König war, warum konnte Daniel dann nicht – wie Josef in Ägypten – den *zweiten* Platz bekommen? Sinn bekommt diese Aussage nur, wenn man davon ausgeht, daß Belsazars Vater König war. Dann nämlich war Belsazar selbst der zweite und konnte Daniel deshalb nur den nächsten, den dritten Platz anbieten.

Die babylonischen Texte unterstützen diese Annahme. Sie zeigen, daß Nabonid ein exzentrischer Herrscher war. Obwohl er die Götter von Babylon nicht ignorierte, verehrte er sie nicht auf die herkömmliche Weise, sondern widmete einen Großteil seiner Aufmerksamkeit dem Mondgott der Städte Ur und Haran.

Mehrere Jahre seiner Regierungszeit verbrachte Nabonid nicht in Babylon, sondern in der abgelegenen Oase Teima in Nordarabien. Während dieser Zeit herrschte Belsazar in Babylon. Wie es in einem der Berichte heißt, „vertraute Nabonid ihm die Königsherrschaft an".

Wenn diese These stimmt, dann ist es korrekt und richtig, daß er in nicht so offiziellen Dokumenten wie dem Buch Daniel „König" genannt wird. Er handelte als König, auch wenn er offiziell kein König war. Hier zu unterscheiden, wäre für die Geschichte uninteressant und verwirrend gewesen.

Die Zylinder aus Ur und andere babylonische Texte enthalten keine zusätzlichen Informationen über Belsazars Fest. Aber sie berichten uns von Belsazar. Sie beweisen, daß im Buch Daniel keine Märchen stehen. Und

wenn diese Details zutreffen, sollten wir vielleicht auch auf Daniels Botschaft hören: Hinter den Ereignissen steht Gott, der auch bei Königen Anfang und Ende kennt.

Die Geschichtsschreibung nennt Nabonid als den letzten König Babylons. War Belsazar, der in dem biblischen Buch Daniel vorkommt, nur eine legendäre Gestalt?

Der Glanz Persiens

Drei Kaufleute reisten im Mai 1880 von Zentralasien nach Indien. Mit Taschen voller Geld für den Ankauf von Tee und anderen indischen Waren kamen sie in das nördliche Afghanistan. Dort wurde ihnen gesagt, daß der Stammesfürst dieses Gebietes von den Reisenden hohe Abgaben verlangen würde. Er brauchte das Geld zum Aufbau einer Armee. (Er bekam genügend Mittel zusammen und beherrschte später Afghanistan.)

Aber bei diesen Kaufleuten hatte er kein Glück. Sie nutzten die Möglichkeit, einen Schatz zu kaufen, einen Schatz aus goldenen und silbernen Gegenständen. Die Kaufleute erwarben diese Dinge und nähten sie in Pakete ein, so daß sie wie gewöhnliches Gepäck aussahen. So entkamen sie dem habgierigen Stammesfürsten. Sie reisten quer durch das Land. Unter anderem kamen sie auch nach Kabul. Sie wollten über den Kaiber-Paß nach Peschawar weiter-

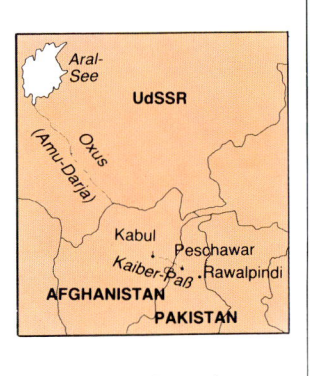

Niemand weiß, wo der persische „Oxus-Schatz" gefunden wurde. Die Geschichte seiner Entdeckung ist voller Abenteuer; Häuptlinge, Kaufleute und Räuberbanden sind daran beteiligt. Kein Wunder, daß es im Kampf um solche Schätze wie dieses wunderbare Armband sogar Tote gab.

Oberhalb der langen Reihen mit menschlichen Darstellungen an der Palasttreppe in Persepolis sind auch religiöse Symbole eingemeißelt. Die bärtige Sphinx (unten) wurde von den Bildhauern oft als Motiv gewählt.

142 / DIE PERSER

Bärtige Stier-Figuren – aus assyrischer Tradition stammend – bewachen das Tor des Xerxes (gegenüberliegende Seite) in der persischen Hauptstadt Persepolis.

Alexander der Große plünderte Persepolis und überließ es dem Verfall. Dennoch haben die Archäologen einige Schätze gefunden, auch den silbernen Ziegenbock (unten rechts).

Die Schale aus gehämmertem Gold gehört zum „Oxus-Schatz" (ca. 5. Jh. v.Chr.)

ziehen. Alles schien in Ordnung.

Doch dann wendete sich das Blatt. Irgendwie hatten sich Gerüchte über ihre Goldladung verbreitet. Räuber griffen die Kaufleute an und verschleppten sie mitsamt ihrem ganzen Gepäck. Nur ein Diener entkam. Er konnte einem britischen Polizeioffizier den Überfall melden.

Zusammen mit zwei Männern überraschte der Offizier die Banditen um Mitternacht. Die waren bei der Verteilung der Beute in Streit geraten: Vier von ihnen lagen verwundet am Boden. Sie mußten dem Engländer den größten Teil des Raubgutes aushändigen, nicht ohne sich zu schwören, ihm den Schatz wieder abzujagen. Doch er versteckte sich die Nacht über. Dann schlich er zurück zu seiner Polizeistation und drohte damit, den Räubern die gesamte Polizei auf den Hals zu hetzen. Eingeschüchtert gaben sie ihm noch mehr Gold. Nur etwa ein Viertel ging verloren. Der Engländer gab den drei Kauf-

leuten den Schatz zurück und kaufte für sich selber nur ein prächtiges Armband, das die Kaufleute ihm nicht gut verweigern konnten.

Endlich erreichten die drei Männer Peschawar. Von dort zogen sie weiter nach Rawalpindi, wo sie das Gold an einheimische Händler verkauften. Von diesen Leuten wiederum kauften ein englischer General und ein anderer Sammler alles, was sie bekommen konnten. Schließlich erwarb das Britische Museum den Schatz.

Niemand weiß genau, wo er gefunden wurde. Die Kaufleute erzählten von einer Stelle, wo ein Fluß, der in den Oxus mündet, die Ruinen einer uralten Stadt durchschneidet. 1877 hatte das Flußwasser die Gegenstände zum Vorschein gebracht. Wieviele der Stücke von Einheimischen gefunden wurden, ist ebenfalls unbekannt. Einige gingen verloren, andere wurden zerschnitten, um sie teilen zu können. Was übrigblieb, nennt man den „Oxus-Schatz".

Es handelt sich bei dem Schatz sowohl um Tischgeschirr wie um Schmuck. So gab es drei goldene Schalen, einen Goldkrug, eine goldene Dolchscheide, sechzehn goldene und silberne Figuren von Menschen und Tieren, etwa dreißig goldene Armreifen und Ketten sowie eine Reihe goldener Platten, auf denen menschliche Gestalten dargestellt waren. Eine solche Sammlung entstammt sehr wahrscheinlich einem Tempel. Die Besucher des Tempels könnten die

144 / DIE PERSER

Schmuckstücke dort als Geschenke für die Gottheit zurückgelassen haben. Welchem Zweck diese Gegenstände aber auch dienen mochten, sie beweisen die Kunstfertigkeit der Goldschmiede aus der Zeit des persischen Weltreiches. Ohne Zweifel stammen alle Stücke aus dem 5. und 4. Jh. v.Chr.

Von Zeit zu Zeit fand man weitere Zeugnisse persischer Goldschmiedekunst. Sie erinnern an das, was das Buch Esther beschreibt: „Die Getränke

Besucher, die um eine Audienz beim persischen König in Persepolis nachsuchen, steigen eine große Treppe hinauf, deren Stützmauern mit kunstvoller Steinmetzarbeit geschmückt sind. Persische Wachen führen die Besuchergruppe zum Thron.

trug man auf in goldenen Gefäßen" (1,7). Der ganze, enorme Reichtum des Perserreiches wurde augenscheinlich. Als Alexander der Große in Susa, einer der Hauptstädte, einmarschierte, erbeutete er dort – nach den Aussagen der griechischen Geschichtsschreibung – 40.000 Talente Gold (das sind etwa 1.200 t). Und in anderen persischen Städten gab es noch mehr Gold.

Die persischen Könige waren große Baumeister. Ihr Reich erstreckte sich von Indien bis nach Griechenland und im Süden bis nach Äthiopien. So konnten sie sich aus jedem Land die besten Künstler holen und all die Bodenschätze, die sie brauchten. König Darius (522 bis 486 v.Chr.) ließ über einem Palast, den er in Susa gebaut hatte, niederschreiben: Babylonier formten die Ziegel, Männer vom Ionischen Meer und aus Sardis meißelten die Steine, Assyrer brachten Zedernholz aus dem Libanon, Gold kam aus Sardis und dem Osten, es wurde von Medern und Ägyptern bearbeitet ...

Von dem prächtigen Palast in Susa ist nur wenig erhalten geblieben. Nach unserem heutigen Wissensstand klingt aber die Beschreibung in Esther, Kapitel 1 durchaus glaubwürdig. Der König

Den Wachen und Edlen folgen Repräsentanten aus allen Teilen des Persischen Reichs. Sie bringen dem König ihren Tribut.

In die Felswand von Behistun ist ein Ehrfurcht gebietendes Portrait des persischen Königs Darius I. gemeißelt.

DIE PERSER / 145

gab im Palastgarten ein Fest, und wir lesen: „Da hingen weiße, rote und blaue Tücher, mit leinenen und scharlachroten Schnüren eingefaßt, in silbernen Ringen an Marmorsäulen. Da waren Polster, golden und silbern, auf grünem, weißem, gelbem und schwarzem Marmor."

Von dem neuen Palast, den Darius in Persepolis zu bauen begann, ist mehr erhalten. Er sollte vermutlich Mittelpunkt für das alljährliche Neujahrsfest sein. Außerdem diente er als Verwaltungszentrum und Schatzkammer. Nachdem Alexanders Soldaten den Palast geplündert hatten, war er dem Verfall preisgegeben, bis die Archäologen ihn zu erforschen begannen. Eine erfolgreiche Expedition der Universität Chicago arbeitete dort von 1931 bis 1939. Es folgten weitere Studien, aber auch Restaurierungsarbeiten.

Um eine möglichst große Wirkung zu erzielen, errichtete Darius den Palast auf einer Steinterrasse, die teilweise aus den Felsen gehauen und teilweise auf einem künstlichen Hügel angelegt worden war. Über eine breite Steintreppe stiegen die Besucher zu einem Tor empor und gelangten dann in einen großen Hof. Dort erhob sich eine weitere Terrasse, die etwa 2,60 Meter hoch war und auf der die Audienzhalle stand. Um diese Halle zu erreichen, mußten die privilegierten Besucher noch weitere Stufen emporsteigen. Deren Stützmauern waren mit kunstvollen Schnitzereien geschmückt.

Im Basrelief sind lange Reihen von Menschen dargestellt, die sich auf die Mitte zubewegen. Es sind die königlichen Wachen, Pferde und Wagen, aber auch adelige Personen aus Persien und Medien sowie Abgesandte aus allen Provinzen des persischen Reiches.

Jede Gruppe der Abgesandten hat eine Gabe für den großmächtigen König dabei, die für das jeweilige Heimatland charakteristisch ist. So führen zum Beispiel Araber ein Dromedar mit sich, Äthiopier bringen Stoßzähne von Elefanten, und ein Inder trägt Krüge, die wahrscheinlich Goldstaub enthalten.

Am oberen Ende der Treppe befand sich ein Säulenportal, durch das man in die Audienzhalle gelangte. Diese Halle war quadratisch. Eine Seite hatte eine Länge von 60,50 Metern. Das Dach ruhte auf schlanken Steinsäulen, die 20 Meter hoch waren. Ihre Kapitelle hatten überwiegend Blütenform und waren mit hervorragend ausgearbeiteten Stierköpfen gekrönt.

Wie die berühmten Skulpturen zeigen, hielt der persische Großkönig hier Hof. Die Halle erstrahlte von den Farben, Malereien, den gewebten Vorhängen an den Wänden und den kostbaren Teppichen auf den polierten Steinböden. Die Höflinge verhielten sich dem Zeremoniell entsprechend. Sie trugen reich bestickte Gewänder und Geschmeide aus purem Gold. Sie saßen auf Ruhebetten, die mit Gold überzogen waren. Bei den Banketten benutzten sie goldenes und silbernes Geschirr, wie es in dem Oxusschatz gefunden wurde.

Von der Prachtentfaltung des einstigen Persepolis ist fast nichts geblieben. Die Gebäude, das feingearbeitete Bronzewerk und die Gefäße aus Stein, die amerikanische Forscher bei ihren Ausgrabungsarbeiten fanden, sind ein Beweis für die hohe Qualität all der Dinge, die für den Palast hergestellt wurden. Sie lassen erkennen, weshalb Persien aus der Sicht des antiken Griechenlands der Inbegriff von Luxus schlechthin war.

Dieser persische Wachsoldat befindet sich auf einer Wand im Palast des Darius in Susa. Das Persische Reich war riesig – es erstreckte sich von Indien bis Griechenland und im Süden bis nach Äthiopien.

Die Befehle des Königs – in allen Sprachen

Da, wo der persische König war, da war auch die Regierung des Landes, denn alles hing von seinen Befehlen ab. Was er sagte, war Gesetz. Wenn er etwas bekanntgab, mußte es in jedem davon betroffenen Teil des Reiches verkündet werden.

Die Städte, die Kyros 539 v.Chr. von den Babyloniern erobert hatte, waren durch uralte Straßen miteinander verbunden.

Als er das westliche Anatolien annektierte, ließ er von persischen Ingenieuren

Im Persischen Reich lebte ein buntes Völkergemisch mit vielen unterschiedlichen Sprachen. Die Stele aus dem Tempel von Xanthos (rechts) ist in Griechisch und in der lykischen Landessprache beschrieben.

Das Grabmal des Mausolos in Halikarnas, das mit schönen Skulpturen geschmückt ist, gehörte zu den sieben Weltwundern der Antike. Die Statue auf dem Bild unten könnte vielleicht Mausolos darstellen.

eine neue Straße bauen. Diese Straße führte von der lydischen Hauptstadt Sardes in das 2.600 Kilometer entfernte Persepolis und wurde „Königstraße" genannt.

Alle wichtigen Städte waren durch das Straßennetz und einen gutorganisierten Kurierdienst miteinander verbunden. In Abständen von fünfundzwanzig bis dreißig Kilometern gab es Gasthäuser mit Ställen. Hier fanden die Kuriere frische Pferde vor, so daß sie schnell weiterreisen oder ihre Nachricht einem ausgeruhten Boten übergeben konnten.

So wurden die Befehle des Großen Königs im ganzen Reich bekanntgemacht. Auf die gleiche Weise informierte sich der König rasch über den neuesten Stand der Dinge in den einzelnen Provinzen. Mittelsmänner im ganzen Reich

versorgten ihn mit den neuesten Nachrichten. Sie waren als „Augen und Ohren des Königs" bekannt.

Die persischen Könige teilten ihr großes Reich, das sich von Indien bis nach Griechenland erstreckte, in Provinzen. Jede dieser Provinzen wurde von einem Gouverneur oder Satrapen regiert. Diese Männer lebten zum Teil in ihrer Provinz, zum Teil beim König. Wenn sie sich am königlichen Hof aufhielten, mußten noch häufiger Boten zwischen ihnen und den Provinzen verkehren.

Der König und die regierenden Satrapen waren Perser. Aber sie herrschten über einen Vielvölkerstaat, in dem viele unterschiedliche Sprachen gesprochen wurden. Die Dolmetscher im Nahen Osten waren folglich vielbeschäftigte Leute. In Ebla ist bereits um 2300

v.Chr. von ihnen die Rede.

Im assyrischen Reich wurde das Sprachenproblem durch die Verbreitung der aramäischen Sprache verringert. Diese Sprache war in Syrien geläufig. Als die Assyrer kleine Königreiche wie Arpad, Hamath und Damaskus eroberten, verbreitete sie sich auch dort immer mehr.

2. Könige 19 zitiert die drohenden Worte des assyrischen Königs an König Hiskia von Juda: „Haben die Götter der Völker, die von meinem Vater vernichtet sind, sie errettet: Gosan, Haran, Rezeph und die Leute von Eden, die zu Telassar waren? Wo ist der König von Manath, der König von Arpad und der König der Stadt Sepharwajim, von Hena und Iwwa?"

Unter den Persern wurde Aramäisch im ganzen Reich zur offiziellen Amtssprache. Aus diesem Grunde werden Briefe an und von den persischen Königen in Esra 4 bis 7 auf Aramäisch zitiert.

Französische Archäologen machten im Jahre 1973 eine Entdeckung, die deutlich zeigt, wie man die aramäische Sprache benutzte. Die Ausgräber legten in Xanthos in der südwestlichen Türkei einen griechischen Tempel frei. Am Fuß einer Mauer fanden sie einen sorgfältig behauenen, etwa 1,35 m hohen, fast 60 cm langen und ungefähr 30 cm breiten Stein.

Ursprünglich hatte er irgendwo im Tempel gestanden. Auf drei Seiten des Steines findet sich eine Inschrift.

Auf einer Seite ist die Inschrift in griechischer Sprache abgefaßt. Sie zu

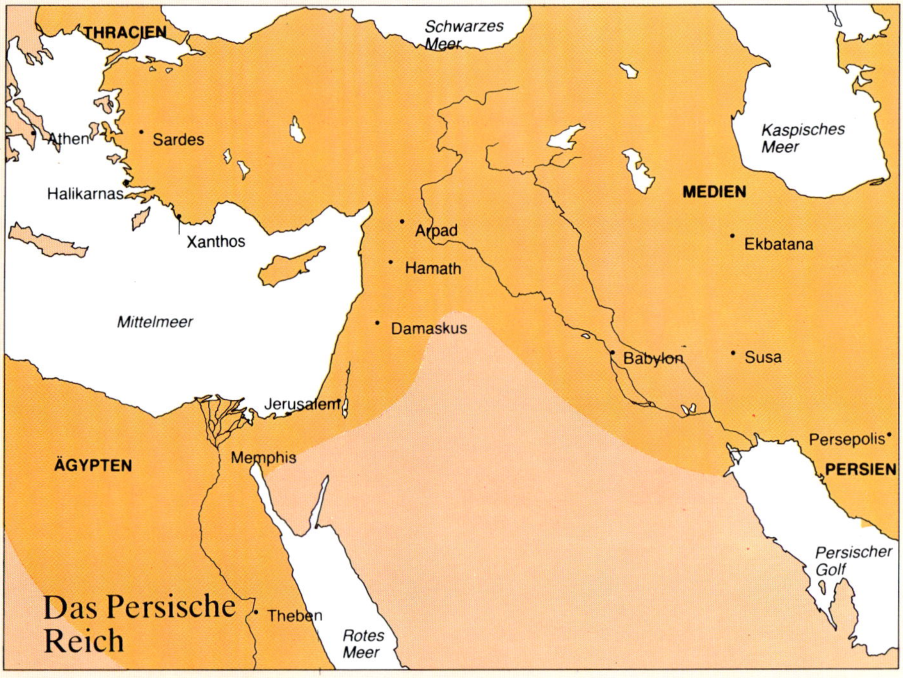

DIE PERSER / 147

Das Persische Reich

Map labels: THRACIEN · Athen · Sardes · Halikarnas · Xanthos · Mittelmeer · Schwarzes Meer · Arpad · Hamath · Damaskus · Kaspisches Meer · MEDIEN · Ekbatana · Babylon · Susa · Jerusalem · Persepolis · PERSIEN · Persischer Golf · ÄGYPTEN · Memphis · Theben · Rotes Meer

lesen, machte den französischen Gelehrten keine Mühe. Es waren die Bedingungen für die Errichtung einer Kultstätte für zwei Götter. Die Bürger von Xanthos erklärten sich bereit, den Göttern einen Altar zu bauen. Sie wollten einen Mann und dessen Nachkommen für alle Zeiten zum Priester bestimmen. Auch wollten sie Land zur Verfügung stellen sowie eine jährliche Abgabe leisten, um das Heiligtum zu erhalten. In jedem Monat sollte ein Schaf und in jedem Jahr ein Ochse geopfert werden. Die Bürger beschworen die Einhaltung ihrer Versprechen und verfluchten jeden, der die Vereinbarungen brach.

Auf der anderen Seite des Steines stand die Inschrift in der Landessprache, in Lykisch. Schon früher hatte man Inschriften in lykischer Sprache gefunden (zumeist Grabinschriften), aber man hatte wenig davon verstanden.

Beim Lesen dieses Monumentes erkannten die Forscher sehr bald, daß der griechische und der lykische Text in etwa dasselbe aussagten. Dadurch wurde die lykische Sprache etwas weniger geheimnisvoll. Es stellte sich heraus, daß sie ein später Überrest des Hethitischen war (siehe: *Ein Volk wird wiederentdeckt*).

Bei der lykischen Inschrift scheint es sich um die ursprüngliche Absprache über das neue Heiligtum zu handeln. Offenbar wurde sie später wegen der in Lykien lebenden Griechen übersetzt.

Ein derartig neuer Kult brauchte die Zustimmung des persischen Staates. Eine öffentliche Einrichtung, die mit öffentlichen Geldern unterstützt wurde, konnte sich leicht in ein Zentrum für Unruhestifter und des Aufruhrs verwandeln.

Deswegen erbaten die Bürger von Xanthos für ihr Vorhaben die Zustimmung des persischen Gouver-

neurs. Er war kein Perser, sondern ein Bruder des Mausolos, dessen berühmtes Grab in Halikarnassos eines der sieben Weltwunder der antiken Welt war.

Ohne Rücksicht auf seine persönlichen Belange handelte der Satrap als Repräsentant des persischen Königs. Er erfüllte die Bitte der Bürger, und so wurde das neue Heiligtum errichtet.

Die Genehmigung des Satrapen ist die dritte Inschrift auf dem Stein von Xanthos. Sie ist in aramäischer Sprache abgefaßt und steht zwischen dem griechischen bzw. dem lykischen Text auf der schmalen Seite des Steines.

Sie beginnt mit den Worten: „Im Monat Siwana im ersten Jahr des Artaxerxes in der Zitadelle von Xanthos ... sprach der Satrap ...“

Es folgt eine Zusammenfassung der Bitte der Bürger sowie der Zustimmung des Satrapen. „Dieses Gesetz hat er geschrieben.“ Acht

Zeilen mit Verfluchungen durch die Götter von Xanthos und anderen Orten warnen jeden, dieses Übereinkommen zu brechen.

Diese offizielle persische Urkunde ist in der offiziellen Sprache des Reiches abgefaßt worden und entspricht ganz den Gepflogenheiten. Als die Juden unter der Herrschaft von Darius den Tempel in Jerusalem neu aufbauten, wollte sie der Statthalter Tatnai daran hindern. Er fragte in der Hauptstadt an, ob die Juden eine offizielle Genehmigung hätten. Darauf antwortete der König, daß Tatnai sie in jeder Hinsicht zu unterstützen habe.

Am Ende dieses Briefes, den man in Esra 6 findet, verflucht Darius jeden, der dieses Werk behindert oder zerstört. Er ruft den Gott Jerusalems an: „Der Gott aber, der seinen Namen dort wohnen läßt, bringe jeden König um und jedes Volk, das seine Hand ausstreckt, diesen Erlaß zu übertreten und das Haus Gottes in Jerusalem zu zerstören. Ich, Darius, habe diesen Befehl gegeben, damit er sorgfältig befolgt werde.“

Weil die Gelehrten es für unmöglich hielten, daß der persische König den Gott der Juden anerkannte, meinten sie, daß die jüdischen Schreiber den Text verändert hätten. Der Xanthos-Erlaß beweist, daß dies ein Irrtum war.

In Xanthos werden die Götter des Ortes aufgefordert, ihre eigenen Interessen zu schützen. Bei Esra verhält sich der König ebenso.

Aus persischen Postsäcken

Der persische Gouverneur von Ägypten hielt sich in Babylon auf. Aber in der Provinz gab es viele Probleme. Also schickte er seinen Botschafter Esra, um die Dinge zu regeln.

Die Reise war lang und konnte auch gefährlich sein. Esra überlegte, ob er den König für die Reise von Babylon nach Jerusalem um Geleitschutz bitten sollte. Er gesteht im Kapitel 8: „Denn ich schämte mich, vom König Geleit und Reiter zu fordern, um uns auf dem Wege vor Feinden zu helfen. Denn wir hatten dem König gesagt: Die Hand unseres Gottes ist zum Besten über allen, die ihn suchen."

Es sollten noch drei weitere Beamte des Gouverneurs in diese Richtung, nach Ägypten reisen. Deswegen machte man sich gemeinsam auf den Weg. Die zehn Diener des Botschafters begleiteten sie.

Der Gouverneur schrieb einen Geleitbrief an die Beamten in all den Städten, durch die seine Leute reisen sollten. Er befahl ihnen, die Reisegesellschaft aufzunehmen und auf seine Kosten zu verpflegen. Sie sollten Mehl, Wein oder Bier und jeden Tag ein Schaf bekommen. Wenn sie aber irgendwo länger als einen Tag blieben, dann dürften sie keine zusätzliche Ration verlangen.

Wir kennen diesen Befehl, weil er zusammen mit einigen anderen Briefen in einer Ledertasche steckte, die ein Ägypter um 1930 entdeckte. Der Befehl und an die fünfzehn Briefe waren in Babylon auf Pergament in aramäischer Sprache geschrieben worden. Bei der gefundenen Ledertasche kann es sich um den Postsack handeln, in dem vom Botschafter einige der Briefe nach Ägypten mitgenommen wurden.

In seinem Schreiben fragte der Gouverneur nach den Einnahmen seiner Besitzungen, nach seinen Angestellten und nach einem Bildhauer, der eine Plastik von einem Pferd mit Reiter anfertigen sollte.

Die Briefe geben einen kleinen Einblick in die Angelegenheiten der persischen Verwaltung. Sie zeigen außerdem, wie die Briefe aussahen, die man im 5. Jh. v.Chr. in Babylon schrieb, und welche Form der aramäischen Sprache dort gesprochen wurde. In der feuchten Erde Babylons hätten Briefe aus Pergament eine so lange Zeit nicht überdauert. Durch die in Ägypten gefundenen Briefe können wir uns aber von den Schreiben ein Bild machen, die das Buch Esra erwähnt.

Das Bild wird ergänzt durch eine Reihe anderer aramäischer Briefe und Gesetzesurkunden. Sie sind auf Papyrus geschrieben und wurden – so merkwürdig das auch erscheinen mag – auf einer Insel am Nil entdeckt. Die Insel heißt Elephantine und liegt Assuan gegenüber, 700 km südlich von Kairo. In unmittelbarer Nähe befindet sich der berühmte Assuan-Staudamm. Während der ganzen ägyptischen Geschichte war Elephantine immer ein Grenzposten, in dem Truppen aus unterschiedlichsten Ländern lagen.

Während des 6. Jh. v.Chr. hielten sich dort Juden und Syrer auf. Ihre Nachkommen lebten hier bis etwa 400 v.Chr. Ihnen gehörten auch die erwähnten Papyrusdokumente.

Die in den zerstörten Häusern gefundene Sammlung enthält vor allem Urkunden über Häuserkauf, Eheschließungen und Mitgift, Scheidungen, Schenkungen

Juden von Elephantine wandten sich an den persischen Gouverneur und baten ihn um Erlaubnis, ihren Tempel wieder aufbauen zu dürfen. Hier sind gerade Ausgrabungen im Gange.

DIE PERSER / 149

Der lederne Postsack war einmal ein „Diplomatenkoffer", in dem offizielle Mitteilungen im Persischen Reich befördert wurden.

Dieser Brief ist in Aramäisch geschrieben, der Sprache, die die königlichen Beamten im ganzen Persischen Reich benutzten.

und Darlehen. Außerdem gibt es ein paar Briefe und etwas Literatur.

Einige der jüdischen Namen sind uns aus dem Alten Testament vertraut. Vor allem die, in denen der Name Gottes einbezogen ist.

Nicht alle auf Elephantine lebenden Juden hielten am Glauben der Väter fest. Sie verehrten auch Götter, die sie von den Kanaanitern (zum Beispiel die Göttin Anat) oder von anderen Völkern übernommen oder selbst erdacht hatten.

Das erregte den Unwillen des Propheten Jeremia (Kapitel 44): „Sie opferten und dienten andern Göttern, die weder sie noch ihr, noch eure Väter kannten."

Doch wenn sie auch andere Götter verehrten, war Jahwe, der Gott Israels, immer noch ihr wichtigster Gott. Überraschend für den heutigen Leser ist die Mitteilung, daß diese Juden im Süden Ägyptens einen Tempel hatten, in dem sie den Gott Israels anbeteten. Sie brachten ihm dort Dank- und Brandopfer, Speiseopfer und Weihrauch dar. Das Gebäude war schön. Es hatte ein Dach aus Zedern-

holz und Eingänge aus behauenen Steinen. Das Gerät war aus Gold und Silber. Die Juden waren stolz auf ihren Tempel.

Der jüdische Gottesdienst freilich war den Ägyptern ein stetes Ärgernis. Um 400 v.Chr. zerstörten die Priester des Hauptgottes von Elephantine, Khnum, das jüdische Heiligtum und raubten seine Schätze. Der Überfall fand statt, als sich der persische Gouverneur im Ausland beim König aufhielt. Dieser Gewaltakt verstieß eindeutig gegen die vom König vertretene Politik, aber es dauerte Jahre, bis die jüdischen Führer von Elephantine die Genehmigung zum Wiederaufbau des Tempels erhielten.

Sie schrieben deswegen an den persischen Gouverneur in Jerusalem und an die Söhne Sanballats, des Statthalters von Samaria. Außerdem wandten sie sich an den Hohepriester von Jerusalem.

Nach mehr als drei Jahren antworteten die Söhne Sanballats. Sie gaben den Juden den Rat, sich an den Gouverneur von Ägypten zu wenden. Das neue Gotteshaus sollte nicht länger

ein Tempel sein. Es war nur noch ein umfunktioniertes Wohnhaus, in dem man Mehl und Weihrauch, aber anscheinend keine Brandopfer darbrachte.

Die Papyrusbriefe und Briefentwürfe, aus denen wir diese Geschichte erfahren, sind eine aufschlußreiche Parallele zu dem Bericht in Esra.

Die Juden, die den Tempel in Jerusalem wiederaufbauen wollten, sahen sich mit der Feindseligkeit ihrer Nachbarn konfrontiert. Sanballat von Samaria war einer ihrer Hauptfeinde. Die Jerusalemer Juden waren gezwungen, sich mit einer Petition an den großmächtigen König zu wenden. Der König nun vertrat dieselbe Meinung wie im Falle von Elephantine: Die einheimische Bevölkerung sollte nicht an der Ausübung ihrer Religion gehindert werden, besonders dann nicht, wenn es sich um eine alte, fest gegründete Religion handelte. (Esra 5,6 bis 6,12 berichtet über die Korrespondenz mit dem König.)

Ein anderes Papyrus vertritt dieselbe Position. In Elephantine gab es ein Problem über die Feier des

Passafestes; möglicherweise ging es um das genaue Datum dieses Festes. Der Brief berichtet von der Entscheidung des Königs. Er gibt genaue Daten für die Feste an, sowohl für das Passafest wie das Fest der ungesäuerten Brote.

Der Brief wiederholt die Worte aus 2. Mose 12 und 13, die von der Einsetzung dieser Feste berichten. Wie beim Übereinkommen von Xanthos war es offensichtlich, daß der König der Einsetzung der Feste zustimmte (siehe: *Die Befehle des Königs – in allen Sprachen*).

Für die persische Regierung war es demnach gängige Praxis, wenn Darius einen Brief über den Tempel in Jerusalem schrieb, der die in Esra 6 berichteten Einzelheiten enthielt.

Bevor man den Inhalt der Papyri kannte, galten nach herrschender Lehrmeinung die in Esra zitierten Dokumente als Fälschungen oder Überarbeitungen persischer Dokumente. Jetzt dürfte niemand mehr daran zweifeln, daß es sich um Kopien der offiziellen Briefe handelt.

Der Schreiber

Schreiben und lesen zu können, war zur Zeit des Alten Testaments eine seltene Fähigkeit. Wenn jemand Schreiber werden wollte, brauchte er eine lange Schulungszeit, bis er die ägyptischen Hieroglyphen und die babylonische Keilschrift beherrschte.

Mit dem phönizischen Alphabet (siehe: *Das Alphabet*) wurde das Schreiben wesentlich einfacher. Dennoch lernte die große Mehrheit der Menschen damals niemals lesen und schreiben; das war auch gar nicht notwendig. Wer etwas zu lesen oder zu schreiben hatte, rief einen professionellen Schreiber.

Die Schreiber verfügten deswegen über große Macht. Man mußte darauf vertrauen, daß sie richtig lasen oder schrieben, denn niemand konnte es selbst nachprüfen. Und das traf für viele Könige ebenso zu wie für die einfachen Bürger.

Die Schreiber hatten dadurch die Möglichkeit, die Angelegenheiten des Staates weitgehend zu kontrollieren. Ihre damals so wichtige Rolle spiegelt sich heute noch im Titel „Staatssekretär" wider.

Esra, ein jüdischer Angestellter der persischen Regierung, war solch ein Schreiber. Er gewann die Gunst von König Artaxerxes und leitete in Jerusalem eine folgenreiche Reform ein.

Nach Aussagen der jüdischen Geschichtsschreibung führte Esra im Hebräischen eine bedeutsame Veränderung durch: Er ermutigte die Juden, als Schriftsprache die aramäische Schrift anstelle der altmodischen phönizischen

zu verwenden.

Weil im ganzen persischen Reich aramäisch geschrieben wurde, konnten nun auch die Juden die Schrift leichter lesen. Es war nicht länger Fremdsprache.

Jüngste Entdeckungen in Israel zeigen, daß dieser Prozeß im frühen 5. Jh. v.Chr. stattfand. Durch Zufall wurden über siebzig kleine Lehmklumpen gefunden, die man an private Sammler verkaufte. Auf jedem dieser Klumpen findet sich der Abdruck eines Siegels. Diese Siegel scheinen den Statthaltern von Juda oder doch Personen aus ihrem Umfeld kurz vor der Zeit Esras gehört zu haben. Einige Siegel enthalten noch die alte hebräische Schrift, andere schon die aramäische.

Im nördlich gelegenen Samaria benutzte man auch weiter die alte phönizische Schrift. Auf dem Siegel Sanballats von Samaria steht sein Name in eben dieser Schrift. Sie wurde schließlich die charakteristische Schreibweise der Samariter.

Aus der Bibel erfahren wir, wie Esra noch eine andere – für die damalige Zeit durchaus übliche – Aufgabe eines hochqualifizierten Schreibers erfüllte: Er übersetzte oder interpretierte einen alten schriftlichen Text so, daß seine Zuhörer ihn verstehen konnten.

Aramäisch war zwar die offizielle Schriftsprache, daneben benutzte man aber auch weiter die einheimischen Sprachen. Deshalb mußten die königlichen Verfügungen übersetzt und erklärt werden (siehe: *Die Befehle des Königs – in allen*

Sprachen). Die Bewohner von Elephantine, weit nilaufwärts in Ägypten, besaßen eine aramäische Version der Inschrift, die Darius in Behistun in drei Sprachen hatte einmeißeln lassen.

Übersetzt wurden nicht nur offizielle Texte, sondern auch profane und religiöse Literatur. Auf Elephantine lasen die Schreiber die weisen Reden von Ahiqar, einem Mitglied des assyrischen Hofes, in aramäischer und ägyptischer Sprache. Im Laufe der Zeit wurde auch das jüdische Gesetz ins Griechische übertragen.

Eine der wichtigsten Aufgaben der Schreiber war das exakte Abschreiben alter Bücher und Papiere. Es ist überraschend, wie schnell sich beim Abschreiben eines ganzen Buches Fehler einschleichen. Das erkannten die Schreiber schon zu einem sehr frühen Zeitpunkt in der Geschichte. Deshalb gab es feste Regeln, mit denen man Fehlern vorbeugen wollte.

In Babylonien überprüfte z.B. ein Schreiber die Arbeit seines Kollegen. Oder er zählte die Reihen in seiner Kopie, um sicherzustellen, daß sie ebensoviele hatte wie das Original.

Viel später folgten die jüdischen Schreiber diesem Beispiel, indem sie die Zahl der Buchstaben im Originaltext und in der Abschrift zählten.

Wie genau die Kopisten in der Zeit vor Christus tatsächlich arbeiteten, kann man erst ermessen, wenn man sehr alte Abschriften von hebräischen Bibeltexten findet. Mehrere Hinweise aus dem Alten Testament selber sowie aus anderen

Die von Schreibern angefertigten Kopien wurden durch Abzählen der Wörter oder Zeilen überprüft. So konnten Fehler entdeckt und verbessert werden. In dieser Skizze eines in Stein gravierten aramäischen Vertrages wurden vergessene Wörter zwischen die Zeilen geschrieben.

DER SCHREIBER / 151

Schriften deuten darauf hin, daß man eine größtmögliche Genauigkeit anstrebte. Natürlich gab es auch schlechte, wenig sorgfältige und faule Schreiber.

Durch alte Manuskripte und Inschriften auf Steinen können wir einige der Fehler, aber auch manche Verbesserungen erkennen – so wurden zum Beispiel ausgelassene Wörter oberhalb der Linie wieder eingesetzt.

Ein Manuskript, das relativ viele Korrekturen enthält, ist die berühmte Jesajarolle, die man unter den Schriftrollen vom Toten Meer fand (siehe: *Die kostbaren Funde vom Toten Meer*).

Ein ziemlich ungewöhnlicher Fall hat bewiesen, daß die jüdischen Schreiber in manchen Fällen sehr genau waren. Es ist allgemein bekannt, daß sich Namen ändern, wenn man sie von einer Sprache in eine andere übernimmt. Oftmals verändert sie der Schreiber, um sie dem Klang der eigenen Sprache anzupassen.

Mehrere nicht-hebräische Namen im Alten Testament kennen wir aus Dokumenten, die zu einer Zeit geschrieben wurden, als diese Namen geläufig waren. Die in aramäischer Schrift abgefaßten Dokumente sind für den Vergleich mit dem Alten Testament sehr hilfreich, weil sie dem Hebräischen so ähnlich sind.

Die aramäischen Schreiber mußten ausländische Namen mit ihrem Alphabet schreiben. Es ist offensichtlich, daß sie wiederzugeben versuchten, was sie hörten. Wenn wir vergleichen, wie sie die Namen der assyrischen Könige buchstabierten bzw. dieselben Namen in hebräischen Texten schrieben, dann ist die

ℵ	ℵ	ℵ	'aleph
𝔂	𝔂	𝔂	beth
𝔯	𝔯	𝔯	resh
𝔬	𝔬	𝔬	'ayin
(1)	(2)	(3)	

Buchstaben in hebräischer Handschrift, ungefähr 600 v.Chr. (1), wurden in den Lachisch-Briefen benutzt. Aramäische Schrift auf Stein (2) und auf Papyrus (3) aus dem 5. Jh. v.Chr.

Ähnlichkeit sehr bemerkenswert.

In beiden Sprachen werden zum Beispiel die Namen Tiglatpileser und Sargon TGLTPLSR und SRGN geschrieben (die Vokale sind nicht sicher). Im babylonischen Dialekt werden die Namen in aramäischen Texten als TKLTPLSR und SHRKN wiedergegeben. Herrschende Lehrmeinung ist freilich, daß die jüdischen Bücher, die diese Namen enthalten, zu einer späteren Zeit in Babylon oder zumindest unter babylonischer Herrschaft verfaßt wurden.

Das Zeugnis der aramäischen Quellen beweist, daß die späteren Schreiber in den überlieferten Texten die Namen in den altmodischen Formen des assyrischen Dialektes beibehielten und sie treu abschrieben.

Ein derart sorgfältiges Arbeiten charakterisiert auch die hebräischen Schreiber, die das Buch Esther kopierten.

Unter den persischen Namen in diesem Buch erscheinen manche den Kommentatoren so fremd (die Abschriften der antiken griechischen Übersetzung des Alten Testaments schreiben sie völlig anders),

daß man davon ausging, ihre ursprünglichen Formen seien durch mangelnde Sorgfalt der Schreiber verlorengegangen. In Wirklichkeit ist einer dieser fragwürdigen Namen, Parshandatha (es handelt sich hier um einen Sohn des bösen Haman), die genaue Wiedergabe eines typisch persischen Namens. Ein Siegel aus dem 5. Jh. v.Chr. trägt diesen Namen in aramäischen Buchstaben. Er lautet PRSHNDT und ist mit dem Namen im Buch Esther identisch. Die jüdischen Kopisten leisteten in diesem Fall also ausgezeichnete Arbeit.

Für den gesamten Text des Alten Testaments gibt es nur wenige solche Beispiele. Vergleiche dieser Art sind aber die einzige Mög-

Die Ehrfurcht vor dem Gesetz Gottes erklärt die Sorgfalt der alttestamentlichen Schreiber. Ein jüdischer Junge trägt bei seiner Bar-Mizwa-Feier die kleinen Lederkästchen und Gebetsriemen, die Texte aus dem 5. Buch Mose enthalten.

lichkeit, die Arbeit der Schreiber in den Jahrhunderten vor der Abfassung unserer ältesten Manuskripte zu überprüfen. Die Beispiele beweisen, daß die Kopisten sehr exakt abschreiben konnten und daß sie dies – zumindest was die ausländischen Namen angeht – auch sehr oft taten.

Die Feldzüge Alexanders und das griechische Ideal

Alexander der Große war 21 Jahre alt, als er seine 45.000 griechischen Soldaten durch den Nahen Osten führte, um Persien zu erobern. Ungehindert marschierte er vorwärts und machte erst am Indus halt. Der brillante junge General war nicht nur ein Eroberer; er wollte auch die griechische Kultur, griechisches Denken ver-

mitteln. Um dieses Ziel zu erreichen, gab er seinen Veteranen Landbesitz in jenen entfernten Orten. Er drängte sie, sich dort niederzulassen, einheimische Frauen zu heiraten und eine Gesellschaft aufzubauen, die sich an der griechischen Kultur orientierte.

Alexanders Absicht wurde weitgehend verwirklicht. Griechisch war ebenso verbreitet wie Aramäisch. Stadtstaaten organisierten sich nach dem Muster griechischer Städte. Viele benutzten das griechische Münzsystem. Doch nur ein Jahrhundert später gewannen die einheimischen Sprachen und Bräuche an vielen Orten östlich des Euphrat wieder die Oberhand. Trotzdem blieben Spuren des griechischen Einflusses. In Syrien und Palästina war der griechische Einfluß stärker als anderswo. Dafür sorgten Alexanders Generäle, die dort nach seinem Tod regierten, bis die Römer kamen.

Alexanders Eroberungen hinterließen deutlichere archäologische Spuren als irgendein anderes Ereignis (vom Bau der Moscheen nach dem Eindringen des Islam 634 n.Chr. in den Nahen

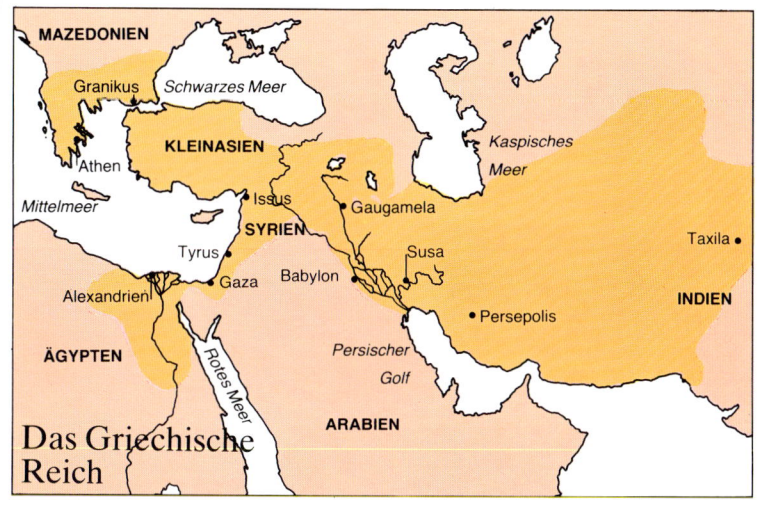

Das Griechische Reich

ALEXANDER DER GROSSE / 153

Osten einmal abgesehen). In der Kunst traten der Naturalismus und Individualismus an die Stelle der bisherigen Stilarten. Die Münzen zeigen schöne Bildnisse von Königen, ebenso die Statuen und andere künstlerische Darstellungen. Griechische Denkweise zeigt sich auch in den Städten, die nach einem geordneten geometrischen Prinzip geplant sind, und in der griechischen Architektur der Hauptgebäude. Diese Merkmale bildeten sich vor der römischen Herrschaft im Nahen Osten heraus und konnten sich auch während der Römerzeit behaupten.

1900 legte man bei Ausgrabungen in Tell Sandahanna – zwischen Askalon und Hebron – eine vollständige kleine Stadt frei, die um 40 v. Chr. zerstört wurde. Eine Grabinschrift und Hin-

weise in alten Büchern ergaben, daß der Ort Marisa hieß.

Eine Stadtmauer mit quadratischen Türmen schloß ein Gebiet von 155 x 150 Metern ein. Der Osten der Stadt wurde von einem großen Gebäude, vermutlich einem Tempel, beherrscht. Etwa in der Mitte der Stadt fand man um zwei große Innenhöfe herum einen Markt und ein Wirtshaus. Die anderen Gebäude waren sehr verschieden. Es gab große Häuser mit zentralen Höfen, aber auch kleine mit wenigen Räumen. Die Stadt war schachbrettartig geplant, obwohl einige Straßen später durch Privathäuser versperrt wurden. Die Keramik und die Skulpturen zeigen in ihren Mustern stark griechische Elemente und zumeist griechische Inschriften. Verschiedenartige magische Formeln

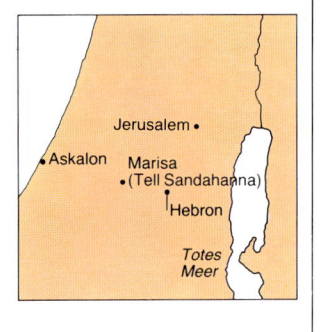

Alexander der Große war nicht nur nach Eroberungen aus, er wollte auch griechische Kultur und griechisches Denken verbreiten. Die Büste (gegenüberliegende Seite) stammt aus dem 2. Jh. v. Chr.

Die Eroberungen Alexanders verschoben die damaligen Grenzen nachhaltig. Sie hinterließen auch deutliche archäologische Spuren von griechischer Kunst und Architektur. Die Skulptur auf dem „Alexander-Sarkophag" (gegenüberliegende Seite) vom königlichen Friedhof in Sidon zeigt Alexander den Großen auf dem Pferd. Sie stammt aus dem 4. Jh. v. Chr.

Getreide-Speicher

Räume für Verwaltung oder Wache

Wirtshaus

Marktplatz

Verwaltungszentrum

Straße

Straße

Straße

Straße

Straße

Straße

Straße

0   40   80 Meter

0   40   80 Yards

Die Stadt Marisa war schachbrettartig aufgebaut. Keramik und Skulpturen zeigen starke griechische Elemente und griechische Inschriften.

154 / ALEXANDER DER GROSSE

und einige reich geschmückte Gräber waren die ungewöhnlichsten Funde.

Die Bürger von Marisa ließen kleine Abbildungen ihrer Feinde aus Blei herstellen. Gekrümmt und gefesselt blieben sie im Tempel zurück. Auf Steintafeln kratzte ein Zauberer oder Magier die Worte eines Fluches: „Möge Gott X und Y mit Stummheit und Kraftlosigkeit schlagen, weil sie schuld sind, daß Z seine Arbeit verloren hat." Man hat mehrere Dutzend dieser magischen Formeln gefunden. Einige waren in hebräischer Sprache geschrieben und nur schwer lesbar. Andere sind Gebete, in denen die Götter um Hilfe angefleht werden.

Aus den Namen all der Menschen, die sich in Schwierigkeiten befanden, kann man erkennen, wie unterschiedlich die Stadtbevölkerung zusammengesetzt war. Neben ägyptischen und semitischen Namen finden sich auch viele griechische und einige römische. Eine solche Vielfalt war in den größeren Städten außerhalb Judas vermutlich die Regel, Formen heidnischer Magie waren es wohl ebenfalls.

Im 2. Jh. v.Chr. gab es in Marisa einige recht wohlhabende Personen, worauf die reiche Ausstattung ihrer Gräber schließen läßt.

In den Felsen hatte man eine lange unterirdische Halle getrieben. Die Schächte in den Wänden dieser Halle nahmen jeweils einen Sarg auf. Von der großen Halle aus konnte man in kleinere Kammern gelangen, wo es weitere Begräbnisstätten gab. Auf den Felswänden waren kunstvolle Malereien angebracht. Eine zeigt einen Mann, der Flöte spielt. Ihm folgt eine Frau mit einer Harfe.

In dem größten Grab ist eine lange Prozession von Tieren abgebildet, und zwar nicht nur von einheimischen, sondern auch von ausländischen und wilden Tieren. Ein Rhinozeros und ein Nilpferd sind zu erkennen, ein Alligator und ein Elefant, ein wilder Esel kämpft mit einer Schlange, und ein Löwe schleicht um seine Beute. In griechischen Buchstaben steht bei einigen Tieren der Name. Die Giraffe war ein so fremdartiges Tier, daß man einen eigenen Namen für sie erfand: „Kamel-Tiger".

Neben diesen wirklich existierenden Tieren gab es auch Fabelwesen, zum Beispiel einen Greifen mit einem Löwenkörper und Adlerflügeln, einen Löwen mit einem menschlichen Gesicht und einen Cerberus, den vielköpfigen Hund, von dem die Griechen glaubten, er bewache den Eingang zur Unterwelt. All diese Tiere waren in ägyptischer Manier gemalt. Ihre Darstellung wurde jedoch vor allem von dem griechischen Philosophen Aristoteles inspiriert. Warum sie ein Grab schmückten, ist unbekannt. Vielleicht versinnbildlichen sie die Herrschaft des Todes über alle Geschöpfe.

In den Gräbern sind die Namen der Toten und ihre Familiengeschichte vermerkt. Die reichen Grabbesitzer kamen aus Sidon und ließen sich zwischen 300 und 100 v.Chr. in Marisa nieder. Sie vermischten sich mit der einheimischen Bevölkerung. Im Laufe der Jahre erhielten immer mehr Kinder griechische Namen.

Marisa ist ein gutes Beispiel für die Mischkultur, die es kurz vor der Geburt Christi in vielen Orten Palästinas gab. In den Dörfern und Städten des Nahen Ostens gab es immer eine bunte Vielfalt an Rassen und Glaubensvorstellungen. Alexanders Abenteuer bereicherte diese Vielfalt wirkungsvoll.

Jüdische Münzen

Archäologen freuen sich, wenn sie bei ihren Ausgrabungen Münzen finden. Häufig kann man von einer Münze ein exaktes Datum ablesen. Dadurch ist es leichter, das genaue Alter und die Geschichte eines Bauwerkes festzustellen.

In den Ruinen von Qumran zum Beispiel fanden die Ausgräber zwei kleinere Mengen von Kupfermünzen aus der Zeit des jüdischen Aufstandes gegen Rom. Viele Münzen stammen aus dem zweiten und einige aus dem dritten Jahr dieses Aufstandes; das sind die Jahre 67 und 68 n.Chr. (siehe: *Die kostbaren Funde vom Toten Meer*).

Es wurden keine Münzen gefunden, die nach dem dritten Jahr datiert waren. Von den 72 Münzen stammten nur vier aus dem dritten Jahr, der Rest aus dem zweiten Jahr. Daraus schlossen die Archäologen, daß die Römer diesen Ort im Jahre 68 n.Chr. einnahmen.

Im Gegensatz dazu wurden in der Feste Masada, der letzten Stellung der Rebellen gegen die Römer, einige Münzen aus dem vierten und fünften Jahr des Aufstandes gefunden – also aus den Jahren 69 und 70 n.Chr. Diese Münzen bestätigen die historischen Berichte, wonach die Römer diese Festung erst 73 n.Chr. eroberten, nachdem sie Jerusalem eingenommen hatten. Dort waren die Münzen geprägt worden.

Münzen vermitteln noch andere Informationen. Seit die ersten Stücke geprägt wurden (vielleicht um 600 v.Chr. in Lydien im westlichen Anatolien), waren sie ein gutes Kommunikationsmittel. Weil es weder Zeitungen noch Rundfunk gab, hatte der König kein Instrument, sich und seine Regierung bekanntzumachen. Eine Münze, die das Bild eines Königs oder das Symbol einer Stadt trug, war zugleich ein Zeichen für die Autorität dieses Königs oder jener Stadt.

Ein neuer König konnte dadurch bekanntwerden, daß er eine große Zahl neuer Münzen unter das Volk brachte, auf denen sein Name oder eine Botschaft über seine Herrschaft stand. Griechische und römische Münzen liefern immer wieder den Beweis dafür, daß Münzen zu Propagandazwecken in Umlauf gebracht wurden.

Nach den Eroberungen

Der silberne Denar war der Tageslohn eines Arbeiters zur Zeit Christi.

Eine goldene Münze trägt den Namen und das Bild des Augustus. Während seiner Regierungszeit wurde Jesus Christus geboren. Die von Augustus angeordnete Volkszählung sollte ihm mehr Steuern einbringen.

Die Münze Ptolemäus V., eines ägyptischen Herrschers, stammt aus dem 2. Jh. v.Chr.

Während des jüdischen Aufstandes gegen Rom im 1. Jh. n.Chr. prägten die Juden ihre eigenen Münzen.

Die Bronzemünzen stammen aus der Makkabäer-Zeit.

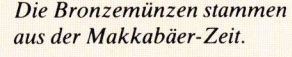

156 / JÜDISCHE MÜNZEN

Bei Ausgrabungen gefundene Münzen verhelfen oft zu genauer Datierung. Der bronzene Topf und die Silbermünzen stammen aus den letzten Jahrhunderten vor und dem 1. Jh. n.Chr.

Alexanders des Großen setzte sich überall der Gebrauch von Münzen durch. In den etwa dreihundert Jahren vor seiner Herrschaft waren sie nur aus Silber und Gold hergestellt worden, d.h. nur Reiche konnten sie gebrauchen. Dann ging man immer mehr dazu über, Kupfer- und Bronzemünzen zu prägen. Sie wurden von allen Bevöl-

kerungsschichten benutzt. Wenn sich die Herrscher kleiner und relativ armer Staaten keine Silberprägungen leisten konnten, so konnten sie doch Kupfermünzen prägen lassen, um auf diese Weise bekannt zu werden.

Genau das taten die jüdischen Hohepriester, als sie nach dem Makkabäerkrieg von den griechischen Königen Syriens mit der Verwaltung Judäas beauftragt wurden. Der erste war Johannes Hyrcanus (135 bis 104 v.Chr.). Seine kleinen Kupfermünzen tragen die Aufschrift: „Johannes, der Hohepriester, und der Rat der Juden". Diese Worte sind in alter hebräischer Schrift geschrieben. Sowohl die Worte als auch die Schriftweise betonen das Judentum des Staates. Die Aufschrift kennzeichnet die religiöse Basis, auf der sich der Hohepriester die Macht mit dem Rat teilte (aus diesem Rat entstand später der Sanhedrin – der Rat, vor

dem Jesus angeklagt wurde).

Nachfolgende Herrscher ließen ähnliche kleine Münzen prägen, um sich beim Volk bekanntzumachen. Alexander Jannaeus (103 bis 76 v.Chr.) hatte ihren Wert für diesen Zweck erkannt. Er ernannte sich selbst zum König und ließ dann Münzen mit seinem Namen und Titel prägen, auf der einen Seite in hebräischer Sprache, auf der anderen in griechischer.

Aus der griechischen Inschrift konnte man auch in den Nachbarländern erkennen, aus welchem Land die Münzen stammten. Die Verwendung der griechischen Sprache beweist außerdem, wie stark das griechische Element in die jüdische Gesellschaft eingedrungen war.

Als Herodes an die Macht kam, wurden die hebräischen Inschriften weggelassen. Sie erscheinen nur noch auf den Münzen der jüdischen Rebellen in den

Jahren 66 bis 70 und 132 bis 135 v.Chr.

Die große Zahl der kleinen Kupfermünzen, die von den Hohepriestern und dann von Herodes, seinen Söhnen und den römischen Statthaltern in Umlauf gebracht wurden, weist darauf hin, daß die Münzen nur einen sehr geringen Wert hatten. Das läßt deutlich werden, wie arm die Witwe gewesen sein muß, die mit den zwei Münzen, die sie in den Opferstock gab, ihren ganzen Besitz opferte. Ihre Gabe veranlaßte Jesus trotzdem zu der Aussage: „Wahrlich, ich sage euch: Diese arme Witwe hat mehr in den Gotteskasten gelegt als alle, die eingelegt haben. Denn sie haben alle von ihrem Überfluß eingelegt; diese aber hat von ihrer Armut alles, wovon sie lebte, ihre ganze Habe, eingelegt" (Markus 12,43.44).

Petra, die verborgene Stadt

In den Tempeln und Heiligtümern der Antike war es üblich, Weihrauch zu opfern. Man glaubte, daß der starke, angenehme Duft bis zu der Gottheit aufstieg, die man anbetete. Der brennende Weihrauch überlagerte außerdem den scharfen Geruch der Tieropfer. Weihrauch wurde außerdem verwendet, um die Luft in Gegenwart assyrischer und persischer Könige wohlriechend zu machen. Auch andere Leute haben ihn zu diesem Zweck gebraucht.

Weihrauch wurde also in großen Mengen gebraucht, um die Nachfrage in der griechischen und römischen Welt zu befriedigen. Seine wichtigste Zutat war der Saft eines Baumes aus der Gattung Boswellia, der in Südarabien wächst. Handelskarawanen mit vielen Kamelen und Eseln zogen durch die Wüste von Süden nach Norden und brachten Weihrauch nach Gaza und Damaskus, von wo aus er in den gesamten Mittelmeerraum exportiert wurde. Aus Ägypten, Syrien und Griechenland brachte man dann schöne Metallwaren, Keramik und Glaswaren zurück. Die südarabischen Staaten Saba, Ma'in und Qataban gelangten durch diesen Handel zu großem Reichtum.

Die Karawanen rasteten dort, wo es Wasser und Unterkunft gab. Aus einigen dieser Rastplätze entstanden größere Städte. Die berühmteste davon ist Petra. Diese Stadt wurde in einem Tal zwischen roten und rosafarbenen Sandsteinfelsen gebaut, wo das hohe Wüstenplateau plötzlich abbricht und in den Senkungsgraben südlich des Toten Meeres übergeht.

Zwischen 300 v.Chr. und 150 n.Chr. führte eine der wichtigsten Straßen für den Weihrauchhandel an Petra vorbei. Dort bog sie nach Westen ab zu der Küstenstadt Gaza. Die Bürger der

Stadt boten den Reisenden gegen Bezahlung Verpflegung und Unterkunft, und die Könige besteuerten sie. So wurde die Stadt reich.

Petras Einwohner gehörten zu einem arabischen Stamm, den Nabatäern, der das Nomadenleben aufgegeben hatte. In ihrem Lebensstil machte sich der griechische Einfluß deutlich bemerkbar. Ohne die Arbeit der Archäologen in Petra und anderen Städten wäre wenig über diese Menschen bekannt.

Es war typisch für sie, die Lebensweise und Kultur anderer Völker zu übernehmen. Die Entwürfe und der Schmuck ihrer Städte, Tempel und Gräber stammen von den Ägyptern und Phöniziern, den Griechen und Römern. Sie hatten eine arabische Sprache, aber für die Schriftsprache verwendeten sie das aramäische Alphabet. Über die Nabatäer gelangte dieses Alphabet weiter zu den Arabern. Die Form der Buchstaben hat sich freilich im Laufe der Jahrhunderte verändert.

Nach ihrer Eroberung durch die Römer im Jahre 106 n.Chr. verlor Petra seine Macht. Die Stadt wurde zwar noch jahrhundertelang bewohnt, aber die Bauwerke verfielen, bis keine Häuser mehr standen und man den Ort vergaß. Forscher fanden und identifizierten die Stadt erstmals 1812. Amerikaner, Engländer und Jordanier führten einige Ausgrabungen durch, aber vieles liegt noch verborgen.

Auf dem Höhepunkt seiner Blüte am Anfang des 1. Jh.n.Chr. kontrollierte das nabatäische Königreich einen Großteil des Transjordanlandes und den größten Teil des südlichen Palästina (den Negev). Unter seinem mächtigsten König Aretas IV. (um 9 v.Chr. bis 40 n.Chr.) stand sogar Damaskus vorübergehend unter nabatäischer Herrschaft.

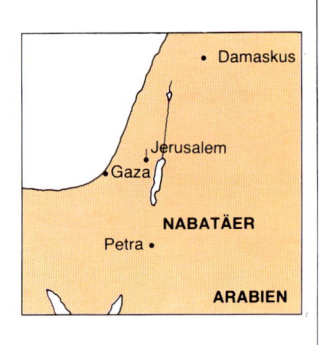

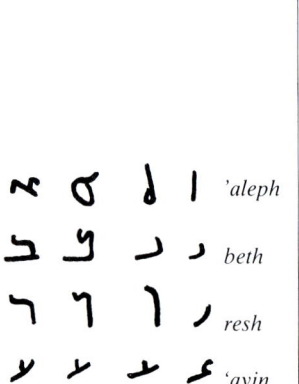

Buchstaben in hebräischen Handschriften aus der Zeit des Herodes (1), nabatäische Inschriften (2), nabatäische Handschriften (3) und Arabisch (4).

Die Stadt Petra wurde in einem Tal zwischen roten und rosafarbenen Sandsteinfelsen gebaut. Die riesige Fassade der „Schatzkammer" (gegenüberliegende Seite) fällt sofort auf. In Wirklichkeit handelt es sich um eine in den Felsen gehauene Grabkammer.

Auf dem Gipfel eines großen Felsens, hoch über der Stadt, liegt eine semitische „Höhe", die nach uraltem Brauch für Gottesdienste mit Tieropfern bestimmt war. Das Alte Testament nennt häufig solche „Höhen" und warnt Gottes Volk vor abgöttischen Kulten.

Petra war einst Rastplatz für Wüstenkarawanen. Später wurde es von nabatäischen Arabern besiedelt, die dort einen flotten griechischen Lebensstil führten. Die Stadt erlebte ihre Blüte im 1. Jh., verlor aber ihre Macht nach der römischen Eroberung 106 n. Chr. Hier sieht man eine Anzahl Grabmäler, die in die Felsen gehauen sind.

Der Apostel Paulus entkam „dem Statthalter des Königs Aretas" (2. Korinther 11,32) in Damaskus, indem er in einem Korb über die Stadtmauer herabgelassen wurde.

In jener Zeit, so ergaben neueste Studien, baute man eine Prachtstraße durch Petra. Auf den danebenliegenden Terrassen entstanden eindrucksvolle Häuser. Die Straße führte zu einem quadratischen Tempel, der nach dem uralten Grundriß – Vorhalle, Heiligtum und Allerheiligstes – gebaut war, den auch schon Salomo benutzt hatte.

Links und rechts der Hauptstraße dehnten sich die Wohnviertel mit ihren Häusern und Werkstätten aus. Manche Gebäude waren aus sorgfältig behau-

enen Steinen gebaut. Stuckwerk und Malereien schmückten den Verputz auf den Innenwänden.

Eine handwerkliche Fähigkeit beherrschten die Nabatäer vor allem: die Herstellung von Keramik. Die nabatäischen Töpfer lernten Keramik herzustellen, so dünn wie Porzellan. Sie arbeiteten mit der Hand auf einer Töpferscheibe und nicht mit Hilfe einer Form. Ihre Schalen waren besonders schön. Sie hatten eine braune Grundfarbe und waren mit einem Blumenmuster verziert.

Doch dünne Ware zerbricht leicht, und deshalb sind vollständige Exemplare sehr selten erhalten. Man hat in der Gegend der Nabatäer aber so viele Scherben gefunden, daß klar erkennbar ist: Diese Töpferware wurde von allen Bevölkerungsschichten gebraucht und nicht speziell für reiche Kunden hergestellt.

Eine mit Türmen befestigte Mauer sowie die sie umgebenden Felsen und Klippen schützten die Stadt Petra. In den weichen Sandstein der Felsen meißelten die Bewohner von Petra die Monumente ein, die ihre Stadt berühmt machten.

Ihre Steinmetzen trieben eine Eingangstür in den Felsen und dahinter einen großen Raum. Manche Beerdigungen fanden in diesem Raum statt. Andere wieder in Nebenkammern. Einige der Kammern waren offensichtlich dazu bestimmt, daß die Verwandten die Gräber zum Abhalten von Totengedenkfeiern aufsuchen konnten.

Die Felswand außerhalb des Grabes schmückte man mit Skulpturen. In den meisten Fällen hatte man den Felsen glattpoliert und so bearbeitet, daß es aussah, als handle es sich um einen aus Stein gebauten Türeingang mit einem darüberliegenden Dach.

Die wohlhabendsten Bürger, die königliche Familie und ihre Angehörigen hatten sogar noch prächtigere Gräber. Für sie hatte man den Felsen in der Form eines römischen Tempels gestaltet.

Die Besucher von Petra erblicken beim Betreten der Stadt zuerst das schönste Grab. Auf dem Weg, der durch die zwei Kilometer lange Schlucht in die Stadt führt, sieht man nichts als Felsen. Dann steht man plötzlich einer prachtvollen rosaroten Fassade gegenüber. Über einem Säulenportal sind Pfeiler aus dem Felsen gehauen, zwischen denen sich zierlich gearbeitete Figuren plastisch hervorheben. Oben auf dem Giebel steht dreißig Meter über dem Erdboden eine große Steinvase. Es handelt sich um ein massives Stück. Dennoch wurde sie jahrelang von Einheimischen beschossen, weil man hoffte, sie würde aufbrechen und einen Goldschatz freigeben.

Das Grab wird auch heute noch die „Schatzkammer des Pharao", El-Khazne, genannt. Wer hier begraben wurde, weiß niemand; ein führender Wissenschaftler meint, das Grab sei für Aretas IV. errichtet worden.

Die außergewöhnlichen Felsengräber von Petra und die Ruinen der einst so prächtigen Stadt zeugen von dem Luxus und der Kunstfertigkeit der Nabatäer. Als Herodes seine prächtigen Bauwerke errichtete (siehe: *Herodes, der große Baumeister)*, standen sie in ihrer Blüte.

Außer dem Tempel am Ende der Hauptstraße gab es noch weitere heilige Plätze in Petra. Einer davon ist besonders interessant. Mehr als hundert Meter über der Stadt liegt auf dem Gipfel eines großen Felsens ein Heiligtum besonderer Art. Es handelt sich hier nicht um einen Tempel in griechischem oder römischem Stil, sondern um eine semitische „Höhe", die nach einem jahrhundertealten Brauch gestaltet war.

Durch den Felsen hatte man mit sorgfältig behauenen Stufen eine Prozessionsstraße angelegt, die zum Gipfel hinaufführte. Dort betrat man den geheiligten Bezirk, der durch zwei Steinsäulen gekennzeichnet wurde. Diese Säulen waren nicht aus Steinblöcken gehauen, sondern aus dem Felsen heraus geformt worden. Man hatte dazu den Felsen um sie herum entfernt, bis sie sich in ihrer vollen Höhe erhoben. Die Säulen sind etwa sechs Meter hoch. Zwischen ihnen liegt ein Abstand von mehreren Metern. Es mußte also eine beträchtliche Menge Felsgestein entfernt werden. Die Säulen erinnern an die Säulen in kanaanitischen Tempeln (siehe: *Die eroberten Städte in Kanaan*).

Hinter den Säulen ist der Gipfel des Berges abgetragen worden. Dadurch entstand eine Terrasse von 14 x 6 Metern. Auf drei Seiten hat man Bänke in den Felsen geschlagen. Auf der vierten, im Osten liegenden Seite steht ein Felsenaltar, zu dem man über drei Treppen Zugang hat. Auf der linken Seite des Altars führen weitere Stufen zu einem runden, in den Felsen gehauenen Becken. Ein davon ausgehender Abfluß läßt vermuten, daß hier die Tiere geschlachtet wurden. Obwohl der Altar groß genug ist, daß ein Mensch darauf liegen kann, gibt es keine Hinweise dafür, daß die Nabatäer Menschenopfer brachten.

Jahrhundertelang waren die Nabatäer und ihre Stadt in Vergessenheit geraten. Ihre Wiederentdeckung ist eine bedeutende Leistung der Archäologie und ein Beitrag, den kulturellen Hintergrund des Neuen Testaments zu erhellen.

Die kostbaren Funde am Toten Meer

Es war an einem Nachmittag im Winter 1946/47. Drei Hirten bewachten ihre Schafe und Ziegen an der Nordwestküste des Toten Meeres. Die Tiere kletterten über das steinige Hügelland, um Grasbüschel zu finden, an denen sie knabbern konnten. Aufmerksam beobachteten die Hirten ihre Herde. Dabei entdeckte einer von ihnen ein Loch in einer steil abfallenden Felswand. Er schleuderte einen Stein hinein, um herauszufinden, wie groß das Loch war. Der Stein verursachte ein merkwürdiges Geräusch. Neugierig wollten die Hirten nachsehen, was sich in dem Loch verbarg. Aber die Sonne ging unter. Es würde bald dunkel sein, und deshalb unterließen sie es.

Es vergingen zwei oder drei Tage, bis der jüngste von ihnen, Muhammed edh-Dhib, zurückkam. Er kletterte zu einem größeren Loch, das genau über dem ersten lag, purzelte in eine Höhle und sah sich um.

In der Höhle standen Keramikkrüge, einige direkt an den Wänden. Andere lagen auf dem Boden, zerbrochen durch herabfallende Steine. Die meisten Krüge waren leer. Nur in zwei Krügen lag etwas: eine Lederrolle und zwei in Tücher gewickelte Bundel.

Muhammed hatte einen Schatz gefunden, auch wenn er es noch nicht wußte.

Er kletterte aus der Höhle heraus und nahm seinen Fund mit, um ihn den anderen zu zeigen. Sie wußten nicht, was sie damit anfangen sollten. Als sie die Bündel öffneten, kamen zwei weitere Lederrollen zum Vorschein. Auf dem Leder entdeckten sie eine Schrift, die aber keiner von ihnen lesen konnte.

Die Rollen blieben mehrere Wochen in einem Sack in ihrem Zelt liegen.

Schließlich brachten die Hirten sie einem befreundeten Geschäftsmann in Bethlehem. Zuerst interessierte sich niemand für die Rollen. Dann sah sie ein syrisch-orthodoxer Christ liegen. Er war Händler in Bethlehem. Dieser Händler bot sich an, einen Käufer zu suchen. Doch die Hirten trauten ihm nicht. Sie machten den einheimischen Flickschuster Kando zu ihrem Vermittler.

Der syrische Christ aber brachte dem Leiter seiner Kirche in Jerusalem ein Muster der Rollen. Der meinte, daß es sich um recht alte Dokumente handeln könne, und entschloß sich, sie zu kaufen. Einige Wochen später war dieser Kauf perfekt. Die Rollen wechselten zusammen mit einer weiteren Rolle, die bei einem erneuten Besuch der Höhle gefunden worden war, für 24 Pfund (das waren damals knapp 100 Dollar) den Besitzer. Drei andere Rollen, die ebenfalls bei diesem zweiten Besuch entdeckt worden waren, wurden für 7 Pfund an einen Antiquitätenhändler verkauft. 1947 konnte die Hebräische Universität sie erwerben.

Die ersten vier Rollen gelangten von Palästina nach Amerika. 1954 wurden sie für 250.000 Dollar dem Staat Israel verkauft. Heute liegen alle sieben Rollen in dem „Schrein des Buches", der ein Teil des Israel-Museums in Jerusalem ist.

Etwa ein Jahr nach ihrer Entdeckung wurden die an den Syrer verkauften Rollen in die „American Schools of Oriental Research" in Jerusalem gebracht. Dort unterbrach der junge Amerikaner John Trever sein Studium der Pflanzenwelt Palästinas, um sie zu fotografieren. Er erkannte sofort, daß

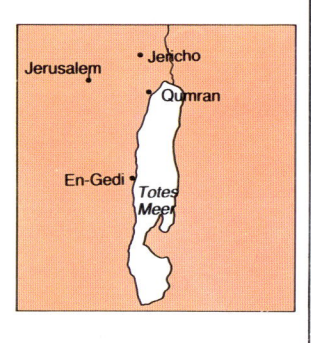

Einige der Schriftrollen von Qumran waren in Tonkrügen in Höhlen versteckt. Auf diese Weise wurde die Bibliothek der Qumran-Sekte vor der Zerstörung durch die anrückende römische Armee bewahrt.

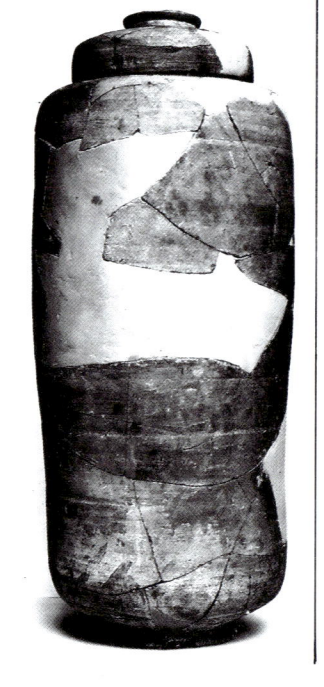

162 / DIE FUNDE AM TOTEN MEER

es sich bei diesen Rollen um alte hebräische Bücher handelte. Eines davon identifizierte er sehr bald als das Buch Jesaja.

Die Art der hebräischen Schrift stellte ihn vor ein Rätsel. Beim Vergleich mit Bildern anderer alter Bücher kam Trever zu dem Schluß, daß diese Schrift älter war als jedes andere hebräische Manuskript, mit Ausnahme eines winzigen Fragmentes in Cambridge. Die Schlußfolgerung erschien unglaublich.

Trever schrieb sofort an den führenden amerikanischen Bibelwissenschaftler W.F. Albright. Dessen Antwort kam so schnell, wie es die schwierige politische Situation in Jerusalem erlaubte. Es war „der großartigste Manuskriptfund der Neuzeit"! Die Nachricht wurde am 11. April 1948 veröffentlicht.

Worum handelte es sich bei dieser Entdeckung? Aus welchem Grund war sie so wichtig?

Die vier Rollen, die Trever fotografiert hatte, waren in hebräischer Sprache geschrieben. Eine der Rollen enthielt eine Abschrift des Buches Jesaja. Es war eine 7,34 m lange und 26 cm breite Lederrolle. Sie bestand aus sieben zusammengenähten Bögen und umfaßte 54 Spalten hebräischer Schrift.

Die hebräische Bibel in den Synagogen ist normalerweise auf Schriftrollen geschrieben. Wenn sie abgenutzt sind, werden sie vergraben oder versteckt und dem natürlichen Zerfall überlassen. Nicht der Mensch soll Gottes Wort zerstören. Deswegen sind keine sehr alten Schriftrollen erhalten geblieben. Die ältesten Abschriften der hebräischen Bibel wurden vor etwa tausend Jahren zum privaten Studium in Buchform angefertigt.

Trever meinte – und Albright stimmte ihm (wie heute alle Gelehrten) zu –, daß die Jesaja-Rolle nochmals tausend Jahre älter war als die ältesten Abschriften.

Beim Abschreiben eines Textes schleichen sich Fehler ein (jeder weiß das aus eigener Erfahrung). Die jüdischen Schreiber arbeiteten mit allergrößter Sorgfalt, wenn sie ihre heiligen Bücher abschrieben. Dennoch machten sie Fehler. Die Jesaja-Rolle und viele andere, später gefundene Rollen erlauben uns einen Sprung von tausend Jahren in die Vergangenheit. Wir können überprüfen, wie sich der hebräische Text in dieser Zeit geändert hat. Außerdem bringt uns die Rolle der Zeit viel näher, in der das Buch Jesaja abgefaßt wurde, obwohl es noch immer eine Zeitlücke von mehreren hundert Jahren gibt.

Was erfahren wir nun, wenn wir die Jesaja-Rolle mit den bereits zuvor bekannten ältesten Abschriften vergleichen?

Die Gelehrten stellten zu ihrer großen Überraschung fest, daß es nur sehr geringe Unterschiede gab. Die jüdischen Kopisten hatten tatsächlich mit größter Sorgfalt gearbeitet. Im Laufe der tausend Jahre waren hier und da ein oder zwei Wörter falsch geschrieben worden, hatte es einige unwesentliche Änderungen gegeben. Die Schriftrolle beweist ohne jeden Zweifel, daß die

Die Jesajarolle aus den Höhlen von Qumran ist tausend Jahre älter als jede andere Abschrift aus der hebräischen Bibel. Die Tatsache, daß es nur wenige Textvarianten gibt, weist auf die große Sorgfalt der Schreiber hin.

DIE FUNDE AM TOTEN MEER / 163

hebräische Bibel, auf der alle modernen Übersetzungen beruhen, seit der Zeit Jesu praktisch unverändert geblieben ist.

Die Höhle, in der die Rollen gefunden wurden, und viele andere Höhlen sind in den Jahren nach dieser ersten Entdeckung von Archäologen erforscht worden. Man fand Teile von weiteren Schriftrollen. Leider waren sie alle erheblich beschädigt, weil sie nicht in Krügen aufbewahrt worden waren. Auch die Hirten und ihre Freunde blieben nicht untätig. Sie erforschten die Klippen noch gründlicher und fanden noch mehr Höhlen, die Schriftrollen verbargen.

Eine Höhle, die sie 1952 entdeckten, die sogenannte Höhle 4, enthielt eine große Anzahl von Fragmenten. Die Hirten nahmen einige davon mit. Dann aber gingen dort die Archäologen an die Arbeit. Insgesamt sind aus der Höhle 4 etwa 40.000 Stücke von ungefähr 400 Rollen geborgen worden.

Die Schriftfunde machten den Stamm der Hirten reich. Nachdem sich nämlich herausgestellt hatte, daß die ersten Schriftrollen so alt waren, verlangten sie einen hohen Preis für jeden weiteren Fund. Dieser Preis lag bei einem Pfund für zweieinhalb Quadratzentimeter. Aus ihren begrenzten Mitteln stellte die jordanische Regierung, die damals das Gebiet verwaltete, den größten Teil des Geldes zur Verfügung.

Andere Regierungen und private Institutionen boten weitere Summen, so daß bis auf wenige Ausnahmen alle Fragmente in Jerusalem zusammengehalten werden konnten. Dort arbeitete ein kleines Expertenteam jahrelang daran, die Fragmente zusammenzusetzen und zu deuten. Das ist eine langwierige Aufgabe. Die Tatsache, daß diese Forschungen so außerordentlich schwierig sind und daß es nur so wenige

Spezialisten für dieses Forschungsgebiet gibt, ist der Hauptgrund dafür, daß viele Dokumente noch immer nicht veröffentlicht wurden. Es stimmt einfach nicht, daß eine Art finsterer Verschwörung absichtlich versucht, die Veröffentlichung sensationeller, für die christliche Kirche schädlicher Informationen zu verhindern.

Das Gegenteil ist der Fall: Wenn man von der Jesaja-Rolle ausgeht, dann haben alle, denen es um die Autorität der Bibel geht, bei dieser Forschung nichts zu befürchten. Sie kann ihnen nur großen Gewinn bringen. Es ist eine geradezu überwältigende Tatsache, daß sich im Laufe von tausend Jahren, in denen das Buch mit der Hand abgeschrieben wurde, keine Irrtümer in den Text eingeschlichen haben, die in irgendeiner Weise die biblische Lehre berühren.

Ein Stein – zufällig von einem Hirtenjungen in eine Höhle der Felswand geworfen – löste die bemerkenswerte Entdeckung der Schriftrollen vom Toten Meer aus. Die Schriftfunde eröffneten den Gelehrten eine ganz neue Welt.

Eine Bibliothek, die verlorenging und wiedergefunden wurde

Scharfäugige Hirten und fleißige Archäologen entdeckten elf Höhlen am Toten Meer, in denen alte hebräische Bücher verborgen waren. Wer hatte diese Bücher dort versteckt und warum?

Diese Fragen versucht die Archäologie zu beantworten, indem sie alle verfügbaren Funde studiert. In diesem Fall orientierte man sich hauptsächlich an zwei Punkten: Erstens am Inhalt der Bücher selber; zweitens an den Gefäßen, die man mit den Schriftrollen fand, sowie an den Ruinen eines Bauwerkes in der Nähe der Höhlen.

Die Bücher haben fast alle einen religiösen Inhalt. Über hundert sind Abschriften von Teilen aus dem Alten Testament. Bei mindestens siebzehn von ihnen handelt es sich um Jesaja-Abschriften (die Abschnitte aus der ersten Höhle nicht mitgerechnet). Mehr als zwei Dutzend sind Kopien des 5. Buches Mose. Das scheinen die beliebtesten Bücher gewesen zu sein. Von Josua gab es zwei Abschriften und von Esra nur eine; sie waren offenbar weniger populär.

Mit Ausnahme des Buches Esther hatte jedes alttestamentliche Buch seinen Platz in der Sammlung. Möglicherweise wurde das Buch Esther abgelehnt, weil es keine religiöse Lehre enthält. Es gibt in dieser Bibliothek keine religiösen Bücher, die nicht auf

Abgesehen von den Schriftrollen, die in den nahegelegenen Höhlen aufbewahrt wurden, erinnern nur diese Ruinen an die Essener in Qumran.

DIE FUNDE AM TOTEN MEER / 165

das Alte Testament zurückgehen. Daraus wird ersichtlich, daß die Eigentümer der Bücher zu einer Gruppe tiefgläubiger Juden gehört haben müssen.

Unter den übrigen Rollen sind einige, in denen die Besitzer ihre eigenen Überlegungen und Kommentare niederschrieben. Diese Menschen studierten ihre Bibel sehr ernsthaft. Sie wollten herausfinden, was sie für ihre persönliche Situation bedeutete. Ihre Schlußfolgerungen formulierten sie als Kommentare zum biblischen Text. Sie bezeichneten sich selber als das wahre Israel, das von ungläubigen Juden verfolgt und von ausländischen Mächten beherrscht wurde. Zu der Schriftstelle, in der die Chaldäer Babylons als Feinde des Volkes Gottes bezeichnet werden, schrieb der Kommentator, daß damit die Kittim – ein Name für die Römer – gemeint seien. Die Propheten hätten nicht von ihrer eigenen Zeit gesprochen, sondern von der Zeit, in der die Kommentatoren lebten.

Neben den Kommentaren gibt es auch Bücher mit Vorschriften. Es handelt sich hier um Regeln für eine Gemeinschaft religiöser Menschen, die – Mönchen und Nonnen vergleichbar – in einem festgeordneten System lebten. Dies ist typisch für Menschen, die den Anspruch erheben, das alleinige Volk Gottes zu sein. Jeder, der sich dieser Gemeinschaft anschließen wollte, mußte eine zweijährige Probezeit durchlaufen. War man einmal aufgenommen, mußte man sämtlichen Besitz der Gemeinschaft zur Verfügung stellen. Außerdem war man zu absolutem Gehorsam verpflichtet.

Eine sehr lange Schriftrolle – heute unter dem Namen „Tempel-Rolle" bekannt – wurde nach ihrer Entdeckung von einem Antiquitätenhändler versteckt und kam erst 1967 in den Besitz des Staates Israel. Sie nennt alle Vorschriften für den Gottesdienst im Tempel, beschreibt seine Einrichtungen und gibt Anweisungen, wie Menschen heilig leben können.

Die Besitzer der Schriftrollen warteten auf eine Zeit, in der sie triumphieren würden. In einem Buch beschreiben sie einen Krieg zwischen den „Söhnen des Lichts" – das sind sie selbst – und den „Söhnen der Finsternis". Weil Gott auf ihrer Seite ist, werden sie gewinnen und Gott in der richtigen Art und Weise anbeten. Gott wird zweimal einen Messias schicken, einen König und einen Priester, die sein Volk führen werden.

Aus den Kommentaren und den Regel-Büchern können wir Rückschlüsse auf die Herkunft der Autoren ziehen. Sie folgten einem Mann, der als „Lehrer der Gerechtigkeit" bezeichnet wurde. Ein großer Teil des für sie typischen Gedankengutes scheint von ihm zu stammen. Soweit man aus den Rollen erfahren kann, lebte dieser Lehrer in der Mitte des 2. Jh. v.Chr. Er vertrat abweichende Ansichten über die Datierung der wichtigsten jüdischen Feste. Aber die Priester in Jerusalem verboten ihm das Feiern der heiligen Tage zu einem anderen Zeitpunkt.

Ein Mann, der als „Schlechter Priester" bezeichnet wird und der in Jerusalem wie ein Tyrann regiere, verfolgte den Lehrer. Die Kommentatoren nennen ihn einen Lügner und beschreiben, wie er als Strafe von Gott durch die Hand seiner Feinde einen elenden Tod fand. Der Lehrer hingegen führte

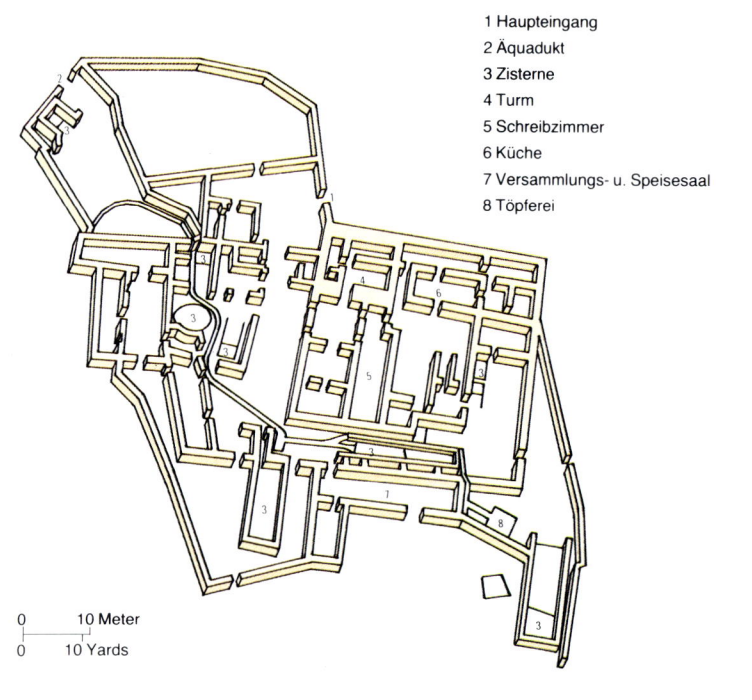

Der Plan zeigt den Gebäudekomplex, der von der klösterlichen Gemeinschaft in Qumran bewohnt wurde. Sie entstand ungefähr 150 v.Chr. und erlebte ihre Blütezeit während des 1. Jh. n.Chr. bis zu ihrer Zerstörung 68 n.Chr. durch die Römer während des jüdischen Aufstandes.

1 Haupteingang
2 Äquadukt
3 Zisterne
4 Turm
5 Schreibzimmer
6 Küche
7 Versammlungs- u. Speisesaal
8 Töpferei

seine Anhänger zu einem Zufluchtsort „in der Wüste".

Die Ruinen bilden den zweiten Orientierungspunkt. Schon bald nach der Entdeckung der Höhlen begannen die Archäologen eine Ruine gerade oberhalb des Seeufers intensiv zu erforschen. Die Ausgrabungen dort dauerten von 1951 bis 1956.

Das Bauwerk, das man schließlich freilegte, war einzigartig. Es war kein Palast, keine Festung und kein Haus, sondern ein Zentrum für alle Arten von Aktivitäten. Töpfer formten und brannten Schalen, Schüsseln, Becher und Krüge. Die Erträge der Landwirtschaft wurden in Silos aufbewahrt und in einer Küche zubereitet. Weber stellten aus der Wolle von Schafen und Ziegen Stoffe her, die mit pflanzlichen Farben eingefärbt wurden. Es gab sogar eine Waschküche, in der die Stoffe gewaschen wurden.

In einem Raum lagen Stücke von verputztem Ziegelwerk, das von einem höhergelegenen Stockwerk heruntergefallen war. Als man die Bruchteile zusammensetzte, bildeten sie drei Bänke. Da man unter diesen Trümmern auch zwei Tintenfässer fand, kann man mit ziemlicher Sicherheit davon ausgehen, daß der obere Raum eine Schreibstube war. Leider sind hier keine Schriftrollen oder andere schriftliche Dokumente erhalten geblieben.

Die Gegend, in der das Bauwerk steht, ist ungewöhnlich trocken. Es gibt in der Nähe keine Quelle. Wasser wurde durch einen Kanal aus dem hügeligen Hinterland herbeigeschafft und in großen Zisternen gesammelt. Man hat errechnet, daß diese groß genug waren, um den Wasserbedarf von 200 Personen zu decken. Aber wo lebten diese Menschen? Eine mehr als 27 Meter lange Halle scheint ein Speisesaal gewesen zu sein. In einer Ecke lagen über hundert Keramikgefäße, möglicherweise für den Gebrauch bei der Mahlzeit.

Über tausend weitere Geschirrteile waren auf dem Boden eines schmalen Raumes auf der einen Seite der Halle aufgestapelt. Sie waren mit Schutt bedeckt worden, als ein Erdbeben das Gebäude beschädigte. Bei den Reparaturarbeiten hatte man sie aussortiert.

Die große Halle deutet darauf hin, daß die Mahlzeiten gemeinsam eingenommen wurden. Geschlafen wurde möglicherweise in Sälen im Obergeschoß. Es ist aber auch möglich, daß die Menschen in den umliegenden Felsenhöhlen lebten. Die in den Höhlen gefundene Keramik ist mit der aus der Ruine identisch. Außerdem haben die großen und sehr ungewöhnlich geformten Krüge, in denen die ersten Lederrollen gefunden wurden, ihre Gegenstücke in dem Gebäude.

Mit gutem Grund kann man davon ausgehen, daß die Menschen, die ihre Bücher versteckten, mit denen identisch waren, die in dem ungewöhnlichen Gebäude lebten. Die in den Schriftrollen genannten Regeln ihrer Gemeinschaft stimmen im allgemeinen mit den Beschreibungen überein, die uns andere Schreiber von einer jüdischen religiösen Sekte, den Essenern, überliefert haben.

Die Essener erlebten ihre Blütezeit während des 1. Jh. v.Chr. Das ist auch die Zeit, in der das oben erwähnte Bauwerk benutzt wurde. Die ersten Bewohner lebten dort vielleicht um 150 v.Chr. Das Ganze endete 68 n.Chr. In jenem Jahr erreichten römische Truppen, die in Palästina den jüdischen Aufstand niederschlagen wollten, Jericho und das Tote Meer.

Unter den in der Ruine gefundenen Münzen sind wohl einige aus dem Jahr 68, aber keine späteren. Feuer und Abriß zerstörten das Gebäude. Ein Teil wurde später von den Römern zu einem Militärposten umfunktioniert. Römische Münzen – sie wurden zwischen 65 und 73 n.Chr. geprägt – liegen in den Trümmern ihrer Räume.

Die näherrückenden römischen Streitkräfte waren offensichtlich der Anlaß für das Verstecken der Schriftrollen. Ihre Besitzer überlebten nicht und konnten sie auch nicht mehr bergen. Manche der Schriftrollen gingen durch einen Erdrutsch verloren oder durch Feuchtigkeit. Aber viele überdauerten die Zeit und wurden so zum „großartigsten Manuskriptfund der Neuzeit".

DIE FUNDE AM TOTEN MEER / 167

Jesus und die Schriftrollen vom Toten Meer

„Das Christentum ist eine Art erfolgreiches Essenertum", erklärte 1893 der radikale französische Gelehrte Ernest Renan.

Nachdem die Schriftrollen zu so vielen neuen Erkenntnissen geführt hatten, nahm einer von Renans Nachfolgern in Paris dessen Denkansatz wieder auf. In einer der ersten Studien über die Entdeckung schrieb A. Dupont-Sommer:

„Alles in dem jüdischen Neuen Bund ist – wie aus den Rollen ersichtlich wird – ein Vorläufer und Wegbereiter des christlichen Neuen Bundes. Der Rabbi aus Galiläa, den uns die neutestamentlichen Schriften schildern, erweist sich in vielerlei Hinsicht als eine erstaunliche Wiederverkörperung des ‚Lehrers der Gerechtigkeit' ... Wie jener

wurde er verurteilt und getötet. Wie jener stieg er in den Himmel, in die Gegenwart Gottes auf ... Wie jener wird er am Ende der Zeiten der höchste Richter sein. Wie jener gründete er eine Kirche, deren Mitglieder voller Sehnsucht nach seinem glorreichen Wiederkommen ausschauen ..."

Dupont-Sommer behauptete ferner, daß bei allen Ähnlichkeiten zwischen dem Christentum und den Schriftrollen die Christen ihr Gedankengut von den Essenern übernommen hätten.

Die Rollen vom Toten Meer bargen einiges an Material für die Kritiker des Christentums, für die Skeptiker und die Humanisten. Jesus war nicht länger eine isolierte Gestalt; er war ein Kind seiner Zeit. Doch einen

wesentlichen Unterschied gab es. Dem einen Lehrer war es nicht gelungen, seine Anhänger durch den Krieg mit Rom zu bringen, während das Christentum bis heute besteht.

Was haben wir also von solchen Behauptungen zu halten?

● Erstens gibt es kein Anzeichen dafür, daß Jesus direkten Kontakt mit den Männern von Qumran hatte. Vielleicht bestand eine Verbindung zu Johannes dem Täufer, aber auch in seiner Verkündigung ist davon nichts zu spüren.

● Sowohl das Neue Testament als auch die Schriftrollen vom Toten Meer wurzeln im Alten Testament. Ein großer Teil der gemeinsamen Vorstellungen und der gemeinsamen Sprache stammt aus

Am Ende dieser Spalte des Habakuk-Kommentars setzte ein französischer Professor in die Lücke die Worte ein: „er verfolgte den Lehrer der Gerechtigkeit". Das war für ihn die Basis für einen Vergleich zwischen dem „Lehrer" und Jesus.

168 / DIE FUNDE AM TOTEN MEER

dem Alten Testament.

• Die Ähnlichkeiten zwischen dem „Lehrer der Gerechtigkeit" und Jesus sind nicht so groß, wie uns der französische Gelehrte einreden möchte. Er gründete seine sensationellen Behauptungen auf eine Schriftrolle mit einem Kommentar zum Buch Habakuk. Diese Schriftrolle ist recht gut erhalten, abgesehen von der unteren Hälfte, wo die letzten Zeilen jeder Spalte beschädigt sind. Indem er in eine Textlücke die Worte „er verfolgte den Lehrer der Gerechtigkeit" einsetzte, schuf sich Dupont-Sommer die Grundlage für seine Behauptung, der Lehrer sei „verurteilt und getötet" worden.

Heute finden seine Behauptungen keine Unterstützung mehr. Die meisten Gelehrten sind der Ansicht, daß hier das schreckliche Schicksal des „Schlechten Priesters" beschrieben wird, denn von ihm ist in dem unmittelbaren Kontext die Rede. Sollte man die Erwartung hegen, der „Lehrer der Gerechtigkeit" käme einmal wieder (was nicht sicher ist), dann wäre er nicht der Richter, der zur Rechten Gottes sitzt.

• Die Unterschiede zwischen dem „Lehrer der Gerechtigkeit" und Jesus sind außerordentlich groß:

Der Lehrer forderte eine peinlich genaue Beachtung der jüdischen Ritualgesetze und hoffte auf eine Zeit, in der seine Nachfolger wieder im Tempel würden opfern können.

In den Glaubensvorstellungen Jesu und seiner Jünger spielte der Tempel eine immer geringere Rolle. Sie fühlten sich nicht verpflichtet, die rituellen Gesetze einzuhalten.

Diese unterschiedliche Einstellung zum Gesetz bewirkte, daß der „Lehrer der Gerechtigkeit" seine Anhänger in eine exklusive Gemeinschaft führte (obwohl nicht alle Essener die Städte verließen). Jesus dagegen befahl seinen Jüngern, sich nicht von den Menschen abzusondern.

Der Lehrer suchte Gott zu gefallen, indem er die Gebote des Alten Testaments befolgte. Er wartete darauf, daß Gott seinen Messias, den erwählten Führer, sandte. Er scheint nicht behauptet zu haben, selber dieser Messias zu sein.

Die christliche Kirche geht von der Überzeugung aus, daß Jesus der Messias ist und daß der Mensch nur durch den Glauben an ihn Gnade vor Gott finden kann.

Als Messias verhielt sich Jesus so, wie es der „Lehrer der Gerechtigkeit" gerade nicht tat. Jesus handelte sogar in einer Weise, die den „Lehrer der Gerechtigkeit" noch mehr provoziert hätte, als es bei den Pharisäern der Fall war. Die Vorstellung, daß durch den Tod eines Menschen die Sünde der ganzen Menschheit und nicht Israels allein gesühnt würde, hätte der Lehrer nur sehr schwer akzeptieren können.

• Die Schriftrollen enthalten Vorschriften, die christlichen Bräuchen sehr ähnlich zu sein scheinen.

So sollten zum Beispiel die neuen Mitglieder getauft werden, nachdem sie ihre Sünden bereut hatten. Obwohl diese Praxis an die Taufe Johannes des Täufers und an das christliche Taufsakrament erinnert, handelt es sich doch um etwas anderes. Denn die Essener konnten die Taufe anscheinend jedes Jahr wiederholen, um sich zu reinigen, nicht aber, um Vergebung zu erlangen.

Die Mitglieder hatten eine gemeinsame Mahlzeit, die man wohl mit dem (letzten) Abendmahl verglichen hat. Es mag hier einen gemeinsamen Hintergrund geben, aber die Mahlzeiten in Qumran waren auf ein gemeinsames Festmahl mit dem Messias ausgerichtet. Sie dienten nicht dazu, sich an den Messias oder gar an den „Lehrer der Gerechtigkeit" zu erinnern im Sinne der Worte Jesu: „Tut dies zu meinem Gedächtnis."

• Und schließlich gingen die Besitzer der Schriftrollen bei ihren Kommentaren zum Alten Testament von der Interpretation aus, die ihnen ihr „Lehrer der Gerechtigkeit" vorgegeben hatte. Sie bezogen die Prophezeiungen auf ihre eigene Situation und warteten darauf, daß sie sich erfüllten, wobei sie manche Abschnitte völlig willkürlich gebrauchten.

Im Neuen Testament beziehen sich die prophetischen Aussagen häufig auf die Situation, die mit der Ankunft des Messias entstanden ist. Es gibt Ähnlichkeiten bei der Behandlung von Prophetie. Dennoch fehlt den Schriftrollen der Essener das vereinheitlichende Element der Interpretation sowie die Gewißheit, die Jesus gebracht hat.

Die Schriftrollen vom Toten Meer sind besonders wichtig, weil aus der Zeit kurz vor dem Fall Jerusalems keine anderen von gläubigen Juden geschriebenen Bücher erhalten geblieben sind. Aus den Rollen ergibt sich für einen Bereich des Judentums zur Zeit der Evangelien eine neue Sicht. Diese Entdeckung hat viel frischen Wind in das Studium des Neuen Testaments gebracht. Je mehr Fragmente veröffentlicht werden, um so besser verstehen wir den Hintergrund der biblischen Botschaft. Wir müssen uns dabei klarmachen, daß die Schriftrollen nur einen Teil des jüdischen Denkens jener Zeit darstellen.

Herodes, der große Baumeister

Er sollte größer und schöner werden als jeder andere Tempel, den es je in Jerusalem gegeben hatte. Weder Kosten noch Mühen sollten gescheut werden. Der neue Tempel für den Gott Israels sollte ein Geschenk des Königs an seine jüdischen Untertanen werden. Nun gab es aber bereits einen Tempel, nämlich den, der von den Juden gebaut worden war, nachdem der persische König Kyros ihnen die Rückkehr aus dem Exil in Babylon gestattet hatte. Niemals hätte man den neuen Tempel an einer anderen Stelle errichten können; denn der bestehende Tempelbezirk war heilig. Die Bauleute durften den Tempeldienst aber auch nicht unterbrechen. Überhaupt durften gewöhnliche Arbeiter den inneren Tempelbereich gar nicht betreten.

Wie löste Herodes dieses Problem? Er ließ tausend Leviten zu Steinmetzen und Zimmerleuten ausbilden. Alles wurde genau vorbereitet, so daß die Arbeit ungewöhnlich schnell getan werden konnte.

Das Hauptgebäude hatte denselben Grundriß wie der Tempel Salomos: eine Vorhalle, eine mittlere Halle und ein Allerheiligstes, das etwa fünfzig Meter lang war. Die Vorhalle war ebenso breit wie hoch. Innen hatte der Hauptteil lediglich eine Breite von zehn Metern; er war aber von zahlreichen Räumen umgeben. Das andere Hauptgebäude hatte man ausschließlich aus weißen Steinblöcken errichtet. Es wurde in etwa achtzehn Monaten fertiggestellt (20 bis 18 v.Chr.). Auf dem Dach sollten goldene Spitzen verhindern, daß sich Vögel darauf niederließen oder darauf nisteten.

Das Tempelgebäude selbst war schnell fertiggestellt. Aber nach den Plänen des Herodes sollte es in der Mitte eines großen, von Säulengängen umgebenen Innenhofes stehen. Hier konnte Herodes bauen, wie er wollte.

Hier war er nicht durch bereits bestehende Gebäude eingeengt.

Er vergrößerte den Innenhof etwa um das Doppelte seiner ursprünglichen Größe. Dazu mußte er eine künstliche Terrasse errichten lassen, denn am südlichen Ende fiel der Berg steil ab. An der südöstlichen Ecke beträgt der Höhenunterschied zwischen dem Felsenboden und dem Innenhof siebenundvierzig Meter, während der Unterschied an der südwestlichen Ecke etwa dreißig Meter ausmacht.

Der Tempelplatz des Herodes ist heute der Haram esh-Sherif, auf dem der Felsendom steht, das berühmte Heiligtum der Moslems. Zum massiven Steinwerk an der Westseite gehört die „Klagemauer". Ihre Steinblöcke sind durchschnittlich 1,20 Meter hoch und 1 bis 7 Meter lang. Der größte Teil des Tempelkomplexes war um 9 v.Chr. fertiggestellt, doch an einzelnen Stellen wurde bis 64 n.Chr. weitergearbeitet. Im Johannesevangelium erklären die jüdischen Führer: „Dieser Tempel ist in sechsundvierzig Jahren erbaut" (Johannes 2,20).

66 n.Chr. erhoben sich die Juden gegen die römische Besatzungsmacht. Der gesamte Tempelplatz mit seinen Mauern und Zinnen wurde zu einer Festung, und die Römer griffen ihn an. Im August des Jahres 70 n.Chr. war ganz Jerusalem in der Hand der Römer. Nur der Tempel wurde noch von einer Gruppe Zeloten verteidigt. Sie weigerten sich standhaft, sich zu ergeben. Da legten die Römer Feuer an das Holzwerk der Gebäude, und einer warf eine brennende Fackel in den Tempel selber. Von den kostbaren Einrichtungsgegenständen konnten nur wenige gerettet werden. Man führte sie im Triumphzug des römischen Feldherrn Titus mit, dessen Vater Vespasian gerade Kaiser geworden war.

Als die Römer abzogen, lag der

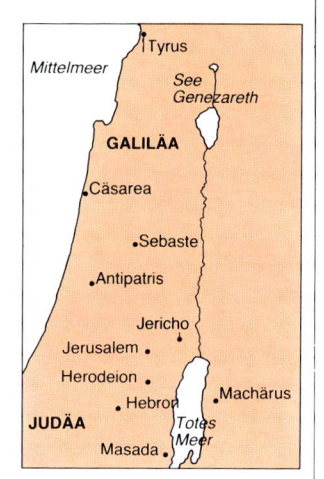

170 / HERODES

Tempel in Trümmern. Von dem Werk des Herodes war nur jene große Terrasse erhalten geblieben, die das Bauwerk gestützt hatte. So hatte es Jesus vorausgesagt: „Sehet ihr nicht das alles? Wahrlich, ich sage euch: Es wird hier nicht ein Stein auf dem anderen bleiben, der nicht zerbrochen werde" (Matthäus 24,2).

Ab 1968 führte der israelische Gelehrte Abraham Mazar auf der Südseite außerhalb des Tempelbezirks umfassende Ausgrabungen durch. Er räumte viele große Steinblöcke weg, die von den Tempelmauern herabgefallen waren, um so die darunterliegende alte Straße zu erreichen. Dieser gepflasterte Weg mit Stufen zum Ausgleich der Höhenunterschiede des Berges führte um die Mauer herum. In der Mitte des südlichen Endes wurden die Überreste einer großen Treppe freigelegt, die zu den Toren hinaufführte, durch die man in den Tempelhof gelangte. Unter dem herabfallenden Mauerwerk lagen Stein-

platten mit eingemeißelten geometrischen Mustern und Blumen. Sie gehörten zur Decke des Torweges oder des Säulenganges. Diese wenigen, bruchstückhaften Überreste und die Qualität des Mauerwerkes lassen aber durchaus die Pracht des ursprünglichen Tempels erkennen.

Der Tempel in Jerusalem war das prachtvollste und teuerste der vielen großartigen Bauwerke, die Herodes errichten ließ. In dem südlich von Jerusalem gelegenen Hebron ließ Herodes eine große Mauer um die Höhlen bauen, in denen Abraham und seine Familie begraben sein sollen. Auch den alten Baum, den Abraham in der Nähe von Mamre gepflanzt haben soll, ließ er von einer Mauer einfassen. Die Mauer um das Grab steht noch. So ähnlich haben wahrscheinlich einmal die Tempelmauern ausgesehen.

Mit diesen Bauwerken wollte Herodes die Gunst und Zuneigung der Juden gewinnen. Er selber war nicht jüdischer

Abstammung. Sein Vater Antipater entstammte einer Familie aus dem Süden. Diese Familie gehörte zu den Idumäern, den Edomitern des Alten Testaments. Johannes Hyrkanus (134-104 v.Chr.) hatte dieses Volk besiegt und es nur unter der Bedingung nicht vernichtet, daß es sich zum Judentum bekehrte.

Wenn Herodes sich nicht in Judäa aufhielt, schenkte er den jüdischen Bräuchen nicht viel Beachtung. Keine 56 Kilometer von Jerusalem entfernt baute er noch einen Tempel. Er hatte die alte Stadt Samaria wiederaufbauen lassen und nannte sie zu Ehren von Kaiser Augustus Sebaste (Sebaste ist das griechische Wort für Augustusburg). Der hier gebaute Tempel krönte die Stadt. Er war der Stadt Rom und dem Kaiser geweiht. Bei Ausgrabungen wurden Teile dieses Tempels freigelegt.

Herodes baute noch andere Städte in Palästina (Cäsarea und Antipatris sind die wichtigsten) oder ließ in weiter entfernt liegenden Städten öffentliche Bauwerke errichten. So entstanden in Tyrus und Sidon ein Theater, in Damaskus ein Theater und eine Sporthalle, die Hauptstraße von Antiochia wurde gepflastert. Griechische Städte, darunter Athen, erhielten vom König finanzielle Zuwendungen.

Die Athener richteten ein Standbild für ihn auf. Den Steinsockel dieses Standbildes hat man gefunden. Darauf stand: „Für Herodes, den Freund Roms." Eine andere Inschrift nennt ihn „Freund Caesars" und noch eine andere „Wohltäter". Als die Jünger einmal darüber stritten, wer der Größte unter ihnen sei, sagte Jesus: „Die Könige der Völker herrschen, und die Mächtigen heißt man gnädige Herren. Ihr aber nicht also" (Lukas 22,25.26).

Was in Jerusalem von den Bauten des Herodes übrigblieb, einschließlich der Mauern in Hebron, lassen den Umfang der Bautätigkeit dieses Königs erkennen. Die jüngsten Entdeckungen süd-

Die Küstenstadt Cäsarea mit ihrem hohen Aquädukt wurde von Herodes dem Großen erbaut.

lich des Tempelbezirks vermitteln einen Eindruck, wie die Bauten geschmückt waren. Wir können sicher sein, daß die anderen öffentlichen Gebäude des Herodes nach Bauplänen errichtet wurden, die dem damals neuesten Stand entsprachen.

Herodes war beim Bau von Palästen und Festungen für sich und seine Familie recht großzügig. In Jerusalem baute er einen Palast, von dem aber nichts erhalten blieb. Ein Teil der dortigen Zitadelle stammt aus seiner Regierungszeit, insbesondere der „Davidsturm" (der früher nach dem Bruder des Herodes „Phasaelsturm" hieß).

Relativ weit von der Hauptstadt entfernt befestigte Herodes den Berggipfel von Machärus (östlich des Toten Meeres), um seine Grenzen vor den Nabatäern von Petra zu sichern. (In Machärus tanzte Salome vor Antipas, dem Sohn des Herodes. Der Tanz gefiel ihm so gut, daß sein unbesonnenes Versprechen, sie dafür zu belohnen, zur Hinrichtung von Johannes dem Täufer führte.)

Über den Ort Machärus weiß man wenig. In den Bergen südlich von Jerusalem wurde aber eine andere Stätte ausgegraben. Lange Zeit hieß sie „Franks Berg", bis u.a. Edward Robinson sie als Herodion identifizierte, eine Festung des Herodes. Hier wurde Herodes auch bestattet. Die kreisförmigen Mauern liegen auf dem Gipfel eines weithin sichtbaren Hügels. Vier runde Türme schützen sie. Innerhalb der Mauern lagen ein Garten, ein großer Speisesaal und eine Reihe von Bädern. Die Privaträume befanden sich wahrscheinlich in den oberen Stockwerken.

Am Fuß des Hügels stand noch ein Palast, dessen Wände verputzt und mit mehrfarbigen Fresken geschmückt waren. Sie sollten den Eindruck von Steinmetzwerk erwecken. Mehrere Räume hatten in schwarz und weiß gehaltene Mosaikfußböden. Steinsäulen und Kapitelle stützten das Dach. Zu den übrigen Gebäuden zählten Vorratskammern, in denen noch die Krüge standen, eine Pferderennbahn und ein Teich in einem Garten.

In der Nähe von Jericho stand das

Gegenstück des Herodion. Um 100 v.Chr. besaßen die jüdischen Herrscher dort einen Winterpalast, um der Kälte Jerusalems zu entfliehen. (Die Temperatur kann dort in den Monaten Dezember, Januar und Februar unter 10°C fallen. In Jericho war es in diesen Monaten wesentlich wärmer.) Herodes baute auf dem Gelände des alten einen neuen Palast und errichtete gegen Ende seiner Regierungszeit einen noch größeren. Hierzu gehörte ein prunkvolles Badehaus mit sechs Räumen, einer großen Empfangshalle und einem Speisesaal.

Durch Ausgrabungen in den Jahren 1950/51 und 1973/74 kamen die Ruinen dieser Räume und Reste ihrer Mosaikfußböden und ihrer bemalten Wände zum Vorschein. Sie lassen noch heute erkennen, daß für Herodes gerade das Beste gut genug war! Das gilt auch für die außergewöhnlichste und am schwersten einzunehmende Festung auf dem Felsen von Masada über dem Toten Meer (siehe: *Masada – die letzte Festung*).

Die Ausgrabungen in den Festungen und Palästen des Herodes lassen die Schilderungen des jüdischen Geschichtsschreibers Josephus lebendig und anschaulich werden. Sie beweisen zudem, wie exakt Josephus in seiner Schilderung war. Er beschrieb einige der Bauten im späten 1. Jh. n.Chr., nachdem er sie selber gesehen hatte.

Die außergewöhnlichste und am schwersten einzunehmende Festung des Herodes befand sich hoch auf dem Felsen von Masada über dem Toten Meer. Sie war großzügig entworfen und luxuriös mit einem Badehaus (oben) eingerichtet.

Herodes war beim Bau von Palästen und Festungen für sich und seine Familie recht großzügig. Die Festung Herodion war seine Grabstätte.

Das neue Grab im Garten

Es war aber an der Stätte, da er gekreuzigt ward, ein Garten und im Garten ein neues Grab, in welches niemand je gelegt war" (Johannes 19,41).

„Und Joseph nahm den Leib und wickelte ihn in eine reine Leinwand und legte ihn in sein eigenes neues Grab, welches er in einen Fels hatte hauen lassen, und wälzte einen großen Stein vor die Tür des Grabes ..." (Matthäus 27,59.60).

Jesu Auferstehung ist eine Sache des Glaubens. Keine Ausgrabung oder archäologische Forschung kann jemals beweisen – aber auch nicht widerlegen –, daß Jesus von den Toten auferstand. Ein leeres Grab kann nichts über den aussagen, der einmal darin gelegen hat.

Doch die Archäologie kann zeigen, wie die jüdischen Gräber im 1. Jh. n.Chr. aussahen, und sie kann die Evangeliumsberichte mit eben diesen archäologischen Informationen vergleichen.

Jerusalem liegt auf dem Kamm eines Kalksteingebirges, das sich von Norden nach Süden durch Palästina erstreckt. Die Hügelkette ist nur mit einer dünnen Bodenschicht bedeckt, so daß die Toten häufig in Höhlen oder in Gräbern bestattet wurden, die man in den Felsen gehauen hatte. Als Folge davon ist das Gebiet um eine so alte Stadt wie Jerusalem mit Gräbern aus allen Jahrhunderten geradezu durchlöchert.

Der Bau eines Felsengrabes war teuer. Deswegen wurden in einem Grab häufig mehrere Menschen bestattet. Meistens waren die Toten Mitglieder einer Familie, aber an manchen Orten konnte man auch einen Anteil an einem Grab kaufen.

In der Umgebung von Jerusalem wurden viele Gräber aus der Zeit zwischen 50 v.Chr. und 135 n.Chr. entdeckt. Die meisten fand man zufällig, einige bei archäologischen Ausgrabungen. Fast alle Gräber hatten dasselbe Grundmuster. Gerade in diesem Punkt läßt sich eine Verbindung zu dem Grab Jesu herstellen.

Die Steinmetze schlugen zunächst eine Fläche aus dem Felsen heraus. So entstand auf der einen Seite eine Wand, in die sie die Grabhöhle hineinarbeiten konnten. Die Reichen konnten es sich leisten, auf der Fläche vor dem Grab eine Wasserstelle und einen Garten zum Wohle der Trauernden und Besucher anzulegen. Der Grabeingang war in der Regel so niedrig, daß man nur gebeugt hindurchgehen konnte oder gar kriechen mußte. Der Eingang wurde so klein gehalten, damit er leicht verschlossen werden konnte. Das war wichtig, weil sonst Hunde, Schakale und Hyänen in das Grab eindringen konnten.

Um das Grab zu schließen, schoben die Trauernden einen Felsblock davor, der so behauen war, daß er den Eingang verschloß. Nur einige wenige Prachtgräber in Jerusalem hatten einen runden, radähnlichen Stein, der vor den Eingang gerollt wurde. An anderen Orten sieht man die runden Steine häufiger, zum Beispiel in Nazareth.

Der Leichnam Jesu wurde in einem Felsengrab zur Ruhe gebettet und der Eingang dieses Felsengrabes mit einem großen Stein verschlossen. Gräber dieser Art aus der Zeit Christi kann man heute noch in Jerusalem und anderswo sehen.

DAS NEUE GRAB / 175

Nachdem sie den Grabeingang fertiggestellt hatten, höhlten die Steinmetzen den Felsen nach oben und unten aus, um so eine Kammer zu schaffen, die groß genug war, daß ein Mann darin stehen konnte. Auf jeder Seite dieses Raumes – mit Ausnahme der Eingangsseite – entfernten sie den Felsen von der Decke bis etwa in Taillenhöhe. So entstand ein Sims oder eine Bank von etwa einem Meter Breite. Von dieser Bank aus trieben sie zwei oder drei horizontale Schächte in den Felsen, etwa zwei Meter lang und einen Meter hoch. Wie sorgfältig die Wände herausgebrochen und bearbeitet wurden, hing vom Reichtum des Kunden ab.

Das Grab war jetzt bereit für die erste Bestattung. Wenn möglich, fand ein Begräbnis am Todestag statt. Aus jüdischen Quellen ist zu erfahren, daß man die Arme und Beine des Toten mit Leinenstreifen umwickelte. Um den Kopf wurde ein Tuch gebunden, das die Kiefer zusammenhielt. Ein Hemd oder auch ein Leinentuch bedeckte den Körper. Über das Tuch wurde Parfüm gesprengt. War der Leichnam dann zubereitet, trugen ihn die Hinterbliebenen in das Grab und legten ihn auf die in den Felsen gehauene Bank. Beim Verlassen des Grabes verschlossen sie den Eingang.

Wenn das Fleisch verwest war, betraten die Verwandten noch einmal das Grab, sammelten die Knochen ein und legten sie in einen Behälter, ein Ossuarium. Dieses Gefäß schoben sie in einen der Schächte in der Grabwand. Manchmal schrieben sie den Namen des Toten mit Holzkohle oder Tinte auf den Behälter oder seinen Deckel, oder sie ritzten ihn in die Grabwand ein.

Es gab noch andere Möglichkeiten: Der Körper wurde sofort in den Schacht geschoben, wo er dann liegen blieb. Anschließend verschloß man die Graböffnung mit Steinen. Manchmal stapelte man auch die Ossuarien auf den Bänken oder auf dem Fußboden.

Die Evangelien beschreiben ein Grab, das offensichtlich auf eben diese Weise genutzt wurde. Ein Stein versperrte den Eingang. Er war so schwer, daß ihn die Frauen nicht bewegen konn-

ten. Besucher des geöffneten Grabes beugten sich nieder, um hineinzusehen. Sie sahen, wie die Grabtücher zusammengelegt waren, wobei das Schweißtuch gesondert auf der anderen Seite lag. Nach Markus (16,5) und Johannes (20,12) saßen ein oder mehrere Engel im Grab, vermutlich auf dem Sims, auf dem der Leichnam gelegen hatte.

Mit Hilfe der Archäologie können wir uns ein Bild davon machen, wie das Grab aussah. Kann die Archäologie aber auch das Grab Jesu finden? Das ist ohne authentische (Grab-) Inschriften nicht möglich.

Im Laufe der Jahrhunderte hat sich die Landschaft um Jerusalem durch eine rege Bautätigkeit so sehr verändert, daß man nicht einmal den Berg Golgatha, auf dem Jesus gekreuzigt wurde, mit Sicherheit bestimmen kann.

Seit dem vierten Jahrhundert haben Christen das Grab Jesu mit einer Grabstätte in der sogenannten Grabeskirche identifiziert. Es gibt keine unwiderlegbaren Beweise dafür, daß es sich hier wirklich um das Grab Jesu handelt. Fest steht lediglich, daß dieses Grab zu einem Friedhof mit Gräbern aus dem 1. Jh. gehört und daß es so aussieht, wie wir es oben beschrieben haben.

Besucher der Grabeskirche, die hinter dem Grabschrein das „Grab von Joseph von Arimathia" betrachten wollen, kommen in eine Begräbnisstätte, in der es Schächte gibt, die in den Felsen getrieben wurden. Sicher ist, daß dieses Grab aus dem 1. Jh.n.Chr. stammt. Die Überlieferung mag sich irren, aber alle diese Umstände sprechen für sie.

Das sogenannte „Gartengrab" – eine andere vermutete Grabstelle Jesu – entspricht dagegen überhaupt nicht dem Brauch des 1. Jh. Tatsächlich stimmt es mehr mit den Gräbern aus der Zeit der Könige von Israel und Juda überein, die in der Nähe Jerusalems gefunden wurden. Für Christen ist freilich das Wissen darüber, wo genau das Grab Jesu gelegen hat, weniger wichtig als das Wissen darüber, daß er daraus auferstanden ist.

Im Innern des Grabes wurde der Felsen ausgehauen, so daß eine Bank entstand, auf die der Leichnam – in wohlriechende Grabtücher gehüllt – gelegt wurde. Später wurden die Gebeine in einen Miniatursarg – ein Ossuarium – gelegt.

Das verzierte Kalkstein-Ossuarium (Skizze oben) wurde in Jerusalem gefunden. Es stammt wahrscheinlich aus der Zeit Christi.

Masada – die letzte Festung

Sicherheit, er mußte Sicherheit haben! Sein ganzes Leben lang hatte Herodes Angst. Er wußte, daß ihn niemand wirklich mochte. Wenn ihm jemand Krone und Leben nahm, würde das Volk den Mörder zum Helden erheben. Also tötete Herodes jeden, der ihm und seinem Thron hätte gefährlich werden können – selbst zwei seiner Söhne und alle männlichen Neugeborenen in Bethlehem; damals, als Jesus geboren wurde, hätte doch jedes von ihnen der neugeborene König sein können, den die Weisen suchten. Tatsächlich berichtet ein Autor jener Zeit, daß Kaiser Augustus einmal gesagt haben soll: „Ich wäre lieber das Schwein des Herodes als sein Sohn."

Nur das Wissen, daß Herodes den Schutz Roms besaß, hielt die Juden davon zurück, sich gegen ihn zu erheben. Doch seine Furcht blieb bestehen. Sie ließ ihn festungsartige Schlösser bauen: Machärus und Herodion, die

Deutlich ist die große Rampe zu erkennen, die römische Hilfstruppen aufschütten mußten, um die schweren Tore der Festung Masada zu erreichen und die Festungsmauern zu erstürmen.

Zitadelle in Jerusalem und andere. Vor allem aber Masada.

Dieser alleinstehende Felsen, der sich in der Wüste westlich vom Toten Meer erhebt, war eine natürliche Festung. Herodes benutzte ihn zur sicheren Unterbringung seiner Familie, als er nach Rom ging. Dort wollte er die Unterstützung eines Mannes gewinnen, der später einmal Kaiser Augustus werden sollte. Damals überstand Masada eine Belagerung. Nach seiner Rückkehr ließ Herodes umfangreiche Befestigungsarbeiten durchführen. Während seiner ganzen Regierungszeit baute er an der Festung, um sie möglichst sicher und komfortabel zu machen.

Nach dem Tod des Herodes im März des Jahres 4 n.Chr. wurde Masada eine Garnison. 66 n.Chr. eroberten Rebellen den Ort. Masada war ihre letzte Stellung. Die Römer errichteten ihre Militärlager am Fuß des Berges. Nach einer langen Belagerungszeit gelang es ihnen, die Festung einzunehmen, indem sie auf der einen Seite des Berges eine Rampe aus Erde und Steinen errichteten. Als die Belagerer die Mauern durchbrachen, töteten die Verteidiger ihre Familien und sich selber, um nicht lebend in die Hände der Römer zu fallen. In seiner 79 n.Chr. abgeschlossenen „Geschichte des jüdischen Krieges" berichtet Josephus darüber.

Der Felsen von Masada war einer der Orte, die Edward Robinson 1834 eindeutig bestimmen konnte. Mehrere Forscher nach ihm beschäftigten sich mit der Festung und schrieben über sie. Aber erst seit den herausragenden Entdeckungen des israelischen Forscherteams unter der Leitung von Yigael Yadin in den Jahren 1963 bis

MASADA / 177

1965, besitzt man zuverlässige Informationen über die Festung Masada.

Für jeden, der auf einem Berggipfel in der Wüste leben will, ist ein ausreichender Wasservorrat lebenswichtig. Masada hatte zahlreiche Wasserreservoirs auf dem Gipfel und am Hang des Felsens. Durch Kanäle und Aquädukte wurde das Wasser herbeigeschafft. Mit Hilfe von Sklaven und Lasttieren sollten die oberen Zisternen mit dem Wasser

der unteren gefüllt werden. Masada konnte einem feindlichen Angriff vor allem deswegen widerstehen, weil es über ein gut funktionierendes Wasserversorgungssystem verfügte.

Die gesamte Fläche des Gipfels wurde von einer doppelten Mauer mit Türmen umgeben. Es gab vier Tore, von denen aus ein gewundener Pfad ins Tal führte. Innerhalb der Mauern standen Baracken, Lagerräume und Wohn-

Eine Luftaufnahme gibt einen Eindruck von der Stärke dieser Festung Masada. Herodes baute seinen Palast auf die Terrassen im Vordergrund. Hier fand der letzte langanhaltende Widerstand der Juden gegen die Macht Roms statt. Keiner der Verteidiger ergab sich.

178 / MASADA

Der Plan zeigt die Paläste und Vorratsräume des Herodes, die von den jüdischen Zeloten übernommen worden waren.

quartiere für das Personal; außerdem zwei Paläste.

Einer lag auf der Westseite und wurde zu offiziellen Anlässen gebraucht. Eine mit schönem Mosaik gepflasterte Halle gab den Weg frei in einen kleinen Thronsaal. Nicht weit davon entfernt lag ein kleines Badehaus für heiße und kalte Bäder.

Auf dem Nordteil des Berges ließ Herodes einen zweiten Palast bauen. Er

diente vor allem der Erholung und dem Vergnügen. Am Rande des Felsens befanden sich die Wohnräume mit weißen und schwarzen Mosaikfußböden und bemalten Wänden. Davor hatte man eine halbrunde Säulenveranda gebaut, von der aus der König und seine Freunde über die öde Hügellandschaft schauen konnten.

Etwa zwanzig Meter unterhalb der Wohnräume lag eine Terrasse mit

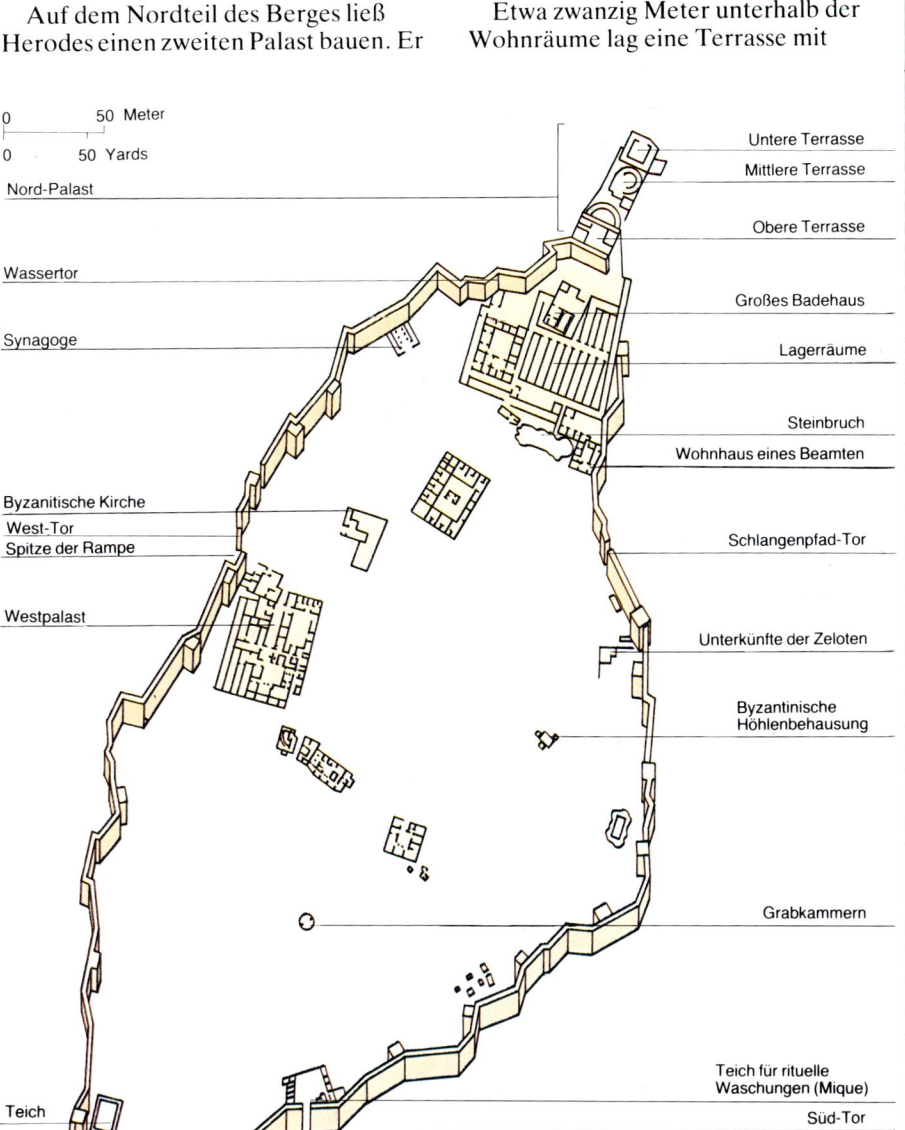

einem runden Pavillon darauf. Nur die Grundmauern und Stücke von behauenen Steinen und Säulen sind erhalten geblieben. Zu wenig für die Archäologie, um den Zweck dieses Bauwerkes bestimmen zu können. Daneben liegen die Überreste von anderen Räumen, einschließlich einer bemalten Halle.

Fünfzehn Meter tiefer gab es noch eine Terrasse. Auf einer quadratischen Plattform befanden sich Veranden mit bemalten Wänden und vergoldeten Säulen. Offensichtlich handelte es sich hier um einen Ort der Begegnung und des Gesprächs. Auf dieser Terrasse stand noch ein kleines Badehaus, in dem sich Herodes und seine Gäste erfrischen konnten. Zerbrochene Weinkrüge in verschiedenen Gebäuden trugen die Aufschrift „Für Herodes, König von Juda" und sind ein weiterer Beweis für den Hang des Königs zum Luxus.

Die letzte Phase in der Geschichte Masadas begann, als sich dort die jüdischen Zeloten gegen die Römer verschanzten. Aus diesen Jahren (66 bis 73 n.Chr.) stammen die aufsehenerregendsten Entdeckungen. Die Rebellen nahmen verschiedene bauliche Veränderungen vor. Wie in Herodion bauten sie eine kleine Synagoge für ihre Gottesdienste. Sie legten zwei Bäder an nach den Regeln für rituelle Waschungen, die in der späten jüdischen Überlieferung erhalten blieben.

Die Fußböden und Dächer des nördlichen Palastes sorgten für einen reichen Holzvorrat. Gebäude und Räume innerhalb der Mauern wurden in Wohnquartiere und Werkstätten umgebaut. Die meisten davon brannten aus. In den Trümmern lagen zerbrochene Töpfe, Gefäße und Glaswaren, Werkzeuge und Waffen, Datteln und die Überreste von anderen Nahrungsmitteln. In eini-

gen Räumen fand man versteckt kleinere Mengen Silberschekel, die von den Rebellen geprägt worden waren.

Durch das heiße, trockene Klima an der Küste des Toten Meeres sind auch Dinge erhalten geblieben, die im Regelfall die Zeiten nicht überdauern. In der Synagoge und ihrer näheren Umgebung stießen die Ausgräber auf Reste von Lederrollen. Manche enthalten biblische Texte: Teile von 1. Mose, den Psalmen, Hesekiel und anderen Büchern. Es gibt außerdem Teile aus dem Prediger Salomo und aus Büchern, die auch unter den Schriftrollen vom Toten Meer waren.

In dem Badehaus auf der untersten der nördlichen Terrassen lagen die Skelette eines Mannes, einer Frau und eines Kindes. Neben ihnen die Überreste eines wollenen Gebetstuches, der Sandalen der Frau und ihres geflochtenen Haares. Tonscherben hatten als Notizmaterial gedient. Es wurden mehrere hundert davon gefunden. Dutzende tragen ein oder zwei hebräische Buchstaben. Die Ausgräber vermuteten, daß es sich bei ihnen um Gutscheine für rationierte Lebensmittel handelt.

Auf anderen Keramikscherben standen Namen. Wieder andere enthielten Angaben für den Zehnten oder dienten religiösen Zwecken. Auf zwölf Scherben stand jeweils derselbe Name, offensichtlich der Name des Anführers der Rebellen. Yadin nahm an, daß es sich hier tatsächlich um die Lose handelte, die – so berichtet Josephus – von den Belagerten gezogen wurden, um festzulegen, wer die anderen und dann sich selber töten sollte. Die Archäologie hat in beträchtlichem Maße dazu beigetragen, die Geschichte Masadas zu erhellen und zu klären.

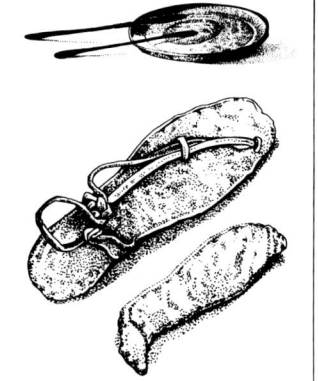

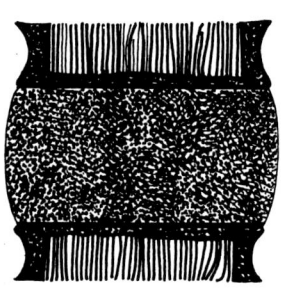

Aus der Zeit, in der jüdische Zeloten Masada besetzt hielten, stammen die hier skizzierten Löffel, die Fassung eines Spiegels, Sandalen und der Kamm.

Eintritt nur für Juden –
Die Geschichte eines Steins

Es gab einen Aufruhr, als die Juden behaupteten, der Apostel Paulus hätte einen Griechen mit in den Tempel genommen. Das war strengstens untersagt. Warntafeln verboten allen Nichtjuden bei Todesstrafe den Eintritt. Diese Tafeln waren in Griechisch geschrieben, damit Fremde sie lesen konnten. 1871 wurde eine dieser Warntafeln in Jerusalem gefunden. 1936 entdeckte man das Teilstück einer anderen.

Für die römische Garnison in Jerusalem waren Aufstände und Rebellion nichts Ungewöhnliches. Religion und nationale Gesinnung ließen sich im jüdischen Volk nur schwer trennen – und das bedeutete Schwierigkeiten. Die Soldaten hatten den Befehl, die Ordnung aufrechtzuerhalten, die Bevölkerung zu kontrollieren und dabei doch zu versuchen, die Regeln des Rechts zu befolgen.

59 n.Chr. brach eines Tages im Tempel ein Tumult aus. Sobald der römische Befehlshaber davon hörte, ging er mit einigen seiner Männer zu dem Schauplatz. Noch bevor er dort ankam, war die Menge aus dem Tempel auf die Straßen geströmt, und das schwere, beschlagene Tempeltor war geschlossen worden.

Die Rädelsführer schlugen auf einen Mann ein. Es war offensichtlich, daß sie ihn töten wollten. Als sie die Soldaten und den Tribun kommen sahen, hörten sie auf und hielten ihr Opfer fest, bis die Römer zur Stelle waren. Der Mann wurde in Ketten gelegt, und die aufgewiegelte Menge beruhigte sich allmählich. Aber es gab sofort wieder ein lautes Geschrei, als der Offizier nach dem Grund des Tumultes fragte.

Das, was damals passierte, kann man vollständig im Neuen Testament in der Apostelgeschichte (Kapitel 21) nachlesen. Bei dem Opfer handelte es sich um den Apostel und Prediger Paulus. Der Tumult war von Juden entfacht worden, die ihm bereits in Kleinasien begegnet waren und die ihn zum Schweigen bringen wollten. In Jerusalem hatten sie ihn zusammen mit einem griechischen Freund gesehen. Hatte Paulus diesen Freund nicht mit in den Tempel genommen? Das war ein guter Grund, die Menge gegen ihn aufzubringen.

Seit Israel als Nation existierte, haben die Israeliten gewußt, daß sie Gottes Volk sind. Nur wer Jude war und das mosaische Gesetz befolgte, konnte Gott auf angemessene Weise anbeten. Niemand außer einem Juden durfte den heiligen Bereich des Tempels betreten.

König Herodes erneuerte den Tempel in Jerusalem zwischen 19 und 9 v.Chr. Er baute ihn um vieles größer, als er vorher gewesen war (siehe: *Herodes, der große Baumeister*). Es gab einen großen, offenen Innenhof mit Säulengängen auf den Seiten. Dieser konnte von jedem Besucher, welchem Volk oder welcher Religion er auch angehörte, betreten werden. Hier hielten sich die Lehrer auf und unterrichteten ihre Schüler. Hier wurden auch alle möglichen Geschäfte abgewickelt.

In der Mitte des Hofes umschloß eine

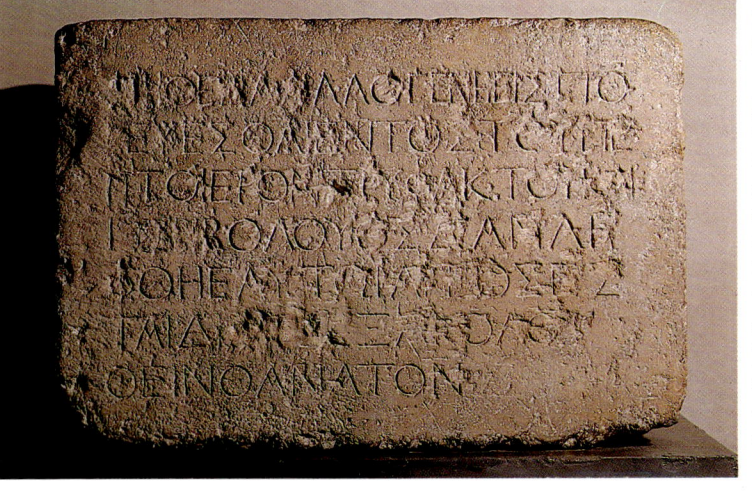

GESCHICHTE EINES STEINS / 181

etwa 1,50 Meter hohe Mauer das eigentliche Tempelgebäude. Durch sie durften nur Juden gehen. Damit niemand gegen dieses Verbot verstieß, hatte man entlang der Mauer Warntafeln angebracht. Der jüdische Geschichtsschreiber Josephus aus dem 1. Jh.n.Chr. berichtet, daß die Inschriften auf diesen Tafeln in griechischer und lateinischer Sprache abgefaßt waren.

Vor etwa hundert Jahren (1871) wurde eine dieser Warntafeln mit einer griechischen Inschrift in Jerusalem entdeckt. Sie stand auf einem Kalksteinblock von 57 cm Länge und 83 cm Höhe. 1936 entdeckte man den Teil einer weiteren Warntafel. Seitdem weiß man,

daß die etwa 4 cm hohen Buchstaben ursprünglich rot gefärbt waren, damit sie klar aus dem cremigweißen Stein hervortraten.

Die Inschrift lautete: „Kein Fremdstämmiger darf hineingehen in den Bereich, der um das Heiligtum befindlichen Schranke und Einfriedung! Wer dabei ertappt werden sollte, wird für sich selbst schuld sein an dem daraus folgenden Tod!"

Das war eine deutliche Sprache. Und jeder, der sie mißachtete, wurde mit ziemlicher Sicherheit erschlagen.

Diese Warnung wurde weitgehend anerkannt und befolgt. Josephus berichtet, daß der römische General Titus,

Diese Rekonstruktion zeigt die West- und Südseite des herodianischen Tempels. Herodes ließ ihn errichten, um die Gunst der Juden zu gewinnen, die ihn haßten.

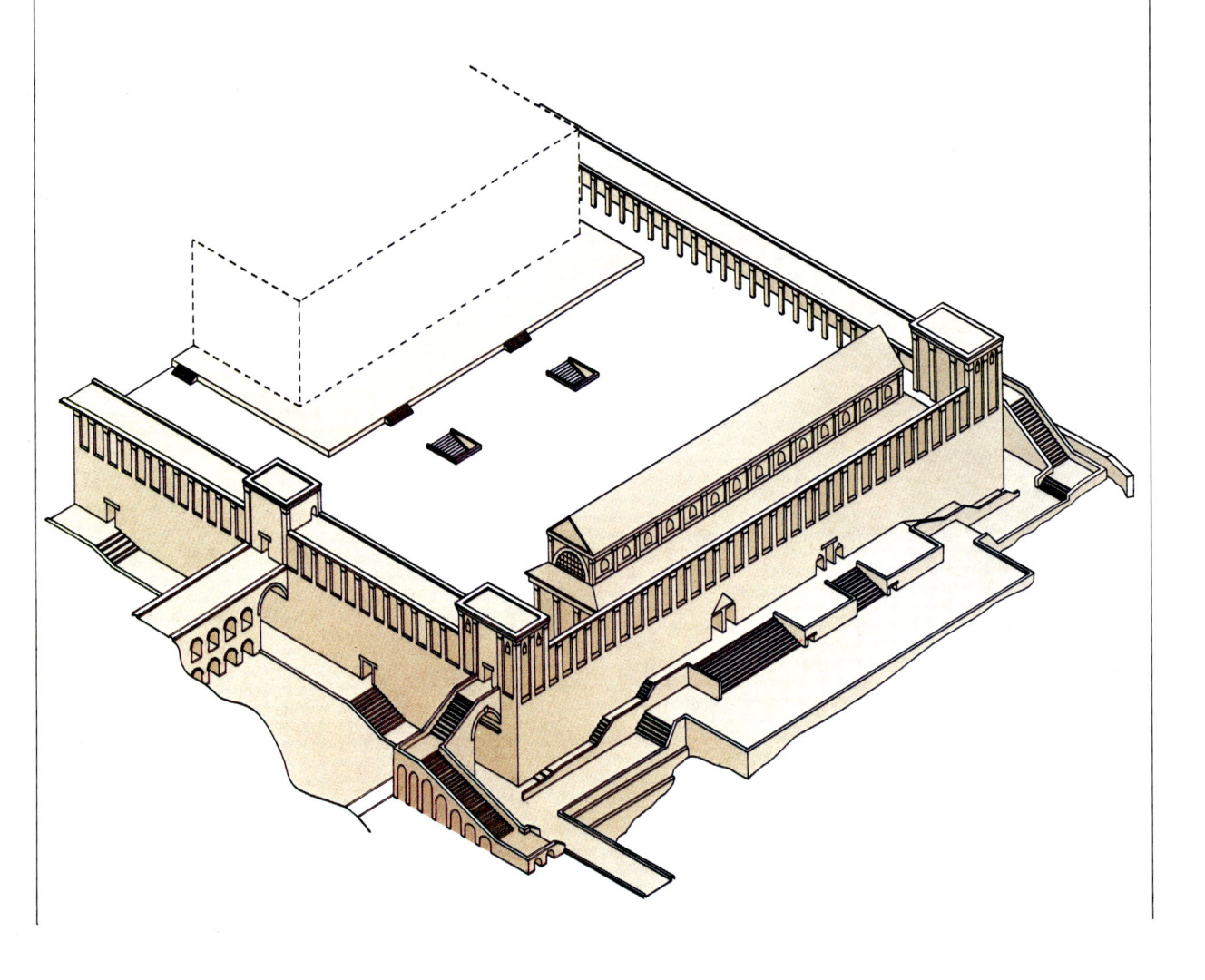

182 / GESCHICHTE EINES STEINS

der später Kaiser wurde, ihrer Anwendung auch auf römische Bürger zugestimmt habe. Rom besaß die oberste Autorität, und nur der römische Statthalter konnte eine Hinrichtung anordnen. Dennoch respektierten die Römer die jüdische Religion und ließen die Kontrolle des Tempelbezirkes in den Händen der Priester. Ein so offenkundiges Vergehen wie das Betreten des eingegrenzten Tempelbereiches durch einen Nicht-Juden durfte demnach sofort bestraft werden.

Aber bei Paulus konnte sich der Offizier kein klares Bild von der Sache machen, und so nahm er ihn in Gewahrsam. Schließlich wurde Paulus nach Rom gebracht, wo ihm dort der Prozeß gemacht werden sollte.

Die vollständige Warntafel steht heute in einem Museum in Istanbul.

(Jerusalem war zu der Zeit, als der Stein gefunden wurde, Teil des Osmanischen Reiches.)

Paulus scheint an diese Warntafel gedacht zu haben, als er an die Christen von Ephesus und anderen Städten in Kleinasien schrieb. Er sagte ihnen, daß diese Trennung zwischen Juden und Heiden nicht länger besteht. Jesus Christus hat sie weggenommen. „Er hat abgebrochen den Zaun, der dazwischen war" (Epheser 2,14).

Der Stein in Istanbul und das Fragment in einem Museum in Jerusalem scheinen aus der Regierungszeit des Herodes zu stammen. Damit gehören sie zu den wenigen interessanten Stücken, von denen wir heute mit Sicherheit sagen können, daß auch Jesus und seine Jünger sie gesehen haben.

Geheime Zeichen – und eine christliche Gemeinde?

Christliche Begräbnisstätten?

Ein Grab aus neutestamentlicher Zeit, das 1945 in Jerusalem geöffnet wurde, enthielt vierzehn Ossuarien, Steinbehälter, in die man die Knochen von Toten legte (siehe: *Das neue Grab im Garten*). Fünf davon trugen eine Aufschrift. Drei gaben die Namen der Toten in aramäischer Sprache an.

Zwei Ossuarien, so erklärte ihr Entdecker, waren anders. Auf dem einen meinte er „Jesus, wehe!" und auf dem anderen „Jesus, ach!" zu lesen. Auf dem zweiten war zudem mit Holzkohle ein großes Kreuz auf die Vorder- und Rückseite gekritzelt. Hier handelte es sich, so behauptete er, um „die frühesten Zeugnisse des Christentums".

Das war eine kühne Behauptung. Sie fand starke Beachtung und wurde in vielen Büchern aufgegriffen und verbreitet. Seit ihrer Veröffentlichung im Jahre 1947 haben andere Gelehrte die Schrift untersucht. Ihre Urteile lassen den vermuteten Zusammenhang mit den Christen hinfällig werden.

Statt „Jesus, wehe!" muß „Jesus, Sohn des Judas" gelesen werden. Das Wort „ach" – es hat tatsächlich eine merkwürdige Form, die sich nicht genau erklären läßt – ist ebenfalls ein (wenn auch ungewöhnlicher) Name und bedeutet „Jesus, Sohn des Aloth".

Die Kreuze dienen wahrscheinlich nur als Erkennungszeichen, um das Ossuarium von den übrigen im Grab unterscheiden zu können. Auf anderen Ossuarien sind Kreuze angebracht, damit Deckel und Behälter zusammenpassen.

Ein christliches Erkennungszeichen?

Verstreut über das ganze Römische Reich – von Dura-Europos am Euphrat im Osten bis Manchester in England nahe der nördlichen Grenze – haben Archäologen Exemplare eines raffinierten lateinischen Wortquadrates gefunden. Waagerecht und senkrecht steht dasselbe zu lesen:

SATOR
AREPO
TENET
OPERA
ROTAS

Das kann folgendermaßen übersetzt werden:

„Der Sämann
Arepo
hält
mit Sorgfalt
die Räder."

Das ist wohl kaum eine wichtige Aussage. Sie ist nicht einmal sehr verständlich! Beim Nachdenken über den Sinn dieser Worte hat jemand festgestellt, daß die Buchstaben bei einer neuen Anordnung ein Kreuz bilden können und dann die lateinischen Anfangsworte des „Vater unser" ergeben. Die zwei zusätzlichen „A" und „O" können als der erste und letzte Buchstabe des griechischen Alphabetes („alpha" und „omega") an die Enden der Kreuzesbalken gestellt werden. Im Buch der Offenbarung symbolisieren diese Buchstaben die ewige Existenz Christi.

```
              A
              P
              A
              T
              E
              R
APATERNOSTERO
              O
              S
              T
              E
              R
              O
```

Wenn das zutrifft, dann ist dieses Quadrat eine Art Geheimzeichen, das wohl nur Christen auf Anhieb verstehen konnten. Die zwei ältesten Exemplare stammen aus Pompeji, der Stadt, die 79 n.Chr. durch den Ausbruch des Vesuv zerstört wurde. Wenn es sich bei dem Wortquadrat um ein christliches Zeichen handelt, dann ist das ein Beweis dafür, daß vor diesem Datum Christen in der Stadt lebten.

Doch nicht jeder akzeptiert die „Paternoster"-Erklärung. Allerdings wurde bis jetzt auch keine befriedigende Alternativlösung gefunden. Die Frage ist, ob das Quadrat überhaupt eine tiefere Bedeutung hat. Muß es mehr sein als eine kluge Spielerei? Das „Paternoster"-Kreuz könnte reiner Zufall sein. Immerhin – die Möglichkeit einer verborgenen Bedeutung bleibt bestehen.

Ein christliches Heiligtum?

In Herkulaneum, einer kleinen Stadt, die gleichzeitig mit dem nahegelegenen Pompeji zerstört wurde, hat man an einer Hauswand ein merkwürdiges Zeichen gefunden. In einem kleinen Raum befindet sich auf dem Verputz eine kreuzförmige Markierung. Etwas hatte man dort befestigt und dann wieder entfernt.

War es ein Kreuz? Manche halten es für möglich. In diesem Falle könnten in dem darunterstehenden, hölzernen Schrank Brot und der Wein für das Abendmahl aufbewahrt worden sein. Andererseits ist es nicht zwingend, daß es sich hier überhaupt um etwas „Christliches" handelt.

Als man das Zimmer entdeckte, lagen in dem Schrank Lampen und Spielwürfel. Stand das in irgendeiner Verbindung mit dem Gegenstand, der diese Markierung auf der Wand darüber hinterlassen hatte? Die Markierung könnte auch der Abdruck eines Trägers dieses Wandmöbels sein.

Die Tatsache, daß es nur diese eine Markierung gibt, bedeutet nicht, daß sie durch ein christliches Kreuz entstand! Der Fund scheint immerhin ziemlich ungeeignet zu sein, als eine der „ersten Spuren des Christentums" zu gelten.

Diese drei Fälle haben jeder für sich eine heftige Diskussion ausgelöst und zu unterschiedlichen Ansichten geführt. Ohne klare schriftliche Informationen über sie kann man aber nichts Zuverlässiges aussagen. Was man – auch für das Wortquadrat – gelten lassen kann, ist lediglich die Aussage, daß ein christlicher Ursprung möglich ist.

Die ersten Christen –
Spuren und Zeugnisse?

Es gibt Ereignisse, die sich mit den Mitteln der Archäologie nicht nachweisen lassen. Eines davon sind die Anfänge des Christentums. Die frühesten archäologischen Zeugnisse des Christentums stammen aus dem 2. Jh.n.Chr. Man besitzt keine eindeutig christlichen Fundstücke aus dem 1. Jh. Das gilt für Palästina, für Rom und jeden anderen Ort; es gibt keine Spur der Christen.

Heißt das nun, daß sich die Geschichtsbücher irren und die Kirche erst nach 100 n.Chr. entstand? Manche wären mit einer solchen Interpretation durchaus einverstanden. Könnten sie dann doch das Neue Testament als ungeschichtlich und damit als Grundlage des Glaubens abtun. Aber die Tatsache, daß keine erkennbaren Spuren der Christen aus dem 1. Jh. vorhanden sind, erlaubt nicht den Rückschluß, daß es in jenem Jahrhundert keine Christen gegeben hat. Sie erinnert lediglich daran, daß die Archäologie nicht alles einmal Gewesene beweisen kann.

Aus der Art der wichtigsten Funde des 2. Jh. wird klar, wie es zu dieser Situation kommen konnte. Die Funde stammen aus Ägypten. Es handelt sich um zerfetzte Seiten und Reste christlicher Bücher. In jedem anderen Teil des Römischen Reiches hätte die Bodenfeuchtigkeit jedes vergrabene Stück Papier verrotten lassen. Ohne diese Fragmente gäbe es auch im 2. Jh. kein Anzeichen für die Existenz von Christen.

Offensichtlich lebten in Ägypten und den anderen Mittelmeerländern Christen. Warum aber können die Archäologen keine Spur von ihnen finden? Die Erklärung ist einfach. Rein äußerlich unterschieden sich die Christen nicht von ihrer Umwelt. Sie bewohnten dieselben Häuser; sie verwendeten die gleichen Gebrauchsgegenstände. Es war nicht so, daß sie völlig neue Lebensgewohnheiten annahmen, daß sie etwa den Grundriß ihrer Häuser, die Formen ihrer Schüsseln und Töpfe veränderten – aber genau das sind die Dinge, die Archäologen entdecken können.

Ohne schriftliche Angaben ist das Haus von Maria und Josef ein Haus wie jedes andere, gleichen die Häuser der Christen in Rom denen der dort lebenden Juden. Änderungen im Verhalten gegenüber anderen Menschen, in der Moral und in der Sprache können von der Archäologie nicht erfaßt werden.

Es gibt zwei Bereiche menschlicher Aktivität, die etwas über religiöse Vorstellungen offenbaren. Das sind die Gottesdienstformen und die Bestattungsbräuche. Aber bis heute sind weder christliche Kirchen noch Gräber entdeckt worden, die weiter als bis 200 v.Chr. zurückreichen. Man kann allenfalls davon ausgehen, daß manche christlichen Kirchen und Friedhöfe aus dem 3. Jh. wahrscheinlich im späten 2. Jh. entstanden sind.

Die Gedenkstätte, die unter dem Hochaltar des Petersdomes in Rom freigelegt wurde, könnte dazu zählen. (Die Christen gingen später davon aus, daß es sich um das Grab des Apostels Petrus handelte.) Aber die älteste, unzweifelhaft christliche Kirche, die man bisher gefunden hat, wurde um 230 n.Chr. gebaut – und das nicht in Jerusalem oder Rom, sondern weit im Osten in Dura-Europos am mittleren Euphrat.

So sind die ägyptischen Manuskripte die frühesten Relikte des Christentums, auf die wir zurückgreifen können. Bei ihnen handelt es sich um Papyrusbücher in griechischer Sprache. In den Museen der Welt gibt es Tausende Papyrusfragmente aus dem römischen Ägypten. Die meisten davon hatte man auf Abfallhaufen geworfen, wo sie für immer hätten verschwinden sollen. Glücklicherweise trockneten manche dieser Abfallhaufen aus, und so blieben die Papyri erhalten. Sie befassen sich mit allen Bereichen des Lebens, von den Vorbereitungen für den Besuch eines Kaisers bis zu den Buchstabenübungen eines Schülers.

Die Wissenschaftler waren hocherfreut, als sie auf Abschriften berühmter griechischer Bücher stießen, die lange vor den bis dahin verfügbaren Kopien angefertigt worden waren. Darunter sind Teile des Alten Testaments in griechischer Sprache. Zwei oder drei von ihnen stammen sogar aus dem 1. Jh. v. Chr. Vom Neuen Testament existieren über achtzig Papyri, von vollständigen Evangelien bis zu den Fragmenten einer einzigen Seite.

Von all diesen Manuskripten stammen vier von Christen aus dem 2. Jh. Zwei davon wurden vermutlich am Ende des Jahrhunderts kopiert. Das eine enthält die Evangelien von Matthäus und Lukas, das andere das Matthäusevangelium.

Das dritte Manuskript ist der obere Teil einer Seite des Johannesevangeliums. Man fand es in einem Kasten unter allen möglichen anderen Papyrusfragmenten, den die „Rylands Library" in Manchester 1920 kaufte. Erst 1934 wurde es von einem Fachmann untersucht. Er erkannte, daß die Handschrift in die Periode von 125 bis 150 n. Chr. gehörte. Damit war es die älteste Abschrift eines neutestamentlichen Buches, die je gefunden wurde.

Obwohl das Fragment so klein ist, beweist es die Existenz des Christentums in Ägypten am Anfang des 2. Jh. Es widerspricht auch den Theorien, die im 19. Jh. aufkamen und noch heute mitunter aus der Schublade gezogen werden, daß nämlich das Johannesevangelium erst nach 160 n. Chr. verfaßt wurde.

In demselben Jahr, in dem das Fragment aus dem Johannesevangelium identifiziert wurde, kaufte das Britische Museum drei weitere Papyri. Aufgrund ihrer Schrift werden sie auf etwa 140 bis 160 n. Chr. datiert. Die Papyri enthalten Teile aus einem Buch über die Reden und Wunder Jesu, hauptsächlich aus den Evangelien.

Auch diese Fragmente beweisen die Verbreitung des Christentums in Ägypten. Sie beweisen zugleich, daß die

Die älteste erhaltene Abschrift eines neutestamentlichen Textes ist das Papyrus-Fragment einer Kopie des Johannesevangeliums. Es ist in Griechisch geschrieben und stammt ungefähr von 125-150 n. Chr. Offensichtlich gab es bereits im 1. Jh. n. Chr. auch in Ägypten Christen (dort wurde das Fragment gefunden).

186 / DIE ERSTEN CHRISTEN

Die Archäologie kann nur wenige Hinweise geben auf das Leben jener ersten Christen, die die gute Nachricht in den ersten Jahrhunderten verbreiteten. Die Tatsache aber, daß diese Botschaft „von Jerusalem bis an das Ende der Erde" vordrang, spricht für ihren Mut und die Unerschütterlichkeit ihres Glaubens.

Evangelien schon so bekannt waren, daß sie kopierenswert erschienen. Es ist unwahrscheinlich, daß es sich bei dem Papyrus um das Original des Autors handelt. Daher muß die Datierung des Originals früher angesetzt werden.

Das ist aber auch schon alles, was die Archäologie zu bieten hat. Dennoch kann es überhaupt keinen Zweifel geben, daß die neue Religion bereits im 1. Jh.n.Chr. existierte. Außer dem Neuen Testament und anderen frühchristlichen Büchern erwähnen noch einige römische Autoren die Christen. Der Geschichtsschreiber Tacitus berichtet, daß Kaiser Nero sie für den Brand Roms im Jahre 64 n.Chr. verantwortlich machte.

Ohne jede Frage gab es Christen im 1. Jh.n.Chr. Einige wenige sind namentlich bekannt. Tausende starben als Märtyrer, und jede sichtbare Spur von ihnen ist vergangen. Das tatsächliche Zeugnis ihrer Existenz liegt in dem Glauben, den sie bezeugten. Ein Glaube, der anderen weitergegeben wurde – wie ein brennendes Feuer, das sich ausbreitete und immer größer wurde. Ihr Vermächtnis ist – wie das so vieler anderer Christen aller Zeiten – die weltweite Gemeinde Gottes, eine Gemeinde, in der alle Rassen und Nationen ihren Platz haben, die auch heute noch lebt und wächst.

Literaturverzeichnis

Y. Aharoni – M. Avi-Yonah, Der Bibel-Atlas. Geschichte des Heiligen Landes 3000 Jahre v.Chr. bis 2000 Jahre n.Chr., Hamburg 1981

Y. Aharoni, Das Land der Bibel. Eine historische Geographie, Neukirchen-Vluyn 1984

C. Bermant – M. Weitzman, Ebla. Neu entdeckte Zivilisation im Alten Orient, Frankfurt 1979

J. Carcopino, Rom. Leben und Kultur in der Kaiserzeit, Stuttgart 1977

W. Dommershausen, Die Umwelt Jesu. Politik und Kultur in neutestamentlicher Zeit, Freiburg 3. Auflage 1981

J. Drane, Jesus. Sein Leben, seine Worte, seine Zeit, Gießen 1980

J. Drane, Die frühchristlichen Gemeinden, Gießen 1984

W. Elliger, Paulus in Griechenland. Philippi, Thessaloniki, Athen, Korinth, Stuttgart 1978

J. Goldingay – A.R. Millard, Die Väter Israels. Abraham, Isaak und Jakob in Bibel und Geschichte, Gießen 1984

K.M. Kenyon, Die Bibel im Licht der Archäologie, Düsseldorf 1980

G. Kroll, Auf den Spuren Jesu, Stuttgart 3. Auflage 1981

B. Mazar, Der Berg des Herrn. Neue Ausgrabungen in Jerusalem, Bergisch-Gladbach 1979

A.R. Millard, Bibel und Archäologie, Gießen 1980

A. Negev, Funde und Schätze im Land der Bibel, Stuttgart 1978

J. Murphy-O'Connor, Das Heilige Land. Ein archäologischer Führer, München - Zürich 1981

Palästina. Historisch-archäologische Karte (Hrsg. E. Höhne), Göttingen 1981

B. Reicke, Neutestamentliche Zeitgeschichte. Die biblische Welt von 500 v.Chr. bis 100 n.Chr., Berlin - New York 3. Auflage 1982

R. Riesner – H. Schultz, Jesus und Jerusalem. Bildführer durch eine einzigartige Stadt, Gießen 1980

B. Rothenberg – H. Weyer, Sinai. Pharaonen, Bergleute, Pilger und Soldaten, Zürich 1979

S. Safrai, Das jüdische Volk im Zeitalter des Zweiten Tempels, Neukirchen-Vluyn 1978

A. Schlatter, Geschichte der ersten Christenheit (Hrsg. R. Riesner), Stuttgart 6. Auflage 1983

Studienatlas zur Bibel. Historische Geographie der Biblischen Länder, Neuhausen-Stuttgart 1985

Y. Yadin, Hazor. Die Wiederentdeckung der Zitadelle König Salomos, Hamburg 1976

Y. Yadin, Masada. Der letzte Kampf um die Festung des Herodes, Hamburg 6. Auflage 1975

Stichwortverzeichnis

Kursiv gesetzte Zahlen beziehen sich auf Abbildungen

A

Abraham 14, 40, 46, 48, 49, 53, 58–59, 170
Ägypten (Ägypter usw.) *12*, 13, 14, 16–17,·*16*, 18, 24, 25–26, 58, *58*, 59, 60, 61, 62, 64, 65–79, *74–75*, 77–79, 80, 84, 87, 91, 93, 100, 101, 102–104, 108, *108*, 111, 120, 123, 128, 131, 133, 140, 148–149, 157, 184; siehe auch *Tutenchamun*
Ahab 110, 111, 118
Ai 92, 99
Akkadisch 62
Albright, W.F. 24, 99, 162
Aleppo 160
Alexander der Große 142, 144–145, 152–154, *152*, 156
Alphabet 90–91, 113, 150
Amarna-Tafeln 65–67, *67*
Amenophis III. 97
Ammoniter 113, 118

Amoriter 53, 56–57, 59, 104
Amos 110, 111
Aramäer 25, 59, 64, 91, 92, 113, 147–147, 148, 150–151, *150–151*, 157, 183
Ararat *38*, 43
Aretas IV. 157–158, 160
Artaxerxes 150
Arvad 133
Askalon 100, *101*, 122-123, 129, 133, 153
Assurbanipal *19*, 21, 40, *122*, *125*
Assyrien 14, 18–21, *19*, 31, 60, 64, 67, 110, 111, 117, *118*, 119–120, 121–125, *121–125*, 126, 131–132, 144, 146, 151, 157
Astarte 79
Äthiopien 74, 144, 145
Atrachasis-Epos 40
Augustus 171, 176
Auszug (Israels) 62, 64, 67, 70, 72, 73, 75–76, 77, 79, 80, 81–83, 97, 101
Awaris 79
Azeka 130

B

Baal 84–85, 88–89, *88–89*
Baalbek 13
Babylonien 13, 18, 20–21, 25, 31, 39, 41, 54, 58, 64, 67, 74, 81, 87, 93, 121, 128–130, 131–140, *131*, *133–137*, 148, 150, 151; siehe auch *Ur*
Babylonische Gefangenschaft 14, 126, 132–133, 169
Bauer, Hans 86
Behistun, Fels von 28–31, *29*, *145*, 150
Belsazar 133, 139–140
Belzoni 16
Beth-schean 95
Bethlehem 161, 176
Bittel, K. 62
Boghazköy 61–63, 64
Botta, Paul Emile 18–19
Bubastis 77
Budge, Wallis 65
Bundeslade 73
Byblos 90, 91, 133

C

Carnarvon, Lord 68
Carter, Howard 68, *68*, 70
Cäsarea 171, *171*
Champollion, Jean François 26–27
Chorsabad 19, *19*, 21
Christentum 167, 174, 175, 182, 183–186
Clermont-Ganneau 118
Conder, C.R. 23

D

Damaskus 59, 60, 63, 64, 117, 146, 157, 158, 171
Daniel 133, 139–140
Darius 28, 29, 144–145, *144*, 147, 149, 150
David 48, 57, 91, 118
Dhorme, E. 86
Dibon 117, 118
Dupont-Sommer, A. 167, 168
Dura-Europos 183, 184

E

Eber 48
Ebla 35, 47−49, *48−49*, 146
Ebrium 48
Edomiter 118, 171
Ekron 123, 124
El 88−89
El-Amarna 65−67, *65, 67*
Elam 31
Elephantine 148−149, *148*, 150
Elhanan 57
Elisa 115
Elteke 123
Esra 146−147, 150, 164
Esther 144−145, 151, 165
Et-Tell 99
Euphrat *20, 41*, 53, 54, 120, 135, 136, 152

G

Gardiner, Sir Alan 90
Garstang, John 96−98
Gartengrab 175
Gaza 124, 157
Gerar 58, 59
Gesetz 67
Gezer 67, 101, 107
Gilgamesch-Epos 40−43, *42*
Golgatha 175
Grabeskirche 175
Griechenland 13, 25, 62, 91, *91*, 93, 104, 145, 146, 147, 150, 152−156, 171, 181, 185
Grotefend, Georg 28−30

H

Habakuk 168, *168*
Habiru 67
Hama 60, 63
Hammurabi 53, 57, 81−83, *81*
Haran 58, 140
Hattuscha *61*, 62–63
Hattuschili III. 64
Hazor 48, 67, 92, 93, *94*, 107, *107*
Hebräer 25, 48, 65−67, 74−76, 80, 83, 89, 91, 112, 113, 118, 126, 130, 150, *151*, 156, *157*, 161−162
Hebron 129, 153, 170, 171
Herodeion 173, 176, 179
Herodes 24, 156, 160, 169−173, 176−179, 180, 182
Hethiter 60−63, *60−61, 63*, 64, 102, 104, 147
Hieroglyphen (ägyptische) 25, 26−27, *26−27*, 150; (hethitische) 62, 87
Hincks, Edward 31, 119−120
Hiskia 110, 121-127, 146
Hiskia-Tunnel 113, 126−127, *126−127*
Hrozny, Bedrich 62
Hurritisch 62, 87
Hyksos 59
Hyrcanus, Johannes 156, 171

I

Isaak 58
Ismael 57
Ischtar 43, 47
Israel 14, 60, 70, 75, 83, 87, 91, 92, 95, 99, 100−101, 108, 110, 111, 112−120, *119−120*, 180; siehe auch *Hebräer, Juden, Kanaan, Palästina*
Israel-Stele 100−101, *100*

J

Jakob 95
Jehu 120
Jeremia 115, 128, 130, 149
Jericho 24, 92, 96−99, *96−98*, 115, 118, 166, 173
Jerobeam 108
Jerusalem 24, 67, 105, 108, 123−127, 128, 130, 149, 155, 161, 165, 169−175, 176, 180−182, 183, *187*
Jesaja 113, 124, 151, 162−163, *162*
Jesus 156, 167−168, 171, 174, 182, 183
Johannes der Täufer 167, 168, 173
Jojachin 128, 132, 133
Jojakim 128
Joram 117, 118, 120
Josef 140
Josephus 173, 176, 179, 181
Josia 128
Josua 64, 96−99, 115, 118, 164
Juda 108, 110, 118, 123−125, 128−130, 132, 133
Juden 147, 149, 150, 155−156, 168, 169−170, 176, 180; siehe auch *Israel, Hebräer*

K

Kamosch 118
Kadesch 102
Kanaan 58−59, 60, 67, 79, 92−99, *94−95*, 100, 101, 102, 103, 108, 111, 112, 149, 160
Karatepe 63
Karchemisch 104, 128, 131, 132
Keilschrift 21, 25, *25*, 28−31, 47, 49, 53, 61−63, 65, 87, 91, 119, 132-133, 139, 150; (alte persische) 29, 30; (elamitische) 30; (ugaritische) 85−86, 87
Kenyon, Kathleen 24, *24*, 97-98
Kheta 61
Kisch 38−39
Kitchener, H.H. 23
Koldewey, Robert 21, 135, 138
Kyros 28, 130, 146, 169

L

Lachisch 20, *24*, 48, 93, *93*, 113, 125, 128−130, *129−130*

Layard, Austen Henry 19−20, *19*, 31, 40, 119
Lepsius, Richard 17
Leviten 169
Libyen 100, 102
Luwisch 62, 63
Luxor 65, 102
Lydien 133, 155
Lykisch 147
Lynch, W.F. 23

M

Machärus 171−173, 176
Mamre 170
Marduk *133*, 137
Mari 54−57, *55−57*
Mariette, Auguste 17
Marisa *153*, 154
Masada 155, 173, *172−173*, 176−179, *176−179*
Mausolos *146*, 147
Mazor, Abraham 169−170
Meder 131, 133, 144, 145
Medinet Habu 102
Megiddo 48, 95, 107, *107*, 108
Memphis 79, 108
Mendenhall, G.E. 64
Merneptah 92, 100−101, *101*, 102
Merodach-Baladan 121, *121*, 131
Mesa 117, 118
Mesa-Stele 117−118, *117−118*
Mesopotamien 54, 58, 62, 131; siehe auch *Babylonien*
Moab 91, 101, 117−118
Mose 14, 70, 75, 80, 81−83, 90
Mossul 18, 19, 20
Mot 89
Münzgeld 13, 23, 116, 155−156, *155−156*, 166
Mykene 93

N

Nabatäer 157−160, 173
Nabonid 139−140, *140*
Napoleon I. 16, 26
Naramsin 47
Nebo 118
Nebukadnezar 14, 83, 128−133, 136, 137
Nero 185
Niebuhr, Carsten 28
Nil *16*, 26, 60, 65, *66*, 74, 79, 102, 148, 150
Nimrud 19, *21, 34*, 119
Ninive 18, 19−20, 21, 121, 124, 125, 131
Nippur 21
Noah 39, 40, 43
Norris, Edwin 30

O

Omri 117, 118, 120
Oppert, Jules 31
Orontes 63
Osorkon II. 77

Ossuarium 175, *175*, 183
Oxus-Schatz 141−145, *141−142*

P

Palästina 13, 23−24, 74, 90, 92, 131, 152; siehe auch *Israel, Kanaan*
Palmyra 13, 15
Papyrus 59, 88, 91, 112, 148
Patriarchen 49, 58−59
Paulus 158, 180−182
Persepolis 18, 28, *143−144*, 145, 146
Persien 14, 28, 29, 30, 53, 81, 131, 133, 141−149, *141−145*, *148−149*, 151, 152
Petra 13, 157−160, *158−160*, 173
Petrie, Sir Flinders 17, *17*, 23, 90
Pharisäer 168
Philister 25, 57, 92, 102−104, *102−104*, 116, 118, 122-123, 128
Phönizien 91, *91*, 111, 128, 133, 150, 157
Pithom 77
Pompeji 183
Ptolemäus V. 26

Q

Qantir 77, 79
Qumran 155, 164−166, *163−165*

R

Ramses II. 61, 62, 64, 75, 77−79, *79−79*, 100, 101, 102
Ramses III. 102−104
Rassam, Hormuzd 20, 21
Rawlinson, Henry 30−31, *30*, 119−120, 139
Rehabeam 108
Reisner, G.A. 24
Renan, Ernest 167
Rich, Claudius James 18
Robinson, Edward 23, 99, 126, 173, 176
Römer 13, 152, 155, 165, 166, 169, 171, 176, 182, 183
Rosette-Stein 26, *27*

S

Salmanasser III. 119−120
Salomo 60, 91, 105−108, 110, 111, 158
Samarien 24, 25, 60, 63, 110, 111, 113, 117, 120, 149, 150, 171
Sanballat 149
Sanherib 20, 110, 121−125, *121*, *124*, 131
Sanskrit 62
Sardes 144, 146
Sargon II. 19, 47, 151
Sayce, A.H. 60−61
Schaeffer, Claude 84−86

Schekel 116, 179; siehe auch
    Münzgeld
Schirdan 103
Schriftrollen vom Toten Meer
    151, 161–168, *161–163*, 179
Schwarzer Obelisk 119–120,
    119–120
Sebaste 171
Sellin, E. 96
Seti I. 77
Sidon 111, 154, 171
Sintflut 21, 38–43
Sinuhe 59
Sisak 108
Smith, Eli 23
Smith, George 21, 40
Stiftshütte 73
Sumerer 21, *35*, 38
Susa 31, 81, 144, *145*

T

Tacitus 185
Talbot, Henry Fox 31

Tanis 77–79
Taylor, Colonel 121
Taylor-Prisma 121–125
Teima 140
Tell el-Hesi 23
Tell Mardich; siehe *Ebla*
Tello 21
Tempel (Salomos) 95, 105–106,
    105, 108, 128, 139, 158, 169;
    (der zweite Tempel) 147, 149;
    (des Herodes) 23, 169–170,
    180, *180–181*
Theben 79, 100, 108
Thutmosis III. 106
Tigris 18, 19
Titus 169, 181
Trever, John 161–162
Tscheker 102, 103
Tutenchamun *37*, 67, 68–73,
    69, 71 73, 105
Tyrus 67, 133, 171

U

Ugarit 67, 84–85, 86, *85–86*,
    88, *88*, 104

Ur 39–40, 44–46, *44–46*,
    50–53, 58, 106, 139, 140
Utanapischtim 40, 42–43

V

Virolleaud, Charles 85–86

W

Warren, Charles 96
Westergaard, Niels 30
Wheeler, Sir Mortimer 24
Wilkinson, Sir John 17
Winckler, H. 62
Wooley, Sir Leonard 38–39,
    44–45, 51

X

Xanthos 146–147, *146*, 149
Xerxes 29, 142

Y

Yadin, Yigael 93, 95, 107, 177,
    179
Yam 88–89

Z

Zedekia 128, 130, 132
Zeloten 169, 179
Ziegel 74–76
Ziggurat 50, *50*
Zypern 84, 87, 104

Fotonachweis

Illustrationen:
Mark Astle: 69, 95, 120; Dick Barnard: 40, 48, 51, 56, 93, 98, 107, 114, 131, 137, 153, 165, 178, 181; Simon Bull: 179; Pauline O'Boyle: 102, 121, 141; Vic Mitchell: 133, 135, 144, 175; Angela Pluess: 79; David Reddick: 105; Stanley Willcocks: 17

Karten:
Roy Lawrence und Lesley Passey

Fotos:
J.C. Allen: 50, 134
Bodleian Library Oxford: 149, MS Pell Aram (links), MS Pell Aram IV Int. (rechts)
Britisches Museum: 27 (oben), 52 (links), 104 (rechts), 116, 130, 155 (unten rechts), 161
Werner Forman Archiv: 65, 103
Sonia Halliday Photographs: Sonia Halliday: Umschlag, 16, 60, 63, 66, 75 (unten), 78, 127, 146 (rechts), 152 (unten links), 155 (unten links), 156, 170–171, 172, 175; Barrie Searle: 151; Jamie Simson: Vorsatzpapiere, 20, 35, 36, 41; Jane Taylor: 15, 24 (oben rechts), 38–39, 94 (unten), 96, 97, 158 (unten), 159, 176
Robert Harding Picture Library: 52 (rechts), 143; Rainbird 69 (oben und unten links), 71, 72, 73; John Ross: 37, 105
Georgina Hermann: 29, 144
Robert Hunt: 173

Illustrated London News Picture Library: 19 (oben), 24 (unten links), 68
Israel-Museum: 104 (links), 112 (rechts), 113 (oben), 162, 167
Jericho Exploration Fund: 24 (oben links)
Kairoer Museum: 100 (rechts)
Kenneth Kitchen: 13, 100 (links)
A.H. Layard, Ninive, 1849: 21
Lepsius Denmaker III, 40: 58
Lion Publishing: David Alexander: 22, 89 (rechts), 107, 129, 164, 174, 180, 186–187; mit Genehmigung des Britischen Museums: 5, 19 (unten rechts und links), 26, 30 (unten), 42, 44, 45, 46, 67, 74, 75 (oben), 88 (unten links), 89, 90 (oben), 91 (rechts), 108, 109, 110, 111, 113 (unten), 118–122, 124–126, 133, 140–142, 144, 146 (links), 152 (unten rechts), 155 (oben)
Louvre: 81, 85 (rechts), 117
Macquitty International Collection: 148
Mansell Collection: 30 (oben)
Alan Millard: 27 (oben), 31, 32, 34, 49, 85 (links) 86, 88 (unten links), 94 (oben), 115 (rechts), 150, 151, 157, 158 (oben)
Picturepoint: 55, 57, 61
D. Quatrough (Universität Liverpool): 25, 112 (links)
John Ruffle: 77, 106
John Rylands Library: 185
Staatliches Museum, Berlin: 136
H. Williamson: 115 (links)
ZEFA: 12, 117